Kohlhammer

Grundstudium Recht
herausgegeben von
Professor Dr. Jörg Eisele und Professor Dr. Bernd Heinrich

BGB
Allgemeiner Teil

für Studienanfänger

von

Professor Dr. Peter Gröschler
Johannes Gutenberg-Universität Mainz

2. Auflage

Verlag W. Kohlhammer

2. Auflage 2023

Alle Rechte vorbehalten
© W. Kohlhammer GmbH, Stuttgart
Gesamtherstellung: W. Kohlhammer GmbH, Stuttgart

Print:
ISBN 978-3-17-043115-7

E-Book-Formate:
pdf: ISBN 978-3-17-043116-4
epub: ISBN 978-3-17-043117-1

Dieses Werk einschließlich aller seiner Teile ist urheberrechtlich geschützt. Jede Verwendung außerhalb der engen Grenzen des Urheberrechts ist ohne Zustimmung des Verlags unzulässig und strafbar. Das gilt insbesondere für Vervielfältigungen, Übersetzungen, Mikroverfilmungen und für die Einspeicherung und Verarbeitung in elektronischen Systemen.
Für den Inhalt abgedruckter oder verlinkter Websites ist ausschließlich der jeweilige Betreiber verantwortlich. Die W. Kohlhammer GmbH hat keinen Einfluss auf die verknüpften Seiten und übernimmt hierfür keinerlei Haftung.

Vorwort zur 2. Auflage

Für die 2. Auflage ist das Studienbuch umfassend aktualisiert und überarbeitet worden, wobei nicht nur Änderungen des Gesetzes und neue Rechtsprechung eingeflossen sind, sondern auch zahlreiche Anregungen und Verbesserungsvorschläge aufgegriffen wurden. Eingang gefunden haben insbesondere die neueren Entwicklungen im Zusammenhang mit der qualifizierten elektronischen Signatur, einschließlich der Fernsignatur. Ebenso ist die Reform des Vormundschafts- und Betreuungsrechts zum 1.1.2023 eingearbeitet, die auch die Regelung der gesetzlichen Vertretung Minderjähriger betrifft. Berücksichtigt sind zudem die Vorschriften zu Verträgen über digitale Produkte (§§ 327 ff. BGB) und die Änderung des Kaufvertragsrechts zum 1.1.2022, soweit diese für Fragen des Allgemeinen Teils des BGB eine Rolle spielen. Weitere Neuerungen betreffen die Rechtsprechung zu Internet-Versteigerungen, die Erzeugung von Willenserklärungen durch „autonome Systeme", den Einsatz von „Smart Contracts" und das „Bezahlen" mit personenbezogenen Daten.

Für die tatkräftige Hilfe bei der Verwirklichung der Neuauflage danke ich den wissenschaftlichen und studentischen Mitarbeiterinnen und Mitarbeitern meines Lehrstuhls, namentlich Frau wiss. Mitarbeiterin Dagmar Schadt für die wertvollen Anregungen sowie Frau stud. iur. Leonie Scheidt und Frau stud. iur. Lea Anina Wayand für die sorgfältige Korrektur des Textes und viele wichtige Hinweise. Für weitere Anregungen und Verbesserungsvorschläge bin ich jederzeit dankbar.

Mainz, im Januar 2023   Peter Gröschler

Vorwort zur 1. Auflage

Am Anfang des Studiums des Zivilrechts steht der im ersten Buch des BGB geregelte Allgemeine Teil (§§ 1–240 BGB), der aufgrund seiner Verzahnung mit allen übrigen Büchern des BGB besonders hohe Anforderungen an die Studierenden stellt. Das vorliegende Studienbuch soll – ohne dass Vorkenntnisse vorausgesetzt werden – Studienanfängern der Rechtswissenschaft einen Einstieg in das Zivilrecht bieten und gezielt auf die Anfängerklausuren und die Hausarbeit im Rahmen der Zwischenprüfung vorbereiten. Der Stoff wird durch zahlreiche Fallbeispiele erläutert, wobei sich die Lösungshinweise nicht auf einzelne Probleme beschränken, sondern als Hilfestellung für eine klausurmäßige Bearbeitung der Fälle gedacht sind. Das Studienbuch dient nicht nur der Wissensvermittlung, sondern soll durch die Art und Weise der Darstellung in die Grundlagen des zivilrechtlichen Denkens einführen. Zahlreiche Hinweise, Definitionen, Klausurtipps und Prüfungsschemata, die durch Piktogramme hervorgehoben sind, leiten den Leser durch das Buch und ermöglichen so eine schnelle Orientierung. Im Anschluss an jedes Kapitel finden sich weiterführende Literaturhinweise für ein vertieftes Studium sowie Hinweise auf Übungsklausuren.

Gegenstand des Studienbuches ist der für die ersten Semester klausurrelevante Stoff zum Allgemeinen Teil des BGB. Im Mittelpunkt steht daher die Lehre vom Rechtsgeschäft, die nicht nur für die Falllösung, sondern auch für die alltägliche Rechtspraxis fundamentale Bedeutung hat. Behandelt werden insbesondere Willenserklärung, Vertrag und Anfechtung, daneben auch Rechtsfähigkeit und Geschäftsfähigkeit. Außerdem geht es um die Nichtigkeit und Unwirksamkeit von Rechtsgeschäften, Bedingung und Befristung sowie das Recht der Stellvertretung.

Für die tatkräftige Hilfe bei der Verwirklichung des Buches danke ich den wissenschaftlichen und studentischen Mitarbeiterinnen und Mitarbeitern meines Lehrstuhls, namentlich Herrn wiss. Mitarbeiter Matthias Bieniakonski und Herrn wiss. Mitarbeiter Lars Iking für zahlreiche wertvolle Hinweise sowie Frau stud. iur. Anna Keller und Herrn stud. iur. Jan Bennemann für die sorgfältige Korrektur des Textes und für viele hilfreiche Anregungen.

Mainz, im April 2019   Peter Gröschler

Inhaltsverzeichnis

Vorwort zur 2. Auflage		V
Vorwort zur 1. Auflage		VII
Literaturverzeichnis		XV
Abkürzungsverzeichnis		XVII
Übersicht Piktogramme		XXI

Kapitel 1 Einführung 1
    I.   Privatrecht und Zivilrecht 1
    II.   Herkunft des BGB 1
    III. Einfluss des Unionsrechts 2
    IV. Aufbau des BGB 3
    V.   Willenserklärung und Rechtsgeschäft 5

Kapitel 2 Anspruchsprüfung 10
    I.   Anspruch und Anspruchsprüfung 10
    II.   Die drei Schritte der Anspruchsprüfung 11
        1. Erfassung des Sachverhalts 11
        2. Auffinden einer möglichen Anspruchsgrundlage 11
            a) Anspruchsgrundlage, Hilfsnorm, Gegennorm 12
            b) Die sogenannte „Vier-W-Frage" 13
        3. Subsumtion 14
    III. Gutachten und Urteil 17

Kapitel 3 Trennungs- und Abstraktionsprinzip 22
    I.   Die Unterscheidung von Verpflichtungs- und Verfügungsgeschäft. 22
    II.   Das Trennungsprinzip 23
    III. Das Abstraktionsprinzip und das Verpflichtungsgeschäft als causa. 25

Kapitel 4 Willenserklärung 29
    I.   Begriff der Willenserklärung 29
        1. Innerer (subjektiver) Tatbestand 29
            a) Handlungswille 29
            b) Erklärungsbewusstsein 31
            c) Geschäftswille 37
        2. Äußerer (objektiver) Tatbestand 37
    II.   Arten der Willenserklärung 40
        1. Ausdrückliche und konkludente Willenserklärung 40
        2. Schweigen 42

Inhaltsverzeichnis

		3. Elektronische Willenserklärung, automatisierte Willenserklärung	43
	III.	Abgabe und Zugang	47
		1. Empfangsbedürftige und nicht empfangsbedürftige Willenserklärung	48
		2. Abgabe	49
		3. Zugang	51
		a) Einführung	51
		b) Zugang bei Willenserklärungen unter Abwesenden	52
		c) Zugang von Einschreibesendungen und arglistige Zugangsvereitelung	53
		d) Zugang von Faxsendungen und von E-Mails	55
		e) Zugangsverzögerung aufgrund eines Nachsendeauftrags	58
		f) Erklärungs- und Empfangsbote	58
		g) Besonderheiten des Zugangs bei Willenserklärungen unter Anwesenden	59
		4. Widerruf der Willenserklärung vor oder bei Zugang	61
		5. Tod oder Geschäftsunfähigkeit des Erklärenden nach der Abgabe der Willenserklärung	62
	IV.	Auslegung von Willenserklärungen	63
		1. §§ 133, 157 BGB als Ausgangspunkt	64
		2. Natürliche und normative Auslegung	65
		3. Unschädlichkeit der Falschbezeichnung (*falsa demonstratio non nocet*)	69
		4. Eindeutigkeits- und Andeutungstheorie	70
		5. Ergänzende Auslegung	73
Kapitel 5	**Rechtsgeschäft und Rechtshandlung**		**78**
	I.	Arten der Rechtsgeschäfte	78
		1. Einseitige und mehrseitige Rechtsgeschäfte	78
		2. Vertrag und Beschluss	80
		3. Vertragsarten	81
		a) Einseitig und mehrseitig verpflichtende Verträge	81
		b) Unvollkommen mehrseitig verpflichtende Verträge und gegenseitige (synallagmatische) Verträge	81
	II.	Inhalt der Rechtsgeschäfte	82
		1. Verpflichtungs- und Verfügungsgeschäfte	82
		2. Schuldrechtliche und sachenrechtliche Verfügungsgeschäfte	83
	III.	Rechtshandlungen	84
		1. Geschäftsähnliche Handlungen	84
		2. Tathandlungen (Realakte)	85
		3. Rechtswidrige Handlungen	86
Kapitel 6	**Vertrag**		**87**
	I.	Der Grundsatz der Vertragsfreiheit	87
		1. Vertragsfreiheit und Privatautonomie	87
		2. Grenzen der Vertragsfreiheit	88

Inhaltsverzeichnis

		a) Fälle des Kontrahierungszwangs.................	88
		b) Formvorschriften........................	91
	II.	Antrag und Annahme...........................	93
		1. Inhalt von Antrag und Annahme	94
		2. Antrag an einen unbestimmten Personenkreis (Offerte *ad incertas personas*)..............................	94
		3. Aufforderung zur Abgabe eines Antrags (*invitatio ad offerendum*).................................	97
		4. Bindungswirkung des Antrags.....................	100
		5. Tod oder Geschäftsunfähigkeit des Antragenden..........	102
	III.	Dissens......................................	104
		1. Einigung und Einigungsmangel	104
		2. Gesetzliche Regelung des Dissenses.................	107
		a) Offener Dissens...........................	107
		b) Versteckter Dissens	108
	IV.	Zugang der Annahmeerklärung........................	110
		1. Annahme ohne Erklärung gegenüber dem Antragenden (§ 151 BGB)................................	110
		2. Annahme bei der Sukzessivbeurkundung (§ 152 BGB)	115
		3. Vertragsschluss bei Versteigerung (§ 156 BGB)	115
	V.	Vertragsschluss durch sozialtypisches Verhalten?.............	116

Kapitel 7 Rechtsfähigkeit und Handlungsfähigkeit 121
	I.	Rechtsfähigkeit, Geschäftsfähigkeit, Deliktsfähigkeit	121
		1. Rechtsfähigkeit.............................	121
		2. Geschäftsfähigkeit	122
		3. Deliktsfähigkeit	123
	II.	Geschäftsunfähigkeit.............................	124
	III.	Beschränkte Geschäftsfähigkeit........................	128
		1. Gesetzlicher Vertreter	128
		2. Geschäfte ohne rechtlichen Nachteil	130
		a) Willenserklärung des beschränkt Geschäftsfähigen.....	130
		b) Zugang einer gegenüber dem beschränkt Geschäftsfähigen abgegebenen Willenserklärung................	132
		c) Verfügungsgeschäfte	135
		d) Rechtlich neutrale Geschäfte	141
		e) Annahme einer Leistung als Erfüllung	143
		3. Einwilligung des gesetzlichen Vertreters................	145
		4. Genehmigung des gesetzlichen Vertreters...............	148
		5. Der sogenannte „Taschengeldparagraph" (§ 110 BGB)......	152
		6. Partielle Geschäftsfähigkeit nach §§ 112, 113 BGB	159
		7. Beschränkung der Minderjährigenhaftung (§ 1629a BGB)...	160
	IV.	Betreuung....................................	160

Kapitel 8 Anfechtung................................ 166
	I.	Das Anfechtungsrecht.............................	166
	II.	Voraussetzungen der Anfechtung	167

XI

Inhaltsverzeichnis

	1.	Anfechtungsgrund	168
	2.	Ursächlichkeit des Anfechtungsgrunds	168
	3.	Erklärung der Anfechtung gegenüber dem richtigen Anfechtungsgegner	169
		a) Erklärung der Anfechtung	169
		b) Anfechtungsgegner	172
	4.	Anfechtungsfrist	172
	5.	Kein Ausschluss der Anfechtung	174
III.	Wirkung der Anfechtung		174
	1.	Rückwirkende Vernichtung des anfechtbaren Rechtsgeschäfts	174
	2.	Anspruch auf Ersatz des Vertrauensschadens	175
	3.	Kenntnis oder Kennenmüssen der Anfechtbarkeit	178
	4.	Anfechtung von unwirksamen Willenserklärungen	180
IV.	Anfechtung wegen Irrtums		182
	1.	Inhalts- und Erklärungsirrtum	184
		a) Abgrenzung	184
		b) Identitätsirrtum	185
		c) Irrtum über den Geschäftstyp	186
		d) Unterschriftsirrtum, abredewidrige Ausfüllung einer Blanketturkunde	187
		e) Kalkulationsirrtum	189
	2.	Eigenschaftsirrtum	193
		a) Der Eigenschaftsirrtum als Ausnahmefall des beachtlichen Motivirrtums	193
		b) Eigenschaft einer Person oder einer Sache	194
		c) Verkehrswesentlichkeit	196
		d) Verhältnis zur Sachmängelhaftung und zum Recht zur zweiten Andienung	198
	3.	Übermittlungsirrtum	202
V.	Anfechtung wegen Täuschung und Drohung		203
	1.	Arglistige Täuschung	204
		a) Täuschung	204
		b) Arglist	204
		c) Aufklärungspflicht und Täuschung durch Unterlassen	206
		d) Person des Täuschenden, insbesondere Täuschung durch Dritte	207
	2.	Widerrechtliche Drohung	209
VI.	Anfechtung und Trennungs- bzw. Abstraktionsprinzip		212
	1.	Anfechtung des Verpflichtungsgeschäfts	212
	2.	Anfechtung des Verfügungsgeschäfts	214
VII.	Bestätigung des anfechtbaren Rechtsgeschäfts		217
VIII.	Ausschluss der Anfechtung nach Treu und Glauben		219

Kapitel 9 Nichtigkeit und Unwirksamkeit 222
    I. Begriff der Nichtigkeit bzw. Unwirksamkeit 222
   II. Willensvorbehalte 223
        1. Geheimer Vorbehalt 223

		2.	Scheingeschäft....................................	225
		3.	Nicht ernstlich gemeinte Willenserklärung	228
III.	Formmangel...			231
	1.	Formnichtigkeit.....................................		231
	2.	Arten der gesetzlichen Form..........................		231
		a)	Schriftform.....................................	232
		b)	Elektronische Form..............................	234
		c)	Textform.......................................	237
		d)	Notarielle Beurkundung und öffentliche Beglaubigung.	238
	3.	Vereinbarte Form...................................		238
	4.	Heilung des Formmangels		242
	5.	Unbeachtlichkeit des Formverstoßes nach Treu und Glauben		242
IV.	Gesetzliches Verbot....................................			245
V.	Sittenwidrigkeit.......................................			248
	1.	Der Grundtatbestand des § 138 Abs. 1 BGB.............		248
	2.	Der Wuchertatbestand des § 138 Abs. 2 BGB		254
VI.	Teilnichtigkeit und Teilunwirksamkeit			256
VII.	Umdeutung und Bestätigung des nichtigen Rechtsgeschäfts			258
	1.	Umdeutung gemäß § 140 BGB........................		258
	2.	Bestätigung gemäß § 141 BGB........................		259
VIII.	Schwebende Unwirksamkeit..............................			261
IX.	Relative Unwirksamkeit.................................			267

Kapitel 10 Bedingung und Befristung 272
I.	Begriff und Unterscheidung..............................			272
II.	Zulässigkeit der Bedingung und Befristung.................			276
III.	Wirkung des Eintritts oder Ausfalls der Bedingung			279
	1.	Wirkung für die Zukunft		279
	2.	Bedingungsvereitelung bzw. treuwidrige Herbeiführung des Bedingungseintritts		280
	3.	Schutz vor Zwischenverfügungen		281
IV.	Fristberechnung			283

Kapitel 11 Stellvertretung................................... 287
I.	Begriff und Voraussetzungen der Stellvertretung			287
	1.	Begriff der Stellvertretung............................		287
	2.	Voraussetzungen der Stellvertretung...................		287
		a)	Abgabe einer eigenen Willenserklärung	288
		b)	Handeln im Namen des Vertretenen (Offenkundigkeit).	289
		c)	Vertretungsmacht	291
		d)	Besonderheiten der passiven Stellvertretung	291
II.	Handeln im fremden Namen..............................			293
	1.	Geschäft für den, den es angeht		293
	2.	Handeln „unter" fremdem Namen		294
		a)	Namenstäuschung................................	295
		b)	Identitätstäuschung..............................	296

Inhaltsverzeichnis

	3.	Abgrenzung der unmittelbaren von der mittelbaren Stellvertretung	299
III.	Vollmacht		300
	1.	Vollmachtserteilung	300
	2.	Trennung zwischen Innen- und Außenverhältnis	302
		a) Trennungsprinzip	302
		b) Grundsatz der Kausalität der Vollmacht	303
		c) Beendigung des Auftrags	304
	3.	Rechtsscheinvollmacht	307
		a) Gesetzlich geregelte Fälle	307
		b) Duldungs- und Anscheinsvollmacht	311
IV.	Wirkung der Stellvertretung		316
	1.	Willensmängel und Kenntnis bzw. Kennenmüssen von Umständen	316
	2.	Anfechtung der Vollmacht	321
		a) Einführung	321
		b) Anfechtung der gebrauchten Innenvollmacht	322
		c) Anfechtung der gebrauchten Außenvollmacht	324
		d) Grundsätzlicher Anfechtungsausschluss bei einer gebrauchten Vollmacht	325
V.	Vertretung ohne Vertretungsmacht		328
	1.	Genehmigung des Vertretenen	328
	2.	Haftung des Vertreters ohne Vertretungsmacht	330
VI.	Grenzen der Vertretungsmacht		335
	1.	Insichgeschäft	335
	2.	Missbrauch der Vertretungsmacht	340

Stichwortverzeichnis 345

Literaturverzeichnis

Beck-online Großkommentar zum Zivilrecht, herausgegeben von Beate *Gsell*, Wolfgang *Krüger*, Stephan *Lorenz* und Christoph *Reymann*, München 2022 (zitiert: *Bearbeiter*, in: BeckOGK-BGB; *Bearbeiter*, in: BeckOGK-AGG)

Beck'scher Online-Kommentar zum Bürgerlichen Gesetzbuch, herausgegeben von Wolfgang *Hau* und Roman *Poseck*, München 2022 (zitiert: *Bearbeiter*, in: BeckOK-BGB)

Bitter, Georg/Röder, Sebastian, BGB Allgemeiner Teil, 5. Aufl., München 2020

Boecken, Winfried, BGB – Allgemeiner Teil, 3. Aufl., Stuttgart 2019 (zitiert: *Boecken*, AT)

Bork, Reinhard, Allgemeiner Teil des Bürgerlichen Gesetzbuchs, 4. Aufl., Tübingen 2016 (zitiert: *Bork*, AT)

Brehm, Wolfgang, Allgemeiner Teil des BGB, 6. Aufl., Stuttgart 2008 (zitiert: *Brehm*, AT)

Brox, Hans/Walker, Wolf-Dietrich, Allgemeiner Teil des BGB, 46. Aufl., München 2022 (zitiert: *Brox/Walker*, AT)

Erman, Bürgerliches Gesetzbuch, begründet von Walter *Erman*, 2 Bände, 16. Aufl., Köln 2020 (zitiert: *Bearbeiter*, in: Erman)

Faust, Florian, Bürgerliches Gesetzbuch, Allgemeiner Teil, 7. Aufl., Baden-Baden 2021 (zitiert: *Faust*, AT)

Flume, Werner, Allgemeiner Teil des Bürgerlichen Rechts, Zweiter Band, Das Rechtsgeschäft, 4. unveränderte Aufl., Berlin 1992 (zitiert: *Flume*, AT II)

Gottwald, Peter/Würdinger, Markus, Examens-Repetitorium BGB – Allgemeiner Teil, 5. Aufl., Heidelberg 2020 (zitiert: *Gottwald/Würdinger*, ExamensRep AT)

Grigoleit, Hans Christoph/Herresthal, Carsten, BGB Allgemeiner Teil, 4. Aufl., München 2021

Grüneberg, Bürgerliches Gesetzbuch mit Nebengesetzen, begründet von Otto *Palandt*, 82. Aufl., München 2023 (zitiert: *Bearbeiter*, in: Grüneberg)

Hübner, Heinz, Allgemeiner Teil des Bürgerlichen Gesetzbuches, 2. Aufl., Berlin 1996 (zitiert: *Hübner*, AT)

Jauernig, Bürgerliches Gesetzbuch mit Rom-I-, ROM-II-VO, EuUnthVO/HUntProt und EuErbVO, herausgegeben von Rolf *Stürner*, 17. Aufl., München 2018 (zitiert: *Bearbeiter*, in: Jauernig)

juris Praxiskommentar BGB, herausgegeben von Maximilian *Herberger*, Michael *Martinek*, Helmut *Rüßmann*, Stephan *Weth* und Markus *Würdinger*, Band 1, §§ 1–240 BGB, 9. Aufl., Saarbrücken 2020; Band 5, §§ 1922–2385 BGB, 9. Aufl., Saarbrücken 2020 (zitiert: *Bearbeiter*, in: jurisPK-BGB)

Köhler, Helmut, BGB Allgemeiner Teil, 45. Aufl., München 2021 (zitiert: *Köhler*, AT)

Leenen, Detlef/Häublein, Martin, BGB Allgemeiner Teil: Rechtsgeschäftslehre, 3. Aufl., Berlin 2021 (zitiert: *Leenen/Häublein*, AT)

Leipold, Dieter, BGB I: Einführung und Allgemeiner Teil, 11. Aufl., Tübingen 2022 (zitiert: *Leipold*, BGB I)

Medicus, Dieter/Petersen, Jens, Allgemeiner Teil des BGB, 11. Aufl., Heidelberg 2016 (zitiert: *Medicus/Petersen*, AT)

Medicus, Dieter/Petersen, Jens, Bürgerliches Recht, 28. Aufl., München 2021 (zitiert: *Medicus/Petersen*, BürgR)

Literaturverzeichnis

Münchener Kommentar zum Bürgerlichen Gesetzbuch, herausgegeben von Franz Jürgen *Säcker*, Roland *Rixecker*, Hartmut *Oetker* und Bettina *Limperg*, Band 1, §§ 1–240 BGB, AllgPersönlR, ProstG, AGG, 9. Aufl., München 2021; Band 2, §§ 241–310 BGB, 9. Aufl., München 2022; Band 3, §§ 311–432 BGB, 9. Aufl., München 2022; Band 4, §§ 433–534 BGB, Finanzierungsleasing, CISG, 8. Aufl., München 2019; Band 5, §§ 535–630h, BetrKV, HeizkostenV, WärmeLV, EFZG, TzBfG, KSchG, MiLoG, 8. Aufl., München 2020; Band 7, §§ 705–853 BGB, PartGG, ProdHaftG, 8. Aufl., München 2020; Band 8, §§ 854–1296, WEG, ErbbauRG, 8. Aufl., München 2020; Band 10, §§ 1589–1921 BGB, SGB VIII, 8. Aufl., München 2020 (zitiert: *Bearbeiter*, in: MüKo)

Münchener Kommentar zum Strafgesetzbuch, herausgegeben von Wolfgang *Joecks* und Klaus *Miebach*, Band 5, §§ 263–358 StGB, 4. Aufl., München 2022 (zitiert: *Bearbeiter*, in: MüKoStGB)

Mugdan, Benno, (Hrsg.), Die gesammten Materialien zum Bürgerlichen Gesetzbuch für das Deutsche Reich, I. Band, Einführungsgesetz und Allgemeiner Theil, Berlin 1899; II. Band, Recht der Schuldverhältnisse, Berlin 1899 (zitiert: Mugdan I und II)

Musielak, Hans-Joachim/Hau, Wolfgang, Grundkurs BGB, 17. Aufl., München 2021 (zitiert: *Musielak/Hau*, GK BGB)

Neuner, Jörg, Allgemeiner Teil des Bürgerlichen Rechts, 12. Aufl., München 2020 (zitiert: *Neuner*, AT)

Nomos-Kommentar BGB, herausgegeben von Barbara *Dauner-Lieb*, Thomas *Heidel* und Gerhard *Ring*, 4. Aufl., Baden-Baden 2021 (zitiert: *Bearbeiter*, in: NK-BGB)

Pawlowski, Hans-Martin, Allgemeiner Teil des BGB, 7. Aufl., Heidelberg 2003 (zitiert: *Pawlowski*, AT)

Petersen, Jens, Examinatorium Allgemeiner Teil des BGB und Handelsrecht, Berlin/Bosten 2013 (zitiert: *Petersen*, Examinatorium)

Soergel, Bürgerliches Gesetzbuch mit Einführungsgesetz und Nebengesetzen, begründet von Hans Theodor *Soergel*, Band 2, §§ 104–240 BGB, 13. Aufl., Stuttgart 1999; Band 2a, §§ 13, 14, 126a–127, 194–225 BGB, 13. Aufl., Stuttgart 2002; Band 5/1a, §§ 311, 311a–c, 313, 314 BGB, 13. Aufl., Stuttgart 2014; Band 11/3, §§ 780–822 BGB, 13. Aufl., Stuttgart 2012; Band 14, §§ 854–984 BGB, 13. Aufl., Stuttgart 2002 (zitiert: *Bearbeiter*, in: Soergel)

J. von Staudingers Kommentar zum Bürgerlichen Gesetzbuch mit Einführungsgesetz und Nebengesetzen, begründet von Julius *von Staudinger*, §§ 90–124; 130–133, Neubearbeitung 2021, Berlin 2021; §§ 125–129, BeurkG, Neubearbeitung 2017, Berlin 2017; §§ 134–138, Neubearbeitung 2021, Berlin 2021; §§ 139–163, Neubearbeitung 2020, Berlin 2020; §§ 164–240, Neubearbeitung 2019, Berlin 2019; §§ 812–822, Neubearbeitung 2007, Berlin 2007; §§ 830–838, Neubearbeitung 2018, Berlin 2018; AGG, Neubearbeitung 2020, Berlin 2020; §§ 925–984, Anhang zu §§ 929–931, Neubearbeitung 2020, Berlin 2020 (zitiert: *Bearbeiter*, in: Staudinger)

von Tuhr, Andreas, Der Allgemeine Teil des Deutschen Bürgerlichen Rechts, Zweiter Band, Erste Hälfte, München/Leipzig 1914; Zweiter Band, Zweite Hälfte, München/Leipzig 1918 (zitiert: *v. Tuhr*, AT II/1 und AT II/2)

Wertenbruch, Johannes, BGB Allgemeiner Teil, 5. Aufl., München 2021 (zitiert: *Wertenbruch*, AT)

Wesenberg, Gerhard/Wesener, Gunter, Neuere deutsche Privatrechtsgeschichte, 4. Aufl., Wien/Köln/Graz 1985 (zitiert: *Wesenberg/Wesener*, PrivatrechtsG)

Wieacker, Franz, Privatrechtsgeschichte der Neuzeit, 2. Aufl., Göttingen 1967 (zitiert: *Wieacker*, PrivatrechtsG)

Wolf, Ernst, Allgemeiner Teil des bürgerlichen Rechts, 3. Aufl., Köln 1982 (zitiert: *E. Wolf*, AT)

Abkürzungsverzeichnis

a. A.	anderer Ansicht
a. E.	am Ende
ABGB	österr. Allgemeines Bürgerliches Gesetzbuch
Abs.	Absatz
AcP	Archiv für die civilistische Praxis (Zeitschrift)
AEUV	Vertrag über die Arbeitsweise der Europäischen Union
AG	Amtsgericht
AGB	Allgemeine Geschäftsbedingungen
AGG	Allgemeines Gleichbehandlungsgesetz
AktG	Aktiengesetz
Alt.	Alternative
ArbG	Arbeitsgericht
Art.	Artikel
Aufl.	Auflage
Az.	Aktenzeichen
BAG	Bundesarbeitsgericht
BAGE	Entscheidungen des Bundesarbeitsgerichts
BauGB	Baugesetzbuch
BB	Betriebs-Berater (Zeitschrift)
BBiG	Berufsbildungsgesetz
BBodSchG	Bundesbodenschutzgesetz
BeckOGK-BGB	Beck-online Großkommentar zum Zivilrecht (vgl. Literaturverzeichnis)
BeckOK-BGB	Beck'scher Online-Kommentar zum Bürgerlichen Gesetzbuch
Beschl.	Beschluss
BeurkG	Beurkundungsgesetz
BGB	Bürgerliches Gesetzbuch
BGBl.	Bundesgesetzblatt
BGHSt	Entscheidungen des Bundesgerichtshofes in Strafsachen
BGHZ	Entscheidungen des Bundesgerichtshofes in Zivilsachen
BNotO	Bundesnotarordnung
BRAO	Bundesrechtsanwaltsordnung
Bsp.	Beispiel
BT-Drs.	Bundestagsdrucksache
BtMG	Betäubungsmittelgesetz
BVerfG	Bundesverfassungsgericht
BVerfGE	Entscheidungen des Bundesverfassungsgerichts
BVerwG	Bundesverwaltungsgericht
BVerwGE	Entscheidungen des Bundesverwaltungsgerichts
CR	Computer und Recht – CR, Zeitschrift für die Praxis des Rechts der Informationstechnologie

Abkürzungsverzeichnis

D.	Digesten
d. h.	das heißt
DAR	Deutsches Autorecht (Zeitschrift)
DB	Der Betrieb (Zeitschrift)
ders.	derselbe
dies.	dieselbe
DNotZ	Deutsche Notar-Zeitschrift
DS-GVO	Datenschutz-Grundverordnung
dt.	deutsch
EG	Europäische Gemeinschaft
EGBGB	Einführungsgesetzbuch zum Bürgerlichen Gesetzbuch
eIDAS-VO	Verordnung über elektronische Identifizierung und Vertrauensdienste für elektronische Transaktionen im Binnenmarkt
EnWG	Energiewirtschaftsgesetz (Gesetz über die Elektrizitäts- und Gasversorgung)
ErbStG	Erbschaftsteuer- und Schenkungsteuergesetz
EStG	Einkommensteuergesetz
EU	Europäische Union
EuGH	Europäischer Gerichtshof
EuZW	Europäische Zeitschrift für Wirtschaftsrecht
EWG	Europäische Wirtschaftsgemeinschaft
f., ff.	folgende(r)
FamRZ	Zeitschrift für das gesamte Familienrecht
FG	Festgabe
franz.	französisch
FS	Festschrift
FZV	Fahrzeug-Zulassungsverordnung
GbR	Gesellschaft bürgerlichen Rechts
GenG	Genossenschaftsgesetz
GG	Grundgesetz
GlüStV	Glücksspielstaatsvertrag
GmbH	Gesellschaft mit beschränkter Haftung
GmbHG	GmbH-Gesetz
GOÄ	Gebührenordnung für Ärzte
GPR	Zeitschrift für das Privatrecht der Europäischen Union (Zeitschrift für Gemeinschaftsprivatrecht)
GrEStG	Grunderwerbsteuergesetz
GrStG	Grundsteuergesetz
GS	Gedächtnisschrift
GWB	Gesetz gegen Wettbewerbsbeschränkungen
HGB	Handelsgesetzbuch
HKK	Historisch-Kritischer Kommentar zum Bürgerlichen Gesetzbuch
HOAI	Honorarordnung für Architekten und Ingenieure
Hrsg.	Herausgeber
i. H. v.	in Höhe von
i. S. d.	im Sinne des/der
i. V. m.	in Verbindung mit
InsO	Insolvenzordnung
ital.	italienisch

Abkürzungsverzeichnis

JA	Juristische Arbeitsblätter (Zeitschrift)
JR	Juristische Rundschau (Zeitschrift)
Jura	Juristische Ausbildung (Zeitschrift)
jurisPK-BGB	juris Praxiskommentar BGB (vgl. Literaturverzeichnis)
JuS	Juristische Schulung (Zeitschrift)
JZ	Juristenzeitung
Kap.	Kapitel
KG	Kammergericht
KrWaffKontrG	Kriegswaffenkontrollgesetz
KSchG	Kündigungsschutzgesetz
LG	Landgericht
LM	Nachschlagewerk des Bundesgerichtshofs, Entscheidungen in Zivilsachen, mit Leitsätzen, Sachverhalt, Gründen und Anmerkungen, begründet von Fritz Lindenmaier und Philipp Möhring
m. w. N.	mit weiteren Nachweisen
MDR	Monatsschrift für Deutsches Recht (Zeitschrift)
MMR	Multimedia und Recht (Zeitschrift)
MoPeG	Gesetz zur Modernisierung des Personengesellschaftsrechts (Personengesellschaftsrechtsmodernisierungsgesetz)
Mot.	Motive
MüKo	Münchener Kommentar zum Bürgerlichen Gesetzbuch (vgl. Literaturverzeichnis)
MüKoStGB	Münchener Kommentar zum Strafgesetzbuch (vgl. Literaturverzeichnis)
Nachdr.	Nachdruck
NachwG	Nachweisgesetz
NJOZ	Neue Juristische Onlinezeitschrift
NJW	Neue Juristische Wochenschrift
NJW-CoR	Computerreport der Neuen Juristischen Wochenschrift (Zeitschrift)
NJW-RR	NJW Rechtsprechungs-Report Zivilrecht (Zeitschrift)
NK-BGB	Nomos-Kommentar BGB (vgl. Literaturverzeichnis)
Nr.	Nummer
NStZ	Neue Zeitschrift für Strafrecht
NStZ-RR	NStZ Rechtsprechungs-Report Strafrecht (Zeitschrift)
NVwZ	Neue Zeitschrift für Verwaltungsrecht
NZA	Neue Zeitschrift für Arbeitsrecht
NZA-RR	NZA Rechtsprechungs-Report Arbeitsrecht (Zeitschrift)
NZG	Neue Zeitschrift für Gesellschaftsrecht
OLG	Oberlandesgericht
OLG-NL	OLG Rechtsprechung Neue Länder
österr.	österreichisch
Paul.	Paulus
PBefG	Personenbeförderungsgesetz
Pkw	Personenkraftwagen
pr.	*principium* (Anfang)
ProstG	Prostitutionsgesetz
Prot.	Protokolle
RG	Reichsgericht
RGZ	Entscheidungen des Reichsgerichts in Zivilsachen

Abkürzungsverzeichnis

Rn.	Randnummer
RNotZ	Rheinische Notar-Zeitschrift
Rspr.	Rechtsprechung
RVG	Rechtsanwaltsvergütungsgesetz
S.	Seite
SchwarzArbG	Schwarzarbeitsbekämpfungsgesetz
StGB	Strafgesetzbuch
StVG	Straßenverkehrsgesetz
StVO	Straßenverkehrsordnung
SZ (RA)	Zeitschrift der Savigny-Stiftung für Rechtsgeschichte, Romanistische Abteilung
TierSchG	Tierschutzgesetz
Tz.	Teilzeichen
u. a.	unter anderem
UAbs.	Unterabsatz
Ulp.	Ulpian
UWG	Gesetz gegen den unlauteren Wettbewerb
v.	von
VDG	Vertrauensdienstegesetz
VersR	Versicherungsrecht (Zeitschrift für Versicherungsrecht, Haftungs- und Schadensrecht)
vgl.	vergleiche
VOB/A	Vergabe- und Vertragsordnung für Bauleistungen, Teil A
VW	Volkswagen
WEG	Wohnungseigentumsgesetz
WM	Wertpapier-Mitteilungen (Zeitschrift für Wirtschafts- und Bankrecht)
z. B.	zum Beispiel
Zak	Zivilrecht aktuell (Zeitschrift)
ZfPW	Zeitschrift für die gesamte Privatrechtswissenschaft
ZGS	Zeitschrift für das gesamte Schuldrecht
ZHR	Zeitschrift für das gesammte Handelsrecht
ZIP	Zeitschrift für Wirtschaftsrecht (früher: Zeitschrift für die gesamte Insolvenzpraxis)
ZJS	Zeitschrift für das Juristische Studium
ZKG	Zahlungskontengesetz
ZPO	Zivilprozessordnung
ZRP	Zeitschrift für Rechtspolitik
ZVG	Zwangsversteigerungsgesetz

Übersicht Piktogramme

Definition ⚠

Formulierung ✏

Gesetzestext §

Hinweis 👁

Klausurbewertung ✔

Klausurtipp ➥

Problem ⚡

Prüfungsschema ☰

Kapitel 1 **Einführung**

I. Privatrecht und Zivilrecht

Das Privatrecht regelt die **Rechtsbeziehungen zwischen Privatpersonen**. Im BGB ist ein Teilbereich des Privatrechts enthalten, nämlich das bürgerliche Recht oder – gleichbedeutend – das Zivilrecht. Der Begriff „Zivilrecht" ist abgeleitet von lateinisch *civis*, „der Bürger". Der Begriff des Bürgers steht hier für die grundsätzliche Gleichheit der Rechtsteilnehmer im BGB. Das bürgerliche Recht ist also das für alle Rechtsteilnehmer gleichermaßen geltende Privatrecht. Man kann auch sagen: Das bürgerliche Recht ist das „allgemeine" Privatrecht, weil es für alle gilt. Daneben gibt es auch Teile des Privatrechts, die nicht für alle gelten. Man spricht insoweit von „Sonderprivatrechten". Dazu gehört etwa das Handelsrecht als Sonderprivatrecht der Kaufleute, das im Handelsgesetzbuch geregelt ist, oder das Arbeitsrecht als Sonderprivatrecht der abhängig Beschäftigten. **1**

Der Gegenbegriff zum Privatrecht ist das **öffentliche Recht**. Im öffentlichen Recht geht es nicht um die Rechtsbeziehungen zwischen Privatpersonen, sondern um die Rechtsbeziehungen zwischen dem Einzelnen und dem Staat sowie um die internen Angelegenheiten des Staates. So handelt es sich beispielsweise bei der Einschreibung für ein Studium um eine öffentlich-rechtliche Angelegenheit, die die Beziehung zwischen dem Einzelnen und dem Staat betrifft, hier zwischen dem Studierenden und der Universität als öffentlich-rechtlicher Körperschaft. Dagegen geht es beispielsweise beim Abschluss eines Kaufvertrags um Rechtsbeziehungen zwischen Privaten, weshalb der Kaufvertrag im BGB als der Quelle des allgemeinen Privatrechts geregelt ist, nämlich in den §§ 433 ff. BGB. **2**

Als dritter Teilbereich des Rechts ist der Vollständigkeit halber noch das **Strafrecht** zu nennen, das der Sache nach dem öffentlichen Recht zuzurechnen ist. Auch im Strafrecht geht es um die Beziehung zwischen dem Einzelnen und dem Staat, weil die Verhängung von Strafe nur durch den Staat, nämlich die staatliche Strafgerichtsbarkeit, erfolgen kann. Aus historischen Gründen wird das Strafrecht allerdings als eigenständiger Bereich neben dem Privatrecht und dem öffentlichen Recht behandelt. Daher bilden das Privatrecht, das öffentliche Recht und das Strafrecht auch die drei großen Bereiche des juristischen Studiums. **3**

II. Herkunft des BGB

Das BGB ist am 1.1.1900 nach über 20-jähriger gründlicher Vorarbeit in Kraft getreten und gilt damit seit mehr als 100 Jahren. In dieser Zeit ist das BGB natürlich nicht völlig unverändert geblieben. Die letzte große Änderung ist die Schuld- **4** rechtsmodernisierung, die zum 1.1.2002 in Kraft getreten ist. Vor dem Inkrafttreten des BGB gab es in Deutschland kein einheitliches Zivilrecht, sondern es herrschte eine starke Rechtszersplitterung. In weiten Teilen Deutschlands galt das sogenannte **„gemeine Recht"** *(ius commune)*, wobei die Bezeichnung als „gemein" die Bedeutung hat, dass es sich – im Gegensatz zum zersplitterten Territorialrecht – um überall gültiges Recht handelte. Das gemeine Recht beruht auf dem im Mittelalter in Deutschland und anderen Teilen Europas übernommenen römischen Recht. Man spricht von der **Rezeption** des römischen Rechts, die zu Beginn der Neuzeit, also um 1500, weitgehend abgeschlossen war. Das im 19. Jahrhundert in Deutschland angewandte gemeine Recht wird auch als **Pandektenrecht** bezeichnet. Die Pandekten (gleichbedeutend mit Digesten) stellen den bedeutendsten Teil des **Corpus Iuris Civilis** dar, der Sammlung des römischen Rechts durch den oströmischen Kaiser Justinian im 6. Jahrhundert n. Chr., und stehen daher als Synonym für das römische Recht. Das gemeine Recht galt allerdings nicht in ganz Deutschland. In den linksrheinischen Gebieten und in Baden galt beispielsweise französisches Recht auf der Grundlage des Code Civil von 1804. Was unser heutiges BGB betrifft, ist aber der Einfluss des gemeinen Rechts, d. h. des rezipierten römischen Rechts, am stärksten. Über den Umweg des gemeinen Rechts, das bis zum Inkrafttreten des BGB gültig war, hat das römische Recht unser heutiges BGB stark beeinflusst. In großen Teilen ist das BGB nichts anderes als eine Abwandlung und Weiterentwicklung des römischen Rechts.

III. Einfluss des Unionsrechts

5   Auf dem Weg hin zur allmählichen Schaffung eines einheitlichen europäischen Privatrechts übt bereits heute das Recht der Europäischen Union (Unionsrecht), vor allem in Form von **Verordnungen** (Art. 288 Abs. 2 AEUV) und **Richtlinien** (Art. 288 Abs. 3 AEUV), großen Einfluss auf das BGB aus. Am stärksten ist dieser Einfluss im Schuldrecht, das insbesondere das Verbraucherschutzrecht beinhaltet. Dazu gehören z. B. die Vorschriften über Verbraucherverträge und besondere Vertriebsformen (§§ 312 ff. BGB),[1] Verbraucherverträge über digitale Produkte (§§ 327 ff. BGB), das Widerrufsrecht bei Verbraucherverträgen (§§ 355 ff. BGB), den Verbrauchsgüterkauf (§§ 474 ff. BGB) und den Verbraucherdarlehensvertrag (§§ 491 ff. BGB). Bei der Auslegung dieser Vorschriften müssen die zugrunde liegenden europäischen Richtlinien beachtet werden, insbesondere die Verbraucherrechte-Richtlinie,[2] die Warenkauf-Richtlinie[3], die Digitale-Inhalte-Richtlinie[4] und die Verbraucherkredit-Richtlinie[5]. In gewissem Maße ist auch der Allgemeine Teil des BGB europarechtlich beeinflusst, z. B. die Vorschriften der §§ 13, 14 BGB, in denen der Begriff des Verbrauchers und der des Unternehmers unter Beachtung der unionsrechtlichen Vorgaben definiert werden. Ein weiteres Beispiel ist die

---

1   Über den Bereich des Verbraucherschutzes hinaus geht § 321i BGB, der allgemeine Pflichten im elektronischen Geschäftsverkehr auch im Verhältnis zwischen Unternehmern, also für sogenannte B2B-Geschäfte (Business-to-Business-Geschäfte), regelt.
2   Richtlinie 2011/83/EU vom 25.10.2011, zuletzt geändert durch Richtlinie (EU) 2019/2161 vom 27.11.2019.
3   Richtlinie (EU) 2019/771 vom 20.5.2019.
4   Richtlinie (EU) 2019/770 vom 20.5.2019.
5   Richtlinie 2008/48/EG vom 23.4.2008, zuletzt geändert durch Verordnung (EU) 2019/1243 vom 20.6.2019.

elektronische Form gemäß § 126a BGB,[6] für die eine qualifizierte elektronische Signatur benötigt wird. Die Anforderungen an eine solche qualifizierte elektronische Signatur ergeben sich aus Art. 3 Nr. 12, Art. 25–34 der europäischen eIDAS-Verordnung (eIDAS-VO)[7]. Zur **richtlinienkonformen Auslegung** kommt es beispielsweise bei § 151 Satz 1 BGB, der aufgrund des Schutzzwecks des § 241a BGB und im Hinblick auf die Verbraucherrechte-Richtlinie einschränkend ausgelegt werden muss.[8] Ein weiteres Beispiel für eine unionsrechtskonforme Auslegung unter Berücksichtigung der europäischen Datenschutz-Grundverordnung (DS-GVO)[9] ist die Einschränkung des in § 107 BGB geregelten Erfordernisses der Einwilligung des gesetzlichen Vertreters, wenn ein 16- oder 17-Jähriger einen Vertrag schließt, der zu einem sogenannten „Bezahlen" mit personenbezogenen Daten führt.[10]

IV. Aufbau des BGB

Eingeteilt ist das BGB in fünf Bücher: Allgemeiner Teil, Recht der Schuldverhältnisse, Sachenrecht, Familienrecht und Erbrecht. Das dem BGB zugrunde liegende Aufbauprinzip, das zwischen einem im ersten Buch des BGB enthaltenen allgemeinen Teil und einem von den weiteren vier Büchern gebildeten besonderen Teil unterscheidet, stammt nicht aus dem römischen Recht, sondern geht auf das 17. und 18. Jahrhundert, die Zeit des Natur- bzw. Vernunftrechts, zurück.[11] Hinzu kommt das im 19. Jahrhundert vorherrschende **fünfteilige System des Pandektenrechts**, das Vorbild für die Einteilung des BGB in fünf Bücher war.[12]

Das Motto des fünfteiligen Pandektensystems lautet „**von der Wiege bis zur Bahre**", womit gemeint ist, dass sich der Regelungsaufbau daran orientiert, was für den Menschen im Laufe seines Lebens von Wichtigkeit ist. Das BGB beginnt demnach mit der Geburt und der damit verbundenen Erlangung der Rechtsfähigkeit: Gemäß § 1 BGB beginnt die Rechtsfähigkeit des Menschen mit der Vollendung der Geburt. Die Definition der Rechtsfähigkeit wird dabei vom BGB-Gesetzgeber vorausgesetzt.

> **Definition**
> Rechtsfähigkeit bedeutet die Fähigkeit, Träger von Rechten und Pflichten zu sein.

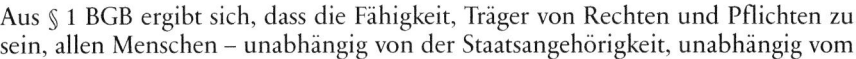

Aus § 1 BGB ergibt sich, dass die Fähigkeit, Träger von Rechten und Pflichten zu sein, allen Menschen – unabhängig von der Staatsangehörigkeit, unabhängig vom

---

6 Zur elektronischen Form siehe unten Kapitel 9 Rn. 512–514.
7 Verordnung (EU) Nr. 910/2014 vom 23.7.2014 („**e**lectronic **ID**entification, **A**uthentication and trust **S**ervices"-Verordnung).
8 Siehe hierzu unten Kapitel 6 Rn. 257.
9 Verordnung (EU) 2016/679 vom 27.4.2016.
10 Siehe hierzu unten Kapitel 7 Rn. 297.
11 Die explizite Einteilung in einen allgemeinen und einen besonderen Teil (*pars generalis* und *pars specialis*) findet sich erstmals bei dem Naturrechtler Joachim Georg Darjes (1714–1791), einem Schüler des Universalgelehrten Christian Wolff (1679–1754). Vgl. *Schwarz*, SZ (RA), 42 (1921), 578 (589 f.).
12 Die Anfänge des fünfteiligen Pandektensystems liegen bei Gustav Hugo (1764–1844) und Georg Arnold Heise (1778–1851). Siehe hierzu *Wieacker*, PrivatrechtsG, S. 373; *Schwarz*, SZ (RA) 42 (1921), 578 (581 f.).

Alter und unabhängig von den körperlichen und geistigen Fähigkeiten – zukommt. Im Gegensatz zu den **Rechtsobjekten**, die Gegenstand von Rechten sind, handelt es sich bei den Menschen um **Rechtssubjekte**, also um die Träger der an den Rechtsobjekten bestehenden Rechte. Die Vorschrift zeigt auch, dass die Fähigkeit, Träger von Rechten und Pflichten zu sein, einem Kleinkind bereits unmittelbar nach Vollendung seiner Geburt zukommt. Kleinkinder können daher ohne Weiteres Träger eines größeren Vermögens und beispielsweise auch Inhaber von Unternehmen sein, etwa wenn die Eltern früh versterben und das Kleinkind das Unternehmen der Eltern erbt.

9 Von der Rechtsfähigkeit ist die Geschäftsfähigkeit zu unterscheiden.

Definition
Geschäftsfähigkeit ist die Fähigkeit, wirksame Willenserklärungen abzugeben und wirksam Rechtsgeschäfte vorzunehmen.

10 Voll geschäftsfähig ist man, wie sich aus §§ 2, 104 Nr. 1 und 106 BGB ergibt, erst mit Vollendung des 18. Lebensjahres: Bis zur Vollendung des siebten Lebensjahres ist man nach § 104 Nr. 1 BGB geschäftsunfähig, während Minderjährige, also noch nicht volljährige Personen, die das siebte Lebensjahr vollendet haben, nach § 106 BGB beschränkt geschäftsfähig sind. Hinzu kommt die Vorschrift des § 2 BGB, wonach die Volljährigkeit mit Vollendung des 18. Lebensjahres eintritt. Im Umkehrschluss kann man aus diesen Vorschriften ableiten, dass man die volle Geschäftsfähigkeit mit Vollendung des 18. Lebensjahres, also mit Eintritt der Volljährigkeit, erlangt.

11 An den Allgemeinen Teil des BGB, der insbesondere auch Fragen des Personenrechts wie die Rechts- und Geschäftsfähigkeit behandelt, schließen sich das zweite und dritte Buch des BGB an, das Recht der Schuldverhältnisse und das Sachenrecht. Diese beiden Bücher umfassen das **bürgerliche Vermögensrecht** und stehen unter dem gemeinsamen Motto „der lebende Mensch in seinen wirtschaftlichen Beziehungen": Im Laufe des Lebens schließt man Kaufverträge, mietet beispielsweise eine Wohnung, erwirbt Eigentum. All das gehört zu den wirtschaftlichen Beziehungen eines Menschen und ist daher Gegenstand des im zweiten und dritten Buch des BGB geregelten Vermögensrechts. Das vierte Buch beinhaltet das Familienrecht, das sich insbesondere mit den Fragen der Eheschließung, der Scheidung, des Kindschaftsrechts und des Unterhaltsrechts beschäftigt. Da jedes menschliche Leben zeitlich begrenzt ist, regelt das BGB schließlich im fünften Buch, dem Erbrecht, die Nachfolge in die Rechte und Pflichten eines Verstorbenen.

12 Wichtiger als das Motto „von der Wiege bis zur Bahre" ist die aus dem Natur- bzw. Vernunftrecht stammende Unterscheidung zwischen einem allgemeinen und einem besonderen Teil. Der Allgemeine Teil zeichnet das BGB gegenüber anderen modernen Zivilgesetzbüchern wie dem französischen Code Civil und dem österreichischen Allgemeinen Bürgerlichen Gesetzbuch (ABGB) aus und stellt einen wichtigen gesetzestechnischen Fortschritt dar. Man nennt die mit dem Allgemeinen Teil des BGB verwirklichte Gesetzestechnik auch **Klammer-**

methode.[13] Damit ist gemeint, dass der Gesetzgeber im Allgemeinen Teil die Vorschriften zusammengefasst hat, die für alle übrigen Bücher des BGB Gültigkeit haben. Diese universell anwendbaren Vorschriften sind sozusagen „vor die Klammer gezogen" und daher mit allen Vorschriften der übrigen Bücher des BGB kombinierbar, so wie ein vor die Klammer gezogener Multiplikator nach dem mathematischen Distributivgesetz auf alle in der Klammer stehenden Werte anzuwenden ist: $a \cdot (b + c) = a \cdot b + a \cdot c$. Man muss also bei der Anwendung der übrigen Bücher des BGB immer wieder auf Vorschriften des Allgemeinen Teils zurückgreifen. Die universelle Anwendbarkeit der Vorschriften des Allgemeinen Teils ist dabei maßgeblich für den hohen Abstraktionsgrad des BGB verantwortlich. Das BGB ist ein Gesetzeswerk, bei dem die Vorschriften hochgradig miteinander verzahnt sind. Die Schwierigkeit bei der Anwendung des BGB besteht gerade darin, das Zusammenspiel der Vorschriften richtig zu erfassen. Dabei kommt dem Verständnis des Allgemeinen Teils des BGB eine ganz besondere Bedeutung zu.

13 Im Recht der Schuldverhältnisse, also im zweiten Buch des BGB, hat der Gesetzgeber die Klammermethode noch einmal im Kleinen verwirklicht. Das zweite Buch, kurz auch „Schuldrecht" genannt, gliedert sich in acht Abschnitte, wovon die ersten sieben Abschnitte allgemeine Regelungen enthalten, die für alle Schuldverhältnisse gelten, insbesondere Vorschriften über die Begründung, die Übertragung und das Erlöschen von Schuldverhältnissen. Der achte Abschnitt ist überschrieben mit „Einzelne Schuldverhältnisse". Dabei handelt es sich um die typischen, im BGB geregelten Schuldverhältnisse wie Kauf, Tausch, Miete, Dienst- und Werkvertrag usw. Der achte Abschnitt enthält damit das Besondere Schuldrecht, während die ersten sieben Abschnitte das Allgemeine Schuldrecht, oder – wie man auch sagt – den allgemeinen Teil des Schuldrechts bilden. Der allgemeine Teil des Schuldrechts darf freilich nicht verwechselt werden mit dem Allgemeinen Teil des BGB. Im allgemeinen Teil des Schuldrechts sind die Regelungen versammelt, sozusagen vor die Klammer gezogen, die für alle Schuldverhältnisse gelten. Im Allgemeinen Teil des BGB finden sich die Vorschriften, die für das gesamte BGB gelten, z. B. die bereits erwähnten Vorschriften über die Geschäftsfähigkeit. Rechtsgeschäfte gibt es in allen Büchern des BGB, weshalb der Gesetzgeber die Regelung der Fähigkeit, ein Rechtsgeschäft wirksam abzuschließen, vor die Klammer gezogen hat.

14 Im ersten Fallbeispiel (Rn. 20) soll das Zusammenspiel zwischen Schuldrecht und Allgemeinem Teil des BGB gezeigt werden. Zuvor müssen allerdings noch zwei wichtige Begriffe geklärt werden, nämlich Willenserklärung und Rechtsgeschäft. Diesen beiden Begriffen kommt für die Lösung zivilrechtlicher Fälle eine fundamentale Bedeutung zu.

V. Willenserklärung und Rechtsgeschäft

15 Willenserklärung und Rechtsgeschäft stehen – bildlich gesprochen – in einem ähnlichen Verhältnis wie Atom und Molekül, und zwar in dem Sinne, dass sich Rechtsgeschäfte aus Willenserklärungen zusammensetzen. Der Vergleich hinkt

---

13 Gleichbedeutend ist auch von „Klammertechnik" bzw. von „Ausklammerungsmethode" die Rede; vgl. *Boecken*, AT, Rn. 45 f.; *Brox/Walker*, AT, § 2 Rn. 19.

freilich, weil Moleküle aus mindestens zwei Atomen bestehen, während es durchaus Rechtsgeschäfte gibt, die aus einer einzigen Willenserklärung bestehen und die „einseitige Rechtsgeschäfte" genannt werden.

Definition
Die **Willenserklärung** wird definiert als „die auf die Herbeiführung einer bestimmten Rechtsfolge gerichtete Willensäußerung".
Unter einem **Rechtsgeschäft** versteht man einen aus einer oder mehreren Willenserklärungen – gegebenenfalls noch aus weiteren Elementen – bestehenden Rechtsakt, durch den eine Rechtsfolge gerade deshalb herbeigeführt wird, weil sie gewollt ist.

16 Das Paradebeispiel für ein aus mehreren, d. h. aus mindestens zwei Willenserklärungen bestehendes Rechtsgeschäft ist der Vertrag, der durch Antrag und Annahme abgeschlossen wird. Bei einem zwischen Käufer und Verkäufer gemäß § 433 BGB abgeschlossenen Kaufvertrag handelt es sich um ein zweiseitiges Rechtsgeschäft, das aus den beiden wechselseitig übereinstimmenden Willenserklärungen des Käufers und des Verkäufers besteht. Ein Rechtsgeschäft mit mindestens zwei, möglicherweise aber mit noch viel mehr Willenserklärungen ist der Gesellschaftsvertrag gemäß § 705 BGB. Beim Vertragsschluss muss hier jeder Gesellschafter mitwirken, indem er eine Willenserklärung abgibt, die mit den Erklärungen aller übrigen Gesellschafter übereinstimmt.

17 Bei einem einseitigen Rechtsgeschäft wird die gewünschte Rechtsfolge bereits durch eine einzige Willenserklärung herbeigeführt. Dazu gehört z. B. das Testament, das ausschließlich aus der Willenserklärung des Erblassers besteht. So genügt für das eigenhändige Testament gemäß § 2247 Abs. 1 BGB die eigenhändig geschriebene und unterschriebene Erklärung des Erblassers. Ein weiteres Beispiel für ein einseitiges Rechtsgeschäft ist die Kündigung von Dauerschuldverhältnissen, etwa die Kündigung eines Mietvertrags durch den Mieter oder den Vermieter. Die gewollte Rechtsfolge der Kündigung ist die Beendigung des Dauerschuldverhältnisses.

18 Zu den weiteren Elementen, die bei einem Rechtsgeschäft hinzutreten können, gehören Realakte (Tathandlungen) und behördliche Akte. Ein Realakt ist z. B. die Übergabe bei der Übereignung beweglicher Sachen. Gemäß § 929 Satz 1 BGB muss der Eigentümer zur Übertragung des Eigentums an einer beweglichen Sache dem Erwerber die Sache übergeben und beide müssen sich über den Eigentumsübergang einig sein. Die Einigung zwischen dem Veräußerer und dem Erwerber besteht aus zwei Willenserklärungen: Der Veräußerer erklärt, dass er das Eigentum dem Erwerber übertragen will, der Erwerber, dass er das Eigentum vom Veräußerer erwerben will. Bei der Übereignung gemäß § 929 Satz 1 BGB handelt es sich daher um ein zweiseitiges Rechtsgeschäft, bei dem zu den beiden Willenserklärungen, die die Einigung bilden, noch der Realakt der Übergabe hinzutreten muss. Ein Beispiel für ein Rechtsgeschäft, bei dem zu den Willenserklärungen ein behördlicher Akt hinzukommt, ist die Grundstücksübereignung gemäß §§ 873 Abs. 1, 925 BGB. Der behördliche Akt liegt in der gemäß § 873 Abs. 1 BGB erforderlichen Eintragung des Eigentumsübergangs in das Grundbuch.

V. Willenserklärung und Rechtsgeschäft

Der Unterschied zwischen Willenserklärung und Rechtsgeschäft besteht darin, dass durch das Rechtsgeschäft die gewollte Rechtsfolge unmittelbar herbeigeführt wird, während die Willenserklärung zwar auf die Herbeiführung einer bestimmten Rechtsfolge gerichtet ist, diese Rechtsfolge aber selbst noch nicht herbeiführen muss. Beispielsweise sind Antrag und Annahme Willenserklärungen, die auf die Herbeiführung eines wirksamen Vertragsschlusses und der damit verbundenen Rechtsfolgen gerichtet sind. Beim Abschluss eines Kaufvertrags sind die von den Parteien gewollten Rechtsfolgen die wechselseitigen Ansprüche, die sich aus dem Vertrag ergeben, insbesondere der Anspruch des Käufers auf Übergabe und Übereignung der Kaufsache (§ 433 Abs. 1 Satz 1 BGB) und der Anspruch des Verkäufers auf Kaufpreiszahlung (§ 433 Abs. 2 Alt. 1 BGB). Diese von den Parteien gewollten Ansprüche kann aber keine der beiden Willenserklärungen für sich allein erzeugen. Sie werden erst durch den Kaufvertrag, also durch das aus beiden Willenserklärungen bestehende Rechtsgeschäft, herbeigeführt.

Um einen Vertragsschluss und die dafür erforderlichen Willenserklärungen geht es im folgenden Beispiel, das das Zusammenspiel zwischen dem Schuldrecht und dem Allgemeinen Teil des BGB verdeutlichen soll.

Bsp.: Rechtsanwalt Rost entdeckt bei der von Ingolf betriebenen Internet-Buchhandlung „I-Buch.de" den Titel „Bing Ling, Contract Law in China" für 116,95 £, den er durch Anklicken der Schaltfläche „Bestellen" ordert. Dabei übersieht er allerdings die Auszeichnung in britischen Pfund. Als er das Buch mit einer Rechnung über 132,65 €, was dem aktuellen Kursverhältnis entspricht, erhält, schickt er es unter Hinweis auf seinen Irrtum wieder zurück und überweist an Ingolf die verauslagten Versand- und Verpackungskosten. Kann Ingolf von Rost Zahlung des Kaufpreises oder zumindest Ersatz des entgangenen Gewinns verlangen? – Anspruchsgrundlage für den Anspruch auf Kaufpreiszahlung ist § 433 Abs. 2 Alt. 1 BGB, wonach der Käufer verpflichtet ist, dem Verkäufer den vereinbarten Kaufpreis zu zahlen. Die Vorschrift befindet sich im Besonderen Schuldrecht, also im achten Abschnitt des zweiten Buchs des BGB, in dem die „Einzelnen Schuldverhältnisse", darunter auch der Kaufvertrag (§§ 433–479 BGB), geregelt sind.
Voraussetzung für den Anspruch auf Kaufpreiszahlung ist der Abschluss eines wirksamen Kaufvertrags zwischen Ingolf als Verkäufer und Rost als Käufer. Dass Verträge durch zwei korrespondierende, d. h. wechselseitig übereinstimmende Willenserklärungen, genannt Antrag und Annahme, geschlossen werden, ergibt sich aus der Regelung in den §§ 145 ff. BGB, die sich im Allgemeinen Teil des BGB befinden. Da es Verträge in allen Bereichen des Zivilrechts gibt, sind die Vorschriften über den Vertragsschluss vor die Klammer gezogen und haben damit auch für alle übrigen Bücher des BGB Gültigkeit, insbesondere auch für den im zweiten Buch des BGB geregelten Kaufvertrag. Der Antrag liegt hier in der per Internet getätigten Bestellung des Rost. Die Annahme des Antrags ist spätestens im Verpacken und Versenden des Werks zu sehen. Damit bringt Ingolf schlüssig zum Ausdruck, dass er den Antrag des Rost annehmen will. Ein wirksamer Kaufvertrag liegt damit vor.
Da Rechtsanwalt Rost das juristische Fachbuch, wie man annehmen muss, aus beruflichen Gründen bestellt hat, handelte er in Ausübung seiner „selbständigen beruflichen Tätigkeit" (§ 14 BGB), also als Unternehmer und nicht als Verbraucher i. S. d. § 13 BGB. Es steht ihm daher nicht das Widerrufsrecht

nach den Vorschriften über Fernabsatzverträge (§§ 312g Abs. 1, 355, 357 BGB) zu. Diese verbraucherschützenden Vorschriften betreffen vertragliche Schuldverhältnisse, weshalb sie Teil des Allgemeinen Schuldrechts sind. Sie befinden sich im dritten Abschnitt des zweiten Buchs des BGB, in dem die allgemeinen Vorschriften über „Schuldverhältnisse aus Verträgen" enthalten sind.

Da Rost bei der Bestellung die Auszeichnung in britischen Pfund übersehen hat und daher davon ausging, der Preis wäre in Euro angegeben, könnte der zunächst wirksam abgeschlossene Kaufvertrag durch eine Anfechtung des Rost nach § 142 Abs. 1 BGB rückwirkend zerstört worden sein. Da eine Anfechtung, sofern die Voraussetzungen dafür vorliegen, grundsätzlich bei sämtlichen Willenserklärungen möglich ist, sind die Vorschriften über die Anfechtung (§§ 119–124, 142–144 BGB) im Allgemeinen Teil des BGB, im dritten Abschnitt („Rechtsgeschäfte") und dort im zweiten Titel („Willenserklärung"), enthalten. Für eine wirksame Anfechtung bedarf es insbesondere eines Anfechtungsgrunds. Hier dachte Rost beim Anklicken der Schaltfläche „Bestellen", er würde eine Bestellung zum Preis von 116,95 € tätigen. In Wirklichkeit bezog sich seine Bestellung aber auf die Preisauszeichnung in britischen Pfund. Rost irrte sich daher über die Bedeutung des von ihm verwendeten Erklärungszeichens und befand sich damit in einem Inhaltsirrtum gemäß § 119 Abs. 1 Alt. 1 BGB („über deren Inhalt im Irrtum war"). Rost hat daher wirksam angefochten, weshalb der Kaufvertrag gemäß § 142 Abs. 1 BGB rückwirkend nichtig ist. Ingolf kann von Rost nicht Zahlung des Kaufpreises verlangen.

Die Kehrseite der Irrtumsanfechtung ist allerdings der Anspruch auf Schadensersatz, dem der Anfechtende gemäß § 122 Abs. 1 BGB ausgesetzt ist. Als Anfechtungsgegner kann Ingolf demnach verlangen, dass Rost ihm den Schaden ersetzt, den er dadurch erleidet, dass er auf die Gültigkeit der Erklärung des Rost, also auf die Gültigkeit der Bestellung zum Preis von 116,95 £, vertraut hat. Es handelt sich um einen Anspruch auf Ersatz des Vertrauensschadens, was bedeutet, dass Ingolf so zu stellen ist, wie er stünde, wenn er von der Bestellung des Rost nie etwas erfahren hätte. Ingolf hätte dann nicht die Verpackung und den Versand des Titels an Rost veranlasst, weshalb ihm nicht die von ihm verauslagten Versand- und Verpackungskosten entstanden wären. In diesen Kosten liegt sein Vertrauensschaden. Dass Ingolf der Gewinn, den er aus dem Geschäft mit Rost gezogen hätte, aufgrund der Anfechtung entgeht, ist dagegen nicht Folge seines Vertrauens „auf die Gültigkeit der Erklärung" (§ 122 Abs. 1 BGB) und wird daher vom Vertrauensschaden nicht umfasst. Im Hinblick auf die Versand- und Verpackungskosten sind die Voraussetzungen des § 122 Abs. 1 BGB erfüllt, weshalb Ingolf gegen Rost ursprünglich ein Anspruch auf Ersatz des Vertrauensschadens zustand.

Allerdings hat Rost an Ingolf die Versand- und Verpackungskosten bereits überwiesen, weshalb der Anspruch aus § 122 Abs. 1 BGB durch Erfüllung gemäß § 362 Abs. 1 BGB erloschen ist. Unter welchen Voraussetzungen es zum Erlöschen von Schuldverhältnissen kommt, ist eine allgemeine Frage, die sich für alle Schuldverhältnisse stellt, weshalb die Erfüllung (§§ 362–371 BGB) als Erlöschensgrund im Allgemeinen Schuldrecht geregelt ist.

Literaturhinweise

Zur Herkunft des BGB: *Kaser,* Der römische Anteil am deutschen bürgerlichen Recht, JuS 1967, 337–344; *Schulte-Nölke,* Die schwere Geburt des Bürgerlichen Gesetzbuchs, NJW 1996, 1705–1710.

Zum Aufbau des BGB: *Petersen,* Die systematische Stellung des Allgemeinen Teils vor der Klammer der anderen Bücher, Jura 2011, 759–761; *Schapp,* Einführung in das Bürgerliche Recht: Das System des Bürgerlichen Rechts, JA 2003, 125–131.

Kapitel 2 Anspruchsprüfung

I. Anspruch und Anspruchsprüfung

21 Rechtsanwendung bedeutet immer die Unterordnung eines Sachverhalts, also eines konkreten Falles, unter eine oder mehrere Rechtsnormen. Bei erfolgreicher Prüfung gelangt man zum Ergebnis, dass der konkrete Fall den Tatbestand der jeweiligen Rechtsnorm erfüllt, weshalb die in der Rechtsnorm vorgesehene Rechtsfolge eintritt. Eine entscheidende Rolle bei der Rechtsanwendung spielt im Zivilrecht die Anspruchsprüfung, bei der es um die Frage geht, ob der eine Rechtsteilnehmer vom anderen ein Tun oder Unterlassen verlangen kann.

22 Die Definition des Anspruchs ist in § 194 Abs. 1 BGB enthalten. Dort heißt es: „Das Recht, von einem anderen ein Tun oder Unterlassen zu verlangen (Anspruch), unterliegt der Verjährung." Es handelt sich dabei um eine sogenannte Legaldefinition, also um eine im Gesetz enthaltene Definition. Kennzeichnend für eine solche Legaldefinition ist, dass der zu definierende Begriff, hier der Begriff „Anspruch", vom Gesetzgeber in Klammern gesetzt wird.

Definition
Anspruch ist demnach das Recht, von einem anderen ein Tun oder Unterlassen – allgemein gesprochen: ein Verhalten – zu verlangen.

23 Tun ist jedes aktive Handeln, z. B. die Zahlung eines Geldbetrags oder die Übergabe und Übereignung einer Sache, während Unterlassen jede Art von Nichtstun meint, insbesondere auch die Duldung fremden Handelns. So kann z. B. ein Kind zur Klärung seiner Abstammung von beiden Elternteilen gemäß § 1598a Abs. 1 Nr. 3 BGB verlangen, dass sie jeweils die Entnahme einer geeigneten genetischen Probe (d. h. in der Regel einer Blutprobe) „dulden". Dabei handelt es sich um einen familienrechtlichen Anspruch, der – wie § 194 Abs. 2 BGB („Einwilligung in eine genetische Untersuchung zur Klärung der Abstammung") zeigt – unverjährbar ist.

24 Besonders wichtig sind die in § 241 Abs. 1 BGB angesprochenen schuldrechtlichen Ansprüche: Gemäß § 241 Abs. 1 Satz 1 BGB hat der Gläubiger kraft des Schuldverhältnisses (z. B. des Kauf- oder Mietvertrags) das Recht, vom Schuldner eine Leistung zu fordern. Da die Vorschrift von einem Recht, eine Leistung „zu fordern" spricht, nennt man die schuldrechtlichen Ansprüche auch „Forderungen".

II. Die drei Schritte der Anspruchsprüfung

Die Anspruchsprüfung lässt sich in drei Schritte einteilen, die bei der Falllösung zu beachten sind, nämlich die Erfassung des Sachverhalts und des Bearbeitervermerks, das Auffinden einer möglichen Anspruchsgrundlage und die Subsumtion unter diese Anspruchsgrundlage.

1. Erfassung des Sachverhalts

Für die Lösung von Fällen ist die richtige Erfassung des vorgegebenen Sachverhalts ganz entscheidend. Anders als in der juristischen Praxis wird der zu bearbeitende Sachverhalt in Klausuren durch den Aufgabentext fest vorgegeben. Als Bearbeiter muss man sich daher nicht mit der Ermittlung des Sachverhalts und in aller Regel auch nicht mit der Frage der Beweisbarkeit beschäftigen. Ausführungen zur Beweislast sind nur dann erforderlich, wenn für die Falllösung relevante Punkte im Sachverhalt offengelassen sind oder ausdrücklich auf die fehlende Beweisbarkeit bestimmter Tatsachen hingewiesen wird. Im Übrigen gilt, dass sämtliche Vorgaben des Sachverhalts ohne Weiteres beweisbar sind. Keinesfalls darf man den Sachverhalt mit dem Argument „Das kann doch alles gar nicht bewiesen werden!" in Frage stellen. Genau das Gegenteil ist der Fall: Alle Tatsachen, die im Sachverhalt vorgegeben sind, sind auch beweisbar. Mit anderen Worten: Der vorgegebene Sachverhalt steht fest. In der juristischen Praxis ist dagegen die Beweisbarkeit des vorgetragenen Sachverhalts häufig ein ganz entscheidendes Problem. Auch wenn man noch so im Recht ist, wird man, wenn der Sachverhalt nicht beweisbar ist, vor Gericht keinen Erfolg haben. Ein geläufiges Sprichwort lautet daher: „Ein Gramm Beweis wiegt mehr als 1.000 Tonnen Rechtswissenschaft."

Bei der Erfassung des durch den Aufgabentext vorgegebenen Sachverhalts kommt es regelmäßig auf jedes einzelne Wort an. Da gewisse – oftmals entscheidende – Einzelheiten des Falles häufig erst beim zweiten Lesen auffallen, sollte man es sich zur Gewohnheit machen, Sachverhalte immer zweimal durchzulesen. Die Bearbeitungszeit, die man für das zweimalige Lesen des Sachverhalts benötigt, ist auf jeden Fall gut investierte Zeit.

Der Aufgabentext schließt mit dem Bearbeitervermerk, in dem sich die Arbeitsanweisungen befinden. Bei der Bearbeitung einer Klausur sind diese Arbeitsanweisungen strikt zu beachten. Insbesondere können im Bearbeitervermerk Einschränkungen enthalten sein, z. B. durch den folgenden Hinweis: „Ansprüche aus Bereicherungsrecht (§§ 812–822 BGB) sind nicht zu prüfen."

> **Klausurbewertung** ✓
> Übersieht man einen solchen Hinweis und macht in der Lösung Ausführungen zu nicht gefragten Punkten, verliert man nicht nur wertvolle Zeit, sondern setzt sich regelmäßig auch dem Vorwurf der falschen Gewichtung aus, weil die Ausführungen zu den eigentlich zu bearbeitenden Ansprüchen zu kurz kommen.

2. Auffinden einer möglichen Anspruchsgrundlage

Nach der Erfassung des Sachverhalts besteht der zweite Schritt der Anspruchsprüfung im Auffinden einer möglichen Anspruchsgrundlage.

30 a) **Anspruchsgrundlage, Hilfsnorm, Gegennorm.** Anspruchsgrundlagen sind Vorschriften, deren Rechtsfolge ein Anspruch ist. Als Rechtsfolge muss in der Vorschrift also das Recht, von einem anderen ein **Tun oder Unterlassen** zu verlangen, angeordnet sein.

31 Wie es dem Idealbild einer Rechtsnorm entspricht, besteht eine Anspruchsgrundlage aus **Tatbestand und Rechtsfolge**.

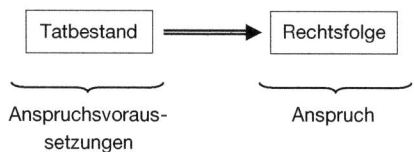

32 Im Tatbestand sind die einzelnen Voraussetzungen genannt, an die vom Gesetz der Eintritt der Rechtsfolge geknüpft wird. Bei einer Anspruchsgrundlage enthält der Tatbestand die Anspruchsvoraussetzungen, die vorliegen müssen, damit der Anspruch gegeben ist.

33 Im Beispiel der Internet-Bestellung (Rn. 20) wurde bereits die Anspruchsgrundlage des § 433 Abs. 2 Alt. 1 BGB genannt. Die Vorschrift regelt den Anspruch des Verkäufers gegen den Käufer auf Zahlung des Kaufpreises. Tatbestand bzw. Anspruchsvoraussetzung ist hier der Abschluss eines wirksamen Kaufvertrags zwischen dem Käufer und dem Verkäufer. Die Rechtsfolge liegt im Anspruch auf Kaufpreiszahlung. Um zu erkennen, ob es sich bei einer Vorschrift um eine Anspruchsgrundlage handelt, sind **Schlüsselformulierungen** wie „kann verlangen", „ist verpflichtet" oder ähnliche Ausdrücke entscheidend. Selten findet sich der explizite Ausdruck „hat einen Anspruch auf" (z. B. in § 288 Abs. 5 Satz 1 BGB). Bei Ansprüchen, die auf ein Unterlassen gerichtet sind, findet sich die Formulierung „kann […] auf Unterlassung klagen" (z. B. §§ 12 Satz 2, 862 Abs. 1, 1004 Abs. 1 Satz 2 BGB). Einen Hinweis auf eine Anspruchsgrundlage kann auch die amtliche Überschrift der jeweiligen Vorschrift liefern, z. B. lautet bei § 812 BGB und § 985 BGB die amtliche Überschrift jeweils „Herausgabeanspruch", bei § 257 BGB „Befreiungsanspruch". Allerdings muss auch bei einer derartigen Überschrift, wenn die Vorschrift untergliedert ist, noch anhand der Schlüsselformulierungen überprüft werden, bei welchen Sätzen bzw. Absätzen der Vorschrift es sich tatsächlich um Anspruchsgrundlagen handelt. Bei § 812 BGB finden sich Anspruchsgrundlagen in Absatz 1 Satz 1 („ist […] verpflichtet") und Satz 2 („Diese Verpflichtung besteht auch dann, […]"), nicht dagegen in Absatz 2. In § 257 BGB liegt die Anspruchsgrundlage für den Befreiungsanspruch in Satz 1 („kann […] verlangen"), während sich aus Satz 2 kein Anspruch ergibt. Oftmals ist die amtliche Überschrift einer Vorschrift für sich allein noch nicht aussagekräftig, z. B. die Überschrift „Schadensersatz wegen Pflichtverletzung" bei § 280 BGB. Erst die Formulierung „so kann […] verlangen" in § 280 Abs. 1 Satz 1 BGB zeigt, dass es sich insoweit um eine Anspruchsgrundlage handelt.

34 Nicht irreführen lassen darf man sich von der Überschrift „Verantwortlichkeit des Schuldners" des § 276 BGB. Insbesondere stellt § 276 Abs. 1 Satz 1 BGB mit der

Formulierung „Der Schuldner hat Vorsatz und Fahrlässigkeit zu vertreten, […]" keine Anspruchsgrundlage dar, weil in der Vorschrift nicht gesagt wird, dass der Gläubiger vom Schuldner etwas verlangen kann. Es handelt sich bei § 276 BGB vielmehr um eine sogenannte **Hilfsnorm**. Hilfsnormen dienen dazu, einzelne Tatbestandsvoraussetzungen einer Anspruchsgrundlage näher zu bestimmen. Durch die Hilfsnorm des § 276 BGB wird der Umfang des Vertretenmüssens des Schuldners beschrieben, das in einer ganzen Reihe von Anspruchsgrundlagen eine Tatbestandsvoraussetzung bildet. So setzt etwa der eben genannte Anspruch auf Schadensersatz wegen Pflichtverletzung aus § 280 Abs. 1 Satz 1 BGB ein Vertretenmüssen des Schuldners voraus, wie sich aus § 280 Abs. 1 Satz 2 BGB ergibt. Die Hilfsnorm des § 276 Abs. 1 Satz 1 BGB erklärt, was unter dem Ausdruck „nicht zu vertreten hat" in § 280 Abs. 1 Satz 2 BGB zu verstehen ist: Der Schuldner darf weder vorsätzlich noch fahrlässig gehandelt haben.

Neben den Anspruchsgrundlagen und den Hilfsnormen gibt es noch die sogenannten **Gegennormen**. Während bei der Anspruchsgrundlage die Rechtsfolge der Anspruch ist, hat eine Gegennorm die Hemmung oder den Ausschluss des Anspruchs zur Folge. Eine im Beispiel der Internet-Bestellung (Rn. 20) angesprochene Gegennorm ist § 142 Abs. 1 BGB. In der Vorschrift, in der es um die Rechtsfolgen der Anfechtung geht, ist geregelt, dass ein anfechtbares Rechtsgeschäft, wenn es angefochten wird, als von Anfang an nichtig anzusehen ist. Im Beispiel wird durch die Anfechtung der zunächst per Internet wirksam abgeschlossene Kaufvertrag gemäß § 142 Abs. 1 BGB wieder zerstört, und zwar mit Rückwirkung.

b) **Die sogenannte „Vier-W-Frage".** Um im konkreten Fall die möglichen Anspruchsgrundlagen zu finden, muss der Sachverhalt grundsätzlich auf alle denkbaren Anspruchsbeziehungen hin untersucht werden. Dabei hilft die sogenannte „Vier-W-Frage", die aus vier mit dem Buchstaben „W" beginnenden Frageworten besteht: „Wer will was von wem woraus?"

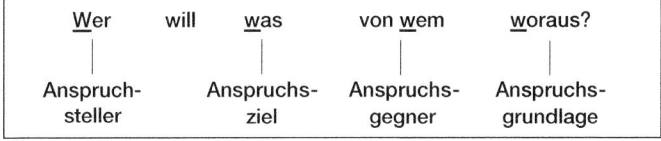

In vollem Umfang stellt sich die „Vier-W-Frage", wenn die Fallfrage – wie das häufig vorkommt – ganz allgemein gehalten ist und etwa „Wie ist die Rechtslage?" lautet. Anhand des konkreten Sachverhalts muss dann überlegt werden, wer vernünftigerweise was von wem verlangen kann. Es geht also um die Ermittlung der Anspruchsbeziehungen, die jeweils aus der Person des Anspruchstellers, des Anspruchsgegners und des vom Anspruchsteller gegenüber dem Anspruchsgegner verfolgten Anspruchsziels bestehen. Handelt der Sachverhalt beispielsweise vom Abschluss eines Kaufvertrags, stellt sich die Frage, ob der Käufer vom Verkäufer die Übergabe und Übereignung der Kaufsache und ob der Verkäufer vom Käufer Zahlung des Kaufpreises und Abnahme der Kaufsache verlangen kann. Für diese Anspruchsbeziehungen sind die Anspruchsgrundlagen zu ermitteln, also die Vorschriften, die eine zum verfolgten Anspruchsziel passende Rechtsfolge aufweisen. Im Beispiel des Kaufvertrags ist § 433 Abs. 1 Satz 1 BGB die passende Anspruchsgrundlage für den Anspruch des Käufers gegen den Verkäufer auf Übergabe und Übereignung der Kaufsache, während für den Anspruch des Verkäufers gegen den Käufer auf Kaufpreiszahlung und Abnahme der Kaufsache § 433 Abs. 2 BGB die passende Anspruchsgrundlage ist.

38 Oft ist in der Aufgabenstellung die zu prüfende Anspruchsbeziehung genau bezeichnet, etwa indem sich die Fallfrage auf einen konkreten Anspruch zwischen den beteiligten Personen bezieht.

> **Bsp.:** Viktor sagt zu Kuno: „Du kannst mein Fahrrad für 100 € haben." Kuno antwortet: „Super, das ist ja so gut wie geschenkt! Nur her damit!" Kann Viktor von Kuno Zahlung von 100 € verlangen?

39 Durch die Fallfrage „Kann Viktor von Kuno Zahlung von 100 € verlangen?" ist die Anspruchsbeziehung exakt vorgegeben: Für die Fallbearbeitung stehen Viktor als Anspruchsteller, Kuno als Anspruchsgegner und die Zahlung von 100 € als Anspruchsziel fest. Die ersten drei Elemente der „Vier-W-Frage" („Wer will was von wem?") sind damit bereits durch die Aufgabenstellung festgelegt, weshalb sich die „Vier-W-Frage" auf die Ermittlung der Anspruchsgrundlage („Woraus?") reduziert. Da es trotz Kunos Äußerung „das ist ja so gut wie geschenkt" ersichtlich nicht um eine Schenkung des Fahrrades geht, sondern um eine Veräußerung gegen Geld, handelt es sich um den Abschluss eines Kaufvertrags. Die zur Fallfrage passende Anspruchsgrundlage ist daher die Vorschrift des § 433 Abs. 2 Alt. 1 BGB, die den Anspruch des Verkäufers gegen den Käufer auf Kaufpreiszahlung regelt.

3. Subsumtion

40 Die im zweiten Schritt ermittelten Anspruchsgrundlagen bilden – im Sinne von **Arbeitshypothesen** – den Ausgangspunkt für die Prüfung der in Frage stehenden Ansprüche. Nach dem Auffinden der möglichen Anspruchsgrundlagen gelangt man daher im dritten Schritt zur Prüfung der einzelnen Voraussetzungen dieser Anspruchsgrundlagen. Diesen dritten Schritt der Anspruchsprüfung nennt man auch den Schritt der „Subsumtion".

Definition
Unter Subsumtion versteht man die Prüfung, ob der Tatbestand einer bestimmten Rechtsnorm bei Zugrundelegung des konkreten Lebenssachverhalts erfüllt ist.

41 Bei der Subsumtion müssen die einzelnen Tatbestandsvoraussetzungen der Rechtsnorm anhand des konkreten Sachverhalts geprüft werden. Geht es um die Subsumtion unter eine Anspruchsgrundlage, sind die einzelnen Anspruchsvoraussetzungen zu prüfen. Man kann auch sagen, dass bei der Subsumtion der konkrete Sachverhalt unter den Tatbestand einer bestimmten Rechtsnorm untergeordnet wird. So erklärt sich der Begriff „Subsumtion", der von neulateinisch *subsumere* („unterordnen") abgeleitet ist und „Unterordnung" bedeutet.

42 Die Subsumtion untergliedert sich wiederum in drei Schritte, nämlich die Bildung eines **Obersatzes**, die Gewinnung des **Untersatzes** und die hieraus gezogene **Schlussfolgerung**. Im Obersatz werden bei der Anspruchsprüfung die Anspruchsvoraussetzungen genannt. Im Untersatz erfolgt die Unterordnung des Sachverhalts unter den Obersatz, worin die eigentliche Subsumtion im Sinne von „Unterordnung" liegt. Schließlich wird in der Schlussfolgerung das Ergebnis der Subsumtion festgehalten. Das Ergebnis einer Anspruchsprüfung liegt in der Feststellung, dass der geprüfte Anspruch im konkreten Fall besteht, weil sämtliche Anspruchsvoraussetzungen erfüllt sind, andernfalls in der Feststellung, dass der geprüfte Anspruch nicht gegeben ist.

Vereinfacht lassen sich die drei Schritte der Subsumtion am Beispiel in Rn. 38 (Anspruch auf Kaufpreiszahlung) folgendermaßen darstellen: **43**

Vereinfachtes Schema der Subsumtion

Arbeitsschritte		Lösung
Anspruchsgrundlage (als Arbeitshypothese)		§ 433 Abs. 2 Alt. 1 BGB Viktor könnte gegen Kuno einen Anspruch auf Kaufpreiszahlung in Höhe von 100 € gemäß § 433 Abs. 2 Alt. 1 BGB haben.
Subsumtion		
	Obersatz:	Hierzu müssten Viktor und Kuno einen wirksamen Kaufvertrag abgeschlossen haben.
	Untersatz:	Viktor und Kuno haben sich über den wesentlichen Inhalt des Kaufvertrags, nämlich über den Kaufgegenstand, hier das Fahrrad, und den Kaufpreis in Höhe von 100 €, geeinigt.
	Schlussfolgerung:	Ein wirksamer Kaufvertrag zwischen Viktor und Kuno liegt somit vor.
Ergebnis		Viktor kann von Kuno gemäß § 433 Abs. 2 Alt. 1 BGB Zahlung des Kaufpreises in Höhe von 100 € verlangen.

Allerdings ist nicht immer eine unmittelbare Subsumtion unter den ersten Obersatz, den man gebildet hat, möglich. So liegt es auch hier: Der im Obersatz verwendete Rechtsbegriff „Kaufvertrag" ist selbst erklärungsbedürftig, weshalb dieser Obersatz (erster Stufe) durch weitere Obersätze (zweiter, dritter, vierter Stufe usw.) aufgeschlüsselt und näher erklärt werden muss, bis man zu einem Obersatz gelangt, unter den unmittelbar subsumiert werden kann. **44**

Das vereinfachte Schema der Subsumtion ist daher wie folgt zu vervollständigen, um den Anforderungen an eine ordnungsgemäße Fallbearbeitung zu genügen: **45**

Vollständiges Schema der Subsumtion

Arbeitsschritte	Lösung
Anspruchsgrundlage (als Arbeitshypothese)	§ 433 Abs. 2 Alt. 1 BGB Viktor könnte gegen Kuno einen Anspruch auf Kaufpreiszahlung gemäß § 433 Abs. 2 Alt. 1 BGB haben.
Subsumtion	1. Wirksamer Kaufvertrag
Obersatz 1:	Hierzu müssten Viktor und Kuno einen wirksamen Kaufvertrag abgeschlossen haben.
Obersatz 2:	Dazu sind zwei korrespondierende, das heißt wechselseitig übereinstimmende Willenserklärungen, nämlich Antrag und Annahme, erforderlich (vgl. §§ 145 ff. BGB).
	a) Antrag des Viktor
Obersatz 3:	Ein wirksamer Antrag muss die Hauptpunkte des Vertrags *(essentialia negotii)* umfassen, also Kaufgegenstand und Kaufpreis.
Untersatz (zu Obersatz 3):	Viktor hat hier sowohl das Fahrrad als Kaufgegenstand als auch den genauen Kaufpreis in Höhe von 100 € genannt,
Schlussfolgerung (zu Obersatz 2 und 3):	weshalb ein wirksamer Antrag vorliegt.
	b) Annahme des Kuno Kuno müsste den Antrag des Viktor auch angenommen haben.
Obersatz 4:	Eine wirksame Annahme setzt ein uneingeschränktes Ja zum Antrag voraus (vgl. § 150 Abs. 2 BGB).
Untersatz (zu Obersatz 4):	Kuno hat sich hier mit seiner Antwort „Super, das ist ja so gut wie geschenkt! Nur her damit!" ohne jede Änderung mit dem Antrag des Viktor einverstanden erklärt. Insbesondere zeigen die Worte „so gut wie geschenkt", dass Kuno nicht etwa von einer Schenkung ausgeht.
Schlussfolgerung (zu Obersatz 2 und 4):	Kuno hat daher den Antrag des Viktor angenommen.
	c) Ergebnis zur Frage des Kaufvertrags
Schlussfolgerung (zu Obersatz 1):	Zwischen Viktor und Kuno ist ein wirksamer Kaufvertrag zustande gekommen.
Ergebnis	2. Gesamtergebnis Viktor kann von Kuno gemäß § 433 Abs. 2 Alt. 1 BGB Zahlung des Kaufpreises in Höhe von 100 € verlangen.

Bei einer klausurmäßigen Falllösung wird freilich die linke Spalte mit den dort protokollierten Arbeitsschritten, die hier nur der Verdeutlichung dienen, weggelassen. Die Falllösung beschränkt sich auf die in der rechten Spalte („Lösung") enthaltenen Ausführungen.

III. Gutachten und Urteil

Im juristischen Studium bis zum ersten Examen liegt der Schwerpunkt der Aufgabenstellung auf dem juristischen Gutachten. Der Sinn des Gutachtens liegt darin, eine Zielperson, etwa den Mandanten eines Rechtsanwalts, über die Lösung der aufgeworfenen rechtlichen Fragen umfassend und abschließend zu informieren. Das Gutachten kann als Entscheidungshilfe für das weitere Vorgehen dienen, etwa für die Frage, ob die Erhebung einer Klage im konkreten Fall aussichtsreich ist. Das Gutachten kann auch für den Richter bestimmt sein, der dieses als Vorarbeit für das von ihm zu fällende Urteil nutzen kann.

Ein Beispiel für ein juristisches Gutachten stellt die Lösung dar, die in der rechten Spalte des Subsumtionsschemas unter Rn. 45 enthalten ist. Das entscheidende Merkmal des Gutachtens liegt darin, dass das Ergebnis erst ganz am Schluss zu finden ist. Im Rahmen der Anspruchsprüfung muss daher bei der Nennung der Anspruchsgrundlage, die ganz am Anfang des Gutachtens steht, klargestellt werden, dass es sich nur um eine mögliche Anspruchsgrundlage, also um eine **Arbeitshypothese**, handelt und nicht etwa bereits um das Ergebnis, das erst ganz am Schluss des Gutachtens steht. Daher ist im einleitenden Satz, der die Anspruchsgrundlage nennt, die Möglichkeitsform (der Potenzialis) zu verwenden. Unter Rn. 45 lautet der einleitende Satz wie folgt:

> „Viktor könnte gegen Kuno einen Anspruch auf Kaufpreiszahlung [...] haben."

Dass es sich dabei um eine – noch im Einzelnen zu prüfende – Arbeitshypothese handelt, wird durch die Verwendung des Konjunktivs „könnte" verdeutlicht. Es können auch andere Formulierungen, die den Potenzialis ausdrücken, verwendet werden:

> „Möglicherweise hat Viktor gegen Kuno einen Anspruch auf Kaufpreiszahlung [...]."

> „In Betracht kommt ein Anspruch des Viktor gegen Kuno auf Kaufpreiszahlung [...]."

Diese Einleitungssätze im Potenzialis bilden ein wichtiges Element des sogenannten Gutachtenstils, der bei der Abfassung von juristischen Gutachten zu beachten ist.

> **Formulierung**
> Ein häufiger Anfängerfehler liegt in der Übertreibung des Gutachtenstils, indem es innerhalb eines Satzes zu einer Häufung des Potenzialis kommt. Diese Häufung ist nicht nur überflüssig, sondern auch stilistisch falsch und sollte daher unbedingt vermieden werden.

Ein Beispiel dafür, wie man es nicht machen sollte, ist die folgende Formulierung, in der der Ausdruck „in Betracht kommt" mit dem Konjunktiv „könnte" kombiniert wird:

„In Betracht könnte ein Anspruch des Viktor gegen Kuno auf Kaufpreiszahlung [...] kommen."

49 Im Anschluss an die Nennung der Anspruchsgrundlage müssen deren Tatbestandsmerkmale, also die Anspruchsvoraussetzungen, erörtert werden. Auch hierbei ist der Gutachtenstil zu beachten, d. h., jedes Teilergebnis darf immer nur am Schluss der entsprechenden Teilprüfung stehen. Sowohl für die Teilergebnisse als auch für das ganz am Schluss des Gutachtens stehende Gesamtergebnis gilt, dass diese eindeutig sein müssen. Insbesondere kann eine Anspruchsprüfung nur entweder zu dem Ergebnis kommen, dass der geprüfte Anspruch besteht, oder dazu, dass dieser Anspruch nicht besteht. Eine dritte Möglichkeit gibt es nicht.[14] Im Hinblick auf das gewonnene Ergebnis darf es zudem keinerlei Unsicherheit geben, was auch stilistisch zum Ausdruck kommen muss. Daher ist bei der Formulierung von Ergebnissen die Wirklichkeitsform (der Realis) zu verwenden.

50 Im Realis sind demzufolge die Teilergebnisse und das Gesamtergebnis im Beispiel unter Rn. 45 formuliert:

*„[...] weshalb ein wirksamer Antrag **vorliegt**."*

*„Kuno **hat** daher den Antrag des Viktor angenommen."*

*„Zwischen Viktor und Kuno **ist** ein wirksamer Kaufvertrag zustande gekommen."*

*„Viktor **kann** von Kuno [...] Zahlung des Kaufpreises [...] verlangen."*

Formulierung

Selbst fortgeschrittenen Bearbeitern kann der Fehler unterlaufen, bei der Formulierung von Ergebnissen, insbesondere auch des Gesamtergebnisses, den Potenzialis zu verwenden. Die Folge ist, dass das jeweilige Ergebnis für die Zielperson des Gutachtens unsicher bleibt und das Gutachten damit sein Ziel verfehlt, die aufgeworfenen rechtlichen Fragen abschließend zu beantworten. Bisweilen handelt es sich dabei nicht nur um ein stilistisches Versehen. Die Formulierung im Potenzialis kann ihren Grund auch darin haben, dass sich der Bearbeiter selbst unsicher ist und daher seine Aussage abschwächen will. Eine solche Abschwächung widerspricht allerdings den grundlegenden Anforderungen an ein juristisches Gutachten, das eine eindeutige und sichere Lösung präsentieren muss.

51 Keinesfalls darf daher das Gesamtergebnis wie folgt formuliert werden:

„Daher könnte Viktor von Kuno [...] Zahlung des Kaufpreises [...] verlangen."

„Viktor wird wohl gegen Kuno einen Anspruch auf Zahlung des Kaufpreises [...] haben."

52 Vom Gutachten zu unterscheiden ist das **Urteil**, das in der juristischen Ausbildung erst in der Referendarzeit, also nach dem ersten Examen, verlangt wird. Das Urteil ist dadurch gekennzeichnet, dass das Ergebnis ganz am Anfang steht und im Anschluss daran die Begründung dieses Ergebnisses folgt. Die – im Vergleich zum Gutachten umgekehrte – Reihenfolge hat ihren Grund darin, dass die richterliche

---

14 Es gilt insoweit der Satz des ausgeschlossenen Dritten: *Tertium non datur!* („Ein Drittes gibt es nicht!").

Entscheidung den Kern des Urteils bildet und daher an erster Stelle stehen muss. Wer als Kläger oder Beklagter Adressat eines Urteils ist, möchte vor allem wissen, wie der Richter den Fall entschieden hat. Die rechtliche Begründung hat demgegenüber dienende Funktion und soll den Adressaten des Urteils die Möglichkeit geben, die richterliche Entscheidung nachzuvollziehen.

Kennzeichnend für den **Urteilsstil** ist die Verwendung von „Denn"-Sätzen, die der Begründung des an der Spitze des Urteils stehenden Ergebnisses dienen. Die Formulierung kann beispielsweise wie folgt aussehen: **53**

> *„Viktor hat gegen Kuno einen Anspruch auf Kaufpreiszahlung, denn es ist zwischen Viktor als Verkäufer und Kuno als Käufer ein wirksamer Kaufvertrag zustande gekommen."*

Dagegen sind für den **Gutachtenstil** „Daher"-Sätze kennzeichnend, wobei an die Stelle von „daher" auch andere konsekutive Konjunktionen bzw. Adverbien wie „weshalb", „sodass", „darum", „demnach", „deshalb", „folglich", „infolgedessen" oder „somit" treten können. Beim Urteilsstil kann die Konjunktion „denn" durch andere kausale Konjunktionen bzw. Adverbien wie „weil" oder „nämlich" ersetzt werden.

Im Rahmen eines Gutachtens ist die Verwendung des Urteilsstils grundsätzlich nicht zulässig und wird als Fehler gewertet. Eine Ausnahme gilt allerdings dann, wenn es sich um ganz unproblematische Punkte handelt, die keiner Begründung bedürfen. Solche Punkte werden – unter Anwendung des Urteilsstils – einfach nur festgestellt. **54**

> **Bsp.:** Es soll um den Sachverhalt eines Autounfalles gehen, bei dem der Autofahrer Anton, der zugleich der Halter des Fahrzeugs ist, den Fußgänger Franz verletzt hat. Wird hier nach der Halterhaftung nach dem Straßenverkehrsgesetz (StVG) gefragt, ist die Anspruchsgrundlage des § 7 Abs. 1 StVG einschlägig. Die Vorschrift sieht eine verschuldensunabhängige Verpflichtung des Fahrzeughalters zum Schadensersatz vor, wenn beim Betrieb eines Kraftfahrzeugs der Körper oder die Gesundheit eines Menschen verletzt wird. Kraftfahrzeuge werden in § 1 Abs. 2 StVG definiert als „Landfahrzeuge, die durch Maschinenkraft bewegt werden, ohne an Bahngleise gebunden zu sein". Dass es sich bei einem Auto um ein derartiges Landfahrzeug handelt, ist selbstverständlich, weshalb die Definition des § 1 Abs. 2 StVG in der Falllösung nicht bemüht werden muss. Man kann im Gutachten einfach feststellen, dass die Verletzung des Fußgängers Franz „beim Betrieb eines Kraftfahrzeugs" erfolgt ist, ohne dass der Begriff des Kraftfahrzeugs irgendeiner Erläuterung bedürfte. Dagegen müsste die Frage der Einordnung als Kraftfahrzeug angesprochen werden, wenn Anton nicht mit dem Auto, sondern mit einem E-Bike unterwegs gewesen wäre. Gemäß § 1 Abs. 3 Nr. 1 StVG kommt es bei E-Bikes insbesondere darauf an, ob sich die elektrische Pedalunterstützung ab einer Geschwindigkeit von 25 km/h automatisch abschaltet. Ist das nicht der Fall, handelt es sich auch bei einem E-Bike um ein Kraftfahrzeug.

Ganz **selbstverständliche Punkte** müssen nicht einmal im Urteilsstil festgestellt, sondern können ganz weggelassen werden. Beispielsweise ist im Fall des Fahrradkaufs (Rn. 38 f.) nicht festgestellt worden, dass es sich bei dem verkauften Fahrrad um eine Sache handelt. Zwar ist in § 433 Abs. 1 Satz 1 BGB von einer „Sache" die **55**

Rede, weshalb der Kaufgegenstand eine Sache i. S. d. § 90 BGB sein muss, also ein körperlicher Gegenstand. Beim Kauf eines Fahrrades muss man darüber aber kein Wort verlieren, weil es völlig selbstverständlich ist, dass es sich bei einem Fahrrad um eine Sache handelt. Geradezu absurd würden daher Ausführungen der folgenden Art wirken:

"Das Fahrrad müsste eine Sache i. S. d. § 90 BGB, also ein körperlicher Gegenstand sein. Ein Gegenstand ist körperlich, wenn er sinnlich wahrnehmbar und räumlich abgegrenzt ist. Das Fahrrad ist ein mit Händen greifbarer Gegenstand, also sinnlich wahrnehmbar und auch räumlich abgegrenzt. Es handelt sich folglich um eine Sache i. S. d. § 90 BGB."

56 Näher erläutert werden muss der Sachbegriff des § 90 BGB dagegen, wenn es beispielsweise um einen Vertrag über die Lieferung elektrischer Energie geht. Diese ist zwar sinnlich wahrnehmbar, jedoch – angesichts der in den Leitungen frei beweglichen Elektronen – nicht räumlich abgegrenzt, weshalb es sich nicht um einen körperlichen Gegenstand und damit nicht um eine Sache i. S. d. § 90 BGB handelt. Gleichwohl gelangt man auch hier zur Anspruchsgrundlage des § 433 Abs. 1 Satz 1 BGB. Denn aufgrund der Verweisung in § 453 Abs. 1 Satz 1 BGB finden die Vorschriften über den Kauf von Sachen (§§ 433 ff. BGB) auf den Kauf von „sonstigen Gegenständen" entsprechende Anwendung.

57 Ein weiterer wesentlicher Unterschied zwischen Gutachten und Urteil besteht darin, dass das Gutachten eine umfassende Prüfung der aufgeworfenen Rechtsfragen unter Berücksichtigung **aller rechtlichen Gesichtspunkte** darstellt, während in einem Urteil für das gewonnene Ergebnis eine einzige Begründung ausreicht. Häufig gibt es für ein und denselben Anspruch mehrere Anspruchsgrundlagen. So kann der Eigentümer vom Dieb die Herausgabe der gestohlenen Sache nicht nur nach § 985 BGB, sondern auch nach Deliktsrecht (§ 823 Abs. 1 BGB) und Bereicherungsrecht (§ 812 Abs. 1 Satz 1 Alt. 2 BGB) verlangen. Im Gutachten, das eine umfassende Prüfung liefern muss, sind alle einschlägigen Anspruchsgrundlagen zu erörtern. Dagegen kann sich der Richter in seiner Urteilsbegründung auf eine Anspruchsgrundlage beschränken, etwa auf § 985 BGB, da diese für sich allein schon den Anspruch des Eigentümers gegen den Dieb rechtfertigt.

Literaturhinweise

Zur Anspruchsprüfung: *Armbrüster/Leske,* Hinweise zur Bearbeitung vertragsrechtlicher Klausurfälle, JA 2002, 130–139; *Bitter/Rauhut,* Grundzüge zivilrechtlicher Methodik – Schlüssel zu einer gelungenen Fallbearbeitung, JuS 2009, 289–298; *Brox,* Zur Methode der Bearbeitung eines zivilrechtlichen Falles, JA 1987, 169–176; *Früh,* Die Anspruchsprüfung im Zivilrecht, JuS 1991, 656–660, 742–747; *Körber,* Zivilrechtliche Fallbearbeitung in Klausur und Praxis, JuS 2008, 289–296; *Leenen,* Anspruchsaufbau und Gesetz: Wie die Methodik der Fallbearbeitung hilft, das Gesetz leichter zu verstehen, Jura 2011, 723–729; *Linhart,* Das System der Anspruchsgrundlagen, Einwendungen und Einreden in der Zivilrechtsklausur, JA 2006, 266–270; *Petersen,* Die Entstehung und Prüfung von Ansprüchen, Jura 2008, 180–183; *Schapp,* Das Zivilrecht als Anspruchssystem, JuS 1992, 537–544; *ders.* Einführung in das Bürgerliche Recht – Die Anspruchsnormen und ihre Anwendung, JA 2002, 939–945.

Zum juristischen Gutachten und zum Gutachtenstil: *Beck,* Juristische Klausuren von Anfang an (richtig) schreiben, Jura 2012, 262–267; *Beyerbach,* Gutachten, Hilfsgutachten und Gutachtenstil – Bemerkungen zur juristischen Fallbearbeitung, JA 2014, 813–819; *Bialluch/Wernert*, Grundlagenwissen: Gesetzesbezogene Fallbearbeitung, JuS 2018, 326–330; *Fleck/Arnold*, Die Klausur im Zivilrecht – Struktur, Taktik, Darstellung und Stil, JuS 2009, 881–886; *Franck*, Zur Verwendung des Konjunktivs für den Lösungsansatz in einem Gutachten, JuS 2004, 174–176; *Hattenhauer*, Stilregeln für Juristen, JA Sonderheft für Erstsemester, 2016, 43–46; *P. Meier/Jocham*, Wie man Argumente gewinnt – Die Kunst, dogmatisch und überzeugend zu begründen, JuS 2015, 490–496; *Valerius*, Der Gutachtenstil in der juristischen Fallbearbeitung, JA Sonderheft für Erstsemester, 2016, 36–42.

Kapitel 3   Trennungs- und Abstraktionsprinzip

58   Für das deutsche Zivilrecht ist das Trennungs- und vor allem das Abstraktionsprinzip in besonderer Weise prägend. Das geht so weit, dass das Abstraktionsprinzip ironisch als „wichtiger Beitrag zur Sozialisation von Juristen" bezeichnet wird.[15] Ganz entscheidend ist es, korrekt zwischen dem Trennungs- und Abstraktionsprinzip zu unterscheiden. Gelegentlich ist pauschal vom „Abstraktionsprinzip" die Rede, obwohl es in Wirklichkeit um zwei Prinzipien geht, wobei das Abstraktionsprinzip auf dem Trennungsprinzip aufbaut. Die Notwendigkeit der Unterscheidung beider Prinzipien wird nicht zuletzt dadurch bestätigt, dass es Rechtsordnungen gibt, in denen zwar das Trennungs-, nicht aber das Abstraktionsprinzip gilt, z. B. das österreichische Recht. Und natürlich gibt es auch Rechtsordnungen, in denen weder das Trennungs- noch das Abstraktionsprinzip gilt, z. B. das französische Recht.

I.   Die Unterscheidung von Verpflichtungs- und Verfügungsgeschäft

59   Um das Trennungs- und das Abstraktionsprinzip zu beschreiben, muss zunächst der Unterschied zwischen Verpflichtungs- und Verfügungsgeschäft geklärt werden. Ein Verpflichtungsgeschäft ist beispielsweise der Kaufvertrag nach § 433 BGB, während es sich bei der gemäß § 929 Satz 1 BGB erfolgenden Übereignung der Kaufsache und des Geldbetrags, der als Kaufpreis geschuldet wird, um Verfügungsgeschäfte handelt.

Definition
Bei einem Verpflichtungsgeschäft handelt es sich um ein Rechtsgeschäft, durch das ein Recht **begründet** wird, und zwar ein Recht auf eine Leistung, also ein (schuldrechtlicher) Anspruch.[16]
Dagegen wird durch ein Verfügungsgeschäft auf ein **bereits bestehendes** Recht unmittelbar eingewirkt, d. h., das Recht wird übertragen, belastet, inhaltlich verändert oder aufgehoben.

60   Durch den Kaufvertrag, der hier als Beispiel für ein Verpflichtungsgeschäft dient, werden Ansprüche begründet, nämlich der Anspruch des Käufers auf Übergabe und Übereignung der Kaufsache nach § 433 Abs. 1 Satz 1 BGB und der Anspruch

---

15   *Wesel*, Juristische Weltkunde, 8. Aufl. 2000, S. 93.
16   Zur allgemeinen Definition des Anspruchs und zur besonderen Ausprägung des schuldrechtlichen Anspruchs siehe oben Kapitel 2 Rn. 22 f.

des Verkäufers auf Kaufpreiszahlung und Abnahme der Kaufsache nach § 433 Abs. 2 BGB. Es handelt sich hierbei um die Begründung neuer Rechte, die es vor dem Abschluss des Kaufvertrags noch nicht gab. Durch die Übereignung der Kaufsache bzw. des als Kaufpreis geschuldeten Geldbetrags nach § 929 Satz 1 BGB wird auf ein bereits bestehendes Recht, nämlich das Eigentum, unmittelbar eingewirkt, indem das Eigentum an der Kaufsache vom Verkäufer auf den Käufer, das Eigentum an den Geldstücken und -scheinen vom Käufer auf den Verkäufer übertragen wird. Bei der Übereignung nach § 929 Satz 1 BGB handelt es sich daher um ein Verfügungsgeschäft.

Eine gewisse Schwierigkeit liegt darin, dass das Verpflichtungsgeschäft und das Verfügungsgeschäft im täglichen Leben regelmäßig nicht ordentlich unterschieden werden. Das zeigt insbesondere der sogenannte **Handkauf**, bei dem es zum unmittelbaren Austausch von Ware und Geld kommt. Verpflichtungs- und Verfügungsgeschäft fallen dabei rein äußerlich zusammen, müssen aber rechtlich unterschieden werden. **61**

> **Bsp.:** Arne holt sich am Kiosk des Bert allmorgendlich die Lokalzeitung. Auch diesen Morgen nimmt er die aktuelle Ausgabe vom ausliegenden Stapel und legt 2 € auf den Tresen. Sowohl Arne als auch Bert sagen dabei nur: „Guten Morgen!" Welche Rechtsgeschäfte (Verpflichtungs-, Verfügungsgeschäfte) haben Arne und Bert geschlossen? – Obwohl es sich beim Zeitungskauf am Kiosk um einen einheitlichen Lebensvorgang handelt, werden von Arne und Bert mehrere Rechtsgeschäfte abgeschlossen, nämlich als Verpflichtungsgeschäft ein Kaufvertrag gemäß § 433 BGB und zur Übereignung der Zeitung bzw. des Geldbetrags von 2 € jeweils ein Verfügungsgeschäft gemäß § 929 Satz 1 BGB. Insgesamt wurden daher, sozusagen „auf einen Sitz", drei Rechtsgeschäfte abgeschlossen, nämlich ein Verpflichtungsgeschäft und zwei Verfügungsgeschäfte.

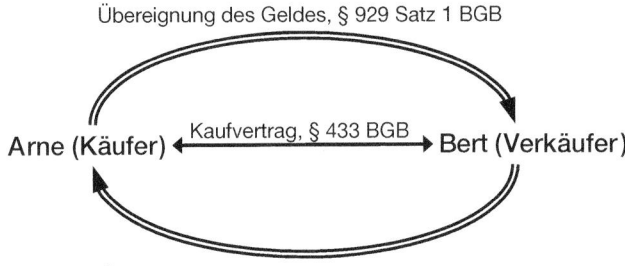

II. Das Trennungsprinzip

Nach dem Trennungsprinzip handelt es sich bei Verpflichtungs- und Verfügungsgeschäft um unterschiedliche Rechtsgeschäfte. **62**

> **Definition**
> Das Trennungsprinzip besagt, dass Verpflichtungs- und Verfügungsgeschäft insofern zu trennen sind, als dass durch das Verpflichtungsgeschäft noch nicht die Rechtsfolgen des Verfügungsgeschäfts herbeigeführt werden.

63 Das hat zur Folge, dass sich die Kaufsache, wenn es nur zum Abschluss des Kaufvertrags gekommen ist, immer noch im Eigentum des Verkäufers befindet. Die Übertragung des Eigentums an der Kaufsache wird erst durch ein eigenes Rechtsgeschäft, nämlich das Verfügungsgeschäft, herbeigeführt. Im BGB ergibt sich das Trennungsprinzip aus der jeweils selbstständigen Regelung des Verpflichtungsgeschäfts und des Verfügungsgeschäfts, etwa des Kaufvertrags in § 433 BGB und der in § 929 Satz 1 BGB geregelten Übereignung beweglicher Sachen, die als zwei eigene Rechtsgeschäfte ausgestaltet sind.

64 Anders als das BGB kennt das französische Recht kein Trennungsprinzip. Gemäß Art. 1583 des französischen Code Civil geht das Eigentum an der Kaufsache bereits mit Abschluss des Kaufvertrags auf den Käufer über.

> **Art. 1583 franz. Code Civil:** Elle est parfaite entre les parties, et la propriété est acquise de droit à l'acheteur à l'égard du vendeur, dès qu'on est convenu de la chose et du prix, quoique la chose n'ait pas encore été livrée ni le prix payé.
> (Er [der Verkauf] ist unter den Parteien vollendet und der Käufer erwirbt gegenüber dem Verkäufer das Eigentum kraft Gesetzes, sobald man sich über die Sache und den Kaufpreis einig geworden ist, auch wenn die Sache noch nicht übergeben und der Kaufpreis noch nicht bezahlt worden ist.)

Für die Übereignung bedarf es daher in Frankreich – anders als in Deutschland – keines eigenen Rechtsgeschäfts.

65 Im österreichischen Recht ist zwar, wie in Deutschland, das Trennungsprinzip vorhanden, nicht jedoch das Abstraktionsprinzip.

> **§ 425 österr. ABGB:** Der bloße Titel gibt noch kein Eigentum. Das Eigentum und alle dinglichen Rechte überhaupt können, außer den in dem Gesetze bestimmten Fällen, nur durch die rechtliche Übergabe und Übernahme erworben werden.

Mit „Titel" ist hier insbesondere das Verpflichtungsgeschäft gemeint, also z. B. der Kaufvertrag. Wie § 425 österr. ABGB ausdrücklich sagt, führt der „Titel" noch nicht zum Übergang des Eigentums. Hierzu muss als weiterer Schritt die „rechtliche Übergabe und Übernahme"[17] stattfinden.

66 Ebenso wie in Österreich führt auch in Deutschland der Abschluss des Kaufvertrags noch nicht zum Übergang des Eigentums.

> **Bsp.:** Anton will seine alte Waschmaschine verkaufen. Er schließt deshalb mit Britta einen Kaufvertrag. Wer ist Eigentümer der Waschmaschine? – Hier ist nur davon die Rede, dass zwischen Anton und Britta ein Kaufvertrag geschlossen wurde, also das Verpflichtungsgeschäft gemäß § 433 BGB. Damit steht die Übereignung nach § 929 Satz 1 BGB noch aus, weshalb es noch nicht zu einer Veränderung der Eigentumslage gekommen ist. Eigentümer der Waschmaschine ist daher immer noch Anton.

---

17 Ob die Eigentumsübertragung ein eigenes Rechtsgeschäft darstellt oder ob zum Kaufvertrag nur noch die Übergabe hinzukommen muss, ist im österreichischen Recht umstritten; vgl. *Eccher*, in: Kurzkommentar zum ABGB, 3. Aufl. Wien 2010, § 425 Rn. 1; *Welser/Kletečka*, Grundriss des bürgerlichen Rechts I, 15. Aufl. Wien 2018, S. 124 (3. Kap., I H 6).

III. Das Abstraktionsprinzip und das Verpflichtungsgeschäft als causa

Das Abstraktionsprinzip baut auf dem Trennungsprinzip auf, wonach es sich bei Verpflichtungs- und Verfügungsgeschäft um unterschiedliche Rechtsgeschäfte handelt. Gegenüber dem Trennungsprinzip geht das Abstraktionsprinzip noch einen Schritt weiter: 67

Definition
Das Abstraktionsprinzip besagt, dass das Verfügungsgeschäft in seiner Wirksamkeit unabhängig ist von der Wirksamkeit des Verpflichtungsgeschäfts und umgekehrt.

Mit anderen Worten: Das Verfügungsgeschäft kann wirksam sein, obwohl das Verpflichtungsgeschäft unwirksam ist, und umgekehrt kann es dazu kommen, dass das Verfügungsgeschäft unwirksam ist, obwohl das Verpflichtungsgeschäft wirksam ist. Im BGB ist das Abstraktionsprinzip nicht ausdrücklich festgelegt. Es lässt sich aber aus den Vorschriften, in denen jeweils das Verpflichtungs- bzw. das Verfügungsgeschäft geregelt ist, ableiten. So findet sich etwa in § 929 Satz 1 BGB keinerlei Bezugnahme auf das der Übereignung zugrunde liegende Verpflichtungsgeschäft, z. B. auf den Kaufvertrag gemäß § 433 BGB. Das zeigt, dass die Wirksamkeit oder Unwirksamkeit des Verpflichtungsgeschäfts für die Frage, ob eine wirksame Eigentumsübertragung nach § 929 Satz 1 BGB stattgefunden hat, keine Rolle spielt. Für die Wirksamkeit des Verfügungsgeschäfts gemäß § 929 Satz 1 BGB kommt es ausschließlich auf die in dieser Vorschrift genannten Voraussetzungen an, nämlich die Übergabe der Sache durch den Eigentümer an den Erwerber und die Einigung beider Seiten hinsichtlich des Eigentumsübergangs auf den Erwerber. Ob ein wirksamer Kaufvertrag vorliegt, ist damit für die Übereignung nach § 929 Satz 1 BGB ohne Belang. 68

Die Konsequenz des Abstraktionsprinzips ist der Ausgleich über das Bereicherungsrecht (§§ 812 ff. BGB): Wenn kein wirksames Verpflichtungsgeschäft vorliegt, muss das Verfügungsgeschäft im Wege des Bereicherungsausgleichs rückgängig gemacht werden. Das Verpflichtungsgeschäft bildet nämlich den rechtlichen Grund für das endgültige Behaltendürfen der Zuwendung, zu der es im Wege des Verfügungsgeschäfts gekommen ist. Im Fall des § 929 Satz 1 BGB liegt die rechtsgeschäftliche Zuwendung etwa in der Übertragung des Eigentums an der Kaufsache durch den Verkäufer an den Käufer. Das Verpflichtungsgeschäft, z. B. der Kaufvertrag nach § 433 BGB, liefert den Rechtsgrund bzw. die sogenannte *causa* für die in der Eigentumsübertragung (§ 929 Satz 1 BGB) liegende Zuwendung, weshalb man das Verpflichtungsgeschäft auch als Kausalgeschäft bezeichnet. Fehlt es am Kausalgeschäft, etwa weil zwischen dem Käufer und dem Verkäufer in Wirklichkeit kein wirksamer Kaufvertrag zustande gekommen ist, so fehlt es am Rechtsgrund (an der *causa*) für die Übereignung. Der fehlende Rechtsgrund führt zu einem Rückgewähranspruch nach § 812 Abs. 1 BGB, der in Satz 1 mit den Worten „ohne rechtlichen Grund" und in Satz 2 mit den Worten „wenn der rechtliche Grund später wegfällt" auf die im Verpflichtungsgeschäft enthaltene *causa* Bezug nimmt. Ohne wirksamen Kaufvertrag muss der Käufer die Kaufsache daher an den Verkäufer gemäß § 812 Abs. 1 Satz 1 Alt. 1 BGB bzw. § 812 Abs. 1 Satz 2 Alt. 1 BGB zurückgewähren. Es handelt sich dabei um die sogenannte Leis- 69 tungskondiktion, zurückgehend auf die für Bereicherungsansprüche im römischen Recht zuständige *condictio*.

Bsp.: Volker möchte seine Briefmarkensammlung an Kasimir verkaufen und macht diesem ein schriftliches Angebot. Dabei vertippt er sich, weshalb als Kaufpreis 2.000 € anstelle von 3.000 € genannt sind. Kasimir nimmt das Angebot an. Die Briefmarkensammlung wird übergeben und übereignet. Als Kasimir zahlen will, stellt sich Volkers Irrtum heraus, der sogleich gegenüber Kasimir erklärt, dass er wegen des Irrtums anfechte. (1) Muss Kasimir, der keinesfalls mehr als 2.000 € ausgeben will, an Volker den Kaufpreis in Höhe von 2.000 € bzw. 3.000 € zahlen? (2) Kann Volker von Kasimir die Briefmarkensammlung wieder herausverlangen?

Zu (1): Der Anspruch auf Kaufpreiszahlung des Volker gemäß § 433 Abs. 2 Alt. 1 BGB setzt einen wirksamen Kaufvertrag voraus. Volkers Tippfehler ist für Kasimir nicht erkennbar, weshalb hier – entsprechend einer objektiven Betrachtungsweise – die von Volker tatsächlich genannten 2.000 € als Kaufpreis maßgeblich sind. Mit diesem Inhalt ist zwischen Volker und Kasimir zunächst ein wirksamer Kaufvertrag zustande gekommen.

Allerdings kann Volker den Kaufvertrag durch Anfechtung gemäß § 142 Abs. 1 BGB mit Rückwirkung vernichten, wenn ein Anfechtungsgrund vorliegt. Volker hat sich beim Abfassen seines Antrags vertippt und einen Kaufpreis von 2.000 € anstelle der gewünschten 3.000 € genannt. Ihm ist daher ein Irrtum bei der Erklärungshandlung unterlaufen, also ein Erklärungsirrtum nach § 119 Abs. 1 Alt. 2 BGB. Da Volker sogleich die Anfechtung gegenüber Kasimir erklärt hat (§ 121 Abs. 1 Satz 1, § 143 Abs. 1 und Abs. 2 Alt. 1 BGB), ist der zwischen den beiden abgeschlossene Kaufvertrag gemäß § 142 Abs. 1 BGB nichtig, und zwar sogar als „von Anfang an" nichtig anzusehen. Mangels eines wirksamen Kaufvertrags hat Volker gegen Kasimir keinen Anspruch auf Kaufpreiszahlung, weder i. H. v. 2.000 € noch von 3.000 €.

Zu (2): Da Volker gegen Kasimir keinerlei Anspruch auf Kaufpreiszahlung hat, spricht alles dafür, dass Kasimir die Briefmarkensammlung nicht etwa – gratis – behalten darf, sondern alles, was er von Volker erlangt hat, an diesen herausgeben muss. Zu überlegen ist, ob Volker gegen Kasimir einen Anspruch auf Rückgabe der Briefmarkensammlung gemäß § 985 BGB hat. Dazu müsste Volker immer noch deren Eigentümer sein. Allerdings wurde die Briefmarkensammlung an Kasimir nicht nur übergeben, sondern auch übereignet. Es fragt sich, ob Volker auch das Verfügungsgeschäft, also die Übereignung nach § 929 Satz 1 BGB, anfechten kann. Bei der Einigung gemäß § 929 Satz 1 BGB, die sich ausschließlich auf den Eigentumsübergang auf Kasimir bezieht, hat sich Volker jedoch – anders als bei seinem schriftlichen Antrag auf Abschluss eines Kaufvertrags – weder vertippt noch in irgendeiner Weise über den Inhalt seiner Erklärung geirrt: Volker wollte an Kasimir übereignen und genau das ist passiert. Es fehlt daher im Hinblick auf die Übereignung nach § 929 Satz 1 BGB an einem Anfechtungsgrund gemäß § 119 Abs. 1 BGB. Da Volker die Übereignung an Kasimir nicht anfechten kann, scheidet ein Anspruch gegen Kasimir nach § 985 BGB aus.

In Betracht kommt aber ein Bereicherungsanspruch gemäß § 812 Abs. 1 Satz 1 Alt. 1 BGB (Fehlen des rechtlichen Grundes) bzw. § 812 Abs. 1 Satz 2 Alt. 1 BGB (Wegfall des rechtlichen Grundes). Die wirksame Anfechtung des Kaufvertrags durch Volker hat, wie bereits unter (1) festgestellt, dazu geführt, dass der Kaufvertrag gemäß § 142 Abs. 1 BGB als „von Anfang an" nichtig anzusehen ist. Im Hinblick darauf muss sich Kasimir so behandeln lassen, als hätte er Besitz und Eigentum an der Briefmarkensammlung von Anfang an „ohne rechtlichen Grund" (§ 812 Abs. 1 Satz 1 Alt. 1 BGB) erlangt. Zumindest aber ist der rechtliche Grund später, nämlich zum Zeitpunkt der Erklärung der Anfechtung durch Volker, weggefallen (§ 812 Abs. 1 Satz 2 Alt. 1 BGB). Ob die Anfechtung zum (anfänglichen) Fehlen oder aber zum späteren Wegfall des Rechtsgrunds führt, spielt für das Ergebnis keine Rolle:[18] Kasimir muss, da es keinen Rechtsgrund gibt, das Erlangte an Volker gemäß § 812 Abs. 1 Satz 1 Alt. 1 BGB bzw. § 812 Abs. 1 Satz 2 Alt. 1 BGB herausgeben. Das bedeutet, dass Kasimir die Briefmarkensammlung an Volker nicht nur zurückgeben, sondern ihm auch zurückübereignen muss. Für die Rückübereignung müssen Kasimir und Volker erneut ein Verfügungsgeschäft, nämlich eine Übereignung gemäß § 929 Satz 1 BGB, vornehmen.

70 Das Beispiel verdeutlicht eine wichtige Folge des Abstraktionsprinzips: Auch wenn das Verpflichtungsgeschäft – hier aufgrund der Anfechtung (§ 142 Abs. 1 BGB) – nichtig ist, bleibt das Verfügungsgeschäft, d. h. hier die Übereignung der Kaufsache gemäß § 929 Satz 1 BGB, grundsätzlich wirksam. Das Verfügungsgeschäft ist in seiner Wirksamkeit von der Wirksamkeit des Verpflichtungsgeschäfts unabhängig. Damit das Abstraktionsprinzip nicht zu ungerechten Ergebnissen führt, findet im Fall der Unwirksamkeit des Verpflichtungsgeschäfts ein Ausgleich nach Bereicherungsrecht (§§ 812 ff. BGB) statt: Das aufgrund des (wirksamen) Verfügungsgeschäfts Erlangte muss gemäß § 812 Abs. 1 Satz 1 Alt. 1 BGB bzw. § 812 Abs. 1 Satz 2 Alt. 1 BGB wieder herausgegeben werden.

71 Der Vorteil des Abstraktionsprinzips liegt darin, dass sich Unsicherheiten hinsichtlich der Wirksamkeit des Verpflichtungsgeschäfts nicht zulasten Dritter auswirken, die am Verpflichtungsgeschäft nicht beteiligt sind. Ein außenstehender Dritter darf sich daher grundsätzlich darauf verlassen, dass die Übereignung der Kaufsache durch den Verkäufer an den Käufer wirksam ist, unabhängig davon, ob der zwischen dem Verkäufer und dem Käufer abgeschlossene Kaufvertrag Wirksamkeitsmängel aufweist. Das ist für den Dritten wichtig, da er in aller Regel nicht über den Inhalt der zwischen Verkäufer und Käufer ausgetauschten Willenserklärungen informiert ist und von ihm daher eine Wirksamkeitsprüfung des zwischen dem Verkäufer und dem Käufer abgeschlossenen Kaufvertrags nicht erwartet werden kann und darf. Der abstrakte Charakter des Verfügungsgeschäfts dient also dem Schutz Dritter und damit der Sicherheit des Rechtsverkehrs.

Literaturhinweise
Zur Unterscheidung von Verpflichtungs- und Verfügungsgeschäft: *Haedicke*, Der bürgerlich-rechtliche Verfügungsbegriff, JuS 2001, 966–973.

Zum Trennungs- und Abstraktionsprinzip: *Bayerle*, Trennungs- und Abstraktionsprinzip in der juristischen Fallbearbeitung, JuS 2009, 1079–1082; *Jauernig*, Trennungsprinzip und Abstraktionsprinzip, JuS 1994, 721–727; *Lieder/Berneith*, Echte und unechte Ausnahmen vom Abstraktionsprinzip, JuS 2016, 673–678; *St. Lorenz*, Grundwissen – Zivilrecht: Abstrakte und kausale Rechtsgeschäfte, JuS 2009, 489–491; *Strack*, Hintergründe des Abstraktionsprinzips, Jura 2011, 5–9.

---
18 Siehe hierzu unten Kapitel 8 Rn. 469.

Übungsfall: *Drygala/Grobe*, Anfängerklausur – Zivilrecht: Trennungs- und Abstraktionsprinzip – „Zum Verwechseln ähnlich…", JuS 2022, 1030–1036.

Kapitel 4   Willenserklärung

I.   Begriff der Willenserklärung

Zum genaueren Verständnis der Willenserklärung muss zwischen dem objektiven und dem subjektiven Tatbestand unterschieden werden. Diese Unterscheidung ist bereits in der Definition der Willenserklärung angelegt:[19]   **72**

> **Definition**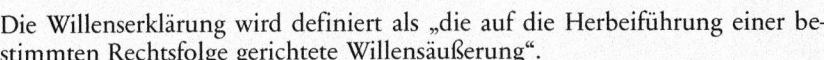
> Die Willenserklärung wird definiert als „die auf die Herbeiführung einer bestimmten Rechtsfolge gerichtete Willensäußerung".

Mit „Willensäußerung" ist das Nachaußentragen eines inneren Willens gemeint. Diese beiden Elemente, das Nachaußentragen und der innere Wille, sind der objektive und der subjektive Tatbestand der Willenserklärung. Gleichbedeutend spricht man auch vom äußeren und inneren Tatbestand der Willenserklärung.

> **Hinweis**
> Bei der Falllösung steht die Prüfung des objektiven Tatbestands der Willenserklärung üblicherweise an erster Stelle, woran sich die Untersuchung des subjektiven Tatbestands anschließt. In der folgenden Darstellung wird die Behandlung des subjektiven Tatbestands jedoch vorgezogen, weil – wie sich noch zeigen wird – die Definition des objektiven Tatbestands der Willenserklärung auf die Elemente des subjektiven Tatbestands Bezug nimmt.

1.   Innerer (subjektiver) Tatbestand

Der innere (subjektive) Tatbestand der Willenserklärung zerfällt in drei Elemente, nämlich den Handlungswillen, das Erklärungsbewusstsein und den Geschäftswillen.   **73**

a) Handlungswille

> **Definition**
> Unter dem **Handlungswillen** (oder Handlungsbewusstsein) versteht man das Bewusstsein zu handeln.

---

19   Zur Definition von Willenserklärung und Rechtsgeschäft siehe bereits oben Kapitel 1 Rn. 15.

74 Der Handlungswille ist ein für die Willenserklärung unverzichtbares Element, d. h., dass in Fällen eines fehlenden Handlungswillens von vornherein keine Willenserklärung vorliegt.[20] Dazu gehören Äußerungen im Schlaf, im Zustand der Bewusstlosigkeit, unter Hypnose, reflexartige Bewegungen und durch unwiderstehlichen körperlichen Zwang *(vis absoluta)* ausgelöste Handlungen. Zu den reflexartigen Bewegungen, bei denen es am Handlungswillen fehlt, sind nicht steuerbare Schmerzreaktionen, etwa infolge eines Insektenstichs, zu rechnen. Fälle von *vis absoluta* liegen vor, wenn bei einer Abstimmung der Arm des Erklärenden von einem Dritten gewaltsam nach oben gerissen wird oder wenn dem Erklärenden bei der Unterzeichnung durch Handzeichen[21] (z. B. mit drei Kreuzen) gewaltsam die Hand geführt wird. Kennzeichnend für *vis absoluta* ist der Satz: „Man kann nicht anders, selbst wenn man noch so wollte." Dagegen liegt bei *vis compulsiva*, also im Fall einer Drohung, die zu einem psychischen Zwang – im Gegensatz zum körperlichen Zwang – führt, der erforderliche Handlungswille vor, weshalb es zu einer wirksamen Willenserklärung kommen kann. Das zeigt im Umkehrschluss § 123 Abs. 1 BGB, der die widerrechtliche Drohung als Anfechtungsgrund nennt. Ein Beispiel für *vis compulsiva* ist der Fall der Geiselnahme, die dazu dient, einem nahen Angehörigen eine Willenserklärung abzupressen. Kennzeichnend ist insoweit der Satz: „Man könnte zwar anders, beugt sich aber – um Schlimmeres zu verhindern – der Drohung."

> **Problem**
> Handelt es sich, wenn der Erklärende mit vorgehaltener Pistole gezwungen wird, ein Schriftstück zu unterzeichnen, noch um *vis compulsiva* oder bereits um *vis absoluta*? – Dem Erklärenden bleibt hier immerhin die Handlungsalternative, auf die Drohung nicht einzugehen, etwa in der Hoffnung, dass die Pistole nicht geladen ist oder dass der Drohende nur blufft. Damit handelt es sich um *vis compulsiva*, was zur Folge hat, dass es zu einer wirksamen Willenserklärung kommen kann, die der Erklärende freilich im Wege der Anfechtung wegen widerrechtlicher Drohung nach §§ 142 Abs. 1, 123 Abs. 1 Alt. 2 BGB mit Rückwirkung wieder beseitigen kann.[22]

75 Anders als der Zustand der Bewusstlosigkeit führt die **Alkoholisierung** – auch im Fall einer hochgradigen Trunkenheit – grundsätzlich nicht zum Wegfall des Handlungswillens. Wer „besinnungslos" betrunken ist, ist in aller Regel noch nicht wirklich besinnungslos. Etwas anderes gilt nur dann, wenn die Alkoholisierung tatsächlich zur Bewusstlosigkeit geführt hat, wie das beim sogenannten „Komasaufen" der Fall sein kann. Im Übrigen handeln auch Betrunkene noch willensgesteuert, wobei allerdings die Willenssteuerung ganz erheblich eingeschränkt sein kann. Eine solche bloße Beeinträchtigung der Willenssteuerung ist jedoch nicht mit dem völligen Fehlen des Handlungswillens (wie im Fall der Bewusstlosigkeit) gleichzusetzen. Auch wenn die in alkoholisiertem Zustand abgegebene

---

20 Vgl. *Köhler*, AT, § 7 Rn. 4; *Armbrüster*, in: MüKo, vor § 116 Rn. 22; *Hefermehl*, in: Soergel, vor § 116 Rn. 15 f.; siehe auch *Medicus/Petersen*, AT, Rn. 544, 606. **A. A.** *Neuner*, AT, § 32 Rn. 31–34; *ders.*, JuS 2007, 881 (884).
21 Siehe hierzu unten Kapitel 9 Rn. 509.
22 Ist der Drohende selbst der Erklärungsempfänger, bedarf es regelmäßig keiner Anfechtung, weil für ihn ohne Weiteres erkennbar ist, dass der Bedrohte in Wirklichkeit keine wirksame Willenserklärung abgeben will; vgl. unten Kapitel 8 Rn. 462.

Willenserklärung somit nicht bereits am fehlenden Handlungswillen scheitert, kann sich deren Nichtigkeit doch aus § 105 Abs. 2 BGB ergeben: Demnach sind Willenserklärungen, die „im Zustand der Bewusstlosigkeit oder vorübergehender Störung der Geistestätigkeit" abgegeben werden, nichtig. Da das völlige Fehlen des Bewusstseins schon den Handlungswillen ausschließt, versteht man unter „Bewusstlosigkeit" im Sinne von § 105 Abs. 2 BGB eine schwerwiegende Bewusstseinstrübung, die das Erkennen von Inhalt und Wesen der Erklärung ausschließt.[23] Dazu wird auch die hochgradige Trunkenheit gerechnet,[24] wobei – ähnlich wie für die verminderte Schuldfähigkeit nach § 21 StGB – strenge Anforderungen gelten müssen. Die Rechtsprechung setzt bei § 21 StGB einen Blutalkoholgehalt in Bereichen zwischen zwei und drei Promille voraus.[25]

Bsp.: Furchtsam feiert in der Gastwirtschaft des Wirtlich seinen fünfzigsten Geburtstag. Im Zustand hochgradiger Trunkenheit schmeißt Furchtsam, der sonst äußerst zurückhaltend ist, eine Lokalrunde. Da er diese nicht bezahlen kann, klagt Wirtlich die Zeche ein. Ein Sachverständigengutachten ergibt, dass Furchtsam nicht mehr in der Lage war, Inhalt und Wesen seiner Erklärung „Eine Runde für alle!" zu verstehen. – Die starke Alkoholisierung des Furchtsam führt hier zwar nicht zum Wegfall des Handlungswillens; da er aber, wie durch den Sachverständigen festgestellt, „Inhalt und Wesen seiner Erklärung" nicht mehr verstehen konnte, liegt eine schwerwiegende Bewusstseinstrübung vor, die nach § 105 Abs. 2 BGB („Bewusstlosigkeit") zur Nichtigkeit der Willenserklärung führt. Da Furchtsam im nüchternen Zustand „äußerst zurückhaltend" ist und daher ohne die starke Alkoholisierung wohl niemals eine Lokalrunde geschmissen hätte, liegt keine Bereicherung in Form von ersparten Aufwendungen vor, weshalb Wirtlich auch keinen Anspruch aus § 812 Abs. 1 Satz 1 Alt. 1 BGB (Leistungskondiktion) geltend machen kann.

b) Erklärungsbewusstsein

Definition
Erklärungsbewusstsein (oder Erklärungswille) meint das Bewusstsein und den Willen, irgendeine rechtlich relevante Erklärung abzugeben.

Das Erklärungsbewusstsein setzt somit voraus, dass dem Erklärenden klar ist, dass er mit seinem Verhalten am rechtsgeschäftlichen Verkehr teilnimmt. Am Erklärungsbewusstsein fehlt es beispielsweise, wenn ein Prominenter in der Meinung, er würde eine Autogrammkarte unterzeichnen, in Wirklichkeit seine Unterschrift unter einen Schuldschein setzt. Unterzeichnet der Vertragspartner dagegen von zwei inhaltlich voneinander abweichenden Vertragsentwürfen versehentlich den falschen, handelt er mit Erklärungsbewusstsein, da er genau weiß, dass er mit seiner Unterschrift eine rechtlich relevante Erklärung abgibt.

---

23 Vgl. BGH WM 1972, 972; *Ellenberger*, in: Grüneberg, § 105 Rn. 2; *Baldus*, in: NK-BGB, § 105 Rn. 9. A. A. *Leenen*, JuS 2008, 577 (579), der aus § 105 Abs. 2 BGB die Schlussfolgerung zieht, selbst im willenlosen Zustand der Bewusstlosigkeit könne der Tatbestand einer Willenserklärung erfüllt werden.
24 BGH WM 1972, 972; OLG Nürnberg NJW 1977, 1496 (Blutalkoholgehalt über 3,4 Promille).
25 Siehe BGHSt 37, 231 (235); 57, 247 Tz. 23; BGH NJW 1991, 852 f.; NJW 2015, 3525 Tz. 5.

> **⚡ Problem**
> Umstritten ist, ob das Erklärungsbewusstsein für die Wirksamkeit einer Willenserklärung unverzichtbar ist oder es wirksame Willenserklärungen auch dann gibt, wenn es dem Erklärenden am Erklärungsbewusstsein fehlt.

77 Der Gesetzgeber hat die Frage, wie sich das Fehlen des Erklärungsbewusstseins auswirkt, nicht entschieden. Im Großen und Ganzen haben sich hierzu drei Meinungen entwickelt:[26]

78 Nach der **Willenstheorie**, die auch subjektive Theorie genannt wird und zum Zeitpunkt des Inkrafttretens des BGB vorherrschend war, ist das Erklärungsbewusstsein unverzichtbar, nach dem Motto „ohne Wille keine Willenserklärung".[27] Die **Erklärungstheorie,** auch objektive Theorie genannt, hält das objektiv Erklärte für maßgeblich:[28] Es sei auf die Sicht eines objektiven Erklärungsempfängers abzustellen, weshalb nicht der Wille, sondern das Erklärte gelte. Von der heute herrschenden Lehre[29] und der Rechtsprechung[30] wird als vermittelnde Meinung eine gemischt subjektiv-objektive Theorie vertreten, die sogenannte **Theorie der Erklärungsfahrlässigkeit** oder **Theorie der Zurechenbarkeit der Willenserklärung**, die maßgeblich von Karl Larenz[31] entwickelt wurde. Nach dieser Theorie kann auf das Erklärungsbewusstsein ausnahmsweise verzichtet werden, wenn dem Erklärenden eine Erklärungsfahrlässigkeit zur Last fällt, d. h. dann, wenn der Erklärende hätte erkennen müssen, dass sein Verhalten vom anderen Teil als Willenserklärung aufgefasst wird. Man sagt auch, dass die Willenserklärung dem Erklärenden zurechenbar sein muss, wobei sich die Zurechenbarkeit aus der Fahrlässigkeit des Erklärenden ergibt.

79 Der Streit zwischen Willens- und Erklärungstheorie hat bereits bei Erlass des BGB bestanden. Immerhin sieht man an der Vorschrift des § 116 BGB, dass der BGB-Gesetzgeber stark von der am Ende des 19. und zu Beginn des 20. Jahrhunderts vorherrschenden Willenstheorie beeinflusst war. § 116 BGB regelt den geheimen Vorbehalt, die sogenannte „Mentalreservation". Nach § 116 Satz 1 BGB ist eine Willenserklärung „nicht deshalb nichtig, weil sich der Erklärende insgeheim vorbehält, das Erklärte nicht zu wollen". Es geht dabei um ganz besondere Fallgestaltungen, etwa dass bewusst ein Antrag auf Abschluss eines Kaufvertrags erklärt wird, obwohl der Erklärende, ohne es offenzulegen, in Wirklichkeit gar keinen Kaufvertrag abschließen will. Es liegt auf der Hand, dass ein solcher geheimer Vorbehalt das Zustandekommen eines wirksamen Vertrags nicht hindern kann.[32] Eine Regelung wie in § 116 Satz 1 BGB, die zum einen selbstverständlich erscheint

---

26 Siehe hierzu den Überblick bei *Armbrüster*, in: MüKo, § 119 Rn. 100–106.
27 So bereits *v. Savigny*, System des heutigen römischen Rechts III, 1840, S. 258: „Denn eigentlich muß der Wille an sich als das einzig Wichtige und Wirksame gedacht werden […]"; vgl. heute *Neuner*, AT, § 32 Rn. 22–23, 35, § 41 Rn. 48; *Canaris*, Die Vertrauenshaftung im deutschen Privatrecht, 1971, S. 427 f. (§ 34 I 6); *ders.* NJW 1984, 2281 f.
28 Vgl. *Brox/Walker*, AT, § 16 Rn. 6; *Medicus/Petersen*, AT, Rn. 607; *Mansel*, in: Jauernig, vor § 116 Rn. 5.
29 Vgl. nur *Köhler*, AT, § 7 Rn. 5; *Armbrüster*, in: MüKo, vor § 116 Rn. 27, § 119 Rn. 103, 107; *Hefermehl*, in: Soergel, vor § 116 Rn. 13 f. Unter Beschränkung auf ausdrückliche Willenserklärungen *Flume*, AT II, S. 449 f. (§ 23, 1).
30 BGHZ 91, 324 (329 f.); 109, 171 (177); 149, 129 (136); 184, 35 Tz. 19; BGH NJW 2010, 2873 Tz. 18.
31 *Larenz*, Die Methode der Auslegung des Rechtsgeschäfts, 1966, S. 82–92.
32 Vgl. *Flume*, AT II, S. 402 (§ 20, 1); *Armbrüster*, in: MüKo, § 116 Rn. 1.

I. Begriff der Willenserklärung

und zum anderen ganz fernliegende Fälle betrifft, hätte besser keine Aufnahme ins Gesetz gefunden, um die gesetzliche Regelung nicht unnötig aufzublähen. Ein Regelungsbedürfnis lässt sich hinsichtlich des geheimen Vorbehalts nur erkennen, wenn man streng von der Willenstheorie ausgeht. Dann ist die Bindung an eine Erklärung, die der Erklärende insgeheim gar nicht gewollt hat, tatsächlich begründungsbedürftig. § 116 BGB zeigt, dass der BGB-Gesetzgeber zwar von der Willenstheorie beeinflusst war, diese aber durch die gesetzliche Regelung gerade nicht strikt verwirklicht hat. Das wird nicht zuletzt auch durch die Vorschriften über die Irrtumsanfechtung von Willenserklärungen (§§ 119, 120 BGB) bestätigt. Nach der Willenstheorie in Reinform wäre nämlich keine Anfechtung erforderlich; die irrtumsbehaftete Willenserklärung wäre ohne Weiteres nichtig.

Obwohl der Gesetzgeber sich im Streit zwischen Willens- und Erklärungstheorie nicht eindeutig positioniert hat, wird von den Anhängern der Willenstheorie, die das Erklärungsbewusstsein für unverzichtbar halten, die gesetzliche Regelung, insbesondere die Vorschrift des § 118 BGB (Mangel der Ernstlichkeit), als Argument angeführt.[33] Nach § 118 BGB ist eine „nicht ernstlich gemeinte Willenserklärung, die in der Erwartung abgegeben wird, der Mangel der Ernstlichkeit werde nicht verkannt werden", nichtig. Es handelt sich um einen gesetzlich geregelten Fall des fehlenden Erklärungsbewusstseins.[34] Die Anhänger der Willenstheorie argumentieren wie folgt: Bei der sogenannten „Scherzerklärung", deren Nichtigkeit in § 118 BGB angeordnet wird, wolle der Erklärende bewusst keine wirksame Erklärung abgeben. Wenn schon das bewusste, also das vorsätzliche Fehlen des Erklärungswillens zur Nichtigkeit der Erklärung führt, müsse das im Fall des unbewussten Fehlens, insbesondere im Fall der Erklärungsfahrlässigkeit, erst recht gelten.

Allerdings stellt § 118 BGB eine Sondervorschrift dar, die auf die besondere Situation der sogenannten „Scherzerklärung" zugeschnitten ist.[35] Die Vorschrift darf daher nicht über ihren eigentlichen Anwendungsbereich hinaus ausgeweitet werden. Aus der Nichtigkeit der sogenannten „Scherzerklärung" lässt sich daher nicht ableiten, dass auch in allen anderen Fällen des fehlenden Erklärungsbewusstseins keine wirksame Willenserklärung vorliegen würde. Das entscheidende Argument gegen die Willenstheorie ist darin zu sehen, dass durch die Willenserklärung beim Erklärungsempfänger ein Vertrauenstatbestand erzeugt wird. Die Willenstheorie berücksichtigt diesen Vertrauenstatbestand in keiner Weise und führt so zu einer einseitigen Bevorzugung des Erklärenden. Aus der Möglichkeit, durch die Abgabe von Willenserklärungen am Rechtsverkehr teilzunehmen, ergibt sich aber auch eine Verantwortung des Erklärenden. Mit anderen Worten: Die aus der Privatautonomie (Art. 1 Abs. 1, Art. 2 Abs. 1 GG) resultierende Selbstbestimmung ist auch mit einer entsprechenden Verantwortung verbunden. Die Abgabe einer Willenserklärung bedeutet eine Form der privaten Rechtsetzung, weshalb die Willenserklärung auch als Geltungserklärung bezeichnet wird. Das Gegenstück zu dieser Rechtsetzungsmacht liegt in der Pflicht, bei der Teilnahme am Rechtsverkehr auch die erforderliche Sorgfalt zu beachten.

Ähnlich wie die Willenstheorie ist auch die Erklärungstheorie, die auf das Erklärungsbewusstsein gänzlich verzichten will und nach der das Erklärte, nicht das

---
33 Vgl. *Wieacker*, JZ 1967, 385 (389); *Canaris*, NJW 1984, 2281; *Singer*, in: Staudinger, § 118 Rn. 5.
34 Zu § 118 BGB siehe auch unten Kapitel 9 Rn. 487, 495–501.
35 Siehe auch unten Kapitel 9 Rn. 496.

Gewollte, gelten soll, zu einseitig. Durch die Erklärungstheorie wird zwar das Interesse des Erklärungsempfängers an der Geltung der Willenserklärung geschützt, nicht aber das Interesse des Erklärenden, der mit seinem Verhalten in Wirklichkeit gar nicht am Rechtsverkehr teilnehmen wollte. Die Erklärungstheorie führt zu einer Verselbstständigung der Erklärung, wobei die Bedeutung des Willens vernachlässigt wird. Mit der gesetzlichen Regelung des BGB ist eine derart einseitige Lösung nicht zu vereinbaren. Insbesondere zeigen die Vorschriften über die Irrtumsanfechtung (§§ 119, 120 BGB), dass der Gesetzgeber die Notwendigkeit einer Anfechtung jedenfalls grundsätzlich nur in solchen Fällen sah, in denen der Erklärende immerhin mit Erklärungsbewusstsein gehandelt hat (vgl. Rn. 84).

83 Eine überzeugende Lösung muss zu einem gerechten Ausgleich zwischen den widerstreitenden Interessen des Erklärenden und des Erklärungsempfängers kommen. Diesen gerechten Ausgleich bietet die vermittelnde Meinung, die sogenannte Theorie der Erklärungsfahrlässigkeit (bzw. Theorie der Zurechenbarkeit der Willenserklärung). Wenn der Erklärende den Rechtsschein einer Willenserklärung in zurechenbarer Weise setzt, wenn also **Erklärungsfahrlässigkeit** vorliegt, dann muss er sich an der Erklärung festhalten lassen, auch wenn das Erklärungsbewusstsein fehlt. Darin ist die Kehrseite der nahezu unbegrenzten Möglichkeiten zu sehen, die die Privatautonomie dem Einzelnen bietet. Privatautonomie bedeutet eben nicht nur Selbstbestimmung, sondern auch Verantwortung für das eigene Handeln.

> **Bsp.:** Der ortsfremde Kuno betritt in Trier nichtsahnend eine Kellerwirtschaft, in der gerade eine Weinversteigerung stattfindet. Noch bevor er die Situation realisiert hat, entdeckt er zufällig unter den Anwesenden einen Bekannten und winkt ihm erfreut zu. Der Winzer Würzig, der gerade zwei Hektoliter „Eitelsbacher Kabinett" versteigert, fasst dies als Gebot auf und erteilt Kuno den Zuschlag für 700 €. Muss Kuno bezahlen? Ändert sich etwas, wenn K den Arm hochreißt, weil er von einer Wespe gestochen wurde? – Der Trierer Weinversteigerungsfall, ein „Klassiker" zur Problematik des fehlenden Erklärungsbewusstseins, ist ein Schulfall, also ein fiktiver Fall, der in dieser Weise nicht wirklich passiert ist. Im Zusammenhang mit der Versteigerung ist der Abschluss eines Kaufvertrags zu prüfen. Das vom Bieter abgegebene Gebot stellt den Antrag auf Abschluss des Kaufvertrags dar. Im Zuschlag liegt die Annahme dieses Antrags, wie sich aus § 156 Satz 1 BGB ergibt.[36] Es fragt sich daher, ob Würzig gegen Kuno einen Anspruch auf Kaufpreiszahlung in Höhe von 700 € aus § 433 Abs. 2 Alt. 1 BGB hat. Sowohl im Ausgangsfall als auch in der Fallvariante ist das Hochheben bzw. Hochreißen des Armes im Kontext der Versteigerung als Abgabe eines Gebotes aufzufassen, weshalb der objektive Tatbestand einer Willenserklärung gegeben ist. Was den subjektiven Tatbestand betrifft, handelt es sich in der Fallvariante des Wespenstichs allerdings um eine nicht steuerbare Schmerzreaktion des Kuno, also um eine reflexartige Bewegung, bei der es bereits am Handlungswillen fehlt. Dagegen war es im Ausgangsfall gerade der Wille des Kuno, einem Bekannten zu winken, weshalb das für den Handlungswillen erforderliche Bewusstsein zu handeln zu bejahen ist. Da Kuno aber nur winken, also keinerlei rechtlich relevante Erklärung abgeben wollte, fehlt es ihm am Erklärungsbewusstsein. Folgt man der Theorie

---

36 Siehe hierzu auch unten Kapitel 6 Rn. 259.

I. Begriff der Willenserklärung

der Erklärungsfahrlässigkeit, stellt sich die Frage, ob Kuno der von ihm gesetzte Rechtsschein einer Willenserklärung zuzurechnen ist. Eine ortsfremde Person, die eine Trierer Kellerwirtschaft in der Erwartung betritt, dass man dort isst und Wein trinkt, kann und muss nicht damit rechnen, dass es dort üblicherweise auch zu Weinversteigerungen kommt. Ein fahrlässiges Verhalten des Kuno ist daher zu verneinen, weshalb er auch im Ausgangsfall kein wirksames Gebot abgegeben hat.

Für die Theorie der Erklärungsfahrlässigkeit ist noch die wichtige Anschlussfrage zu klären, was gilt, wenn – anders als im Beispiel des Trierer Weinversteigerungsfalls – der Erklärende fahrlässig handelt und es daher zu einer wirksamen Willenserklärung trotz fehlenden Erklärungsbewusstseins kommt. Die Frage ist nun: Bleibt es bei der wirksamen Willenserklärung oder hat der Erklärende doch noch eine Möglichkeit, sich von der Willenserklärung zu lösen? Der Erklärende, der kein Erklärungsbewusstsein hatte und daher keine wirksame Erklärung abgeben wollte, unterliegt insofern einem Irrtum. Es liegt allerdings weder ein Fall des Inhalts- noch des Erklärungsirrtums i. S. d. § 119 Abs. 1 BGB vor: Wer eine Willenserklärung abgibt, die er nicht mit diesem Inhalt abgeben wollte, oder wem ein Fehler bei der Erklärungshandlung unterläuft (indem er sich verschreibt, vergreift oder verspricht), der will immerhin eine Willenserklärung abgeben und handelt daher mit Erklärungsbewusstsein, weshalb die Vorschrift des § 119 Abs. 1 BGB – jedenfalls in unmittelbarer Anwendung – nicht auf den Fall des fehlenden Erklärungsbewusstseins passt. Dennoch ist allgemein anerkannt, dass eine Anfechtung möglich sein muss, wenn es aufgrund einer Erklärungsfahrlässigkeit zu einer wirksamen Willenserklärung kommt.[37] Das ergibt sich aus einer analogen Anwendung des § 119 Abs. 1 BGB. Unterliegt der Erklärende einem Inhalts- oder Erklärungsirrtum, will er immerhin noch eine Willenserklärung abgeben, nur eben eine andere. Der Erklärende, dem es am Erklärungsbewusstsein fehlt, will dagegen von vornherein überhaupt keine Willenserklärung abgeben, weshalb es sich um einen zwar im Gesetz nicht geregelten, im Vergleich zum Inhalts- und zum Erklärungsirrtum aber noch schwerwiegenderen Fall handelt. Da der Inhaltsirrtum (§ 119 Abs. 1 Alt. 1 BGB), bei dem der Erklärende immerhin noch die konkrete Erklärungshandlung vornehmen wollte und sich nur über deren Bedeutung irrt,[38] als weniger gravierend als der Erklärungsirrtum (§ 119 Abs. 1 Alt. 2 BGB) anzusehen ist, steht der schwerwiegendste Fall des fehlenden Erklärungsbewusstseins dem Erklärungsirrtum am nächsten. Die planwidrige Lücke, die das Gesetz im Hinblick auf das fehlende Erklärungsbewusstsein aufweist, ist daher zu schließen, indem dem Erklärenden die Anfechtung in Analogie zum Erklärungsirrtum, also analog § 119 Abs. 1 Alt. 2 BGB, ermöglicht wird.[39]

Die Folge einer wirksamen Anfechtung aufgrund des fehlenden Erklärungsbewusstseins ist, dass die angefochtene Willenserklärung aufgrund der Fiktion des

---

37 BGHZ 91, 324 (329 f.); 149, 129 (136); *Köhler*, AT, § 7 Rn. 5; *Flume*, AT II, S. 450 (§ 23, 1); *Armbrüster*, in: MüKo, vor § 116 Rn. 27, § 119 Rn. 103, 107; *Hefermehl*, in: Soergel, vor § 116 Rn. 14.
38 Vgl. zum Inhaltsirrtum bereits oben Kapitel 1 Rn. 20; zur Unterscheidung von Inhalts- und Erklärungsirrtum im Einzelnen siehe unten Kapitel 8 Rn. 411–413.
39 Vgl. *Köhler*, AT, § 7 Rn. 5; siehe auch *Medicus/Petersen*, AT, Rn. 607; *Hefermehl*, in: Soergel, vor § 116 Rn. 14. **A. A.** *Armbrüster*, in: MüKo, § 119 Rn. 107, § 122 Rn. 5 (direkte Anwendung des § 119 Abs. 1 Alt. 2 BGB).

§ 142 Abs. 1 BGB[40] als rückwirkend nichtig anzusehen ist. Zudem kommt es – als Konsequenz der analogen Anwendung des § 119 Abs. 1 BGB – zu einem Schadensersatzanspruch des Erklärungsempfängers gegen den Erklärenden analog § 122 Abs. 1 BGB.[41] Der Erklärungsempfänger hat demnach einen Anspruch auf Ersatz des Schadens, den er „dadurch erleidet, dass er auf die Gültigkeit der Erklärung vertraut", also auf Ersatz des Vertrauensschadens (des negativen Interesses). Das bedeutet, dass der Erklärungsempfänger so zu stellen ist, als hätte er von der angefochtenen Willenserklärung nie etwas gehört.[42]

> **Hinweis**
> Von den Vertretern der Willenstheorie wird zum Teil ebenfalls eine Haftung des Erklärenden auf den Vertrauensschaden bejaht, wobei die Vorschriften über das Verschulden bei Vertragsschluss *(culpa in contrahendo)*, also die §§ 280 Abs. 1, 311 Abs. 2, 241 Abs. 2 BGB, die Anspruchsgrundlage bilden.[43] Auch die Vertreter der Erklärungstheorie gelangen – obwohl sie von der Notwendigkeit einer Anfechtung der Erklärung ausgehen – vereinzelt nicht zur Anwendung des § 122 Abs. 1 BGB, sondern stützen die Haftung des Erklärenden auf die Vorschriften über das Verschulden bei Vertragsschluss.[44] Auf diese Weise kann man, jedenfalls was die Haftung des Erklärenden betrifft, auch nach der Willens- und der Erklärungstheorie zu ähnlichen Ergebnissen kommen, wie sie sich aus der Theorie der Erklärungsfahrlässigkeit ergeben. Für letztere ist das Verschulden des Erklärenden allerdings bereits für die Beantwortung der Frage entscheidend, ob überhaupt eine zurechenbare Willenserklärung vorliegt: Fehlt es an der Erklärungsfahrlässigkeit, so fehlt es an einer wirksamen Willenserklärung, weshalb sich die Frage der Anfechtung von vornherein nicht stellt und es somit auch nicht zu einer Haftung des Erklärenden analog § 122 Abs. 1 BGB kommen kann.

86 Bisweilen kann die Verpflichtung zum Ersatz des Vertrauensschadens, die sich im Fall der Anfechtung wegen fehlenden Erklärungsbewusstseins aus der analogen Anwendung des § 122 Abs. 1 BGB ergibt, dazu führen, dass der Erklärende aufgrund der Anfechtung nicht besser steht, als wenn seine Willenserklärung wirksam wäre. Das ist als Konsequenz der mit der Privatautonomie verbundenen Verantwortung für das eigene Handeln hinzunehmen.

> **Bsp.:** Das langjährige Stammtischmitglied Siegbert feiert in Kürze seinen 65. Geburtstag. Xaver schlägt vor, ein Geschenk für Siegbert zu besorgen, und reicht bei den übrigen Stammtischmitgliedern zwei Listen herum. Bei der ersten handelt es sich um die Glückwunschliste. In der zweiten trägt man sich ein, wenn man sich mit 10 € an dem Geschenk beteiligen will. Yannick ist knauserig und will daher nur die Glückwunschliste unterzeichnen. Aus Unachtsamkeit unterschreibt er aber in der Geschenkliste. Wäre das nicht passiert,

---

40 Zur gesetzlichen Fiktion siehe unten Rn. 103.
41 Vgl. BGHZ 91, 324 (329 f.); *Köhler*, AT, § 7 Rn. 5; *Flume*, AT II, S. 450 (§ 23, 1). Für die direkte Anwendung des § 122 Abs. 1 BGB plädiert *Armbrüster*, in: MüKo, § 122 Rn. 5.
42 Zu den Einzelheiten des § 122 BGB und zur Abgrenzung von Vertrauens- und Erfüllungsschaden siehe unten Kapitel 8 Rn. 397–401.
43 Vgl. etwa *Neuner*, AT, § 32 Rn. 25.
44 So *Medicus/Petersen*, AT, Rn. 608. **A. A.** (Anwendung des § 122 Abs. 1 BGB) *Mansel*, in: Jauernig, vor § 116 Rn. 5.

hätte Xaver ein Geschenk gekauft, das 10 € weniger gekostet hätte. Bleibt Xaver auf dem von ihm verauslagten Mehrbetrag von 10 € sitzen? – Xaver wird hier durch die Eintragung in die Geschenkliste von den anderen Stammtischmitgliedern beauftragt, für Siegbert ein Geschenk zu besorgen. Nach § 670 BGB steht Xaver als Beauftragtem ein Anspruch auf Aufwendungsersatz in Höhe von 10 € gegen jedes Stammtischmitglied zu, das sich in die Geschenkliste eingetragen hat. Da Yannick dachte, er würde in der Glückwunschliste unterzeichnen und somit nichts rechtlich Relevantes erklären wollte, fehlt es ihm am Erklärungsbewusstsein. Aufgrund seiner Unachtsamkeit fällt ihm aber Erklärungsfahrlässigkeit zur Last, weshalb auch mit ihm ein wirksamer Auftrag zustande gekommen ist. Er kann allerdings seine Willenserklärung analog § 119 Abs. 1 Alt. 2 BGB anfechten, haftet dann jedoch gegenüber Xaver analog § 122 Abs. 1 BGB auf dessen Vertrauensschaden, der hier genau in den 10 € liegt, die er aufgrund der Unterschrift des Yannick mehr ausgegeben hat. Es bleibt daher auch im Fall einer Anfechtung dabei, dass Xaver gegen Yannick einen Anspruch auf Zahlung von 10 € hat.

c) Geschäftswille

Definition
Geschäftswille ist der Wille, eine ganz bestimmte Rechtsfolge herbeizuführen.

Der Geschäftswille fehlt etwa, wenn sich der Verkäufer über die Höhe des Kaufpreises irrt. Dazu kann es kommen, wenn der Verkäufer die Sache für 300 € verkaufen will, in seinem Antrag an den Käufer aber aufgrund eines Schreibfehlers 200 € als Kaufpreis nennt. Der Verkäufer will hier ohne Weiteres rechtsgeschäftlich tätig werden, wobei sein Wille auf die Herbeiführung der konkreten Rechtsfolge „wirksamer Kaufvertrag mit einem Kaufpreis von 300 €" gerichtet ist. Nimmt der Käufer den Antrag über 200 € an, kommt ein Kaufvertrag zustande, der vom Verkäufer in dieser konkreten Form nicht gewollt ist.

Hinsichtlich des Geschäftswillens ist allgemein anerkannt, dass dieser für die Wirksamkeit der Willenserklärung verzichtbar ist.[45] Das ergibt sich im Umkehrschluss aus den Vorschriften über die Irrtumsanfechtung (§§ 119, 120 BGB), bei der es gerade um Fälle des fehlenden Geschäftswillens geht. Läge bei fehlendem Geschäftswillen von vornherein keine wirksame Willenserklärung vor, wäre die Regelung der Irrtumsanfechtung letztlich sinnlos. Der Gesetzgeber zeigt durch die Vorschriften über die Irrtumsanfechtung, dass er den Geschäftswillen, was das wirksame Zustandekommen einer Willenserklärung betrifft, für entbehrlich hält.

2. Äußerer (objektiver) Tatbestand

Der innere Wille reicht für eine wirksame Willenserklärung nicht aus. Hinzukommen muss die Äußerung des inneren Willens. Den Transport des inneren Willens nach außen leistet der objektive Tatbestand der Willenserklärung,[46] der üblicherweise vor dem subjektiven Tatbestand der Willenserklärung geprüft wird.

---

45 Vgl. nur *Köhler*, AT, § 7 Rn. 6; *Neuner*, AT, § 32 Rn. 36; *Armbrüster*, in: MüKo, vor § 116 Rn. 28.
46 Vgl. *Brox/Walker*, AT, § 4 Rn. 15; *Köhler*, AT, § 6 Rn. 2; *Neuner*, AT, § 31 Rn. 1 f.

Definition
Der objektive Tatbestand der Willenserklärung ist somit zu definieren als äußeres Verhalten, das einen rechtlich relevanten Willen – mit anderen Worten: den subjektiven Tatbestand einer Willenserklärung – nach außen hin erkennen lässt.

Der objektive Tatbestand der Willenserklärung macht also nichts anderes, als den subjektiven Tatbestand nach außen zu transportieren. So erklärt es sich, dass die Definition des objektiven Tatbestands der Willenserklärung auf den subjektiven Tatbestand Bezug nimmt: Der objektive Tatbestand der Willenserklärung ist das **Nachaußentragen** des Handlungswillens, des Erklärungsbewusstseins und des Geschäftswillens.

90 Die drei Elemente des subjektiven Tatbestands der Willenserklärung müssen daher auch schon bei der Prüfung des objektiven Tatbestands untersucht werden, und zwar aus objektiver Sicht: Zu fragen ist, ob für einen objektiven Betrachter das Nachaußentragen eines entsprechenden inneren Willens erkennbar ist, wobei es auf alle drei Elemente (Handlungswille, Erklärungsbewusstsein und Geschäftswille) ankommt.

Bsp.: Adalbert schläft erkennbar und gibt im Traum Erklärungen ab. – Es fehlt hier bereits am objektiven Tatbestand einer Willenserklärung. Es ist ohne Weiteres ersichtlich, dass es dem schlafenden Adalbert am Handlungswillen fehlt. Es liegt daher bereits objektiv kein Nachaußentragen eines inneren Willens vor, der auf Herbeiführung einer bestimmten Rechtsfolge gerichtet wäre.

Bsp.: Fritz wird zu nächtlicher Stunde von einer finster aussehenden Person mit dem Messer bedroht und um Herausgabe seines Bargelds „gebeten". Er übergibt daraufhin sein gesamtes Geld in panischer Angst. Ist der Verbrecher Eigentümer des Geldes geworden? – Auch hier fehlt es ersichtlich bereits am objektiven Tatbestand einer auf Übereignung gemäß § 929 Satz 1 BGB gerichteten Willenserklärung. Da Fritz keine Willenserklärung abgegeben hat, muss er nicht gemäß § 123 Abs. 1 Alt. 2 BGB wegen widerrechtlicher Drohung anfechten.[47]

Unverzichtbar ist für den objektiven Tatbestand der Willenserklärung auch das Nachaußentragen des Geschäftswillens. Wenn es bereits aus objektiver Sicht am Geschäftswillen fehlt, etwa weil sich der Erklärende erkennbar versprochen hat, liegt bereits kein objektiver Tatbestand einer Willenserklärung vor.

91 Zu den subjektiven Elementen, die – aus objektiver Sicht – bereits im objektiven Tatbestand der Willenserklärung zu prüfen sind, gehört auch der **Rechtsbindungswille**.[48]

 Definition
Rechtsbindungswille ist das Bewusstsein und der Wille des Erklärenden, dass seine Erklärung verbindliche Geltung hat.

---

47 Siehe hierzu auch unten Kapitel 9 Rn. 461.
48 BGHZ 21, 102 (106 f.); 88, 373 (382); 92, 164 (168); BGH NJW 1992, 498; NJW 1995, 3389; NJW 2009, 1141 Tz. 7; NJW 2012 Tz. 14; *Köhler*, AT, § 6 Rn. 2; *Neuner*, AT, § 28 Rn. 18, § 31 Rn. 2; *Kretschmann/Putz*, Jura 2022, 294 (298 f.).

I. Begriff der Willenserklärung

Der Rechtsbindungswille ist damit sowohl Bestandteil des Erklärungsbewusstseins[49] als auch – in Form des auf eine ganz bestimmte Bindung gerichteten Willens – des Geschäftswillens. Er dient insbesondere zur Abgrenzung einer rechtlich bindenden Erklärung von der rechtlich unverbindlichen Gefälligkeit.[50] Statt von der Gefälligkeit spricht man auch vom **Gefälligkeitsverhältnis**, für das kennzeichnend ist, dass der Versprechende keinen Rechtsbindungswillen hat. Im täglichen Leben wird nicht alles, was man als rechtlich verbindliches Rechtsgeschäft vornehmen könnte, tatsächlich auch als solches abgeschlossen.

> **Bsp.:** Wer zum Abendessen einlädt, will dem Eingeladenen regelmäßig keinen klagbaren Erfüllungsanspruch einräumen. Wenn das Abendessen aus irgendwelchen Gründen dann doch nicht stattfindet, soll der Eingeladene weder einen Anspruch auf Schadensersatz statt der Leistung noch einen Anspruch auf Ersatz des Vertrauensschadens haben, etwa weil er einen für ihn selbst nutzlosen Gegenstand als Geschenk gekauft hat.[51] Es geht bei einer solchen Einladung nach dem Willen der Beteiligten um den rein gesellschaftlichen Bereich, also nicht um ein Schenkungsversprechen, das zudem gemäß § 518 Abs. 1 Satz 1 BGB der notariellen Beurkundung bedürfte.
>
> Ein weiteres Beispiel für eine unverbindliche Gefälligkeit ist regelmäßig die Hilfestellung beim Einparken, bei der sich aus Fehlhinweisen des Helfers, die zu einer Beschädigung des einparkenden Autos führen, kein vertraglicher Anspruch auf Schadensersatz ergibt. Bestätigt wird das durch § 675 Abs. 2 BGB, der klarstellt, dass die Erteilung eines Rats oder einer Empfehlung nicht automatisch zu einer vertraglichen Haftung führt.[52]

In anderen Fällen kann die Abgrenzung zwischen einer rechtlich verbindlichen Erklärung und einer Gefälligkeit problematisch sein. Wenn sich etwa eine Bekannte gegenüber der Mutter eines Kleinkinds bereit erklärt, an einem bestimmten Tag als Babysitter auf das Kind aufzupassen, damit die Mutter, die sich für einen Arbeitsplatz beworben hat, zum Vorstellungsgespräch gehen kann, stellt sich die Frage, ob es um eine bloße Gefälligkeit oder eine verbindliche Zusage der Bekannten geht. In letzterem Fall würde es sich um einen wirksamen Auftrag gemäß § 662 BGB handeln und die Bekannte würde sich, wenn sie den Termin grundlos platzen ließe, schadensersatzpflichtig machen. Die Abgrenzung muss hier auf der Ebene des **objektiven Tatbestands der Willenserklärung**, also aus objektiver Sicht, erfolgen. Dagegen kann der (nicht in Erscheinung getretene) innere Wille der Parteien allenfalls zu einem Anfechtungsrecht führen. Im Rahmen des objektiven Tatbestands der Willenserklärung kommt es darauf an, wie das fragliche Verhalten den gesamten Umständen nach zu bewerten ist. Dabei müssen die Interessen der beteiligten Personen gegeneinander abgewogen werden, d. h. einerseits das Interesse des Erklärungsempfängers an der rechtlichen Verbindlichkeit, andererseits das Interesse des Erklärenden, nicht zu haften.[53] Es stehen

---

[49] Vgl. *Faust*, AT, § 2 Rn. 6: das Erklärungsbewusstsein werde im Rahmen des objektiven Tatbestandes meist „Rechtsbindungswille" genannt. **A. A.** *Kretschmann/Putz*, Jura 2022, 294 (297 f.): Notwendigkeit, zwischen Erklärungsbewusstsein und Rechtsbindungswille zu differenzieren.
[50] Die Frage des Rechtsbindungswillens stellt sich auch im Zusammenhang mit der Offerte *ad incertas personas* und der Aufforderung zur Abgabe eines Antrags *(invitatio ad offerendum)*; hierzu unten Kapitel 6 Rn. 220, 226.
[51] Vgl. *Medicus/Petersen*, AT, Rn. 185.
[52] *Medicus/Petersen*, AT, Rn. 193.
[53] Vgl. zu einer derartigen Interessenabwägung BGH NJW 1974, 1705 (1706) – Lottospielgemeinschaft.

sich daher die folgenden beiden Fragen gegenüber: „Muss sich der Erklärungsempfänger auf das Erklärte verlassen können?" und „Ist das mit der Rechtsverbindlichkeit verbundene Haftungsrisiko für den Erklärenden zumutbar?". Im Babysitter-Fall ist das Interesse der Mutter an der rechtlichen Verbindlichkeit der Zusage der Bekannten sehr hoch, da es um einen zukünftigen Arbeitsplatz geht. Das musste auch der Bekannten bewusst sein, weshalb ihr das Haftungsrisiko nach wohl richtiger Wertung durchaus zuzumuten ist. Der Rechtsbindungswille ist daher aus objektiver Sicht zu bejahen, weshalb keine bloße Gefälligkeit, sondern ein wirksamer Auftrag gemäß § 662 BGB vorliegt. Sollte die Bekannte tatsächlich davon ausgegangen sein, ihre Zusage sei nicht rechtsverbindlich und es würden sich daher keine Haftungsfolgen ergeben, handelt es sich um einen Fall des fehlenden Erklärungsbewusstseins. Die Bekannte kann ihre Willenserklärung dann analog § 119 Abs. 1 Alt. 2 BGB anfechten, haftet der Mutter aber analog § 122 Abs. 1 BGB auf den Ersatz des Vertrauensschadens (vgl. Rn. 84 f.).

93 Die Frage der Abgrenzung zwischen verbindlicher Erklärung und unverbindlicher Gefälligkeit stellt sich im Übrigen nur bei **unentgeltlichen** Geschäften.[54] Wird für eine Tätigkeit ein Entgelt bezahlt, bewegen sich die Parteien stets im rechtsverbindlichen Bereich. Falls sich also im Babysitter-Fall die Bekannte für ihre Dienste bezahlen lässt, scheidet ein Gefälligkeitsverhältnis von vornherein aus. Zudem handelt es sich dann nicht um einen Auftrag, der gemäß § 662 BGB stets unentgeltlich ist, sondern um einen Dienstvertrag gemäß § 611 BGB.

II. Arten der Willenserklärung

1. Ausdrückliche und konkludente Willenserklärung

94 Der auf eine bestimmte Rechtsfolge abzielende Wille kann ausdrücklich oder durch schlüssiges Handeln erklärt werden. Die durch schlüssiges (konkludentes) Handeln erfolgte Willenserklärung nennt man kurz auch „konkludente Willenserklärung".

> **Bsp.:** Um konkludente Willenserklärungen geht es beim Zeitungskauf am Kiosk (Rn. 61), wenn der Käufer vor den Augen des Verkäufers den Preis von 2 € auf den Tresen legt und ein Exemplar der Zeitung vom Stapel nimmt. Ausdrücklich wird hier nichts erklärt. Käufer und Verkäufer sagen nur „Guten Morgen!", was aber keine rechtliche Bedeutung hat.
>
> Weitere Beispiele für konkludente Erklärungen sind die Annahme eines Antrags durch Verpacken und Versenden der Ware sowie das Einwerfen einer Münze in einen Warenautomaten.

95 Grundsätzlich spielt es keine Rolle, ob der Wille ausdrücklich oder konkludent erklärt wird.[55] Ausdrückliche und konkludente Willenserklärung sind im Regelfall gleichwertig. Vereinzelt findet sich hierzu eine Bestätigung im Gesetz, etwa im Zusammenhang mit der Stellvertretung: Gemäß § 164 Abs. 1 Satz 1 BGB muss der Stellvertreter offenlegen, dass er für einen anderen („im Namen des Vertretenen") handelt. Satz 2 sagt hierzu präzisierend, dass die Erklärung ausdrücklich im

---

54 Vgl. BGHZ 21, 102 (106), wonach eine Gefälligkeit „begriffsnotwendig" die Unentgeltlichkeit der Leistung voraussetze.
55 Vgl. *Köhler*, AT, § 6 Rn. 4; *Armbrüster*, in: MüKo, vor § 116 Rn. 7.

Namen des Vertretenen erfolgen kann, dass sich das Handeln im fremden Namen aber auch aus den Umständen ergeben kann, sodass die Erklärung auch konkludent im fremden Namen abgegeben werden kann.

96 Es gibt jedoch auch Vorschriften, die eine ausdrückliche Willenserklärung verlangen, etwa beim Vertragsschluss mit einem Verbraucher im elektronischen Geschäftsverkehr (E-Commerce). Wer im Internet surft, erwartet grundsätzlich, dass er sich im kostenfreien Bereich bewegt, z. B. beim Download von Programmen, die kostenfrei angeboten werden. Wenn es entgegen dieser Erwartung doch etwas kosten soll, wird der Verbraucher durch § 312j Abs. 3 Satz 1 BGB geschützt: Der Verbraucher muss mit der Bestellung „ausdrücklich" bestätigen, dass er sich zur Zahlung verpflichtet. Das geschieht insbesondere, indem der Verbraucher auf eine **Schaltfläche** mit der Aufschrift „zahlungspflichtig bestellen" klickt (§ 312j Abs. 3 Satz 2 BGB).

97 Eine ausdrückliche Willenserklärung liegt nicht nur dann vor, wenn das Gewollte mit gesprochenen oder geschriebenen Worten ausgedrückt wird.[56] Es kann auch ein anderes fest definiertes Erklärungszeichen, d. h. ein Erklärungszeichen mit einem ganz bestimmten Erklärungsinhalt, verwendet werden. Ein klares Kopfnicken, durch das der Erklärende seine Zustimmung signalisiert, ist gleichwertig zur Antwort mit „Ja" und stellt daher eine ausdrückliche Willenserklärung dar.[57] Gleiches gilt für die Zusendung des **Emoticons** „Daumen hoch", wenn das in einem entsprechenden rechtsgeschäftlichen Zusammenhang geschieht.[58]

98 Ebenso liegt eine ausdrückliche Erklärung vor, wenn die Parteien ein vereinbartes **Codewort** verwenden.[59] Dass es sich hierbei nicht um eine Erklärung im Klartext handelt, führt nach richtiger Ansicht nicht zu einer konkludenten Willenserklärung, denn das Codewort stellt ein – durch die entsprechende Vereinbarung der Parteien – fest definiertes Erklärungszeichen dar.

> **Bsp.:** In einem vom Reichsgericht (RGZ 68, 6) im Jahr 1920 entschiedenen Fall wurde von den Parteien das Telegraphie-Codewort „Semilodei" verwendet, um eine feste Bestellung auszudrücken. Es ging den Parteien hier um eine fälschungssichere Version für die Worte: „Ich bestelle verbindlich." Da es bei Telegrammen (ebenso wie heute bei einfachen E-Mails) keine Unterschrift gibt, sollte auf diese Weise die Authentizität der Erklärung sichergestellt werden. Da die Parteien dem Phantasiewort „Semilodei" hier einen fest definierten Erklärungsinhalt gegeben haben, handelt es sich um eine ausdrückliche Willenserklärung.

99 Das entscheidende Merkmal einer konkludenten Willenserklärung ist, dass kein fest definiertes Erklärungszeichen verwendet wird, sondern der rechtsgeschäftliche Wille nur mittelbar zum Ausdruck kommt.[60] Aus dem schlüssigen Handeln kann

---

[56] Vgl. *Neuner*, AT, § 31 Rn. 4. **A. A.** *Medicus/Petersen*, AT, Rn. 334, wonach es sich um eine konkludente Willenserklärung handle, wenn „das Gewollte nicht mit (gesprochenen oder geschriebenen) Worten ausgedrückt" werde; vgl. auch *Armbrüster*, in: MüKo, vor § 116 Rn. 6 (ausdrückliche Willenserklärung, wenn der Erklärende seinen Geschäftswillen „expressis verbis" äußert).
[57] **A. A.** (konkludente Willenserklärung) *Medicus/Petersen*, AT, Rn. 334; *Musielak/Hau*, GK BGB, Rn. 51a.
[58] Zur Verwendung von Emoticons bei der Abgabe von Willenserklärungen siehe *Freyler*, JA 2018, 732 (733 f.).
[59] **A. A.** (konkludente Willenserklärung) *Medicus/Petersen*, AT, Rn. 334.
[60] Vgl. *Brox/Walker*, AT, § 4 Rn. 22; *Neuner*, AT, § 31 Rn. 7.

mittelbar auf den rechtsgeschäftlichen Willen geschlossen werden. Im Beispiel des Zeitungskaufs am Kiosk liegt darin, dass der Käufer eine Zeitung vom Stapel nimmt, kein fest definiertes Erklärungszeichen mit dem Inhalt „Ich will die Zeitung kaufen.", man kann aber aus dem Verhalten des Käufers im Zusammenhang mit den äußeren Umständen auf den Kaufwillen schließen.

100 Zum Teil wird für die konkludente Willenserklärung auch die Bezeichnung „stillschweigende Willenserklärung" verwendet.[61] Diese Bezeichnung ist etwas irreführend, weil der Erklärungstatbestand bei einer konkludenten Willenserklärung gerade nicht in einem bloßen Schweigen, sondern in einem schlüssigen Handeln liegt. Der Erklärende muss also tatsächlich aktiv werden. Wenn von einer „stillschweigenden Willenserklärung" die Rede ist, geht es also in Wirklichkeit nicht um einen Fall des Schweigens, sondern um eine Willenserklärung durch schlüssiges Handeln. Das Schweigen muss daher von der konkludenten Willenserklärung abgegrenzt werden.

2. Schweigen

101 Im Fall des Schweigens wird – anders als bei der konkludenten Willenserklärung – überhaupt kein Erklärungszeichen gesetzt. Schweigen bedeutet also: überhaupt nichts tun. Die Regel lautet, dass bloßes Schweigen, also bloßes Nichtstun, grundsätzlich keinen Erklärungswert hat.[62] Wer schweigt, sagt weder Ja noch Nein, sondern erklärt überhaupt nichts. Es gilt also nicht der Satz: *Qui tacet consentire videtur* („Wer schweigt, scheint zuzustimmen.").[63] Auch im römischen Recht galt dieser Satz im Übrigen nur, wenn die betreffende Person eine Erklärung hätte abgeben müssen.

102 Hinter der Regel, dass bloßes Schweigen grundsätzlich überhaupt keinen Erklärungswert hat, steht der Grundsatz der Vertragsfreiheit, der in § 311 Abs. 1 BGB zum Ausdruck kommt, und damit auch die Privatautonomie, die ein Element der allgemeinen Handlungsfreiheit nach Art. 2 Abs. 1 GG ist. Zur Vertragsfreiheit gehört auch die negative Vertragsfreiheit, also die Freiheit, einen Vertrag nicht abzuschließen, wenn man den Vertrag nicht will. Wer schweigt, macht grundsätzlich von seiner negativen Vertragsfreiheit Gebrauch.

103 Es gibt aber Ausnahmefälle, in denen dem Schweigen doch ein Erklärungswert zukommt. Der Erklärungswert des Schweigens kann sich zum einen aus einer Vereinbarung der Parteien ergeben, zum anderen aus dem Gesetz. Man spricht in diesen Fällen vom „beredten Schweigen".[64] Haben die Parteien etwa vereinbart, dass ein Antrag als angenommen gelten soll, wenn er nicht innerhalb einer bestimmten Frist ausdrücklich abgelehnt wird, so bedeutet das Schweigen aufgrund der Parteivereinbarung die Erklärung der Annahme.[65] Wenn das Gesetz ausnahms-

---

61 Vgl. *Medicus/Petersen*, AT, Rn. 333; *Neuner*, AT, § 31 Rn. 9; *Ellenberger*, in: Grüneberg, vor § 116 Rn. 6; *Armbrüster*, in: MüKo, vor § 116 Rn. 6. Siehe auch BGH NJW 2022, 2030 Tz. 58: „stillschweigend durch schlüssiges Verhalten".
62 Vgl. *Brox/Walker*, AT, § 4 Rn. 23; *Köhler*, AT, § 6 Rn. 5; *Medicus/Petersen*, AT, Rn. 345; *Neuner*, AT, § 31 Rn. 11.
63 Vgl. hierzu folgende, in den Digesten (D.) überlieferte Texte der Spätklassiker Ulpian (Ulp.) und Paulus (Paul.): Ulp. D. 19.2.13.11, D. 24.3.2.2, D. 50.1.2 pr.; Paul. D. 50.17.142 (mit Übersetzung bei *Behrends/Knütel/Kupisch/Seiler*, Corpus Iuris Civilis, Text und Übersetzung, 1995 ff.; sowie *Otto/Schilling/Sintenis*, Das Corpus Juris Civilis ins Deutsche übersetzt, 1830–1839, Nachdr. 1984/85).
64 Vgl. *Neuner*, AT, § 31 Rn. 12.
65 *Köhler*, AT, § 6 Rn. 5.

weise dem Schweigen einen bestimmten Erklärungswert beilegt, spricht man vom **„normierten Schweigen"**.[66] Ein Beispiel für normiertes Schweigen findet sich in § 516 Abs. 2 BGB, wonach der Schenker, der eine Zuwendung gemacht hat, den Beschenkten unter Bestimmung einer angemessenen Frist zur Erklärung über die Annahme auffordern kann. Wenn der Beschenkte innerhalb der Frist nicht reagiert, gilt die Schenkung als angenommen. Die Annahme wird in diesem Fall, wie das in der Vorschrift verwendete Schlüsselwort „gilt" zeigt, gesetzlich fingiert. D. h., dass die Annahme kraft Gesetzes als gegeben anzusehen ist, obwohl sie in Wirklichkeit nicht erklärt worden ist.

Hinweis
Aufgrund einer gesetzlichen Fiktion wird – entgegen der Wirklichkeit – das Vorliegen oder Nichtvorliegen tatsächlicher oder rechtlicher Umstände unwiderleglich unterstellt.

Hinter der gesetzlichen Fiktion des § 516 Abs. 2 BGB steht der Gedanke, dass der Beschenkte die für ihn günstige Schenkung vermutlich annehmen will. Zudem erscheint es angemessen, dass der Beschenkte, sofern er das Geschenk nicht behalten will, seinen gegenteiligen Willen dem Schenker mitteilt. Was die Fiktionswirkung betrifft, gibt es für den Betroffenen nicht die Möglichkeit der Irrtumsanfechtung. Der Betroffene kann daher nicht geltend machen, er habe ohne Erklärungsbewusstsein gehandelt bzw. sich über die rechtliche Bedeutung seines Schweigens geirrt.[67] Die gesetzliche Fiktion soll gerade bewirken, dass es, auch wenn der Betroffene das nicht will, zu einer wirksamen Willenserklärung kommt. Nur auf diese Weise gelingt es, in den Fällen des normierten Schweigens Rechtssicherheit zu schaffen. **104**

3. Elektronische Willenserklärung, automatisierte Willenserklärung

Im heutigen Geschäftsverkehr werden Willenserklärungen häufig auf elektronischem Wege abgegeben, etwa per E-Mail oder bei der Bestellung im Internet durch Mausklick auf die Schaltfläche „zahlungspflichtig bestellen" (Rn. 96). Elektronische Willenserklärungen gibt es schon länger, nicht etwa erst seit Einführung des Internets: Auch bei der Willenserklärung durch Telefax handelt es sich um eine elektronische Willenserklärung. Das Schriftstück wird durch das Faxgerät des Erklärenden eingelesen und die abgetasteten Daten werden per Telefonleitung, also elektronisch an das Faxgerät des Empfängers übermittelt. Dort werden die Daten wieder in ein Schriftstück verwandelt. Auch bereits beim Telegramm wurde die Willenserklärung auf elektronischem Wege übermittelt. Derartige elektronische Willenserklärungen sind – wie alle anderen Formen der Willenserklärung – wirksame und damit rechtlich bindende Erklärungen. Das ist an sich selbstverständlich, denn auch eine elektronische Willenserklärung wie eine E-Mail ist ein äußeres Verhalten, das geeignet ist, einen rechtlich relevanten Willen nach außen zu transportieren, sodass die Anforderungen an eine Willenserklärung ohne Weiteres erfüllt sind. Einer besonderen gesetzlichen Regelung der elektronischen Willenserklärung bedarf es daher nicht.[68] **105**

---

66 Vgl. *Köhler*, AT, § 6 Rn. 6; *Neuner*, AT, § 31 Rn. 20.
67 Vgl. *Neuner*, AT, § 31 Rn. 23.
68 So auch BT-Drs. 14/4987 S. 11.

> **Hinweis**
> Die im Gesetz nicht besonders geregelte elektronische Willenserklärung darf nicht gleichgesetzt werden mit der in § 126a BGB geregelten elektronischen Form.[69] Wenn Willenserklärungen der elektronischen Form genügen sollen, müssen besondere Anforderungen erfüllt sein. Insbesondere verlangt § 126a Abs. 1 BGB, dass die Willenserklärung mit einer qualifizierten elektronischen Signatur versehen wird, was bei einer einfachen E-Mail nicht der Fall ist.

106 Ein Problem, das nichts mit der Wirksamkeit der Willenserklärung zu tun hat, liegt allerdings im **Beweiswert von E-Mails**. Auch wenn sie ausgedruckt wird, kann eine E-Mail weder die Integrität der Erklärung noch die Authentizität des Absenders beweisen.[70] Da es sich bei einfachen E-Mails um unverschlüsselte Textdateien ohne elektronische Signatur handelt,[71] können diese – sowohl vom Absender als auch vom Empfänger – jederzeit verändert werden, was auch für die Absenderadresse und die weiteren Einträge im Kopf der E-Mail gilt, einschließlich der versteckten Eintragungen, die den Weg der E-Mail über die verschiedenen Server dokumentieren. Die Überprüfung von IP-Verbindungen – etwa auf der Grundlage einer Vorratsdatenspeicherung – ist mit den Mitteln des Zivilprozesses nicht möglich. Eine dem Einzelverbindungsnachweis bei der Kommunikation per Telefon oder Telefax (Rn. 134) vergleichbare Dokumentation gibt es für E-Mails nicht. Die genannten Bedenken gelten in gleicher Weise für eine vom Absender einer E-Mail vorgelegte, angeblich vom Empfänger stammende elektronische Empfangs- oder Lesebestätigung. Auch hierbei handelt es sich um eine unverschlüsselte und nicht digital signierte Textdatei, die beliebig manipulierbar ist. Entgegen der herrschenden Meinung[72] liefert daher die Empfangs- oder Lesebestätigung keinen Beweis für den Zugang der E-Mail.[73] Somit handelt es sich bei einer E-Mail um eine zwar – materiellrechtlich gesehen – wirksame Willenserklärung, die aber im Prozess wertlos ist, wenn der andere Teil die Integrität oder die Authentizität der Nachricht bzw. deren Zugang bestreitet.

107 Etwas anderes gilt, wie auch der BGH annimmt, wenn die Integrität und Authentizität der elektronischen Willenserklärung durch entsprechende technische Maßnahmen gesichert sind. Ein Beispiel ist hier das Online-Banking unter Verwendung von PIN und TAN. Falls die Bank hierfür ein Authentifizierungsverfahren nutzt, das als unüberwindbar gilt, und das Sicherheitssystem auch im konkreten Einzelfall ordnungsgemäß angewendet wurde und fehlerfrei funktioniert hat, spricht der erste Anschein dafür, dass die Autorisierung des Zahlungsvorgangs

---

69 Zur elektronischen Form siehe unten Kapitel 9 Rn. 512–514.
70 Vgl. *Roßnagel/Pfitzmann*, NJW 2003, 1209 (1210 f.).
71 Zum besonderen Fall der Willenserklärung mit qualifizierter elektronischer Signatur gemäß § 126a BGB siehe unten Kapitel 9 Rn. 513 f.
72 AG Hamburg, MMR 2018, 551 Tz. 17; *Köhler/Fetzer*, Recht des Internets, 8. Aufl. 2016, Rn. 183; *Gomille*, in: BeckOGK-BGB, § 130 Rn. 135 (Stand: 1.9.2022); *Einsele*, in: MüKo, § 130 Rn. 46; *Herwig*, MMR 2001, 145 (146 f.); *Mankowski*, NJW 2004, 1901 (1905); *Mrosk*, NJW 2013, 1481 (1484); *Willems*, MMR 2013, 551 (553).
73 Vgl. *Hoeren*, in: Hoeren/Spindler, Versicherungen im Internet, 2002, S. 58 f.; *Kau*, Vertrauensschutzmechanismen im Internet, insbesondere im E-Commerce, 2006, S. 144. Würde man einer Empfangs- oder Lesebestätigung Beweiskraft zumessen, hätte der Adressat, der behauptet, eine E-Mail nicht erhalten zu haben, praktisch keine Möglichkeit mehr, den Nicht-Zugang zu beweisen; vgl. *Schmidbauer*, Zak 2008, 83 (85).

tatsächlich durch den Bankkunden erfolgt ist.[74] Dagegen hat der BGH für einen eBay-Account entschieden, dass die hierbei verwendeten Sicherheitsstandards angesichts der vielfältigen Möglichkeiten des Ausspähens und des „Diebstahls" von Zugangsdaten keinen zuverlässigen Schluss darauf erlauben, dass unter dem registrierten Mitgliedsnamen tatsächlich dessen Inhaber aufgetreten ist.[75]

Bsp.: Der 22-jährige Gustav soll – wie in den Medien berichtet wird – bei eBay Luxusartikel im Wert von rund 1,4 Millionen Euro ersteigert haben, u. a. ein Nobelauto, ein Bild von Andy Warhol, ein Grundstück in Leipzig, ein Ultraleichtflugzeug und einen externen Herzschrittmacher. Gustav beruft sich darauf, dass er die Dinge niemals ersteigert habe und Opfer eines unbekannten Computerhackers geworden sei. – Abgesehen davon, dass Grundstückskaufverträge nicht per Internet abgeschlossen werden können, weil diese gemäß § 311b Abs. 1 Satz 1 BGB der notariellen Beurkundung bedürfen, gibt es auf der Grundlage der Rechtsprechung des BGH – mangels eines sicheren Zugangssystems – keinen ersten Anschein, der dafür sprechen würde, dass die Online-Gebote tatsächlich von Gustav stammen. Es sind daher keine wirksamen Kaufverträge zustande gekommen.

Von der elektronischen Willenserklärung abzugrenzen ist die sogenannte „**automatisierte Willenserklärung**",[76] die durch eine elektronische Datenverarbeitungsanlage im Wege eines automatisierten Verfahrens hergestellt wird. Bei der automatisierten Willenserklärung kann es sich um eine elektronische Willenserklärung handeln, etwa um eine automatisch erzeugte E-Mail, durch die ein Antrag im Internet angenommen wird. Es kann sich aber auch um ein Schreiben in Papierform handeln, das automatisiert durch eine EDV-Anlage erzeugt und anschließend per Post verschickt wird. Regelmäßig geschieht das bei Versicherungsscheinen, die durch eine Datenverarbeitungsanlage gefertigt werden, wobei es sich auch bei den Unterschriften nur um vom Computer erzeugte Faksimiles handelt. Auch wenn eine Willenserklärung natürlich nicht von einer EDV-Anlage, sondern nur von Rechtssubjekten[77], also insbesondere von natürlichen und, vertreten durch ihre Organe, auch von juristischen Personen, abgegeben werden kann, ist die automatisierte Willenserklärung doch ohne Weiteres eine wirksame Willenserklärung. Denn es ist bei der automatisierten Willenserklärung in Wirklichkeit nicht die EDV-Anlage, die die Erklärung abgibt. Diese arbeitet nur das vorgegebene Programm ab, hinter dem der Wille des Erklärenden steht. Mit anderen Worten: Der Erklärende steuert über die Programmierung der EDV-Anlage den Inhalt der von ihm abgegebenen automatisierten Willenserklärung.

Hinweis
Natürliche Person ist jeder Mensch, der gemäß § 1 BGB mit Vollendung der Geburt seine Rechtsfähigkeit erlangt. Dagegen sind juristische Personen alle Personenvereinigungen oder Vermögensmassen, denen durch die Rechtsordnung Rechtsfähigkeit verliehen ist. Beispiele für derartige rechtsfähige Personenvereinigungen sind der nicht wirtschaftliche Verein (§ 21 BGB) sowie die

---

[74] BGHZ 208, 331 Tz. 38.
[75] BGHZ 189, 346 Tz. 18.
[76] Vgl. *Köhler*, AT, § 6 Rn. 8; *Medicus/Petersen*, AT, Rn. 256; *Neuner*, AT, § 32 Rn. 38; *D. Paulus*, JuS 2019, 960 (962 f.).
[77] Zum Begriff des Rechtssubjekts als Träger von Rechten und Pflichten siehe oben Kapitel 1 Rn. 8.

> wirtschaftlichen Vereine i. S. d. § 22 BGB, insbesondere die GmbH, die Aktiengesellschaft und die Genossenschaft. Eine Vermögensmasse mit Rechtspersönlichkeit ist z. B. eine rechtsfähige Stiftung i. S. d. § 80 BGB. Juristische Personen handeln durch ihre Organe: Der Verein handelt durch seinen Vorstand, die GmbH durch ihren Geschäftsführer, die Aktiengesellschaft durch den Vorstand. Auf diese Weise, nämlich vertreten durch ihre Organe, können auch juristische Personen Willenserklärungen abgeben und Verträge schließen.
>
> Neben die natürlichen und juristischen Personen treten als weitere Rechtssubjekte die rechtsfähigen Personengesellschaften. Dazu gehört insbesondere die Gesellschaft bürgerlichen Rechts (GbR) gemäß §§ 705 ff. BGB, wenn sie (als Außengesellschaft) am Rechtsverkehr teilnimmt und nicht nur (im Rahmen einer Innengesellschaft) der Ausgestaltung des Innenverhältnisses, d. h. des Rechtsverhältnisses zwischen den Gesellschaftern, dient.[78] § 705 Abs. 2 BGB in der ab 1.1.2024 geltenden Fassung[79] unterscheidet demgemäß zwischen der rechtsfähigen und der nicht rechtsfähigen Gesellschaft.

109 Als Unterfall der automatisierten Willenserklärung ist auch eine Willenserklärung einzuordnen, die durch ein sogenanntes **„autonomes System"**[80] unter Einsatz von Systemen künstlicher Intelligenz (z. B. Deep Learning)[81] erzeugt wird.[82] Bisher gibt es – soweit ersichtlich – keine gerichtlichen Entscheidungen zu derartigen autonomen Systemen, weshalb es sich dabei noch um „Zukunftsmusik" handelt. Ein gängiges Beispiel ist der „intelligente" Kühlschrank, der in einer ersten Phase (Lernphase) die individuellen Vorlieben des jeweiligen Kühlschrankbenutzers analysiert, um dann in einer zweiten Phase (Anwendungsphase) selbstständig Online-Käufe auszulösen. Ein solcher „intelligenter" Kühlschrank soll also nicht etwa nur den implementierten Zufallsgenerator nutzen. Er soll vielmehr neben den individuellen Vorlieben des Nutzers z. B. auch das saisonale Angebot an Lebensmitteln, die aktuellen Sonderangebote des Lebensmittelhandels, die Regeln einer ausgewogenen und nachhaltigen Ernährung berücksichtigen und einen abwechslungsreichen Speiseplan mit immer neuen Rezeptvorschlägen bieten. Aufgrund der Vielzahl der Faktoren, die für das autonome System eine Rolle spielen, ist der genaue Inhalt der automatischen Bestellungen nicht mehr vorhersehbar. Gleichwohl steht auch hier hinter dem vorgegebenen Programm der Wille des Nutzers, der das autonome System in Betrieb genommen hat. Das gilt insbesondere auch im Hinblick auf die Unvorhersehbarkeit der von dem autonomen System getroffe-

---

78 Vgl. nur BGHZ 146, 341 (343–347); BGH NJW 2002, 1207 (1208).
79 Zum 1.1.2024 tritt das Gesetz zur Modernisierung des Personengesellschaftsrechts (Personengesellschaftsrechtsmodernisierungsgesetz – MoPeG) vom 10.8.2021 (BGBl. I S. 3436) in Kraft.
80 Zu autonomen Systemen siehe *Sosnitza*, CR 2016, 764 (766); *D. Paulus/Matzke*, ZfPW 2018, 431 (442 f.); *Specht/Herold*, MMR 2018, 40 (41); *Grützmacher/Heckmann*, CR 2019, 553 (554); *Kainer/Förster*, ZfPW 2020, 275 (281); *Kniepert*, Jura 2021, 358 f.
81 Zur Frage der Definition von „Künstlicher Intelligenz" vgl. *Oster*, JZ 2021, 167 (173 f.).
82 Vgl. *Spindler*, in: Spindler/Schuster, Recht der elektronischen Medien, 4. Aufl. 2019, 2. Teil, BGB, vor § 116 Rn. 10; im Ergebnis auch *D. Paulus/Matzke*, ZfPW 2018, 431 (443–444), die zwar für eine terminologische Abgrenzung der automatisierten Willenserklärung von „autonomen Computererklärungen" plädieren, jedoch auch diese nach den Grundsätzen der automatisierten Willenserklärung behandeln wollen. Dagegen sprechen *Kainer/Förster*, ZfPW 2020, 275 (280), von einer automatisierten Willenserklärung nur, wenn deren konkreter Inhalt noch vorhersehbar ist („Wenn-Dann"-Schema). Kritisch, was die Einordnung als automatisierte Willenserklärung betrifft, auch *Leipold*, BGB I, § 10 Rn. 21a.

nen Entscheidungen, die sich aus dem vorgegebenen (intelligenten) Algorithmus ergibt. Die durch das autonome System abgegebenen Willenserklärungen sind daher dem jeweiligen Nutzer des Systems zuzurechnen,[83] der jederzeit die Möglichkeit hat, die Abgabe weiterer Willenserklärungen zu verhindern, indem er dem autonomen System „den Stecker zieht".

Zu automatisierten Willenserklärungen (in Gestalt von elektronischen Willenserklärungen) kann es insbesondere auch im Zusammenhang mit sogenannten **„Smart Contracts"** kommen. Dabei handelt es sich nicht – wie die irreführende Bezeichnung glauben macht – um eine besondere Art von Verträgen, sondern um automatisiert ablaufende rechtliche Vorgänge.[84] Beispielsweise kann eine Fluggesellschaft einen „Smart Contract" nutzen, um Passagiere im Fall von Flugverspätungen entsprechend der europäischen Fluggastrechte-Verordnung[85] zu entschädigen. Die praktische Umsetzung des „Smart Contracts" kann durch eine Entschädigungs-App erfolgen, die die Fluggesellschaft ihren Kunden zur Verfügung stellt.[86] Der Fluggast, der einen Entschädigungsanspruch geltend machen will, muss sich in der Entschädigungs-App nur mit seinen persönlichen Zugangsdaten anmelden, um dann, nach Angabe der Flugnummer und seiner Bankverbindung, per Mausklick die ihm zustehende Entschädigung anzufordern. Sämtliche weiteren relevanten Informationen, insbesondere die genaue Verspätung und die Höhe der dem Fluggast zustehenden Entschädigung, werden anschließend automatisiert ermittelt. Auch der für die Überweisung erforderliche Zahlungsauftrag (§ 675f Abs. 4 Satz 2 BGB) der Fluggesellschaft gegenüber ihrem Kreditinstitut wird automatisiert als elektronische Willenserklärung erteilt. Da die juristische Prüfung des Entschädigungsanspruchs nicht mehr in jedem Einzelfall des Einsatzes von Mitarbeitern der Fluggesellschaft bedarf, spricht man auch von „Legal Technology" bzw. kurz „Legal Tech". Kennzeichnend dafür ist, dass juristische Arbeitsschritte, insbesondere Subsumtionsschritte,[87] eigenständig durch Computersysteme ausgeführt werden.

III. Abgabe und Zugang

Sobald der objektive und der subjektive Tatbestand der Willenserklärung vorliegen, ist die Willenserklärung existent. Die Existenz der Willenserklärung genügt aber nicht in allen Fällen für ihre Wirksamkeit,[88] weshalb das **„Wirksamwerden der Willenserklärung"** als weiterer Prüfungspunkt neben den objektiven und den subjektiven Tatbestand der Willenserklärung tritt. Unter diesem Prüfungspunkt ist die Abgabe und gegebenenfalls auch der Zugang der Willenserklärung zu un-

---

83 So auch *Kitz*, in: Hoeren/Sieber/Holznagel, Handbuch Multimedia-Recht (Stand: 51. Ergänzungslieferung, Februar 2020), Teil 13.1 Rn. 55 f.; *Spindler*, in: Spindler/Schuster, Recht der elektronischen Medien, 4. Aufl. 2019, 2. Teil, BGB, vor § 116 Rn. 10; *Cornelius*, MMR 2002, 353 (355); *Sosnitza*, CR 2016, 764 (767); *D. Paulus/Matzke*, ZfPW 2018, 431 (443–445). Kritisch *Kainer/Förster*, ZfPW 2020, 275 (295): „de lege lata keine dogmatisch befriedigende Lösung"; vgl. auch *Grützmacher/Heckmann*, CR 2019, 553 (560).
84 Zum Begriff des „Smart Contracts" siehe nur *D. Paulus*, JuS 2020, 107.
85 Verordnung (EG) Nr. 261/2004 vom 11.2.2004.
86 Für den Einsatz solcher Entschädigungs-Apps plädiert *Tavakoli*, ZRP 2020, 46 (48 f.).
87 Zur Subsumtion siehe oben Kapitel 2 Rn. 40 ff.
88 *Brox/Walker*, AT, § 7 Rn. 1.

tersuchen. Zugleich wird geklärt, zu welchem Zeitpunkt die Willenserklärung wirksam wird.

112 Wichtig ist hier die Unterscheidung zwischen empfangsbedürftiger und nicht empfangsbedürftiger Willenserklärung, weil sich danach der Prüfungsumfang richtet: Empfangsbedürftige Willenserklärungen bedürfen für ihre Wirksamkeit der Abgabe und des Zugangs, während bei nicht empfangsbedürftigen Willenserklärungen die Abgabe für das Wirksamwerden ausreicht.

1. Empfangsbedürftige und nicht empfangsbedürftige Willenserklärung

113 Empfangsbedürftig ist eine Willenserklärung, die „einem anderen gegenüber" abzugeben ist (§ 130 Abs. 1 Satz 1 BGB). Das ist der Regelfall, denn eine Willenserklärung dient üblicherweise der Übermittlung des Willens des Erklärenden an einen bestimmten Erklärungsempfänger. Die empfangsbedürftige Willenserklärung, etwa der Antrag auf Abschluss eines Kaufvertrags, wird erst wirksam, wenn sie dem Erklärungsempfänger zugeht. Daher muss der Antrag des Käufers beim Verkäufer als Erklärungsempfänger eintreffen, um wirksam zu werden.

114 Bei nicht empfangsbedürftigen Willenserklärungen gibt es keinen Adressaten, dem die Willenserklärung zugehen müsste. Ein Beispiel ist das Testament, das der Erblasser gemäß § 2247 Abs. 1 BGB durch eine eigenhändig geschriebene und unterschriebene Erklärung errichten kann. Es geht um ein einseitiges Rechtsgeschäft, weil das Testament nur aus einer einzigen Willenserklärung besteht. Hinzu kommt, dass es sich bei dieser Willenserklärung um eine nicht empfangsbedürftige Erklärung handelt. Sobald der Erblasser das Testament eigenhändig geschrieben und unterschrieben hat, ist es wirksam. Er kann daher das Testament bei sich zu Hause aufbewahren und muss dessen Inhalt niemandem mitteilen, was typischerweise auch dem Interesse des Erblassers entspricht, der seinen letzten Willen geheim halten will. Man spricht hier auch von einem nicht empfangsbedürftigen einseitigen Rechtsgeschäft. Ein weiterer Fall eines solchen nicht empfangsbedürftigen einseitigen Rechtsgeschäfts, also eines Rechtsgeschäfts, das aus einer einzigen, nicht empfangsbedürftigen Willenserklärung besteht, ist die Auslobung gemäß § 657 BGB.

> **Bsp.:** Albert kündigt durch öffentliche Aushänge an Straßenlaternen eine Belohnung in Höhe von 100 € an, falls ihm Charly, seine entlaufene Katze, zurückgebracht wird. Bertram läuft die Katze zu. Nachdem er im Gespräch mit Nachbarn die Adresse erfahren hat, bringt er Charly zu Albert zurück und erhält zum Dank eine Packung „Mon Chéri". Erst später hört Bertram, dass von Albert ein Geldbetrag als Belohnung ausgesetzt war. – Da es um eine nicht empfangsbedürftige Willenserklärung geht, hat Bertram, auch wenn er von der Auslobung nichts wusste, gegen Albert einen Anspruch auf Zahlung von 100 €. § 657 BGB stellt klar, dass es nicht darauf ankommt, dass die entsprechende Handlung, hier das Zurückbringen der Katze, mit Rücksicht auf die Auslobung vorgenommen wird.

115 Andere einseitige Rechtsgeschäfte, wie etwa die Kündigung eines Mietvertrags, bestehen aus einer empfangsbedürftigen Willenserklärung, sodass hier für das Wirksamwerden die Abgabe der Willenserklärung nicht ausreicht, sondern der Zugang beim Erklärungsempfänger hinzukommen muss. Einseitige Rechtsge-

schäfte, die aus einer empfangsbedürftigen Willenserklärung bestehen, werden auch als empfangsbedürftige einseitige Rechtsgeschäfte bezeichnet.

2. Abgabe

Dass das Wirksamwerden der Willenserklärung deren Abgabe voraussetzt, lässt sich dem BGB nur im Hinblick auf die empfangsbedürftige Willenserklärung entnehmen: In § 130 Abs. 1 Satz 1 BGB ist die Rede von einer Willenserklärung, die einem anderen gegenüber „abzugeben" ist. Dennoch ist anerkannt, dass das Erfordernis der Abgabe nicht nur für empfangsbedürftige, sondern für alle Willenserklärungen gilt.[89] Allerdings muss, was die einzelnen Voraussetzungen der Abgabe betrifft, zwischen empfangsbedürftigen und nicht empfangsbedürftigen Willenserklärungen unterschieden werden.

Eine nicht empfangsbedürftige Willenserklärung ist abgegeben, wenn der Erklärende den Erklärungsvorgang vollendet hat, d. h., wenn er die Willenserklärung fertiggestellt hat. Für die Abgabe einer nicht empfangsbedürftigen Willenserklärung genügt damit die **Entäußerung** oder – anders ausgedrückt – die Vollendung des Erklärungsvorgangs. Da bei der nicht empfangsbedürftigen Willenserklärung nur die Abgabe für das Wirksamwerden erforderlich ist, ist diese, sobald sie existent ist, zugleich auch wirksam geworden. Für das Wirksamwerden reicht es folglich aus, wenn der objektive und der subjektive Tatbestand der Willenserklärung gegeben ist.

Dagegen reicht für die Abgabe einer empfangsbedürftigen Willenserklärung die Entäußerung im Sinne der Vollendung des Erklärungsvorgangs nicht aus, sondern es müssen weitere Elemente hinzukommen, wie sich aus der folgenden Definition ergibt.

> **Definition**
> Die empfangsbedürftige Willenserklärung ist abgegeben, wenn der Erklärende sich der Erklärung so in Richtung auf den Erklärungsempfänger entäußert hat, dass unter gewöhnlichen Umständen mit deren Zugang beim Empfänger zu rechnen ist.

Die Abgabe setzt also eine Entäußerung der Erklärung voraus, die so beschaffen ist, dass der Erklärende hierdurch seine Erklärung **auf den Weg zum Empfänger** bringt. Wer also eine Warenbestellung per Brief aufgeben will, hat den Antrag auf Abschluss des Kaufvertrags abgegeben, sobald er den Brief in einen der Briefkästen der Post geworfen hat. Auf die ausreichende Frankierung des Briefes kommt es für die Abgabe nicht an, weil dem Empfänger auch unfrankierte Briefe gegen Zahlung eines Nachportos ausgehändigt werden. Wenn sich der Empfänger dafür entscheidet, den Brief entgegenzunehmen und das Nachporto zu entrichten, kann sich der Erklärende nicht darauf berufen, es fehle wegen der nicht ausreichenden Frankierung an der Abgabe und damit an einer wirksamen Willenserklärung.

> **Problem**
> Umstritten ist, ob die Abgabe der Willenserklärung zwingend voraussetzt, dass die Willenserklärung mit Wissen und Wollen des Erklärenden in den Verkehr

---
[89] Vgl. nur *Neuner*, AT, § 33 Rn. 4.

gebracht worden ist. Es geht dabei um die Problematik der **abhandengekommenen Willenserklärung**.

120 Die wohl immer noch herrschende Meinung in der Literatur,[90] der auch der BGH, allerdings in älteren Entscheidungen,[91] folgt, nimmt an, die Willenserklärung müsse mit Wissen und Wollen des Erklärenden in den Verkehr gebracht werden. Es sei der Kern der Abgabe der Willenserklärung, dass der Erklärende sich der Willenserklärung bewusst entäußere. Ein fahrlässiges Inverkehrbringen einer Willenserklärung sei für die Abgabe nicht ausreichend. Die Worte „abzugeben ist" in § 130 Abs. 1 Satz 1 BGB sollen zeigen, dass der Erklärende die Willenserklärung bewusst abgeben müsse. Nach einer im Vordringen befindlichen Gegenansicht[92] gibt es jedoch auch im Hinblick auf die Abgabe der Willenserklärung eine Erklärungsfahrlässigkeit. Die Grundsätze, die für das fehlende Erklärungsbewusstsein gelten, müssen auf die Abgabe der Willenserklärung übertragen werden. In der Tat geht es bei der Erklärungsfahrlässigkeit im Zusammenhang mit dem fehlenden Erklärungsbewusstsein und im Fall der fahrlässigen Abgabe einer Willenserklärung um ein und dasselbe Problem, nämlich um die fahrlässige Erzeugung des Rechtsscheins einer Willenserklärung. Wenn man im Fall der Erklärungsfahrlässigkeit trotz fehlenden Erklärungsbewusstseins zu einer wirksamen Willenserklärung gelangt, die angefochten werden muss, dann kann für den Fall der fahrlässigen Abgabe einer Willenserklärung nichts anderes gelten. Anfechtungsgrund ist in beiden Fällen § 119 Abs. 1 BGB in analoger Anwendung, da der Erklärende – anders als beim Inhalts- oder Erklärungsirrtum – überhaupt keine Willenserklärung abgeben wollte, was noch schwerer wiegt als die geregelten Irrtumsfälle.

> **Klausurtipp**
> Wichtig ist, in einer Klausurlösung deutlich zu machen, dass es bei der abhandengekommenen Willenserklärung nicht um das Problem des (fehlenden) Erklärungsbewusstseins, sondern der Abgabe der Willenserklärung geht.

121 Trotz der unterschiedlichen Verortung der Probleme entspricht die Behandlung der abhandengekommenen Willenserklärung aber der des fehlenden Erklärungsbewusstseins.

> **Bsp.:** Im Antiquariat des Valentin wird die „Ausführliche Erläuterung der Pandecten" von Christian Friedrich von Glück in 45 Bänden mit Register zum Preis von 2.750 € angeboten. Kuno möchte das Werk per E-Mail bestellen. Da er sich aufgrund des hohen Preises noch nicht ganz sicher ist, will er die Nachricht erst einmal speichern, klickt aber aus Unachtsamkeit auf die Schaltfläche „Senden". Die E-Mail wird sogleich an Valentin übermittelt. Nach wenigen Sekunden trifft dessen Annahmeerklärung bei Kuno ein. – Es fehlt hier am bewussten Absenden der Erklärung durch Kuno, weshalb es sich bei dessen

---

[90] *Bork*, AT, Rn. 615; *Köhler*, AT, § 6 Rn. 12; *Leipold*, BGB I, § 12 Rn. 8; *Musielak/Hau*, GK BGB, Rn. 89; *Neuner*, AT, § 32 Rn. 15–17; *ders.*, JuS 2007, 881 (884 f.); siehe auch BT-Drs. 14/4987 S. 11 (wenn der Befehl „Senden" bei einer E-Mail ohne den Willen des Erklärenden ausgelöst wird).
[91] BGHZ 65, 13 (14 f.), und BGH NJW 1979, 2032 f.
[92] Vgl. *Brox/Walker*, AT, § 7 Rn. 7; *Flume*, AT II, S. 226 Fn. 10 (§ 14, 2), S. 449 f. (§ 23, 1); *Wertenbruch*, AT, § 8 Rn. 8 f.; *ders.*, JuS 2020, 481 (482 f.); *Einsele*, in: MüKo, § 130 Rn. 14; *Hefermehl*, in: Soergel, § 130 Rn. 5; *Taupitz/Kritter*, JuS 1999, 839 (840).

Antrag um eine abhandengekommene Willenserklärung handelt. Überträgt man – wie es richtig erscheint – auf diesen Fall die Grundsätze, die für das fehlende Erklärungsbewusstsein entwickelt wurden, ist die abhandengekommene Willenserklärung wirksam, wenn der Erklärende die Erklärung zwar nicht bewusst, aber doch fahrlässig in den Verkehr gebracht hat. Hier war Kuno unachtsam und hat daher auf die Schaltfläche „Senden" geklickt, obwohl er die Nachricht zunächst nur speichern wollte. Damit hat er die im Verkehr erforderliche Sorgfalt außer Acht gelassen (§ 276 Abs. 2 BGB), also fahrlässig gehandelt. Es liegt somit ein wirksamer Antrag des Kuno vor, der von Valentin auch angenommen wurde. Allerdings kann Kuno seine Willenserklärung analog § 119 Abs. 1 BGB anfechten. Erklärt er gegenüber Valentin (§ 143 Abs. 2 Alt. 1 BGB) die Anfechtung, ist das abgeschlossene Rechtsgeschäft, also der Kaufvertrag zwischen Kuno und Valentin, rückwirkend nichtig gemäß § 142 Abs. 1 BGB.

Klausurbewertung
Durch den Sachverhalt, der für die Falllösung feststeht, ist vorgegeben, dass Kuno die E-Mail aufgrund eines Versehens losgeschickt hat und diese auch bei Valentin angekommen ist. Das Beweisproblem bei E-Mails spielt daher keine Rolle, weshalb man dazu kein Wort verlieren darf. Alles, was hierzu gesagt würde, ist überflüssig und würde daher als falsch gewertet.

3. Zugang

a) **Einführung.** Anders als bei der Abgabe, bei der zwischen empfangsbedürftigen und nicht empfangsbedürftigen Willenserklärungen unterschieden werden muss, gibt es den Prüfungspunkt des Zugangs der Willenserklärung von vornherein **nur bei empfangsbedürftigen Willenserklärungen**. Nicht empfangsbedürftige Willenserklärungen haben keinen Adressaten, weshalb auch kein Zugang stattfinden kann. Innerhalb der empfangsbedürftigen Willenserklärungen muss im Hinblick auf den Zugang eine weitere Unterscheidung getroffen werden: Die Voraussetzungen des Zugangs richten sich danach, ob der Erklärungsempfänger anwesend oder abwesend ist. Es kommt also darauf an, ob es sich um eine Willenserklärung unter Anwesenden oder unter Abwesenden handelt.

Eine gesetzliche Regelung findet sich nur für die Erklärung unter Abwesenden: Nach § 130 Abs. 1 Satz 1 BGB wird eine Willenserklärung gegenüber einem abwesenden Erklärungsempfänger „in dem Zeitpunkt wirksam, in welchem sie ihm zugeht". Immerhin zeigt die Vorschrift, dass der Gesetzgeber für das Wirksamwerden einer Willenserklärung gegenüber einem Abwesenden deren Zugang verlangt. Dagegen sind die einzelnen Voraussetzungen des Zugangs im Gesetz nicht genannt, ebenso wie sich dort keine Regelung für die Willenserklärung gegenüber einem Anwesenden findet. Gleichwohl ist anerkannt, dass die Willenserklärung auch einem anwesenden Erklärungsempfänger zugehen muss.[93] Der Grundgedanke des § 130 Abs. 1 Satz 1 BGB wird also auch auf die Willenserklärung unter Anwesenden übertragen. Gegenüber dem Zugang unter Abwesenden gelten für

---
[93] Vgl. *Brox/Walker*, AT, § 7 Rn. 20; *Köhler*, AT, § 6 Rn. 19; *Neuner*, AT, § 33 Rn. 26.

die Willenserklärung unter Anwesenden allerdings einige Besonderheiten, auf die später (Rn. 142–145) noch einzugehen ist.

124 **b) Zugang bei Willenserklärungen unter Abwesenden.** Ziel des Zugangs ist es, dass die Willenserklärung beim Erklärungsempfänger dergestalt ankommt, dass dieser vom Inhalt der Erklärung Kenntnis nehmen kann. Die tatsächliche Kenntnisnahme ist – jedenfalls bei Willenserklärungen unter Abwesenden – nicht erforderlich. Andernfalls könnte der Erklärungsempfänger das Wirksamwerden nachteiliger Willenserklärungen verhindern, indem er sich weigert, von deren Inhalt Kenntnis zu nehmen. Allerdings führt die tatsächliche Kenntnisnahme durch den Erklärungsempfänger doch stets zum sofortigen Zugang der Erklärung,[94] weil das eigentliche Ziel, dass die Erklärung beim Erklärungsempfänger ankommt und dieser die Möglichkeit der Kenntnisnahme hat, mit der tatsächlichen Kenntnisnahme der Erklärung jedenfalls erreicht ist.

125 Die Definition des Zugangs einer Willenserklärung unter Abwesenden lautet daher:[95]

Definition
Eine Willenserklärung ist – abgesehen von der tatsächlichen Kenntnisnahme durch den Empfänger, die stets zum sofortigen Zugang führt – dann zugegangen, wenn sie derart in den Machtbereich des Empfängers gelangt, dass unter gewöhnlichen Umständen die Möglichkeit der Kenntnisnahme besteht.

126 Wenn der Brief vom Briefträger in den Hausbriefkasten des Empfängers geworfen wird, sind die Voraussetzungen des Zugangs erfüllt: Der Empfänger hat die Möglichkeit der Kenntnisnahme, weshalb ihm die Erklärung bereits durch den Einwurf des Briefes in den Hausbriefkasten zugegangen ist. Da die Möglichkeit der Kenntnisnahme ausreicht, geht der Brief auch dann zu, wenn sich der Empfänger gerade für drei Monate auf Fotosafari in Afrika befindet und in dieser Zeit seinen Briefkasten nicht leert. Eine Ortsabwesenheit aus persönlichen Gründen (z. B. wegen Urlaubs, Krankheit oder auch Haft) hindert den wirksamen Zugang nicht und ist daher im Hinblick auf den Eingang von Willenserklärungen, auf die man reagieren muss, gefährlich. Es empfiehlt sich daher, in Zeiten, in denen man aus persönlichen Gründen daran gehindert ist, Erklärungen entgegenzunehmen, entsprechende Vorkehrungen zu treffen,[96] etwa indem man einen Dritten einschaltet, der sich um die ankommende Post kümmert.

127 Wichtig für den genauen Zeitpunkt des Zugangs ist es, dass die Möglichkeit der Kenntnisnahme unter gewöhnlichen Umständen bestehen muss. Der Empfänger ist damit vor einem Zugang von Willenserklärungen zur „Unzeit" geschützt:[97] Wirft beispielsweise der Vermieter wenige Minuten vor Mitternacht das Kündigungsschreiben in den Wohnungsbriefkasten des Mieters, geht diesem das Schreiben (sofern er es nicht noch vor Mitternacht öffnet und tatsächlich liest) erst am folgenden Tag zu, und zwar zu dem Zeitpunkt, zu dem mit der Leerung des

---

94 Vgl. *Bork*, AT, Rn. 621; *Köhler*, AT, § 6 Rn. 13; *Medicus/Petersen*, AT, Rn. 276; *Musielak/Hau*, GK BGB, Rn. 95; *Neuner*, AT, § 33 Rn. 18; *Taupitz/Kritter*, JuS 1999, 839 (841).
95 Vgl. BGHZ 67, 271 (275); 137, 205 (208).
96 Vgl. BGH NJW 2004, 1320 (1321); BAG NJOZ 2021, 2088 Tz. 22; BAGE 162, 317 Tz. 15.
97 Vgl. *Brox/Walker*, AT, § 7 Rn. 11; *Musielak/Hau*, GK BGB, Rn. 95.

Wohnungsbriefkastens zu rechnen ist. Aus Gründen der Rechtssicherheit muss man dabei auf eine objektive Sicht abstellen,[98] weshalb es auf die individuellen Gepflogenheiten des Empfängers, der seinen Briefkasten vielleicht nur bei schönem Wetter leert, nicht ankommt. Man muss also von einem durchschnittlichen Empfänger ausgehen, der seinen Briefkasten genau einmal am Tag leert, und zwar von Montag bis Samstag.

Die Leerung des Briefkastens darf **frühestens** im unmittelbaren Anschluss an die gewöhnliche Postzustellzeit erfolgen. Das gilt auch dann, wenn der Briefträger regelmäßig schon sehr früh kommt, etwa gegen 7 Uhr. Der Empfänger kann dann, wenn er will, auch entsprechend früh seinen Briefkasten leeren, z. B. um 8 Uhr. Wenn in einem solchen Fall um 10 Uhr vom Absender ein Brief eigenhändig in den Hausbriefkasten des Empfängers geworfen wird, geht dieser Brief erst am Folgetag zu.[99] Vom Empfänger kann nicht erwartet werden, dass er seinen Hausbriefkasten nach der gewöhnlichen Postzustellzeit mehrfach überprüft. Auch gibt es keine allgemeine Regel, dass Hausbriefkästen generell erst nach Arbeitsschluss, also am Abend, geleert werden dürfen, damit Briefe, die bis 18 Uhr eingeworfen werden, noch am selben Tag zugehen.[100]

Noch zu klären ist, bis wann der Briefkasten **spätestens** zu leeren ist. Auszugehen ist auch hier von einem durchschnittlichen Empfänger, der im Regelfall berufstätig ist. Die Möglichkeit der Kenntnisnahme besteht daher erst, wenn der Empfänger von der Arbeit nach Hause kommt, d. h. gewöhnlich nicht vor 18 Uhr.[101] Eine Privatperson sollte daher bis spätestens 19 Uhr ihren Hausbriefkasten leeren. Bei Geschäftsleuten wird erwartet, dass der Geschäftsbriefkasten innerhalb der üblichen Geschäftszeiten alsbald nach der gewöhnlichen Postzustellzeit geleert wird.[102] Wenn der Briefträger gewöhnlich gegen 11 Uhr kommt, sollte von einem Geschäftsmann daher bis 12 Uhr der Geschäftsbriefkasten geleert worden sein.

c) Zugang von Einschreibesendungen und arglistige Zugangsvereitelung. Besondere praktische Probleme ergeben sich hinsichtlich des Zugangs von Einschreibesendungen. Das Standard-Einschreiben (Übergabe-Einschreiben) und das Einschreiben mit Rückschein sollte man nur gegenüber Behörden und Unternehmen verwenden. Dagegen ist nicht zu empfehlen, derartige Einschreiben an Privatleute zu senden. Denn wenn der Briefträger den Empfänger nicht antrifft, wird in den Briefkasten nur ein Benachrichtigungsschein eingeworfen, der im Regelfall keine Angaben über den Absender des Einschreibens enthält. Das Einschreiben selbst wird bei einer nahegelegenen Postfiliale niedergelegt, was für dessen Zugang nicht ausreicht, weil sich nur der Benachrichtigungsschein, nicht jedoch das Einschreiben im Machtbereich des Empfängers befindet. Zum Zugang kommt es daher erst dann, wenn der Empfänger das niedergelegte Einschreiben bei der Post tatsächlich abholt. Eine Pflicht, Einschreiben von der Post abzuholen, gibt es nach der Recht-

---

98 Vgl. BGH NJW 2004, 1320 f.; BAG NJW 2019, 3666 Tz. 12, 15; *Ellenberger*, in: Grüneberg, § 130 Rn. 6.
99 Vgl. BGH NJW 2004, 1320 (1321); BAG NJW 1984, 1651 (1652); NJW 2019, 3666 Tz. 15.
100 Vgl. BAG NJW 2019, 3666 Tz. 25. **A. A.** *Ellenberger*, in: Grüneberg, § 130 Rn. 6; *Wendtland*, in: BeckOK-BGB, § 130 Rn. 13 (Stand: 1.8.2022); *Gomille*, in: BeckOGK-BGB, § 130 Rn. 70.4 (Stand: 1.9.2022). Nach *Leipold*, BGB I, § 12 Rn. 13a, sei es vorzugswürdig, das Eintreffen der Erklärung bis zum Ende des Tages (24 Uhr) für einen Zugang noch am selben Tag ausreichen zu lassen.
101 Vgl. *Neuner*, AT, § 33 Rn. 16; *Ellenberger*, in: Grüneberg, § 130 Rn. 6.
102 Vgl. *Faust*, in: NK-BGB, § 130 Rn. 54.

sprechung grundsätzlich nicht.[103] Dem Zugangserfordernis kommt hier eine wichtige Schutzfunktion zu: Willenserklärungen müssen zum Empfänger gebracht werden. Dazu muss der Erklärende entsprechend aktiv werden und nicht umgekehrt der Erklärungsempfänger.

131 Eine Ausnahme vom Zugangserfordernis gilt allerdings in Fällen der arglistigen Zugangsvereitelung: Hier kommt es dazu, dass sich der Empfänger nach Treu und Glauben (§ 242 BGB) so behandeln lassen muss, als wäre ihm die Erklärung rechtzeitig zugegangen.

> **Hinweis**
> Der Begriff Arglist ist die deutsche Übersetzung des lateinischen Begriffs *dolus malus* („arge List") und meint nichts anderes als „Vorsatz". Arglistiges Verhalten muss also nicht besonders böse oder übelwollend sein, sondern es reicht jedes Handeln mit Wissen und Wollen aus.

132 Ein Fall der arglistigen Zugangsvereitelung liegt vor, wenn der Empfänger grundlos die Annahme eines Schreibens verweigert, obwohl er mit dem Eingang rechtserheblicher Mitteilungen seines Vertrags- oder Verhandlungspartners rechnen muss.[104] Innerhalb bestehender oder angebahnter Vertragsbeziehungen hat der Empfänger nämlich nach Treu und Glauben dafür Sorge zu tragen, dass ihn Erklärungen erreichen. Er muss daher dafür sorgen, dass die von ihm verwendeten Empfangsvorrichtungen in ordnungsgemäßem Zustand sind, z. B., dass das Faxgerät ordnungsgemäß funktioniert. Erfährt der Empfänger, dass ein an ihn adressiertes Einschreiben bei der Post niedergelegt ist, muss er das Einschreiben abholen, wenn er damit zu rechnen hat, dass das Einschreiben von einem Vertrags- oder Verhandlungspartner stammt. Dagegen handelt es sich nicht um eine arglistige Zugangsvereitelung, sondern um bloße Fahrlässigkeit, wenn der Empfänger die Abholung des Einschreibens vergisst oder er den Benachrichtigungszettel verliert.[105]

133 Anders als das Standard-Einschreiben und das Einschreiben mit Rückschein wird das Einwurf-Einschreiben mit der Tagespost in den Hausbriefkasten des Empfängers eingeworfen, wobei der Postbote den Einwurf auf dem Auslieferungsbeleg dokumentiert. Der Absender erhält (gegen Gebühr) eine technische Reproduktion des Auslieferungsbelegs. Zudem kann der Sendestatus des Einwurf-Einschreibens durch Abfrage im Internet überprüft werden.

> **Problem**
> Ob die Reproduktion des Auslieferungsbelegs bzw. die Statusabfrage im Internet für die Einwurf-Einschreiben einen Zugangsbeweis liefern, ist umstritten. Zum Teil wird vorgebracht, es sei nach der Lebenserfahrung nicht auszuschließen, dass der Postbote die Zustellung auf dem Auslieferungsbeleg dokumentiert, obwohl er die Postsendung versehentlich in den falschen Briefkasten

---

103 BGHZ 137, 205 (208); vgl. auch BGHZ 67, 271 (275). **A. A.** *Flume*, AT II, S. 235 (§ 14, 3c): Zugang bereits mit Hinterlassung des Benachrichtigungsscheins; *Neuner*, AT, § 33 Rn. 16: Zugang in dem Zeitpunkt, in dem das Einschreiben abgeholt werden kann.
104 BGHZ 67, 271 (276 f.); 137, 205 (209); BGH NJW 1996, 1967 (1968); NJW 2017, 68 Tz. 23.
105 BGHZ 137, 205 (209 f.).

eingeworfen hat.[106] Dabei handelt es sich allerdings um einen sehr unwahrscheinlichen Ausnahmefall, weshalb im Fall der Dokumentation der Zustellung durch den Postboten der erste Anschein für einen ordnungsgemäßen Zugang spricht.[107] Für den Beweis des ersten Anscheins genügt es, wenn aufgrund des typischen Geschehensablaufs mit sehr hoher Wahrscheinlichkeit auf die zu beweisende Tatsache, hier auf den Zugang der Postsendung, geschlossen werden kann.

d) Zugang von Faxsendungen und von E-Mails. Auch wenn Faxgeräte in der Praxis zunehmend durch die Übermittlung von PDF-Anhängen per E-Mail abgelöst werden, ist die rechtliche Behandlung der Faxsendung als Modell für die Übermittlung einer elektronischen Willenserklärung weiterhin von Bedeutung. Bei Faxsendungen wird von der Rechtsprechung[108] und teilweise auch noch in der Literatur[109] angenommen, es komme erst mit dem Abschluss des Druckvorgangs am Faxgerät des Empfängers zum Zugang. Das hätte zur Folge, dass es bei einem Funktionsfehler des Empfangsgeräts (z. B. Papierstau oder Stromausfall) selbst dann nicht zum Zugang kommen würde, wenn beim Absender keinerlei Fehlermeldung erscheinen und dessen Faxgerät einen Sendebericht mit O.K.-Vermerk ausdrucken würde. Entsprechend der Definition des Zugangs empfangsbedürftiger Willenserklärungen genügt es jedoch, wenn die Faxsendung in den Machtbereich des Empfängers gelangt, was bereits mit dem ordnungsgemäßen Eingang[110] der Signaltöne der Fall ist und durch das vom Empfangsgerät ausgegebene O.K.-Signal ausreichend belegt wird.[111] Da sich die vom Empfänger verwendeten Empfangseinrichtungen in dessen Machtbereich befinden, folgt aus der Zugangsdefinition, dass grundsätzlich der Empfänger das Risiko hinsichtlich der Funktionsfähigkeit solcher Empfangseinrichtungen trägt.[112] Nach richtiger Ansicht ist der Sendebericht mit O.K.-Vermerk daher im Grundsatz geeignet, den Zugang der Faxsendung zu beweisen.[113] Wird der Sendebericht unter Hinweis auf die Möglichkeit der Manipulation infrage gestellt, ist vom Absender zusätzlich der Einzelverbindungsnachweis seines Telefonanbieters vorzulegen.

---

106 Vgl. *Brox/Walker*, AT, § 7 Rn. 9a.
107 BGHZ 212, 104 Tz. 33; *Ellenberger*, in: Grüneberg, § 130 Rn. 21; *Einsele*, in: MüKo, § 130 Rn. 46.
108 BGH NJW 1995, 665 (666 f.): Möglichkeit, dass trotz O.K.-Vermerks die Datenübertragung infolge von Leitungsstörungen im öffentlichen Netz missglückt; vgl. auch BGH NJW 2004, 1320; NJW-RR 2011, 1184 Tz. 15; NJW-RR 2014, 683 Tz. 27.
109 Vgl. *Köhler*, AT, § 6 Rn. 18; *Ellenberger*, in: Grüneberg, § 130 Rn. 7; *Einsele*, in: MüKo, § 130 Rn. 20.
110 Was den Zugang von Faxsendungen bei Behörden und Gerichten betrifft, lässt auch der BGH den (vollständigen) Eingang der Signaltöne genügen; BGHZ 167, 214 Tz. 18; BGH NJW 2007, 2045 Tz. 12.
111 OLG Karlsruhe DB 2008, 2479 (2480): Die Wahrscheinlichkeit, dass die Übermittlung der Telefaxnachricht trotz Vorliegens des O.K.-Vermerks an Leitungsstörungen gescheitert sein könnte, wurde vom Sachverständigen mit null Prozent bewertet. Zur hohen Übertragungssicherheit bei der Kommunikation mit Faxgeräten vgl. auch OLG München MDR 1999, 286; OLG Celle VersR 2008, 1477 (1478–1480).
112 Vgl. *Brox/Walker*, AT, § 7 Rn. 9b; *Leipold*, BGB I, § 12 Rn. 25; *Musielak/Hau*, GK BGB, Rn. 106; *Mansel*, in: Jauernig, § 130 Rn. 5. **A. A.** (auf eine Obliegenheitsverletzung des Empfängers abstellend) *Einsele*, in: MüKo, § 130 Rn. 36; *Taupitz/Kritter*, JuS 1999, 839 (842).
113 Vgl. *Burgard*, BB 1995, 222 (223 f.); *ders.* AcP 195 (1995), 74 (120–133); *Gregor*, NJW 2005, 2885 f. **A. A.** (kein Anscheinsbeweis durch Sendebericht mit O.K.-Vermerk) BGH NJW-RR 2014, 683 Tz. 27; NJW-RR 2016, 816 Tz. 7.

> **Hinweis**
>
> Der Sendebericht mit O.K.-Vermerk erbringt für sich allein noch keinen Beweis im Hinblick auf Datum und Uhrzeit, da diese Werte auf dem Sendegerät beliebig eingestellt werden können. Unsicher ist auch die im Sendebericht angegebene Zielnummer, weil es sich dabei um die vom Empfangsgerät übermittelte Fax-Kennung handelt, die auf jedem Gerät vom Benutzer frei gewählt werden kann. Der Absender kann daher in Zusammenwirkung mit einem Dritten, der über ein Faxgerät verfügt, Sendeberichte mit beliebigen Zielnummern erzeugen. Datum und Uhrzeit sowie die Zielnummer werden von einem Sendebericht daher nur in Verbindung mit dem Einzelverbindungsnachweis des Telefonanbieters belegt.

135 Kommt es auf den genauen Zeitpunkt des Zugangs einer Faxsendung oder von E-Mails an, ist zwischen Privat- und Geschäftsleuten zu unterscheiden: Ist der Empfänger Geschäftsmann, gehen während der üblichen Geschäftszeiten eintreffende Faxsendungen sofort zu.[114] Gleiches gilt für an einen Geschäftsmann gerichtete E-Mails,[115] sobald diese in der vom Internet-Provider des Empfängers geführten Mailbox eingetroffen sind.[116] Von einem Geschäftsmann ist zu erwarten, dass er während der üblichen Geschäftszeiten online ist, weshalb es in diesen Zeiten zum sofortigen Zugang kommt. Dagegen müssen Privatleute nicht ständig online erreichbar sein. Es kann aber erwartet werden, dass eine Privatperson, die ihre E-Mail-Adresse im Rechtsverkehr verwendet, die eingehenden E-Mails zumindest einmal am Tag kontrolliert.[117] Auch bei EMails ist der Empfänger allerdings vor einem Zugang zur „Unzeit" (Rn. 127) geschützt, weshalb ein Abruf an Sonn- und Feiertagen grundsätzlich nicht erwartet werden kann. Da es für den Abruf von E-Mails keinen üblichen Zeitpunkt gibt, gehen Privatpersonen E-Mails, sofern es nicht noch am selben Tag zur tatsächlichen Kenntnisnahme kommt, grundsätzlich erst am folgenden Werktag zu. Mit der Definition des Zugangs einer Willenserklärung unter Abwesenden (Rn. 125) steht es im Einklang, wenn § 312i Abs. 1 Satz 2 BGB für den elektronischen Geschäftsverkehr zwischen einem Unternehmer und seinen Kunden bestimmt, dass Bestellungen und Empfangsbestätigungen „als zugegangen" gelten, wenn die Parteien, für die sie bestimmt sind, sie „unter gewöhnlichen Umständen abrufen können".

136 Nicht nur für E-Mails, sondern ganz allgemein gilt, dass eine Pflicht zur regelmäßigen Überprüfung einer Empfangsvorrichtung nur dann besteht, wenn der Adressat die jeweilige Empfangsvorrichtung für den Rechtsverkehr eröffnet hat.[118] Man muss eine Mailbox daher nur dann regelmäßig überprüfen, wenn man die

---

114 *Ellenberger*, in: Grüneberg, § 130 Rn. 7.
115 Zur Frage der Beweisbarkeit des Zugangs von E-Mails siehe oben Rn. 106.
116 Vgl. *Köhler*, AT, § 6 Rn. 18; *Ellenberger*, in: Grüneberg, § 130 Rn. 7a; *Taupitz/Kritter*, JuS 1999, 839 (842). A. A. *Brox/Walker*, AT, § 7 Rn. 13 (spätestens am Ende der Geschäftszeit eines Tages).
117 *Brox/Walker*, AT, § 7 Rn. 13; *Wendtland*, in: BeckOK-BGB, § 130 Rn. 15 (Stand: 1.8.2022); *Taupitz/Kritter*, JuS 1999, 839 (842); *Thalmair*, NJW 2011, 14 (16); vgl. auch *Musielak/Hau*, GK BGB, Rn. 97. A. A. *Bork*, AT, Rn. 628 (E-Mail geht einer Privatperson erst mit der tatsächlichen Kenntnisnahme zu).
118 Vgl. *Köhler*, AT, § 6 Rn. 18; *Leipold*, BGB I, § 12 Rn. 22; *Musielak/Hau*, GK BGB, Rn. 97; *Einsele*, in: MüKo, § 130 Rn. 18; *Singer/Benedict*, in: Staudinger, § 130 Rn. 49 f.; *Taupitz/Kritter*, JuS 1999, 839 (841); *Greiner/Kalle*, JZ 2018, 535 (540). A. A. *Grigoleit/Herresthal*, BGB AT, Rn. 14 (Einrichtung des E-Mail-Accounts genügt).

zugehörige E-Mail-Adresse den (potenziellen) rechtsgeschäftlichen Partnern zugänglich gemacht hat, etwa indem man sie auf Briefbögen, Visitenkarten oder auf einer geschäftlichen Internetseite angibt. Wird eine E-Mail-Adresse dagegen nur im privaten Bereich verwendet, muss man mit dem Eingang rechtlich relevanter Nachrichten nicht rechnen. Eine Verpflichtung zur Überprüfung der Mailbox besteht dann nicht, weshalb eine Nachricht, die in einer solchen (privaten) Mailbox eintrifft, dem Empfänger erst mit der tatsächlichen Kenntnisnahme zugeht.

Umstritten ist, ob der Zugang einer E-Mail auch dann anzunehmen ist, wenn diese nicht in den EMail-Posteingang des Empfängers, sondern in dessen **Spam-Ordner** gelangt ist.[119] Da Spam-Filter erfahrungsgemäß nicht fehlerfrei arbeiten, ist stets damit zu rechnen, dass auch reguläre Nachrichten als Spam-Mails eingestuft werden. Die Zugangsdefinition verlangt nicht die tatsächliche Kenntnisnahme der Erklärung, sondern lässt es ausreichen, wenn die Nachricht in den Machtbereich des Empfängers gelangt. Daraus folgt, dass grundsätzlich der Empfänger das Risiko im Hinblick auf die Funktionsfähigkeit der zu seinem Machtbereich gehörenden Empfangseinrichtungen trägt (Rn. 134). Wer für den Empfang von Nachrichten – wie im Regelfall – einen Spam-Filter nutzt, nimmt damit in Kauf, dass Nachrichten fehlerhaft als Spam-Mail eingestuft werden. Das hat zur Folge, dass der Empfänger regelmäßig seinen Spam-Ordner überprüfen muss. Dabei reicht es aus, der Kontrollpflicht einmal am Tag nachzukommen, was gleichermaßen für Geschäfts- und Privatleute gilt.

137

Werden Willenserklärungen als **Dateianhänge** per E-Mail übermittelt, stellt sich die Frage, ob vom Empfänger angesichts des allgemeinen Risikos, dass E-Mail-Anhänge Computerviren aufweisen, verlangt werden kann, den Anhang zu öffnen. Zumutbar erscheint das nur unter den folgenden drei Voraussetzungen, die kumulativ vorliegen müssen:[120]

138

– Es handelt sich bei dem Anhang um einen (relativ) sicheren Dateityp, wie das insbesondere bei PDF-Dateien der Fall ist.
– Der Empfänger steht mit dem Absender der E-Mail in einem konkreten geschäftlichen Kontakt, sodass der Empfänger damit rechnen muss, Nachrichten gerade von diesem Absender zu erhalten.
– Die E-Mail weist keine Auffälligkeiten (z. B. eine unpassende Betreffzeile, eine merkwürdige E-Mail-Adresse, gehäufte Rechtschreib- oder Grammatikfehler) auf, die gegen die Seriosität der Nachricht sprechen.

Sind diese drei Voraussetzungen erfüllt, geht der Dateianhang dem Empfänger auch dann zu, wenn er diesen nicht öffnet.[121] Zum Teil wird als Gegenargument vorgebracht, jedenfalls von Privatleuten könne nicht erwartet werden, dass sie über die nötige Software verfügen, um Dateianhänge zu öffnen.[122] Das kann, was

---

[119] Den Zugang bejahend LG Bonn, MMR 2014, 709 (711): Verpflichtung eines Rechtsanwalts zur täglichen Kontrolle des Spam-Ordners; *Musielak/Hau*, GK BGB, Rn. 106; *Wertenbruch*, AT, § 8 Rn. 20b; *ders.*, JuS 2020, 481 (484); *Wendtland*, in: BeckOK-BGB, § 130 Rn. 15.1 (Stand: 1.8.2022); *Arnold*, in: Erman, § 130 Rn. 14. **A. A.** *Leipold*, BGB I, § 12 Rn. 25; *Gomille*, in: BeckOGK-BGB, § 130 Rn. 79.3 (Stand: 1.9.2022); *Greiner/Kalle*, JZ 2018, 535 (538).

[120] Vgl. *Brox/Walker*, AT, § 7 Rn. 10b; *Gomille*, in: BeckOGK-BGB, § 130 Rn. 80.3 (Stand: 1.9.2022); *Hengstberger*, NJW 2022, 1780 (1782 f.).

[121] **A. A.** (aufgrund des Virenrisikos generell keine Pflicht, Dateianhänge zu öffnen) OLG Hamm NJW 2022, 1822 Tz. 9; ebenso *Faust*, in: NK-BGB, § 130 Rn. 44; *Singer/Benedict*, in: Staudinger, § 131 Rn. 51; *Greiner/Kalle*, JZ 2018, 535 (539).

[122] So *Faust*, in: NK-BGB, § 130 Rn. 44.

PDF-Dateien betrifft, nicht überzeugen, weil in allen aktuellen Betriebssystemen, teilweise auch über den vorinstallierten Internet-Browser, eine PDF-Ansicht integriert ist.

139 e) **Zugangsverzögerung aufgrund eines Nachsendeauftrags.** Ist der Empfänger umgezogen und hat einen Nachsendeauftrag erteilt, stellt sich die Frage, zu wessen Lasten die Zugangsverzögerung geht, zu der es aufgrund der Nachsendung kommt. Musste der Empfänger aufgrund eines bestehenden oder angebahnten vertraglichen Kontakts damit rechnen, dass Erklärungen an seine alte Adresse geschickt werden, ist ihm – sofern er seinem Vertrags- oder Verhandlungspartner nicht die neue Adresse mitgeteilt hat – die Verzögerung zuzurechnen.[123]

140 f) **Erklärungs- und Empfangsbote.** Der Zugang kann auch durch Aushändigung der Willenserklärung an einen Empfangsboten des Erklärungsempfängers erfolgen. **Empfangsbote** ist, wer vom Erklärungsempfänger zur Entgegennahme von Erklärungen ermächtigt worden ist.[124] Der Empfangsbote ist zur Sphäre des Erklärungsempfängers zu rechnen, weshalb die Erklärung bereits mit Aushändigung an den Empfangsboten in den Machtbereich des Empfängers gelangt. Fehler, die dem Empfangsboten unterlaufen, gehen zulasten des Erklärungsempfängers. Eine Empfangsermächtigung kann sich auch aus der Verkehrsanschauung ergeben.[125] Bei einem Privatmann sind grundsätzlich die Familienangehörigen und die Hausangestellten Empfangsboten nach der Verkehrsanschauung, bei einem Geschäftsmann die Angestellten, soweit sie ihrer Funktion nach Erklärungen entgegenzunehmen haben. Dazu gehört z. B. eine Sekretariatsangestellte, nicht jedoch eine Reinigungskraft. Sind Angestellte mit entsprechender Vertretungsmacht ausgestattet, handelt es sich nicht um Empfangsboten, sondern um Empfangsvertreter (Passivvertreter).[126] Bei minderjährigen Kindern des Empfängers kommt es darauf an, ob von ihnen eine zuverlässige Weiterleitung der Erklärung zu erwarten ist, was etwa bei einem 16-Jährigen in der Regel der Fall sein wird. Wird die Erklärung einem Empfangsboten ausgehändigt, tritt der Zugang nicht sofort mit der Aushändigung ein, sondern erst zu dem Zeitpunkt, zu dem der Empfänger unter gewöhnlichen Umständen die Möglichkeit der Kenntnisnahme hat.[127] Es kommt daher darauf an, wann damit zu rechnen ist, dass der Empfangsbote die Erklärung an den Empfänger weiterreicht. Dabei ist von einem gewöhnlichen Lauf der Dinge auszugehen, weshalb es zulasten des Empfängers geht, wenn der Empfangsbote die Weiterleitung der Erklärung verzögert oder gar vergisst.

141 Erfüllt die Person, die vom Erklärenden als Überbringer ausgewählt wird, nicht die Voraussetzungen eines Empfangsboten, ist der Überbringer bloß **Erklärungsbote**.[128] Das ist etwa der Fall, wenn der Erklärende ein Kleinkind darum bittet, ein Schreiben für seine Eltern entgegenzunehmen. Da der Erklärungsbote nicht zur Sphäre des Empfängers, sondern des Erklärenden zu rechnen ist, befindet sich die an den Erklärungsboten übergebene Erklärung noch nicht im Machtbereich

---

123 *Einsele*, in: MüKo, § 130 Rn. 37.
124 BGH NJW 2002, 1565 (1566).
125 BGH NJW 1994, 2613 (2614); NJW 2002, 1565 (1566); BAGE 138, 127 Tz. 12.
126 Siehe hierzu unten Kapitel 11 Rn. 623–625.
127 Vgl. BGH NJW 1965, 965 (966); NJW-RR 1989, 757 (758); BAGE 138, 127 Tz. 18; BAG NZA 2018, 1335 Tz. 25.
128 Vgl. *Brox/Walker*, AT, § 7 Rn. 17; *Musielak/Hau*, GK BGB, Rn. 100; *Neuner*, AT, § 33 Rn. 38.

des Empfängers. Zum Zugang der Willenserklärung kommt es erst dann, wenn der Erklärungsbote die Erklärung an den Empfänger aushändigt. Fehler des Erklärungsboten gehen – anders als beim Empfangsboten – nicht zulasten des Erklärungsempfängers, sondern des Erklärenden (vgl. § 120 BGB[129]).

g) **Besonderheiten des Zugangs bei Willenserklärungen unter Anwesenden.** Für den Zugang von Willenserklärungen unter Anwesenden gelten einige Besonderheiten. Auch wenn in § 130 Abs. 1 Satz 1 BGB nur der Zugang von Willenserklärungen gegenüber einem Abwesenden angesprochen ist, bildet der Grundgedanke dieser Vorschrift doch auch den Ausgangspunkt für die Behandlung des Zugangs von Willenserklärungen unter Anwesenden (vgl. Rn. 123): Erforderlich ist auch hier, dass die Willenserklärung so in den Machtbereich des Empfängers gelangt, dass dieser von ihr (unter gewöhnlichen Umständen) Kenntnis nehmen kann. Bei allen auf einem dauerhaften Datenträger **verkörperten Willenserklärungen**, also insbesondere bei einem Schriftstück, aber auch z. B. bei einer auf CD-ROM gespeicherten Erklärung, tritt der Zugang mit der Aushändigung des Datenträgers an den anwesenden Empfänger ein, sobald dieser unter gewöhnlichen Umständen die technische Möglichkeit hat, auf den Inhalt des Datenträgers zuzugreifen.

Bei **mündlichen Erklärungen** wendet man die sogenannte **Vernehmungstheorie** an.[130]

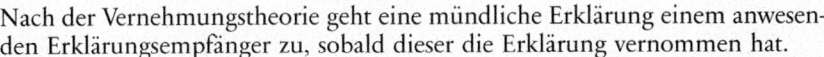

Definition
Nach der Vernehmungstheorie geht eine mündliche Erklärung einem anwesenden Erklärungsempfänger zu, sobald dieser die Erklärung vernommen hat.

Die Voraussetzung, dass der Empfänger die mündliche Erklärung vernommen haben muss, stellt im Vergleich zur allgemeinen Zugangsdefinition eine Verschärfung der Anforderungen dar. Aufgrund der Vernehmungstheorie trägt grundsätzlich der Erklärende das Risiko, dass der Erklärungsempfänger die Erklärung nicht vollständig oder nicht richtig verstanden hat. Das gilt nicht nur für Missverständnisse aufgrund akustischer Probleme, sondern auch bei mangelnden Sprachkenntnissen des Erklärungsempfängers, etwa wenn dieser nur schlecht Deutsch versteht. Hinter der Vernehmungstheorie steht die zutreffende Überlegung, dass es der Erklärende in der Hand hat, die Übermittlungsmethode zu wählen. Die mündliche Erklärung ist die mit dem größten Risiko verbundene Art der Willensübermittlung. Denn der Empfänger muss die Erklärung genau in dem Moment verstehen, in dem sie ausgesprochen wird. Anders ist das bei einem Brief, den der Empfänger beliebig oft lesen und sich gegebenenfalls auch von einer Vertrauensperson erklären lassen kann. Die besondere Gefährlichkeit der mündlichen Erklärung rechtfertigt es, das Risiko der richtigen Vernehmung dem Erklärenden aufzubürden. Will der Erklärende dieses Risiko nicht tragen, muss er sich schriftlich äußern.

---

129 Zum Übermittlungsirrtum gemäß § 120 BGB siehe unten Kapitel 8 Rn. 443–445.
130 *Brox/Walker*, AT, § 7 Rn. 21; *Köhler*, AT, § 6 Rn. 19; *Medicus/Petersen*, AT, Rn. 289; *Neuner*, AT, § 33 Rn. 28.

> **Hinweis**
> Wichtig ist, dass es aufgrund der Vernehmungstheorie nicht etwa dazu kommt, dass die Erklärung mit dem Inhalt gilt, der dem unzutreffenden Verständnis des Empfängers entspricht.[131] Vielmehr fehlt es im Fall des unvollständigen oder unrichtigen Verständnisses am Zugang, weshalb überhaupt keine wirksame Willenserklärung vorliegt (vgl. das Beispiel in Rn. 144).

144 Zu den mündlichen Erklärungen unter Anwesenden sind auch telefonische Willenserklärungen zu rechnen. Das ergibt sich aus § 147 Abs. 1 Satz 2 BGB, der den „mittels Fernsprechers oder einer sonstigen technischen Einrichtung von Person zu Person gemachten Antrag" dem Antrag gegenüber einem Anwesenden gleichstellt und die sofortige Annahme eines solchen Antrags verlangt. Obwohl der Empfänger der Willenserklärung z. B. in Hongkong sitzt, wird die telefonische Willenserklärung wie eine Willenserklärung unter Anwesenden behandelt. Sonstige technische Einrichtungen i. S. d. § 147 Abs. 1 Satz 2 BGB sind z. B. Videokonferenzen, Instant-Messaging (etwa über Skype oder WhatsApp) und Chatrooms, sofern dort eine schriftliche oder mündliche Kommunikation **in Echtzeit**[132] stattfindet. Dagegen wird das Aufsprechen einer Nachricht auf den Anrufbeantworter nicht von § 147 Abs. 1 Satz 2 BGB erfasst. Es geht dabei nicht um Kommunikation in Echtzeit, weshalb keine sofortige Annahme des Antrags erforderlich ist. Für Nachrichten auf dem Anrufbeantworter gilt daher nicht die Vernehmungstheorie.

> **Bsp.:** Anton reserviert bei Peter, der eine Pension betreibt, telefonisch für die Zeit vom 7. bis 14.6. ein Zimmer mit drei Betten. Da die Netzleitung der Telekom für einen winzigen Sekundenbruchteil gestört ist, versteht Peter „zwei" Betten, was weder er noch Anton erkennen konnten. (1) Ist zwischen Anton und Peter ein Vertrag über ein Zwei- oder ein Dreibettzimmer zustande gekommen? (2) Wie ist die Rechtslage, wenn es keine Telefonstörung gibt, Anton aber wegen eines Zungenpiercings die Zahl „Drei" wie „Zwei" ausspricht? – Zu (1): Antons telefonische Willenserklärung ist wie eine mündliche Erklärung gegenüber einem Anwesenden zu behandeln (vgl. § 147 Abs. 1 Satz 2 BGB), weshalb es zur Anwendung der Vernehmungstheorie kommt. Das Risiko, dass es aufgrund technischer Mängel zu Verständigungsfehlern kommt, trägt demnach Anton als Erklärender. Peter hat hier aufgrund eines technischen Mangels, nämlich der Störung der Netzleitung, Antons Antrag falsch verstanden, nämlich als Reservierung eines Zwei- anstatt eines Dreibettzimmers. Mangels Zugangs des Antrags fehlt es an einem wirksamen Vertragsschluss, weshalb zwischen Anton und Peter weder ein Vertrag über ein Zwei- noch über ein Dreibettzimmer zustande gekommen ist. Zu (2): Aufgrund des Zungenpiercings hat Anton hier – aus objektiver Sicht – von vornherein eine auf die Reservierung eines Zweibettzimmers gerichtete Erklärung abgegeben. Peter hat die Erklärung genau so, wie sie von Anton abgegeben war, auch verstanden, weshalb die Anforderungen der Vernehmungstheorie ohne Weiteres erfüllt sind. Es ist ein wirksamer Vertrag über ein Zweibettzimmer zustande gekommen.

---

[131] Vgl. *Flume*, AT II, S. 241 (§ 14, 3f); *Neuner*, AT, § 33 Rn. 28.
[132] Vgl. *Neuner*, AT, § 33 Rn. 26: zeitgleiche Kommunikation mit sofortiger Kenntnisnahmemöglichkeit.

Von der Belastung des Erklärenden mit dem Risiko der (vollständigen und richtigen) Vernehmung der mündlichen Erklärung muss allerdings dann eine Ausnahme gemacht werden, wenn der Erklärende im konkreten Fall schutzwürdiger ist als der Erklärungsempfänger. Das ist anzunehmen, wenn der Erklärungsempfänger die Erklärung nicht verstanden hat, obwohl sie objektiv gesehen durchaus vernehmbar war, und der Erklärende zudem nach den Umständen keine vernünftigen Zweifel daran haben kann, dass die Erklärung vollständig und richtig vernommen worden ist.[133] In einem solchen Fall kommt es, abweichend von der (strengen) Vernehmungstheorie, trotz des fehlenden oder unrichtigen Verständnisses zum Zugang der Willenserklärung. Man spricht daher auch von der „eingeschränkten" Vernehmungstheorie.[134]

Bsp.: Emil, der schwerhörig ist, hat nicht richtig verstanden, was Gustav gesagt hat. Er lässt sich aber gegenüber Gustav, der Emils Schwerhörigkeit weder kannte noch erkennen konnte, nichts anmerken, sondern meint nur, er sei mit allem einverstanden. Hier geht das mangelnde Verständnis der mündlichen Erklärung ausnahmsweise zulasten des Erklärungsempfängers Emil. Er hätte Gustav darauf hinweisen müssen, dass er nicht gut hört, oder zumindest noch einmal nachfragen müssen.

4. Widerruf der Willenserklärung vor oder bei Zugang

Bevor die empfangsbedürftige Willenserklärung durch den Zugang wirksam geworden ist, hat der Erklärende die Möglichkeit, die Willenserklärung nach § 130 Abs. 1 Satz 2 BGB zu widerrufen. Nach dieser Vorschrift muss der Widerruf dem Erklärungsempfänger vor oder gleichzeitig mit der zu widerrufenden Willenserklärung zugehen. Ist die Willenserklärung aufgrund von Abgabe und Zugang uneingeschränkt wirksam geworden, so kann ihr ein zu einem späteren Zeitpunkt zugehender Widerruf nichts mehr anhaben. Mit dem Wirksamwerden ist der Erklärende an die Willenserklärung gebunden und kann diese nicht mehr einseitig außer Kraft setzen. Der Erklärungsempfänger darf sich uneingeschränkt auf die Geltung einer ihm gegenüber wirksam gewordenen Willenserklärung berufen. Für die Rechtzeitigkeit des Widerrufs kommt es nach § 130 Abs. 1 Satz 2 BGB ausschließlich auf den Zeitpunkt des Zugangs des Widerrufs und des Zugangs der Willenserklärung an, die widerrufen werden soll. Dagegen spielt der Zeitpunkt, zu dem der Erklärungsempfänger von der Willenserklärung bzw. vom Widerruf tatsächlich Kenntnis nimmt, nach der gesetzlichen Regelung keine Rolle. Gleichwohl wird teilweise unter Verweis auf Treu und Glauben (§ 242 BGB) vertreten, der Empfänger könne sich nicht auf die Verspätung des Widerrufs berufen, wenn er zuerst vom (verspäteten) Widerruf und erst dann von der widerrufenen Willenserklärung Kenntnis nehme.[135] Solange der Erklärungsempfänger die Willenserklärung nicht kenne und folglich auch noch keine Vermögensdispositionen im Vertrauen auf die Erklärung getroffen habe, sei er nicht schutzwürdig. Allerdings gibt es gute Gründe, auch beim Widerruf ausschließlich auf den nach objektiven Kriterien zu beurteilenden Zugang abzustellen. Die objektive Bestimmung des

---

133 Vgl. *Boecken*, AT, Rn. 204; *Bork*, AT, Rn. 631; *Brox/Walker*, AT, § 7 Rn. 21; *Köhler*, AT, § 6 Rn. 19; *Leenen/Häublein*, AT, § 6 Rn. 53; *Leipold*, BGB I, § 12 Rn. 28a; *Medicus/Petersen*, AT, Rn. 289. **A. A.** *Neuner*, AT, § 33 Rn. 29 f.; *Wertenbruch*, AT, § 8 Rn. 25; *ders.*, JuS 2020, 481 (487); *Mansel*, in: Jauernig, § 130 Rn. 12.
134 *Boecken*, AT, Rn. 204; *Bork*, AT, Rn. 631; *Brox/Walker*, AT, § 7 Rn. 21; *Leenen/Häublein*, AT, § 6 Rn. 53.
135 So etwa *Hübner*, AT, Rn. 737; *Leipold*, BGB I, § 13 Rn. 4; vgl. auch *Musielak/Hau*, GK BGB, Rn. 109.

Zugangs, für den es auf die Möglichkeit der Kenntnisnahme durch den Empfänger und nicht auf die tatsächliche Kenntnisnahme ankommt, dient der Rechtssicherheit, und zwar im Interesse beider Parteien. Jeder Rechtsteilnehmer kann sich anhand der objektiven Zugangskriterien ziemlich genau ausrechnen, wann die eigene Willenserklärung dem anderen zugehen wird. Die Ausgewogenheit dieser objektiven Lösung wäre in Frage gestellt, wenn man beim Widerruf nun doch auf die tatsächliche Kenntnisnahme abstellen und damit – einseitig – den Erklärungsempfänger benachteiligen würde.

> **Bsp.:** (1) Bauer Voss bietet dem Händler Kraut am Montagvormittag per Fax 25 Tonnen vorwiegend festkochende Speisekartoffeln der Handelsklasse I für 4.800 € zum Kauf an und befristet sein Angebot bis Mittwoch. Kraut nimmt das Fax zur Kenntnis, will aber noch überlegen, ob er das Angebot annehmen soll. Am Montagnachmittag schießen die Kartoffelpreise ganz unerwartet in die Höhe, weshalb sich Voss noch am selben Tag bei Kraut telefonisch meldet und den Widerruf seines Angebots erklärt. Dennoch entschließt sich Kraut, das für ihn nunmehr sehr günstige Angebot anzunehmen, und verschickt am Dienstag den Annahmebrief. Am Mittwoch um 11:00 Uhr übergibt der Postbote den Annahmebrief mitsamt der weiteren Geschäftspost dem Voss. Ist ein wirksamer Kaufvertrag zustande gekommen? (2) Fallvariante: Voss sieht vom Widerruf seines Angebots ab und hofft auf sinkende Kartoffelpreise. Tatsächlich erleidet der Kartoffelmarkt am Mittwochvormittag einen Einbruch, weshalb Kraut seine am Dienstag verschickte Annahmeerklärung bereut. Er sendet am Mittwoch um 11:05 Uhr per Fax einen Widerruf an Voss, der den Annahmebrief erst nach Kenntnisnahme des Widerrufs öffnet. Ändert sich etwas gegenüber dem Ausgangsfall? – Sowohl im Ausgangsfall (1) als auch in der Fallvariante (2) hat der jeweils vom Widerruf betroffene Vertragspartner (Kraut bzw. Voss) noch keine Vermögensdisposition im Vertrauen auf die widerrufene Erklärung getroffen. Ganz unabhängig von der exakten Reihenfolge der Kenntnisnahme von Widerruf und widerrufener Willenserklärung stellt sich demnach die Frage der persönlichen Schutzwürdigkeit des Erklärungsempfängers. Aus Gründen der Rechtsklarheit sollte die Wirksamkeit von Willenserklärungen jedoch nicht von einem derart unsicheren Faktor abhängen, zumal man die Schutzwürdigkeit im Einzelfall je nach Sichtweise ganz unterschiedlich beurteilen kann. Die der gesetzlichen Regelung folgende, auf objektive Kriterien abstellende Zugangslösung liefert dagegen eindeutige Ergebnisse und erscheint in ihrer Gesamtheit auch interessengerecht. Sowohl im Ausgangsfall (1) als auch in der Fallvariante (2) ist daher der Widerruf, der in beiden Fällen erst nach der zu widerrufenden Willenserklärung zugeht, verspätet und damit nach § 130 Abs. 1 Satz 2 BGB unwirksam. Zwischen Voss und Kraut ist es in beiden Fällen zu einem wirksamen Kaufvertragsschluss gekommen.

5. Tod oder Geschäftsunfähigkeit des Erklärenden nach der Abgabe der Willenserklärung

Gemäß § 130 Abs. 2 BGB wird die Wirksamkeit einer Willenserklärung nicht dadurch beeinträchtigt, dass der Erklärende nach der Abgabe stirbt oder geschäftsunfähig wird. Der Vergleich mit der Regelung des Widerrufs in § 130 Abs. 1 Satz 2 BGB zeigt, dass es auch in § 130 Abs. 2 BGB um die Zeitspanne zwischen Abgabe und Zugang der Willenserklärung geht. Nur in dieser Zeitspanne stellt sich die Frage, ob etwa auftretende Hindernisse das Wirksamwerden der Willenserklärung trotz des anschließenden Zugangs ausschließen können. Dass dagegen eine Willenserklärung, die mit dem Zugang beim Erklärungsempfänger bereits vollumfänglich wirksam geworden ist, nicht mehr durch den nachfolgenden Tod oder die nachfolgende Geschäftsunfähigkeit des Erklärenden beeinträchtigt werden kann, ist eine Selbstverständlichkeit, die sich ohne Weiteres aus den Grundsätzen über das Wirksamwerden von Willenserklärungen ergibt. Insofern bedarf es keiner besonderen Regelung.[136] Regelungsbedürftig ist jedoch das Schicksal der – wegen des noch ausstehenden Zugangs – noch nicht wirksam gewordenen, aber aufgrund der Abgabe bereits existenten Willenserklärung. Genau an diesem Punkt setzt die Vorschrift des § 130 Abs. 2 BGB an und bestimmt, dass der nach Abgabe eintretende Tod oder die nach Abgabe eintretende Geschäftsunfähigkeit des Erklärenden nicht das Wirksamwerden der Willenserklärung mit Zugang beim Erklärungsempfänger hindert.

IV. Auslegung von Willenserklärungen

Liegen der objektive und subjektive Tatbestand einer Willenserklärung vor und ist diese aufgrund von Abgabe und – soweit erforderlich – Zugang auch wirksam geworden, ist im nächsten Schritt die genaue Bedeutung der Willenserklärung zu ermitteln. Dazu dient die Auslegung der Willenserklärung, deren Ziel es ist, den Inhalt der Willenserklärung zu bestimmen. Im Idealfall führt die Auslegung dazu, dass sich der Wille des Erklärenden und der durch die Auslegung ermittelte Inhalt der Erklärung decken. Die Auslegung kann aber auch zum Ergebnis führen, dass die Erklärung objektiv gesehen einen anderen Inhalt hat, als sich der Erklärende vorgestellt hat.

148

> **Bsp.:** Der Verkäufer, der die Kaufsache für 3.000 € verkaufen will, vertippt sich bei Abfassung des schriftlichen Angebots und gibt nur 2.000 € als Kaufpreis an (vgl. das Beispiel des Verkaufs der Briefmarkensammlung in Rn. 69). Der wirkliche Wille des Verkäufers ist hier aufgrund des Tippfehlers nicht erkennbar. Die Auslegung nach dem objektiven Empfängerhorizont, auf den es hier ankommt, führt dazu, dass der Antrag auf 2.000 € lautet. Der im Wege der Auslegung festgestellte Erklärungsinhalt weicht also vom Willen des Erklärenden ab. Der Verkäufer muss daher, wenn er den Antrag nicht gegen sich gelten lassen will, wegen Erklärungsirrtums gemäß §§ 142 Abs. 1, 119 Abs. 1 Alt. 2 BGB anfechten.

In den Fällen des Abweichens von Wille und Erklärung muss – wie das Beispiel zeigt – im Anschluss an die Auslegung geprüft werden, ob der Erklärende die Erklärung wegen Irrtums anfechten kann.

149

> **Hinweis**
> Die Prüfung der Anfechtung kann immer erst nach der Auslegung der Willenserklärung erfolgen. Zunächst muss durch Auslegung ermittelt werden, welchen genauen Inhalt die Willenserklärung hat. Erst dann steht fest, ob überhaupt eine Abweichung von Wille und Erklärung vorliegt und damit ein Anlass für die Anfechtung der Erklärung besteht. Es gilt das Prinzip: **„Auslegung vor Anfechtung!"**

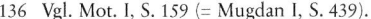

136 Vgl. Mot. I, S. 159 (= Mugdan I, S. 439).

1. §§ 133, 157 BGB als Ausgangspunkt

150 Als allgemeine Vorschriften über die Auslegung sind im Gesetz die §§ 133, 157 BGB enthalten, die allerdings die Auslegungsproblematik nur im Ansatz erfassen. § 133 BGB mit seiner amtlichen Überschrift „Auslegung einer Willenserklärung" gibt dem Rechtsanwender auf, bei der Auslegung von Willenserklärungen den wirklichen Willen zu erforschen und nicht an dem buchstäblichen Sinne des Ausdrucks zu haften. Nach dem mit „Auslegung von Verträgen" überschriebenen § 157 BGB soll die Vertragsauslegung nach „Treu und Glauben mit Rücksicht auf die Verkehrssitte" erfolgen. Die §§ 133, 157 BGB erwecken, noch verstärkt durch die mit der Schuldrechtsmodernisierung im Jahr 2002 eingeführten amtlichen Überschriften, den falschen Eindruck, für die Auslegung von Willenserklärungen würde etwas anderes gelten als für die Auslegung von Verträgen. Das kann schon deshalb nicht richtig sein, weil Verträge aus Willenserklärungen bestehen.[137]

151 Die §§ 133, 157 BGB müssen daher zutreffenderweise einer Gesamtbetrachtung unterzogen werden. § 133 BGB zeigt, dass es bei der Auslegung zunächst um die Erforschung des wirklichen Willens des Erklärenden geht, weshalb man nicht am buchstäblichen Wortlaut der Erklärung haften darf. Andererseits müssen, was in § 157 BGB durch den Verweis auf Treu und Glauben und auf die Verkehrssitte zum Ausdruck kommt, auch die Interessen des Erklärungsempfängers berücksichtigt werden. Man muss also auch überlegen, wie der Erklärungsempfänger die Erklärung verstehen konnte und musste. Hinter den §§ 133, 157 BGB stehen somit zwei gegensätzliche Aspekte, die dem Gegensatz von Willens- und Erklärungstheorie entsprechen, nämlich einerseits der wirkliche Wille des Erklärenden und andererseits das Interesse des Erklärungsempfängers an der Geltung des objektiv Erklärten. Der Gesetzgeber des BGB wollte den Meinungsstreit zwischen der Willens- und der Erklärungstheorie nicht entscheiden (vgl. Rn. 79 f.), was es erklärt, dass mit den §§ 133, 157 BGB zwei Vorschriften mit gegensätzlichem Ansatz ins Gesetz aufgenommen worden sind. Wie sich die §§ 133, 157 BGB zueinander verhalten, wird im Gesetz nicht gesagt; nach der gesetzlichen Regelung gibt es keine vorrangige Auslegungsnorm. Daher war es nach Inkrafttreten des BGB die Aufgabe der Rechtsprechung und der juristischen Lehre, ein handhabbares Modell für die Auslegung von Willenserklärungen zu entwickeln.

152 Heute verfügen wir über allgemein anerkannte Grundsätze zur Vorgehensweise bei der Auslegung von Willenserklärungen. Diese Grundsätze berücksichtigen beide Aspekte der Auslegung, die in §§ 133, 157 BGB zum Ausdruck kommen, wobei der Vorschrift des § 157 BGB ein gewisses Übergewicht zukommt.[138] Dahinter steht das Schlagwort der **„Auslegung nach dem objektiven Empfängerhorizont".**[139] Um Willenserklärungen in allen denkbaren Fallkonstellationen richtig auslegen zu können, reicht dieses Schlagwort allerdings nicht aus. Entscheidend ist die Kenntnis der allgemein anerkannten Auslegungsgrundsätze in ihrer Gesamtheit.

153 Zu unterscheiden ist zwischen der Auslegung empfangsbedürftiger und nicht empfangsbedürftiger Willenserklärungen.[140] Bei nicht empfangsbedürftigen Wil-

---
137 Vgl. *Medicus/Petersen*, AT, Rn. 319.
138 Vgl. *Wolf*, in: Soergel, § 157 Rn. 14.
139 Vgl. *Musielak/Hau*, GK BGB, Rn. 135 f.
140 *Brox/Walker*, AT, § 6 Rn. 8 f.; *Medicus/Petersen*, AT, Rn. 322 f.; *Neuner*, AT, § 35 Rn. 26–32.

lenserklärungen, etwa dem Testament, gibt es keinen Erklärungsempfänger, der in seinem Vertrauen auf den äußerlich erkennbaren Inhalt der Willenserklärung schutzwürdig wäre. Hier ist grundsätzlich allein die Vorschrift des § 133 BGB maßgeblich. Beim Testament kommt es demnach ausschließlich auf den wahren Willen des Erblassers als Erklärenden an. Dagegen muss bei den empfangsbedürftigen Willenserklärungen der Erklärungsempfänger entsprechend geschützt werden, sodass hier auch der Aspekt des § 157 BGB zu berücksichtigen ist. Das geschieht, indem man die Auslegung einer empfangsbedürftigen Willenserklärung in zwei Stufen vornimmt, wobei die erste Stufe die sogenannte „natürliche Auslegung", die zweite Stufe die sogenannte „normative Auslegung" bildet.[141] Gleiches gilt ausnahmsweise auch für nicht empfangsbedürftige Willenserklärungen, sofern sich diese an einen – wenn auch unbestimmten – Adressatenkreis richten, wie das bei der Auslobung (§ 657 BGB)[142] der Fall ist.[143]

2. Natürliche und normative Auslegung

Bei der natürlichen Auslegung geht es um die Erforschung des **wirklichen Willens** des Erklärenden. Durch die natürliche Auslegung wird also der Aspekt des § 133 BGB verwirklicht. Wenn der wirkliche Wille vom Erklärungsempfänger **tatsächlich erkannt** wird, dann gilt dieser Wille. Die Auslegung ist dann bereits auf der Stufe der natürlichen Auslegung beendet und man gelangt gar nicht mehr zur zweiten Stufe, zur normativen Auslegung.

Zur normativen Auslegung als der zweiten Stufe der Auslegung kommt es nur dann, wenn der Erklärungsempfänger den wirklichen Willen des Erklärenden nicht erkennt. Dann, aber auch nur dann, findet eine Auslegung nach normativen, d. h. objektivierten Gesichtspunkten statt. Entscheidend ist dabei, wie der konkrete Erklärungsempfänger die Erklärung unter Beachtung der zumutbaren Sorgfalt hätte verstehen müssen. Den Maßstab hierfür bildet ein gedachter **objektiver Erklärungsempfänger**, weshalb man von der Auslegung nach dem objektiven Empfängerhorizont spricht. Hinter dieser zweiten Stufe der Auslegung steht der Aspekt des § 157 BGB. Bestätigt wird die Auslegung nach dem objektiven Empfängerhorizont durch die Vorschrift des § 119 Abs. 1 BGB über die Irrtumsanfechtung. Die Vorschrift zeigt, dass die Auslegung durchaus zu einem vom Willen des Erklärenden abweichenden Erklärungsinhalt führen kann.

---

141 Vgl. *Brox/Walker*, AT, § 6 Rn. 6–16; *Neuner*, AT, § 35 Rn. 26.
142 Siehe zur Auslobung das Beispiel oben in Rn. 114 und vgl. auch unten Kapitel 5 Rn. 178.
143 Vgl. *Bork*, AT, Rn. 515; *Köhler*, AT, § 9 Rn. 6; *Neuner*, AT, § 35 Rn. 33.

156 Schematisch lassen sich die beiden Stufen der natürlichen und der normativen Auslegung wie folgt verdeutlichen:

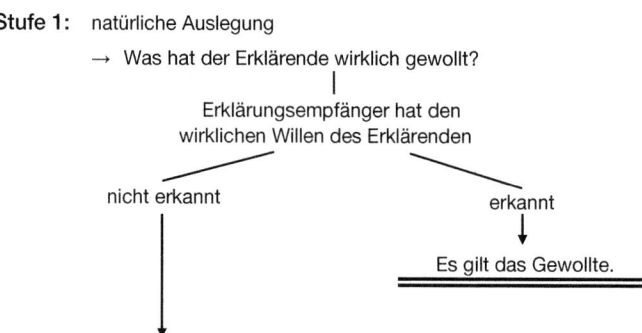

157 Im Rahmen des objektiven Empfängerhorizonts ist auf einen redlichen Erklärungsempfänger abzustellen, der unter Berücksichtigung aller ihm erkennbaren Umstände mit gehöriger Aufmerksamkeit prüft, was der Erklärende gemeint hat.[144] Der objektive Erklärungsempfänger ist also nicht etwa allwissend, sondern es kommt auf einen redlichen Empfänger in der konkreten Erklärungssituation an. Man muss überlegen, wie der objektive Erklärungsempfänger die Erklärung verstanden hätte, wenn er anstelle des konkreten Erklärungsempfängers gestanden hätte. Es gilt dann der so ermittelte objektive Erklärungsinhalt. Mit anderen Worten: Der objektive Erklärungsinhalt wird dem Erklärenden aufgrund der normativen Auslegung zugerechnet, auch wenn er in Wirklichkeit etwas anderes erklären wollte.

158 Ist für einen objektiven Erklärungsempfänger zwar ersichtlich, dass die Erklärung vom Erklärenden inhaltlich so nicht gewollt sein kann, ohne dass jedoch der wirkliche Wille des Erklärenden erkennbar wäre, lässt sich im Wege der normativen Auslegung kein eindeutiger Erklärungsinhalt feststellen. Es liegt dann keine „auf die Herbeiführung einer bestimmten Rechtsfolge gerichtete Willensäußerung"[145] vor. Die Erklärung ist mangels inhaltlicher Bestimmtheit unwirksam.[146] Das gilt insbesondere auch in den Fällen der **Perplexität** der Willenserklärung, also dann, wenn die Erklärung aus der Sicht eines objektiven Erklärungsempfängers in sich widersprüchlich ist.[147]

159 Bei der normativen Auslegung muss, wenn der Erklärende und der Erklärungsempfänger einem besonderen Verkehrskreis angehören, die im jeweiligen Ver-

---
144 Vgl. BGH NJW 2008, 461 Tz. 15; BAG NZA-RR 2010, 536 Tz. 24; NZA 2014, 1076 Tz. 46.
145 Zur Definition der Willenserklärung vgl. oben Rn. 72 und auch schon Kapitel 1 Rn. 15.
146 Vgl. *Larenz*, Die Methode der Auslegung des Rechtsgeschäfts, Nachdr. 1966, S. 79 Fn. 2.
147 Man spricht hier auch davon, dass die Willenserklärung „perplex" ist (von lateinisch *perplexus*, „undeutlich", „widersprüchlich").

kehrskreis **übliche Fachterminologie** berücksichtigt werden.[148] Objektiver Erklärungsempfänger ist dann der redliche Empfänger des jeweils angesprochenen Verkehrskreises, der – wenn es etwa um Erklärungen gegenüber einem Börsenhändler geht – weiß, dass man unter der „Stop-Loss-Order" einen Auftrag zum Verkauf von Aktien versteht, der ausgeführt werden soll, sobald der Aktienkurs auf die angegebene Schwelle (Stop-Schwelle) absinkt oder diese unterschreitet. Auch ein persönliches Sonderwissen des konkreten Erklärungsempfängers muss im Rahmen der normativen Auslegung berücksichtigt werden,[149] etwa dann, wenn die Parteien – wie im „Semilodei"-Fall (Rn. 98) – ein Codewort vereinbart haben.

Zu berücksichtigen sind bei der Auslegung auch die Begleitumstände, unter denen die Willenserklärung abgegeben wird. Bei **Internet-Versteigerungen** werden die Allgemeinen Geschäftsbedingungen (AGB), denen die Nutzer der Internetplattform gegenüber dem Internet-Unternehmen (z. B. eBay) zustimmten, nicht zum Inhalt der Kaufverträge, die zwischen den Nutzern der Plattform im Zuge der Versteigerungen zustande kommen. Dennoch müssen diese AGB den Umständen nach bei der Auslegung von Willenserklärungen der Nutzer als Auslegungshilfe berücksichtigt werden.[150] Ein Nutzer, der ein Versteigerungsangebot auf der Internetplattform einstellt (z. B. mit einem Startpreis von 1 €) und anschließend die Auktion startet, gibt daher – in Übereinstimmung mit den AGB der Internetplattform – einen verbindlichen Antrag ab, der auf Abschluss eines Kaufvertrags mit demjenigen Bieter gerichtet ist, der innerhalb der festgesetzten Auktionslaufzeit das höchste Gebot abgibt.[151]

160

> **Bsp.:** Albert hat von seinem Telefonanbieter ein neues Smartphone im Wert von 650 € erhalten und stellt es bei eBay mit einem Startpreis von 1 € zur Versteigerung ein. Er setzt die Auktionslaufzeit auf zehn Tage fest und startet die Auktion. Bruno gibt nach wenigen Stunden ein Gebot in Höhe von 1 € ab. Noch am selben Tag wird Bruno von Cäcilia überboten, die ein Maximalgebot von 300 € abgibt und damit das aktuelle Gebot auf 1,50 € erhöht. In den folgenden Tagen werden keine weiteren Gebote abgegeben. Da Albert nicht bereit ist, das Smartphone für 1,50 € herzugeben, bricht er noch vor Auktionsende die Versteigerung ab. – Die Auslegung der Erklärung des Albert ergibt hier unter Berücksichtigung der eBay-AGB, dass mit dem Start der Auktion ein verbindlicher Antrag vorliegt, der an einen unbestimmten Personenkreis[152], also insbesondere auch an Bruno und Cäcilia, gerichtet ist. Im Abbruch der Versteigerung durch Albert ist zwar ein Widerruf seines Antrags zu sehen; der Abbruch ist aber erst erfolgt, nachdem der Antrag bereits verbindlich geworden war, weshalb nach dem Rechtsgedanken des § 130 Abs. 1 Satz 2 BGB kein rechtzeitiger Widerruf vorliegt. Es ist daher trotz des Versteigerungs-

---

148 Vgl. BGH NJW-RR 1993, 1109 (1110) – Sonderfarben; NJW-RR 1994, 1108 (1109); NJW-RR 1995, 364 f. – Mobilbagger; NJW 1999, 3191 f.; *Neuner*, AT, § 35 Rn. 5; *Ellenberger*, in: Grüneberg, § 133 Rn. 14; *Busche*, in: MüKo, § 133 Rn. 66.
149 Vgl. *Neuner*, AT, § 35 Rn. 5; *Ellenberger*, in: Grüneberg, § 133 Rn. 14; *Busche*, in: MüKo, § 133 Rn. 66.
150 BGHZ 189, 346 Tz. 21; BGH NJW 2011, 2643 Tz. 15, 22; NJW 2014, 1292 Tz. 20; NJW 2015, 1009 Tz. 19.
151 Vgl. BGH NJW 2005, 53 (54); NJW 2011, 2643 Tz. 16. Noch offengelassen wurde die genaue Konstruktion des Vertragsschlusses in BGHZ 149, 129 (134).
152 Zur Internet-Versteigerung als Anwendungsfall einer Offerte *ad incertas personas* siehe unten Kapitel 6 Rn. 221.

abbruchs zu einem wirksamen Kaufvertrag zwischen Albert und der Höchstbietenden, Cäcilia, gekommen. Da es sich bei Internet-Versteigerungen mit einem entsprechend niedrig angesetzten Startpreis um Risikogeschäfte handelt, führt das Missverhältnis zwischen dem Kaufpreis von nur 1,50 € und dem Wert des Smartphones nicht zur Nichtigkeit des Kaufvertrags wegen Sittenwidrigkeit gemäß § 138 Abs. 1 BGB.[153]

161 Das Verhältnis von natürlicher und normativer Auslegung wird besonders gut deutlich an einem wichtigen Schulfall, der im 19. Jahrhundert (also noch vor Inkrafttreten des BGB) von Rudolf von Jhering (gesprochen: [jeŋ], wie „Jena") entwickelt wurde. Der Fall soll hier in leicht abgewandelter Form behandelt werden.[154]

Bsp. (nach Jhering, Civilrechtsfälle ohne Entscheidungen, 7. Aufl. 1895, S. 165 f. [Nr. LXXVI]): Eine Reisegruppe, der auch Aldo angehört, macht Einkehr in einer Gaststätte, die von Wirt Wilko bewirtschaftet wird. Aldo will sowohl seinen Mitreisenden als auch dem Wirt Wilko einen Streich spielen und verfälscht unbemerkt die auf dem ausliegenden Schiefertäfelchen enthaltene Speisekarte, indem er die dort verzeichneten Preise um etwa 20 % nach unten korrigiert. Die Mitreisenden, die von den niedrigeren Preisen ausgehen, geben ihre Bestellungen auf. Wirt Wilko nimmt die Bestellungen entgegen, wobei er von den höheren Preisen ausgeht. Gleich darauf verrät sich Aldo durch seine eigene Unvorsichtigkeit. Der sparsame Mitreisende Miklas besteht gegenüber Wilko auf einer Bewirtung zu den niedrigeren Preisen, während Wilko die Bestellung nur dann an die Küche weiterreichen will, wenn Miklas bereit ist, die höheren Preise zu bezahlen. Ist zwischen Miklas und Wilko ein wirksamer Bewirtungsvertrag zustande gekommen? – Der Antrag liegt in der Bestellung des Miklas, wobei zu fragen ist, auf welche Preise sich die Bestellung bezieht. Nach der natürlichen Auslegung, bei der es um die Ermittlung des wirklichen Willens des Erklärenden geht, bezieht sich die Bestellung auf die niedrigeren Preise. Allerdings hat der Erklärungsempfänger Wilko den wirklichen Willen des Miklas nicht verstanden, weshalb man im nächsten Schritt zur normativen Auslegung gelangt. Gemessen am Maßstab eines objektiven Erklärungsempfängers kann Wilko kein Sorgfaltsverstoß zur Last gelegt werden. Er musste die Machenschaften des Aldo nicht durchschauen. Daher führt die normative Auslegung hier dazu, dass die Bestellung des Miklas objektiv auf die höheren Preise zu beziehen ist.[155] Genau umgekehrt lautet das Ergebnis der Auslegung der Annahmeerklärung des Wilko, die in der Entgegennahme der Bestellungen liegt: Die natürliche Auslegung seiner Erklärung ergibt eine Annahme nach den höheren Preisen, wobei dieser wirkliche Wille aber von Miklas nicht erkannt wurde. Die normative Auslegung aus der Sicht eines objektiven Gasts führt dazu, dass für die Annahme des Wilko die niedrigeren Preise maßgeblich sind. Damit führt die normative Auslegung der beiden Er-

---

153 Zur schwerwiegenden Äquivalenzstörung als Unterfall der Sittenwidrigkeit gemäß § 138 Abs. 1 BGB und zur Ausnahme bei Risikogeschäften siehe unten Kapitel 9 Rn. 542–546.
154 Vgl. zu dem von Jhering entwickelten Schulfall auch *Medicus/Petersen*, AT, Rn. 324.
155 Anlass für eine Korrektur der Lehre vom Empfängerhorizont besteht jedenfalls im vorliegenden Fall nicht, weil der „Streich" des Aldo nicht allein der Sphäre der Mitreisenden oder aber des Wirts zuzurechnen ist. Vgl. zu der Fragestellung im Zusammenhang mit einer etwas anderen Fallgestaltung *Medicus/Petersen*, AT, Rn. 325 f.

klärungen hier dazu, dass sich der Antrag des Miklas auf die höheren Preise, die Annahme des Wilko dagegen auf die niedrigeren Preise bezieht. Es handelt sich um einen Fall des Dissenses, also der fehlenden Übereinstimmung der Willenserklärungen. Es ist zwischen Miklas und Wilko daher kein wirksamer Bewirtungsvertrag zustande gekommen.

3. Unschädlichkeit der Falschbezeichnung (*falsa demonstratio non nocet*)

Die Regel *falsa demonstratio non nocet* („Die Falschbezeichnung schadet nicht.") besagt, dass die Auslegung zu einem vom Wortlaut abweichenden Ergebnis gelangt, wenn das dem übereinstimmenden Verständnis von Erklärendem und Erklärungsempfänger entspricht.[156] Wenn beide Seiten eine Erklärung übereinstimmend in einem bestimmten Sinn verstehen, ist dieser Sinn maßgeblich. Der objektive Erklärungswert der Erklärung spielt in einem solchen Fall keine Rolle.

162

> **Bsp.:** Wenn beide Seiten beim Abschluss eines Kaufvertrags von „Parmesan" sprechen, damit aber übereinstimmend den in Plastikbeuteln abgepackten Parmesanersatz „Duramont" meinen, dann ist ein wirksamer Kaufvertrag über den zwar unrichtig bezeichneten, aber doch in Wirklichkeit gemeinten Parmesanersatz zustande gekommen.

Bei der Regel *falsa demonstratio non nocet* handelt es sich nicht etwa – wie zum Teil anklingt[157] – um eine Sonderregel, die von den allgemeinen Auslegungsgrundsätzen abweichen würde. Insbesondere geht es bei der *falsa demonstratio*-Regel nicht um eine Ausnahme von der Auslegung nach dem objektiven Empfängerhorizont. Die Regel ergibt sich vielmehr ganz selbstverständlich aus der ersten Stufe der Auslegung, der natürlichen Auslegung: Wenn der Erklärungsempfänger trotz der Falschbezeichnung versteht, was vom Erklärenden wirklich gewollt ist, dann gilt das wirklich Gewollte. Zur zweiten Stufe der normativen Auslegung, bei der auf den objektiven Empfängerhorizont abzustellen ist, gelangt man von vornherein nicht.

163

Ein berühmtes Beispiel einer Falschbezeichnung ist der vom Reichsgericht entschiedene Haakjöringsköd-Fall:

164

> **Bsp.** (vgl. RGZ 99, 147): Kunz kauft von Voss die gesamte Ladung des Dampfers Jessica. Im Vertrag wird festgehalten, dass es sich um 214 Fass „Haakjöringsköd" handelt. Voss hat gegenüber Kunz angegeben, das norwegische Wort bedeute „Walfleisch". Tatsächlich bedeutet es, was keiner von beiden weiß, „Haifischfleisch", das sich in den Fässern auch tatsächlich befindet. Ist zwischen Kunz und Voss ein wirksamer Kaufvertrag zustande gekommen? Hat Kunz einen Anspruch auf Lieferung von Walfleisch? – Die beiden Vertragspartner Kunz und Voss haben sich hier nicht nur auf den Kauf der gesamten Schiffsladung, die aus 214 Fässern besteht, geeinigt, sondern auch darauf, dass sich in den Fässern – aus ihrer Sicht – Walfleisch befinden soll. Die Verwendung des unrichtigen Begriffs „Haakjöringsköd", der in Wirklichkeit für „Hai-

---

156 Vgl. nur RGZ 66, 427 (429); 99, 147 (148); BGH NJW 1996, 1678 (1679); NJW 2001, 144 (145); NJW 2002, 1038 (1039); NJW 2006, 3139 Tz. 13; NJW 2008, 1658 Tz. 12.
157 Vgl. etwa *Vogenauer*, in: HKK, 2003, §§ 133, 157 Rn. 84 („Ausnahme vom Vorrang des objektiven Erklärungswerts"); *Zwanzger*, Der mehrseitige Vertrag, 2013, S. 175; *Gottwald/Würdinger*, Examens-Rep AT, Rn. 91; *Diederichsen*, FS zum 125jährigen Bestehen der Juristischen Gesellschaft zu Berlin, 1984, S. 81 (85); *Stöhr*, JuS 2010, 292; *Grobe/Schellenberg*, Jura 2020, 799 (801 f.).

fischfleisch" steht, schadet nicht, weil beide Vertragspartner den Begriff übereinstimmend im Sinn von „Walfleisch" verstanden haben. Ein wirksamer Kaufvertrag ist zwischen Kunz und Voss zustande gekommen. Da sich in den Fässern jedoch, anders als zwischen Kunz und Voss vereinbart, kein Walfleisch, sondern Haifischfleisch befindet, liegt eine Abweichung von der vereinbarten Beschaffenheit und damit ein Sachmangel gemäß § 434 Abs. 1 Alt. 1, Abs. 2 Satz 1 Nr. 1 BGB vor. Kunz kann daher von Voss nach §§ 437 Nr. 1, 439 Abs. 1 Alt. 2 BGB Ersatzlieferung verlangen, d. h. Übergabe und Übereignung von 214 Fass Walfleisch.

4. Eindeutigkeits- und Andeutungstheorie

165 Nach der **Eindeutigkeitstheorie** darf eine Erklärung nicht gegen ihren eindeutigen Wortlaut ausgelegt werden.[158] Anders ausgedrückt: Wenn eine Erklärung eindeutig ist, dann soll eine Auslegung von vornherein nicht in Betracht kommen. Dahinter steht der gemeinrechtliche Satz *de claris non fit interpretatio* („Was klar ist, wird nicht ausgelegt."). Man spricht daher auch von der *de claris*-Regel, die bis auf die römischen Juristen zurückgeht.[159] Heute ist zu Recht weitgehend anerkannt, dass der *de claris*-Regel und der mit ihr verbundenen Eindeutigkeitstheorie nicht zu folgen ist.[160] Zum Ergebnis, dass eine Erklärung eindeutig ist, kann man nämlich nur aufgrund der Auslegung der Willenserklärung kommen. Die Eindeutigkeit einer Erklärung verbietet also nicht die Auslegung, sondern ist immer erst das Ergebnis der Auslegung.

> **Bsp.:** Dass auch scheinbar klare Erklärungen in Wirklichkeit unklar sein können, zeigt das Testament, in dem der Erblasser mit den Worten „Mutti soll alles erben." nicht etwa seine Mutter, sondern seine Ehefrau meint. Diese wird von allen Familienmitgliedern „Mutti" genannt, während die Mutter des Erblassers „Oma" genannt wird. Die Auslegung ergibt hier, dass der Erblasser seine Ehefrau wirksam als Alleinerbin eingesetzt hat.

166 Bei der **Andeutungstheorie** geht es um die Auslegung formbedürftiger Erklärungen. Dazu gehören etwa die Erklärungen bei Abschluss eines Grundstückskaufvertrags, der nach § 311b Abs. 1 Satz 1 BGB der notariellen Beurkundung bedarf, oder das eigenhändige Testament, das gemäß § 2247 Abs. 1 BGB vom Erblasser eigenhändig geschrieben und unterschrieben werden muss. Bei formbedürftigen Erklärungen stellt sich die Frage, inwieweit man bei der Auslegung Umstände berücksichtigen darf, die außerhalb der formgerechten Erklärung liegen. Laut der Andeutungstheorie sind zwar bei der Auslegung formbedürftiger Erklärungen auch solche Umstände zu berücksichtigen; der so ermittelte Parteiwille müsse aber in der Erklärung selbst angedeutet sein und somit in der Erklärung einen, wenn auch nur unvollkommenen, Ausdruck gefunden haben.[161]

---

158 Vgl. BGHZ 32, 60 (63); BGH NJW 2005, 2225 (2227); NJW 2007, 1460 Tz. 10; *Ellenberger*, in: Grüneberg, § 133 Rn. 6; *Musielak/Hau*, GK BGB, Rn. 135: „Ist der Sinn einer Willenserklärung nicht eindeutig, dann muss durch Auslegung ermittelt werden, wie sie zu verstehen ist."
159 Der spätklassische Jurist Paulus schreibt (Paul. D. 32.25.1): *Cum in verbis nulla ambiguitas est, non debet admitti voluntatis quaestio* („Wenn der Wortlaut keine Mehrdeutigkeit aufweist, ist die Frage nach dem Willen unzulässig.").
160 Vgl. *Brox/Walker*, AT, § 6 Rn. 4; *Köhler*, AT, § 9 Rn. 3; *Mansel*, in: Jauernig, § 133 Rn. 2; *Busche*, in: MüKo, § 133 Rn. 61; zutreffend auch BGHZ 80, 246 (249 f.); 86, 41 (46 f.); BGH NJW 2002, 1260 (1261); NJW-RR 2021, 872 Tz. 10; BAG NJW 2005, 1144 f.
161 Siehe etwa BGHZ 80, 242 (244 f.); 80, 246 (250 f.); 86, 41 (47); BGH NJW 1996, 2792 (2793); NJW 2011, 218 Tz. 15; NJW 2019, 2317 Tz. 17, 22 f.

Allerdings führt die Andeutungstheorie zu ganz erheblichen Schwierigkeiten. So **167** stellt sich etwa in dem oben genannten Beispielsfall, in dem der Erblasser seine Ehefrau mit den Worten „Mutti soll alles erben." als Alleinerbin einsetzen will, die Frage, ob durch den Begriff „Mutti" tatsächlich angedeutet wird, dass die Ehefrau und nicht die Mutter des Erblassers bedacht sein soll. Eine sichere Antwort auf diese Frage scheint es nicht zu geben. Es gibt keine klare Grenzlinie, wann gerade noch eine ausreichende Andeutung anzunehmen ist und wann nicht mehr. Das Kriterium der Andeutung ist schlechthin zu unbestimmt und daher unbrauchbar.

Selbst in Fällen, in denen feststeht, dass der Wille in der formbedürftigen Erklä- **168** rung in keiner Weise angedeutet ist, erscheint es fraglich, ob der tatsächliche Wille – wie es der Andeutungstheorie entsprechen würde – stets unbeachtet bleiben kann. Die Formzwecke schließen eine Berücksichtigung von Umständen außerhalb der förmlichen Erklärung nicht etwa generell aus, und zwar auch dann nicht, wenn es an einer Andeutung in der Erklärung fehlt. Nach richtiger Ansicht muss man vielmehr in jedem Einzelfall überlegen, ob die jeweils betroffenen Formzwecke noch gewahrt sind.[162]

> **Bsp.** (vgl. BGHZ 80, 242): Ehegatten wollen sich in einem gemeinschaftlichen Testament (§ 2267 BGB) gegenseitig als Alleinerben einsetzen. Die Kinder sollen sog. Schlusserben sein, d. h. Erben des zuletzt versterbenden Ehegatten. Man spricht bei einer solchen testamentarischen Gestaltung vom „Berliner Testament", für das in § 2269 BGB Auslegungsregeln enthalten sind. Im konkreten Fall vergessen die Ehegatten allerdings, sich im Testament gegenseitig als Alleinerben einzusetzen. Das Testament enthält als letztwillige Verfügung nur folgenden Satz: „Wir setzen unsere Kinder je zur Hälfte als Erben ein." Einer der Ehegatten stirbt und es stellt sich die Frage, ob nun – entsprechend dem Erblasserwillen – der andere Ehegatte zunächst zum Alleinerben wird oder ob sofort die Kinder erben. – Der Wille der Ehegatten, sich gegenseitig als Erben einzusetzen, ist im Testament in keiner Weise, also auch nicht andeutungsweise, zum Ausdruck gekommen. Damit ist, unter Zugrundelegung der Andeutungstheorie, die gegenseitige Erbeinsetzung nicht formgerecht erklärt und damit gemäß §§ 2247, 2267, 125 Satz 1 BGB nichtig. Im Hinblick auf die von §§ 2247, 2267 BGB verfolgten Formzwecke kann dieses Ergebnis allerdings nicht überzeugen. Der Sinn und Zweck der Testamentsform liegt zum einen darin, ein verantwortliches Testieren sicherzustellen: Der Erblasser soll sich die folgenreichen Anordnungen im Testament genau überlegen. Zum anderen soll die Form Sicherheit vor nachträglicher Veränderung oder Verfälschung des Testaments bieten. Wenn – wie im vorliegenden Fall – feststeht, dass sich die Ehegatten gegenseitig als Erben einsetzen wollten und dass sie in das Testament nur aus Versehen allein die Erbeinsetzung der Kinder aufgenommen haben, bedeutet das nicht, dass den Ehegatten die Bedeutung ihrer letztwilligen Verfügung nicht klar vor Augen gestanden hätte. Die Warnfunktion ist hier durch die Errichtung des Testaments in ausreichender Weise erfüllt. Auch die Gefahr nachträglicher Veränderung oder Verfälschung des Erblasserwillens

---

[162] *Köhler*, AT, § 9 Rn. 15; *Medicus/Petersen*, AT, Rn. 331; *Busche*, in: MüKo, § 133 Rn. 36. In BGHZ 231, 377 (maschinengeschriebene Anlage zum Testament), wird zwar im Ausgangspunkt die Andeutungstheorie bemüht (Tz. 13, 18 f.), dann aber zutreffend mit den konkreten Formzwecken argumentiert (Tz. 20 f.).

besteht nicht. Der übereinstimmende Wille der Ehegatten, sich gegenseitig als Erben einzusetzen, muss vom überlebenden Ehegatten freilich nicht nur behauptet, sondern auch bewiesen werden. Wenn dieser Wille – wie hier – feststeht, etwa wenn auch die Kinder bestätigen, dass sie von ihren Eltern über den gewünschten Inhalt des Testaments informiert worden waren, kann von einer Verfälschung des Erblasserwillens keine Rede sein. Dem wahren Willen des Erblassers wird durch die Berücksichtigung der außerhalb des Testaments liegenden Umstände vielmehr zum Erfolg verholfen.

169 Probleme bereitet die Andeutungstheorie auch bei Grundstückskaufverträgen. Insbesondere stellt sich die Frage, ob die Regel *falsa demonstratio non nocet* auch für Grundstückskaufverträge gilt. Wenn die Parteien das zu verkaufende Grundstück übereinstimmend falsch bezeichnen, etwa indem sie eine falsche Flurnummer verwenden, kommt der wirkliche Wille der Parteien im notariell beurkundeten Grundstückskaufvertrag nicht zum Ausdruck. Auf der Grundlage der Andeutungstheorie müsste überlegt werden, ob in der im Grundstückskaufvertrag aufgeführten falschen Flurnummer eine hinreichende Andeutung der richtigen Flurnummer zu sehen ist, was keine sinnvolle Fragestellung zu sein scheint. Der BGH hat die Anwendbarkeit der *falsa demonstratio*-Regel für Grundstückskaufverträge grundsätzlich bejaht, ohne jedoch den Widerspruch zum Erfordernis einer hinreichenden Andeutung in der notariellen Urkunde aufzulösen.[163] Man kann darin eine indirekte Bestätigung der Untauglichkeit der Andeutungstheorie sehen.

> **Bsp.** (vgl. BGHZ 87, 150): In dem zwischen Verkäufer Volkner und Käufer Krüger geschlossenen Grundstückskaufvertrag ist der Verkauf der Flurstücke Nr. 31 und 32 notariell beurkundet worden. Es steht allerdings fest, dass die Vertragsparteien den Grundstückskaufvertrag nicht nur über diese beiden Flurstücke, sondern auch über das unmittelbar angrenzende Flurstück Nr. 30, das ebenfalls im Eigentum des Verkäufers steht, schließen wollten. Nach der übereinstimmenden Angabe beider Parteien ist die Aufnahme des Flurstücks Nr. 30 in die Vertragsurkunde nur versehentlich unterblieben. – Der BGH gelangt hier zu Recht zur Anwendung der *falsa demonstratio*-Regel und weist überzeugend darauf hin, dass die Warn- und Beratungsfunktion der Formvorschrift, die sich heute in § 311b Abs. 1 Satz 1 BGB findet, nicht entscheidend in Frage gestellt wird, auch wenn das mitverkaufte Flurstück Nr. 30 im Wortlaut der notariellen Urkunde nicht auftaucht. Entscheidend ist, dass den Parteien die Bedeutung eines Grundstückskaufvertrags durch die notarielle Belehrung und Beratung hinreichend vor Augen geführt worden ist.

Hinweis

Die in § 311b Abs. 1 BGB verlangte notarielle Beurkundung ist von der öffentlichen Beglaubigung durch einen Notar zu unterscheiden. Bei der **notariellen Beurkundung**, geregelt in den §§ 6 ff. BeurkG, werden die Willenserklärungen nach entsprechender notarieller Belehrung und Beratung vor dem Notar abgegeben. Die notarielle Urkunde begründet als öffentliche Urkunde gemäß § 415 Abs. 1 ZPO den vollen Beweis dafür, dass die Erklärungen tatsächlich mit dem

---

163 BGHZ 87, 150 (152–155); BGH NJW 2002, 1038 (1039); NJW 2008, 1658 Tz. 13; vgl. auch (zu einer Verpflichtung zur Erbbaurechtsbestellung) BGH WM 1973, 869 (870); noch offengelassen in BGHZ 74, 116 (119 f.).

beurkundeten Inhalt vor dem Notar abgegeben wurden. Mit anderen Worten: Aus der notariellen Beurkundung ergibt sich der volle Beweis für den objektiven Tatbestand der jeweiligen Willenserklärung. Dagegen bezeugt der Notar bei der in § 129 BGB, §§ 39 ff. BeurkG geregelten **öffentlichen Beglaubigung** nur, dass die Unterschrift (§ 129 Abs. 1 Satz 1 Nr. 1 BGB) oder – im Fall der elektronischen Form (§ 126a BGB) – die qualifizierte elektronische Signatur[164] (§ 129 Abs. 1 Satz 1 Nr. 2 BGB) von einer bestimmten Person herrührt. Anders als die notarielle Beurkundung bezieht sich die öffentliche Beglaubigung damit nicht auf den Inhalt der Willenserklärung. Sie dient nur dem Nachweis der Identität des Erklärenden. Bewiesen wird durch die öffentliche Beglaubigung nur die Echtheit der Unterschrift bzw. die eindeutige Zuordnung der qualifizierten elektronischen Signatur zum Aussteller des elektronischen Dokuments (§ 418 Abs. 1 ZPO).

5. Ergänzende Auslegung

170 Nicht selten kommt es vor, dass der Erklärende seinen Willen nur unvollständig ausdrückt. Vor allem bei Verträgen können die Parteien nicht alle Eventualitäten vorhersehen. Es gibt daher immer wieder Punkte, die sich erst im Nachhinein als bedeutsam herausstellen und im Vertrag nicht geregelt sind. Wenn Willenserklärungen eine Lücke aufweisen, ist es grundsätzlich Aufgabe der ergänzenden Auslegung, die Lücke zu schließen. Eine ergänzende Auslegung ist allerdings dann nicht erforderlich, wenn die offengelassenen Fragen bereits ausreichend durch das dispositive Gesetzesrecht geregelt sind. Auch der Gesetzgeber hat gesehen, dass insbesondere vertragliche Regelungen oftmals unvollständig sind, weshalb das dispositive Gesetzesrecht geschaffen wurde. Statt vom dispositiven Gesetzesrecht *(ius dispositivum)* spricht man auch vom abdingbaren Gesetzesrecht, im Gegensatz zum zwingenden Recht *(ius cogens)*, das von den Parteien nicht abbedungen werden kann. Ein Beispiel für zwingendes Recht ist die Formvorschrift des § 311b Abs. 1 Satz 1 BGB. Die Parteien eines Grundstückskaufvertrags können auf die in der Vorschrift vorgeschriebene notarielle Beurkundung nicht verzichten. Die Warn- und Beratungsfunktion des § 311b Abs. 1 Satz 1 BGB könnte andernfalls unterlaufen werden. Dagegen stehen die abdingbaren Vorschriften des BGB zur freien Disposition der Parteien und gelten daher nur dann, wenn die Parteien keine anderweitige Regelung getroffen haben. Hinter dem dispositiven Gesetzesrecht steht der vom Gesetzgeber vermutete Parteiwille: Die gesetzlichen Vorschriften sehen eine Regelung vor, wie sie – aus der Sicht des Gesetzgebers – von vernünftigen Vertragspartnern getroffen worden wäre, wenn diese den regelungsbedürftigen Punkt bedacht hätten.

171 Ein Beispiel für eine dispositive Vorschrift ist die Regelung der Leistungszeit: Gemäß § 271 Abs. 1 BGB kann der Gläubiger die Leistung sofort verlangen, der Schuldner sie sofort bewirken, wenn die Leistungszeit weder durch die Parteien bestimmt noch aus den Umständen zu entnehmen ist. Die Leistungszeitbestimmung durch die Parteien hat demnach Vorrang, sodass die Abdingbarkeit der Vorschrift hier sogar ausdrücklich klargestellt wird.

---

164 Zur elektronischen Form gemäß § 126a BGB und zur qualifizierten elektronischen Signatur siehe unten Kapitel 9 Rn. 512 ff.

> **Bsp.:** Beim Kauf unter Eigentumsvorbehalt soll der Verkäufer so lange Eigentümer der Kaufsache bleiben, bis der Käufer die letzte Kaufpreisrate bezahlt. Nach der Auslegungsregel[165] des § 449 Abs. 1 BGB kommt es daher nur zu einer aufschiebend bedingten Übereignung der Kaufsache an den Käufer. Die aufschiebende Bedingung liegt in der vollständigen Zahlung des Kaufpreises. Die sich grundsätzlich aus §§ 433 Abs. 1 Satz 1 Alt. 2, 271 Abs. 1 BGB ergebende Pflicht des Verkäufers zur sofortigen unbedingten Übereignung wird durch die Vereinbarung eines Kaufs unter Eigentumsvorbehalt abbedungen. Der Verkäufer genügt seiner Übereignungspflicht aus § 433 Abs. 1 Satz 1 Alt. 1 BGB daher beim Kauf unter Eigentumsvorbehalt durch die aufschiebend bedingte Übereignung an den Käufer.

172 Wird die Lücke nicht durch das dispositive Gesetzesrecht geschlossen, bedarf es der ergänzenden Auslegung. Hierbei muss, was nicht immer deutlich wird, zwischen der Ergänzung nach dem mutmaßlichen und nach dem hypothetischen Parteiwillen unterschieden werden: Bei der Ergänzung nach dem mutmaßlichen Parteiwillen sind im konkreten Fall immerhin noch gewisse Indizien vorhanden, aus denen auf den Parteiwillen geschlossen werden kann.

> **Bsp.:** Im klassischen Fall der Wohngemeinschaft („WG"), also eines vom Vermieter mit mehreren Mietern abgeschlossenen Wohnungsmietvertrags, ist die Frage, ob den Mietern gegenüber dem Vermieter ein Anspruch auf Zustimmung zu einem künftigen Mieterwechsel zusteht, im Mietvertrag häufig nicht geregelt. Da ein solcher Anspruch – anders als der Anspruch auf Gestattung der Untervermietung gemäß § 553 Abs. 1 Satz 1 BGB – im Gesetz nicht vorgesehen ist, kommt es auf die ergänzende Auslegung des Mietvertrags an. Für einen mutmaßlichen Parteiwillen sind z.B. bei einer Studierenden-WG entsprechende Indizien vorhanden, weil eine solche WG typischerweise durch eine starke Fluktuation ihrer Mitglieder gekennzeichnet ist. Es gibt hier konkrete Anhaltspunkte, dass die Vertragsparteien bei Vertragsschluss übereinstimmend davon ausgegangen sind, bei den Mietern werde es häufig und in kurzen Zeitabständen zu einem Wechselbedarf kommen. Aufgrund der ergänzenden Auslegung nach dem mutmaßlichen Parteiwillen besteht daher grundsätzlich ein Anspruch der zur WG gehörenden Studierenden gegen den Vermieter auf Zustimmung zum Mieterwechsel, es sei denn, in der Person des vorgeschlagenen neuen Mieters liegt (analog § 553 Abs. 1 Satz 2 BGB) ein wichtiger Grund für die Ablehnung der Zustimmung vor.[166] Der Anspruch auf Zustimmung ist insbesondere für den Mieter, der aus dem Mietvertrag ausscheiden will, von erheblicher Bedeutung, weil er ohne die Zustimmung Mietvertragspartei bleibt und weiterhin, auch nachdem er aus der Wohnung ausgezogen ist, für die Mietzahlungen zusammen mit den anderen Mietern gesamtschuldnerisch (§ 421 BGB) haftet.

173 Fehlt es dagegen an Indizien für einen bestimmten Willen der Parteien, bleibt nur die Ergänzung nach dem hypothetischen Parteiwillen. Dabei geht es nicht mehr um einen Versuch der Rekonstruktion des wirklichen Willens des Erklärenden anhand von Indizien, sondern um die Bildung eines fiktiven Willens, der

---

165 Zum Begriff der Auslegungsregel siehe den Hinweis unten Rn. 173.
166 Vgl. BGH NJW 2022, 2030 Tz. 40–42.

dem Erklärenden im Wege der hypothetischen Auslegung zugewiesen wird.[167] Maßgeblich ist dabei die Frage nach dem Willen, den der Erklärende bei Kenntnis der Lücke vernünftiger- und redlicherweise gebildet hätte.[168] Der Hauptanwendungsfall der hypothetischen Auslegung ist die Testamentsauslegung. Nach dem Tod des Erblassers kann dieser nicht mehr nach seinem wirklichen Willen befragt werden, weshalb oftmals nur noch ein fiktiver Erblasserwille gebildet werden kann. Das ist insbesondere der Fall, wenn es um die Berücksichtigung von Umständen geht, die nach dem Tod des Erblassers eingetreten sind und die der Erblasser in keiner Weise vorhergesehen hat.

> **Bsp.:** Berühmt für die hypothetische Testamentsauslegung ist der im 1. Jahrhundert v. Chr. spielende Fall des Curius *(causa Curiana)*.[169] Der Erblasser, dessen Ehefrau schwanger war, setzte sein noch nicht geborenes Kind als Alleinerben ein. Er bedachte auch den Fall, dass das Kind vor Erreichung der Mündigkeit, also zu einem Zeitpunkt, als es selbst noch nicht wirksam Testamente errichten konnte, sterben würde. Für diesen Fall setzte er Curius als Erben des Kindes ein. Der Erblasser starb, es kam aber nach seinem Tod nicht zur Geburt des Kindes. Daher stellte sich die Frage, ob Curius, obwohl dieser nur als Erbe des Kindes eingesetzt war, nun zum unmittelbaren Erben des Erblassers werden sollte oder ob das Testament den eingetretenen Fall nicht erfasste, sodass aufgrund gesetzlicher Erbfolge ein naher Verwandter des Erblassers die Erbschaft erhalten würde. – Der Erblasser hatte den Fall, dass ihm kein Kind geboren würde, nicht bedacht. Darf hier im Wege der hypothetischen Testamentsauslegung ein fiktiver Wille des Erblassers gebildet werden, wonach Curius anstelle des nicht geborenen Kindes erben soll? In dem historischen Fall trug Curius – und damit auch die hypothetische Testamentsauslegung – den Sieg davon. Heute entspricht dem die Auslegungsregel des § 2102 Abs. 1 BGB, nach der die Einsetzung als Nacherbe „im Zweifel" auch die Einsetzung als Ersatzerbe enthält.

Hinweis

Man spricht von einer **Auslegungsregel**, wenn das Gesetz für die Auslegung von Willenserklärungen Vorgaben macht, die dem vom Gesetzgeber vermuteten Willen des Erklärenden entsprechen. Signalisiert werden Auslegungsregeln im Regelfall durch den Ausdruck „im Zweifel" (vgl. neben § 2102 Abs. 1 BGB z. B. auch § 141 Abs. 2 BGB [Rn. 563], § 154 Abs. 1 Satz 1 BGB [Rn. 246], §§ 315 Abs. 1, 316 BGB [Rn. 244], § 449 Abs. 1 BGB [Rn. 171], §§ 672 Satz 1, 673 Satz 1 BGB [Rn. 655, 657], § 2101 Abs. 1 Satz 1 BGB [Rn. 271]).
Die Vorgaben der jeweiligen Auslegungsregel sollen nämlich nur „im Zweifel" gelten, d. h. dann, wenn sich der Wille des Erklärenden nicht sicher feststellen lässt. Steht der Wille des Erklärenden fest, erübrigt sich der Rückgriff auf die gesetzliche Auslegungsregel, und zwar nicht nur dann, wenn der Wille von den

---

167 Zur „rein fiktiven Natur" des hypothetischen Parteiwillens vgl. *Neuner*, AT, § 35 Rn. 61.
168 Nach ständiger Rspr. des BGH ist darauf abzustellen, „was die Vertragsparteien bei angemessener Abwägung ihrer Interessen nach Treu und Glauben als redliche Vertragspartner vereinbart hätten, wenn sie den nicht geregelten Fall bedacht hätten"; siehe zuletzt BGHZ 223, 45 Tz. 28; BGH NJW 2018, 2469 Tz. 30.
169 Siehe hierzu *Manthe*, Ein Sieg der Rhetorik über die Jurisprudenz, Der Erbschaftsstreit des Manius Curius – eine vertane Chance der Rechtspolitik, in: Große Prozesse der römischen Antike (Hrsg. Manthe/v. Ungern-Sternberg), 1997, S. 74–84.

Vorgaben der Auslegungsregel abweicht, sondern auch dann, wenn er damit übereinstimmt.

174 Ein Problem der ergänzenden Auslegung nach dem hypothetischen Willen ist darin zu sehen, dass es in Wirklichkeit nicht mehr um die Auslegung der Willenserklärung, d. h. um die Interpretation von etwas Vorhandenem, sondern um einen rechtsschöpferischen Akt des Auslegenden geht. Der Richter, der eine hypothetische Auslegung vornimmt, setzt das, was er selbst im konkreten Fall für vernünftig hält, mit dem Willen des Erklärenden gleich.[170] Sofern Indizien für den wirklichen Willen des Erklärenden vorhanden sind, muss daher die mutmaßliche Auslegung Vorrang gegenüber einer hypothetischen Auslegung haben.

Literaturhinweise

Zum Tatbestand der Willenserklärung: *Freyler*, Die vertragsrechtliche Bedeutung von Emoticons, JA 2018, 732–736; *Kretschmann/Putz*, Der Rechtsbindungswille – Annäherungen an eine Unbekannte, Jura 2022, 294–303; *Neuefeind*, Gefälligkeit und Rechtsbindung – ein Überblick – Teil I, JA 2022, 624–629; Teil II, JA 2022, 717–720; *Neuner*, Was ist eine Willenserklärung?, JuS 2007, 881–888; *Petersen*, Der Tatbestand der Willenserklärung, Jura 2006, 178–181.

Zum Schweigen als Willenserklärung: *Ebert*, Schweigen im Vertrags- und Deliktsrecht, JuS 1999, 754–760; *Fischinger*, Grundfälle zur Bedeutung des Schweigens im Rechtsverkehr, JuS 2015, 294–298, 394–397; *Petersen*, Schweigen im Rechtsverkehr, Jura 2003, 687–692.

Zur elektronischen Willenserklärung: *St. Ernst*, Beweisprobleme bei E-Mail und anderen Online-Willenserklärungen, MDR 2003, 1091–1094; *Hengstberger*, Zugang von Willenserklärungen in E-Mail-Anhängen, NJW 2022, 1780–1783; *Mankowski*, Zum Nachweis des Zugangs bei elektronischen Erklärungen, NJW 2004, 1901–1907; *Taupitz/Kritter*, Electronic Commerce – Probleme bei Rechtsgeschäften im Internet, JuS 1999, 839–846 (839 f.); *Thalmair*, Kunden-Online-Postfächer: Zugang von Willenserklärungen und Textform, NJW 2011, 14–19; *Ultsch*, Zugangsprobleme bei elektronischen Willenserklärungen – Dargestellt am Beispiel der Electronic Mail, NJW 1997, 3007–3009; *Wietzorek*, Der Beweis des Zugangs von Anhängen von E-Mails, MMR 2007, 16–21.

Zur automatisierten Willenserklärung und zur Willenserklärung durch autonome Systeme: *Kniepert*, Die Rechtsfähigkeit autonomer Systeme, Jura 2021, 358–368; *D. Paulus*, Die automatisierte Willenserklärung, JuS 2019, 960–965.

Zum Gefälligkeitsverhältnis: *J. Maier*, Gefälligkeit und Haftung – LG Kiel, NJW 1998, 2539, JuS 2001, 746–751; *D. Paulus*, Die Abgrenzung zwischen Rechtsgeschäft und Gefälligkeit am Beispiel der Tischreservierung, JuS 2015, 496–501.

Zu Abgabe und Zugang von Willenserklärungen: *Coester-Waltjen*, Das Wirksamwerden empfangsbedürftiger verkörperter Willenserklärungen, Jura 1992, 272–274; *dies.* Einige Probleme des Wirksamwerdens empfangsbedürftiger Willenserklärungen, Jura 1992, 441 f.; *Eisfeld*, Der Zugang von Willenserklärungen, JA 2006, 851–854; *Greiner/Kalle*, Ungeklärte Fragen des Wirksamwerdens empfangsbedürftiger Willenserklärungen – im Grundsatz und bei Verwendung digitaler Kommunikationswege,

---

170 Kritisch zur hypothetischen Auslegung auch *Medicus/Petersen*, AT, Rn. 344; *Neuner*, AT, § 35 Rn. 61.

JZ 2018, 535–541; *Haas*, Das Wirksamwerden von Willenserklärungen, JA 1997, 116–123; *Joussen*, Abgabe und Zugang von Willenserklärungen unter Einschaltung einer Hilfsperson, Jura 2003, 577–581; *Lange*, Die Willenserklärung, JA 2007, 687–691, 766–772; *O. Meyer*, Die abhandengekommene Willenserklärung, JuS 2017, 960–963; *Noack/Uhlig*, Der Zugang von Willenserklärungen, JA 2012, 740–744; *Putz*, Beweisfragen bei Einschreibesendungen, NJW 2007, 2450–2452; *Taupitz/Kritter*, Electronic Commerce – Probleme bei Rechtsgeschäften im Internet, JuS 1999, 839–846 (840–843); *Weiler*, Der Zugang von Willenserklärungen, JuS 2005, 788–793; *Wertenbruch*, Abgabe und Zugang von Willenserklärungen, JuS 2020, 481–488.

Zur arglistigen Zugangsvereitelung: *Franzen*, Zugang und Zugangshindernisse bei eingeschriebenen Briefsendungen, JuS 1999, 429–433; *Peters*, Zum Zugang einer Willenserklärung bei Nichtabholung eines Einschreibens trotz Benachrichtigung, JR 1998, 368–369.

Zum Tod des Erklärenden nach der Abgabe der Willenserklärung: *Brun*, Die „postmortale Willenserklärung" – Zur Auslegung des § 130 II BGB, Jura 1994, 291–301; *A. Roth*, Probleme des postmortalen Zugangs von Willenserklärungen – Ein Beitrag zum Anwendungsbereich des § 130 II BGB, NJW 1992, 791–795.

Zur Auslegung von Willenserklärungen und Verträgen: *Biehl*, Grundsätze der Vertragsauslegung, JuS 2010, 195–200; *Cordes*, Der Haakjöringsköd-Fall, Jura 1991, 352–357; *Cziupka*, Die ergänzende Vertragsauslegung, JuS 2009, 103–106; *Grobe/Schellenberg*, Auslegung, Umdeutung und Anfechtung von Willenserklärungen, Jura 2020, 799–810; *Kötz*, Dispositives Recht und ergänzende Vertragsauslegung, JuS 2013, 289–296; *Muthorst*, Auslegung: Eine Einführung, JA 2013, 721–727; *Petersen*, Die Auslegung von Rechtsgeschäften, Jura 2004, 536–538; *Schimmel*, Zur Auslegung von Willenserklärungen, JA 1998, 979–987; *ders.* Zur ergänzenden Auslegung von Verträgen, JA 2001, 339–344; *Stöhr*, Der objektive Empfängerhorizont und sein Anwendungsbereich im Zivilrecht, JuS 2010, 292–295.

Übungsfälle: *Bayer/Ritter/Weiß*, Anfängerklausur – Zivilrecht: BGB AT – Flugreise für Erstsemester, JuS 2013, 996–1001 (u. a. zur Auslegung von Willenserklärungen und Verträgen); *Boss*, ZR-Anfängerhausarbeit zum Allgemeinen Teil, „Der etwas andere Mietvertragsschluss", Jura 2021, 695–704 (u. a. zum Vertragsschluss durch Emoticons); *Deckenbrock/Meyer*, Übungsklausur Zivilrecht – Der umtriebige Geschäftsmann, Jura 2010, 768–772 (u. a. zur Auslegung von Willenserklärungen und Verträgen); *Ernst/Jurawitz*, Anfängerklausur – Zivilrecht: BGB AT – La Peregrina, JuS 2017, 40–44 (u. a. zur abhandengekommenen Willenserklärung); *Greiner/Kalle*, Basics Hausarbeit Zivilrecht, „Ärger im Autohandel", JA 2022, 362–368 (u. a. zum Zugang von E-Mail-Anhängen); *Leyens/Böttcher*, Anfängerhausarbeit – Zivilrecht: Computergenerierte Willenserklärungen, Anfechtbarkeit und Erklärungsrisiken – Der smarte Kühlschrank, JuS 2019, 133–138.

Kapitel 5   Rechtsgeschäft und Rechtshandlung

I. Arten der Rechtsgeschäfte

175 Man unterteilt die Rechtsgeschäfte in einseitige und mehrseitige Rechtsgeschäfte, die mehrseitigen Rechtsgeschäfte wiederum in Verträge und Beschlüsse.

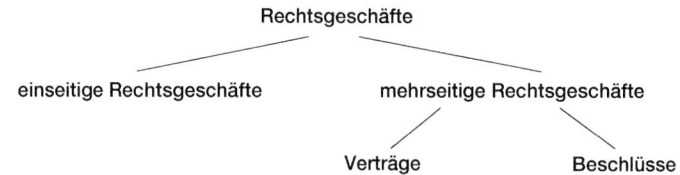

1. Einseitige und mehrseitige Rechtsgeschäfte

176 Die Unterscheidung zwischen einseitigen und mehrseitigen Rechtsgeschäften folgt unmittelbar aus der Definition des Rechtsgeschäfts als Rechtsakt, der aus einer oder mehreren Willenserklärungen besteht.[171]

 Definition
Unter einem Rechtsgeschäft versteht man einen aus einer oder mehreren Willenserklärungen – gegebenenfalls noch aus weiteren Elementen – bestehenden Rechtsakt, durch den eine Rechtsfolge gerade deshalb herbeigeführt wird, weil sie gewollt ist.

177 Rechtsgeschäfte, die aus einer einzigen Willenserklärung bestehen, bezeichnet man als einseitige Rechtsgeschäfte. Die aus mehreren Willenserklärungen bestehenden Rechtsgeschäfte werden mehrseitige Rechtsgeschäfte genannt. Zu den mehrseitigen Rechtsgeschäften gehören insbesondere die Verträge, wie z. B. der Kaufvertrag gemäß § 433 BGB oder der Leihvertrag gemäß § 598 BGB.

178 Anders als Verträge, für welche die Vertragsfreiheit gilt,[172] müssen **einseitige Rechtsgeschäfte** im Gesetz besonders vorgesehen sein. Das ergibt sich aus § 311 Abs. 1 BGB, wonach für die Begründung eines Schuldverhältnisses durch Rechtsgeschäft ein Vertrag erforderlich ist, „soweit nicht das Gesetz ein anderes vorschreibt". Die Begründung von Schuldverhältnissen durch einseitiges Rechtsge-

---

171 Zur Definition des Rechtsgeschäfts sowie zur Unterscheidung von einseitigen und mehrseitigen Rechtsgeschäften siehe bereits oben Kapitel 1 Rn. 15–17.
172 Siehe zur Vertragsfreiheit unten Kapitel 6 Rn. 199–201.

schäft ist daher **nur in den gesetzlich geregelten Fällen** möglich, z. B. im Fall der in § 657 BGB geregelten Auslobung.[173] Dabei setzt der Auslobende durch öffentliche Bekanntmachung eine Belohnung für die Vornahme einer Handlung aus. Es handelt sich also um ein einseitiges Versprechen im Wege der öffentlichen Bekanntmachung.

Der Sinn und Zweck des § 311 Abs. 1 BGB liegt darin, niemanden ohne seine Zustimmung zu verpflichten und niemandem ohne seinen Willen eine Forderung aufzudrängen. Durch einseitige Rechtsgeschäfte werden einseitig Rechte eines anderen begründet oder gar Rechte eines anderen beeinträchtigt, wie z. B. bei der Kündigung eines Mietvertrags. Anders als bei Verträgen, bei denen sich die beiden Vertragspartner einigen müssen, hat derjenige, der von einem einseitigen Rechtsgeschäft betroffen ist, nicht die Möglichkeit, die Wirkungen des Rechtsgeschäfts zu verhindern. Um den Betroffenen zu schützen, kann ein solches Rechtsgeschäft nur wirksam vorgenommen werden, wenn es hierfür eine Regelung im Gesetz gibt. Beispielsweise kann der Vermieter einen auf unbestimmte Zeit geschlossenen Wohnungsmietvertrag gemäß § 573 Abs. 1 Satz 1 BGB nur dann kündigen, wenn er ein berechtigtes Interesse an der Beendigung des Mietverhältnisses hat, insbesondere bei Eigenbedarf (§ 573 Abs. 2 Nr. 2 BGB). Der Mieter, für den die Wohnung regelmäßig den Lebensmittelpunkt darstellt und der mit der Wohnung nicht sein vertrautes Lebensumfeld verlieren will, wird hier in besonderer Weise geschützt. Dagegen ist seitens des Vermieters kein vergleichbares Schutzbedürfnis erkennbar, weshalb die Kündigung des Wohnungsmietvertrags durch den Mieter keinen besonderen Grund erfordert. Allerdings muss auch die Kündigung des Mieters gemäß § 573c Abs. 1 Satz 1 BGB spätestens am dritten Werktag eines Kalendermonats erfolgen, damit der Mietvertrag zum Ablauf des übernächsten Monats beendet wird. Die Kündigungsfrist dient im Fall der vom Mieter ausgehenden Kündigung dem Schutz des Vermieters, der ausreichend Zeit haben soll, um sich um eine Neuvermietung zu kümmern.

179

Kein Beispiel für ein einseitiges Rechtsgeschäft ist die **Gewinnzusage** nach § 661a BGB, obwohl diese eine gewisse Ähnlichkeit zur Auslobung nach § 657 BGB aufweist: Sendet ein Unternehmer an einen Verbraucher eine Gewinnzusage und erweckt er durch die Gestaltung der Zusendung den Eindruck, der Verbraucher habe einen Preis gewonnen, hat der Verbraucher gegen den Unternehmer gemäß § 661a BGB einen Anspruch auf Leistung des zugesagten Preises. Hinter der Vorschrift des § 661a BGB steht eine wettbewerbsrechtliche Überlegung. Unlautere Werbung eines Unternehmers, der scheinbare Gewinne vortäuscht, soll unterbunden werden, indem dem Verbraucher das Recht eingeräumt wird, den Unternehmer beim Wort zu nehmen und von diesem die Leistung des zugesagten Preises zu verlangen. Anders als bei einem einseitigen Rechtsgeschäft kommt es nicht darauf an, ob ein verständiger Verbraucher (als objektiver Erklärungsempfänger) die konkrete Gewinnzusage als bloßes Werbemittel hätte durchschauen können oder müssen. Es reicht aus, wenn die Zusage bei objektiver Betrachtung geeignet ist, bei einem durchschnittlichen Verbraucher den Eindruck zu erwecken, er werde einen – bereits gewonnenen – Preis erhalten.[174] Auch der Verbraucher, der Gewinnzusagen von vornherein keinen Glauben schenkt und daher nicht von

180

---

173 Vgl. auch das Beispiel oben in Kapitel 4 Rn. 114.
174 Vgl. BGHZ 165, 172 (179).

einer ernsthaften Willenserklärung des Unternehmers ausgeht, hat nach § 661a BGB einen Anspruch auf Leistung des zugesagten Preises. Es geht dabei nicht um einen rechtsgeschäftlichen Anspruch, sondern um einen Anspruch aus einem gesetzlichen Schuldverhältnis.[175]

> **Bsp.** (vgl. BGHZ 165, 172): Versandhändler Unold übersendet der Verbraucherin Vera Victor ein Schreiben mit folgendem Inhalt: „Stimmt Ihre persönliche GEWINN-NUMMER mit einer in den Rubbelfeldern überein, dann winken Ihnen tatsächlich 50.000 € [...] 100.000 € [...] oder sogar bis zu 200.000 € IN BAR! [...] Frau Victor, HOLEN SIE SICH MIT IHRER GEWINN-NUMMER 200.000 €!" Die von Vera freigerubbelte Gewinnnummer entspricht derjenigen, für die ein Gewinn in Höhe von 200.000 € genannt ist. Obwohl Vera klar ist, dass es sich um eine bloße „Werbemasche" handelt und Unold ihr niemals ernsthaft einen Gewinn in Höhe von 200.000 € zukommen lassen wollte, schickt sie den beiliegenden Anforderungsschein für den „SUPER-TEIL-NAHME-GEWINN" an Unold. Dieser wollte mit der Gewinnzusage nur die Aufmerksamkeit der Empfänger auf sich ziehen und reagiert nicht auf die Anforderung des Gewinns. Hat Vera gegen Unold einen Anspruch auf Leistung des zugesagten Gewinns? – Die Gewinnzusage des Unold ist nach Inhalt und Gestaltung abstrakt geeignet, bei einem durchschnittlichen Verbraucher (zumindest auf den ersten Blick) den Eindruck zu erwecken, er habe einen Preis gewonnen. Da es sich bei der Gewinnzusage nicht um ein einseitiges Rechtsgeschäft handelt, spielt es keine Rolle, ob ein verständiger Verbraucher bei entsprechender Überlegung die Absichten des Unold hätte durchschauen können oder müssen. Ebenso wenig ist von Bedeutung, dass Vera das wettbewerbswidrige Verhalten tatsächlich durchschaut hat und daher nicht von einer Willenserklärung des Unold ausgegangen ist. Sie hat daher aufgrund der Gewinnzusage gegen Unold gemäß § 661a BGB einen Anspruch auf Leistung des zugesagten Gewinns.

2. Vertrag und Beschluss

181 Der Vertrag besteht aus zwei oder mehr korrespondierenden, d. h. wechselseitig übereinstimmenden Willenserklärungen, genannt Antrag und Annahme (vgl. §§ 145 ff. BGB). Entscheidend ist beim Vertrag, dass die Willenserklärungen miteinander korrespondieren, sich also gegenseitig ergänzen müssen. Antrag und Annahme müssen gleichsam wie Schlüssel und Schloss zueinander passen.

182 Dagegen geht es beim Beschluss nicht um korrespondierende Willenserklärungen, sondern um die Abgabe paralleler, also gleichgerichteter Willenserklärungen. Wenn die Mitglieder eines Vereins, z. B. des „Golfclubs Dudenheim e. V.", in der Mitgliederversammlung (vgl. § 32 BGB) mehrheitlich für die Erhöhung des jährlichen Mitgliedsbeitrags auf 3.000 € stimmen, handelt es sich um gleichgerichtete Willenserklärungen und damit um einen Beschluss. Jede Ja-Stimme hat der Sache nach den folgenden Inhalt: „Ich stimme der Erhöhung des Mitgliedsbeitrags auf jährlich 3.000 € zu." Regelmäßig besteht ein Beschluss, wie hier der Beschluss der Vereinsmitglieder, aus mehreren Willenserklärungen, sodass es sich um ein mehrseitiges Rechtsgeschäft handelt. Ausnahmsweise kann ein Beschluss aber auch ein einseitiges Rechtsgeschäft sein, etwa wenn es um eine Einpersonen-

---

[175] Vgl. BGHZ 165, 172 (179).

GmbH geht. Gemäß § 1 GmbHG kann eine Gesellschaft mit beschränkter Haftung (GmbH) auch von einer einzigen Person gegründet werden. Bei einer solchen Einpersonen-GmbH erfolgt die Beschlussfassung durch die Beschlusserklärung des Alleingesellschafters, also durch nur eine Willenserklärung.

3. **Vertragsarten**

a) **Einseitig und mehrseitig verpflichtende Verträge.** Je nachdem, ob durch einen Vertrag eine Leistungspflicht nur für eine Vertragspartei oder aber auch für andere Parteien des Vertrags begründet wird, unterscheidet man zwischen einseitig verpflichtenden und mehrseitig verpflichtenden Verträgen. Geht es um einen Vertrag mit zwei Vertragsparteien, durch den beide zur Erbringung von Leistungen verpflichtet werden, spricht man vom zweiseitig verpflichtenden Vertrag.

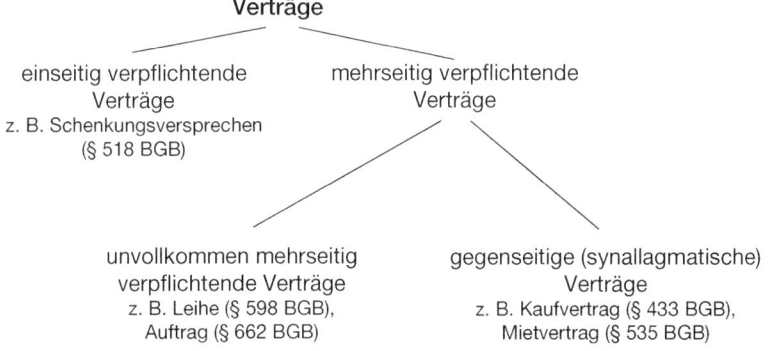

Hinweis

Die Unterscheidung zwischen einseitig und mehrseitig verpflichtenden Verträgen darf keinesfalls mit der übergeordneten Unterscheidung zwischen einseitigen und mehrseitigen Rechtsgeschäften verwechselt werden. Sowohl bei den einseitig als auch bei den mehrseitig verpflichtenden Verträgen handelt es sich stets um Verträge, also um mehrseitige Rechtsgeschäfte.

Der einseitig verpflichtende Vertrag muss daher vom einseitigen Rechtsgeschäft streng unterschieden werden. Ein Beispiel für einen einseitig verpflichtenden Vertrag ist das Schenkungsversprechen, bei dem es sich laut § 518 Abs. 1 Satz 1 BGB um einen Vertrag handelt, „durch den eine Leistung schenkweise versprochen wird". Hinter der gesetzlichen Ausgestaltung des Schenkungsversprechens als Vertrag (und nicht etwa als einseitiges Rechtsgeschäft) steht die Überlegung, dass sich der Beschenkte nicht gegen seinen Willen einen Anspruch auf Almosen oder sonst wie unerwünschte Dinge aufdrängen lassen muss.

b) **Unvollkommen mehrseitig verpflichtende Verträge und gegenseitige (synallagmatische) Verträge.** Die mehrseitig verpflichtenden Verträge werden noch einmal weiter unterschieden in unvollkommen mehrseitig verpflichtende Verträge und gegenseitige (synallagmatische) Verträge. Unvollkommen mehrseitig verpflichtend sind solche Verträge, bei denen nur eine der Parteien eine Hauptleistungspflicht trifft. Unter Hauptleistungspflicht versteht man die für den jeweiligen Vertragstyp kennzeichnende Pflicht, etwa bei der Leihe (§ 598 BGB) die Pflicht des Verleihers, dem Entleiher den Gebrauch einer Sache unentgeltlich zu gestatten. Im Gegensatz zum einseitig verpflichtenden Vertrag wie der Schenkung trifft beim unvollkommen mehrseitig verpflichtenden Vertrag nicht nur die eine, sondern auch die andere Vertragspartei Pflichten. Dabei handelt es sich allerdings nicht um eine Haupt-, sondern um eine Nebenleistungspflicht. Im Beispiel der Leihe trifft nur den Verleiher eine Hauptleistungspflicht, nämlich die Pflicht zur Gebrauchsüberlassung. Der Entleiher ist nach § 604 Abs. 1 BGB zur Rückgabe der geliehenen Sache nach Ablauf der Leihzeit verpflichtet, wobei es sich nicht um eine Haupt-, sondern um eine Nebenleistungspflicht handelt. Ein weiteres Beispiel für einen unvollkommen mehrseitig verpflichtenden Vertrag ist der Auftrag (§ 662 BGB). Die Hauptleistungspflicht, nämlich die Pflicht zur unentgeltlichen Geschäftsbesorgung, trifft nur den Beauftragten. Da der Auftrag gemäß § 662 BGB notwendigerweise unentgeltlich ist, schuldet der Auftraggeber dem Beauftragten keine Vergütung. Er muss gemäß § 670 BGB nur die Aufwendungen ersetzen, die der Beauftragte zum Zweck der Ausführung des Auftrags macht und die dieser auch den Umständen nach für erforderlich halten darf. Dabei handelt es sich um eine Nebenleistungspflicht.

186 Bei den gegenseitigen (synallagmatischen) Verträgen treffen beide Vertragsparteien Hauptleistungspflichten, die in einem gegenseitigen Abhängigkeitsverhältnis stehen: Die jeweils eine Pflicht wird nur um der jeweils anderen willen übernommen.[176] So übernimmt z. B. beim Kaufvertrag der Käufer seine in der Verpflichtung zur Kaufpreiszahlung (§ 433 Abs. 2 Alt. 1 BGB) bestehende Hauptleistungspflicht nur deshalb, weil im Gegenzug der Verkäufer die Hauptleistungspflicht, gerichtet auf Übergabe und Übereignung der Kaufsache an den Käufer (§ 433 Abs. 1 Satz 1 BGB), übernimmt. Dieses Abhängigkeitsverhältnis von Leistung und Gegenleistung nennt man Synallagma.[177] Gleichbedeutend spricht man auch vom „do ut des"-Verhältnis (lateinisch „ich gebe, damit du gibst").

II. Inhalt der Rechtsgeschäfte

1. Verpflichtungs- und Verfügungsgeschäfte

187 Die wichtige Unterscheidung von Verpflichtungs- und Verfügungsgeschäft wurde bereits behandelt.[178] Durch ein Verpflichtungsgeschäft wird ein Recht begründet, und zwar ein Recht auf eine Leistung. Dagegen wird durch ein Verfügungsgeschäft auf ein bereits bestehendes Recht unmittelbar eingewirkt, d. h., das Recht wird übertragen, belastet, inhaltlich verändert oder aufgehoben. Als Paradebeispiel für ein Verpflichtungsgeschäft ist der Kaufvertrag nach § 433 BGB zu nennen. Paradebeispiel für ein Verfügungsgeschäft ist die Übereignung nach § 929 Satz 1 BGB.

---

176 Vgl. *Gröschler*, in: Soergel, § 311 Abs. 1 Rn. 17.
177 Das griechische Wort Synallagma (συνάλλαγμα) bedeutet an sich ganz allgemein „Vertrag". Die begriffliche Beschränkung auf gegenseitige Verträge geht auf das antike griechisch-hellenistische Recht zurück, das eine Klagemöglichkeit nur dann anerkannte, wenn eine der Vertragsparteien eine Vorleistung erbracht hatte, ähnlich wie heute im anglo-amerikanischen *Common Law* die Verbindlichkeit von Verträgen grundsätzlich von der Erbringung einer Gegenleistung *(consideration)* abhängt. Zur Entwicklung des Synallagma-Begriffs siehe *Gröschler*, Auf den Spuren des Synallagma – Überlegungen zu D. 2.14.7.2 und D. 50.16.19, FS Pieler, 2009, S. 51–72.
178 Siehe oben Kapitel 3 Rn. 59–61.

188 Gemäß dem Trennungsprinzip[179] muss man unterscheiden zwischen dem Verpflichtungsgeschäft, das nur eine Verpflichtung zur Leistung begründet, und der Erfüllung dieser Verpflichtung: Aus dem Kaufvertrag als Verpflichtungsgeschäft ergibt sich gemäß § 433 Abs. 1 Satz 1 BGB nur die Verpflichtung des Verkäufers, dem Käufer die Kaufsache zu übergeben und zu übereignen. Die Erfüllung der Pflicht zur Übereignung muss durch ein eigenständiges Rechtsgeschäft erfolgen, nämlich – wenn es sich bei der Kaufsache um eine bewegliche Sache handelt – durch eine Übereignung nach § 929 Satz 1 BGB. Erst dieses zusätzliche Rechtsgeschäft der Übereignung bewirkt den Eigentumsübergang auf den Käufer.

189 Auch nach Erfüllung der sich aus dem Verpflichtungsgeschäft ergebenden Ansprüche, also nachdem der Verkäufer die Kaufsache übergeben und übereignet und der Käufer den Kaufpreis gezahlt hat, kommt dem Verpflichtungsgeschäft weiterhin eine wichtige Funktion zu: Das Verpflichtungsgeschäft bildet den Rechtsgrund, die *causa*, für das endgültige Behaltendürfen der ausgetauschten Leistungen. Wenn kein wirksamer Kaufvertrag vorhanden wäre, könnten die Parteien die erbrachten Leistungen nach § 812 Abs. 1 Satz 1 Alt. 1 bzw. Satz 2 Alt. 1 BGB, also aufgrund der Leistungskondiktion, wieder zurückfordern. Das wirksame Verpflichtungsgeschäft schließt eine solche Rückforderung aus, macht die erbrachten Leistungen also kondiktionsfest.

2. Schuldrechtliche und sachenrechtliche Verfügungsgeschäfte

190 Verfügungsgeschäfte, wie etwa die Übereignung, gibt es nicht nur im Sachenrecht, im vierten Buch des BGB, sondern auch im dritten Buch, also im Schuldrecht. Auch das Schuldrecht kennt Rechtsgeschäfte, durch die auf ein bereits bestehendes Recht unmittelbar eingewirkt wird. Dazu gehört z. B. die Abtretung einer Forderung gemäß § 398 BGB. Beispielsweise kann der Anspruch auf Kaufpreiszahlung gemäß § 433 Abs. 2 Alt. 1 BGB vom Verkäufer auf einen Dritten im Wege der Abtretung gemäß § 398 BGB übertragen werden. Ein bereits bestehendes Recht, nämlich der Anspruch des Verkäufers gegen den Käufer aus dem Kaufvertrag, wird hier übertragen. Weitere Verfügungsgeschäfte im Schuldrecht sind die Aufrechnung von Forderungen (§ 387 BGB), der Erlass einer Forderung (§ 397 BGB) und die befreiende Schuldübernahme (§§ 414 f. BGB). Bei der befreienden Schuldübernahme tritt ein neuer Schuldner an die Stelle des bisherigen Schuldners, was grundsätzlich voraussetzt, dass der Gläubiger mit dem Schuldnerwechsel einverstanden ist.

191 Den ganz überwiegenden Teil der im Schuldrecht geregelten Rechtsgeschäfte machen freilich nicht die Verfügungsgeschäfte aus, sondern die Vielzahl der im achten Abschnitt („Einzelne Schuldverhältnisse"), also im Besonderen Schuldrecht geregelten Verpflichtungsgeschäfte wie z. B. Kaufvertrag, Mietvertrag, Leihvertrag, Dienstvertrag, Werkvertrag und Auftrag. Es lässt sich daher festhalten, dass es im Schuldrecht neben den vielen Verpflichtungsgeschäften vereinzelt auch Verfügungsgeschäfte gibt. Im vierten Buch des BGB, im Sachenrecht, finden sich dagegen ausschließlich Verfügungsgeschäfte und keine Verpflichtungsgeschäfte. Das liegt daran, dass es im Sachenrecht um die Güterzuordnung mit Wirkung gegen-

---

179 Hierzu oben Kapitel 3 Rn. 62.

über jedermann geht, nicht – wie im Schuldrecht – um die rechtsgeschäftliche Begründung von Ansprüchen.[180]

III. Rechtshandlungen

192 Die Rechtshandlungen gehören neben den Rechtsgeschäften zum Oberbegriff der **Handlungen**, wobei man unter einer Handlung jedes willensgetragene[181] menschliche Verhalten versteht. Den Rechtshandlungen und Rechtsgeschäften treten die Rechtstatsachen gegenüber, die nicht von einem menschlichen Willen getragen sind, die aber gleichwohl den Eintritt von Rechtsfolgen auslösen. Zu den Rechtstatsachen gehört z. B. der natürliche Tod eines Menschen oder ein Erdrutsch, der zu einem Autounfall führt.

193 Die **Rechtshandlungen** sind von den Rechtsgeschäften abzugrenzen:[182] Zwar sind auch Rechtshandlungen vom Willen getragen; es kommt hier aber – anders als beim Rechtsgeschäft – zum Eintritt der Rechtsfolge unabhängig davon, ob die Rechtsfolge gewollt ist oder nicht. Bei Rechtsgeschäften tritt die Rechtsfolge gerade deswegen ein, weil sie gewollt ist. Man unterscheidet die Rechtshandlungen in geschäftsähnliche Handlungen, Tathandlungen (Realakte) und rechtswidrige Handlungen.[183]

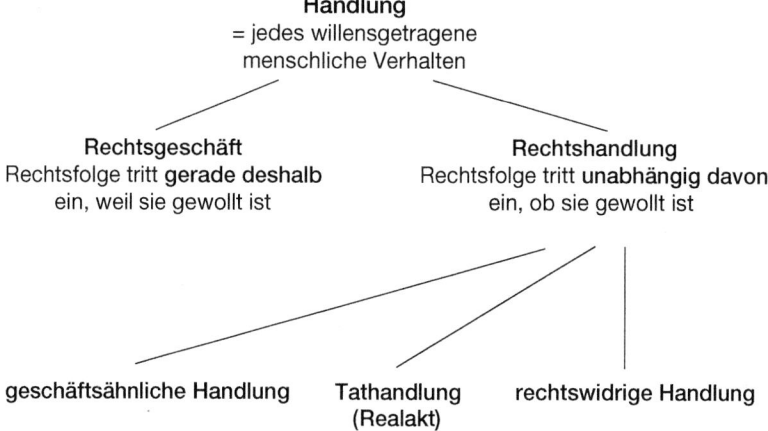

1. Geschäftsähnliche Handlungen

194 Die geschäftsähnliche Handlung wird wie folgt definiert:

 Definition
Eine geschäftsähnliche Handlung ist die auf Herbeiführung eines tatsächlichen Erfolgs gerichtete Erklärung.

---

180 Zur Unterscheidung von Schuld- und Sachenrecht vgl. auch unten Kapitel 6 Rn. 201.
181 Vgl. den Begriff des „Handlungswillens"; hierzu oben Kapitel 4 Rn. 74.
182 Vgl. *Flume*, AT II, S. 104–108 (§ 9, 1); *Ellenberger*, in: Grüneberg, vor § 104 Rn. 4.
183 *Ellenberger*, in: Grüneberg, vor § 104 Rn. 4–10.

Die auf die Herbeiführung eines tatsächlichen Erfolgs gerichtete geschäftsähnliche Handlung ist das genaue Gegenstück zur Willenserklärung, die auf Herbeiführung einer bestimmten Rechtsfolge gerichtet ist. Anders als beim Rechtsgeschäft treten die Rechtsfolgen der geschäftsähnlichen Handlung kraft Gesetzes ein, also unabhängig davon, ob sie gewollt sind. Das Paradebeispiel für eine geschäftsähnliche Handlung ist die Mahnung, also die eindeutige und bestimmte Aufforderung des Gläubigers an den Schuldner, die geschuldete Leistung nunmehr, d. h. ohne weitere Verzögerung, zu erbringen. Mit der Mahnung will der Gläubiger einen tatsächlichen Erfolg erreichen, nämlich dass der Schuldner endlich leistet. Unabhängig davon, ob der Wille des Gläubigers über den angestrebten tatsächlichen Erfolg hinausgeht, kommt es zum Eintritt von Rechtsfolgen: Die Mahnung führt gemäß § 286 Abs. 1 Satz 1 BGB zum Verzug des Schuldners, sodass dieser ab der Mahnung z. B. Verzugszinsen nach § 288 BGB an den Gläubiger zu leisten hat. Zum Schuldnerverzug kommt es unabhängig davon, ob er vom Gläubiger gewollt ist oder nicht. Auch der rechtlich nicht informierte Gläubiger, der bei der Mahnung nicht an irgendwelche Rechtsfolgen gedacht hat, profitiert daher vom Eintritt des Schuldnerverzugs. Da geschäftsähnliche Handlungen zwar keine Willenserklärungen sind, diesen aber als Erklärungen doch ähneln, werden die Vorschriften über Willenserklärungen – wenn nötig – analog angewendet. So ist die Mahnung eine empfangsbedürftige geschäftsähnliche Handlung, die dem Schuldner analog § 130 Abs. 1 Satz 1 BGB zugehen muss.

2. Tathandlungen (Realakte)

Bei Tathandlungen (Realakten) geht es im Gegensatz zu geschäftsähnlichen Handlungen nicht um Erklärungen, sondern um rein tatsächliches Handeln. Man spricht – im Gegensatz zur Willenserklärung – auch von der Willensbetätigung.

Definition
Ein Realakt ist die auf Herbeiführung eines tatsächlichen Erfolgs gerichtete Willensbetätigung.

Paradebeispiel für einen Realakt ist die Übergabe im Rahmen der Übereignung beweglicher Sachen gemäß § 929 Satz 1 BGB. Das Verfügungsgeschäft nach § 929 Satz 1 BGB setzt sich zusammen aus der dinglichen Einigung über den Eigentumsübergang, also aus zwei Willenserklärungen, und einem Realakt, nämlich der Übergabe der Sache durch den Veräußerer an den Erwerber. Zu den Realakten gehört auch die Verbindung, Vermischung und Verarbeitung nach den §§ 946 ff. BGB. Für den in diesen Vorschriften geregelten Eigentumserwerb ist kein rechtsgeschäftlicher Wille erforderlich. Der Eigentumsübergang erfolgt vielmehr kraft Gesetzes aufgrund der Vornahme des in der Verbindung, Vermischung oder Verarbeitung liegenden Realakts. § 946 BGB regelt die Verbindung beweglicher Sachen mit einem Grundstück: Werden bewegliche Sachen so mit einem Grundstück verbunden, dass sie wesentlicher Bestandteil des Grundstücks werden, dann erstreckt sich das Eigentum am Grundstück auf diese Sachen. D. h., dass die vormals beweglichen Sachen nun rechtlich zum Grundstück gehören und damit kraft Gesetzes dem Grundstückseigentümer zustehen. Hinter § 946 BGB steht die zum Teil schon im römischen Recht maßgebliche Regel *superficies solo cedit* („Der Überbau folgt dem Boden"). Was die wesentlichen Bestandteile eines Grundstücks sind, erklärt § 94 BGB. Insbesondere gehört dazu regelmäßig ein auf dem Grundstück errichtetes Gebäude (§ 94 Abs. 1 Satz 1 BGB).

> **Bsp.:** Beham erwirbt ein Grundstück und errichtet dort ein Haus. Nachträglich stellt sich heraus, dass die Grundstücksgrenzen etwas anders verlaufen als angenommen: Das Haus befindet sich in Wirklichkeit bereits auf dem Grundstück des Nachbarn Naab. Wer ist Eigentümer des Hauses? – Da das Haus gemäß § 94 Abs. 1 Satz 1 BGB wesentlicher Bestandteil des Grundstücks ist, auf dem es errichtet wurde, ist der Nachbar Naab gemäß § 946 BGB Eigentümer des Hauses geworden. Dass Beham mit der Errichtung des Hauses alles andere als einen Eigentumserwerb des Naab herbeiführen wollte, spielt keine Rolle. Es handelt sich bei der Errichtung eines Hauses um einen bloßen Realakt, dessen Rechtsfolgen nicht gewollt sein müssen.

3. Rechtswidrige Handlungen

197 Rechtswidrige Handlungen lösen aufgrund ihrer Rechtswidrigkeit Rechtsfolgen aus. Dabei kann es zu einer Überschneidung mit den Realakten kommen: Wenn beispielsweise jemand bewusst fremdes Baumaterial auf seinem Grundstück verbaut, stellt das eine Unterschlagung (§ 246 Abs. 1 StGB) des Baumaterials und damit eine rechtswidrige Handlung dar, genauer eine Eigentumsverletzung gemäß § 823 Abs. 1 BGB. Gleichzeitig liegt der Realakt der Verbindung gemäß § 946 BGB vor.

198 Das Hauptanwendungsgebiet der rechtswidrigen Handlungen ist das Deliktsrecht, also das Recht der unerlaubten Handlungen (§§ 823 ff. BGB). Zudem können rechtswidrige Handlungen einen Bereicherungsanspruch aus Eingriffskondiktion gemäß § 812 Abs. 1 Satz 1 Alt. 2 BGB auslösen. So führt der bewusste Einbau fremden Baumaterials sowohl zu einem Schadensersatzanspruch nach § 823 Abs. 1 BGB als auch zu einem Bereicherungsanspruch nach § 951 Abs. 1 Satz 1 i. V. m. § 812 Abs. 1 Satz 1 Alt. 2 BGB.

> **Literaturhinweise**
> *Petersen*, Einseitige Rechtsgeschäfte, Jura 2005, 248–251; *Ulrici*, Geschäftsähnliche Handlungen, NJW 2003, 2053–2056.

Kapitel 6   Vertrag

I. Der Grundsatz der Vertragsfreiheit

1. Vertragsfreiheit und Privatautonomie

Nicht nur im BGB, sondern im Bereich des gesamten Privatrechts gilt der Grundsatz der **Vertragsfreiheit**. Einfachgesetzlich verankert ist die Vertragsfreiheit in § 311 Abs. 1 BGB. Demnach können Schuldverhältnisse grundsätzlich beliebig durch Vertrag begründet werden. Ebenso kann ihr Inhalt durch Vertrag beliebig geändert werden. Die Vertragsfreiheit ist Kernbestandteil der **Privatautonomie**, zu der auch andere spezielle Ausprägungen wie die Testierfreiheit des Erblassers (Art. 14 Abs. 1 GG „Erbrecht", §§ 2064 ff. BGB) oder die Vereinigungsfreiheit (Art. 9 Abs. 1 GG) zu rechnen sind. Die verfassungsrechtliche Grundlage der Privatautonomie liegt, soweit keine spezielleren Grundrechte einschlägig sind, in der allgemeinen Handlungsfreiheit nach Art. 2 Abs. 1 GG.[184]

199

> **Hinweis**
>
> Unterschieden werden drei Aspekte der Vertragsfreiheit:[185] die **Abschlussfreiheit**, die **Gestaltungsfreiheit** und die **Formfreiheit**. Mit Abschlussfreiheit ist gemeint, dass jeder Vertragspartner frei entscheiden kann, **ob und mit wem** er einen Vertrag schließen will. Die Gestaltungsfreiheit, die auch als Inhaltsfreiheit bezeichnet wird, besagt, dass auch die **inhaltliche Ausgestaltung** des abgeschlossenen Vertrags frei ist. Und schließlich können aufgrund der Formfreiheit Verträge grundsätzlich **ohne Beachtung einer bestimmten Form**, also – entgegen einer unter juristischen Laien verbreiteten Fehlvorstellung („Ich habe doch noch nichts unterschrieben!") – auch mündlich abgeschlossen werden.

Die Gestaltungsfreiheit, also die freie inhaltliche Ausgestaltung des Vertrags, gibt es nur im Schuldrecht, nicht dagegen im Sachenrecht. Anders als im Schuldrecht besteht im Sachenrecht ein Typenzwang, ein sogenannter *numerus clausus* von zulässigen Geschäften. Die gesetzlichen Voraussetzungen der sachenrechtlichen Geschäfte unterliegen zudem nicht der freien Abänderung durch die Parteien, weshalb man auch von einer Typenfixierung spricht.

200

> **Bsp.:** Für die Übertragung des Eigentums an beweglichen Sachen sind in den §§ 929 ff. BGB ganz bestimmte Übereignungsarten vorgesehen, die nicht durch

---

[184] Vgl. BVerfG NJW 1994, 36 (38): „Art. 2 Abs. 1 GG gewährleistet die Privatautonomie als ‚Selbstbestimmung des Einzelnen im Rechtsleben'."
[185] Vgl. *Gröschler*, in: Soergel, § 311 Abs. 1 Rn. 6.

Parteivereinbarung abgeändert werden können. Ein weiteres Beispiel ist der Nießbrauch, der in den §§ 1030 ff. BGB als umfassendes dingliches Nutzungsrecht ausgestaltet ist. Die zwingende Vorschrift des § 1061 Satz 1 BGB legt fest, dass der Nießbrauch mit dem Tod des Nießbrauchers erlischt, weshalb die Parteien, auch wenn sie das wollten, keinen vererblichen Nießbrauch begründen können.

201 Die Rechtfertigung für den Typenzwang und die Typenfixierung liegt darin, dass es im Sachenrecht um absolute Rechte geht, die gegenüber jedermann wirken. Für den Rechtsverkehr muss daher Klarheit bestehen, welchen Inhalt diese Rechte haben und wie diese Rechte übertragen werden können. Dagegen werden durch einen schuldrechtlichen Vertrag nur relative Rechte und Pflichten begründet, die im Grundsatz keine dritten Personen, sondern nur die am Vertrag Beteiligten betreffen, weshalb es hier keines Typenzwangs bedarf. Die Vertragsparteien haben vielmehr, was schuldrechtliche Verträge betrifft, ein **Vertragserfindungsrecht**. Es können daher auch Verträge geschlossen werden, die nicht zu den im Besonderen Schuldrecht explizit geregelten Vertragstypen (§§ 433 ff. BGB) gehören.

> **Bsp.:** Nicht gesetzlich geregelte Vertragstypen sind etwa das Leasing (z. B. in der gängigen Form des Pkw-Leasing), das große Ähnlichkeit zur Miete aufweist, oder das Factoring, bei dem ein Unternehmen geschäftsmäßig Forderungen für den Auftraggeber einzieht und das Elemente des Kaufs oder des Darlehens und der Geschäftsbesorgung aufweist (z. B. privatärztliche Forderungen, die der Arzt zum Zweck der Einziehung an eine Verrechnungsstelle abtritt).

2. Grenzen der Vertragsfreiheit

202 Der Grundsatz der Vertragsfreiheit gilt nicht ausnahmslos. Einige Grenzen der Vertragsfreiheit ergeben sich unmittelbar aus dem Allgemeinen Teil des BGB wie die Nichtigkeit von Verträgen, die gegen ein gesetzliches Verbot verstoßen, gemäß § 134 BGB, von sittenwidrigen Verträgen gemäß § 138 BGB, und auch die Formnichtigkeit gemäß § 125 Satz 1 BGB, wenn ein Vertrag nicht der gesetzlich vorgeschriebenen Form entspricht.

> **Bsp.:** Gemäß § 134 BGB nichtig ist der mit einem Drogendealer geschlossene Kaufvertrag wegen Verstoßes gegen das Betäubungsmittelgesetz (BtMG) oder ein von der Bundesregierung nicht genehmigter Verkauf von Kampfpanzern wegen Verstoßes gegen das Kriegswaffenkontrollgesetz (KrWaffKontrG).

203 Verfassungsrechtlich gerechtfertigt ist die Einschränkung der Vertragsfreiheit, weil auch die allgemeine Handlungsfreiheit nach Art. 2 Abs. 1 GG nicht schrankenlos ist. Zur sogenannten „Schrankentrias" des Art. 2 Abs. 1 GG gehört auch die verfassungsmäßige Ordnung, die alle formell und materiell mit der Verfassung übereinstimmenden Rechtsnormen umfasst,[186] also auch die §§ 125, 134, 138 BGB, ebenso das Betäubungsmittelgesetz und das Kriegswaffenkontrollgesetz.

204 a) **Fälle des Kontrahierungszwangs.** Der denkbar stärkste Eingriff in die Vertragsfreiheit ist der Kontrahierungszwang, was bedeutet, dass eine Partei den Vertrag schließen muss, obwohl sie ihn gar nicht schließen will. Es geht hierbei um einen Eingriff in die Abschlussfreiheit. Auch wenn das Schuldrecht vom Grundsatz der

---

186 Siehe hierzu die Elfes-Entscheidung des Bundesverfassungsgerichts, BVerfGE 6, 32 (37–40).

Vertragsfreiheit beherrscht wird, kommt es in Ausnahmefällen zu einem Kontrahierungszwang, insbesondere wenn ein Anbieter eine Monopolstellung hat.

Zum Teil ist der Kontrahierungszwang in besonderen Gesetzen ausdrücklich angeordnet. Nach § 22 Personenbeförderungsgesetz (PBefG) kommt es unter bestimmten Voraussetzungen im Bereich der geschäftsmäßigen Personenbeförderung, etwa durch Linienbusse und Taxis, zu einer Beförderungspflicht. §§ 17, 36 Energiewirtschaftsgesetz (EnWG) sieht für die Versorgung mit Strom und Gas einen Kontrahierungszwang vor. Ein Kontrahierungszwang kann sich auch aus dem Wettbewerbsrecht ergeben, nämlich aus § 33 Abs. 1 des Gesetzes gegen Wettbewerbsbeschränkungen (GWB),[187] insbesondere wegen Verstoßes gegen das wettbewerbsrechtliche Diskriminierungsverbot gemäß §§ 19 Abs. 2 Nr. 1, 20 Abs. 1 GWB, wonach marktbeherrschende Unternehmen und Unternehmen mit relativer Marktmacht andere Unternehmen nicht ohne sachlich gerechtfertigten Grund unmittelbar oder mittelbar anders behandeln dürfen als gleichartige Unternehmen. 205

> **Bsp.:** Ein Sportartikel-Einzelhändler, der regelmäßig Sonderangebote macht und auf diese Weise die „unverbindliche Preisempfehlung" eines Herstellers von Alpin-Ski missachtet, darf vom Hersteller nicht mit einem Lieferboykott belegt werden. Der Einzelhändler hat vielmehr einen Anspruch auch auf zukünftige Belieferung.[188]

Im täglichen Leben ist es von großer Wichtigkeit, auf ein Girokonto zugreifen und damit am bargeldlosen Zahlungsverkehr teilnehmen zu können. Im Jahr 2016 hat der Gesetzgeber, veranlasst durch eine europäische Richtlinie[189], mit § 31 Abs. 1 Zahlungskontengesetz (ZKG) einen allgemeinen Anspruch auf Abschluss eines Basiskontovertrags eingeführt, sodass nun für die Geschäftsbanken ein Kontrahierungszwang besteht. Zuvor lehnten Banken bei Personen, die an der Armutsgrenze lebten, oftmals die Eröffnung eines Girokontos ab, weil sie angesichts der fehlenden Aussicht, mit dem Kunden gute Geschäfte zu machen, nicht die mit der Kontoführung verbundenen Mühen tragen wollten. 206

Ein Kontrahierungszwang kann sich auch aus dem BGB ergeben, wobei der Grundsatz der Vertragsfreiheit allerdings nur dann weichen muss, wenn es dafür schwerwiegende Gründe gibt. Das ist etwa der Fall, wenn die Verweigerung des Vertragsschlusses eine vorsätzliche sittenwidrige Schädigung bedeutet, sodass die Schadensersatznorm des § 826 BGB zu einem Kontrahierungszwang führt. Schadensersatz bedeutet nach § 249 Abs. 1 BGB in erster Linie Naturalrestitution, also die Herstellung des Zustands, der bestehen würde, wenn das schädigende Ereignis nicht eingetreten wäre. Da der Schaden hier im Nichtzustandekommen des Vertrags liegt, hat der Betroffene gegen den Schädiger einen Anspruch, der auf Vornahme des Vertragsschlusses gerichtet ist. Ein solcher Anspruch aus § 826 BGB besteht jedenfalls dann, wenn es um **lebenswichtige Güter** geht, die dem Betroffenen vorenthalten werden und die sich dieser nicht anderweitig in zumutbarer Weise besorgen kann.[190] 207

---

187 Vgl. BGHZ 36, 91 (100); 49, 90 (98 f.); BGH NJW 1976, 801 (803); NJW-RR 1991, 825 (826); NJW-RR 1999, 189 (190).
188 BGH NJW 1976, 801 (803) – Rossignol.
189 Richtlinie 2014/92/EU vom 23.7.2014 (Zahlungskonten-Richtlinie).
190 *Ellenberger*, in: Grüneberg, vor § 145 Rn. 10; *Wolf*, in: Soergel, vor § 145 Rn. 53. Zum Teil wird ein Kontrahierungszwang auch bei Gütern des Normalbedarfs bejaht; vgl. *F. Bydlinski*, AcP 180 (1980), 1 (37, 41); offengelassen in BGH NJW 1990, 761 (762 f.); WM 1994, 1670 (1672).

Bsp.: Der einzige Bäcker in einem eingeschneiten Bergdorf darf den Verkauf von Brot nicht ablehnen, solange sein Vorrat reicht.

208 Bei nicht lebenswichtigen Gütern ergibt sich ein Kontrahierungszwang aus § 826 BGB dann, wenn die Verweigerung des Vertragsschlusses eine sittenwidrige Diskriminierung bedeutet. Bei der Beantwortung der Frage, wann eine Diskriminierung sittenwidrig ist, müssen die Grundrechte, die mittelbar auf das Zivilrecht einwirken und insbesondere bei der Auslegung unbestimmter Rechtsbegriffe (wie dem Begriff der Sittenwidrigkeit) eine wichtige Rolle spielen, berücksichtigt werden (sogenannte **mittelbare Drittwirkung der Grundrechte**).

Bsp.: Ein Veranstalter von Fußballspielen, der grundsätzlich jedermann gegen Bezahlung Zutritt zu den Spielen gewährt, darf einzelne Personen nicht willkürlich durch ein **Stadionverbot** ausschließen. Vielmehr muss es hierfür, angesichts der mit einem Stadionverbot verbundenen gesellschaftlichen Brandmarkung, einen sachlichen Grund geben. Das folgt aus § 826 BGB, bei dessen Anwendung das allgemeine Persönlichkeitsrecht (Art. 2 Abs. 1 i. V. m. Art. 1 Abs. 1 GG) des vom Stadionverbot Betroffenen und der Gleichheitssatz (Art. 3 Abs. 1 GG) Berücksichtigung finden müssen.[191]

Bsp.: Verweigert ein Hotelier gegenüber einem Gast im Hinblick auf dessen politische Überzeugung den Vertragsschluss, überwiegen die Privatautonomie des Hoteliers (Art. 2 Abs. 1 GG), dessen unternehmerische Freiheit (Art. 12 GG) sowie die Freiheit des Eigentums (Art. 14 GG; § 903 Satz 1 BGB) das grundrechtlich geschützte Interesse des Gastes, nicht aufgrund seiner politischen Überzeugung benachteiligt zu werden (Art. 3 Abs. 3 GG).[192] Es liegt daher keine sittenwidrige Diskriminierung vor, die einen Kontrahierungszwang gemäß § 826 BGB begründen würde.

209 Ferner verbietet das **Allgemeine Gleichbehandlungsgesetz (AGG)** vom 14.8.2006 eine Benachteiligung aus Gründen der Rasse oder wegen der ethnischen Herkunft, wegen des Geschlechts, der Religion, einer Behinderung, des Alters oder der sexuellen Identität auch bei der Begründung bestimmter zivilrechtlicher Schuldverhältnisse, insbesondere bei Massengeschäften (§ 19 Abs. 1 Nr. 1 Alt. 1 AGG). Besonders gravierend ist die Benachteiligung aus Gründen der Rasse oder wegen der ethnischen Herkunft, weshalb hier das Benachteiligungsverbot – anders als bei den sonstigen Diskriminierungsmerkmalen – auch dann zum Tragen kommt, wenn es nicht um ein Massengeschäft geht (§ 19 Abs. 2 AGG). Ein Verstoß gegen das zivilrechtliche Benachteiligungsverbot gemäß § 19 AGG kann nach richtiger Ansicht zu einem Kontrahierungszwang führen (§ 21 Abs. 1 Satz 1 AGG),[193] weil sich die Beeinträchtigung, die in der Verweigerung des Vertragsschlusses liegt, nur auf diese Weise vollständig beseitigen lässt.

---

[191] BVerfGE 148, 267 Tz. 45; BGH NJW 2010, 534 Tz. 13.
[192] Vgl. BGH NJW 2012, 1725 Tz. 24, 27 – Erteilung eines Hausverbots gegenüber NPD-Vorsitzendem durch Hotelier.
[193] Vgl. *Wendtland*, in: BeckOK-BGB, § 21 AGG Rn. 13–21 (Stand: 1.8.2022); *Mörsdorf*, in: BeckOGK-AGG, § 21 Rn. 33 (Stand: 1.9.2022); *Thüsing*, in: MüKo, § 21 AGG Rn. 17–20; *Serr*, in: Staudinger § 21 AGG Rn. 17; *Wendt/Schäfer*, JuS 2009, 206 (207–209); *Crohn-Gestefeld*, Jura 2021, 513 (519 f.). **A. A.** *Bachmann*, ZBB 2006, 257 (265 f.); *Maier-Reimer*, NJW 2006, 2577 (2582); *Armbrüster*, NJW 2007, 1494 (1495–1498); *Grüneberg*, in: ders. § 21 AGG Rn. 7 (Anspruch auf Vertragsschluss nur nach allgemeinen Grundsätzen).

I. Der Grundsatz der Vertragsfreiheit

Bsp.: Wird jemandem der Besuch einer Diskothek wegen seiner Hautfarbe verwehrt, hat er jedenfalls gemäß §§ 19 Abs. 2, 21 Abs. 1 Satz 1 AGG einen Anspruch darauf, nicht anders behandelt zu werden als alle anderen Besucher, was für den Betreiber der Diskothek einen Kontrahierungszwang bedeutet.[194] Der Kontrahierungszwang ergibt sich zudem aus §§ 826, 249 Abs. 1 BGB, weil in der rassistischen Diskriminierung zugleich eine sittenwidrige Schädigung i. S. d. § 826 BGB liegt. Allerdings fehlt es hier nach entsprechender Saldierung regelmäßig an einem Geldnachteil des Betroffenen, weil dieser für die Leistungen, die ihm vorenthalten wurden, hätte bezahlen müssen (z. B. das Eintrittsgeld für den Diskothekenbesuch). Der Schaden liegt aber vor allem in der nichtvermögensrechtlichen Beeinträchtigung, die in der Diskriminierung selbst besteht. Dieser Nichtvermögensschaden kann (zumindest ein Stück weit) im Wege der Naturalrestitution gemäß § 249 Abs. 1 BGB, also durch den nachträglichen Abschluss des gewünschten Vertrags, beseitigt werden.

210 Im Gegensatz zu Benachteiligungen aus Gründen der Rasse oder wegen der ethnischen Herkunft können Benachteiligungen anderer Art, insbesondere wegen des Alters, zulässig sein, wenn für die unterschiedliche Behandlung ein sachlicher Grund vorliegt (§ 20 Abs. 1 Satz 1 AGG). Ein Unternehmer kann sich dabei auch auf das Grundrecht der Unternehmerfreiheit (Art. 12 Abs. 1 Satz 1 GG) berufen, weshalb etwa der Ausschluss eines 16-Jährigen aus einem auf Wellness- und Tagungsgäste spezialisierten „Adults-only-Hotel" keine unzulässige Altersdiskriminierung bedeutet.[195] Von der Unternehmerfreiheit gedeckt ist auch die Beschränkung eines öffentlichen Party-Events auf einen bestimmten Besucherkreis, wenn die Besucher die Veranstaltung aktiv, etwa durch Feiern und Tanzen, mitgestalten sollen. Sieht der Veranstalter als Zielgruppe Personen zwischen 18 und 28 Jahren vor, kann einem 44-Jährigen der Zugang verwehrt werden.[196] Umgekehrt ist bei sogenannten „Ü30-Partys" der Ausschluss von Personen, die jünger als 30 Jahre sind, gemäß § 20 Abs. 1 Satz 1 AGG i. V. m. Art. 12 Abs. 1 Satz 1 GG gerechtfertigt.

211 Den in unzulässiger Weise Diskriminierten steht – abgesehen vom Anspruch auf nachträglichen Abschluss des gewünschten Vertrags (Rn. 209) – für den Nichtvermögensschaden ein **Anspruch auf Geldentschädigung („Schmerzensgeld")** zu, sowohl gemäß ausdrücklicher Anordnung in § 21 Abs. 2 Satz 3 AGG als auch nach den vom BGH[197] zum Schutz des allgemeinen Persönlichkeitsrechts entwickelten Grundsätzen gemäß § 826 BGB i. V. m. Art. 2 Abs. 1, Art. 1 Abs. 1 GG.

212 **b) Formvorschriften.** Auch durch Formvorschriften wird die Vertragsfreiheit eingeschränkt. Wenn der Gesetzgeber eine Formvorschrift schafft, muss er mit der Formvorschrift im Hinblick auf die darin liegende Einschränkung der allgemeinen Handlungsfreiheit (Art. 2 Abs. 1 GG) einen verfassungsrechtlich zulässigen Zweck verfolgen. Man spricht hier vom Formzweck, der hinter jeder Formvorschrift stehen muss.

---

194 Vgl. BGH NJW 2021, 2514 Tz. 24.
195 BGHZ 226, 145 Tz. 29–33.
196 Vgl. BGH NJW 2021, 2514 Tz. 22 (zum Festival „Isarrauschen-Open-Air" in München mit einer Kapazität von maximal 1.500 Personen), wobei der BGH allerdings aufgrund des Zuschnitts der Veranstaltung bereits die Voraussetzungen eines Massengeschäfts i. S. d. § 19 Abs. 1 Nr. 1 Alt. 1 AGG verneint; kritisch hierzu *Grüneberg*, NJW 2021, 2517; *Armbrüster*, JZ 2021, 1013 (1014 f.); *Mörsdorf*, in: BeckOGK-AGG, § 19 Rn. 33 (Stand: 1.9.2022).
197 BGHZ 26, 349 – Herrenreiter; 132, 13 (27) – Lohnkiller.

Übersicht:
Formzwecke
- Warnfunktion
  Bsp.: Die Kündigung eines Arbeitsvertrags unterliegt gemäß § 623 BGB der Schriftform, wodurch vor allem der Arbeitnehmer vor einer unüberlegten mündlichen Kündigung (z. B. im Affekt, nach dem Motto „Jetzt reicht's, ich kündige!") geschützt werden soll. Vor Übereilung schützen sollen auch das Erfordernis der notariellen Beurkundung des Schenkungsversprechens gemäß § 518 Abs. 1 Satz 1 BGB und die Schriftform der Bürgschaftserklärung gemäß § 766 Satz 1 BGB.
- Klarstellungsfunktion
  Bsp.: Gemäß § 558a Abs. 1 BGB muss der Vermieter bei der Wohnraummiete ein Verlangen nach Mieterhöhung dem Mieter gegenüber in Textform (§ 126b BGB) erklären, also etwa in Form einer E-Mail oder eines (nicht notwendigerweise unterschriebenen) Schriftstücks, und entsprechend begründen. Es reicht also nicht aus, wenn der Vermieter den Mieter über die Gründe des Mieterhöhungsverlangens mündlich – etwa per Telefon – informiert. Der Mieter soll etwas Schriftliches in der Hand haben, damit er in angemessener Weise prüfen kann, ob das Mieterhöhungsverlangen gerechtfertigt ist.
- Beweisfunktion
  Bsp.: Das Schriftformerfordernis bei der Grundstücks- und Raummiete gemäß §§ 550 Satz 1, 578 BGB, falls der Mietvertrag für längere Zeit als ein Jahr abgeschlossen wird, dient insbesondere auch dazu, die Beweisbarkeit einer solchen langfristigen Abrede sicherzustellen. Hauptzweck ist aber der Schutz eines Grundstückserwerbers, der gemäß § 566 Abs. 1 BGB („Veräußerung bricht nicht Miete") anstelle des Vermieters in den Mietvertrag eintritt und daher die Möglichkeit haben soll, sich über die auf ihn übergehenden Rechte und Pflichten zu informieren.[198] Insofern hat das Schriftformerfordernis gemäß §§ 550 Satz 1, 578 BGB nicht nur Beweis-, sondern auch Klarstellungsfunktion.
- Beratungsfunktion
  Bsp.: Für Verpflichtungsgeschäfte, die auf die Veräußerung bzw. den Erwerb von Grundstückseigentum gerichtet sind, also insbesondere für den Grundstückskaufvertrag, sieht § 311b Abs. 1 Satz 1 BGB die notarielle Beurkundung vor. Der Notar hat die Vertragsparteien gemäß § 17 Abs. 1 Satz 1 BeurkG über die rechtliche Tragweite des Geschäfts zu belehren. Im Hinblick auf den hohen Wert von Grundstücken hat die Beurkundungspflicht gemäß § 311b Abs. 1 Satz 1 BGB nicht nur Beratungs-, sondern auch Warnfunktion.
- Kontrollfunktion
  Bsp.: § 30 Abs. 2 Satz 1 des Gesetzes gegen Wettbewerbsbeschränkungen (GWB) sieht vor, dass Vereinbarungen über die Preisbindung von Zeitschriften und Zeitungen schriftlich abzufassen sind. Dadurch soll die Kontrolle solcher Preisvereinbarungen durch die Kartellbehörden und -gerichte erleichtert werden, um einen Missbrauch der Preisbindung zu verhindern.

---

198 Ständige Rspr., siehe nur BGHZ 220, 235 Tz. 26; BGH NJW 2020, 1507 Tz. 21.

Die vom Gesetz angeordnete Form ist im heutigen Recht immer eine **Zweckform**, da es stets um die Verwirklichung eines (oder auch mehrerer) Formzwecke geht. Man unterscheidet hiervon die sogenannte **Wirkform**, die für archaische Rechtsordnungen (etwa das frühe römische oder das germanische Recht) kennzeichnend ist, in denen Rechtsakte noch an die Einhaltung bestimmter Rituale gebunden waren. Mit Wirkform ist gemeint, dass der Rechtsakt in seiner Existenz von der Einhaltung der Form abhängig ist. Die Form bildet somit den eigentlichen und wahren Geltungsgrund des Rechtsakts.[199] Heute würde eine solche Art von Form, die aus der Sicht des modernen Rechts nur Selbstzweck wäre, gegen Art. 2 Abs. 1 GG verstoßen.

213

Klausurtipp
Im Zusatzteil von Klausuren und in mündlichen Prüfungen wird häufig die Frage gestellt, warum § 311b Abs. 1 Satz 1 BGB im Allgemeinen Schuldrecht und nicht im Kaufrecht steht. Das liegt daran, dass von der Beurkundungspflicht nicht etwa nur Grundstückskaufverträge erfasst sind, sondern alle Verträge, durch die eine Verpflichtung zur Veräußerung oder zum Erwerb eines Grundstücks begründet wird. Das kann z. B. auch ein Gesellschaftsvertrag (§ 705 BGB) sein, wenn sich darin ein Gesellschafter zur Einbringung eines Grundstücks in das Gesellschaftsvermögen verpflichtet. Ein Gesellschaftsvertrag mit diesem Inhalt muss nach § 311b Abs. 1 Satz 1 BGB notariell beurkundet werden.

Der Wortlaut des § 311b Abs. 1 Satz 1 BGB („verpflichtet") zeigt, dass die Vorschrift nur für **Verpflichtungsgeschäfte** gilt. Freilich ist auch das **Verfügungsgeschäft**, also die Übertragung von Grundstückseigentum, formbedürftig. Das ergibt sich aber **nicht** aus § 311b Abs. 1 Satz 1 BGB, sondern aus § 925 Abs. 1 BGB. In dieser Vorschrift ist die Form der „Auflassung" geregelt, d. h. der dinglichen Einigung zwischen dem Veräußerer und dem Erwerber des Grundstücks. Auch hierfür ist regelmäßig eine notarielle Beurkundung erforderlich. In der Praxis werden Grundstückskaufvertrag und Auflassung häufig in ein und derselben notariellen Urkunde zusammengefasst, was aber nicht davon entbindet, Verpflichtungsgeschäft (Grundstückskaufvertrag) und Verfügungsgeschäft (Eigentumsübertragung) klar zu unterscheiden.[200]

214

II. Antrag und Annahme

Definition

Ein Vertrag ist ein Rechtsgeschäft, bestehend aus zwei oder mehr korrespondierenden, d. h. wechselseitig übereinstimmenden Willenserklärungen, genannt Antrag und Annahme.

Auch wenn das BGB keine Definition des Vertrags enthält, ergibt sich doch aus §§ 145 ff. BGB, in denen Einzelheiten zu Antrag und Annahme geregelt sind, dass

215

---
199 Vgl. *Dulckeit*, FS Schulz I, 1951, S. 148 (161–163).
200 Vgl. zum Trennungs- und zum Abstraktionsprinzip oben Kapitel 3 Rn. 62, 67.

es der Gesetzgeber als selbstverständlich angesehen hat, dass Verträge durch Antrag und Annahme geschlossen werden.[201]

1. Inhalt von Antrag und Annahme

216 Der Antrag muss grundsätzlich alle wesentlichen Punkte des Vertrags, die sogenannten Hauptpunkte *(essentialia negotii)* umfassen.

> **Hinweis**
>
> Das Gegenteil der Hauptpunkte *(essentialia negotii)* sind die Nebenpunkte des Vertrags *(accidentalia negotii)*. Diese Nebenpunkte, z. B. die Frage der Leistungszeit (§ 271 BGB), müssen im Antrag nur dann enthalten sein, wenn auch insoweit eine vertragliche Regelung getroffen werden soll.

217 Hauptpunkte des Kaufvertrags sind, abgesehen von der jeweiligen Person des Vertragspartners, Kaufpreis und Kaufgegenstand. Diese müssen daher im Antrag genannt sein oder sich zumindest im Wege der Auslegung hieraus ergeben.

218 Die Annahme muss, wie sich aus § 150 Abs. 2 BGB ergibt, ein uneingeschränktes Ja zum Antrag beinhalten, und zwar zu **sämtlichen** im Antrag enthaltenen Punkten, seien es Haupt- oder Nebenpunkte. Gemäß § 150 Abs. 2 BGB gilt eine Annahme unter Erweiterungen, Einschränkungen oder sonstigen Änderungen als Ablehnung (verbunden mit einem neuen Antrag). Daraus folgt im Umkehrschluss, dass eine wirksame Annahme nur bei einer uneingeschränkten Zustimmung zum Antrag vorliegt.

219 Weiterhin kann man aus § 150 Abs. 2 BGB ableiten, dass der Antrag so gestaltet sein muss, dass man ihn durch ein einfaches Ja annehmen kann. Aus der Vorschrift ergibt sich also auch das bereits genannte Erfordernis, dass im Antrag grundsätzlich alle wesentlichen Punkte des Vertrags enthalten sind.

2. Antrag an einen unbestimmten Personenkreis (Offerte *ad incertas personas*)

220 Grundsätzlich richtet sich der Antrag an eine bestimmte Einzelperson, die Vertragspartner werden soll. Das ist aber nicht zwingend erforderlich. Wenn der Anbietende will, kann er seinen Antrag durchaus an einen unbestimmten Personenkreis richten. Man spricht dann von einer Offerte *ad incertas personas*.[202] Voraussetzung ist aber, dass der Anbietende tatsächlich mit jeder beliebigen Person aus dem angesprochenen Personenkreis einen Vertrag schließen will. Erforderlich ist also ein – aus objektiver Sicht zu beurteilender – Rechtsbindungswille[203] des Anbietenden. Hierbei spielen zwei Gesichtspunkte eine besondere Rolle, nämlich die Sicherung der eigenen Leistungsfähigkeit des Anbieters (Problempunkt „Vorrat des Anbieters") und die Prüfung der Bonität (= Zahlungsfähigkeit) des

---

[201] Der Erste Entwurf des BGB enthielt noch eine entsprechende Definition in § 77 E I: „Zur Schließung eines Vertrages wird erfordert, daß die Vertragsschließenden ihren übereinstimmenden Willen sich gegenseitig erklären." Die Vorschrift wurde aber als überflüssig, weil selbstverständlich, gestrichen.
[202] Grammatikalisch unzutreffend OLG Frankfurt NJW 1971, 2177 (2178): „offerendum ad incertas personas". Auch der von *Bitter/Röder*, AT, § 5 Rn. 19–20, gebrauchte Ausdruck „offerta ad incertas personas" ist nicht korrekt. Richtig könnte man von einer *offerre ad incertas personas* sprechen.
[203] Zum Rechtsbindungswillen als subjektives Element der Willenserklärung, das – aus objektiver Sicht – bereits im objektiven Tatbestand der Willenserklärung zu prüfen ist, siehe oben Kapitel 4 Rn. 91.

Kunden (Problempunkt „Zahlungsfähigkeit des Kunden"). Der Anbieter will seine eigene Leistungsfähigkeit sicherstellen, weil jemand, der Verträge abschließt, die er nicht erfüllen kann, sich gegenüber seinem Vertragspartner nach Maßgabe der §§ 280 ff. BGB schadensersatzpflichtig macht. Außerdem will der Anbieter sichergehen, dass seine Kunden zahlungsfähig sind. Der Problempunkt „Vorrat des Anbieters" lässt sich dadurch lösen, dass man die Offerte *ad incertas personas* dahingehend versteht, dass der Antrag stets auf die vorhandene Kapazität, also auf den Vorrat des Anbieters, begrenzt ist. Was die Zahlungsfähigkeit des Kunden betrifft, muss dagegen im Einzelfall überlegt werden, ob der Anbieter wirklich auf eine vorherige Prüfung der Bonität seines Vertragspartners verzichten will. Im Normalfall will zwar jeder die Person seines Vertragspartners kennen und nicht – wie bei der Offerte *ad incertas personas* – mit völlig fremden Personen einen Vertrag schließen. Unter bestimmten Umständen ist ein Vertragsschluss aber auf andere Weise nicht möglich, weshalb der Anbietende die mit der Offerte *ad incertas personas* verbundene Unsicherheit bewusst in Kauf nimmt.

Ein wichtiger Anwendungsfall der Offerte *ad incertas personas* ist die **Internet-Versteigerung** (z. B. über das Internetportal „eBay").[204] Hier gibt der Verkäufer bereits mit der Freischaltung der Angebotsseite einen verbindlichen Antrag ab, der nur innerhalb der Laufzeit der Internet-Versteigerung angenommen werden kann und auf einen Vertragsschluss mit dem Höchstbietenden gerichtet ist. Der Vertrag wird daher mit demjenigen Bieter geschlossen, der innerhalb der Laufzeit das höchste Gebot abgibt. Nur so besteht für den Höchstbietenden die Sicherheit, dass aufgrund seines Höchstgebots auch tatsächlich ein wirksamer Vertrag zustande kommt. Der Verkäufer muss, wenn er den Weg der Internet-Versteigerung wählt, in Kauf nehmen, dass er zum Zeitpunkt der Freischaltung der Angebotsseite nicht wissen kann, wer sein zukünftiger Vertragspartner sein wird, und sich daher auch nicht über dessen Zahlungsfähigkeit informieren kann. **221**

Hinweis
Im Fall der Internet-Versteigerungen darf man sich nicht durch die Überschrift des § 156 („Vertragsschluss bei Versteigerung")[205] auf die falsche Fährte leiten lassen: Diese Vorschrift ist bei Internet-Versteigerungen regelmäßig abbedungen und daher nicht anwendbar, weil der Vertragsschluss hier nach dem Willen der Parteien nicht von einem Zuschlag des Versteigerers abhängen soll.[206] Vielmehr soll der Vertrag am Ende der Laufzeit der Internet-Versteigerung ohne Weiteres mit dem Höchstbietenden zustande kommen, ohne dass noch irgendeine weitere Aktion einer der Vertragsparteien erforderlich wäre.

Wichtig ist bei Internet-Versteigerungen, dass die Schließung eines Vertrags nach § 145 BGB „einem anderen" angetragen werden muss, weshalb der Verkäufer seinen eigenen Antrag nicht selbst wirksam annehmen kann.[207] Mit anderen Worten: Man kann keinen Vertrag mit sich selbst schließen. Für Internet-Versteigerungen heißt das, dass der Verkäufer nicht selbst wirksam mitbieten kann. Dennoch passiert das immer wieder im Rahmen des sogenannten „Shill Bidding", bei dem der **222**

---

[204] Vgl. BGHZ 149, 129 (135); 211, 331 Tz. 19; BGH NJW 2005, 53 (54).
[205] Siehe zu § 156 BGB auch Rn. 259–261.
[206] Vgl. BGHZ 149, 129 (133); 211, 331 Tz. 19; BGH NJW 2005, 53 (54).
[207] BGHZ 211, 331 Tz. 21–23.

Verkäufer versucht, durch eigene „Lockvogel"-Gebote die Gebote der anderen Bieter nach oben zu treiben. Es handelt sich bei derartigen Eigengeboten, die nicht auf den Vertragsschluss mit einer anderen Person abzielen, nicht um wirksame Willenserklärungen.

Bsp.: In dem in BGHZ 211, 331, entschiedenen Fall des „Shill Bidding" ging es um eine Versteigerung eines gebrauchten VW Golf über das Internetportal „eBay". Der Käufer stieg mit einem Gebot von 1,50 € ein. In der Folgezeit beteiligte sich als einziger weiterer Bieter der Verkäufer mit Eigengeboten, die er verdeckt über ein zweites Benutzerkonto abgab. Verkäufer und Käufer steigerten sich hoch bis zu einem Preis von 17.000 €, wobei am Schluss der Verkäufer Höchstbietender war. – Da es sich bei den Eigengeboten des Verkäufers nicht um wirksame Gebote handelt, war das erste Gebot des Käufers in Höhe von 1,50 € niemals wirksam überboten worden. Der Käufer war daher am Schluss der Auktion mit seinem immer noch gültigen ersten Gebot in Wirklichkeit der Höchstbietende, sodass zwischen dem Verkäufer und dem Käufer ein wirksamer Kaufvertrag zu einem Kaufpreis von 1,50 € zustande gekommen ist. Bei Internet-Versteigerungen mit einem entsprechend niedrig angesetzten Startpreis handelt es sich um Risikogeschäfte.[208] Das Missverhältnis zwischen dem Kaufpreis von nur 1,50 € und dem Wert des Gebrauchtwagens führt daher nicht zur Sittenwidrigkeit gemäß § 138 Abs. 1 BGB. Der Verkäufer muss sich am Kaufvertrag festhalten lassen und dem Käufer den gebrauchten VW Golf gegen Zahlung von 1,50 € übergeben und übereignen.

> **Hinweis**
> Um eine Offerte *ad incertas personas* geht es nicht etwa bei jedem Vertragsabschluss im Internet, sondern nur bei Internet-Versteigerungen. Ein Online-Versandhändler (z. B. „Amazon") macht keine Anträge an einen unbestimmten Personenkreis.

223 Ein weiterer Anwendungsfall für die Offerte *ad incertas personas* ist der Einsatz eines **Warenautomaten**.[209] Ein wirksamer Antrag ist hier bereits in der Aufstellung des Warenautomaten zu sehen. Angenommen wird der Antrag durch den Kunden, der den Automaten in ordnungsgemäßer Weise bedient, z. B. durch Münzeinwurf oder durch Einschieben einer geladenen Geldkarte. Der Problempunkt „Vorrat" ist wiederum so zu lösen, dass der in der Aufstellung des Warenautomaten liegende Antrag so auszulegen ist, dass er nur solange gilt, wie der Vorrat des Automaten reicht. Die Zahlungsfähigkeit des Kunden stellt im Fall des Warenautomaten kein Problem dar, weil der Vertrag erst mit dem Münzeinwurf oder der Abbuchung von der Geldkarte zustande kommt. Damit steht fest, dass der Kunde zahlungsfähig ist; er hat ja schon bezahlt.

224 Zum Teil wird dennoch angenommen, in der Aufstellung eines Warenautomaten sei noch kein verbindlicher Antrag zu sehen.[210] Der Antrag liege vielmehr im

---

208 Siehe bereits das Beispiel oben in Kapitel 4 Rn. 160. Zu den Besonderheiten bei Risikogeschäften siehe unten Kapitel 9 Rn. 546.
209 Vgl. *Brox/Walker*, AT, § 8 Rn. 5; *Ellenberger*, in: Grüneberg, § 145 Rn. 7; *Berger*, in: Jauernig, § 929 Rn. 4; *Wolf*, in: Soergel, § 145 Rn. 8; OLG Düsseldorf ZMR 1987, 328 f. – Sonnenbank.
210 Siehe etwa *Faust*, AT, § 3 Rn. 4; *Köhler*, AT, § 8 Rn. 10; *Musielak/Hau*, GK BGB, Rn. 146; *Medicus/Petersen*, AT, Rn. 362; *Neuner*, AT, § 37 Rn. 7.

Münzeinwurf des Kunden (bzw. in der Bezahlung mit der Geldkarte), die Annahme erfolge durch die Warenausgabe. Argumentiert wird damit, dass erst mit der Warenausgabe sicher sei, dass der Automat auch wirklich funktionstüchtig ist. Vorher wolle sich der Automatenaufsteller nicht vertraglich binden. Um das Problem einer Funktionsstörung des Automaten in den Griff zu bekommen, muss man aber nicht notwendigerweise so weit gehen, dass man die Aufstellung des Automaten nicht mehr als Offerte *ad incertas personas* versteht. Es reicht vielmehr aus, wenn man den Antrag durch Auslegung auch dahingehend einschränkt, dass er nur gelten soll, wenn der Automat auch funktionstüchtig ist.[211]

> **Bsp.:** Um junge Menschen vom Rauchen abzuhalten, kommt es zu einer Erhöhung der Tabaksteuer und die Zigarettenpreise steigen von 5,40 € auf 7,50 € pro Schachtel. Albert stellt seine Automaten auf die neuen Preise um. Da ihm die Preisschilder ausgehen, bleiben an einigen Automaten die alten Preise stehen. In einen dieser Automaten wirft Bertram 5,40 € ein und wundert sich, dass die gewünschte Packung nicht ausgegeben wird, obwohl der Automat ersichtlich frisch bestückt ist. – Bertram hat gegen Albert gemäß § 433 Abs. 1 Satz 1 BGB einen Anspruch auf Übergabe und Übereignung einer Zigarettenschachtel der gewählten Sorte zum alten Preis. Zwar ist die in der Aufstellung des Zigarettenautomaten liegende Offerte *ad incertas personas* so auszulegen, dass sie auf den Vorrat beschränkt ist und nur unter dem Vorbehalt der Funktionstüchtigkeit des Automaten gilt. Die beiden Einschränkungen kommen hier aber nicht zum Tragen, weil der Automat frisch bestückt ist und auch einwandfrei funktioniert. Durch die Gegenmeinung, die einen Antrag erst im Einwurf des Geldes sieht und die hier folglich zu keinem wirksamen Vertragsschluss käme, würde Albert zu Unrecht begünstigt.

3. Aufforderung zur Abgabe eines Antrags *(invitatio ad offerendum)*

225 Der wirksame Antrag – auch der Antrag an einen unbestimmten Personenkreis – muss abgegrenzt werden von unverbindlichen Äußerungen im Vorfeld des Vertragsschlusses. Abzugrenzen ist der wirksame Antrag insbesondere von der bloßen Aufforderung zur Abgabe eines Antrags, der sogenannten *invitatio ad offerendum* („Einladung zur Abgabe eines Antrags"). Eine solche Aufforderung oder Einladung ist rechtlich nicht verbindlich, sondern hat bloßen Informationscharakter. Sie dient der Information über die Möglichkeit eines Vertragsschlusses mit einem bestimmten Inhalt.

> **Beispiele** für eine *invitatio ad offerendum* sind die Zusendung von Katalogen und Werbeprospekten, Internetseiten eines Online-Versandhändlers, Ankündigungen von Veranstaltungen (etwa Plakate, mit denen ein Rockkonzert beworben wird) und auch die Ausstellung von Waren im Schaufenster.

226 Entscheidend ist – ähnlich wie bei der Offerte *ad incertas personas* – die Frage, ob sich der Erklärende mit seiner Äußerung schon rechtlich binden oder ob er sich die Entscheidung über den Vertragsschluss noch vorbehalten will. Es geht also auch hier um die Frage des Rechtsbindungswillens, die aus objektiver Sicht geklärt werden muss, wobei wieder die beiden schon genannten Problempunkte „Vorrat des Anbieters" und „Zahlungsfähigkeit des Kunden" (Rn. 220) zu bedenken sind. Regelmäßig wird mit beiden Problempunkten in gleicher Weise argumentiert. So

---
211 So zu Recht *Brox/Walker*, AT, § 8 Rn. 5.

soll etwa in der Zusendung eines Versandhauskatalogs schon deshalb kein wirksamer Antrag, sondern nur eine *invitatio* zu sehen sein, weil sonst unkontrolliert viele Personen den Antrag annehmen könnten.[212] Die Anzahl der geschlossenen Verträge könnte den Warenvorrat des Versandhauses sprengen, das sich seinen Kunden gegenüber gemäß §§ 280 ff. BGB schadensersatzpflichtig machen würde. Kein vernünftiger Anbieter ginge ein solches Risiko ein. Überträgt man allerdings die Überlegungen zur Offerte *ad incertas personas* auf den Fall des Versandhauskatalogs, so kann die Argumentation im Hinblick auf den Problempunkt „Vorrat" nicht überzeugen. Dieser Problempunkt lässt sich nämlich – wie bei der Offerte *ad incertas personas* – ohne Weiteres durch eine einschränkende Auslegung des Antrags überwinden, nämlich indem der Antrag auf den vorhandenen Vorrat beschränkt wird. Ließe man den wirksamen Antrag im Fall des Versandhauskatalogs bereits am Problempunkt „Vorrat" scheitern, müsste das ebenso im Fall des Warenautomaten gelten, was nicht richtig sein kann. Entscheidend ist daher nicht der Problempunkt „Vorrat", der stets durch einschränkende Auslegung überwunden werden kann, sondern vielmehr der Punkt „Zahlungsfähigkeit des Kunden". Grundsätzlich kann man nicht davon ausgehen, dass ein Anbieter ohne dringende Notwendigkeit Verträge mit Personen schließen will, die er nicht kennt. Der Problempunkt „Zahlungsfähigkeit des Kunden" führt daher zu dem Ergebnis, dass in der Zusendung eines Versandhauskatalogs kein wirksamer Antrag, sondern nur eine *invitatio ad offerendum* zu sehen ist. Gleiches gilt für Werbeprospekte, Internetseiten von Online-Versandhändlern und die Ankündigung von Veranstaltungen.

227 Bei der Ausstellung von Ware in einem Schaufenster kommt noch ein weiteres Argument hinzu: Der Anbieter will die Ausstellungsstücke im Schaufenster typischerweise nicht verkaufen, weil das dazu führen würde, dass er das Schaufenster umdekorieren müsste, was mit einem erheblichen Aufwand verbunden sein kann.[213]

> **Bsp.:** Im Schaufenster des Pelzhändlers Pelzig befindet sich ein Pelzmantel, der aufgrund eines Versehens mit 100 € ausgezeichnet ist. In Wirklichkeit sollte der Mantel 1.000 € kosten. Kauz betritt das Geschäft und erklärt Pelzig, dass er den Mantel zum Preis von 100 € für seine Frau kaufe. Muss Pelzig anfechten? – Da die Ausstellung des Mantels im Schaufenster als bloße *invitatio ad offerendum* zu werten ist, fehlt es an einem wirksamen Vertragsschluss, weshalb es keiner Anfechtung bedarf.[214] Zudem ist für jedermann erkennbar, dass neue Pelzmäntel nicht für 100 € verkauft werden, sodass nach dem objektiven Empfängerhorizont auch deshalb kein wirksamer Antrag vorliegen kann.

228 Um ein Sonderproblem handelt es sich beim Vertragsschluss im **Selbstbedienungsladen**. Nach einer Ansicht soll hier der Antrag des Verkäufers in der Aufstellung der Ware liegen, die Annahme durch den Käufer in der Vorlage an der Kasse.[215] Es gibt allerdings gute Gründe, in der Aufstellung der Ware noch keinen verbindlichen Antrag zu sehen: Der Verkäufer will im Hinblick auf den Problem-

---

212 Vgl. *Brox/Walker*, AT, § 8 Rn. 2; *Medicus/Petersen*, AT, Rn. 359; *Musielak/Hau*, GK BGB, Rn. 145; *Kretschmann/Putz*, Jura 2022, 294 (302).
213 Vgl. *Köhler*, AT, § 8 Rn. 10; *Musielak/Hau*, GK BGB, Rn. 144; *Neuner*, AT, § 37 Rn. 7.
214 Vgl. *Medicus/Petersen*, AT, Rn. 360; *Musielak/Hau*, GK BGB, Rn. 144.
215 *Bork*, AT, Rn. 719; *ders.* in: Staudinger, § 145 Rn. 7; *Medicus/Petersen*, AT, Rn. 363; *Leipold*, BGB I, § 12 Rn. 5a; *Ellenberger*, in: Grüneberg, § 145 Rn. 8; im Grundsatz auch *Brox/Walker*, AT, § 8 Rn. 5.

punkt „Zahlungsfähigkeit des Kunden" nicht ohne Not eine Offerte *ad incertas personas* abgeben und zudem die aufgestellte Ware, etwa wenn es sich um ein nicht preisdeckendes Sonderangebot handelt, nur in haushaltsüblichen Mengen abgeben. Daher kann der Vertragsschluss sinnvollerweise erst an der Kasse erfolgen, wobei der Antrag in der Vorlage der Ware durch den Käufer liegt.[216] Allerdings ist die Annahme dieses Antrags nicht schon im Eintippen des Preises bzw. im Einscannen der Ware durch den Verkäufer zu sehen.[217] Vielmehr ist davon auszugehen, dass es zum Vertragsschluss erst mit der Bezahlung durch den Käufer kommen soll. Erst dann steht fest, dass der Käufer aktuell zahlungsfähig ist (und nicht etwa sein Portemonnaie vergessen hat). Die Annahme liegt daher in der Entgegennahme des Geldes durch den Verkäufer.[218] Nur so kann sich dieser sicher sein, dass er dem Käufer nicht eine angemessene Frist (§ 323 Abs. 1 BGB) zur Zahlung setzen und bis zum Fristablauf die Ware für ihn aufbewahren muss, was den Verkäufer regelmäßig überfordern würde.[219] Der Kauf im Selbstbedienungsladen ist ein Massengeschäft, dem das „Cash-and-carry"-Modell zugrunde liegt, weshalb der Verkäufer auf die sofortige Bezahlung durch den Käufer angewiesen ist.

Hinweis
Gelegentlich findet sich in Urteilen eine Nebenbemerkung des Gerichts, die über den eigentlichen Gegenstand der Entscheidung hinausgeht. Eine solche Nebenbemerkung nennt man *obiter dictum*, das „nebenbei Gesagte". In BGH NJW 2011, 2871 Tz. 14–16, wird im Rahmen eines *obiter dictum* darauf hingewiesen, dass anders als an der Selbstbedienungstankstelle, wo durch das Betanken des Kfz ein „praktisch unumkehrbarer Zustand" geschaffen wird, im Selbstbedienungsladen die vom Kunden aus dem Regal entnommene Ware in der Regel problemlos wieder zurückgelegt und anschließend an andere Kunden verkauft werden kann. Während im Betrieb einer Selbstbedienungszapfsäule somit eine Offerte *ad incertas personas* zu sehen ist, liegt in der Aufstellung von Ware in einem Selbstbedienungsladen regelmäßig nur eine *invitatio ad offerendum*.

Besonderes gilt für **Selbstbedienungs-Frischetheken**, wenn die Ware, sobald sie vom Kunden berührt worden ist, aus hygienerechtlichen Gründen nicht mehr an andere Kunden verkauft werden darf (z. B. unverpackte Backwaren oder offene Salate). In solchen Fällen ist bereits in der Auslage der Ware eine Offerte *ad incertas personas* zu sehen, also ein verbindlicher Antrag des Verkäufers an einen unbestimmten Personenkreis.[220] In der Herausnahme der Ware durch den Kunden liegt dann die Annahme des Antrags, wobei der Zugang der Annahmeerklärung gegenüber dem Verkäufer gemäß § 151 Satz 1 BGB entbehrlich ist.[221]

---

216 Vgl. *Neuner*, AT, § 37 Rn. 7; *Armbrüster*, in: Erman, § 145 Rn. 10.
217 So aber *Köhler*, AT, § 8 Rn. 11; *Mansel*, in: Jauernig, § 145 Rn. 3; *Busche*, in: MüKo, § 145 Rn. 12; *Kassing*, JA 2004, 615 (616); *Fritzsche*, JA 2006, 674 (679).
218 Vgl. zutreffend *Beckmann*, NJW-CoR 2000, 42 (44 f.).
219 A. A. *Faust*, AT, § 3 Rn. 4: ausreichender Schutz des Händlers durch die Regeln des Leistungsstörungsrechts (insbesondere § 320 BGB).
220 Vgl. *Henke*, JA 2017, 339 (342).
221 Zur Bedeutung des § 151 BGB siehe unten Kapitel 6 Rn. 251–257.

4. Bindungswirkung des Antrags

230 Dass der Antrag für den Erklärenden bindend ist, ergibt sich aus § 145 BGB: Nach dieser Vorschrift ist der Erklärende an den Antrag gebunden, „es sei denn, dass er die Gebundenheit ausgeschlossen hat". Der Ausschluss der Bindungswirkung kann durch Zusätze wie „freibleibend", „unverbindlich", „ohne Obligo" erfolgen. Solche Zusätze, die man **Freiklauseln** nennt, können allerdings Verschiedenes bedeuten und sind daher auslegungsbedürftig. Zum einen kann gemeint sein, dass überhaupt noch kein wirksamer Antrag vorliegen soll, sondern nur eine *invitatio ad offerendum*.[222] Das ist der Fall, wenn sich die Freiklausel auf die Erklärung als Ganzes bezieht,[223] das Angebot also insgesamt „freibleibend" sein soll. Wenn die Freiklausel das Angebot dagegen nur teilweise erfasst, ist sie als Widerrufsvorbehalt zu verstehen.[224]

> **Bsp.:** Beim Angebot einer Flugreise mit der Freiklausel „freibleibend entsprechend unserer Verfügbarkeit" will die Fluggesellschaft das Zustandekommen eines Vertrags nicht völlig offenlassen, sondern sich nur gegen eine Überbelegung des Fluges absichern. Im Wege der Auslegung kommt man hier dazu, dass die Fluggesellschaft, falls sich herausstellt, dass der Flug schon ausgebucht ist, ein Widerrufsrecht haben soll. Dieses Widerrufsrecht kann die Fluggesellschaft allerdings nur bis zur Annahme des Antrags durch den Flugreisenden und – richtigerweise[225] – auch noch unverzüglich danach ausüben.

231 Der Antragende kann für die Annahme des Antrags eine Frist bestimmen (§ 148 BGB). Wenn keine Frist bestimmt ist, kann der einem Anwesenden gemachte Antrag nur sofort angenommen werden (§ 147 Abs. 1 Satz 1 BGB). Dasselbe gilt für einen telefonischen Antrag (§ 147 Abs. 1 Satz 2 BGB). Bei Anträgen unter Abwesenden kann, wenn keine Annahmefrist bestimmt worden ist, der Antrag nach § 147 Abs. 2 BGB bis zu dem Zeitpunkt angenommen werden, in dem der Eingang der Antwort unter regelmäßigen Umständen zu erwarten ist. Für einen brieflichen Antrag, etwa auf Abschluss eines Mietvertrags, kann man eine Annahmefrist von zwei bis maximal drei Wochen als angemessen ansehen.[226] Bei nicht rechtzeitiger Annahme des Antrags und auch dann, wenn der Antrag abgelehnt wird, kommt es nach § 146 BGB zum Erlöschen des Antrags.

232 Für den befristeten Antrag sieht § 148 BGB vor, dass „die Annahme nur innerhalb der Frist erfolgen" kann. Das bedeutet, dass es innerhalb der Annahmefrist zum Zugang der Annahmeerklärung beim Antragenden kommen muss. Die Abgabe innerhalb der Annahmefrist genügt dagegen nicht, wie sich im Umkehrschluss aus § 149 BGB über die verspätet zugegangene Annahmeerklärung ergibt. Nur ausnahmsweise kommt es nämlich – unter den in § 149 Satz 2 BGB genannten Voraussetzungen – zu einer wirksamen Annahme trotz verspäteten Zugangs der Annahmeerklärung. Muss der Antragende erkennen, dass die ihm verspätet zuge-

---

[222] Vgl. BGH NJW 1958, 1628 f.; NJW 1996, 919 f.
[223] Vgl. *Ellenberger*, in: Grüneberg, § 145 Rn. 4.
[224] Vgl. BGH NJW 1984, 1885 f. („freibleibend entsprechend unserer Verfügbarkeit").
[225] Vgl. *Brox/Walker*, AT, § 8 Rn. 8; *Flume*, AT II, S. 642 f. (§ 35 I 3c); *Medicus/Petersen*, AT, Rn. 366; offengelassen in BGH NJW 1984, 1885 (1886). **A. A.** (Widerruf nur bis zum Zugang der Annahmeerklärung) *Köhler*, AT, § 8 Rn. 13; *Neuner*, AT, § 37 Rn. 13; *Ellenberger*, in: Grüneberg, § 145 Rn. 4. Für die Annahme eines vertraglichen Rücktrittsrechts *Bork*, AT, Rn. 725; *ders.* in: Staudinger, § 145 Rn. 27.
[226] Vgl. BGHZ 209, 105 Tz. 31 f. (zwei bis drei Wochen als Höchstgrenze bei gewerblichen Mietverträgen).

gangene Annahmeerklärung rechtzeitig abgesendet worden ist, so ist er nach § 149 Satz 1 BGB zu einer **Verspätungsanzeige** verpflichtet: Er muss dem Annehmenden die Verspätung spätestens nach Empfang der Erklärung unverzüglich anzeigen. Der Begriff „unverzüglich" wird in § 121 Abs. 1 Satz 1 BGB durch den Ausdruck „ohne schuldhaftes Zögern" definiert.[227]

Klausurtipp

Als „Faustregel" hat sich bewährt, bei § 121 Abs. 1 Satz 1 BGB („unverzüglich") eine Frist von drei Tagen anzusetzen. In besonders schwierigen Fällen, insbesondere wenn der Betroffene Rechtsrat bei einem Rechtsanwalt einholen muss, kann als Obergrenze grundsätzlich eine Zwei-Wochen-Frist gelten.

Schickt der Antragende die Verspätungsanzeige nicht unverzüglich, sondern mit Verzögerung ab, dann wird nach § 149 Satz 2 BGB („so gilt die Annahme als nicht verspätet") die Rechtzeitigkeit der Annahme fingiert. D. h., die verspätet zugegangene Annahmeerklärung wird vom Gesetz so behandelt, als wäre sie rechtzeitig zugegangen. Es handelt sich, wie das Schlüsselwort „gilt" zeigt, um eine gesetzliche Fiktion.[228] Aufgrund der Rechtzeitigkeitsfiktion des § 149 Satz 2 BGB führt die verspätete Verspätungsanzeige zu einem wirksamen Vertragsschluss.

Problem

Problematisch ist der Fall des Schweigens auf eine **verspätet abgesendete** Annahmeerklärung.

Dieser Fall ist in § 149 BGB, der die rechtzeitige Absendung der Annahmeerklärung voraussetzt, nicht geregelt. Auch wenn eine spezielle Regelung fehlt, geht der BGH in einer Entscheidung zum wirksamen Abschluss einer Unfallversicherung davon aus, dass der Antragende nicht einfach schweigen darf, wenn ihm eine verspätet abgesendete Annahmeerklärung zugeht.[229] Nach § 150 Abs. 1 BGB ist die verspätete Annahme zwar als neuer Antrag zu behandeln. Häufig würden es die Beteiligten aber mit der Wahrung der Annahmefrist nicht so genau nehmen und sich darauf verlassen, dass sich der andere Teil mit der verzögerten Annahmeerklärung zufriedengibt. Schweigt der Empfänger in einem solchen Fall auf die verspätete Annahmeerklärung, so soll sein Schweigen nach Treu und Glauben (§ 242 BGB) regelmäßig als Annahme des neuen Antrags zu werten sein. Im Interesse der Rechtssicherheit muss ein solcher Fall des normierten Schweigens, der sich unmittelbar aus § 242 BGB ergibt, allerdings auf besonders gelagerte Fälle beschränkt bleiben, in denen das Schweigen tatsächlich ein treuwidriges Verhalten des Empfängers bedeutet.[230] In der Literatur ist teilweise kritisch von einer „Mitleidsentscheidung" des BGH die Rede,[231] der mithilfe des § 242 BGB zur Wirksamkeit des Versicherungsvertrags gelangen wollte.

---

227 Siehe hierzu unten Kapitel 8 Rn. 386–388.
228 Vgl. hierzu oben Kapitel 4 Rn. 103.
229 BGH NJW 1951, 313.
230 Vgl. *Medicus/Petersen*, AT, Rn. 392; *Neuner*, AT, § 37 Rn. 30. **A. A.** *Flume*, AT II, S. 652 f. (§ 35 II 2): Erweiterung des § 149 BGB.
231 Vgl. *Medicus/Petersen*, AT, Rn. 392.

5. Tod oder Geschäftsunfähigkeit des Antragenden

235 Eine Bestimmung für den Fall, dass der Antragende stirbt oder geschäftsunfähig wird, bevor der Vertrag durch die Annahme wirksam zustande gekommen ist, enthält § 153 BGB. Hinzu kommt die bereits behandelte Vorschrift des § 130 Abs. 2 BGB[232], nach der die Wirksamkeit einer Willenserklärung nicht dadurch beeinträchtigt wird, dass der Erklärende nach der Abgabe stirbt oder geschäftsunfähig wird. § 130 Abs. 2 BGB kommt zur Anwendung, wenn der Tod des Erklärenden oder dessen Geschäftsunfähigkeit in der Zeit zwischen Abgabe und Zugang der Willenserklärung eintritt. Aus der Vorschrift folgt, dass ein Antrag auf Abschluss eines Vertrags auch dann wirksam ist, wenn der Antragende zwischen Abgabe und Zugang des Antrags stirbt. Hieran knüpft § 153 BGB an[233] und regelt die Frage, ob der Antrag nach Eintritt des Todes oder der Geschäftsunfähigkeit des Antragenden noch wirksam angenommen werden kann. Während sich § 130 Abs. 2 BGB auf die Zeitspanne zwischen Abgabe und Zugang der Willenserklärung bezieht, betrifft § 153 BGB die Zeitspanne von der Abgabe des Antrags bis zum Zugang der Annahmeerklärung.

236 Grafisch lässt sich der zeitliche Anwendungsbereich von § 130 Abs. 2 BGB und § 153 BGB wie folgt verdeutlichen:

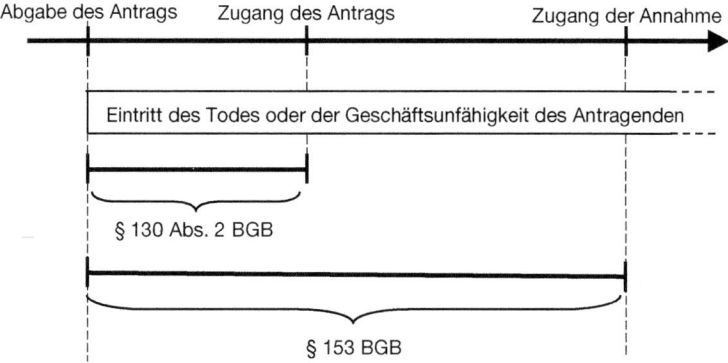

237 Stirbt der Antragende nach dem Zugang der Annahmeerklärung oder wird er nach diesem Zeitpunkt geschäftsunfähig, kann das auf den Vertrag, der bereits in vollem Umfang wirksam geworden ist, keinen Einfluss mehr haben. Dementsprechend nimmt § 153 BGB mit den Worten „vor der Annahme" explizit auf die Zeitspanne vor dem Zugang der Annahmeerklärung Bezug.

238 Gemäß § 153 BGB wird das Zustandekommen des Vertrags grundsätzlich nicht dadurch gehindert, dass der Antragende vor der Annahme stirbt oder geschäftsunfähig wird. Im Fall des Todes des Antragenden bedeutet das, dass der Antrag gegenüber dem Erben des Antragenden angenommen werden kann. Allerdings gilt nach § 153 BGB („es sei denn") etwas anderes, d. h., es kommt nicht zu einem wirksamen Vertragsschluss nach Eintritt des Todes oder der Geschäftsunfähigkeit des Antragenden, wenn ein dem Vertragsschluss entgegenstehender Wille des An-

---

[232] Vgl. hierzu oben Kapitel 4 Rn. 147.
[233] Vgl. *Brox/Walker*, AT, § 8 Rn. 14; *Medicus/Petersen*, AT, Rn. 376; *Musielak/Hau*, GK BGB, Rn. 164; *Busche*, in: MüKo, § 153 Rn. 1.

tragenden anzunehmen ist. Das ist der Fall, wenn nach dem Willen des Antragenden der Vertrag nur mit ihm persönlich, nicht aber mit seinem Erben, bzw. nur im Fall seiner fortbestehenden Geschäftsfähigkeit zustande kommen sollte. § 153 BGB enthält damit der Sache nach eine Auslegungsregel,[234] nach der der Antrag im Zweifel auch nach Eintritt des Todes oder der Geschäftsunfähigkeit des Antragenden noch wirksam angenommen werden kann. Dabei muss die Annahmeerklärung im Fall des Eintritts des Todes des Antragenden dessen Erben zugehen, im Fall des Eintritts der Geschäftsunfähigkeit gemäß § 131 Abs. 1 BGB dem gesetzlichen Vertreter des Antragenden. In letzterem Fall liegt dann ein wirksamer Vertrag mit dem nunmehr geschäftsunfähigen Antragenden vor, in ersterem mit dem Erben des Antragenden.[235] Was die in § 153 BGB geregelte Ausnahme betrifft, ist auf den mutmaßlichen bzw. hypothetischen Willen[236] des Antragenden abzustellen. Die Vorschrift enthält, wie der Ausdruck „es sei denn" zeigt, eine implizite Beweislastregel: Der entgegenstehende Wille des Antragenden muss von dessen Erben bzw. dessen gesetzlichem Vertreter dargelegt und bewiesen werden. Wenn die Auslegung nach dem mutmaßlichen bzw. hypothetischen Willen des Antragenden zu keinem sicheren Ergebnis führt, ist nach § 153 BGB – angesichts der vorhandenen Zweifel – für die Wirksamkeit des Vertrags zu entscheiden.

Nach heute allgemein anerkannter Ansicht muss der entgegenstehende mutmaßliche bzw. hypothetische Wille des Antragenden zumindest aus der Sicht eines objektiven Erklärungsempfängers erkennbar sein.[237] Damit ist auch im Rahmen des § 153 BGB eine Auslegung nach dem objektiven Empfängerhorizont erforderlich. Nach einer früher verbreiteten Gegenansicht sei jedoch allein auf den hypothetischen inneren Willen des Antragenden abzustellen; auf die Erkennbarkeit dieses Willens soll es nicht ankommen.[238] Allerdings ist kein Grund ersichtlich, weshalb hier von den anerkannten Grundsätzen der Auslegung empfangsbedürftiger Willenserklärungen abgewichen werden soll. Da § 153 BGB der Sache nach eine Auslegungsregel enthält (Rn. 238), müssen die Auslegungsgrundsätze in vollem Umfang Anwendung finden, sodass es – wenn erforderlich – auch zu einer normativen Auslegung unter Berücksichtigung des objektiven Empfängerhorizonts kommen muss.

239

> **Bsp.:** Bodybuilder Bernd bestellt beim Versandhändler Vito einen Satz Hanteln für 105 €. Vito bestätigt die Bestellung per Fax und kündigt die Versendung der Ware an. Kurze Zeit darauf stirbt Bernd an den Folgen seines langjährigen Doping-Missbrauchs. Alleinerbin ist seine 19-jährige Tochter Tanja, die von Bodybuilding absolut nichts hält und lieber Yoga macht. (1) Kann Vito

---

234 **A. A.** *Flume*, AT II, S. 646 (§ 35 I 4): § 153 BGB ist „keine ‚Auslegungsregel', sondern ein die Bindungswirkung der Offerte ergänzender und durch sie bestimmter Rechtssatz". Zum Begriff der Auslegungsregel siehe den Hinweis oben in Kapitel 4 Rn. 173.
235 Da der Erbe nur aufgrund der Gesamtrechtsnachfolge gemäß § 1922 Abs. 1 BGB (hierzu unten Kapitel 7 Rn. 272) an den Antrag des Erblassers gebunden ist, handelt es sich bei den Verpflichtungen aus dem Vertrag nicht um Eigenschulden des Erben, sondern um sogenannte „Erblasserschulden" (§ 1967 Abs. 2 BGB: „vom Erblasser herrührende Schulden").
236 Zur Unterscheidung zwischen dem mutmaßlichen und dem hypothetischen Willen siehe oben Kapitel 4 Rn. 172 f.
237 *Boecken*, AT, Rn. 285; *Bork*, AT, Rn. 735; *ders.*, in: Staudinger, § 153 Rn. 5; *Brox/Walker*, AT, § 8 Rn. 14; *Medicus/Petersen*, AT, Rn. 377; *Neuner*, AT, § 37 Rn. 23; *Busche*, in: MüKo, § 153 Rn. 4; *Wolf*, in: Soergel, § 153 Rn. 9. Vgl. insoweit auch *Flume*, AT II, S. 646 f. (§ 35 I 4), und wohl auch *Armbrüster*, in: Erman, § 153 Rn. 2.
238 Siehe hierzu die Nachweise bei *Flume*, AT II, S. 646 Fn. 35 (§ 35 I 4).

von Tanja Abnahme und Bezahlung der Hanteln verlangen? (2) Fallvariante: Wie ist die Rechtslage, wenn Vitos Fax erst nach Bernds Tod eintrifft und Tanja von dem Fax Kenntnis nimmt? – Im Ausgangsfall (1) kommt der Kaufvertrag noch zu Lebzeiten des Bernd wirksam zustande, wobei die Annahme in dem bestätigenden Fax des Vito zu sehen ist, in dem auch die Versendung angekündigt wird. Der nachfolgende Tod des Bernd, der zu einem Zeitpunkt eintritt, zu dem der Kaufvertrag bereits in vollem Umfang wirksam geworden ist, kann die Wirksamkeit des Kaufvertrags nicht mehr berühren. § 153 BGB ist hier nicht anwendbar. Vito kann daher von Tanja als Alleinerbin gemäß §§ 433 Abs. 2, 1922 Abs. 1, 1967 BGB Abnahme und Bezahlung der Hanteln verlangen. In der Fallvariante (2) stirbt Bernd nach Abgabe seines Antrags, aber vor Zugang der Annahmeerklärung des Vito. Unklar ist, ob der Tod des Bernd vor oder nach dem Zugang seines Antrags bei Vito eintritt. Gemäß § 130 Abs. 2 BGB spielt das aber für die Wirksamkeit des Antrags keine Rolle, da eine Willenserklärung nach dieser Vorschrift auch dann mit dem Zugang wirksam wird, wenn der Erklärende vor dem Zugang gestorben ist. Hinsichtlich der Annahme durch Vito ist – hier in der Fallvariante – der Anwendungsbereich des § 153 BGB eröffnet. Gemäß dieser Vorschrift wird der Vertragsschluss mit dem Erben durch den Tod des Antragenden grundsätzlich nicht gehindert. Da Tanja als Alleinerbin von dem Fax Kenntnis genommen hat, liegt der erforderliche Zugang der Annahmeerklärung bei ihr als Erbin des Antragenden vor. Es könnte daher ein wirksamer Vertrag zwischen Vito und Tanja zustande gekommen sein. Nach § 153 BGB gilt allerdings etwas anderes, wenn ein „anderer Wille" des Antragenden, hier des Bernd, anzunehmen ist. Ob der entgegenstehende Wille des Antragenden für den Erklärungsempfänger erkennbar sein muss, ist umstritten. Bei der Bestellung von Gegenständen, die (wie hier) ganz offensichtlich nur dem persönlichen Bedarf des Bestellers dienen,[239] ist ein dem Vertragsschluss entgegenstehender Wille des Antragenden freilich ohne Weiteres anzunehmen. Für die Erben sind derartige persönliche Gegenstände in aller Regel unbrauchbar. Der Streit um die Erkennbarkeit des entgegenstehenden Willens des Antragenden braucht daher nicht entschieden zu werden. Nach beiden Ansichten kommt man hier gleichermaßen zum Ergebnis, dass gemäß § 153 BGB kein wirksamer Kaufvertrag zustande gekommen ist. Vito hat keine Ansprüche gegen Tanja als Alleinerbin.

III. Dissens

1. Einigung und Einigungsmangel

240 Der wirksame Abschluss eines Vertrags setzt zwei wechselseitig übereinstimmende Willenserklärungen (Rn. 215), also einen Konsens (von lateinisch *consentire*, „übereinstimmen") der Parteien voraus. Ergibt die Auslegung der Willenserklärungen, dass sich die Parteien nicht oder nicht vollständig geeinigt haben, spricht man von einem Einigungsmangel oder Dissens (von lateinisch *dissentire*, „verschiedener Meinung sein").

Bsp.: Ein Einigungsmangel (Dissens) liegt im bereits behandelten Fall der verfälschten Speisekarte vor.[240] Die Auslegung der Erklärungen nach dem objekti-

---

239 Vgl. auch *Brox/Walker*, AT, § 8 Rn. 14; *Fritzsche*, JA 2006, 674 (677).
240 Hierzu oben Kapitel 4 Rn. 161.

ven Empfängerhorizont führt hier dazu, dass Gast Miklas nach den höheren Preisen bestellt, während Wirt Wilko die Annahme zu den niedrigeren Preisen erklärt. Die Willenserklärungen stimmen daher hinsichtlich des Preises nicht überein, weshalb kein wirksamer Vertrag zustande kommt.

241 Wie das Beispiel des Speisekartenfalls zeigt, ist zunächst die exakte Auslegung der Willenserklärungen vorzunehmen. Erst wenn der Inhalt der Willenserklärungen aufgrund der Auslegung feststeht, kann die Frage, ob ein Konsens erzielt worden ist oder aber ein Dissens besteht, beantwortet werden. Im Fall des Dissenses stellt sich die Anschlussfrage, wie sich dieser im Hinblick auf den Vertragsschluss auswirkt. Im Grundsatz gilt, dass kein wirksamer Vertrag zustande kommt, wenn sich der Dissens auf die Hauptpunkte des Vertrags *(essentialia negotii)* bezieht. Wenn sich etwa nach entsprechender Auslegung der Willenserklärungen ergibt, dass der Verkäufer einen Antrag macht, der auf den Verkauf eines Fahrrads gerichtet ist, die Annahmeerklärung des Käufers sich dagegen auf den Kauf eines Motorrads bezieht, dann besteht hinsichtlich des Kaufgegenstands keine Deckung der Willenserklärungen. Da der Kaufgegenstand einen Hauptpunkt des Vertrags, ein *essentiale negotii*, darstellt, kommt kein wirksamer Kaufvertrag zustande.

242 Ein Dissens ist auch dann gegeben, wenn der Wille der Parteien nicht klar genug zum Ausdruck kommt und die Willenserklärungen daher mangels Bestimmtheit unwirksam sind. Ein berühmtes Beispiel ist der vom Reichsgericht entschiedene Weinsteinsäurefall.

> **Bsp.** (vgl. RGZ 104, 265):[241] Aldo telegrafiert an Baldo: „Erbitten Limit über hundert Kilo Weinsteinsäure Gries bleifrei." Baldo antwortet: „Weinsteinsäure Gries bleifrei Kilogramm 128 Mark Nettokasse bei hiesiger Übernahme." Aldo telegrafiert zurück: „Hundert Kilo Weinsteinsäure Gries bleifrei geordnet, briefliche Bestätigung unterwegs." Als die schriftliche Bestätigung ankommt, stellt sich heraus, dass beide Parteien verkaufen wollten und daher die jeweils andere Partei als Käufer angesehen haben. – Aus den Telegrammen ist, auch bei einer Auslegung nach dem objektiven Empfängerhorizont, nicht ersichtlich, wer kaufen und wer verkaufen will. Die Willenserklärungen sind nicht hinreichend bestimmt und daher unwirksam. Mangels eines durch zwei wechselseitig übereinstimmende Willenserklärungen erzielten Konsenses liegt kein wirksamer Vertragsschluss vor. Es handelt sich um einen Fall des Dissenses.

243 Dass sich die Parteien für einen wirksamen Vertragsschluss über die Hauptpunkte des Vertrags einigen müssen,[242] stellt – was nicht immer klar zum Ausdruck kommt – einen **Grundsatz** dar. Das bedeutet, dass es wie bei jedem Grundsatz auch Ausnahmen gibt. Mit anderen Worten: Ausnahmsweise kann ein Vertrag auch dann wirksam sein, wenn die Parteien nicht alle Hauptpunkte des Vertrags

---

[241] Der vom Reichsgericht entschiedene Fall weicht von dem hier gebildeten Beispielsfall allerdings insofern ab, als der Empfänger des ersten Telegramms der anderen Seite vorab ein Preisverzeichnis mit einem freibleibenden Angebot über die von ihm geführten Waren geschickt hatte. Damit war für die andere Seite erkennbar, dass der Empfänger des ersten Telegramms verkaufen wollte, weshalb – entgegen dem Reichsgericht – kein Dissens vorlag; vgl. *Medicus/Petersen*, AT, Rn. 438.

[242] Häufig findet sich die zu pauschale Aussage, ohne eine Einigung über die *essentialia negotii* könne ein Vertrag nicht wirksam zustande kommen; vgl. etwa *Brox/Walker*, AT, § 11 Rn. 12; *Köhler*, AT, § 8 Rn. 38 („naturgemäß noch kein Vertrag"); *Musielak/Hau*, GK BGB, Rn. 166; *Neuner*, AT, § 35 Rn. 58 („An einer Regelung in Form eines Vertrags fehlt es von vornherein …"); *Petersen*, Jura 2009, 419 (420); *Jung*, JuS 1999, 28 f.

geregelt haben.²⁴³ Gerade beim Entgelt, das geradezu ein Paradebeispiel für einen vertraglichen Hauptpunkt ist, gibt es Ausnahmen. Es kommt nämlich nicht selten vor, dass beim Vertragsschluss über den Preis nicht gesprochen wird, etwa wenn man einen Handwerker beauftragt oder bei einem Arztbesuch. Dennoch hat der Handwerker einen Anspruch auf die Vergütung und der Arzt auf sein Honorar. Es handelt sich um Fälle der Entgeltfiktion, d. h., die an sich fehlende Vereinbarung über das Entgelt wird hier durch das Gesetz fingiert. Für den Handwerker, mit dem ein Werkvertrag abgeschlossen wird, ergibt sich das aus § 632 Abs. 1 und 2 BGB, wonach die übliche Vergütung als vereinbart anzusehen ist. Bei dem mit einem Arzt geschlossenen Vertrag handelt es sich üblicherweise um einen Behandlungsvertrag gemäß § 630a BGB, der – wie bereits die Einordnung in den mit „Dienstvertrag und ähnliche Verträge" überschriebenen „Titel 8" des Abschnitts über die einzelnen Schuldverhältnisse zeigt – ein Sonderfall des Dienstvertrags ist. In § 630b BGB wird zudem auf die „Vorschriften über das Dienstverhältnis" verwiesen. Der Arzt schuldet – anders als der Handwerker – keinen Erfolg, sondern eine Tätigkeit, nämlich die Behandlung nach den anerkannten Regeln der Heilkunst. Der Erfolg der ärztlichen Behandlung, also die Gesundung des Patienten, ist vom Arzt nicht geschuldet, weil der Erfolgseintritt nicht allein in seiner Macht steht. Nur ausnahmsweise, nämlich bei erfolgsbezogenen medizinischen Einzelleistungen, z. B. wenn es um die Anfertigung einer Röntgenaufnahme durch eine Röntgenpraxis oder um die Erstellung eines Blutbildes durch ein medizinisches Labor geht,²⁴⁴ werden mit Ärzten Werkverträge gemäß § 631 BGB abgeschlossen. Bei Abschluss eines Behandlungsvertrags gemäß § 630a BGB ergibt sich für Privatpatienten²⁴⁵ die Entgeltfiktion aus §§ 630b, 612 BGB, wobei gemäß § 612 Abs. 2 BGB die „taxmäßige Vergütung" geschuldet ist. Maßgeblich ist dabei die Gebührenordnung für Ärzte (GOÄ), die eine sogenannte Taxe i. S. d. § 612 Abs. 2 BGB darstellt. Weitere Taxen i. S. d. §§ 612 Abs. 2, 632 Abs. 2 BGB sind etwa das Rechtsanwaltsvergütungsgesetz (RVG) und die Honorarordnung für Architekten und Ingenieure (HOAI).

244 Auch die Auslegungsregel²⁴⁶ des § 316 BGB, die die Bestimmung der Gegenleistung betrifft, zeigt, dass es ausnahmsweise wirksame Verträge ohne eine Vereinbarung über sämtliche *essentialia negotii* gibt.²⁴⁷ Falls der Umfang der für eine Leistung versprochenen Gegenleistung nicht bestimmt ist, steht nach dieser Vorschrift die Bestimmung im Zweifel dem Teil zu, der die Gegenleistung zu fordern hat. Das bedeutet, dass im Zweifel der Gläubiger der Gegenleistung selbst bestimmen darf, wieviel er zu bekommen hat. Nach der weiteren Auslegungsregel des § 315 Abs. 1 BGB darf der Gläubiger der Gegenleistung deren Höhe aber im Zweifel nicht frei bestimmen, sondern muss die Bestimmung nach billigem Ermessen vornehmen, wobei der Schuldner, wie § 315 Abs. 3 Satz 2 BGB zeigt, die Möglich-

---

243 Vgl. zutreffend *Möslein*, in: BeckOGK-BGB, § 154 Rn. 16 (Stand: 1.2.2018); *Wolf*, in: Soergel, § 154 Rn. 6: „der Parteiwille entscheidet darüber, ob ein Vertrag auch ohne Regelung objektiv wesentlicher Punkte geschlossen sein soll"; OLG Hamm NJW 1976, 1212; siehe auch BGH NJW-RR 2000, 1658 (1659).
244 Vgl. *Weidenkaff*, in: Grüneberg, vor § 630a Rn. 5.
245 Gemäß § 630a Abs. 1 BGB besteht eine Vergütungspflicht des Patienten nur, soweit nicht ein Dritter zur Zahlung verpflichtet ist. Eine solche Zahlungspflicht eines Dritten besteht regelmäßig bei Kassenpatienten, bei denen die Abrechnung unmittelbar mit der zuständigen kassenärztlichen Vereinigung bzw. mit der jeweiligen Krankenkasse erfolgt.
246 Zum Begriff der Auslegungsregel siehe den Hinweis oben in Kapitel 4 Rn. 173.
247 Vgl. BGH NJW-RR 2006, 1139 Tz. 21.

keit hat, die Einhaltung des billigen Ermessens gerichtlich überprüfen zu lassen. Voraussetzung für die Anwendung des § 316 BGB ist freilich, dass sich die Parteien, obwohl der Umfang der Gegenleistung noch nicht bestimmt ist, bereits vertraglich binden wollen. Meist wird man in derartigen Fällen noch keinen wirksamen Vertragsschluss annehmen können. Der folgende Beispielsfall belegt aber, dass es durchaus Ausnahmen gibt.

> **Bsp.:** Kunz bestellt beim Weinhändler Voss per Fax zwei Kisten ‚Champagne Duron Brut' zu je zehn Flaschen. In dem Bestellschreiben heißt es: „Ich bin bereit, pro Flasche maximal 30 € auszugeben. Bitte liefern Sie die Kisten so schnell wie möglich an die von mir angegebene Adresse." Voss verpackt und versendet die beiden Kisten noch am selben Tag. Erst einige Tage später schreibt Voss die Rechnung, wobei er den Verkaufspreis pro Flasche mit 25 € ansetzt. Der Preis ist so kalkuliert, dass Voss einen angemessenen Gewinn macht. Kann Voss von Kunz Zahlung von ingesamt 500 € verlangen? – Insbesondere die Aufforderung an Voss, die Kisten so schnell wie möglich zu liefern, zeigt, dass sich Kunz bis zu einem Höchstpreis von 30 € pro Flasche bereits fest binden wollte. Die Erklärung des Kunz ist daher keine bloße *invitatio ad offerendum*, sondern ein wirksamer Antrag auf Abschluss eines Kaufvertrags, der allerdings die genaue Höhe des Kaufpreises offenlässt und nur eine Obergrenze definiert. In der Versendung der Kisten liegt die Annahme durch Voss, weshalb ein wirksamer Kaufvertrag zustande gekommen ist. Nach der Auslegungsregel des § 316 BGB steht es Voss als Gläubiger zu, die exakte Höhe des Kaufpreises zu bestimmen, wobei er die Bestimmung – innerhalb des ihm eingeräumten Preisrahmens – gemäß § 315 Abs. 1 BGB nach billigem Ermessen zu treffen hat. Hier legt Voss den Preis so fest, dass er einen angemessenen Gewinn macht, was nicht zu beanstanden ist. Es besteht daher ein Anspruch des Voss gegen Kunz auf Zahlung des Kaufpreises in Höhe von 500 € gemäß § 433 Abs. 2 Alt. 1 BGB.

2. Gesetzliche Regelung des Dissenses

245 Eine gesetzliche Regelung des Dissenses findet sich in den §§ 154, 155 BGB, wobei zwischen dem offenen und dem versteckten Dissens unterschieden werden muss. § 154 Abs. 1 BGB regelt den offenen Dissens, der vorliegt, wenn den Parteien bewusst ist, dass noch ungeregelte Punkte vorhanden sind. Gehen die Parteien irrtümlich davon aus, dass bereits alle regelungsbedürftigen Punkte geregelt wären, handelt es sich um einen versteckten Dissens, der in § 155 BGB geregelt ist.

246 **a) Offener Dissens.** Nach der Auslegungsregel[248] des § 154 Abs. 1 Satz 1 BGB gilt für den offenen Dissens, dass im Zweifel noch kein wirksamer Vertrag geschlossen ist, solange ein Einigungsmangel besteht. Das ist ohne Weiteres nachvollziehbar: Wenn den Parteien bewusst ist, dass noch nicht alle regelungsbedürftigen Punkte geregelt sind, muss man in der Tat im Normalfall davon ausgehen, dass noch kein Vertragsschluss gewollt ist. Zum Teil wird vertreten, die Auslegungsregel des § 154 Abs. 1 Satz 1 BGB gelte nur für die Nebenpunkte des Vertrags.[249] Wenn keine Einigung über die *essentialia negotii* vorliege, fehle es von vornherein an einer ausfüllungs- und damit an einer potenziell geltungsfähigen Vereinbarung. Mit an-

---

248 Zum Begriff der Auslegungsregel siehe den Hinweis oben in Kapitel 4 Rn. 173.
249 Vgl. *Bitter/Röder*, AT, § 5 Rn. 76; *Neuner*, AT, § 35 Rn. 58; *Möslein*, in: BeckOGK-BGB, § 154 Rn. 16 (Stand: 1.2.2018); *Armbrüster*, in: Erman, § 154 Rn. 2; *Busche*, in: MüKo, § 154 Rn. 3 a. E.

deren Worten: Ein wirksamer Vertragsschluss wäre sicher zu verneinen, weshalb für die Anwendung der Auslegungsregel des § 154 Abs. 1 Satz 1 BGB („im Zweifel") kein Anlass bestünde. Wie gezeigt, ergibt sich aber aus den §§ 315, 316 BGB, dass es durchaus wirksame Verträge ohne eine Regelung des Umfangs der Gegenleistung geben kann (Rn. 244). § 154 Abs. 1 Satz 1 BGB wird daher auch für die vertraglichen Hauptpunkte benötigt.[250] Wenn die Parteien etwa im Begriff sind, einen Kaufvertrag abzuschließen, die Höhe des Kaufpreises aber noch nicht geregelt haben, besagt die Auslegungsregel des § 154 Abs. 1 Satz 1 BGB, dass im Zweifel noch keine vertragliche Bindung gewollt ist. Die für den Käufer durchaus gefährliche Vorschrift des § 316 BGB, wonach die Bestimmung des Umfangs der Gegenleistung im Zweifel dem Verkäufer zusteht, findet daher keine Anwendung. Nur dann, wenn feststeht, dass die Parteien, obwohl die Höhe der Gegenleistung noch nicht bestimmt ist, bereits eine feste vertragliche Bindung wollen, ist der Anwendungsbereich des § 316 BGB eröffnet. Das kann etwa der Fall sein, wenn der Käufer – wie im Beispielsfall der Champagner-Bestellung (Rn. 244) – nur ein Höchstlimit für den Kaufpreis setzt bzw. auch dann, wenn der Käufer über ein begehrtes, vom Verkäufer noch zu beschaffendes Objekt einen Kaufvertrag nach dem Motto „Koste es, was es wolle." abschließt. Auch in letzterem Fall ist der Käufer nicht etwa schutzlos der Willkür des Verkäufers ausgesetzt. Dieser muss vielmehr gemäß § 315 Abs. 1 BGB die Bestimmung des Kaufpreises im Zweifel nach billigem Ermessen vornehmen.

247 b) **Versteckter Dissens.** Beim versteckten Dissens, bei dem die Parteien von einem wirksamen Vertragsschluss ausgehen und den Einigungsmangel nicht erkennen, gilt gemäß § 155 BGB das Vereinbarte, „sofern anzunehmen ist", dass der Vertrag auch ohne eine Bestimmung über den offenen Punkt geschlossen sein würde. Aus der so formulierten Einschränkung ergibt sich, dass der Vertrag auch im Fall des versteckten Dissenses im Zweifel nicht geschlossen ist. Damit beinhaltet § 155 BGB der Sache nach – nicht anders als § 154 Abs. 1 Satz 1 BGB (Rn. 246) – eine Auslegungsregel. Zugleich enthält § 155 BGB die Aufforderung zur ergänzenden Vertragsauslegung:[251] Es gilt, durch Auslegung zu ermitteln, ob die Parteien den Vertrag trotz der vorhandenen Lücke gewollt hätten. Dabei muss auf den mutmaßlichen bzw. hypothetischen Parteiwillen zurückgegriffen werden. Je unbedeutender der offene Punkt ist, desto leichter wird man zu dem Ergebnis kommen, dass ein wirksamer Vertragsschluss gewollt ist.[252] Wenn die ergänzende Vertragsauslegung jedoch zu keinem positiven Ergebnis führt, insbesondere auch dann, wenn sich nicht sicher sagen lässt, ob die Parteien den Vertrag auch so gewollt hätten, liegt kein wirksamer Vertragsschluss vor.

> **Bsp.:** Der Mietinteressent Miro verhandelt mit Vito über den Abschluss eines Mietvertrages über eine Wohnung. Beide Parteien sind sich einig, dass von Miro eine Mietkaution zu leisten ist. Da jedoch keine Einigung über die Höhe der Kaution erzielt wird, stellen die Parteien diesen Punkt einstweilen zurück. Später legt Vito dem Miro einen Vertragsentwurf vor, den beide unterzeichnen. Eine Einigung über die Höhe der Kaution unterbleibt versehentlich. – Zum

---

250 Vgl. OLG Hamm NJW 1976, 1212; *Musielak/Hau*, GK BGB, Rn. 172; *Mansel*, in: Jauernig, § 154 Rn. 3; siehe auch BGH LM § 154 BGB Nr. 2; BGH NJW-RR 2000, 1658 (1659); NJW-RR 2006, 1139 Tz. 21.
251 Zur ergänzenden Auslegung siehe oben Kapitel 4 Rn. 170–174.
252 Vgl. *Mansel*, in: Jauernig, § 155 Rn. 2.

maßgeblichen Zeitpunkt der Unterzeichnung des Vertrags übersehen beide Parteien den noch ungeregelten Punkt der Kautionshöhe, weshalb es nicht – wie noch bei den Vertragsverhandlungen – um einen offenen, sondern um einen versteckten Dissens geht und damit § 155 BGB zur Anwendung kommt. Es muss daher überlegt werden, ob die Parteien den Mietvertrag auch ohne die Einigung über die Höhe der Mietkaution gewollt hätten. Da die Frage der Kautionshöhe einen vertraglichen Nebenpunkt betrifft, dem zudem nur untergeordnete Bedeutung zukommt, spricht vieles dafür, dass nach dem Willen der Vertragsparteien an diesem Punkt nicht der gesamte Mietvertrag scheitern soll. Entscheidend ist, ob man die Einigungslücke durch ergänzende Vertragsauslegung schließen kann. Eine gewisse Hilfe bietet § 551 Abs. 1 BGB, wonach die Mietkaution auf das Dreifache der Monats-Grundmiete beschränkt ist. Für den Auslegungsrahmen besteht damit eine absolute Obergrenze. In der Praxis entspricht eine Kaution in Höhe von zwei Monats-Grundmieten dem Üblichen. Daran hätten sich im Zweifel auch die Vertragsparteien orientiert. Nach deren mutmaßlichem bzw. hypothetischem Willen, der im Rahmen des § 155 BGB maßgeblich ist, ist der Mietvertrag daher wirksam, wobei Miro an Vito eine Kaution in der üblichen Höhe von zwei Monats-Grundmieten zu leisten hat.

248 Ebenso wie § 154 Abs. 1 BGB ist auch § 155 BGB anwendbar, wenn sich der Einigungsmangel auf einen Hauptpunkt des Vertrags bezieht.[253] Da über die Hauptpunkte des Vertrags nach dem Willen der Parteien regelmäßig eine Vereinbarung getroffen werden soll und ohne eine Einigung über sämtliche Hauptpunkte im Regelfall noch keine vertragliche Bindung gewollt ist, führt die Anwendung des § 155 BGB bei einem versteckten Einigungsmangel hinsichtlich eines Hauptpunkts grundsätzlich zu dem – einleuchtenden – negativen Ergebnis, dass kein wirksamer Vertragsschluss vorliegt. Auch hier kann es aber Ausnahmen geben, etwa wenn Käufer und Verkäufer zwar irrtümlich von einer Einigung über den Kaufpreis ausgehen, die ergänzende Vertragsauslegung aber ergibt, dass dem Käufer der Erwerb der Kaufsache derart wichtig war, dass er auf jeden Fall schon einen bindenden Kaufvertrag abschließen wollte und dabei auch die Bestimmung der Kaufpreishöhe durch den Verkäufer auf der Grundlage des § 316 BGB akzeptiert hätte. Auch wenn es sich dabei sicherlich um seltene Ausnahmefälle handelt, trifft dennoch auch hier die gesetzliche Regelung des § 155 BGB zu.

249 Die Frage, ob der Vertrag trotz fehlender Einigung über einen Hauptpunkt geschlossen sein soll, stellt sich freilich nur dann, wenn die ausfüllungsbedürftige Lücke überhaupt geschlossen werden kann, was beim Kaufpreis immerhin auf der Grundlage der §§ 315, 316 BGB (Rn. 244) möglich ist. Sind die Positionen der beiden Parteien von vornherein unvereinbar, wie etwa im Weinsteinsäurefall (Rn. 242), in dem beide Parteien verkaufen wollen, ist § 155 BGB nicht anwendbar. Man spricht in solchen Fällen eines Dissens, der schlechthin irreparabel ist, von einem **Totaldissens**.[254]

---

253 Anders jedoch RGZ 93, 297 (299); *Bitter/Röder*, AT, § 5 Rn. 76; *Neuner*, AT, § 35 Rn. 58; *Mansel*, in: Jauernig, § 155 Rn. 1 f.; *Busche*, in: MüKo, § 155 Rn. 2, 14.
254 Vgl. *Leipold*, BGB I, § 14 Rn. 50; *Medicus/Petersen*, AT, Rn. 438; *Fritzsche*, JA 2006, 674 (680); *Busche*, in: MüKo, § 155 Rn. 2; siehe auch *Diederichsen*, FS zum 125jährigen Bestehen der Juristischen Gesellschaft zu Berlin, 1984, S. 81 (89): logischer Dissens.

IV. Zugang der Annahmeerklärung

250 Grundsätzlich muss die Annahme gegenüber dem Antragenden erklärt werden. Es handelt sich also im Grundsatz um eine empfangsbedürftige Willenserklärung, die gemäß § 130 Abs. 1 Satz 1 BGB mit Zugang beim Antragenden wirksam wird. Allerdings gibt es auch Ausnahmen vom Zugangserfordernis, die in den §§ 151, 152 und 156 BGB geregelt sind.

1. Annahme ohne Erklärung gegenüber dem Antragenden (§ 151 BGB)

251 § 151 Satz 1 BGB sieht die Möglichkeit eines wirksamen Vertragsschlusses vor, ohne dass die Annahme „dem Antragenden gegenüber" erklärt zu werden braucht. Das gilt dann, wenn eine solche Erklärung nach der Verkehrssitte nicht zu erwarten ist oder der Antragende auf sie verzichtet hat. Stellt man, wie es richtig erscheint, auf den Wortlaut des § 151 Satz 1 BGB ab, ist nur die Erklärung der Annahme „dem Antragenden gegenüber" entbehrlich, was bedeutet, dass die Annahmeerklärung dem Antragenden nicht zuzugehen braucht. Die Vorschrift besagt dagegen nicht, dass auf die Annahmeerklärung als solche verzichtet werden kann.[255] Diese ist vielmehr wie bei allen Verträgen zwingend erforderlich. Die Bedeutung des § 151 Satz 1 BGB liegt also darin, dass die Annahme ausnahmsweise in eine nicht empfangsbedürftige Willenserklärung umgewandelt wird. Das hat zum einen zur Folge, dass die Annahmeerklärung bereits mit deren Abgabe wirksam wird und es damit auch schon zum wirksamen Vertragsschluss kommt. Zum anderen muss die Annahmeerklärung nicht in Richtung auf den Antragenden hin abgegeben werden. Es genügt vielmehr – wie bei jeder nicht empfangsbedürftigen Willenserklärung – die Vollendung des Erklärungsvorgangs.

252 Ein Beispiel für die Entbehrlichkeit des Zugangs nach der Verkehrssitte ist die Bestellung von Waren bei einem Versandhändler. Die Annahme ist hier in der Verpackung bzw. Versendung der Ware durch den Versandhändler zu sehen. Bereits mit der Verpackung oder spätestens mit der Versendung kommt es daher zum wirksamen Abschluss des Kaufvertrags, ohne dass der Käufer zu diesem Zeitpunkt von der Annahme weiß. Ein weiteres Beispiel ist die schriftliche Bestellung eines Hotelzimmers, wobei der Vertrag nach der Verkehrssitte durch die Eintragung der Reservierung in das Hotelbuch bzw. durch deren Erfassung im elektronischen Reservierungssystem geschlossen wird, auch wenn der Gast von der erfolgreichen Reservierung erst später in Kenntnis gesetzt wird. Ein konkludenter Verzicht auf den Zugang der Annahmeerklärung liegt beispielsweise in der Aufstellung eines Warenautomaten, worin ein Antrag an einen unbestimmten Personenkreis liegt (Rn. 223 f.). Der Vertrag kommt durch die ordnungsgemäße Bedienung des Automaten zustanden, indem der Kunde den erforderlichen Betrag in Münzen einwirft oder eine geladene Geldkarte in den Automaten einschiebt, was naturgemäß in Abwesenheit des Automatenaufstellers geschieht, sodass diesem die Annahmeerklärung nicht zugehen kann.

253 Man spricht im Zusammenhang mit der Annahme gemäß § 151 Satz 1 BGB auch von einer „Willensbetätigung" oder von der „Betätigung des Annahmewillens".[256]

---

[255] Vgl. nur *Köhler*, AT, § 8 Rn. 22; *Medicus/Petersen*, AT, Rn. 382; *Busche*, in: MüKo, § 151 Rn. 3; *Repgen*, AcP 200 (2000), 533 (545 f.). Anders aber *Flume*, AT II, S. 655 (§ 35 II 3); *Schwarze*, AcP 202 (2002), 607 (612 f., 629 f.).

[256] Vgl. *Köhler*, AT, § 8 Rn. 22; *Medicus/Petersen*, AT, Rn. 382; BGHZ 111, 97 (101); BGH NJW 1990, 1656 (1657); NJW 1999, 2179.

Zum Teil steht hinter dem (üblicherweise für Realakte verwendeten[257]) Ausdruck der „Willensbetätigung" die Vorstellung, dass es im Fall des § 151 Satz 1 BGB nicht um eine echte Willenserklärung gehe, weil der Annehmende mit seiner Annahmehandlung – anders als bei einer Willenserklärung – keinen Kundgebungszweck verfolge.[258] Die Frage nach der Rechtsnatur der Willensbetätigung kann allerdings ohne Weiteres dahingestellt bleiben, solange man – wie es richtig erscheint – die für Willenserklärungen geltenden Vorschriften und Grundsätze, insbesondere die Vorschriften der §§ 104 ff. BGB über die Geschäftsfähigkeit,[259] auf die Annahme gemäß § 151 Satz 1 BGB anwendet. Mit Blick auf die nach § 151 Satz 1 BGB eintretende Rechtsfolge des wirksamen Vertragsschlusses – nur darauf und nicht auf die wie auch immer geartete „Rechtsnatur" kommt es an – spricht nichts dagegen, die Annahme gemäß § 151 Satz 1 BGB als nicht empfangsbedürftige Willenserklärung zu qualifizieren.[260]

254 Wichtig ist, dass es bei der Annahme gemäß § 151 Satz 1 BGB mangels einer Empfangsbedürftigkeit nicht zu einer Auslegung der Erklärung nach dem objektiven Empfängerhorizont kommt. Maßgeblich ist vielmehr, ob das Verhalten des Erklärenden unter Berücksichtigung aller äußeren Umstände auf einen wirklichen Annahmewillen schließen lässt.[261] Es geht also um eine Auslegung gemäß § 133 BGB, wobei es durchaus zu einer objektiven Betrachtung kommt, allerdings – angesichts des Ziels, den wirklichen Willen zu ermitteln – nicht unter Zugrundelegung eines Empfängerhorizonts, sondern unter Berücksichtigung aller äußeren Indizien, die im Einzelfall vorhanden sind.

> **Bsp.** (vgl. BGHZ 111, 97): Der zur Zahlung von 10.000 € rechtskräftig verurteilte Schuldner Schill richtet an den Gläubiger Globig ein Schreiben folgenden Inhalts, dem er einen Verrechnungsscheck beilegt: „Ich biete Ihnen an, zum Ausgleich aller Ansprüche, die Sie gegen mich haben, insgesamt 8.000 € in monatlichen Raten von 2.000 € zu zahlen. Ich nehme an, dass Sie mit dieser Regelung einverstanden sind und füge aus diesem Grunde als 1. Rate einen Verrechnungsscheck über 2.000 € bei, der auf den Abfindungsbetrag verrechnet wird. Die weiteren monatlichen Raten werden dann folgen. Für mich soll die Sache damit endgültig erledigt sein. Ich verzichte deshalb auch darauf, dass Sie mir gegenüber eine Stellungnahme abgeben." Globig schreibt daraufhin an Schill, dass er dessen Vorschlag als Zumutung empfinde und nicht annehme. Noch bevor der Brief bei Schill eintrifft, löst Globig den Scheck ein. Schill ist der Auffassung, dass in der Einlösung des Schecks die Annahme seines Abfindungsangebots liege. – Wäre hier auf den objektiven Empfängerhorizont abzustellen, müsste die Scheckeinreichung als Annahme des Abfindungsangebots ausgelegt werden, da Schill zunächst nur von der Einlösung des Schecks erfährt und erst nachträglich das Ablehnungsschreiben erhält. Da es bei der Annahme gemäß § 151 Satz 1 BGB jedoch nicht um eine empfangsbedürftige Willenserklärung geht, kommt es für die Auslegung nicht auf den eingeschränkten Horizont eines Erklärungsempfängers an, sondern auf die

---
257 Siehe hierzu oben Kapitel 5 Rn. 195.
258 *P. Bydlinski*, JuS 1988, 36 (37); *Fabricius*, JuS 1966, 1 (9); siehe auch schon *v. Tuhr*, AT II/1, S. 479.
259 Hierzu *Neuner*, AT, § 37 Rn. 40.
260 So im Ergebnis auch *Busche*, in: MüKo, § 151 Rn. 3; *Repgen*, AcP 200 (2000), 533 (534, 564).
261 Vgl. BGHZ 111, 97 (101); 160, 393 (397); BGH NJW-RR 1986, 415; NJW 1990, 1656 (1657); NJW 1999, 2179; NJW 2001, 2324; *Busche*, in: MüKo, § 151 Rn. 10; *Wolf*, in: Soergel, § 151 Rn. 8.

Sicht eines objektiven Betrachters, der das gesamte äußere Geschehen überblickt. Zu überlegen ist daher, welche Rückschlüsse aus dem nach außen erkennbare Gesamtverhaltens des Erklärenden, hier des Globig, zu ziehen sind. Durch die Abfassung und Absendung des Ablehnungsschreibens hat Globig seinen Willen, das Abfindungsangebot des Schill abzulehnen, ausreichend nach außen hin manifestiert. Für einen objektiven Betrachter, der das gesamte Geschehen überblickt, ist daher klar, dass Globig mit der Scheckeinreichung nicht das Abfindungsangebot des Schill annehmen will. Dieser aufgrund der äußeren Indizien ermittelte Wille des Globig ist im Fall des § 151 Satz 1 BGB maßgeblich. In der Scheckeinreichung durch Globig ist daher keine Annahme gemäß § 151 Satz 1 BGB zu sehen.

255 Was die Dauer der Bindung des Antragenden an seinen Antrag betrifft, stellt § 151 Satz 2 BGB – abweichend von § 147 Abs. 2 BGB („unter regelmäßigen Umständen") – nicht auf objektive Kriterien, sondern allein auf den (aus dem Antrag oder aus den Umständen zu entnehmenden) „Willen des Antragenden" ab.[262] Auch hier geht es, wie schon bei der Auslegung der Annahme gemäß § 151 Satz 1 BGB (Rn. 254), ausschließlich um die Ermittlung des wirklichen Willens, nicht dagegen um eine Auslegung nach dem objektiven Empfängerhorizont. Hat der Antragende beispielsweise ein dauerhaftes Interesse an der Annahme des Antrags, kann von ihm eine zeitlich unbegrenzte Bindung gewollt sein, sodass er an seinen Antrag bis zu dessen Ablehnung durch den anderen Teil gebunden bleibt.[263]

256 Besondere Schwierigkeiten bereitet im Zusammenhang mit § 151 Satz 1 BGB die im Jahr 2000 eingeführte Vorschrift des § 241a BGB über **unbestellte Leistungen**. Demnach werden insbesondere durch die Lieferung unbestellter Sachen durch einen Unternehmer an einen Verbraucher Ansprüche gegen Letzteren nicht begründet. Es handelt sich um eine verbraucherschützende Regelung. Der Verbraucher- und Unternehmerbegriff ist in den §§ 13, 14 BGB definiert. Hinter § 241a BGB steht ein wettbewerbsrechtlicher Gedanke: Die Erbringung unbestellter Leistungen, insbesondere die unbestellte Warenzusendung, stellt ein wettbewerbswidriges Verhalten dar und verstößt gegen das in § 3 des Gesetzes gegen den unlauteren Wettbewerb (UWG) normierte Verbot unlauterer geschäftlicher Handlungen. Der Verbraucher, dem Waren von einem Unternehmer aufgedrängt werden, soll dadurch unter Druck gesetzt und zu einer Kaufentscheidung genötigt werden.[264] Ein solches wettbewerbswidriges Verhalten des Unternehmers wird durch § 241a BGB in besonderer Weise sanktioniert: Der Unternehmer hat gegen den Verbraucher keinerlei Ansprüche, und zwar – wie sich im Umkehrschluss aus § 241a

---

[262] Vgl. BGH NJW 1999, 2179 (2180); NJW 2000, 2984 (2985); *Mansel*, in: Jauernig, § 151 Rn. 4; *Busche*, in: MüKo, § 151 Rn. 8; *Wolf*, in: Soergel, § 151 Rn. 27; *Bork*, in: Staudinger, § 151 Rn. 27.
[263] BGH NJW 1999, 2179 (2180): Abtretungsangebot, das als Ersatz für eine geschuldete Zahlung dienen soll. Vgl. auch *Busche*, in: MüKo, § 151 Rn. 8; *Wolf*, in: Soergel, § 151 Rn. 27; *Bork*, in: Staudinger, § 151 Rn. 27.
[264] Vgl. *Schwarz*, NJW 2001, 1449.

IV. Zugang der Annahmeerklärung

Abs. 2 BGB ergibt – nicht einmal gesetzliche Ansprüche.[265] Gemäß § 241a Abs. 2 BGB verbleiben dem Unternehmer gesetzliche Ansprüche gegen den Verbraucher nur im Ausnahmefall, nämlich dann, wenn der Unternehmer – für den Verbraucher erkennbar – fälschlicherweise von einer Bestellung des Verbrauchers ausgeht oder wenn die Leistung in Wirklichkeit für einen anderen Empfänger bestimmt ist und etwa aufgrund einer fehlerhaften Zustellung beim Verbraucher landet. Das bedeutet, dass dem Unternehmer, der einem Verbraucher bewusst unbestellte Ware zusendet, aufgrund des Anspruchsausschlusses in § 241a Abs. 1 BGB keine gesetzlichen Ansprüche zustehen, weshalb der Unternehmer die Ware nicht nach § 985 BGB oder § 812 BGB vom Verbraucher zurückfordern kann. Die Folge des § 241a BGB ist damit ein dauerhaftes Auseinanderfallen von Eigentum und Besitz, was sicherlich kein glücklicher Zustand ist, vom Gesetzgeber aber hingenommen wird:[266] Der Verbraucher erwirbt durch die unbestellte Zusendung der Ware kein Eigentum; dieses bleibt vielmehr beim Unternehmer. Der Unternehmer kann aber den Anspruch aus dem Eigentum nicht mehr geltend machen. Anders ausgedrückt: Der Verbraucher darf die unbestellt zugesandte Ware zwar auf Dauer behalten, wird aber nicht zum Eigentümer.

Problem

Problematisch ist, in welchem Umfang der Anspruchsausschluss nach § 241a Abs. 1 BGB auch für vertragliche Ansprüche gilt.

Zunächst muss geklärt werden, ob es im Hinblick auf vertragliche Ansprüche eines gesetzlichen Anspruchsausschlusses überhaupt bedarf. Denn in der Zusendung der Ware durch den Unternehmer liegt nur der Antrag auf Abschluss eines Kaufvertrags, der vom Verbraucher noch angenommen werden muss. Da Schweigen grundsätzlich keinen Erklärungswert hat,[267] kommt es nicht zum Abschluss eines wirksamen Kaufvertrags, wenn der Verbraucher passiv bleibt und auf die unbestellte Warenzusendung nicht reagiert. Das ergibt sich schon aus der allgemeinen Rechtsgeschäftslehre, wonach Verträge durch Antrag und Annahme zustande kommen. Die Vorschrift des § 241a BGB wird insoweit nicht benötigt. Anders verhält es sich aber dann, wenn sich der Verbraucher nicht nur passiv verhält, sondern in irgendeiner Weise tätig wird, insbesondere wenn er die unbestellt zugesandte Ware in Gebrauch nimmt bzw. diese verbraucht. Das ist beispielsweise der Fall, wenn der Verbraucher ein Buch, das ihm unbestellt von einem Buchhändler zugeschickt worden ist, auspackt und anschließend liest, oder wenn er eine unbestellt zugesandte Tafel Schokolade öffnet und aufisst. Bei der Zusendung unbestellter Ware sind an sich die Voraussetzungen des § 151 Satz 1 BGB erfüllt: Der Zugang der Annahmeerklärung ist hier nach der Verkehrssitte nicht

---

265 Der Ausschluss gesetzlicher Ansprüche durch § 241a BGB ist mit der vollharmonisierten Richtlinie 2011/83/EU vom 25.10.2011 (Verbraucherrechterichtlinie) vereinbar, weil in deren Regelungsbereich nur der vertragliche Rechtsbehelf des Verbrauchers fällt, nicht dagegen die gesetzlichen Ansprüche des Unternehmers; vgl. *Fritzsche*, in: BeckOGK-BGB, § 241a Rn. 93 (Stand: 1.2.2022); *Finkenauer*, in: MüKo, § 241a Rn. 1; *Olzen*, in: Staudinger, § 241a Rn. 53–55. **A.A.** (teleologische Reduktion des § 241a BGB hinsichtlich des Ausschlusses der gesetzlichen Ansprüche im Wege richtlinienkonformer Auslegung) *Saenger*, in: Erman, § 241a Rn. 1a, 16, 27; *Piekenbrock*, GPR 2012, 195 (197 f.); *Köhler*, JuS 2014, 865 (868 f.).
266 Vgl. BT-Drs. 14/2658 S. 46.
267 Hierzu oben Kapitel 4 Rn. 101 f.

zu erwarten und häufig verzichtet der Unternehmer darauf auch ausdrücklich. Im Ge- bzw. Verbrauch der Ware liegt seitens des Verbrauchers die Betätigung eines Annahmewillens. Auf diese Weise würde § 151 Satz 1 BGB für den Verbraucher zur Falle, der regelmäßig nicht davon ausgeht, dass der Ge- oder Verbrauch unbestellt zugesandter Ware zu einem Vertragsschluss führt. Daher muss § 151 Satz 1 BGB aufgrund des Schutzzwecks des § 241a BGB einschränkend ausgelegt werden: Im Fall der Lieferung unbestellter Waren durch einen Unternehmer an einen Verbraucher führt der Ge- oder Verbrauch der Waren – entgegen § 151 Satz 1 BGB – nicht zu einem Vertragsschluss.[268] Bestätigt wird diese Einschränkung des § 151 Satz 1 BGB insbesondere durch die europäische Verbraucherrechte-Richtlinie.[269] § 241a BGB dient in seiner aktuellen Fassung der Umsetzung von Art. 27 der Verbraucherrechte-Richtlinie.[270] Aufgrund des Gebots der **richtlinienkonformen Auslegung** des nationalen Rechts ist § 241a BGB im Lichte der Richtlinie auszulegen. In Art. 27 Satz 2 der Richtlinie wird ausdrücklich klargestellt, dass bei Lieferung unbestellter Waren und Erbringung unbestellter Dienstleistungen im Sinne der Richtlinie „das Ausbleiben einer Antwort des Verbrauchers auf eine solche unbestellte Lieferung oder Erbringung nicht als Zustimmung" gilt. Im Fall der Betätigung des Annahmewillens gemäß § 151 Satz 1 BGB fehlt es gerade an einer Antwort des Verbrauchers, denn es geht nicht um eine empfangsbedürftige Willenserklärung, die sich an den Unternehmer richten würde. Daher darf ein solches Verhalten im Einklang mit Art. 27 Satz 2 der Richtlinie nicht zum Kaufvertragsschluss führen, der zur Folge hätte, dass der Verbraucher gegenüber dem Unternehmer zur Zahlung des Kaufpreises verpflichtet wäre.

Bsp.: Weinhändler Witold schickt dem Verbraucher Valentin unaufgefordert einen Karton Wein zu. Im Anschreiben heißt es: „Wenn Sie mit der Lieferung entgegen unserer Erwartung nicht einverstanden sein sollten, bitten wir um Rücksendung des Kartons auf unsere Kosten innerhalb der nächsten beiden Wochen. Andernfalls gehen wir davon aus, dass Sie die Weine zum Sonderpreis von nur 50 € behalten wollen." Valentin organisiert kurzfristig eine kleine Feier unter dem Motto „Probieren geht über Studieren!". Auf der Feier wird der Wein ausgetrunken. Hat Witold gegen Valentin einen Anspruch auf Zahlung von 50 €, hilfsweise einen Anspruch auf Schadensersatz? – Das Ausschenken des Weins durch Valentin stellt eine Betätigung des Annahmewillens i. S. d. § 151 Satz 1 BGB dar. Nach dem Sinn und Zweck des § 241a Abs. 1 BGB und aufgrund der richtlinienkonformen Auslegung dieser Vorschrift führt die bloße Betätigung des Annahmewillens jedoch nicht zu einem vertraglichen Anspruch des Witold gegen Valentin auf Kaufpreiszahlung. Auch gesetzliche Ansprüche, insbesondere ein Anspruch auf Schadensersatz gemäß § 823 Abs. 1 BGB wegen des Verbrauchs des im Eigentum des Witold stehenden Weines und der darin liegenden Eigentumsverletzung, stehen Witold aufgrund des umfassenden Anspruchsausschlusses gemäß § 241a Abs. 1 BGB nicht zu.

---

268 Vgl. *Finkenauer*, in: MüKo, § 241a Rn. 26; *Schwarz*, NJW 2001, 1449 (1451). **A. A.** *Casper*, ZIP 2000, 1602 (1607).
269 Richtlinie 2011/83/EU vom 25.10.2011, zuletzt geändert durch Richtlinie (EU) 2019/2161 vom 27.11.2019.
270 Darüber hinaus dient § 241a BGB auch der Umsetzung von Art. 9 der Richtlinie 2002/65/EG vom 23.9.2002 (Finanzdienstleistungs-Fernabsatz-Richtlinie), zuletzt geändert durch Richtlinie (EU) 2015/2366 vom 25.11.2015.

2. Annahme bei der Sukzessivbeurkundung (§ 152 BGB)

Zu einem Vertragsschluss ohne Zugang der Annahmeerklärung kommt es gemäß § 152 BGB auch bei der Sukzessivbeurkundung. Geregelt ist die Sukzessivbeurkundung in § 128 BGB, wonach es für die notarielle Beurkundung eines Vertrags nicht darauf ankommt, dass Antrag und Annahme gleichzeitig vor ein und demselben Notar beurkundet werden, sondern eine sukzessive Beurkundung ausreicht, bei der zunächst der Antrag und erst dann die Annahme von einem Notar beurkundet wird. Das hat zur Folge, dass die Vertragsparteien bei der Beurkundung nicht gleichzeitig anwesend sein müssen und Antrag und Annahme zudem von verschiedenen Notaren beurkundet werden können. Das ist vor allem dann hilfreich, wenn die Vertragsparteien, die an entfernten Orten wohnen, ihre Willenserklärungen zwar persönlich abgeben wollen, die Kosten und Mühen einer Reise aber scheuen. Die Annahmeerklärung ist bei der Sukzessivbeurkundung nicht empfangsbedürftig: Nach § 152 Satz 1 BGB kommt ein Vertrag, wenn nicht beide Vertragsparteien bei der Beurkundung gleichzeitig anwesend sind, grundsätzlich durch die nach § 128 BGB erfolgte Beurkundung der Annahme zustande. Die bei der Beurkundung der Annahme nicht anwesende Vertragspartei, also der Antragende, erhält zwar regelmäßig eine Ausfertigung der Annahmeurkunde. Der Zugang dieser Ausfertigung spielt aber für den Vertragsschluss keine Rolle mehr, da der Vertrag bereits mit der in Abwesenheit des Antragenden erfolgten Beurkundung der Annahme seine volle Wirksamkeit erlangt hat.

> **Bsp.:** Vincent, der in Mainz wohnt und Eigentümer eines dort belegenen (d. h. dort befindlichen) Grundstücks ist, verständigt sich telefonisch mit dem in Hamburg lebenden Knud über den Verkauf dieses Grundstückes. Um Zeit und Reisekosten zu sparen, erklärt – wie verabredet – Vincent seinen Antrag in Abwesenheit des Knud vor einem Mainzer Notar, der den Antrag beurkundet. Knud erhält von der Antragsurkunde eine Ausfertigung. Die Annahmeerklärung des Knud wird in Abwesenheit des Vincent durch einen Notar in Hamburg beurkundet. Das Schreiben des Hamburger Notars an Vincent, das als Anlage eine Ausfertigung der Annahmeurkunde enthält, geht bei der Post verloren. Kann Knud von Vincent die Übereignung des Grundstücks verlangen? – Der Anspruch auf Übereignung gemäß § 433 Abs. 1 Satz 1 Alt. 2 BGB setzt einen wirksamen Kaufvertrag voraus. Dieser ist hier, da ein Fall der Sukzessivbeurkundung (§ 128 BGB) vorliegt, gemäß § 152 Satz 1 BGB bereits durch die Beurkundung der Annahmeerklärung des Knud wirksam zustande gekommen. Auf den Zugang der Annahmeerklärung bei Vincent kommt es damit nicht mehr an, weshalb dem Verlust des Schreibens des Hamburger Notars keine rechtliche Bedeutung zukommt. Knud hat gegen Vincent einen Anspruch auf Übereignung des Grundstücks.

3. Vertragsschluss bei Versteigerung (§ 156 BGB)

§ 156 Satz 1 BGB sieht vor, dass bei einer Versteigerung der Vertrag „erst durch den Zuschlag" zustande kommt. Daraus folgt, dass in dem vom Bieter abgegebenen Gebot der Antrag auf Abschluss des Vertrags zu sehen ist und im Zuschlag die Annahme dieses Antrags liegt.[271] Die Veranstaltung der Versteigerung ist daher noch kein bindender Antrag, sondern nur eine Aufforderung zur Abgabe von

---

[271] Vgl. BGHZ 138, 339 (342).

Geboten *(invitatio ad offerendum)*.[272] Der Bieter, der ein Gebot abgegeben hat, hat somit keinen Anspruch auf den Zuschlag.[273] Vielmehr kann der Versteigerer, wenn ihm das Gebot zu niedrig erscheint, die Versteigerung jederzeit abbrechen, ohne dass es zu einem wirksamen Vertragsschluss kommt.

260 Wird der Zuschlag erteilt, kommt dadurch gemäß § 156 Satz 1 BGB („durch den Zuschlag") der Vertrag zustande, ohne dass die im Zuschlag liegende Annahmeerklärung dem Bieter zugehen müsste.[274] Es kommt daher auch dann zu einem wirksamen Vertragsschluss, wenn sich der Bieter nach Abgabe seines Gebots von der Versteigerung entfernt hat und er daher zum Zeitpunkt des Zuschlags nicht mehr anwesend ist.

261 Da § 156 BGB abdingbar ist, können die Parteien die Art und Weise des Vertragsschlusses bei einer Versteigerung auch abweichend regeln, wozu es insbesondere bei **Internet-Versteigerungen** (z. B. über das Internetportal „eBay") kommt.[275]

V. Vertragsschluss durch sozialtypisches Verhalten?

262 Nach der Lehre vom Vertragsschluss durch sozialtypisches Verhalten, die früher nicht nur in der Literatur, sondern auch in der Rechtsprechung eine Rolle spielte, soll es der Lebenswirklichkeit nicht gerecht werden, dass Verträge nur durch Antrag und Annahme, also durch Willenserklärungen, zustande kommen. Es gäbe vielmehr auch Fälle, in denen es allein aufgrund der sozialtypischen Bedeutung eines Verhaltens zu einem wirksamen Vertrag käme. Da der Vertrag nicht – wie gewöhnlich – durch Willenserklärung, sondern durch ein rein tatsächliches Verhalten zustande kommen soll, spricht man auch von der „Lehre von den faktischen Vertragsverhältnissen".[276] Vor allem bei Geschäften im Massenverkehr hat man die Lehre vom Vertragsschluss durch sozialtypisches Verhalten ins Spiel gebracht: Wer beispielsweise ein öffentliches Verkehrsmittel besteigt, soll durch sozialtypisches Verhalten einen Beförderungsvertrag abschließen, und zwar durch die rein tatsächliche Inanspruchnahme der Beförderungsleistung. Auf das Vorliegen einer wirksamen Willenserklärung käme es nicht an. Gleiches soll etwa für den Bezug von Strom, Wasser und Gas und für die Benutzung gebührenpflichtiger Parkplätze gelten.

263 Der BGH hat sich 1956 der Lehre vom sozialtypischen Verhalten in dem berühmten Hamburger Parkplatzfall angeschlossen:

> **Bsp.** (vgl. BGHZ 21, 319): Die Stadt Hamburg weist einen Teil des Rathausmarktes als gebührenpflichtigen Parkplatz aus, um mehr Platz für kurzfristige Parker zu schaffen. Der gebührenpflichtige Bereich ist durch einen weißen Strich und Schilder mit der Aufschrift „PARKGELDPFLICHTIG UND BEWACHT" gekennzeichnet. Die Parkraumbewirtschaftung ist einem privaten Unternehmen übertragen. Eine Autofahrerin stellt ihren Wagen mehrmals innerhalb des gebührenpflichtigen Bereichs ab und erklärt gegenüber dem von

---

272 Zur *invitatio ad offerendum* siehe oben Rn. 225–228.
273 Vgl. KG MDR 2004, 1402 f.
274 *Brox/Walker*, AT, § 8 Rn. 25; *Neuner*, AT, § 37 Rn. 43; *Busche*, in: MüKo, § 156 Rn. 4.
275 Zum Vertragsschluss bei der Internet-Versteigerung siehe oben Rn. 221.
276 Begründer dieser Lehre ist Günter Haupt mit seiner Schrift „Über faktische Vertragsverhältnisse", 1941 (= FS Siber II, 1943, S. 1–37, insb. S. 8 f.).

dem Unternehmen eingesetzten Ordner ein jedes Mal, dass sie keine Bewachung ihres Fahrzeugs wünsche und auch die Bezahlung der Parkgebühr ablehne.

Unter Berufung auf die Lehre vom sozialtypischen Verhalten meint der BGH hierzu wörtlich:[277] „Wer während der Bewachungszeiten die besonders kenntlich gemachte Parkfläche zum Parken benutzt, führt schon dadurch, daß er das tut, ein vertragliches Rechtsverhältnis herbei, das ihn zur Bezahlung eines Entgelts entsprechend dem Parkgeldtarif verpflichtet. Auf seine etwaige abweichende innere Einstellung – mag sie auch von dem parklustigen Kraftfahrer bei Beginn des Parkens dem Ordner […] gegenüber zum Ausdruck gebracht worden sein – kommt es nicht an."

Heute wird die Lehre vom Vertragsschluss durch sozialtypisches Verhalten ganz allgemein abgelehnt.[278] Es ist nunmehr anerkannt, dass die betreffenden Fälle mit den allgemeinen Regeln des Vertragsrechts gelöst werden können. In den Verhaltensweisen, die in die Kategorie des sozialtypischen Verhaltens fallen, insbesondere in der tatsächlichen Inanspruchnahme von Leistungen, sieht man heute konkludente Willenserklärungen, wobei es jeweils um Anwendungsfälle des § 151 Satz 1 BGB geht, also um Annahmeerklärungen, die nicht empfangsbedürftig sind. Damit gilt heute wieder, dass Verträge ausschließlich durch Willenserklärungen zustande kommen, nicht auch in sonstiger Weise. Seit der Entscheidung im Hamburger Parkplatzfall hat auch der BGH die Lehre vom Vertragsschluss durch sozialtypisches Verhalten nicht mehr angewendet und hat 1985 – in einem *obiter dictum* (vgl. den Hinweis zu Rn. 228) – festgestellt, dass sich die Geschäfte des Massenverkehrs auch als Fälle eines ganz gewöhnlichen Vertragsschlusses einordnen lassen.[279]

Im Beispiel der vom österreichischen Liedermacher Wolfgang Ambros[280] besungenen schaffnerlosen Straßenbahn gibt der Verkehrsbetrieb durch das Betreiben der Straßenbahn konkludent einen Antrag auf Abschluss eines Beförderungsvertrags ab, der sich an einen unbestimmten Personenkreis[281] richtet, nämlich an alle potenziellen Fahrgäste. Ein solcher konkludenter Antrag, der in der tatsächlichen Bereitstellung einer Leistung liegt, wird als „Realofferte" bezeichnet.[282] Wer in die Straßenbahn einsteigt, nimmt die Realofferte durch sein konkludentes Handeln an, wobei der Zugang der Annahmeerklärung nach der Verkehrssitte entbehrlich ist (§ 151 Satz 1 Alt. 1 BGB). Auch der Stromversorger gibt durch die tatsächliche Bereitstellung von Strom eine Realofferte gegenüber dem jeweiligen Mieter einer mit eigenem Stromzähler ausgestatteten Mietwohnung ab. Der Mieter nimmt diese Realofferte konkludent an, indem er aus dem Leitungsnetz Strom entnimmt.[283] Der Zugang der Annahmeerklärung ist wiederum nach § 151 Satz 1 BGB entbehrlich. Ähnliches gilt für Parkplätze, die als gebührenpflichtig ausge-

---

277 BGHZ 21, 319 (334 f.).
278 Siehe nur *Brox/Walker*, AT, § 8 Rn. 41; *Neuner*, AT, § 37 Rn. 47; *Busche*, in: MüKo, § 147 Rn. 5; *Wolf*, in: Soergel, vor § 145 Rn. 103.
279 BGHZ 95, 393 (399).
280 „Schaffnerlos" (1978): youtu.be/_5sku3wI3DI (zuletzt aufgerufen am 27.10.2022).
281 Zur Offerte *ad incertas personas* siehe oben Rn. 220–224.
282 Vgl. *Brox/Walker*, AT, § 8 Rn. 41; *Köhler*, AT, § 8 Rn. 27; *Mansel*, in: Jauernig, § 145 Rn. 9; *Busche*, in: MüKo, § 151 Rn. 11.
283 BGH NJW-RR 2020, 201; vgl. auch BGH NJW 2014, 3148.

wiesen sind:²⁸⁴ Der Autofahrer, der auf einem solchen Parkplatz parkt, erklärt damit konkludent die Annahme der auf Vertragsschluss gerichteten Realofferte, die in der Zurverfügungstellung des Parkplatzes liegt, wobei auch hier § 151 Satz 1 BGB zur Anwendung kommt.

267 Das besondere Problem im Hamburger Parkplatzfall liegt allerdings darin, dass die Autofahrerin gegenüber dem Ordner einen Vertragsschluss ausdrücklich ablehnte. Es geht hier um ein widersprüchliches Verhalten: Durch ihr tatsächliches Verhalten, nämlich die Inanspruchnahme des Parkplatzes, erklärt die Autofahrerin konkludent die Annahme des Antrags auf Vertragsschluss, während sie durch ihre ausdrückliche Erklärung einen gegenteiligen Willen kundgibt. Ein solches widersprüchliches Verhalten ist ein anerkannter Fall der unzulässigen Rechtsausübung, die dem Grundsatz von Treu und Glauben (§ 242 BGB) zuwiderläuft. Nach Treu und Glauben darf man sich, insbesondere auch beim Abschluss von Verträgen, nicht widersprüchlich verhalten. Das widersprüchliche Verhalten wird auch als *venire contra factum proprium* („seinem eigenen Verhalten zuwiderlaufen") bezeichnet. Ein besonderer Fall des widersprüchlichen Verhaltens ist die sogenannte *protestatio facto contraria*,²⁸⁵ die dem tatsächlichen Verhalten widersprechende Verwahrung.²⁸⁶ Eine solche *protestatio* ist nach § 242 BGB unbeachtlich und kann einem wirksamen Vertragsschluss nicht entgegengehalten werden. Der Vorbehalt, den die Autofahrerin im Hamburger Parkplatzfall gegenüber dem Ordner äußert, widerspricht ihrem tatsächlichen Verhalten. Es handelt sich somit um eine unbeachtliche *protestatio facto contraria*. Maßgeblich ist daher allein die tatsächliche Inanspruchnahme des Parkplatzes und die darin liegende konkludente Annahmeerklärung, die zu einem wirksamen Vertragsschluss führt.²⁸⁷ Aufgrund des wirksamen Vertrags ist die Autofahrerin gegenüber dem Unternehmen, dem die Parkraumbewirtschaftung übertragen wurde, zur Zahlung der Parkgebühr verpflichtet.

268 Zum Teil wird die Lösung das Hamburger Parkplatzfalles über die Figur der *protestatio facto contraria* kritisiert,²⁸⁸ wobei insbesondere auf die negative Vertragsfreiheit verwiesen wird.²⁸⁹ Mit dieser sei es unvereinbar, wenn es zu einer vertraglichen Bindung komme, obwohl der Betroffene ausdrücklich erklärt habe, keinen Vertrag schließen zu wollen. Dem ist entgegenzuhalten, dass ein widersprüchliches Verhalten, das unter § 242 BGB fällt, auch durch die negative Vertragsfreiheit nicht gerechtfertigt werden kann. Wer keinen Vertrag schließen will, kann das ohne Weiteres widerspruchsfrei erreichen, indem er die gebührenpflichtige Leistung nicht in Anspruch nimmt und damit nicht konkludent die Annahme des Antrags erklärt. Sollte im Einzelfall die Verwahrung gegen den Vertragsschluss

---

284 Vgl. BGH NJW 2016, 863 Tz. 15; NJW 2020, 755 Tz. 13.
285 Siehe etwa BGHZ 202, 17 Tz. 10; 202, 158 Tz. 12; BGH NJW 1965, 387 (388); NJW 2000, 3429 (3431); NJW 2003, 3131; NJW-RR 2005, 639 (640). Ausführlich zur *protestatio facto contraria Köhler*, JZ 1981, 464–469.
286 Der Begriff „Verwahrung" ist hier (selbstverständlich) nicht im Sinne der §§ 688 ff. BGB (Verwahrungsvertrag) gemeint, sondern im Sinne von „sich gegen etwas verwahren", d. h. etwas energisch zurückweisen.
287 Vgl. *Brox/Walker*, AT, § 8 Rn. 41; *Leipold*, BGB I, § 10 Rn. 28a. Gegen einen wirksamen Vertragsschluss *Köhler*, JZ 1981, 464 (468 f.); *ders.*, AT, § 8 Rn. 29; *Neuner*, AT, § 37 Rn. 47.
288 *Medicus/Petersen*, AT, Rn. 249 f.; *Neuner*, AT, § 37 Rn. 47; *St. Lorenz*, FS Unberath, 2015, S. 291 (293); *Teichmann*, FS Michaelis, 1972, S. 294 (307, 315), wonach die Figur keinen eigenständigen dogmatischen Begründungsgehalt habe.
289 *Köhler*, JZ 1981, 464 (467–469); *ders.* AT, § 8 Rn. 29; *Neuner*, AT, § 37 Rn. 47.

rechtlich begründet sein, liegt kein treuwidriges Verhalten und damit kein Verstoß gegen § 242 BGB vor. Das wäre etwa anzunehmen, wenn von Radfahrern für die vom Gemeingebrauch umfasste Nutzung von Radwegen ohne entsprechende rechtliche Grundlage die Zahlung eines Entgelts verlangt würde und sich diese gegen eine solche Zahlungspflicht verwahrten. Die *protestatio* ist in einem solchen Fall ausnahmsweise beachtlich, sodass es nicht zum Abschluss eines wirksamen Vertrags kommt.

Literaturhinweise

Zum Grundsatz der Vertragsfreiheit: *Coester-Waltjen*, Die Grundsätze der Vertragsfreiheit, Jura 2006, 436–440; *Crohn-Gestefeld*, Der Schutz vor Benachteiligung im Zivilrechtsverkehr, Jura 2021, 513–521; *Musielak*, Vertragsfreiheit und ihre Grenzen, JuS 2017, 949–954; *Wendt/Schäfer*, Kontrahierungszwang nach § 21 I 1 AGG?, JuS 2009, 206–209.

Zu Antrag und Annahme: *Alexander*, Die Rücknahme des Angebots bei Internetauktionen, JR 2015, 289–297; *Brehmer*, Die Annahme nach § 151 BGB, JuS 1994, 386–391; *Böse/Jutzi*, Vertragsschluss durch Auktionsabbruch bei eBay, MDR 2015, 677–681; *P. Bydlinski*, Probleme des Vertragsabschlusses ohne Annahmeerklärung, JuS 1988, 36–38; *Czeguhn*, Vertragsschluß im Internet, JA 2001, 708–713; *Fritzsche*, Der Abschluss von Verträgen, §§ 145 ff. BGB, JA 2006, 674–681; *Henke*, „Berühren verpflichtet zum Kauf" – ein Sonderfall des Vertragsschlusses im Selbstbedienungsladen, JA 2017, 339–342; *J. Kaiser*, Wichtige zivilrechtliche eBay-Fälle im Assessorexamen, JA 2017, 372 f.; *Karabas*, Der Vertragsschluss durch gemeinsame Zustimmung zu einem von einem Dritten erstellten Vertragsentwurf, Jura 2022, 670–682; *Klees/Keisenberg*, Vertragsschluss bei eBay – „3…2(…1)…meins"?, MDR 2011, 1214–1218; *Möslein*, Die Bindung an den Antrag, Jura 2020, 122–131; *ders.*, Rechtsgeschäfte unter Abwesenden: Vertragsschluss und Beschlussfassung trotz „Social Distancing", Jura 2020, 1001–1012; *Oechsler*, Der Allgemeine Teil des Bürgerlichen Gesetzbuchs und das Internet, Jura 2012, 422–426, 497–500; *Petersen*, Das Zustandekommen des Vertrags, Jura 2009, 183–187; *Pfeiffer*, Von Preistreibern und Abbruchjägern – Rechtsgeschäftslehre bei Online-Auktionen, NJW 2017, 1437–1440; *Schöne/Vowinckel*, Vertragsschluß bei Internet-Auktionen, Jura 2001, 680–685; *Strobel*, Die Annahmefähigkeit des Antrags nach § 147 BGB bei der Einschaltung von Hilfspersonen, JuS 2021, 626–630; *Sutschet*, Anforderungen an die Rechtsgeschäftslehre im Internet – Bid Shielding, Shill Bidding und Mr. Noch Unbekannt, NJW 2014, 1041–1046; *Volp/Schimmel*, § 149 BGB – Eine klare und einfache Regelung?, JuS 2007, 899–904.

Zur Einigung und zum Einigungsmangel: *U. Jung*, Die Einigung über die „essentialia negotii" als Voraussetzung für das Zustandekommen eines Vertrages, JuS 1999, 28–32; *Petersen*, Der Dissens beim Vertragsschluss, Jura 2009, 419 f.

Zur Frage des Vertragsschlusses durch sozialtypisches Verhalten: *Petersen*, Faktische und fehlerhafte Vertragsverhältnisse, Jura 2011, 907 f.

Übungsfälle: *Ehlers*, Immer Ärger im Internet, Jura 2017, 189–200 (Examensklausur zum Vertragsschluss bei Internet-Auktionen); *Eickelmann*, Die Internet-Auktion, Jura 2011, 549–551; *Eufinger*, Anfängerklausur – Zivilrecht: Mehrdeutige Preisangabe auf eBay und das Zustandekommen eines Vertrags, JuS 2018, 137–141; *Heitmann/Hoch*, Drachenhandel über WhatsApp, Jura 2019, 757–762 (Anfängerklausur zu Antrag und Annahme); *Hippeli*, Rechtsprobleme der Parkraumbewirtschaftung, Jura 2019, 642–651 (Fortgeschrittenenklausur, u. a. zur Frage des Vertragsschlusses durch sozialtypisches Verhalten); *L. Schmidt/Brunschier*, Fortgeschrittenenklausur – Zivilrecht: Abbruch einer eBay-Auktion, JuS 2017, 137–142; *Walter/Graubner*, Das E-Bike und die verschwundene Jacke, Jura 2018, 1276–1282 (u. a. zur Auslegung von Antrag und Annahme bei einem eBay-Sofortkauf).

Kapitel 7   Rechtsfähigkeit und Handlungsfähigkeit

Man unterscheidet zwischen Rechtsfähigkeit und Handlungsfähigkeit. Rechtsfähigkeit, d. h. die Fähigkeit, Träger von Rechten und Pflichten zu sein,[290] kommt allen Rechtssubjekten zu, insbesondere allen Menschen, also auch Kleinkindern und Personen, die unter – auch schwersten – Störungen der Geistestätigkeit leiden. Dagegen hängt die Handlungsfähigkeit vom Lebensalter und von den geistigen Fähigkeiten der jeweiligen Person ab.   **269**

Definition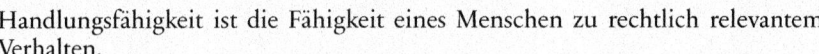
Handlungsfähigkeit ist die Fähigkeit eines Menschen zu rechtlich relevantem Verhalten.

Die Handlungsfähigkeit wird wiederum unterschieden in Geschäftsfähigkeit und Deliktsfähigkeit.   **270**

I.   Rechtsfähigkeit, Geschäftsfähigkeit, Deliktsfähigkeit

1.   Rechtsfähigkeit

Gemäß § 1 BGB beginnt die Rechtsfähigkeit eines Menschen mit der Vollendung der Geburt. Auch schon vor der Geburt gibt es Auswirkungen der später, also mit der Geburt, eintretenden Rechtsfähigkeit: Das bereits gezeugte, aber noch nicht geborene Kind *(nasciturus)* ist nach § 1923 Abs. 2 BGB erbfähig. Somit wird das Kind zum Erben, wenn es nach dem Erbfall, also nach dem Tod des Erblassers, lebend geboren wird und damit nach § 1 BGB die Rechtsfähigkeit erlangt. Sogar das noch nicht gezeugte Kind *(nondum conceptus)* kann erbrechtlich bedacht werden, z. B. indem es in einem Testament als Erbe eingesetzt wird. Nach der Auslegungsregel[291] des § 2101 Abs. 1 Satz 1 BGB ist im Zweifel anzunehmen, dass eine zur Zeit des Erbfalls noch nicht gezeugte Person, die als Erbe eingesetzt ist, Nacherbe werden soll. Das bedeutet, dass der Eingesetzte wiederum mit seiner Geburt die Erbenstellung erlangt.   **271**

Die Rechtsfähigkeit des Menschen endet mit dem Tod. Das ergibt sich im Umkehrschluss aus der erbrechtlichen Vorschrift des § 1922 Abs. 1 BGB, nach der mit dem Tod einer Person deren Vermögen als Ganzes, also alle Aktiva und Passiva, auf die Erben übergeht (Gesamtrechtsnachfolge). Unter dem Tod versteht man   **272**

---
290   Zur Definition der Rechtsfähigkeit siehe oben Kapitel 1 Rn. 7.
291   Zum Begriff der Auslegungsregel siehe den Hinweis oben in Kapitel 4 Rn. 173.

heute nicht mehr – wie es dem klassischen Todesbegriff entspricht – den Herz- und Atemstillstand, sondern den Gehirntod.

273 Neben den natürlichen Personen, also allen Menschen, gibt es die juristischen Personen. Dabei handelt es sich um rechtsfähige Gebilde, die eine Schöpfung des Gesetzgebers darstellen.

> **Definition**
> Juristische Personen sind Personenvereinigungen oder Vermögensmassen, denen durch die Rechtsordnung Rechtsfähigkeit verliehen ist.

274 Beispiele für derartige rechtsfähige Personenvereinigungen sind der nicht wirtschaftliche Verein („Idealverein"), der gemäß § 21 BGB Rechtsfähigkeit durch Eintragung in das Vereinsregister erlangt, und die in § 22 BGB angesprochenen wirtschaftlichen Vereine. Wirtschaftliche Vereine i. S. d. § 22 BGB denen aufgrund „besonderer bundesgesetzlicher Vorschriften" die Rechtsfähigkeit verliehen ist, sind insbesondere die Aktiengesellschaft (§ 1 Abs. 1 Satz 1 AktG), die Gesellschaft mit beschränkter Haftung (§ 13 Abs. 1 GmbHG) und die Genossenschaft (§ 17 Abs. 1 GenG). Beispiel für eine Vermögensmasse mit Rechtspersönlichkeit ist die rechtsfähige Stiftung gemäß § 80 BGB. Abgesehen von den natürlichen und juristischen Personen gibt es als weitere Rechtssubjekte die rechtsfähigen Personengesellschaften (siehe den Hinweis oben in Kapitel 4 Rn. 108).

2. Geschäftsfähigkeit

275 Die Geschäftsfähigkeit, d. h. die Fähigkeit, wirksame Willenserklärungen abzugeben und wirksam Rechtsgeschäfte vorzunehmen,[292] ist ein Teilaspekt der Handlungsfähigkeit, also der Fähigkeit des Menschen, ein rechtlich relevantes Verhalten an den Tag zu legen.

276 Da die Geschäftsfähigkeit – ebenso wie auch die übergeordnete Kategorie der Handlungsfähigkeit – auf ein menschliches Verhalten abstellt, können nur natürliche Personen geschäftsfähig sein. Dagegen sind juristischen Personen zwar rechtsfähig, können also Träger von Rechten und Pflichten sein, jedoch niemals geschäftsfähig. Für die juristischen Personen handeln deren Organe, also der Vorstand des Vereins (§ 26 BGB), der Aktiengesellschaft (§§ 76, 78 AktG) oder der Genossenschaft (§ 24 GenG) bzw. die Geschäftsführer der GmbH (§ 35 GmbHG). Auf diese Weise, nämlich vertreten durch ihre Organe, können auch juristische Personen Verträge schließen und auch sonst rechtsgeschäftlich handeln.

277 Für die Geschäftsfähigkeit gelten bestimmte **Altersstufen**: Bis zur Vollendung des siebten Lebensjahres ist man geschäftsunfähig (§ 104 Nr. 1 BGB). In der Zeit von der Vollendung des siebten bis zur Vollendung des 18. Lebensjahres ist man beschränkt geschäftsfähig (§ 106 und § 2 BGB). Mit Vollendung des 18. Lebensjahres wird man schließlich, wie sich im Umkehrschluss aus § 106 BGB ergibt, voll geschäftsfähig.

---

[292] Zur Definition der Geschäftsfähigkeit siehe oben Kapitel 1 Rn. 9.

I. Rechtsfähigkeit, Geschäftsfähigkeit, Deliktsfähigkeit

Altersstufen der Geschäftsfähigkeit

3. Deliktsfähigkeit

Die Deliktsfähigkeit ist von der Geschäftsfähigkeit streng zu unterscheiden. Während man die Geschäftsfähigkeit benötigt, um wirksame Willenserklärungen abgeben und wirksam Rechtsgeschäfte abschließen zu können, entscheidet die Deliktsfähigkeit darüber, ob man aus unerlaubten Handlungen (Delikten) auf Schadensersatz in Anspruch genommen werden kann.

278

Definition

Deliktsfähigkeit ist die Fähigkeit, aus einer zum Schadensersatz verpflichtenden unerlaubten Handlung gemäß §§ 823 ff. BGB zu haften.

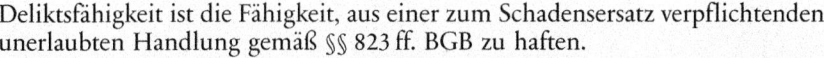

Auch für die Deliktsfähigkeit gibt es **Altersstufen**, die in § 828 BGB geregelt sind: Gemäß § 828 Abs. 1 BGB ist nicht deliktsfähig, wer noch nicht das siebte Lebensjahr vollendet hat. Bei Schädigern, die zwar schon sieben, aber noch nicht 18 Jahre alt sind, kommt es gemäß § 828 Abs. 3 BGB – anders als bei der beschränkten Geschäftsfähigkeit – auf die individuelle Einsichtsfähigkeit zum Zeitpunkt der Begehung der unerlaubten Handlung an. Eine Sonderregelung gilt gemäß § 828 Abs. 2 BGB bei Unfällen im Straßen- und Bahnverkehr, für die Kinder bis zur Vollendung des zehnten Lebensjahres grundsätzlich nicht zur Verantwortung gezogen werden können. Der Gesetzgeber geht dabei davon aus, dass Kinder in diesem Altersbereich die Gefahren des Straßen- und Bahnverkehrs noch nicht richtig abschätzen können.

279

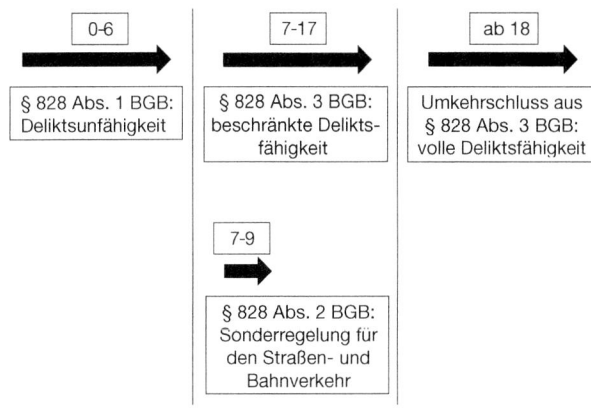

Altersstufen der Deliktsfähigkeit

280 Volljährige sind grundsätzlich deliktsfähig. Ihre Deliktsfähigkeit ist aber nach § 827 Satz 1 BGB ausgeschlossen, wenn sie die unerlaubte Handlung im Zustand der Bewusstlosigkeit oder in einem die freie Willensbildung ausschließenden Zustand krankhafter Störung der Geistestätigkeit begehen. Wer sich schuldhaft, d. h. vorsätzlich oder fahrlässig, in einen solchen Zustand versetzt hat, haftet, wie wenn er die unerlaubte Handlung fahrlässig begangen hätte (§ 827 Satz 2 BGB).

281 Auf die Verantwortlichkeit des Schuldners für die Verletzung von Pflichten aus einem bestehenden Schuldverhältnis, wozu auch die Schutzpflichten gemäß § 241 Abs. 2 BGB gehören, finden gemäß § 276 Abs. 1 Satz 2 BGB die Vorschriften über die Deliktsfähigkeit (§§ 827, 828 BGB) entsprechende Anwendung. Wer infolge einer wahnhaften Störung (vgl. Rn. 282) seinem Vertragspartner eine Körperverletzung zufügt, haftet diesem daher nicht aus Vertrag (§§ 280 Abs. 1, 241 Abs. 2 BGB) und grundsätzlich auch nicht aus Delikt (§ 823 Abs. 1 BGB: „Körper") auf Schadensersatz. Allenfalls kann es nach § 829 BGB zu einer Ersatzpflicht aus Billigkeitsgründen kommen, etwa weil der deliktsunfähige Schädiger über ein hohes Vermögen verfügt. Das gilt aber – mangels Nennung des § 829 BGB in § 276 Abs. 1 Satz 2 BGB – nur für die deliktische, nicht dagegen für die vertragliche Haftung.

II. Geschäftsunfähigkeit

282 Geschäftsunfähig sind Minderjährige bis vor Vollendung des siebten Lebensjahres (§ 104 Nr. 1 BGB) und Personen, die sich in einem „die freie Willensbestimmung ausschließenden Zustand krankhafter Störung der Geistestätigkeit" befinden, wobei der Zustand seiner Natur nach nicht ein vorübergehender sein darf (§ 104 Nr. 2 BGB). Die medizinisch unscharfen Begriffe der „Geisteskrankheit" und „Geistesschwäche" (vgl. insbesondere §§ 6 Nr. 1, 104 Nr. 3, 114 BGB a. F.) hat der Gesetzgeber aufgegeben. Erforderlich ist eine schwerwiegende geistige Anomalie, etwa aufgrund von „Paranoia" (wahnhaften Störungen), Schizophrenie, schwerer Demenz oder auch einer Hirnverletzung im Zuge eines Schädel-Hirn-Traumas. Die Geschäftsfähigkeit ist allerdings nur dann ausgeschlossen, wenn aufgrund der jeweiligen Anomalie die freie Willensbestimmung ausgeschlossen ist. Nicht ausreichend für § 104 Nr. 2 BGB sind daher Persönlichkeitsstörungen (z. B. wegen übergroßer Ängstlichkeit), die nicht die freie Willensbestimmung ausschließen.

283 Nicht zur Geschäftsunfähigkeit kommt es nach § 104 Nr. 2 Halbsatz 2 BGB, wenn der die freie Willensbestimmung ausschließende Zustand „seiner Natur nach ein vorübergehender ist". Das kann der Fall sein bei Störungen mit fluktuierender Symptomatik, z. B. bei manisch-depressiven Erkrankungen (bipolare Störungen) oder in Phasen auftretenden Wahnvorstellungen bei einer Schizophrenie. Obschon ein derartiger vorübergehender Zustand nicht zur Geschäftsunfähigkeit nach § 104 Nr. 2 BGB führt, sind die während seiner Dauer abgegebenen Willenserklärungen gemäß § 105 Abs. 2 BGB gleichwohl nichtig. Nichtig sind gemäß dieser Vorschrift auch Willenserklärungen, die im „Zustand der Bewusstlosigkeit" abgegeben worden sind, wobei mit „Bewusstlosigkeit" eine schwerwiegende Bewusstseinstrübung gemeint ist, die das Erkennen von Inhalt und Wesen der Erklärung ausschließt.[293] Dazu kommt es beispielsweise bei hochgradiger Trunkenheit oder im Drogenrausch.

---

293 Siehe hierzu oben Kapitel 4 Rn. 75.

II. Geschäftsunfähigkeit

284 Auch wenn es um eine dauerhafte Störung der Geistestätigkeit geht, besteht die Geschäftsunfähigkeit nach § 104 Nr. 2 BGB nur in den Zeiten, in denen der die freie Willensbildung ausschließende „Zustand" auch tatsächlich besteht. Daran fehlt es während eines sogenannten **lichten Augenblicks** (*lucidum intervallum*, luzides Intervall), weshalb in dieser Zeit Geschäftsfähigkeit gegeben ist und die abgegebenen Willenserklärungen wirksam sind. Zu solchen luziden Intervallen kann es etwa bei bestimmten Demenzformen kommen (z. B. Lewy-Körperchen-Demenz).

285 Anerkannt ist, dass sich die krankhafte Störung der Geistestätigkeit i. S. d. § 104 Nr. 2 BGB auch auf einen bestimmten Lebensbereich beschränken kann. Man spricht dann von **„partieller Geschäftsunfähigkeit"**. Zur Nichtigkeit der Willenserklärungen gemäß §§ 104 Nr. 2, 105 Abs. 1 BGB kommt es nur in dem von der partiellen Geschäftsunfähigkeit betroffenen Bereich. Die Rechtsprechung hat eine partielle Geschäftsunfähigkeit anerkannt bei „Glücksspielsucht" (pathologisches Spielen) für den Abschluss von Spielverträgen,[294] bei querulatorischem Wahn für die Führung von Prozessen (wobei die partielle Geschäftsunfähigkeit gemäß § 52 ZPO auch die Prozessunfähigkeit nach sich zieht),[295] bei krankhafter Eifersucht für Fragen der Ehe,[296] oder in dem doch sehr erstaunlichen Fall eines Rechtsanwalts, der aufgrund einer von ihm zu verantwortenden Fristversäumung einen „psychologischen Schock" erlitten hatte und daher – bezogen auf den konkreten Prozess – als geschäftsunfähig und damit als prozessunfähig angesehen wurde.[297] Die partielle Geschäftsunfähigkeit kann sehr weit reichen, sodass eine Person zwar für die Erteilung einer Vorsorgevollmacht[298] noch geschäftsfähig sein kann, im gesamten Bereich der Teilnahme am allgemeinen Rechtsverkehr dagegen bereits geschäftsunfähig.[299]

286 Von der (rechtlich anerkannten) partiellen Geschäftsunfähigkeit, also der Geschäftsunfähigkeit für einen bestimmten Lebensbereich, muss die Figur der sogenannten **„relativen Geschäftsunfähigkeit"** abgegrenzt werden, die allgemein abgelehnt wird.[300] Damit ist eine Geschäftsunfähigkeit gemeint, die auf besonders schwierige Rechtsgeschäfte beschränkt ist. Die Anerkennung einer solchen relativen Geschäftsunfähigkeit würde zu unerträglichen Unsicherheiten für den Rechtsverkehr führen: Was ein schwieriges und was ein einfaches Rechtsgeschäft ist, lässt sich nicht sicher beantworten und müsste für jede Person je nach Intelligenz und Ausbildungsstand anders entschieden werden.

287 Die entscheidende Rechtsfolge der Geschäftsunfähigkeit liegt darin, dass die von einem Geschäftsunfähigen abgegebenen Willenserklärungen gemäß § 105 Abs. 1 BGB nichtig sind. Auch wenn Willenserklärungen von Geschäftsunfähigen demnach ausnahmslos nichtig sind, fingiert das Gesetz in bestimmten Fällen teilweise die Wirksamkeit von Verträgen, die von Geschäftsunfähigen abgeschlossen worden sind. Dazu kommt es aufgrund des mit Wirkung zum 1.8.2002 eingeführten

---

[294] BGH NJW 2008, 840 Tz. 18.
[295] BVerwGE 30, 24 (25).
[296] BGHZ 18, 184 (185 f.).
[297] BGHZ 30, 112 (116 f.).
[298] Zur Vorsorgevollmacht siehe unten Rn. 364.
[299] BGH NJW 2021, 63 Tz. 20.
[300] Vgl. nur BGH NJW 1970, 1680 (1681); NJW 2021, 63 Tz. 20 f.

§ 105a BGB. In Satz 1 dieser Vorschrift wird bestimmt, dass der von einem volljährigen Geschäftsunfähigen geschlossene Vertrag „in Ansehung von Leistung und, soweit vereinbart, Gegenleistung" als wirksam „gilt", sobald Leistung und Gegenleistung bewirkt sind. Es muss sich dabei allerdings um ein **Geschäft des täglichen Lebens** handeln, das mit **geringwertigen Mitteln** bewirkt werden kann. Sinn und Zweck des § 105a BGB ist es, die Teilhabe geschäftsunfähiger Erwachsener am Alltagsleben zu fördern. Die Vorschrift bietet somit einen gewissen Ersatz für die nicht praktikable relative Geschäftsunfähigkeit.

288 Was die dogmatische Konstruktion betrifft, ist § 105a BGB eine bemerkenswerte Vorschrift: Obwohl die Willenserklärung des Geschäftsunfähigen nach § 105 Abs. 1 BGB nichtig ist (und auch nichtig bleibt), kommt es aufgrund der gesetzlichen Fiktion in § 105a Satz 1 BGB („gilt")[301] doch zu einer teilweisen Wirksamkeit des Vertrags. Ein „wirksamer Vertrag mit nichtiger Willenserklärung" ist eigentlich ein Widerspruch in sich, den man in der Logik als *contradictio in adiecto* („Widerspruch im Hinzugefügten") bezeichnet. Eine solche Konstruktion ist aber im Wege der gesetzlichen Fiktion möglich und gehört zu den ohne Weiteres zulässigen Kunstgriffen der Gesetzgebung.

289 Voraussetzung für die partielle Wirksamkeitsfiktion des § 105a Satz 1 BGB ist, dass es sich um ein Geschäft des täglichen Lebens handelt, das mit geringwertigen Mitteln bewirkt werden kann. Beispiele für Geschäfte des täglichen Lebens gibt die Gesetzesbegründung mit folgender Aufzählung:[302]

– *Erwerb von Gegenständen des täglichen Bedarfs wie einfache, zum alsbaldigen Verbrauch bestimmte Nahrungs- bzw. Genussmittel, die nach Menge und Wert das übliche Maß nicht übersteigen (z. B. Lebensmittel), kosmetische Artikel (z. B. Zahnpasta), einfache medizinische Produkte (z. B. Halsschmerztabletten), Presseerzeugnisse (z. B. Illustrierte), Textilien,*
– *einfache Dienstleistungen (z. B. Friseur, Versendung von Briefen, Museumsbesuch, Fahrten mit dem Personennahverkehr).*

Im Hinblick auf die Frage, was unter geringwertigen Mitteln zu verstehen ist, soll nach der Gesetzesbegründung das durchschnittliche Preis- und Einkommensniveau als Orientierungshilfe dienen.[303] Anders als Museumsbesuche wird der Besuch von Konzerten in der Gesetzesbegründung nicht genannt. Auch wenn ein Konzertbesuch zu den Geschäften des täglichen Lebens zu rechnen ist, wird es – verglichen mit dem Preisniveau der in der Gesetzesbegründung genannten Beispiele – hier häufig an der Geringwertigkeit fehlen. So wird man bereits den Besuch des „Deep Purple"-Konzerts im Mainzer Volkspark zum Preis von rund 80 € nicht mehr als von § 105a Satz 1 BGB gedeckt ansehen können, ganz zu schweigen vom Besuch des „Rolling Stones"-Konzerts im Münchener Olympiastadion mit einem VIP-Ticket zum Preis von 670 €. Gemäß § 105a Satz 2 BGB darf das Geschäft keine erhebliche Gefahr für die Person oder das Vermögen des Geschäftsunfähigen begründen, weshalb die Wirksamkeitsfiktion des § 105a Satz 1 BGB z. B. nicht gilt für den Kauf von Alkoholika durch einen Geschäftsunfähigen, der alkoholkrank ist.

---

301 Zum Schlüsselwort „gilt", das im BGB eine gesetzliche Fiktion anzeigt, siehe oben Kapitel 4 Rn. 103.
302 BT-Drs. 14/9266 S. 43.
303 BT-Drs. 14/9266 S. 43.

II. Geschäftsunfähigkeit

Klausurtipp
Da sich für die „geringwertigen Mittel" i. S. d. § 105a Satz 1 BGB noch keine allgemein anerkannte Wertgrenze etabliert hat, hat man als Bearbeiter einer Klausur einen weiten Spielraum. Man kann die Grenze z. B. bei 20 € oder 30 € ansetzen. Aber auch eine Lösung, in der etwa das Konzertticket für 80 € noch dem Bereich der geringwertigen Mittel zugewiesen wird, ist – bei entsprechender Begründung – als ohne Weiteres vertretbar zu bewerten. Immer dann, wenn es in Klausuren um nicht exakt definierte Werte geht, muss man als Bearbeiter den Mut haben, die Werte nach eigener Einschätzung festzulegen. In einer ganz ähnlichen Situation befindet sich der Richter, der etwa gemäß § 287 Abs. 1 Satz 1 ZPO die Schadenshöhe „unter Würdigung aller Umstände nach freier Überzeugung" schätzen darf.

Die Wirksamkeitsfiktion des § 105a Satz 1 BGB bezieht sich nicht auf den gesamten Vertrag, sondern nur auf den „Vertrag in Ansehung von Leistung und Gegenleistung", und zwar „sobald Leistung und Gegenleistung bewirkt sind". Gemeint ist damit, dass eine Rückabwicklung der Leistungen ausgeschlossen ist, sobald der Leistungsaustausch stattgefunden hat. Die partielle Wirksamkeitsfiktion des § 105a Satz 1 BGB erzeugt also einen **Rechtsgrund** für das Behaltendürfen von Leistung und Gegenleistung, sodass gegenseitige Bereicherungsansprüche ausgeschlossen sind. Sinnvollerweise führt § 105a Satz 1 BGB nicht nur zur partiellen Wirksamkeit des Verpflichtungsgeschäfts in dem Sinne, dass es einen Rechtsgrund für das endgültige Behaltendürfen liefert, sondern auch zur (vollständigen) Wirksamkeit der zugehörigen Verfügungsgeschäfte. Wenn also der geschäftsunfähige Volljährige z. B. eine Tube Zahnpasta kauft und es zum tatsächlichen Leistungsaustausch kommt, wird auch die Übereignung der Zahnpasta und des als Kaufpreis bezahlten Geldes von der Wirksamkeitsfiktion des § 105 Satz 1 BGB erfasst.

Bsp.: Maja leidet – was bisher unerkannt geblieben ist – an einer Impulskontrollstörung in Form des pathologischen Kaufens („Kaufsucht"). Um Stress und Spannungszustände zu kompensieren, kauft sie in Willis Warenhaus fast täglich einen Kosmetikartikel. Dabei kommt sie vorübergehend in euphorische Stimmung. Der Preis für die Kosmetikartikel, die sie ungeöffnet in den Schränken ihrer Wohnung hortet, schwankt zwischen 10 € und 20 €. Nach drei Jahren verfügt sie über eine unüberschaubare Sammlung von Kosmetikartikeln, für die sie insgesamt 10.000 € und damit einen Großteil ihrer Ersparnisse ausgegeben hat. Erst jetzt erleidet Maja einen Nervenzusammenbruch. Es stellt sich heraus, dass sie, was den Kauf von Kosmetika betrifft, geschäftsunfähig ist. Der für Maja bestellte Betreuer gibt sämtliche Kosmetikartikel zurück und verlangt von Willi Rückzahlung der von Maja gezahlten 10.000 €. Zu Recht? – Willi könnte gemäß § 812 Abs. 1 Satz 1 Alt. 1 BGB (Leistungskondiktion) zur Rückzahlung verpflichtet sein. Aufgrund der partiellen Geschäftsunfähigkeit für den Kauf von Kosmetika sind die von Maja abgegebenen Willenserklärungen nach §§ 104 Nr. 2, 105 Abs. 1 BGB nichtig. Gleichwohl könnten die zwischen ihr und Willi abgeschlossenen Verträge aufgrund der Wirksamkeitsfiktion des § 105a Satz 1 BGB als teilweise wirksam gelten.
Mangels näherer Hinweise ist davon auszugehen, dass Maja volljährig ist (§ 2 BGB). Beim Kauf von Kosmetika handelt es sich um Geschäfte des täglichen Lebens, wobei sich auch der Preisrahmen (10 € bis 20 €) für das einzelne Ge-

schäft noch im Bereich des Üblichen bewegt. § 105a Satz 1 BGB („ein Geschäft") ist auf das einzelne Geschäft zu beziehen, weshalb es auf die Summe der über drei Jahre hinweg ausgegebenen Mittel (10.000 €) nicht ankommt. Bei den einzelnen Geschäften waren jeweils geringwertige Mittel im Einsatz. Die Voraussetzungen des § 105a Satz 1 BGB sind damit erfüllt. Allerdings bedeuten die Geschäfte aufgrund des konkreten Krankheitsbildes eine Gefahr für das Vermögen der Maja: In der Tat macht der Gesamtbetrag von 10.000 € einen Großteil ihrer Ersparnisse aus. Die Wirksamkeitsfiktion des § 105a Satz 1 BGB ist daher durch § 105a Satz 2 BGB ausgeschlossen. Der Betreuer kann im Namen von Maja Rückzahlung der 10.000 € gemäß § 812 Abs. 1 Satz 1 Alt. 1 BGB verlangen.

Klausurtipp

Wenn im Sachverhalt nichts weiter gesagt ist, ist davon auszugehen, dass sämtliche Personen volljährig sind, d. h. das 18. Lebensjahr bereits vollendet haben (§ 2 BGB).

III. Beschränkte Geschäftsfähigkeit

291 Beschränkt geschäftsfähig sind gemäß § 106 BGB Minderjährige, die das siebte Lebensjahr bereits vollendet haben. Nimmt man die Vorschrift des § 2 BGB über die Volljährigkeit hinzu, so ergibt sich, dass die beschränkte Geschäftsfähigkeit von der Vollendung des siebten bis zur Vollendung des 18. Lebensjahres andauert.

Formulierung

Wenn es darum geht, im konkreten Fall die beschränkte Geschäftsfähigkeit, z. B. des 17-jährigen Kevin, festzustellen, zitiert man die §§ 106, 2 BGB im „Doppelpack".

292 Die beschränkte Geschäftsfähigkeit als Zwischenstufe zwischen Geschäftsunfähigkeit und voller Geschäftsfähigkeit hat den Sinn, den Minderjährigen zwar einerseits noch wirksam vor den Gefahren des Rechtsverkehrs zu schützen, ihm aber doch andererseits die Möglichkeit zu geben, die Teilnahme am Rechtsverkehr zu üben. Der Schutz des beschränkt Geschäftsfähigen besteht darin, dass er für den Abschluss rechtlich nachteiliger Geschäfte grundsätzlich der Zustimmung seines gesetzlichen Vertreters bedarf. Dabei unterscheidet man zwei Arten der Zustimmung, nämlich die Einwilligung und die Genehmigung. Die Legaldefinitionen für Einwilligung und Genehmigung finden sich in den §§ 183 Satz 1, 184 Abs. 1 BGB.

Definition

Einwilligung meint die vorherige Zustimmung (§ 183 Satz 1 BGB), Genehmigung die nachträgliche Zustimmung (§ 184 Abs. 1 BGB) zu einem Rechtsgeschäft.

1. Gesetzlicher Vertreter

293 Gesetzliche Vertreter eines Minderjährigen sind die Eltern oder – ersatzweise – der Vormund. Dass die Eltern gesetzliche Vertreter ihres minderjährigen Kindes sind,

III. Beschränkte Geschäftsfähigkeit   **294, 295**

ergibt sich aus §§ 1626 Abs. 1, 1629 Abs. 1 Satz 1 BGB: Nach § 1626 Abs. 1 BGB umfasst die elterliche Sorge sowohl die Personen- als auch die Vermögenssorge. Zur Vermögenssorge gehört nach § 1629 Abs. 1 Satz 1 BGB insbesondere die Vertretung des Kindes. Es handelt sich um einen Fall der gesetzlichen Vertretung, weil die Vertretungsmacht nicht rechtsgeschäftlich erteilt wird, sondern sich unmittelbar aus dem Gesetz, nämlich aus § 1629 Abs. 1 Satz 1 BGB, ergibt. Der Gesetzgeber sieht es in § 1626 Abs. 1 BGB, ohne das ausdrücklich zu benennen, offenbar nach wie vor als den „Normalfall" an, dass die Eltern miteinander verheiratet sind. Dahinter steht das im Gesetz immer noch erkennbare „Idealbild" der ehelichen Kindschaft. Die „eingeflickte" Norm des § 1626a BGB zeigt, dass die nichteheliche Kindschaft – jedenfalls nach der vom Gesetzgeber gewählten Systematik – den Ausnahmefall darstellt.

Klausurtipp
Wenn es im Sachverhalt keine abweichenden Hinweise gibt, geht man – entsprechend der gesetzlichen Systematik – davon aus, dass die Eltern eines Kindes miteinander verheiratet sind.

Sind die Eltern eines Kindes nicht miteinander verheiratet, erlangt grundsätzlich   **294**
die Mutter die **alleinige elterliche Sorge** gemäß § 1626a Abs. 3 BGB. Sie ist dann auch alleinige gesetzliche Vertreterin ihres Kindes gemäß § 1629 Abs. 1 Satz 1 BGB. Es kann aber auch bei nicht miteinander verheirateten Eltern zur Begründung der **gemeinsamen elterlichen Sorge** kommen, insbesondere dann, wenn sie entsprechende (übereinstimmende) Sorgeerklärungen abgeben (§ 1626a Abs. 1 Nr. 1 BGB). Seit 2013 kann es zur gemeinsamen elterlichen Sorge auch ohne oder sogar gegen den Willen des anderen Elternteils kommen: Auf Antrag eines Elternteils überträgt das Familiengericht gemäß § 1626a Abs. 1 Nr. 3, Abs. 2 Satz 1 BGB die elterliche Sorge beiden Eltern gemeinsam, wenn die Übertragung dem Kindeswohl nicht widerspricht. Die Eltern sind dann – nicht anders als im Fall der ehelichen Kindschaft – gemeinsam gesetzliche Vertreter des Kindes gemäß § 1629 Abs. 1 Satz 1 BGB.

Gesetzestext
Das Gesetz verwendet seit 1998 den Begriff des „nichtehelichen Kindes" nicht mehr, sondern spricht – etwas umständlich – vom „Kind, dessen Eltern nicht miteinander verheiratet sind" (vgl. § 1626a BGB und die Überschrift vor § 1615a BGB: „Besondere Vorschriften für das Kind und seine nicht miteinander verheirateten Eltern"). Bereits 1979 wurde der heute als abwertend anzusehende Begriff des „unehelichen Kindes" aufgegeben.[304]

Einen Vormund erhält ein Minderjähriger insbesondere dann, wenn er nicht unter   **295**
elterlicher Sorge steht (§ 1773 Abs. 1 Nr. 1 BGB), etwa weil seine Eltern tot sind. Gemäß § 1789 Abs. 2 Satz 1 BGB ist der Vormund gesetzlicher Vertreter des Minderjährigen („Mündel").

---
[304] Gesetz zur Neuregelung des Rechts der elterlichen Sorge vom 18.7.1979 (BGBl. I S. 1061), das am 1.1.1980 in Kraft getreten ist. Dagegen spricht das Grundgesetz – insoweit terminologisch veraltet – noch von den „unehelichen Kindern" (Art. 6 Abs. 5 GG).

2. Geschäfte ohne rechtlichen Nachteil

296 a) **Willenserklärung des beschränkt Geschäftsfähigen.** Nach § 107 BGB bedarf der beschränkt Geschäftsfähige zu einer Willenserklärung, durch die er „nicht lediglich einen rechtlichen Vorteil erlangt", der Einwilligung seines gesetzlichen Vertreters, also regelmäßig seiner Eltern (§§ 1626 Abs. 1, 1629 Abs. 1 Satz 1 BGB). Positiv formuliert bedeutet das: Eine Willenserklärung, die dem beschränkt Geschäftsfähigen lediglich einen rechtlichen Vorteil bringt, ist ohne Zustimmung des gesetzlichen Vertreters wirksam. Der Begriff des rechtlichen Vorteils dient der Abgrenzung zum bloßen wirtschaftlichen Vorteil. Für den rechtlichen Vorteil ist **allein die rechtliche Wirkung** der Willenserklärung entscheidend, nicht dagegen, ob das Geschäft wirtschaftlich gesehen einen Gewinn bringt. Lediglich einen rechtlichen Vorteil bringen nur solche Willenserklärungen, durch die die Rechtsstellung des beschränkt Geschäftsfähigen ausschließlich verbessert wird. Wird durch die Willenserklärung dagegen auch nur eine einzige rechtliche Verpflichtung des beschränkt Geschäftsfähigen begründet, sind die Voraussetzungen des § 107 BGB nicht mehr erfüllt, auch wenn das Geschäft noch so lukrativ ist.

297 Der beschränkt Geschäftsfähige kann daher ohne Zustimmung seiner Eltern keine **gegenseitigen Verträge** wie etwa einen Kauf- oder Mietvertrag abschließen. Das gilt selbst für „Super-Sonderangebote" und außergewöhnliche Schnäppchen, da es auf den wirtschaftlichen Vorteil, also auf den Gewinn, nicht ankommt. Um einen zustimmungspflichtigen gegenseitigen Vertrag handelt es sich insbesondere auch dann, wenn der beschränkt Geschäftsfähige als Gegenleistung eine „digitale Darstellung eines Werts" (vgl. § 327 Abs. 1 Satz 2 BGB), z. B. Bitcoins oder elektronische Gutscheine (E-Coupons),[305] zu erbringen hat.[306] Ebenso kann der beschränkt Geschäftsfähige ohne Zustimmung keine **unvollkommen zweiseitig verpflichtenden Verträge**,[307] wie etwa die Leihe, abschließen. Bei der Leihe trifft den Entleiher zwar keine Hauptleistungspflicht, er muss aber die entliehene Sache gemäß § 604 Abs. 1 BGB nach Ablauf der Leihzeit wieder zurückgeben. Die Rückgabepflicht stellt eine rechtliche Verpflichtung und damit einen Rechtsnachteil dar. Ein beschränkt Geschäftsfähiger kann daher ohne Zustimmung seiner Eltern nichts ausleihen.

298 Ein Rechtsnachteil ist auch im Abschluss von Verträgen zu sehen, die zu einem **„Bezahlen" mit personenbezogenen Daten** (z. B. durch Angabe von Name, Alter, Geschlecht, Anschrift, E-Mail-Adresse oder auch von Vorlieben und Interessen) führen, etwa dann, wenn dem beschränkt Geschäftsfähigen digitale Inhalte oder digitale Dienstleistungen gegen die Bereitstellung seiner Daten – im Übrigen aber kostenlos – zur Verfügung gestellt werden (vgl. §§ 312 Abs. 1a Satz 1, 327 Abs. 3 BGB). Für das (an sich kostenfreie) Anlegen eines Facebook-Accounts ist daher gemäß § 107 BGB grundsätzlich die Einwilligung des gesetzlichen Vertreters erforderlich.[308] Allerdings bestimmt die europäische Datenschutz-Grundverordnung

---

305 Vgl. den 23. Erwägungsgrund der Richtlinie (EU) 2019/770 vom 20.5.2019 (Digitale-Inhalte-Richtlinie).
306 Vgl. *Schrader*, JA 2021, 177 (180).
307 Zur Unterscheidung zwischen unvollkommen mehrseitig und gegenseitig verpflichtenden Verträgen siehe oben Kapitel 5 Rn. 185 f.
308 Vgl. *Klumpp*, in: Staudinger, § 130 Rn. 33; *Bräutigam*, MMR 2012, 635 (637); *Meyer*, NJW 2015, 3686.

(DS-GVO)³⁰⁹ in Art. 8 Abs. 1 UAbs. 1 Satz 1, dass die Verarbeitung der personenbezogenen Daten eines Kindes rechtmäßig ist, wenn das „Kind" das sechzehnte Lebensjahr vollendet und seine Einwilligung zur Verarbeitung der Daten gegeben hat. Aufgrund des Rechtsgedankens dieser datenschutzrechtlichen Vorschrift ist § 107 BGB im Wege der unionsrechtskonformen Auslegung³¹⁰ einzuschränken: Verträge von 16- und 17-Jährigen, die zu einem „Bezahlen" mit personenbezogenen Daten führen, sind trotz des damit verbundenen Rechtsnachteils zustimmungsfrei.³¹¹

299 Das Paradebeispiel für ein Geschäft, das nur rechtliche Vorteile mit sich bringt, ist das **Schenkungsversprechen** (§ 518 BGB), bei dem es sich um einen einseitig verpflichtenden Vertrag handelt.³¹² Verpflichtet wird durch das Schenkungsversprechen nur der Schenker. Der Beschenkte hat einen Anspruch, ihn treffen aber keinerlei Leistungspflichten gegenüber dem Schenker. Ein weiteres Beispiel ist der Abschluss eines Optionsvertrags, wodurch dem beschränkt Geschäftsfähigen die Befugnis eingeräumt wird, ein bestimmtes Schuldverhältnis (z. B. ein Mietverhältnis) einseitig durch Erklärung zu begründen. Diese Befugnis stellt auch dann lediglich einen rechtlichen Vorteil dar, wenn das Schuldverhältnis, das durch Ausübung der Option begründet wird, rechtliche Nachteile mit sich bringt. Zu unterscheiden ist insofern zwischen dem zustimmungsfreien Abschluss des Optionsvertrags und der zustimmungspflichtigen Ausübung der Option durch den beschränkt Geschäftsfähigen. Als gesetzliche Vertreter können im Übrigen auch die Eltern, stellvertretend für den beschränkt Geschäftsfähigen, die Option ausüben.

300 Allerdings besteht auch bei einem Schenkungsversprechen die Gefahr der Irrtumsanfechtung: Der Schenker kann sich bei Abschluss des Schenkungsversprechens geirrt haben, weshalb es zu einer wirksamen Anfechtung gemäß §§ 119, 142 Abs. 1 BGB kommen kann. Der beschränkt Geschäftsfähige muss in diesem Fall das Geschenk nach Bereicherungsrecht (§ 812 Abs. 1 Satz 1 Alt. 1 bzw. § 812 Abs. 1 Satz 2 Alt. 1 BGB) an den Schenker zurückgewähren. Es stellt sich die Frage, ob in der – nie auszuschließenden – Gefahr einer nachträglichen Anfechtung nicht doch ein Rechtsnachteil zu sehen ist. Jedoch ist der beschränkt Geschäftsfähige durch § 818 Abs. 3 BGB (Einwendung der Entreicherung) ausreichend geschützt: Nach dieser Vorschrift ist der Bereicherungsanspruch seinem Umfang nach grundsätzlich auf den beim beschränkt Geschäftsfähigen aktuell noch vorhandenen Wert der rechtsgrundlosen Leistung beschränkt.³¹³ Eine Beeinträchtigung des sonstigen Vermögens des beschränkt Geschäftsfähigen ist nicht zu besorgen. Bereicherungsansprüche sind daher, soweit dem beschränkt Geschäftsfähigen die Einwendung des

---

309 Verordnung (EU) 2016/679 vom 27.4.2016.
310 Zum Einfluss des Unionsrechts auf das BGB siehe oben Kapitel 1 Rn. 5.
311 So im Ergebnis auch *Schrader*, JA 2021, 177 (180–184), der jedoch – unter Beschränkung auf 16- und 17-Jährige – annimmt, es würde sich im Fall des „Bezahlens" mit personenbezogenen Daten lediglich um einen rechtlichen Vorteil i. S. d. § 107 BGB handeln; zustimmend *Brox/Walker*, AT, § 12 Rn. 18a.
312 Vgl. hierzu oben Kapitel 5 Rn. 184.
313 Bei der Leistungskondiktion (§ 812 Abs. 1 Satz 1 Alt. 1 bzw. § 812 Abs. 1 Satz 2 Alt. 1 BGB) ist aufgrund ihrer Nähe zum Vertragsrecht der Maßstab der §§ 106 ff. BGB zu berücksichtigen, weshalb dem beschränkt Geschäftsfähigen grundsätzlich nicht die verschärfte Haftung gemäß § 819 Abs. 1 BGB droht. Eine Ausnahme gilt allerdings für Leistungen, die sich der Minderjährige durch eine vorsätzliche unerlaubte Handlung verschafft hat; BGHZ 55, 128 (137) – Flugreisefall.

§ 818 Abs. 3 BGB zugutekommt, als „ungefährlich" einzustufen, weshalb sie keinen Rechtsnachteil darstellen und daher im Rahmen von § 107 BGB von vornherein keine Rolle spielen.[314]

301 Ebenfalls „ungefährlich" in diesem Sinne sind die Rückgewährpflichten des Beschenkten im Fall der Verarmung des Schenkers (§ 528 BGB) oder bei Widerruf der Schenkung durch den Schenker wegen groben Undanks des Beschenkten (§§ 530 Abs. 1, 531 Abs. 2 BGB). §§ 528 Abs. 1 Satz 1, 531 Abs. 2 BGB enthalten jeweils eine Rechtsfolgenverweisung auf das Bereicherungsrecht, weshalb dem beschränkt Geschäftsfähigen auch hier die Einwendung des § 818 Abs. 3 BGB hilft. Dagegen macht ein im Zusammenhang mit dem Schenkungsversprechen zugunsten des Schenkers vereinbarter Rücktrittsvorbehalt (§ 346 Abs. 1 BGB) das gesamte Geschäft zustimmungspflichtig gemäß §§ 107, 108 Abs. 1 BGB. Im Fall des Rücktritts des Schenkers treffen den beschränkt Geschäftsfähigen nämlich die nachteiligen Rücktrittsfolgen, insbesondere die Verpflichtung zum Wertersatz gemäß § 346 Abs. 2 Satz 1 Nr. 3 BGB wegen einer zwischenzeitlichen Verschlechterung des empfangenen Gegenstands.

302 Nicht geschützt wird der beschränkt Geschäftsfähige durch § 107 BGB vor den **deliktischen Folgen** seines rechtsgeschäftlichen Handelns.[315] Beispielsweise kann sich ein Minderjähriger, sofern er gemäß § 828 Abs. 1, 3 BGB deliktsfähig ist (Rn. 278 f.), nach §§ 823 ff. BGB schadensersatzpflichtig machen, wenn er seinen Geschäftspartner bei Vertragsschluss vorsätzlich täuscht. Es gilt hier, den systematischen Unterschied zwischen der Begründung einer vertraglichen und einer deliktischen Haftung zu beachten: Die Frage, ob Minderjährige aus unerlaubten Handlungen in Anspruch genommen werden können, ist eine Frage der Deliktsfähigkeit, weshalb die §§ 828 f. BGB einschlägig sind. Dagegen geht es bei der zum Regelungsbereich der (beschränkten) Geschäftsfähigkeit gehörenden Vorschrift des § 107 BGB um den Schutz vor den nachteiligen Wirkungen des Rechtsgeschäfts.

303 **b) Zugang einer gegenüber dem beschränkt Geschäftsfähigen abgegebenen Willenserklärung.** Das Erfordernis, dass es für den beschränkt Geschäftsfähigen lediglich zu einem rechtlichen Vorteil kommt, spielt nicht nur im Rahmen des § 107 BGB eine Rolle, also für die Wirksamkeit der Willenserklärung, die der beschränkt Geschäftsfähige abgibt, sondern gemäß § 131 Abs. 2 Satz 2 BGB auch für das Wirksamwerden von Willenserklärungen, die gegenüber dem beschränkt Geschäftsfähigen abgegeben werden.

304 Gemäß § 131 Abs. 1 BGB wird die Willenserklärung, die einem Geschäftsunfähigen gegenüber abgegeben wird, erst wirksam, wenn sie dem gesetzlichen Vertreter zugeht.[316] Das gilt nach § 131 Abs. 2 Satz 1 BGB grundsätzlich auch für den beschränkt Geschäftsfähigen. Aufgrund der Ausnahme in § 131 Abs. 2 Satz 2 Alt. 1

---

314 Vgl. BGHZ 161, 170 (176).
315 Das gilt auch im Hinblick auf Ansprüche aus Eingriffskondiktion (§§ 812 Abs. 1 Satz 1 Alt. 2, 816 BGB). Hier kann den Minderjährigen analog § 828 Abs. 1, 3 BGB auch die verschärfte Haftung gemäß § 819 Abs. 1 BGB treffen.
316 Hinter § 131 Abs. 1 BGB steht zum einen der Gedanke, dass Geschäftsunfähige die rechtliche Tragweite von Willenserklärungen nicht richtig erfassen können, zum anderen, dass sie – mangels Fähigkeit, wirksame Willenserklärungen abzugeben (§ 105 Abs. 1 BGB) – hierauf auch nicht wirksam reagieren können; vgl. *Einsele*, in: MüKo, § 131 Rn. 1.

III. Beschränkte Geschäftsfähigkeit

BGB geht die Willenserklärung dem beschränkt Geschäftsfähigen aber sofort wirksam zu, wenn sie ihm lediglich einen rechtlichen Vorteil bringt. Rechtlich nachteilig für den beschränkt Geschäftsfähigen ist etwa eine Kündigung. Macht beispielsweise ein 16-Jähriger auswärts eine Berufsausbildung und ist (mit Zustimmung seiner Eltern) Mieter einer Wohnung, dann wird die Kündigung des Mietvertrags seitens des Vermieters nicht mit Zugang an den beschränkt Geschäftsfähigen wirksam. Sie wird gemäß § 131 Abs. 2 Satz 1 BGB erst wirksam, wenn sie den Eltern als gesetzlichen Vertretern zugeht. Das hat z. B. Bedeutung für den Lauf der Kündigungsfrist gemäß § 573c BGB.

305 Bei rechtlich nachteiligen Willenserklärungen kommt es gemäß § 131 Abs. 2 Satz 2 Alt. 2 BGB nur dann zu einem wirksamen Zugang unmittelbar beim beschränkt Geschäftsfähigen, wenn der gesetzliche Vertreter seine **Einwilligung** erteilt hat. Der gesetzliche Vertreter muss also vorab dem Zugang der Kündigung beim beschränkt Geschäftsfähigen zustimmen. Ganz bewusst nicht erwähnt ist in § 131 Abs. 2 Satz 2 BGB die Möglichkeit einer Genehmigung, also der nachträglichen Zustimmung des gesetzlichen Vertreters. Der Zeitpunkt des Wirksamwerdens einer nachteiligen Erklärung kann also nicht nachträglich im Wege der Genehmigung auf den Zeitpunkt des Zugangs beim beschränkt Geschäftsfähigen zurückverlegt werden. Aus Gründen der Rechtssicherheit soll es hinsichtlich der Frage des wirksamen Zugangs von Willenserklärungen nicht zu einem Schwebezustand kommen.

306 Unproblematisch im Hinblick auf den sofortigen Zugang gemäß § 131 Abs. 2 Satz 2 Alt. 1 BGB sind die Willenserklärungen im Rahmen eines **Vertragsschlusses** mit dem beschränkt Geschäftsfähigen. Das liegt auf der Hand, wenn es um einen an den beschränkt Geschäftsfähigen gerichteten Antrag auf Abschluss eines Vertrags geht („Fall 1"): Der Antrag, der gegenüber dem beschränkt Geschäftsfähigen abgegeben wird, bedeutet für diesen rechtlich nur Vorteile, weil durch den Antrag gemäß § 145 BGB nur der Antragende gebunden wird. In der Bindung des Antragenden liegt für den beschränkt Geschäftsfähigen als Antragsempfänger lediglich ein rechtlicher Vorteil.

Fall 1: Antrag geht vom Vertragspartner des Minderjährigen aus

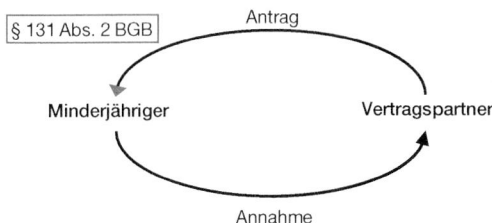

Fall 2: Antrag geht vom Minderjährigen aus

Minderjähriger — Antrag → *Vertragspartner*
§ 131 Abs. 2 BGB — Annahme

307 Bei näherem Zusehen wird klar, dass auch die an den beschränkt Geschäftsfähigen gerichtete Annahmeerklärung („Fall 2") ausschließlich rechtliche Vorteile bringt: Selbst dann, wenn der Vertrag eine Verpflichtung des beschränkt Geschäftsfähigen zum Inhalt haben sollte (wie z. B. bei einem Kaufvertrag), treten durch den Zugang der Annahmeerklärung beim beschränkt Geschäftsfähigen die nachteiligen Wirkungen des Vertrags noch nicht ein.[317] Vielmehr kommt es – wie sich aus § 108 Abs. 1 BGB ergibt (Rn. 338) – zunächst nur zu einem schwebend unwirksamen Vertrag, dessen Wirksamkeit von der Genehmigung des gesetzlichen Vertreters, also regelmäßig der Eltern, abhängt. Der schwebend unwirksame Vertrag, bei dem die Eltern als gesetzliche Vertreter entscheiden können, ob die Wirkungen für und gegen den beschränkt Geschäftsfähigen eintreten sollen oder nicht, stellt für den beschränkt Geschäftsfähigen eine vorteilhafte Rechtsposition dar.[318] Vergleichbar ist das mit der rechtlichen Situation bei einem **Optionsvertrag** (Rn. 299), bei dem die Befugnis des beschränkt Geschäftsfähigen, ein Schuldverhältnis mit dem Partner des Optionsvertrags einseitig durch Erklärung zu begründen, ebenfalls einen rechtlichen Vorteil bedeutet. Sowohl der an einen beschränkt Geschäftsfähigen gerichtete Antrag als auch die an ihn gerichtete Annahmeerklärung wird daher gemäß § 131 Abs. 2 Satz 2 Alt. 1 BGB sofort mit dem Zugang beim beschränkt Geschäftsfähigen wirksam.

308 Die teilweise aufgeworfene Frage, ob die Genehmigung gemäß § 108 Abs. 1 BGB auch dann zuzulassen sei, wenn die Zugangserfordernisse des § 131 Abs. 2 Satz 2 BGB nicht erfüllt sind, stellt sich daher in Wirklichkeit nicht.[319]

✓ **Klausurbewertung**

In Klausuren reicht es regelmäßig aus, bei der Behandlung des Vertragsschlusses durch den beschränkt Geschäftsfähigen kurz auf § 131 Abs. 2 BGB hinzuweisen und klarzustellen, dass der Zugang der jeweiligen Willenserklärung beim beschränkt Geschäftsfähigen allenfalls zu einem schwebend unwirksamen Vertrag

---

317 Vgl. *Boecken*, AT, Rn. 208; *Brehm*, AT, Rn. 183; *Leenen/Häublein*, AT, § 6 Rn. 60; *Petersen*, Examinatorium, § 10 Rn. 26; *Singer/Benedict*, in: Staudinger, § 131 Rn. 7; *Aleth*, JuS-Lernbogen 1995, 9 (12); *Hackenbroich*, Jura 2019, 136 (140 f.); siehe auch *Medicus/Petersen*, AT, Rn. 287.
318 Vgl. *Heinemeyer*, JuS 2014, 612 (614).
319 A. A. BGHZ 47, 352 (358), wonach § 108 Abs. 1 BGB Vorrang gegenüber § 131 Abs. 2 Satz 2 BGB habe; vgl. auch *Köhler*, AT, § 6 Rn. 27; *Neuner*, AT, § 34 Rn. 60; *Einsele*, in: MüKo, § 131 Rn. 6; *Brauer*, JuS 2004, 472 (473); *Boemke/Schönfelder*, JuS 2013, 7 (10). Gegen die Anwendbarkeit des § 131 Abs. 2 BGB auf den Vertragsschluss *Fröde*, Willenserklärung, Rechtsgeschäft und Geschäftsfähigkeit, 2012, 44. Für eine teleologische Erweiterung des § 131 Abs. 2 Satz 2 BGB auf für den Minderjährigen nicht lediglich rechtlich vorteilhafte Willenserklärungen *Lettl*, WM 2013, 1235 (1247).

gemäß § 108 Abs. 1 BGB führt, worin für diesen ausschließlich ein rechtlicher Vorteil liegt.

309 Genauso wie die Willenserklärung im Fall des § 131 Abs. 1 BGB an den Geschäftsunfähigen als Erklärungsempfänger gerichtet sein muss, muss sie im Fall des § 131 Abs. 2 Satz 1 BGB an den beschränkt Geschäftsfähigen gerichtet sein. Das ergibt sich bereits aus dem Wortlaut des § 131 Abs. 1 BGB („einem Geschäftsunfähigen gegenüber abgegeben") und des § 131 Abs. 2 Satz 1 BGB („einer in der Geschäftsfähigkeit beschränkten Person gegenüber abgegeben"). Zudem würde die Ausnahme des § 131 Abs. 2 Satz 2 BGB für eine Willenserklärung, die sich an den gesetzlichen Vertreter als Erklärungsempfänger richtet, keinen Sinn ergeben.[320] Adressat der Willenserklärung ist also in den Fällen des § 131 BGB nicht etwa der gesetzliche Vertreter, sondern der Geschäftsunfähige bzw. der beschränkt Geschäftsfähige. Dennoch verlangen hier die Rechtsprechung und ein Teil der Lehre, dass die Willenserklärung vom Erklärenden mit dem erkennbaren Willen abgegeben werde, dass sie den gesetzlichen Vertreter erreicht.[321] Die Willenserklärung werde demnach nicht wirksam, wenn der gesetzliche Vertreter nur zufällig von ihr erfährt. Das ist jedoch weder mit dem Wortlaut des § 131 BGB vereinbar noch lässt sich das aus dem Sinn und Zweck der Vorschrift ableiten,[322] der im Schutz des Geschäftsunfähigen bzw. des beschränkt Geschäftsfähigen besteht.[323] Sobald der gesetzliche Vertreter – aus welchen Gründen auch immer – von der Willenserklärung Kenntnis erlangt, kann er auf diese entsprechend reagieren. Der Geschäftsunfähige bzw. der beschränkt Geschäftsfähige ist damit ausreichend geschützt.

310 c) **Verfügungsgeschäfte.** Im Zusammenhang mit § 107 BGB sind bisher nur Verpflichtungsgeschäfte (wie Kaufvertrag, Mietvertrag und Schenkungsversprechen) betrachtet worden. Zu klären ist noch, inwiefern Verfügungsgeschäfte für den beschränkt Geschäftsfähigen lediglich einen rechtlichen Vorteil bedeuten oder aber auch mit Rechtsnachteilen verbunden sind.

311 Ganz offensichtlich handelt es sich bei einem Verfügungsgeschäft, durch das ein beschränkt Geschäftsfähiger ein ihm zustehendes Recht, insbesondere das Eigentum an einer ihm gehörenden Sache, auf eine andere Person übertragen will, um ein zustimmungspflichtiges Rechtsgeschäft. Wäre hier die auf Übereignung gerichtete Willenserklärung des beschränkt Geschäftsfähigen wirksam, käme es gemäß § 929 Satz 1 BGB – unterstellt, die weiteren Voraussetzungen der Vorschrift liegen vor – zum Eigentumsverlust des beschränkt Geschäftsfähigen. Dieser bedarf daher gemäß § 107 BGB für die Erklärung, die er im Rahmen der dinglichen

---

320 Ist die Willenserklärung an den gesetzlichen Vertreter als Erklärungsempfänger gerichtet, kommt es von vornherein nicht zur Anwendung des § 131 BGB. Der Zugang richtet sich vielmehr allein nach den §§ 130 Abs. 1, 164 Abs. 3 BGB. Vgl. *Neuner*, AT, § 34 Rn. 11; *Hefermehl*, in: Soergel, § 131 Rn. 3; *Singer/Benedict*, in: Staudinger, § 131 Rn. 3; *Boemke/Schönfelder*, JuS 2013, 7 (9).
321 BAGE 136, 131 Tz. 35; BAG NZA 2012, 495 Tz. 19; BGH, Beschl. vom 13.4.1989, Az. V ZR 145/88 – juris; *Bork*, AT, Rn. 633; *Wertenbruch*, AT, § 8 Rn. 48 f.; *ders.*, JuS 2020, 481 (482); *Ellenberger*, in: Grüneberg, § 131 Rn. 2; *Einsele*, in: MüKo, § 131 Rn. 3; *Hefermehl*, in: Soergel, § 131 Rn. 3.
322 Vgl. *Boecken*, AT, Rn. 207; *Köhler*, AT, § 6 Rn. 25; *Neuner*, AT, § 34 Rn. 11; *Gomille*, in: BeckOGK-BGB, § 131 Rn. 10.1 (Stand: 1.9.2022); *Singer/Benedict*, in: Staudinger, § 131 Rn. 3; *Boemke/Schönfelder*, JuS 2013, 7 (9); siehe auch *Hackenbroich*, Jura 2019, 136 (138 f.).
323 Zum Schutzgedanken des § 131 BGB siehe oben Rn. 304 Fn. 318.

Einigung gemäß § 929 Satz 1 BGB abgibt, der Einwilligung des gesetzlichen Vertreters.

312 Schwieriger wird es, wenn es um Verfügungsgeschäfte **zugunsten** des beschränkt Geschäftsfähigen geht, insbesondere um die Übertragung von Eigentum an den beschränkt Geschäftsfähigen. Hier könnte man auf den ersten Blick meinen, in einer solchen Verfügung zugunsten des beschränkt Geschäftsfähigen würde ohne Weiteres ein ausschließlicher Rechtsvorteil liegen. In der Tat bedeutet eine Übereignung grundsätzlich einen rechtlichen Vorteil, der im Eigentumserwerb des beschränkt Geschäftsfähigen zu sehen ist. Es muss aber im Einzelfall geprüft werden, ob mit dem (an sich vorteilhaften) Erwerb des Eigentums nicht doch auch rechtliche Nachteile verbunden sind. Nur dann, wenn es solche Nachteile nicht gibt, ist die Übereignung an den beschränkt Geschäftsfähigen gemäß § 107 BGB zustimmungsfrei. Ein Beispiel ist die Übereignung von Geld gemäß § 929 Satz 1 BGB: Mit dem Erwerb von Eigentum an Geld sind grundsätzlich keine Rechtsnachteile verbunden. Eine Ausnahme gilt aber für die schenkweise Übereignung von hohen Geldbeträgen, die eine **Schenkungsteuer**[324] auslöst.[325]

> **Bsp.:** Onkel Dagobert schenkt seinem Neffen Donald zum achten Geburtstag 10.000 € in bar. Sind das Kausalgeschäft und die Verfügung über das Geld wirksam? – Es geht hier, was das Kausalgeschäft betrifft, um eine Handschenkung gemäß § 516 Abs. 1 BGB, die einen Rechtsgrund (eine *causa*) dafür liefert, dass der Beschenkte das Geschenk dauerhaft behalten darf. Dass Donald einen Rechtsgrund erlangt, bedeutet für ihn als beschränkt Geschäftsfähigen (§§ 106, 2 BGB) lediglich einen rechtlichen Vorteil, weshalb das Kausalgeschäft gemäß § 107 BGB zustimmungsfrei ist. Gemäß § 516 Abs. 1 BGB setzt die Handschenkung eine Zuwendung voraus, die grundsätzlich auch wirksam sein muss. Diese liegt hier in der Übereignung des Geldes durch Dagobert an Donald. Es kommt damit zu einer (vom Gesetzgeber gewollten) Ausnahme vom Abstraktionsprinzip, weil die Wirksamkeit des in der Handschenkung liegenden Kausalgeschäfts grundsätzlich von der Wirksamkeit des Verfügungsgeschäfts, also von der Wirksamkeit der Übereignung des Geldes durch Dagobert an Donald gemäß § 929 Satz 1 BGB, abhängt. Da die schenkweise Übereignung eines Betrags von 10.000 € nach dem Erbschaftsteuer- und Schenkungsteuergesetz (ErbStG) noch keine Schenkungsteuer auslöst (vgl. §§ 16 Abs. 1 Nr. 5, 15 Abs. 1 ErbStG: Steuerklasse II Nr. 3), stellt der Eigentumserwerb für Donald lediglich einen rechtlichen Vorteil dar. Daher ist auch das Verfügungsgeschäft des § 929 Satz 1 BGB zustimmungsfrei gemäß § 107 BGB. Sowohl das in der Handschenkung liegende Kausalgeschäft als auch die Verfügung über das Geld sind somit wirksam.

313 Auch in weiteren Fällen der Eigentumsübertragung an den beschränkt Geschäftsfähigen, kann es durchaus problematisch sein, ob aus rechtlicher Sicht von einem reinen Vorteil auszugehen ist. Ein höchst umstrittener Fall ist die Übertragung von **Grundstückseigentum** an einen beschränkt Geschäftsfähigen, etwa im Rahmen einer Grundstücksschenkung. Das Verpflichtungsgeschäft des auf Übertragung von Grundstückseigentum gerichteten Schenkungsversprechens führt, wie

---

324 Der Schenkungsteuer-Freibetrag (der gleichermaßen für die Erbschaftsteuer gilt) beträgt mindestens 20.000 €; vgl. § 16 Abs. 1 Nr. 7 Erbschaftsteuer- und Schenkungsteuergesetz (ErbStG).
325 **A.A.** *Musielak/Hau*, GK BGB, Rn. 330.

III. Beschränkte Geschäftsfähigkeit

bei allen Schenkungsversprechen zugunsten eines beschränkt Geschäftsfähigen, nur zu rechtlichen Vorteilen, weil aus dem einseitig verpflichtenden Vertrag nur der Schenker verpflichtet wird. Das zum Zweck der Grundstücksschenkung abgeschlossene Schenkungsversprechen bedarf daher für seine Wirksamkeit zwar sowohl gemäß § 518 Abs. 1 BGB als auch gemäß § 311b Abs. 1 Satz 1 BGB der notariellen Beurkundung, nicht jedoch der Zustimmung des gesetzlichen Vertreters. Es handelt sich um ein gemäß § 107 BGB zustimmungsfreies Verpflichtungsgeschäft. Vom Verpflichtungsgeschäft zu unterscheiden ist das zur Erfüllung des Schenkungsversprechens dienende Verfügungsgeschäft, also die Übertragung des Grundstückseigentums an den beschränkt Geschäftsfähigen gemäß §§ 873, 925 BGB.

Der BGH und auch die herrschende Lehre gehen, auch was die Grundstücksübereignung gemäß §§ 873, 925 BGB betrifft, davon aus, es handle sich grundsätzlich um ein für den beschränkt Geschäftsfähigen ausschließlich vorteilhaftes und damit nach § 107 BGB zustimmungsfreies Rechtsgeschäft.[326] Ohne Weiteres ist im Grundsatz einzuräumen, dass die Grundstücksübereignung an einen beschränkt Geschäftsfähigen nicht etwa schon deshalb einen Rechtsnachteil darstellt, weil das Grundstück im konkreten Fall mit einem **Grundpfandrecht** belastet ist, also mit einer Hypothek (§ 1113 BGB), Grundschuld (§ 1191 BGB) oder Rentenschuld (§ 1199 BGB).[327] Aus einem Grundpfandrecht haftet der Grundstückseigentümer nur mit dem Grundstück, nicht dagegen mit seinem sonstigen Vermögen. Der Grundpfandgläubiger hat gegen den Grundstückseigentümer nur einen Anspruch auf Duldung der Zwangsvollstreckung (z. B. bei der Hypothek gemäß §§ 1113 Abs. 1, 1147 BGB). Schlimmstenfalls kann es daher für den Grundstückseigentümer zum Verlust des Grundstücks im Wege der Zwangsversteigerung kommen. Sein übriges Vermögen bleibt jedoch unangetastet. Man kann bei einem Grundpfandrecht von einer „Abspaltung" vom Grundstückseigentum sprechen. Der beschränkt Geschäftsfähige erhält also im Fall der Übereignung eines mit einem Grundpfandrecht belasteten Grundstücks von vornherein nur ein um das abgespaltene Grundpfandrecht vermindertes Eigentumsrecht.

Hinweis

Da die Grundpfandrechte – wie im Übrigen auch alle anderen beschränkten dinglichen Rechte – als Abspaltungen des Vollrechts, nämlich des Eigentums, anzusehen sind, lässt sich folgender bildhafter Vergleich anstellen: Man kann sich das Grundpfandrecht wie ein „Kuchenstück" vorstellen, das vom ganzen „Kuchen", nämlich dem Eigentum, abgeschnitten worden ist. Der beschränkt Geschäftsfähige erhält bei der Übereignung eines mit einem Grundpfandrecht belasteten Grundstücks immer noch den „Kuchen", von dem aber ein „Kuchenstück" abgeschnitten worden ist.

---

326 BGHZ 161, 170 (175–180); 187, 119 Tz. 6. Zustimmend etwa *Bitter/Röder*, AT, § 9 Rn. 34; *Brox/Walker*, AT, § 12 Rn. 19; *Köhler*, AT, § 10 Rn. 16 (anders noch *Köhler*, JZ 1983, 225 [227, 230]); *Medicus/Petersen*, AT, Rn. 564; *Medicus/Petersen*, BürgR, Rn. 172; *Neuner*, AT, § 34 Rn. 31; *Preuß*, JuS 2006, 305 (307); *Kölmel*, RNotZ 2010, 618 (627–629).
327 Siehe nur BGHZ 161, 170 (176) m. w. N.

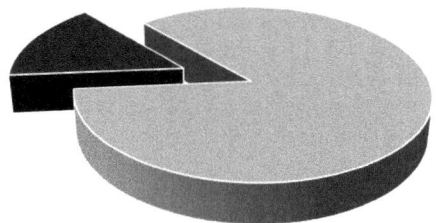

- Grundpfandrecht   · Eigentum

315 Damit ist aber freilich noch nicht gesagt, dass die Grundstücksübereignung auch insgesamt als Geschäft anzusehen ist, durch das der beschränkt Geschäftsfähige lediglich einen rechtlichen Vorteil erlangt. Problematisch erscheint das bereits im Hinblick auf die **öffentlichen Lasten**, die jeden Grundstückseigentümer treffen, insbesondere die Pflicht zur Entrichtung der Grundsteuer, die gemäß § 12 Grundsteuergesetz (GrStG) auf dem Grundstück lastet.[328] Für die öffentlichen Grundstückslasten haftet der Eigentümer – anders als bei den Grundpfandrechten – nicht nur mit dem Grundstück, sondern auch mit seinem sonstigen Vermögen. Zum Teil wird vertreten, öffentliche Lasten seien im Rahmen des § 107 BGB nicht zu berücksichtigen, weil diese nicht durch Rechtsgeschäft, d. h. durch die Übereignung des Grundstücks, begründet würden, sondern auf dem Gesetz beruhten; sie seien Inhalt des Eigentums.[329] Zu Recht weist der BGH aber darauf hin, dass das Vermögen des beschränkt Geschäftsfähigen nicht weniger gefährdet ist, wenn der Eintritt des Rechtsnachteils zwar nicht Inhalt des Rechtsgeschäfts, vom Gesetz jedoch als dessen Folge angeordnet ist.[330] Allerdings verneint der BGH den Rechtsnachteil mit dem Argument, laufende öffentliche Lasten könnten in der Regel aus den laufenden Erträgen des Grundstücks gedeckt werden und führten typischerweise zu keiner Vermögensgefährdung.[331] Es sei möglich, bestimmte Rechtsnachteile aufgrund ihres „typischerweise ganz unerheblichen Gefährdungspotenzials" als vom Anwendungsbereich des § 107 BGB nicht erfasst anzusehen. Das gelte jedenfalls für solche den beschränkt Geschäftsfähigen kraft Gesetzes treffenden persönlichen Verpflichtungen, die „ihrem Umfang nach begrenzt und wirtschaftlich derart unbedeutend" sind, dass sie eine Verweigerung der Genehmigung nicht rechtfertigen könnten. Die bloß theoretische Möglichkeit, dass in Zu-

---

[328] Von der auf dem Grundstück lastenden Grundsteuer, bei der es sich um eine Realsteuer (auch Sach- oder Objektsteuer genannt) handelt, ist die den Erwerber eines Grundstücks treffende Grunderwerbsteuer zu unterscheiden, bei der es um eine Verkehrsteuer geht. Von der Grunderwerbsteuer sind Grundstücksschenkungen gemäß § 3 Nr. 2 Grunderwerbsteuergesetz (GrEStG) i. V. m. § 7 Abs. 1 Nr. 1 ErbStG grundsätzlich befreit.
[329] Vgl. *Medicus/Petersen*, BürgR, Rn. 172; *Musielak/Hau*, GK BGB, Rn. 330; *Mansel*, in: Jauernig, § 107 Rn. 5; *Lipp*, Jura 2015, 477 (483 f.).
[330] BGHZ 161, 170 (178).
[331] BGHZ 161, 170 (179). Anders entscheidet der BGH im Hinblick auf die persönliche Haftung des beschränkt Geschäftsfähigen, die gemäß §§ 566 Abs. 1, 581 Abs. 2, 593b BGB mit dem Erwerb eines vermieteten oder verpachteten Grundstücks (bzw. eines Miteigentumsanteils an einem solchen Grundstück) verbunden ist; BGHZ 162, 137 (140 f.); BGH NJW-RR 2022, 1027 Tz. 8 f. Auch den Erwerb einer Eigentumswohnung sieht der BGH nicht als lediglichen Rechtsvorteil an, weil der beschränkt Geschäftsfähige durch den Eigentumserwerb Mitglied der Wohnungseigentümergemeinschaft würde und für deren Verbindlichkeiten mit seinem gesamten Vermögen einzustehen hätte; BGHZ 187, 119 Tz. 10–16.

kunft weitere Lasten hinzutreten, z. B. Erschließungsbeiträge gemäß § 134 Abs. 2 Baugesetzbuch (BauGB) oder Ausbaubeiträge nach dem Kommunalabgabenrecht der Länder (etwa für die Erneuerung der angrenzenden Straße), stelle keinen im Rahmen des § 107 BGB zu berücksichtigenden Rechtsnachteil dar.[332]

Das kann nicht überzeugen. Zum Zeitpunkt der Grundstücksübereignung steht nämlich keineswegs fest, dass die Immobilie auch in Zukunft ausreichende Erträge abwerfen wird, um die laufenden öffentlichen Grundstückslasten abzudecken.[333] Auch was die Schenkungsteuer betrifft, sofern diese im Einzelfall anfällt,[334] ist nicht sicher, dass diese aus den Grundstückserträgen beglichen werden kann, zumal es auch Grundstücke gibt, die zwar einen hohen Wert haben, aber keine laufenden Erträge abwerfen. Nicht zu unterschätzen ist auch die **Verkehrssicherungspflicht** des Grundstückseigentümers, der dafür zu sorgen hat, dass von seinem Grundstück keine Gefahren für andere ausgehen, etwa indem er altersschwache Bäume (auf seine Kosten) fallen lässt. Ein noch viel größeres Risiko stellen die weiteren möglichen Lasten wie **Erschließungs- und Ausbaubeiträge** dar, die viele Tausend Euro ausmachen können. Der beschränkt Geschäftsfähige könnte hier, um zu Geld zu kommen, gezwungen sein, das Grundstück zu veräußern, wobei durchaus nicht garantiert ist, dass sich der Grundstückswert auf dem Immobilienmarkt in absehbarer Zeit auch tatsächlich realisieren lässt. Im Anschluss an die Übereignung des Grundstücks an den beschränkt Geschäftsfähigen kann sich herausstellen, dass das Grundstück mit **Altlasten** kontaminiert ist, was nur durch ein vor der Übereignung zu erstellendes Bodengutachten auszuschließen wäre. Bei einer Kontamination mit Altlasten besteht nach § 4 Abs. 3 Bundesbodenschutzgesetz (BBodSchG) eine Sanierungspflicht des jeweiligen Grundstückseigentümers. Auch wenn sich nach den Vorgaben des BVerfG[335] die Haftung nach dem BBodSchG im Hinblick auf die Eigentumsgarantie des Art. 14 GG im Rahmen des Zumutbaren halten muss und daher die Kostenbelastung grundsätzlich nur bis zum Verkehrswert des Grundstücks nach der Sanierung reichen darf, handelt es sich dabei insgesamt um Risiken, die mit § 107 BGB nicht mehr zu vereinbaren sind. **316**

Der Sache nach steht hinter der vom BGH und von der herrschenden Lehre befürworteten einschränkenden Auslegung des § 107 BGB eine wirtschaftliche Betrachtungsweise,[336] die jedoch dem Grundgedanken des § 107 BGB widerspricht: Aufgrund der besonderen Werthaltigkeit von Grundstücken soll – zum wirtschaftlichen Vorteil von beschränkt Geschäftsfähigen – der Erwerb von Grundstückseigentum grundsätzlich zustimmungsfrei sein. Die Vorschriften über die beschränkte Geschäftsfähigkeit haben jedoch nicht den Sinn, den Vermögensaufbau beschränkt Geschäftsfähiger zu fördern. Der Sinn und Zweck der §§ 106 ff. BGB liegt darin, dass der Minderjährige die Teilnahme am Rechtsver- **317**

---

332 BGHZ 161, 170 (180).
333 Vgl. *Haslach*, JA 2017, 490 (492 f.); *Röthel/Krackhardt*, Jura 2006, 161 (165 f.); *A. Staudinger*, Jura 2005, 547 (551 f.).
334 Im Fall einer Grundstücksschenkung durch Großeltern an ihr Enkelkind beträgt der Schenkungsteuer-Freibetrag gemäß § 16 Abs. 1 Nr. 3 Erbschaftsteuer- und Schenkungsteuergesetz (ErbStG) grundsätzlich 200.000 €. Schenkt ein nicht sorgeberechtigter Elternteil seinem Kind ein Grundstück, liegt der Freibetrag gemäß § 16 Abs. 1 Nr. 2 ErbStG bei 400.000 €.
335 BVerfGE 102, 1 (19–23).
336 Vgl. *Bitter/Röder*, AT, § 9 Rn. 34; *Neuner*, AT, § 34 Rn. 31; *Müßig*, JZ 2006, 150, 152; *Preuß*, JuS 2006, 305 (307); siehe auch schon *Stürner*, AcP 173 (1973), 416 (427 f.).

kehr üben kann und so auf die volle Geschäftsfähigkeit vorbereitet wird (Rn. 292). Dazu ist nicht erforderlich, dass der Minderjährige auch schon Erfahrungen mit Immobiliengeschäften macht.[337]

> **Hinweis**
> Die Auslegung gesetzlicher Vorschriften, die sich am vom Gesetzgeber verfolgten Sinn und Zweck orientiert, nennt man „teleologische" Auslegung (von altgriechisch τέλος [télos], das Ziel).

318 Die Frage, ob das Verfügungsgeschäft lediglich einen rechtlichen Vorteil bringt, kann auch im Zusammenhang mit der **Übereignung von Tieren** eine Rolle spielen. Allerdings dürfen gemäß § 11c TierSchG Wirbeltiere ohne Einwilligung der Erziehungsberechtigten an Kinder oder Jugendliche bis zum vollendeten 16. Lebensjahr nicht abgegeben werden, wobei mit „abgeben" jede Übertragung der Herrschaftsgewalt gemeint ist, nicht nur im Rahmen eines Verkaufs, sondern auch aufgrund einer Schenkung. Die Übereignung z. B. eines Hundes an einen beschränkt Geschäftsfähigen, der noch nicht 16 Jahre alt ist, ist gemäß § 134 BGB i. V. m. § 11c TierSchG nichtig, weshalb § 107 BGB insoweit keine Rolle spielt. Auch bei Wirbeltieren kommt es dagegen auf § 107 BGB an, wenn es um die Übereignung an einen 16- oder 17-Jährigen geht. Dabei zeigt sich, wie wichtig es – entgegen manchen Stimmen[338] – ist, im Rahmen von § 107 BGB auch Rechtsnachteile zu berücksichtigen, die nicht Inhalt des Rechtsgeschäfts sind, sondern sich unmittelbar aus dem Gesetz – insbesondere aus § 2 TierSchG und § 833 Satz 1 BGB (hierzu sogleich) – ergeben.[339]

> **Bsp.:** Die minderjährige Manu wünscht sich seit langem einen Golden Retriever. Manus Eltern, die nichts für „Riesenhunde" übrighaben und auch die Hundesteuer sowie die laufenden Fütterungskosten nicht übernehmen wollen, sind strikt dagegen. Tante Tekla lässt sich jedoch erweichen und schenkt Manu am Tag ihres 16. Geburtstags den begehrten Hund. Als Manus Eltern davon erfahren, sind sie empört. Ihre Empörung steigt, als sich herausstellt, dass der Hund nicht stubenrein ist und die Wohnung verwüstet. Auf den Protest der Eltern hin erklärt sich Tekla bereit, den Hund wieder zurückzunehmen. Manu stellt sich auf den Standpunkt: „Geschenkt ist geschenkt!" und will den Hund nicht mehr hergeben. Wie ist die Rechtslage? – Manu muss den Hund an Tekla zurückgeben, wenn Tekla einen Anspruch auf Herausgabe hat. Dieser könnte sich aus §§ 985, 90a BGB ergeben. Voraussetzung ist, dass Tekla nicht wirksam ihr Eigentum auf Manu gemäß § 929 Satz 1 BGB übertragen hat. Da die Übereignung am 16. Geburtstag stattgefunden hat und Manu mit dem Beginn dieses Tages (§ 187 Abs. 2 Satz 2 BGB) das 16. Lebensjahr vollendet hat, ist die Übereignung nicht nach § 134 BGB i. V. m. § 11c TierSchG nichtig. Mit der Übereignung würde Manu allerdings auch zur Tierhalterin, was die Hundesteuerpflicht auslösen würde. Bereits darin ist ein Rechtsnachteil zu sehen. Außerdem ist der Tierhalter gemäß § 2 TierSchG zur angemessenen Ernährung, Pflege und verhaltensgerechten Unterbringung des Tieres verpflichtet, worin eine erhebliche rechtliche Verantwortung und damit auch ein Rechts-

---

337 Vgl. *Wilhelm*, NJW 2006, 2353 (2355).
338 Vgl. *Timme*, JA 2010, 174 (175); siehe auch die Nachweise in Fn. 331.
339 Vgl. im Hinblick auf § 2 TierSchG auch *Scholl/Claeßens*, JA 2010, 765 (767 f.).

nachteil liegt. Hinzu kommt die verschuldensunabhängige Tierhalterhaftung gemäß § 833 Satz 1 BGB, die auch Minderjährige mit entsprechendem Reifegrad (§ 828 Abs. 3 BGB) trifft.[340] Die Übereignung ist daher nicht zustimmungsfrei gemäß § 107 BGB. Die Genehmigung gemäß § 108 Abs. 1 BGB haben die Eltern durch ihren Protest verweigert. Manu ist folglich nicht Eigentümerin geworden. Da mangels wirksamer Übereignung auch keine wirksame Handschenkung gemäß § 516 Abs. 1 BGB vorliegt, hat Manu gegenüber Tekla auch kein Recht zum Besitz i.S.d. § 986 Abs. 1 Satz 1 BGB, das sich nur aus einem wirksamen Schenkungsvertrag ergeben würde. Tekla kann daher gemäß § 985 BGB von Manu Herausgabe des Hundes verlangen. Außerdem steht Tekla auch ein Herausgabeanspruch aus § 812 Abs. 1 Satz 1 Alt. 1 BGB (Leistungskondiktion) zu, weil Manu in Form des Besitzes am Hund ungerechtfertigt bereichert ist.

d) Rechtlich neutrale Geschäfte. Entsprechend dem Wortlaut des § 107 BGB sind Willenserklärungen, durch die der beschränkt Geschäftsfähige „lediglich einen rechtlichen Vorteil" erlangt, zustimmungsfrei. Strenggenommen wären damit rechtlich neutrale Geschäfte, die dem beschränkt Geschäftsfähigen weder Rechtsvorteile noch Rechtsnachteile bringen, von der Zustimmungsfreiheit nicht erfasst. Im Hinblick auf den Schutzzweck des § 107 BGB, der den beschränkt Geschäftsfähigen vor rechtlichen Nachteilen bewahren soll, müssen aber auch neutrale Geschäfte zustimmungsfrei sein. Im Wege der am Sinn und Zweck des § 107 BGB orientierten, teleologischen Auslegung ist das in der Vorschrift geregelte Einwilligungserfordernis dergestalt einzuschränken, dass der beschränkt Geschäftsfähige nur für Willenserklärungen, die mit einem Rechtsnachteil verbunden sind, der Einwilligung seines gesetzlichen Vertreters bedarf.

319

Hinweis
Wird im Wege der teleologischen Auslegung der Wortlaut einer Vorschrift – wie hier – eingeschränkt, spricht man von einer „teleologischen Einschränkung" oder (gleichbedeutend) „teleologischen Reduktion". Das Gegenstück ist die „teleologische Erweiterung", auch „teleologische Extension" genannt. Dabei geht es um die Erweiterung eines zu engen Wortlauts im Hinblick auf den Sinn und Zweck, den der Gesetzgeber mit der Vorschrift verfolgt.

Dass auch der Gesetzgeber rechtlich neutrale Geschäfte als zustimmungsfrei ansieht, zeigt punktuell § 165 BGB aus dem Recht der Stellvertretung. Nach dieser Vorschrift werden im Rahmen der Stellvertretung abgegebene Willenserklärungen nicht dadurch in ihrer Wirksamkeit beeinträchtigt, dass der Vertreter in der Geschäftsfähigkeit beschränkt ist. Beschränkt Geschäftsfähige können daher wirksam für andere als Stellvertreter auftreten. Die Stellvertretung, also das rechtsgeschäftliche Handeln für einen anderen, betrifft nicht die Rechtssphäre des beschränkt Geschäftsfähigen und ist daher für diesen ein rechtlich neutrales Geschäft.

320

---

340 Vgl. *Wagner*, in: MüKo, § 833 Rn. 42; *Eberl-Borges*, in: Staudinger, § 833 Rn. 115; wohl auch BGH NJW-RR 1990, 789 (790). **A.A.** (für eine entsprechende Anwendung der §§ 106 ff. BGB) *Spindler*, in: BeckOK-BGB, § 833 Rn. 15 (Stand: 1.5.2022); *Teichmann*, in: Jauernig, § 833 Rn. 3; *Canaris*, NJW 1964, 1987 (1990 f.).

321 Ein rechtlich neutrales Geschäft kann auch die Verfügung sein, die ein beschränkt Geschäftsfähiger als Nichtberechtigter vornimmt. Veräußert etwa ein beschränkt Geschäftsfähiger eine fremde Sache an einen gutgläubigen Dritten, stellt sich die Frage, ob der gutgläubige Dritte gemäß §§ 929 Satz 1, 932 BGB Eigentum erwirbt. Der Eigentumsverlust trifft hier nicht den beschränkt Geschäftsfähigen, sondern den ursprünglichen Eigentümer der Sache, weshalb es sich – aus Sicht des beschränkt Geschäftsfähigen – um ein rechtlich neutrales Geschäft handelt. Mögliche deliktsrechtliche Folgen, die die Verfügung als Nichtberechtigter haben kann, spielen für § 107 BGB keine Rolle (Rn. 302).[341] Der beschränkt geschäftsfähige Nichtberechtigte kann daher im Rahmen des § 929 Satz 1 BGB eine gemäß § 107 BGB wirksame, auf Übereignung an den Dritten gerichtete Willenserklärung abgeben. Damit kommt es – bei strikter Anwendung des Gesetzes – zum gutgläubigen Erwerb des Dritten gemäß §§ 929 Satz 1, 932 BGB.[342]

322 Gegen dieses Ergebnis werden jedoch Bedenken vorgebracht:[343] Der Dritte müsse sich gerechterweise so behandeln lassen, als würde sein guter Glaube zutreffen. Das bedeutet, dass der Dritte so zu stellen wäre, als wäre der beschränkt Geschäftsfähige tatsächlich Eigentümer der veräußerten Sache. Dann aber würde der Erwerb des Dritten bereits daran scheitern, dass die Übereignung für den beschränkt Geschäftsfähigen einen Rechtsnachteil bedeuten würde und damit nicht gemäß § 107 BGB zustimmungsfrei wäre. Das kann jedoch nicht überzeugen. Die Vorschriften der §§ 106 ff. BGB über die beschränkte Geschäftsfähigkeit haben den Sinn und Zweck, den beschränkt Geschäftsfähigen zu schützen. Sie dienen dagegen nicht dem Schutz dritter Personen vor einem Eigentumsverlust. Auch aus dem Verkehrsschutzgedanken, der dem gutgläubigen Eigentumserwerb gemäß § 932 BGB zugrunde liegt, ergibt sich nichts anderes. Die Vorschriften über die beschränkte Geschäftsfähigkeit gelten auch dann, wenn der Vertragspartner nicht erkennen kann, dass er es mit einem beschränkt Geschäftsfähigen zu tun hat. Mit anderen Worten: Der gute Glaube an die Geschäftsfähigkeit wird nicht geschützt. Vielmehr genießt der Minderjährigenschutz aus guten Gründen absoluten Vorrang gegenüber dem Verkehrsschutz. Umgekehrt muss aber der Verkehrsschutzgedanke Vorrang haben, wenn es – wie bei der Verfügung eines beschränkt Geschäftsfähigen als Nichtberechtigter – gar nicht um einen Fall des Minderjährigenschutzes geht. Das „scharfe Schwert" des Minderjährigenschutzes erscheint dann fehl am Platz. Von diesen generell-abstrakten Überlegungen, die für die allgemeine Bestimmung des Verhältnisses zwischen Minderjährigenschutz und Verkehrsschutz maßgeblich sind, ist die Frage zu unterscheiden, ob § 932 BGB im Einzelfall ausgeschlossen ist, weil der Erwerber aufgrund der konkreten Umstände nicht schutzwürdig ist. Das ist etwa der Fall, wenn der Erwerber zwar im Hinblick auf das Eigentum des minderjährigen Veräußerers gutgläubig ist, jedoch die Minderjährigkeit kennt und auch nicht von einer Einwilligung der Eltern ausgeht, sodass er von vornherein nicht mit einem Eigentumserwerb rechnen darf.[344]

---

341 Vgl. *Bitter/Röder*, AT, § 9 Rn. 52. **A. A.** *Braun*, Jura 1993, 459 (460).
342 Vgl. *Köhler*, AT, § 10 Rn. 20; *Neuner*, AT, § 34 Rn. 33 f.; *Wilhelm*, Sachenrecht, 7. Aufl. 2021, Rn. 882 f.; *Henssler*, in: Soergel, § 932 Rn. 34; *Klumpp*, in: Staudinger, § 107 Rn. 82; *Paefgen*, JuS 1992, 192 (193).
343 Vgl. *Medicus/Petersen*, AT, Rn. 568; *Medicus/Petersen*, BürgR, Rn. 542; *Oechsler*, in: MüKo, § 932 Rn. 11; *Weber*, JuS 1999, 1 (7); *Petersen*, Jura 2003, 399 (401); insoweit kritisch *Braun*, Jura 1993, 459 (460).
344 Vgl. *Wilhelm*, Sachenrecht, 7. Aufl. 2021, Rn. 883: § 932 BGB schützt nur das Vertrauen auf ein wirksames Geschäft.

> **Bsp.:** Der 17-jährige Alban, der schon etwas verlebt und daher einige Jahre älter aussieht, leiht sich vom volljährigen Balduin dessen Fahrrad. Anschließend veräußert er das Fahrrad für 200 € an Detlef, der Alban für den Eigentümer des Fahrrades hält. Ist Balduin noch Eigentümer des Fahrrades? – Als gutgläubiger Dritter könnte Detlef gemäß §§ 929 Satz 1, 932 BGB das Eigentum an dem Fahrrad erworben haben. Da die Veräußerung einer fremden Sache keine im Rahmen des § 107 BGB beachtlichen Rechtsnachteile mit sich bringt und daher ein neutrales Geschäft darstellt, ist die auf Übereignung an Detlef gerichtete Willenserklärung des beschränkt geschäftsfähigen Alban (§§ 106, 2 BGB) gemäß § 107 BGB zustimmungsfrei. Die gesetzlichen Voraussetzungen der §§ 929 Satz 1, 932 BGB für einen gutgläubigen Erwerb des Detlef sind damit erfüllt. Es ist auch kein Grund ersichtlich, dieses Ergebnis zu korrigieren. Es geht nicht um Minderjährigenschutz, weshalb dem Verkehrsschutzgedanken des § 932 BGB Vorrang gebührt. Anhaltspunkte dafür, dass Detlef nicht schutzwürdig wäre, etwa weil er die Minderjährigkeit des älter wirkenden Alban kannte, liegen nicht vor. Balduin hat somit sein Eigentum an Detlef verloren. Er ist nicht mehr Eigentümer des Fahrrades.

e) Annahme einer Leistung als Erfüllung. An § 107 BGB (und ebenso an § 131 Abs. 2 BGB) zu messen ist auch die Annahme einer Leistung als Erfüllung durch den beschränkt Geschäftsfähigen. Die Problematik wird durch folgendes Beispiel[345] verdeutlicht.

> **Bsp.:** Der Erblasser Erwin hat seinem zehnjährigen Neffen Norbert einen Betrag von 10.000 € vermacht. Norbert hat somit gegen den Alleinerben Alf einen Anspruch gemäß § 2174 BGB aus dem Vermächtnis auf Zahlung von 10.000 €. Alf drückt Norbert den Betrag bar in die Hand, ohne Norberts Eltern vorab zu informieren. Norbert, der etwas schusselig ist, verliert den Geldbetrag auf dem Nachhauseweg. Da er sich aus Geld nichts macht, findet er den Verlust nicht weiter schlimm. Seine Eltern sind dagegen empört und meinen, Alf hätte die Zahlung mit ihnen als gesetzlichen Vertretern des Norbert abstimmen müssen. Sie verlangen von Alf nochmalige Zahlung. Zu Recht?

Die unmittelbare Leistung an einen beschränkt Geschäftsfähigen ist, wie das Beispiel zeigt, schon deshalb höchst riskant, weil dieser den empfangenen Leistungsgegenstand verlieren kann. Betrachtet man allerdings das Verfügungsgeschäft als solches, kommt man in der Regel zum Ergebnis, dass die Voraussetzungen des § 107 BGB für ein zustimmungsfreies Rechtsgeschäft erfüllt sind. Die Übereignung an einen beschränkt Geschäftsfähigen stellt im Grundsatz lediglich einen rechtlichen Vorteil dar (Rn. 312). Das gilt insbesondere für die im Beispiel genannte Übereignung eines Geldbetrags von 10.000 €, durch die keine Erbschaftsteuer ausgelöst wird.[346]

Die entscheidende Frage ist allerdings nicht die der Wirksamkeit der Übereignung, die aufgrund von § 107 BGB regelmäßig zu bejahen ist. Für den Schutz des beschränkt Geschäftsfähigen kommt es vielmehr darauf an, ob der Schuldner seine Schuld durch Leistung an den beschränkt Geschäftsfähigen wirksam erfüllen kann. Eine wirksame Erfüllung führt gemäß § 362 Abs. 1 BGB zum Erlöschen des

---
345 Vgl. hierzu auch *Köhler*, AT, § 10 Rn. 18; *Neuner*, AT, § 34 Rn. 35.
346 Zur Erbschaft- und Schenkungsteuer siehe Rn. 312 Fn. 326.

Schuldverhältnisses im engeren Sinn, d. h. der erfüllte Anspruch erlischt. Im Beispiel würde Norberts Anspruch gegen Alf aus § 2174 BGB erlöschen, wenn die Voraussetzungen des § 362 Abs. 1 BGB gegeben wären. Das Erlöschen eines Anspruchs bedeutet für den beschränkt Geschäftsfähigen, der seinen Anspruch verliert, allemal einen Rechtsnachteil.

326 Die ganz herrschende Lehre[347] und die Rechtsprechung[348] gehen daher davon aus, dass zulasten eines beschränkt Geschäftsfähigen ohne die Zustimmung des gesetzlichen Vertreters keine Erfüllung eintreten kann. Nur ganz vereinzelt wird angenommen, die Leistungsannahme bringe für den beschränkt Geschäftsfähigen lediglich einen rechtlichen Vorteil, weil der Leistungsgegenstand höher als die Forderung zu bewerten sei.[349] Das kann allerdings nicht überzeugen, weil der Vorteil, den Leistungsgegenstand in Händen zu haben, nichts am rechtlichen Nachteil ändert, der im zugleich eintretenden Anspruchsverlust liegt. Richtigerweise ist daher davon auszugehen, dass im Fall der Leistung an einen beschränkt Geschäftsfähigen ohne Zustimmung des gesetzlichen Vertreters zwar nach § 107 BGB ein wirksames Verfügungsgeschäft vorliegt und der beschränkt Geschäftsfähige daher gemäß § 929 Satz 1 BGB Eigentümer des geleisteten Gegenstands wird, dass jedoch nicht die Erfüllungswirkung des § 362 Abs. 1 BGB eintritt. In Fällen, in denen der beschränkt Geschäftsfähige – wie im Beispiel des bar ausgezahlten Vermächtnisses – den Leistungsgegenstand verliert, kann dieser vom Schuldner noch einmal Erbringung der Leistung verlangen, da durch die erste Leistung noch keine Erfüllung nach § 362 Abs. 1 BGB eingetreten ist. Die für den Schuldner sehr belastende Konsequenz, zweimal die Leistung erbringen zu müssen, ist durch den Gedanken des Minderjährigenschutzes gerechtfertigt. Der Schuldner kann die Konsequenz vermeiden, indem er sich vor einer Leistung mit dem gesetzlichen Vertreter des beschränkt Geschäftsfähigen in Verbindung setzt.

327 Auch wenn diese Lösung im Ergebnis überzeugt, muss noch die Frage beantwortet werden, wie es im Zusammenhang mit der Erfüllung gemäß § 362 Abs. 1 BGB zur Anwendung des § 107 BGB kommen kann. Die Vorschrift des § 107 BGB setzt dem Wortlaut nach eine Willenserklärung voraus. Anders als noch zur Zeit des Inkrafttretens des BGB vertreten wurde,[350] stellt die Erfüllung gemäß § 362 Abs. 1 BGB jedoch keinen Vertrag zwischen Schuldner und Gläubiger dar. Andernfalls würde der Eintritt der Erfüllungswirkung des § 362 Abs. 1 BGB vom Einverständnis des Gläubigers abhängen, was nicht einzusehen ist. Wenn der Gläubiger erhält, was ihm geschuldet ist, muss sein Anspruch erlöschen, und zwar unabhängig davon, ob er mit dem Erlöschen des Anspruchs einverstanden ist oder nicht. Es kann daher nicht auf einen Erfüllungsvertrag ankommen. Auch ein beschränkt Geschäftsfähiger muss daher, wenn er eine Leistung als Erfüllung annimmt, keine Willenserklärung abgeben, weshalb § 107 BGB allenfalls entsprechend anwendbar ist.

---

347 Siehe nur *Köhler*, AT, § 10 Rn. 18; *Medicus/Petersen*, AT, Rn. 566; *Wacke*, JuS 1978, 80 (84).
348 BGHZ 205, 90 Tz. 15.
349 *Harder*, JuS 1977, 149 (151 f.); 1978, 84; vgl. auch noch *Schwab/Löhnig*, Einführung in das Zivilrecht, 20. Aufl. 2016, Rn. 716.
350 Zur sogenannten „Vertragstheorie" siehe die Nachweise bei *Gernhuber*, Die Erfüllung und ihre Surrogate, 2. Aufl. 1994, § 5 II 3 (S. 105 f.); *Harke*, Allgemeines Schuldrecht, 2010, Rn. 354 f.

328 Obwohl sich hierzu in § 362 BGB keine ausdrückliche Regelung findet, muss man für eine wirksame Erfüllung verlangen, dass der jeweilige Leistungsempfänger zur Annahme der Leistung befugt ist.[351] Man spricht vom Erfordernis der **Empfangszuständigkeit** des Leistungsempfängers.[352] Einen Anhaltspunkt für dieses Erfordernis bietet § 362 Abs. 2 BGB: Erbringt der Gläubiger die Leistung nicht an den Schuldner, sondern an einen Dritten, kommt es nach dieser Vorschrift zur entsprechenden Anwendung des § 185 BGB, der die Verfügung eines Nichtberechtigten regelt. Ein Dritter hat daher insbesondere dann die erforderliche Empfangszuständigkeit, um die Leistung mit Erfüllungswirkung zulasten des Gläubigers anzunehmen, wenn der Gläubiger der Leistungserbringung an den Dritten zustimmt (§§ 362 Abs. 2, 185 Abs. 1 bzw. Abs. 2 Satz 1 Fall 1 BGB). Der Verweis auf § 185 BGB und damit auf die Verfügung eines Nichtberechtigten macht deutlich, dass der Gesetzgeber der Leistungsannahme im Rahmen der Erfüllung eine Verfügungswirkung beimisst. Das rechtfertigt es, auch die Leistungsannahme durch den beschränkt Geschäftsfähigen so zu behandeln, als würde dieser ein Verfügungsgeschäft vornehmen. Aufgrund der nachteiligen Erfüllungswirkung des § 362 Abs. 1 BGB ist die Leistungsannahme durch den beschränkt Geschäftsfähigen daher analog § 107 BGB zustimmungsbedürftig. Dem beschränkt Geschäftsfähigen fehlt, wenn der gesetzliche Vertreter nicht zustimmt, die Empfangszuständigkeit, die für die Annahme einer Leistung als Erfüllung erforderlich ist.

3. Einwilligung des gesetzlichen Vertreters

329 Ist die Willenserklärung des beschränkt Geschäftsfähigen aufgrund eines rechtlichen Nachteils nicht nach § 107 BGB zustimmungsfrei, bedarf es für die Wirksamkeit der Willenserklärung der Zustimmung des gesetzlichen Vertreters. Hierbei muss zwischen einseitigen Rechtsgeschäften und Verträgen unterschieden werden: Die Wirksamkeit eines rechtlich (zumindest auch) nachteiligen Vertrags kann entweder durch Einwilligung oder durch Genehmigung des gesetzlichen Vertreters herbeigeführt werden, wie sich aus §§ 107, 108 BGB ergibt. Die Möglichkeit der Genehmigung, also der nachträglichen Zustimmung (vgl. § 184 Abs. 1 BGB), wird in § 108 Abs. 1 BGB ausdrücklich nur für Verträge eröffnet. Dagegen sind vom beschränkt Geschäftsfähigen vorgenommene einseitige Rechtsgeschäfte, sofern sie (auch) mit Rechtsnachteilen für den beschränkt Geschäftsfähigen verbunden sind, nur wirksam, wenn gemäß § 111 Satz 1 BGB eine Einwilligung, also eine vorherige Zustimmung (vgl. § 183 Satz 1 BGB) des gesetzlichen Vertreters vorliegt.

330 Die Frage, ob der beschränkt Geschäftsfähige für die Vornahme des **einseitigen Rechtsgeschäfts** einer Einwilligung bedarf, beantwortet § 107 BGB. In der Regel führen einseitige Rechtsgeschäfte auch zu Rechtsnachteilen, weshalb gemäß § 107 BGB die Einwilligung des gesetzlichen Vertreters erforderlich ist. Kündigt z. B. der beschränkt Geschäftsfähige, der Mieter einer Wohnung ist, den Mietvertrag, kommt es im Fall der Wirksamkeit der Kündigung zum Verlust der Rechte aus dem Mietvertrag und damit zu einem Rechtsnachteil. Ein Beispiel für ein einseitiges Rechtsgeschäft, das nur rechtliche Vorteile für den beschränkt Geschäftsfähigen bringt, ist die Kündigung eines zinslosen Darlehens gemäß § 488 Abs. 3 Satz 1 BGB, das der beschränkt Geschäftsfähige (mit Zustimmung des gesetzlichen Ver-

---

351 Vgl. *Fetzer*, in: MüKo, § 362 Rn. 15.
352 Der Ausdruck „Empfangszuständigkeit" wurde geprägt von *Larenz*, Lehrbuch des Schuldrechts I, 14. Aufl. 1987, § 18 I (S. 240).

treters) einem Dritten gewährt hat. Auch für eine vom beschränkt Geschäftsfähigen ausgesprochene Mahnung, bei der es um eine geschäftsähnliche Handlung geht,[353] ist die Einwilligung des gesetzlichen Vertreters analog § 107 BGB entbehrlich.

331 Fehlt es an der Einwilligung, obwohl diese gemäß § 107 BGB erforderlich ist, ist das einseitige Rechtsgeschäft des beschränkt Geschäftsfähigen grundsätzlich endgültig und unrettbar unwirksam. Anders als es bei Verträgen gemäß § 108 Abs. 1 BGB der Fall ist, sieht § 111 BGB nicht die Möglichkeit einer nachträglichen Zustimmung (also einer Genehmigung) des gesetzlichen Vertreters vor. Hinter dieser strikten Beschränkung des § 111 BGB auf die Einwilligung steht die gesetzgeberische Überlegung, es dürfe bei einseitigen Rechtsgeschäften, die – wie eine vom beschränkt Geschäftsfähigen ausgesprochene Kündigung – für den Betroffenen einschneidende Folgen haben können, nicht zu einer Situation der Unsicherheit kommen. Der Betroffene soll sicher sein, ob das einseitige Rechtsgeschäft wirksam ist oder nicht. Die Möglichkeit der nachträglichen Zustimmung des gesetzlichen Vertreters würde dagegen zu einem Schwebezustand führen, der dem Betroffenen bei einseitigen Rechtsgeschäften nicht zugemutet wird.

> **§ Gesetzestext**
>
> Das Gesetz spricht ganz bewusst in § 107 BGB von der „Willenserklärung", während in § 108 Abs. 1 BGB vom „Vertrag" die Rede ist. Damit wird klargestellt, dass die Genehmigungsmöglichkeit des § 108 Abs. 1 BGB nur für Verträge gilt. Dagegen ist § 107 BGB sowohl auf Verträge als auch auf einseitige Rechtsgeschäfte anwendbar, da es in beiden Fällen um eine Willenserklärung des beschränkt Geschäftsfähigen geht.

332 Selbst dann, wenn der beschränkt Geschäftsfähige das einseitige Rechtsgeschäft im konkreten Fall mit Einwilligung des gesetzlichen Vertreters vornimmt, wird der Betroffene vor einer immer noch möglichen Unsicherheit im Hinblick auf die Einwilligung geschützt: Gemäß § 111 Satz 2 BGB kann der Betroffene, wenn der beschränkt Geschäftsfähige die Einwilligung nicht in schriftlicher Form vorlegt, das einseitige Rechtsgeschäft aus diesem Grund unverzüglich zurückweisen. Eine solche Zurückweisung, die – wie der Vergleich mit § 109 Abs. 1 Satz 2 BGB (Rn. 341) bestätigt – auch gegenüber dem beschränkt Geschäftsfähigen erklärt werden kann, führt zur Unwirksamkeit des einseitigen Rechtsgeschäfts trotz wirksamer Einwilligung des gesetzlichen Vertreters. Gemäß § 111 Satz 2 BGB ist die Zurückweisung ausgeschlossen, wenn der gesetzliche Vertreter den Betroffenen von der Einwilligung in Kenntnis gesetzt hat und es daher keine Unsicherheit gibt, vor der der Betroffene zu schützen wäre. Das ist nicht nur dann der Fall, wenn der gesetzliche Vertreter den Betroffenen von der Erteilung der Einwilligung gegenüber dem beschränkt Geschäftsfähigen informiert, sondern auch dann, wenn die Einwilligung unmittelbar durch Erklärung gegenüber dem Betroffenen erteilt wird. Die Einwilligung kann nämlich, wie sich aus § 182 Abs. 1 BGB ergibt, sowohl gegenüber dem beschränkt Geschäftsfähigen als auch gegenüber dessen Geschäftspartner wirksam erklärt werden.

---

[353] Siehe hierzu oben Kapitel 5 Rn. 194.

III. Beschränkte Geschäftsfähigkeit

333 Gemäß § 183 Satz 1 BGB kann die Einwilligung bis zur Vornahme des Rechtsgeschäfts grundsätzlich frei **widerrufen** werden. Auch dieser Widerruf kann sowohl gegenüber dem beschränkt Geschäftsfähigen als auch gegenüber dessen Geschäftspartner wirksam erklärt werden (§ 183 Satz 2 BGB). Aus der zeitlichen Einschränkung „bis zur Vornahme des Rechtsgeschäfts" ergibt sich, dass bei einseitigen Rechtsgeschäften ein Widerruf der Einwilligung bis zu dem Zeitpunkt möglich ist, zu dem die Willenserklärung des beschränkt Geschäftsfähigen dem Betroffenen zugeht. Bei Verträgen reicht die Widerrufsmöglichkeit bis zum Zugang der Annahmeerklärung, die vom beschränkt Geschäftsfähigen oder vom Vertragspartner ausgehen kann. Problematisch ist der Widerruf der Einwilligung, wenn diese gegenüber dem Geschäftspartner erklärt worden ist und anschließend der Widerruf gegenüber dem beschränkt Geschäftsfähigen erfolgt, ohne dass der Geschäftspartner vom Widerruf der Einwilligung informiert wird. In einem solchen Fall sind die §§ 170, 173 BGB über die Wirkungsdauer der Vollmacht analog anzuwenden: Dem Geschäftspartner muss der Widerruf der Einwilligung angezeigt werden; andernfalls gilt die Einwilligung weiterhin, als wäre sie nicht widerrufen.[354]

334 Hinsichtlich des Umfangs der Einwilligung unterscheidet man zwischen der **Einzeleinwilligung** und der **Generaleinwilligung**.[355] Im Regelfall willigen die Eltern nur in ein bestimmtes Geschäft ein, etwa in den Kauf eines Fahrrades durch den beschränkt Geschäftsfähigen. Es kann aber auch zu einer Generaleinwilligung kommen, die eine Vielzahl von Geschäften umfasst, etwa dann, wenn der beschränkt Geschäftsfähige eine Reise unternimmt und die Eltern ihn zum Abschluss aller hierfür notwendigen Geschäfte ermächtigen.

335 Für die Erteilung einer Einwilligung gemäß § 107 BGB gibt es allerdings auch Grenzen. Der gesetzliche Vertreter kann keine unbeschränkte Generaleinwilligung, d. h. eine Einwilligung für sämtliche Geschäfte ohne jede Einschränkung, erteilen. Aufgrund einer solchen unbeschränkten Generaleinwilligung würde nämlich die beschränkte Geschäftsfähigkeit im Ergebnis aufgehoben und es würde zu einer Gleichstellung des Minderjährigen mit einem voll Geschäftsfähigen kommen. Das aber soll durch die §§ 106 ff. BGB gerade verhindert werden, weshalb die unbeschränkte Generaleinwilligung gegen den Schutzzweck dieser Vorschriften verstößt und daher unwirksam ist. Die Generaleinwilligung kann sich daher immer nur auf einen beschränkten Kreis von Geschäften beziehen.

336 Zudem gibt es einen gewissen Kreis von besonders bedeutenden Geschäften, die die Eltern gemäß § 1643 Abs. 1 i. V. m. §§ 1850–1854 BGB als gesetzliche Vertreter grundsätzlich nur mit Genehmigung des Familiengerichts vornehmen können. Dazu gehört etwa gemäß §§ 1643 Abs. 1, 1850 Nr. 1 BGB die Veräußerung eines Grundstücks des Minderjährigen.

Gesetzestext
Der Begriff der gerichtlichen „Genehmigung" i. S. d. § 1643 Abs. 1 BGB (siehe auch §§ 112, 113 BGB) darf nicht mit der – ganz anders gearteten Genehmigung des gesetzlichen Vertreters gemäß § 108 Abs. 1 BGB verwechselt werden. Während es bei der Genehmigung gemäß § 1643 Abs. 1 BGB um einen behörd-

---

354 Vgl. *Medicus/Petersen*, AT, Rn. 576.
355 *Medicus/Petersen*, AT, Rn. 577 f.

lichen (genauer: um einen gerichtlichen) Akt geht, handelt es sich bei der Genehmigung gemäß § 108 Abs. 1 BGB um eine Willenserklärung.

337 § 1643 Abs. 1 BGB erfasst zwar seinem Wortlaut nach nur die Vornahme der in den §§ 1850–1854 BGB genannten Geschäfte durch die Eltern selbst, und zwar als gesetzliche Vertreter im Namen des beschränkt Geschäftsfähigen. Es liegt aber auf der Hand, dass die Eltern dann, wenn der beschränkt Geschäftsfähige eines dieser besonderen Geschäfte selbst vornimmt, nicht einfach zustimmen können, sondern sowohl für die Einwilligung nach § 107 BGB als auch für die Genehmigung nach § 108 Abs. 1 BGB ebenfalls die Genehmigung des Familiengerichts benötigen.

Klausurtipp

Es empfiehlt sich, § 1643 BGB und den Katalog der §§ 1850–1854 BGB bei Gelegenheit aufmerksam durchzulesen, um ein Gespür für die dort genannten besonders bedeutenden Geschäfte zu entwickeln. Sollte eines dieser Geschäfte in einer Klausur auftauchen, erinnert man sich erfahrungsgemäß an die gesetzliche Regelung, vorausgesetzt, man hat sich schon einmal damit befasst. Aufgrund der Stofffülle ist es im juristischen Studium (und ebenso später in der juristischen Praxis) völlig ausgeschlossen, alles „auswendig" zu wissen. Oftmals ist es daher entscheidend, zur rechten Zeit den Eindruck „Da war doch was!" zu haben, um dann im Gesetz genauer nachsehen zu können.

4. Genehmigung des gesetzlichen Vertreters

338 Die Wirksamkeit eines Vertrags, der vom beschränkt Geschäftsfähigen ohne die erforderliche Einwilligung des gesetzlichen Vertreters geschlossen wurde, hängt gemäß § 108 Abs. 1 BGB von der Genehmigung des Vertreters ab. Da – anders als bei den einseitigen Rechtsgeschäften (Rn. 329, 331) – die Möglichkeit der Genehmigung, also der nachträglichen Zustimmung (vgl. § 184 Abs. 1) besteht, spricht man von der **schwebenden Unwirksamkeit** des Vertrags. Dabei darf nicht übersehen werden, dass die schwebende Unwirksamkeit nur eine besondere Form der Unwirksamkeit darstellt. Auch die schwebende Unwirksamkeit bedeutet, dass der Vertrag unwirksam ist und somit nicht die vertraglichen Wirkungen entfaltet. Diese Unwirksamkeit kann aber gemäß § 108 Abs. 1 BGB durch die Genehmigung noch behoben werden.

§ Gesetzestext

§ 108 Abs. 1 BGB spricht vom „Vertrag", den der Minderjährige ohne die erforderliche Einwilligung des gesetzlichen Vertreters geschlossen hat, und meint mit diesem Begriff nicht etwa – wie das sonst im Gesetz der Fall ist – den in vollem Umfang wirksamen Vertrag. Gemeint ist vielmehr der schwebend unwirksame Vertrag, dessen Schicksal von der Genehmigung des gesetzlichen Vertreters abhängt.

339 Die Erklärung der Genehmigung kann – ebenso wie bei der Einwilligung – nach § 182 Abs. 1 BGB sowohl gegenüber dem beschränkt Geschäftsfähigen als auch dessen Geschäftspartner gegenüber erklärt werden. Gleiches gilt gemäß § 182

III. Beschränkte Geschäftsfähigkeit

Abs. 1 BGB für die Verweigerung der Genehmigung. Verweigern die Eltern die Genehmigung, wird der zunächst schwebend unwirksame Vertrag nunmehr endgültig unwirksam. Der Vertrag wechselt also von der einen Form der Unwirksamkeit, nämlich der der schwebenden Unwirksamkeit, in die andere Form, d. h. die der endgültigen Unwirksamkeit.

Eine besonders belastende Situation entsteht für den Vertragspartner des beschränkt Geschäftsfähigen, wenn der gesetzliche Vertreter die Genehmigung weder erteilt noch verweigert, sondern einfach untätig bleibt. Gemäß § 108 Abs. 1 BGB würde der Vertrag in einem solchen Fall auf immer und ewig schwebend unwirksam bleiben. Da die damit verbundene Unsicherheit dem Vertragspartner auf Dauer nicht zugemutet werden kann, gibt ihm § 108 Abs. 2 BGB die Möglichkeit, den Schwebezustand zu beenden: Der Vertragspartner muss zunächst den gesetzlichen Vertreter zur Erklärung über die Genehmigung auffordern, was gemäß § 108 Abs. 2 Satz 1 Halbsatz 1 BGB zur Folge hat, dass die Erklärung über die Genehmigung, also deren Erteilung oder Verweigerung, in Abweichung von § 182 Abs. 1 BGB nur noch gegenüber dem Vertragspartner erfolgen kann. Mit der Aufforderung wird eine zuvor gegenüber dem beschränkt Geschäftsfähigen erfolgte Erteilung oder Verweigerung der Genehmigung gemäß § 108 Abs. 2 Satz 1 Halbsatz 2 BGB unwirksam. Die entscheidende Bestimmung, die zur Beendigung des Schwebezustands führt, liegt in der Verweigerungsfiktion des § 108 Abs. 2 Satz 2 Halbsatz 2 BGB: Wird die Genehmigung vom gesetzlichen Vertreter nicht binnen zwei Wochen erklärt, „so gilt sie als verweigert". Das Schweigen des gesetzlichen Vertreters führt nach Ablauf von zwei Wochen also dazu, dass die Verweigerung der Genehmigung fingiert wird. Der Vertrag ist nun endgültig unwirksam. Damit ist § 108 Abs. 2 Satz 2 Halbsatz 2 BGB ein Beispiel für einen Fall des normierten Schweigens.[356]

340

Eine noch schnellere Möglichkeit, den Schwebezustand zu beenden, bietet das Widerrufsrecht des Vertragspartners: Dieser kann während der schwebenden Unwirksamkeit seine Willenserklärung gemäß § 109 Abs. 1 Satz 1 BGB widerrufen, wobei der Widerruf gemäß Satz 2 auch dem beschränkt Geschäftsfähigen gegenüber erklärt werden kann. § 109 Abs. 1 Satz 2 BGB ist eine Ausnahme von der Zugangsregelung des § 131 Abs. 2 Satz 1 BGB (Rn. 304). Das Widerrufsrecht setzt gemäß § 109 Abs. 2 BGB voraus, dass der Vertragspartner von einem wirksamen Vertragsschluss mit dem beschränkt Geschäftsfähigen ausgegangen ist, entweder weil er die Minderjährigkeit nicht gekannt hat oder weil der beschränkt Geschäftsfähige wahrheitswidrig die Einwilligung des gesetzlichen Vertreters behauptet hat und dem Vertragspartner das tatsächliche Fehlen der Einwilligung bei Vertragsschluss nicht bekannt war. Andernfalls ist der Vertragspartner nicht schutzwürdig, weil er wusste oder (mangels einer vom beschränkt Geschäftsfähigen behaupteten Einwilligung) zumindest damit rechnen musste, dass es zu einem schwebend unwirksamen Vertrag kommen würde. Dem Vertragspartner verbleibt aber auch dann, wenn ihm das Widerrufsrecht des § 109 BGB nicht zusteht, immer noch die Möglichkeit, nach § 108 Abs. 2 BGB (Rn. 340) den Schwebezustand zu beenden.

341

§ 108 Abs. 3 BGB regelt den Fall, dass der beschränkt Geschäftsfähige während der schwebenden Unwirksamkeit des Vertrags das 18. Lebensjahr vollendet und

342

---

356 Zum normierten Schweigen siehe oben Kapitel 4 Rn. 103.

damit voll geschäftsfähig wird. Nach dem Wortlaut der Vorschrift „tritt seine Genehmigung an die Stelle der Genehmigung des Vertreters". Gemeint ist damit, dass der nunmehr voll Geschäftsfähige allein für die Erteilung oder Verweigerung der Genehmigung zuständig ist, nicht mehr sein bisheriger gesetzlicher Vertreter. Man spricht daher vom Recht des nunmehr voll Geschäftsfähigen zur **„Selbstgenehmigung"**. Wichtig ist, dass der Vertrag durch den Eintritt der vollen Geschäftsfähigkeit nicht etwa automatisch wirksam wird. Denn es ist nicht gesagt, dass der nunmehr voll Geschäftsfähige die Verträge, die er noch als beschränkt Geschäftsfähiger geschlossen hat, weiterhin gutheißt. Mit Eintritt der vollen Geschäftsfähigkeit ist der bisher beschränkt Geschäftsfähige – zumindest potenziell – klüger geworden und soll sich daher den Vertragsschluss noch einmal überlegen können.

343 Das Zusammenspiel der §§ 107, 108 BGB soll nun an einem Beispiel verdeutlicht werden.

> **Bsp.:** Der 14-jährige Robbi wird von seinen Eltern kurz vor Geschäftsschluss in den Supermarkt geschickt, um das Abendessen einzukaufen und erhält das dafür nötige Geld. Unterwegs entdeckt Robbi im Schaufenster des von Tobbi betriebenen Szeneladens eine Fliegerbrille, die nur heute im Sonderangebot 25 € kostet. Der reguläre Preis beträgt 50 €. Robbi kann nicht widerstehen und kauft die Brille. Zu Hause angekommen eröffnet er seinen Eltern, dass heute das Abendessen ausfällt. Diese verbieten Robbi daraufhin, die Brille zu behalten. Als sie Tobbi informieren, erhalten sie den von Robbi gezahlten Kaufpreis sogleich zurück. Kann Tobbi die Brille von Robbi, der auf stur schaltet, herausverlangen? – Es geht um den Herausgabeanspruch des Tobbi, weshalb die §§ 985, 812 BGB als mögliche Anspruchsgrundlagen in Betracht kommen.
> Robbi hat die Brille in Händen und ist daher als Besitzer geeigneter Anspruchsgegner des § 985 BGB. Fraglich ist, ob Tobbi Eigentümer der Brille geblieben ist. Da die Übertragung des Eigentums gemäß § 929 Satz 1 BGB für den beschränkt geschäftsfähigen Robbi (§§ 106, 2 BGB) ausschließlich einen Rechtsvorteil bedeutet, ist seine Willenserklärung im Rahmen der dinglichen Einigung zustimmungsfrei gemäß § 107 BGB. Die auf Übereignung gerichtete Willenserklärung des Tobbi geht Robbi gemäß § 131 Abs. 2 Satz 2 BGB ohne Weiteres zu. Tobbi hat daher sein Eigentum nach § 929 Satz 1 BGB an Robbi verloren. Die Voraussetzungen für einen Anspruch aus § 985 BGB sind nicht erfüllt.
> Da Robbi durch Leistung des Tobbi sowohl Besitz als auch Eigentum an der Brille erlangt hat, kommt ein Herausgabeanspruch des Tobbi nach § 812 Abs. 1 Satz 1 Alt. 1 BGB (Leistungskondiktion) in Betracht. Dazu müsste die Leistung von Tobbi rechtsgrundlos erbracht worden sein, was der Fall ist, wenn der von Robbi mit Tobbi abgeschlossene Kaufvertrag nicht wirksam sein sollte. Der Kaufvertrag als gegenseitiger Vertrag würde für Robbi bereits wegen der Pflicht zur Kaufpreiszahlung gemäß § 433 Abs. 2 Alt. 1 BGB einen Rechtsnachteil bedeuten, weshalb es sich nicht um ein gemäß § 107 BGB zustimmungsfreies Geschäft handelt. Auf den wirtschaftlichen Vorteil, der in dem Sonderangebot zu sehen ist, kommt es für § 107 BGB nicht an. Zum Zeitpunkt des Vertragsschlusses handelt es sich daher gemäß § 108 Abs. 1 BGB um einen schwebend unwirksamen Vertrag, dessen Wirksamkeit von der Genehmigung der Eltern des Robbi als dessen gesetzliche Vertreter (§§ 1626 Abs. 1, 1629 Abs. 1 Satz 1 BGB) abhängt. Da ein schwebend unwirksamer Vertrag die rechtlichen Mög-

lichkeiten des beschränkt Geschäftsfähigen erweitert (ähnlich wie das bei einer Option zum Abschluss eines Vertrags der Fall ist) und damit aus Sicht des beschränkt Geschäftsfähigen einen rechtlichen Vorteil bedeutet, konnte die auf Abschluss des Kaufvertrags gerichtete Willenserklärung des Tobbi dem beschränkt geschäftsfähigen Robbi selbst dann gemäß § 131 Abs. 2 Satz 2 BGB zugehen, wenn es sich dabei um die Annahmeerklärung handeln sollte.[357] Der schwebend unwirksame Vertrag könnte nur noch durch eine Genehmigung der Eltern nach § 108 Abs. 1 BGB wirksam werden. In dem Verbot, die Brille zu behalten, ist jedoch die Verweigerung der Genehmigung zu sehen, wobei die Genehmigung gemäß § 182 Abs. 1 BGB auch gerade gegenüber Tobbi verweigert werden konnte. Der „Taschengeldparagraph" (§ 110 BGB) setzt die Überlassung von Mitteln (zu einem bestimmten Zweck oder zur freien Verfügung) voraus. Die Geldmittel wurden Robbi jedoch weder zur freien Verfügung noch zum Zweck des Ankaufs der Brille, sondern für den Einkauf des Abendessens überlassen, weshalb es auch nicht gemäß § 110 BGB zur Wirksamkeit des Kaufvertrags kommt. Es fehlt somit der Rechtsgrund für die Übergabe und Übereignung der Brille, weshalb Tobbi von Robbi nach § 812 Abs. 1 Satz 1 Alt. 1 BGB Herausgabe des Erlangten verlangen kann, d. h. hier Rückgabe und Rückübereignung der Brille.

Klausurtipp

Bei der Prüfung der §§ 107, 108 BGB empfiehlt es sich, die Vorschriften genau in dieser Reihenfolge zu prüfen. Im Rahmen des § 107 BGB ist zu überlegen, ob die Willenserklärung des beschränkt Geschäftsfähigen überhaupt zustimmungsbedürftig ist. Wenn ja, untersucht man, ob der gesetzliche Vertreter die Einwilligung (vorherige Zustimmung) erteilt hat. Fehlt es an der erforderlichen Einwilligung, gelangt man zur Prüfung des § 108 Abs. 1 BGB und damit zur Frage der Genehmigung.

Abzuraten ist von einer „verschachtelten" Prüfung der §§ 107, 108 BGB, die genauso richtig, jedoch unübersichtlicher und daher fehleranfällig ist: Bei einer solchen (verschachtelten) Vorgehensweise beginnt man mit § 108 Abs. 1 BGB und schaltet hier im Rahmen des Tatbestandsmerkmals „ohne die erforderliche Einwilligung" die Prüfung des § 107 BGB ein. Nach § 107 BGB beurteilt es sich nämlich, ob für eine Willenserklärung eine Einwilligung erforderlich ist. § 107 BGB wird also in den § 108 Abs. 1 BGB „hineingeschachtelt".

Geht es um einen vom beschränkt Geschäftsfähigen geschlossenen Vertrag, wird die Prüfung übersichtlicher, wenn man vorab den „Vertragsschluss durch Antrag und Annahme" prüft und erst anschließend auf die §§ 107 ff. BGB eingeht. Das liegt insbesondere deswegen nahe, weil auch § 108 Abs. 1 BGB an den vom Minderjährigen geschlossenen „Vertrag" (siehe den Hinweis bei Rn. 338) anknüpft. Bei der Behandlung des Vertragsschlusses durch Antrag und Annahme ist kurz darauf hinzuweisen, dass § 131 Abs. 2 BGB im Hinblick auf den Zugang der jeweiligen Willenserklärung beim beschränkt Geschäftsfähigen keine Probleme bereitet (siehe oben bei Rn. 308).

Insgesamt ist für die Prüfung eines vom beschränkt Geschäftsfähigen geschlossenen Vertrags folgender Aufbau zu empfehlen:

---

[357] Zur Anwendung des § 131 Abs. 2 Satz 2 BGB im Fall des Vertragsschlusses siehe oben Rn. 306.

Prüfungsschema
1. Vertragsschluss durch Antrag und Annahme
2. Wirksamkeit des Vertrags nach den §§ 107 ff. BGB
   a) Erforderlichkeit einer Einwilligung gemäß § 107 BGB
   b) Genehmigung gemäß § 108 Abs. 1 BGB
   c) Bewirken der Leistung mit eigenen Mitteln, § 110 BGB[358]

5. Der sogenannte „Taschengeldparagraph" (§ 110 BGB)

345 Üblicherweise wird § 110 BGB als „Taschengeldparagraph" bezeichnet, obwohl die Vorschrift weit über den Bereich des Taschengeldes hinausgeht. Erfasst ist etwa auch der Fall, dass der beschränkt Geschäftsfähige von seinen Eltern einen bestimmten Geldbetrag zur Durchführung einer Reise erhält.[359] Historisch gesehen hatte § 110 BGB vor allem für das Universitätsstudium eine wichtige Bedeutung,[360] weil die Volljährigkeit nach der ursprünglichen Fassung des § 2 BGB erst mit Vollendung des 21. Lebensjahres eintrat. Im Jahr 1975 wurde die Volljährigkeit auf 18 Jahre herabgesetzt. Zur Zeit des Inkrafttretens des BGB und noch lange danach waren Studierende daher in den ersten Jahren ihres Studiums noch beschränkt geschäftsfähig. Für den Abschluss von Rechtsgeschäften im Rahmen der finanziellen Mittel, die ihnen für das Studium zur Verfügung gestellt wurden, waren sie auf § 110 BGB angewiesen. Vor allem für Studierende, die auswärts studierten, war es weder sinnvoll noch angemessen, dass sie für jedes Rechtsgeschäft die Einwilligung oder Genehmigung der Eltern erbitten mussten. Heute erhält § 110 BGB wieder Relevanz für das Studium angesichts der Verkürzung der Gymnasialzeit und der damit einhergehenden steigenden Zahlen von minderjährigen Studierenden in den ersten Semestern.

Hinweis
Nach der Konzeption der gesetzlichen Regelung ist § 110 BGB, wie sich aus dem Wortlaut der Vorschrift („ohne Zustimmung") ergibt, im Anschluss an die §§ 107, 108 BGB zu prüfen. Nur dann, wenn keine Zustimmung vorliegt, also weder eine Einwilligung gemäß § 107 BGB noch eine Genehmigung gemäß § 108 Abs. 1 BGB, gelangt man zur Prüfung des § 110 BGB.[361]

346 Gemäß § 110 BGB („gilt") wird fingiert,[362] dass ein von einem beschränkt Geschäftsfähigen ohne Zustimmung des gesetzlichen Vertreters geschlossener Vertrag „von Anfang an" *(ex tunc)*[363] wirksam ist, wenn der beschränkt Geschäftsfähige

---

358 Zu § 110 BGB („Taschengeldparagraph") siehe sogleich (Rn. 345–354).
359 Vgl. *Musielak/Hau*, GK BGB, Rn. 351; *Hefermehl*, in: Soergel, § 110 Rn. 4.
360 Vgl. hierzu Mot. I, S. 146 (= Mugdan I, S. 432).
361 Teilweise wird vorgeschlagen, § 110 BGB im Anschluss an § 107 BGB und vor § 108 BGB zu prüfen; so etwa *Brox/Walker*, AT, § 12 Rn. 26; *A. Staudinger/Steinrötter*, JuS 2012, 97 (99). Dagegen spricht nicht nur der Wortlaut des § 110 BGB („ohne Zustimmung"), sondern auch die den §§ 107, 108, 110 BGB zugrunde liegende Chronologie: Wenn die Eltern den vom beschränkt Geschäftsfähigen geschlossenen Vertrag vor der Leistungsbewirkung gemäß § 108 Abs. 1 BGB genehmigen, kommt es auf § 110 BGB nicht mehr an.
362 Zum Schlüsselwort „gilt" siehe oben Kapitel 4 Rn. 103 und vgl. auch die Wirksamkeitsfiktion in § 105a Satz 1 BGB (Rn. 288).
363 Zum Gegensatzpaar *ex tunc* („von damals an") und *ex nunc* („von jetzt an") vgl. den Hinweis unten in Kapitel 8 Rn. 370.

die „vertragsmäßige Leistung" mit Mitteln bewirkt hat, die ihm „zu diesem Zweck oder zu freier Verfügung von dem Vertreter oder mit dessen Zustimmung von einem Dritten überlassen worden sind". Mit dem vom beschränkt Geschäftsfähigen geschlossenen „Vertrag" ist in § 110 BGB, wie auch der Ausdruck „vertragsmäßige Leistung" zeigt, das Verpflichtungsgeschäft gemeint, also etwa der im Rahmen des Taschengeldes abgeschlossene Kaufvertrag gemäß § 433 BGB.[364]

347 Voraussetzungen für die rückwirkende Wirksamkeitsfiktion des § 110 BGB sind neben dem „ohne Zustimmung des gesetzlichen Vertreters" geschlossenen Vertrag die Überlassung von Mitteln zu einem bestimmten Zweck oder zur freien Verfügung sowie die Bewirkung der vertragsmäßigen Leistung mit diesen Mitteln. Mit dem Begriff „bewirkt" in § 110 BGB ist die vollständige Bewirkung der Leistung gemeint. Die Erbringung einer bloßen Teilleistung durch den beschränkt Geschäftsfähigen löst dagegen nicht die Wirksamkeitsfiktion des § 110 BGB aus. Das Erfordernis der vollständigen Bewirkung der Leistung soll verhindern, dass sich der beschränkt Geschäftsfähige durch einen Vertragsschluss verpflichtet und seiner Verpflichtung anschließend nicht nachkommen kann, etwa weil er die überlassenen Mittel nach Vertragsschluss anderweitig ausgegeben hat oder es sonst wie zum Verlust der Mittel gekommen ist. Die Gefahr einer Verpflichtung des beschränkt Geschäftsfähigen über seine Leistungsfähigkeit hinaus ist aufgrund des Erfordernisses der vollständigen Leistungsbewirkung ausgeschlossen: Nur insoweit, als der beschränkt Geschäftsfähige durch die vollständige Leistungsbewirkung bereits vorab die Voraussetzungen für die Erfüllung gemäß § 362 Abs. 1 BGB geschaffen hat,[365] kommt es zur Wirksamkeit des Vertrags. Der Vertrag, der gemäß § 110 BGB rückwirkend wirksam wird, erzeugt daher keine (unter Umständen nicht erfüllbaren) Leistungspflichten des beschränkt Geschäftsfähigen. Vielmehr sind die Leistungspflichten aufgrund der vollständigen Leistungsbewirkung bereits gemäß § 362 Abs. 1 BGB erfüllt. § 110 BGB stellt damit sicher, dass es niemals zu einer Vermögensgefährdung zulasten des beschränkt Geschäftsfähigen kommen kann: Dieser ist zu keinem Zeitpunkt einer noch nicht erfüllten Leistungspflicht ausgesetzt.

348 Klärungsbedürftig ist das Verhältnis des § 110 BGB zur Einwilligung nach § 107 BGB.[366] Auf den ersten Blick könnte man meinen, in der Überlassung von Mitteln zu einem bestimmten Zweck oder zur freien Verfügung, wie von § 110 BGB verlangt wird, läge eine (zumindest konkludente) Einwilligung i. S. d. § 107 BGB in das vom beschränkt Geschäftsfähigen abgeschlossene Verpflichtungsgeschäft. Das hätte zur Folge, dass es letztlich nie zur Anwendung des § 110 BGB käme, weil die Mittelüberlassung dazu führen würde, dass das vom beschränkt Geschäftsfähigen abgeschlossene Geschäft bereits gemäß § 107 BGB wirksam wäre. Bei näherem Zusehen zeigt sich aber, dass die Eltern in aller Regel nicht wollen, dass es bei einer Mittelüberlassung zur unmittelbaren Wirksamkeit des vom beschränkt Geschäftsfähigen abgeschlossenen Verpflichtungsgeschäfts kommt.[367] Würde es näm-

---

364 Auch schon in den Motiven zum BGB wird die heute in § 110 BGB enthaltene Regelung auf den Kaufvertrag, also auf das Verpflichtungsgeschäft, bezogen; Mot. I, S. 147 (= Mugdan I, S. 433).
365 Zur Einordnung der Leistungsbewirkung gemäß § 110 BGB als „fiktive Erfüllung" siehe *Modrzyk*, JA 2012, 407 (408, 411).
366 Einen Überblick über die vertretenen Meinungen bieten *Piras/Stieglmeier*, JA 2014, 893 (894–895); *Kalscheuer*, Jura 2011, 44 (45–47); *Spickhoff*, in: MüKo, § 110 Rn. 2–7.
367 Vgl. *Hefermehl*, in: Soergel, § 110 Rn. 4.

lich bereits mit Vertragsschluss, also noch vor der vollständigen Bewirkung der Leistung, zu einer wirksamen Verpflichtung des beschränkt Geschäftsfähigen kommen, wäre eine Vermögensgefährdung – anders als im Rahmen des § 110 BGB – nicht ausgeschlossen. Eine solche Vermögensgefährdung zulasten des beschränkt Geschäftsfähigen ist von den Eltern vernünftigerweise nicht gewollt.

349 Die in der Überlassung von Mitteln liegende Einwilligung ist daher grundsätzlich nicht so zu verstehen, dass das vom beschränkt Geschäftsfähigen abgeschlossene Verpflichtungsgeschäft bereits unmittelbar mit Vertragsschluss wirksam werden soll. Damit fehlt es an einer Einwilligung i. S. d. § 107 BGB und es kommt – sofern die Eltern nicht nach Vertragsschluss und vor der vollständigen Leistungsbewirkung noch die Genehmigung gemäß § 108 Abs. 1 BGB erteilen – zur Anwendung des § 110 BGB, der mit den Worten „ohne Zustimmung" an das Fehlen einer Einwilligung i. S. d. § 107 BGB und einer Genehmigung i. S. d. § 108 Abs. 1 BGB anknüpft. Teilweise ist im Zusammenhang mit der in der Mittelüberlassung liegenden Einwilligung nur von einer „konkludenten" Einwilligung die Rede.[368] Die Mittelüberlassung kann aber auch in Form einer ausdrücklichen Einwilligung erfolgen, etwa wenn die Eltern dem beschränkt Geschäftsfähigen das Taschengeld mit folgenden Worten auszahlen: „Hier hast du 50 € Taschengeld. Du darfst dir alles davon kaufen, außer Alkohol und Zigaretten." Entscheidend ist, dass diese Einwilligung, unabhängig davon, ob sie ausdrücklich oder konkludent erteilt wird, grundsätzlich keine Einwilligung i. S. d. § 107 BGB bedeutet, die zur unmittelbaren Wirksamkeit des geschlossenen Vertrags führen würde.

> **Bsp.:** Die Eltern erlauben dem achtjährigen Mani, sich von seinem Taschengeld ein Eis zu kaufen. Er schließt einen Kaufvertrag mit dem Eishändler Erwin. Nach Übergabe der Eiswaffel stellt sich heraus, dass Mani das Geld vergessen hat. Erwin meldet sich am folgenden Tag bei den Eltern und verlangt Kaufpreiszahlung. Wie ist die Rechtslage? – Selbst dann, wenn die Eltern ihrem Kind ausdrücklich erlauben, sich vom Taschengeld bestimmte Dinge zu kaufen, liegt darin im Regelfall keine Einwilligung i. S. d. § 107 BGB. Die mit der Überlassung von Taschengeld konkludent oder ausdrücklich erteilte Einwilligung soll nach dem Willen der Eltern grundsätzlich nicht zur unmittelbaren Wirksamkeit des vom beschränkt Geschäftsfähigen geschlossenen Vertrags führen, weil nur so eine Vermögensgefährdung ausgeschlossen ist. Mani hat daher den Kaufvertrag mit Erwin „ohne Zustimmung" geschlossen, d. h. insbesondere ohne eine unter § 107 BGB fallende Einwilligung seiner Eltern. Die Wirksamkeit des Kaufvertrags bestimmt sich daher nach § 110 BGB. Mani hat den Kaufpreis nicht bezahlt, sodass es an der von § 110 BGB geforderten Leistungsbewirkung fehlt. Es liegt kein wirksamer Kaufvertrag vor, weshalb Erwin gegen Mani keinen Anspruch auf Kaufpreiszahlung gemäß § 433 Abs. 2 Alt. 1 BGB hat. Da Mani die Einwendung der Entreicherung gemäß § 818 Abs. 3 BGB zugutekommt (vgl. Rn. 300), hat Erwin auch keinen Bereicherungsanspruch aus § 812 Abs. 1 Satz 1 Alt. 1 BGB.

---

368 Vgl. *Ellenberger*, in: Grüneberg, § 110 Rn. 1; *Leipold*, BGB I, § 11 Rn. 53a („konkludente Zustimmung"); nach *Neuner*, AT, § 34 Rn. 42, ist das Tatbestandsmerkmal „ohne Zustimmung" in § 110 BGB im Sinne von „ohne ausdrückliche Zustimmung" zu interpretieren.

III. Beschränkte Geschäftsfähigkeit

Hinweis

Die Abgrenzung des § 110 BGB („ohne Zustimmung") gegenüber den §§ 107, 108 BGB zeigt, dass § 110 BGB nicht etwa als *lex specialis* zu § 107 BGB anzusehen ist. Die in der Mittelüberlassung liegende Einwilligung, die nicht zur unmittelbaren Wirksamkeit des Vertrags führen soll, fällt vielmehr, soweit es um das vom beschränkt Geschäftsfähigen geschlossene Verpflichtungsgeschäft geht, von vornherein nicht in den Anwendungsbereich des § 107 BGB. Die §§ 107, 110 BGB stehen daher nicht im Verhältnis von allgemeiner Vorschrift *(lex generalis)* zu spezieller Vorschrift *(lex specialis)*. § 110 BGB ist gegenüber den §§ 107, 108 BGB vielmehr ein subsidiärer Auffangtatbestand.

Da in § 110 BGB mit dem vom beschränkt Geschäftsfähigen geschlossenen „Vertrag" das Verpflichtungsgeschäft gemeint ist (Rn. 346), stellt sich noch die Frage nach der Wirksamkeit des vom beschränkt Geschäftsfähigen vorgenommenen Verfügungsgeschäfts. Für das rückwirkende Wirksamwerden des Verpflichtungsgeschäfts gemäß § 110 BGB ist die vollständige Leistungsbewirkung durch den beschränkt Geschäftsfähigen erforderlich, weshalb das von ihm hinsichtlich der ihm überlassenen Mittel vorgenommene Verfügungsgeschäft wirksam sein muss.[369] Das beurteilt sich indes nicht nach § 110 BGB, sondern nach § 107 BGB:[370] In der Mittelüberlassung liegt zwar im Regelfall keine Einwilligung i. S. d. § 107 BGB bezüglich des Verpflichtungsgeschäfts, dessen Wirksamkeit sich nach § 110 BGB richtet. Jedoch ist in der Mittelüberlassung regelmäßig die Einwilligung gemäß § 107 BGB in die Verfügung über diese Mittel, also in das Verfügungsgeschäft, zu sehen, wobei die Einwilligung wiederum ausdrücklich oder konkludent erfolgen kann.

Bsp.: Kurt, der 17 Jahre alt ist, erhält von seinen Eltern monatlich 50 € Taschengeld. Er hat davon einen Betrag von 500 € angespart. Am 10.6. will sich Kurt im Geschäft des Gustav eine brandneue Spielkonsole zum Preis von 399 € kaufen. Da er nicht das ganze Geld bei sich hat, leistet er Gustav eine Anzahlung von 100 €. Gustav, der Kurt für volljährig hält, legt die Konsole für diesen zurück. Als Kurts Eltern von dem Geschäft erfahren, reagieren sie unterschiedlich. Der Vater ist dagegen, dass Kurt sein Taschengeld für so unnütze Dinge wie Computerspiele ausgibt. Er ruft am 11.6. bei Gustav an und erklärt, er persönlich sei mit dem Kauf seines Sohnes nicht einverstanden. Dagegen geht Kurts Mutter am 12.6. zu Gustav und meint, Kurt könne sich auf ihre Verantwortung die Konsole kaufen. Gustav, dem die Angelegenheit zu kompliziert wird, erklärt gegenüber der Mutter, dass er mit Kurt überhaupt keinen Vertrag mehr schließen wolle. Zu guter Letzt gelingt es Kurt, seinen Vater zu erweichen, der am 13.6. gegenüber Gustav erklärt, er sein nun – nach Rücksprache mit seiner Frau – doch mit dem Geschäft einverstanden. Gustav will von der Sache nichts mehr wissen und weigert sich, Kurt die Konsole gegen Zahlung der noch ausstehenden 299 € zu überlassen. Wie ist die Rechtslage? – Es fragt sich, ob Kurt, Zug um Zug gegen Zahlung der restlichen 299 €, einen An-

---

369 Siehe bereits Mot. I, S. 147 (= Mugdan I, S. 433).
370 Vgl. *Musielak/Hau*, GK BGB, Rn. 352; *Spickhoff*, in: MüKo, § 110 Rn. 30; *Hefermehl*, in: Soergel, § 110 Rn. 1; *Leenen*, FamRZ 2000, 863; *Nierwetberg*, Jura 1984, 127 (131).

spruch gegen Gustav auf Übergabe und Übereignung der Konsole gemäß § 433 Abs. 1 Satz 1 BGB hat.
Da Kurt als 17-Jähriger in seiner Geschäftsfähigkeit beschränkt ist (§§ 106, 2 BGB), bedarf er gemäß §§ 107, 108 BGB zum Abschluss eines wirksamen Kaufvertrags grundsätzlich der Zustimmung seiner Eltern als gesetzliche Vertreter (§§ 1626 Abs. 1, 1629 Abs. 1 Satz 1 BGB). In der Überlassung von Taschengeld ist regelmäßig keine Einwilligung i. S. d. § 107 BGB zu sehen. Auch hier ist anzunehmen, dass von den Eltern nicht die unmittelbare Wirksamkeit der von Kurt abgeschlossenen Verträge und die damit verbundene Vermögensgefährdung gewollt war. Fraglich ist, ob eine Genehmigung i. S. d. § 108 Abs. 1 BGB vorliegt bzw. ob diese verweigert wurde. Gemäß § 1629 Abs. 1 Satz 2 Halbsatz 1 BGB vertreten die Eltern das Kind gemeinschaftlich, d. h. es liegt ein Fall der Gesamtvertretung vor, sodass kein Elternteil gegen bzw. ohne den anderen Elternteil handeln kann. Bei Meinungsverschiedenheiten müssen sich die Eltern gemäß § 1627 Satz 2 BGB einigen. Eine Anrufung des Familiengerichts ist nur in einer Angelegenheit von erheblicher Bedeutung möglich (§ 1628 BGB), um die es hier aber nicht geht.
Kurts Vater hatte für seine Erklärung gegenüber Gustav am 11.6. nicht die nötige Alleinvertretungsmacht, weshalb er die Genehmigung nicht wirksam verweigern konnte. Auch Kurts Mutter ist nicht zur Alleinvertretung berechtigt, weshalb die von ihr am 12.6. ausgesprochene Genehmigung ebenfalls unwirksam ist. Erst am 13.6. wirken Kurts Eltern zusammen und der Vater erklärt, auch im Namen seiner Frau, gegenüber Gustav die Genehmigung, sodass die Anforderungen an die Gesamtvertretung gemäß § 1629 Abs. 1 Satz 2 Halbsatz 1 BGB erfüllt sind. Es fragt sich aber, ob die am 13.6. erklärte Genehmigung nicht zu spät kommt. Bereits am 12.6. hat Gustav nämlich gegenüber Kurts Mutter erklärt, er wolle mit Kurt überhaupt keinen Vertrag mehr schließen. Darin ist ein Widerruf gemäß § 109 Abs. 1 Satz 1 BGB zu sehen, der – wie hier – gegenüber den Eltern als gesetzlichen Vertretern oder auch gegenüber dem beschränkt Geschäftsfähigen (§ 109 Abs. 1 Satz 2 BGB: „auch") erklärt werden kann. Für den Empfang von Willenserklärungen sind die gesetzlichen Vertreter gemäß § 1629 Abs. 1 Satz 2 Halbsatz 2 BGB alleinvertretungsberechtigt, wobei sich die Vorschrift ganz allgemein auf die Entgegennahme von Erklärungen im Rahmen der gesetzlichen Vertretung bezieht. Gustav konnte daher den Widerruf gemäß § 109 Abs. 1 Satz 1 BGB wirksam gegenüber Kurts Mutter erklären. Da Gustav von Kurts Volljährigkeit ausging, kommt es auf die verschärften Anforderungen des § 109 Abs. 2 BGB nicht an. Aufgrund des wirksamen Widerrufs des Gustav verwandelte sich der zunächst schwebend unwirksame Kaufvertrag am 12.6. in einen endgültig unwirksamen Vertrag. Da nur schwebend unwirksame Verträge gemäß § 108 Abs. 1 BGB genehmigt werden können, ging die am 13.6. ausgesprochene Genehmigung ins Leere.
Da weder eine Einwilligung i. S. d. § 107 BGB noch eine wirksame Genehmigung gemäß § 108 Abs. 1 BGB vorliegt, hängt die Wirksamkeit des Kaufvertrags von § 110 BGB ab, der an einen vom beschränkt Geschäftsfähigen „ohne Zustimmung" des gesetzlichen Vertreters geschlossenen Vertrag anknüpft. Die Wirksamkeitsfiktion des § 110 BGB wird, wie sich auch aus der systematischen Abfolge der §§ 107–110 BGB ableiten lässt, nicht etwa durch einen Widerruf gemäß § 109 BGB ausgeschlossen. Voraussetzung für das rückwirkende Wirk-

samwerden des Kaufvertrags ist gemäß § 110 BGB allerdings die vollständige Leistungsbewirkung durch Kurt. Die bereits erbrachte Teilleistung von 100 € genügt für § 110 BGB genauso wenig wie der Umstand, dass Kurt von seinem monatlichen Taschengeld einen den Kaufpreis der Konsole deutlich übersteigenden Betrag angespart hat. Da Gustav sich weigert, die von Kurt angebotene Restzahlung i. H. v. 299 € entgegenzunehmen, kommt es nicht zur vollständigen Leistungsbewirkung. Wie die Erfüllung gemäß § 362 Abs. 1 BGB setzt auch § 110 BGB voraus, dass die Leistung tatsächlich entgegengenommen wird.

Es liegt daher kein wirksamer Kaufvertrag zwischen Kurt und Gustav vor, weshalb Kurt nicht gemäß § 433 Abs. 1 Satz 1 BGB Übergabe und Übereignung der Konsole verlangen kann. Jedoch kann Kurt gemäß § 812 Abs. 1 Satz 1 Alt. 1 BGB (Leistungskondiktion) von Gustav die Rückgewähr der geleisteten Anzahlung von 100 € verlangen.

351 Auch wenn in der Mittelüberlassung grundsätzlich keine Einwilligung i. S. d. § 107 BGB in das vom beschränkt Geschäftsfähigen geschlossene Verpflichtungsgeschäft liegt, weshalb dessen Wirksamkeit nach § 110 BGB zu beurteilen ist, handelt es sich auch in den Fällen des § 110 BGB gleichwohl um eine besondere Art der (ausdrücklichen oder konkludenten) Einwilligung. Für diese ist – nicht anders als für die Einwilligung i. S. d. § 107 BGB – der Wille des gesetzlichen Vertreters maßgeblich. Daher können die Eltern ihre Einwilligung, die sie mit der Überlassung von Taschengeld erteilen, beliebig einschränken.[371] Sie können etwa ihrem neunjährigen Kind verbieten, dass es sich von seinem Taschengeld Süßigkeiten kauft, mit der Folge, dass entsprechende Geschäfte trotz vollständiger Leistungsbewirkung durch den beschränkt Geschäftsfähigen nicht gemäß § 110 BGB wirksam sind. Eine solche Einschränkung können die Eltern auch noch nach Mittelüberlassung (bis zum Zeitpunkt der vollständigen Leistungsbewirkung) vornehmen, zumal sie ihre Einwilligung gemäß § 183 Satz 1 BGB „bis zur Vornahme des Rechtsgeschäfts" auch komplett widerrufen können. Eine vollständige „Vornahme" des Rechtsgeschäfts ist bei § 110 BGB erst mit der Bewirkung der Leistung durch den beschränkt Geschäftsfähigen gegeben.

352 Wie jede Willenserklärung muss die in der Mittelüberlassung liegende Einwilligung ausgelegt werden. Auch eine Überlassung von Mitteln „zu freier Verfügung" bedeutet daher keine völlige Freiheit des beschränkt Geschäftsfähigen.[372] Dabei kommt es entscheidend auf den Einzelfall und das konkrete Alter des beschränkt Geschäftsfähigen an. Dem mutmaßlichen Willen der Eltern widerspricht es regelmäßig, wenn sich der beschränkt Geschäftsfähige vom Taschengeld gefährliche Dinge kauft. Ein Beispiel hierfür ist der Kauf einer zum Einsatz bei Geländespielen vorgesehenen Airsoft-Waffe durch einen 14-Jährigen, durch die bei Mitspielern, die keine schusssichere Schutzbrille tragen, erhebliche Augenverletzungen verursacht werden können.[373] Dagegen wird man bei einer kleineren Tätowierung, die eine 17-Jährige mit ihrem Taschengeld bezahlt, grundsätzlich nicht von einem

---

371 Vgl. RGZ 74, 234 (235 f.); *Brox/Walker*, AT, § 12 Rn. 26; *Spickhoff*, in: MüKo, § 110 Rn. 29 f.
372 Vgl. RGZ 74, 234 (235 f.): „Mehr oder Minder von Freiheit"; *Köhler*, AT, § 10 Rn. 27; *Neuner*, AT, § 34 Rn. 42 f.; *Baldus*, in: NK-BGB, § 110 Rn. 21; *Spickhoff*, in: MüKo, § 110 Rn. 29 f.; *Hefermehl*, in: Soergel, § 110 Rn. 4; *A. Staudinger/Steinröter*, JuS 2012, 97 (99); *Heinemeyer*, JuS 2014, 612 (615). Anders jedoch *Kalscheuer*, Jura 2011, 44 (47); *Kalscheuer/Bünger*, Jura 2012, 874 (875).
373 Vgl. AG Freiburg NJW-RR 1999, 637, 638; *Ellenberger*, in: Grüneberg, § 110 Rn. 2.

gegenteiligen Willen der Eltern ausgehen können, weshalb der Vertrag gemäß § 110 BGB wirksam ist.[374] Da mit einer solchen Tätowierung keine nennenswerten Gefahren verbunden sind, ist anzunehmen, dass die Eltern einer 17-jährigen Tochter schon in erhöhtem Umfang deren eigene Lebensentscheidungen akzeptieren.

> **Hinweis**
> Freilich gilt etwas anderes, wenn die 17-jährige Tochter zuvor mit ihren Eltern Rücksprache hält und diese ihr die Tätowierung explizit verbieten (vgl. § 183 Satz 1 BGB). Im Rahmen des § 110 BGB kann es sich daher aus Sicht des beschränkt Geschäftsfähigen empfehlen, mit den Eltern nicht alle Schritte im Detail abzustimmen.

353 Zu klären ist noch, ob sich die in der Mittelüberlassung liegende Einwilligung des gesetzlichen Vertreters auch auf Gegenstände erstreckt, die der beschränkt Geschäftsfähige mit den überlassenen Mitteln erwirbt. Man spricht hier von **Surrogaten**, die an die Stelle der überlassenen Mittel treten. Auch hier geht es um eine Frage der Auslegung der in der Mittelüberlassung liegenden Einwilligung. Jedenfalls dann, wenn der Wert des Surrogats erheblich höher ist als die überlassenen Mittel, wird man davon ausgehen müssen, dass Folgegeschäfte bezüglich des Surrogats nach dem Willen des gesetzlichen Vertreters nicht gemäß § 110 BGB wirksam sein sollen.[375]

> **Bsp.** (vgl. RGZ 74, 234): Der 17-jährige Max will Rennfahrer werden. Er erwirbt von seinem Taschengeld ein Lotterielos für das Spiel „6 aus 49" und gewinnt 50.000 €. Von dem Geld, das ihm bar ausgezahlt wird, kauft Max einen Sportwagen, um damit an Autorennen teilzunehmen. Den Kaufpreis hat Max bereits vollständig aus seinem Gewinn bezahlt. Ist der Kaufvertrag über den Sportwagen wirksam? – Gemäß § 4 Abs. 3 Satz 2 Glücksspielstaatsvertrag (GlüStV) ist die Teilnahme von Minderjährigen an öffentlichen Glücksspielen (wie Lotto und Toto) grundsätzlich unzulässig.[376] Gleichwohl ist jedenfalls die Übereignung des Gewinns an Max gemäß § 107 BGB zustimmungsfrei, weshalb dieser nach § 929 Satz 1 BGB Eigentum an den 50.000 € erworben hat. Allerdings deckt die Überlassung des Taschengeldes nach dem mutmaßlichen Willen der Eltern nicht Folgegeschäfte bezüglich eines Gewinns von 50.000 € ab, dessen Höhe zum Umfang des Taschengeldes völlig außer Verhältnis steht. In der Überlassung des Taschengeldes liegt daher keine Einwilligung der Eltern gemäß § 107 BGB in die Übereignung des Geldes durch Max an den Verkäufer des Sportwagens. Das Verfügungsgeschäft ist unwirksam, weshalb die Anforde-

---

[374] Vgl. AG München NJW 2012, 2452 (Tätowierung eines koptischen Kreuzes auf der Innenseite des Handgelenks); hierzu *Heinemeyer*, JuS 2014, 612 (615). A.A. *Neuner*, AT, § 34 Rn. 42; *Spickhoff*, in: MüKo, § 110 Rn. 31; *Hauck*, NJW 2012, 2398 (2399): Eingriff in höchstpersönliche Rechte und Rechtsgüter; *Götz*, JR 2013, 289 (290 f.): dauerhafter Eingriff in die körperliche Integrität; ähnlich im Ergebnis *Kalscheuer/Bünger*, Jura 2012, 874 (875): teleologische Reduktion des § 110 BGB bei Eingriffen in die körperliche Unversehrtheit.
[375] Vgl. *Neuner*, AT, § 34 Rn. 46; *Spickhoff*, in: MüKo, § 110 Rn. 32.
[376] Zu Gewinnspielen privater Veranstalter (z.B. Oddset-Wetten) vgl. § 6 Abs. 2 Jugendschutzgesetz (JuSchG), wonach Kinder und Jugendliche an Glücksspielen in der Öffentlichkeit nur auf Volksfesten, Schützenfesten, Jahrmärkten, Spezialmärkten oder ähnlichen Veranstaltungen teilnehmen dürfen. Voraussetzung ist zudem, dass der Gewinn in „Waren von geringem Wert" besteht.

rungen des § 110 BGB an eine vollständige Leistungsbewirkung nicht erfüllt sind. Der Kaufvertrag über den Sportwagen ist nicht wirksam.

Zum selben Ergebnis kam das Reichsgericht im Jahr 1910, wobei es zusätzlich darauf abstellte, dass der Motorsport auch „sittliche Gefahren aller Art" mit sich bringe.[377] Das mag man heute anders sehen, was aber nichts daran ändert, dass der Kauf des Sportwagens nicht von der in der Überlassung von Taschengeld liegenden Einwilligung der Eltern gedeckt ist. **354**

6. Partielle Geschäftsfähigkeit nach §§ 112, 113 BGB

In den §§ 112, 113 BGB geht es um besondere Formen der Generaleinwilligung. § 112 BGB betrifft den Fall, dass der beschränkt Geschäftsfähige von seinem gesetzlichen Vertreter mit Genehmigung des Familiengerichts[378] zum selbstständigen Betrieb eines Erwerbsgeschäfts ermächtigt wird. In § 113 BGB geht es um die Ermächtigung zur Eingehung eines Dienst- oder Arbeitsverhältnisses, wobei hier keine Genehmigung des Familiengerichts erforderlich ist. Die §§ 112, 113 BGB ordnen für die betroffenen Geschäftsbereiche die unbeschränkte Geschäftsfähigkeit des Minderjährigen an. Es handelt sich um eine partielle Geschäftsfähigkeit des Minderjährigen für den jeweiligen Geschäftskreis. **355**

Soweit die partielle Geschäftsfähigkeit des Minderjährigen reicht, verliert der gesetzliche Vertreter seine gesetzliche Vertretungsmacht, kann also nicht mehr für den Minderjährigen rechtsgeschäftlich handeln.[379] **356**

> **Hinweis**
> Die §§ 112, 113 BGB verdrängen als Spezialvorschriften die §§ 107–111 BGB, weshalb §§ 112, 113 BGB vor den §§ 107–111 BGB zu prüfen sind.
> Dagegen handelt es sich bei § 110 BGB nicht um eine Spezialvorschrift zu § 107 BGB, weshalb § 110 BGB („ohne Zustimmung") nach §§ 107, 108 BGB zu prüfen ist (Rn. 345, 349).

Der gesetzliche Vertreter hat aber grundsätzlich die Möglichkeit, die erteilte Generaleinwilligung wieder zurückzunehmen oder einzuschränken. Die Ermächtigung zum selbstständigen Betrieb eines Erwerbsgeschäfts kann jedoch gemäß § 112 Abs. 2 BGB nur mit Genehmigung des Familiengerichts zurückgenommen werden. Das gilt auch für eine Einschränkung der Ermächtigung, da in dieser eine teilweise Rücknahme i. S. d. § 112 Abs. 2 BGB liegt. **357**

Nach richtiger Ansicht[380] fällt das Ausbildungsverhältnis, insbesondere ein Berufsausbildungsverhältnis nach § 1 Abs. 1 Berufsbildungsgesetz (BBiG), nicht unter § 113 BGB. Auszubildende sind nicht Arbeitnehmer i. S. d. § 113 BGB, weil nicht die von ihnen erbrachte Dienst- oder Arbeitsleistung im Vordergrund steht. Vielmehr überwiegt der Ausbildungszweck (vgl. § 1 Abs. 2 BBiG). Für die Situation **358**

---

377 RGZ 74, 234 (236).
378 Zum Begriff der gerichtlichen „Genehmigung", die nicht mit der Genehmigung des gesetzlichen Vertreters gemäß § 108 Abs. 1 BGB verwechselt werden darf, siehe oben Rn. 336.
379 Vgl. nur *Köhler*, AT, § 10 Rn. 34; *Medicus/Petersen*, AT, Rn. 583.
380 Vgl. *Ellenberger*, in: Grüneberg, § 113 Rn. 2; *Spickhoff*, in: MüKo, § 113 Rn. 15; *Baldus*, in: NK-BGB, § 113 Rn. 7; *Hefermehl*, in: Soergel, § 113 Rn. 2. **A. A.** BAGE 125, 285 Tz. 18; offengelassen in BAGE 140, 64 Tz. 18.

der Ausbildung hat der Gesetzgeber die Vorschrift des § 110 BGB vorgesehen (vgl. Rn. 345).

7. Beschränkung der Minderjährigenhaftung (§ 1629a BGB)

359 § 1629a BGB über die Beschränkung der Minderjährigenhaftung wurde mit Wirkung zum 1.1.2000 eingeführt, veranlasst durch eine Entscheidung des BVerfG aus dem Jahr 1986.[381] Nach dieser Vorschrift, auf die hier nur kursorisch eingegangen werden kann, beschränkt sich die Haftung für Verbindlichkeiten, die aus der Zeit der Minderjährigkeit herrühren, auf das bei Eintritt der Volljährigkeit (§ 2 BGB) vorhandene Vermögen. Die Haftungsbeschränkung gilt allerdings grundsätzlich nur für Verbindlichkeiten aus Rechtsgeschäft und für Erbschaftsverbindlichkeiten, nicht dagegen für Verbindlichkeiten aus unerlaubten Handlungen, die der beschränkt Geschäftsfähige begangen hat.

360 In dem vom BVerfG entschiedenen Fall ging es um die Haftung des Minderjährigen für sehr hohe Schulden aus einem ererbten und während der Minderjährigkeit fortgeführten Handelsgeschäft. Im Hinblick auf das allgemeine Persönlichkeitsrecht (Art. 2 Abs. 1 i. V. m. Art. 1 Abs. 1 GG) müsse – so das BVerfG – dem nunmehr Volljährigen Raum bleiben, sein weiteres Leben selbst und ohne unzumutbare Belastungen zu gestalten, die er nicht zu verantworten habe.[382] Diese Möglichkeit bleibe ihm aber verschlossen, wenn er mit erheblichen Schulden in die Volljährigkeit „entlassen" werde. Dieser durchaus einleuchtenden Forderung des BVerfG ist der Gesetzgeber mit der Schaffung des § 1629a BGB nachgekommen. Mit Eintritt der Volljährigkeit gilt also: „Neues Spiel, neues Glück!"

361 Gewisse Bedenken bestehen gegenüber der gesetzlichen Regelung des § 1629a BGB, weil darin keine Möglichkeit vorgesehen ist, im Einzelfall aufgrund einer Genehmigung des Familiengerichts eine Ausnahme von der Haftungsbeschränkung herbeizuführen. Ist ein Minderjähriger Inhaber eines (insbesondere ererbten) Unternehmens, kann die Haftungsbeschränkung nach § 1629a BGB dazu führen, dass sich die Kreditwürdigkeit des Minderjährigen verschlechtert.[383] In besonders gelagerten Ausnahmefällen kann sich daher der insgesamt positiv zu bewertende Schutz, der sich aus § 1629a BGB ergibt, in einen Nachteil für den Minderjährigen verwandeln.

IV. Betreuung

362 Die Betreuung ist am 1.1.1992 an die Stelle der Vormundschaft über Volljährige getreten. Es gibt heute keine Entmündigung mehr und damit auch keinen Vormund für Volljährige. Unter Vormundschaft (§§ 1773–1808 BGB) können heute nur noch Minderjährige stehen (vgl. Rn. 293, 295).

363 Zur Bestellung eines Betreuers gemäß §§ 1814 ff. BGB kommt es, wenn ein Volljähriger seine Angelegenheiten ganz oder teilweise rechtlich nicht besorgen kann und dies auf einer Krankheit oder Behinderung beruht (§ 1814 Abs. 1 BGB). Darauf, ob der Betreute geschäftsfähig oder nach § 104 Nr. 2 BGB geschäftsunfähig

---

381 BVerfGE 72, 155.
382 BVerfGE 72, 155 (173).
383 Vgl. *Bittner*, FamRZ 2000, 325 (333), wonach Geschäfte mit Minderjährigen von einem gewissen Umfang nicht mehr ohne Sicherung der Gläubiger abgeschlossen werden.

ist, kommt es nicht an. Wenn die Voraussetzungen des § 1814 BGB vorliegen, kann daher auch für eine geschäftsfähige Person ein Betreuer bestellt werden. Unter die Begriffe „Krankheit" und „Behinderung" i. S. d. § 1814 Abs. 1 BGB fallen, wie durch § 1814 Abs. 4 Satz 2 BGB bestätigt wird, auch rein körperliche Krankheiten und rein körperliche Behinderungen. Hier scheidet eine Geschäftsunfähigkeit gemäß § 104 Nr. 2 BGB, der auf die Geistestätigkeit abstellt, von vornherein aus. Dass ein körperlich Kranker oder ein körperlich Behinderter „seine Angelegenheiten ganz oder teilweise rechtlich nicht besorgen" kann, setzt freilich einen ganz besonders schweren Fall voraus. Dazu kann es etwa bei einer weitreichenden Lähmung aufgrund von Krankheit oder infolge eines Unfalls oder bei altersbedingten Schwächezuständen kommen.[384] Zudem wird bei körperlicher Krankheit und körperlicher Behinderung der Betreuer grundsätzlich nur auf Antrag des Behinderten bestellt (§ 1814 Abs. 4 Satz 2 BGB).

Gemäß § 1814 Abs. 3 Satz 1 BGB darf ein Betreuer nur bestellt werden, wenn dies erforderlich ist. Das ist nach § 1814 Abs. 3 Satz 2 Nr. 1 BGB insbesondere dann nicht der Fall, wenn die Angelegenheiten des Betroffenen durch einen geeigneten Bevollmächtigten gleichermaßen besorgt werden können. Man spricht in diesem Zusammenhang von einer „Vorsorgevollmacht" (vgl. § 1820 BGB), weil durch die Erteilung einer solchen Vollmacht Vorsorge für den Fall der Betreuungsbedürftigkeit getroffen werden soll. Die Vorsorgevollmacht ist freilich nur dann wirksam, wenn der Betroffene zum Zeitpunkt ihrer Erteilung zumindest insoweit (noch) geschäftsfähig war.[385] Zur Voraussetzung der Erforderlichkeit der Betreuung (§ 1814 Abs. 3 Satz 1 BGB) kommt hinzu, dass ein bestimmter Aufgabenbereich für die Betreuung nur angeordnet werden darf, wenn und soweit dessen rechtliche Wahrnehmung durch den Betreuer erforderlich ist (§ 1815 Abs. 1 Satz 3 BGB). Beispielsweise kann bei einer psychischen Erkrankung einer nicht krankheitseinsichtigen Person die Betreuung für die Aufgabenbereiche „Gesundheitssorge im Bereich nervenärztlich-psychiatrischer Behandlung" und „Aufenthaltsbestimmung zum Zwecke nervenärztlich-psychiatrischer Behandlung" angeordnet werden.[386] Gleichwohl kann der Betreuer eine mit Freiheitsentziehung verbundene Unterbringung, z. B. die Einlieferung in eine psychiatrische Klinik gegen den Willen des Betreuten, nur dann veranlassen, wenn die „freiheitsentziehende Unterbringung" vom Betreuungsgericht ausdrücklich gemäß § 1815 Abs. 2 Nr. 1 BGB als Aufgabenbereich des Betreuers angeordnet ist und die strengen Voraussetzungen des § 1831 Abs. 1 BGB gegeben sind. Zudem bedarf es für die Unterbringung des Betreuten grundsätzlich der vorherigen Genehmigung des Betreuungsgerichts gemäß § 1831 Abs. 2 Satz 1 BGB. Nur bei Gefahr im Verzug, etwa aufgrund einer akuten Eigen- oder Fremdgefährdung, ist die Unterbringung (vorläufig) auch ohne Genehmigung des Betreuungsgerichts zulässig; die Genehmigung ist dann unverzüglich nachzuholen (§ 1831 Abs. 2 Satz 2 BGB). Von der Unterbringung zu trennen sind ärztliche Zwangsmaßnahmen, etwa Heilbehandlungen gegen den Willen des Betreuten, in die der Betreuer nur unter den in § 1832 Abs. 1 Satz 1

364

---

384 Vgl. *Götz*, in: Grüneberg, § 1814 Rn. 7; *Schneider*, in: MüKo, § 1896 Rn. 17.
385 Das kann auch dann der Fall sein, wenn der Betroffene zwar hinsichtlich der Teilnahme am allgemeinen Rechtsverkehr bereits (partiell) geschäftsunfähig war, hinsichtlich der Erteilung der Vorsorgevollmacht aber das Wesen seiner Erklärung noch begreifen konnte und diese auch in Ausübung freier Willensentschließung abgegeben hat; vgl. BGH NJW 2021, 63 Tz. 20 (siehe hierzu auch oben Rn. 285 mit Fn. 301).
386 Vgl. BGH NJW 2013, 1449 (1450).

BGB kumulativ zu erfüllenden Voraussetzungen einwilligen darf. Die Einwilligung des Betreuers in ärztliche Zwangsmaßnahmen bedarf stets der im Voraus einzuholenden Genehmigung des Betreuungsgerichts gemäß § 1832 Abs. 2 BGB.

365 Der Betreuer darf nur in den Aufgabenbereichen tätig werden, die vom Betreuungsgericht gemäß § 1815 Abs. 1 Satz 2 BGB im Einzelnen angeordnet sind. Ein für den Bereich der Gesundheitssorge bestellter Betreuer hat daher in Fragen der Vermögenssorge nichts zu sagen. Die Aufgabenbereiche des Betreuers können – je nach Erforderlichkeit – sehr eng, aber auch sehr weit sein. Steht fest, dass der Betreute nach § 104 Nr. 2 BGB geschäftsunfähig ist, benötigt er regelmäßig einen Betreuer für „alle Angelegenheiten der Vermögenssorge". Bei einer entsprechend schweren geistigen Behinderung des Betreuten kann es auch zu einer sogenannten „Totalbetreuung" kommen, d. h. zu einer Bestellung eines Betreuers für die Besorgung aller Angelegenheiten des Betreuten. Unabhängig davon, wie eng oder weit die Aufgabenkreise des Betreuers sind, muss dieser gemäß § 1821 Abs. 2 Satz 3 BGB bei der Besorgung der Angelegenheiten des Betreuten grundsätzlich dessen Wünschen entsprechen. Auf diese Weise soll erreicht werden, dass der Betreute „im Rahmen seiner Möglichkeiten sein Leben nach seinen Wünschen gestalten kann" (§ 1821 Abs. 2 Satz 1 BGB). Der Gesetzgeber bezeichnet § 1821 BGB als „Magna Charta" des Betreuungsrechts[387]. Die Vorschrift soll sicherstellen, dass die Wahrung und die Verwirklichung der Selbstbestimmung des Betreuten im Mittelpunkt steht und entsprechend geschützt ist.

366 Lehnt der Betroffene die Betreuung ab, darf es gemäß § 1814 Abs. 2 BGB zu keiner Betreuerbestellung kommen, wenn die Ablehnung auf einem „freien Willen" beruht. Unter „freier Wille" ist die Einsichtsfähigkeit des Betroffenen und die Fähigkeit, nach dieser Einsicht zu handeln (Einsichts- und Steuerungsfähigkeit), zu verstehen.[388] Eine sogenannte „Zwangsbetreuung" ist dann zulässig, wenn es dem Betroffenen an einem dieser beiden Elemente fehlt.

367 In seinem Aufgabenkreis, der aus den vom Betreuungsgericht angeordneten Aufgabenbereichen besteht (§ 1815 Abs. 1 Satz 1 und 2 BGB), ist der Betreuer nach § 1823 BGB gesetzlicher Vertreter des Betreuten. Da es sich bei dem Betreuten um eine geschäftsfähige Person handeln kann und der Betreute, wenn er geschäftsfähig ist, auch im Aufgabenkreis des Betreuers weiterhin selbst rechtsgeschäftlich handeln kann, sieht § 1825 Abs. 1 Satz 1 BGB die Möglichkeit vor, dass das Betreuungsgericht einen **Einwilligungsvorbehalt** anordnet. Eine Willenserklärung des Betreuten, die in einen Aufgabenbereich des Betreuers fällt, ist dann grundsätzlich nur mit Einwilligung des Betreuers wirksam. Gemäß § 1825 Abs. 1 Satz 2 BGB darf auch ein Einwilligungsvorbehalt nicht gegen den „freien Willen" des Betroffenen angeordnet werden, womit hier an die Vorschrift des § 1814 Abs. 2 BGB (vgl. Rn. 366) angeknüpft wird. Nach § 1825 Abs. 1 Satz 3 BGB sind die Vorschriften über die beschränkte Geschäftsfähigkeit, insbesondere die §§ 108–113, 131 Abs. 2 BGB, entsprechend anzuwenden. Die Vorschrift des § 107 BGB mit der Ausnahme des lediglichen Rechtsvorteils, die in § 1825 Abs. 1 Satz 3 BGB nicht genannt ist, wird durch die vergleichbare Regelung in § 1825 Abs. 1 Satz 1 BGB ersetzt.

---

387 BT-Drs. 19/24445 S. 249.
388 Ständige Rspr., siehe nur BGH NJW-RR 2014, 770 Tz. 13–16; NJW-RR 2014, 772 Tz. 6–8; NJW-RR 2015, 450 Tz. 11–14; NJW-RR 2016, 5 Tz. 9; NJW 2016, 2745 Tz. 23; NJW-RR 2016, 711 Tz. 11; NJW-RR 2018, 4 Tz. 14.

IV. Betreuung

Hinweis

Der Einwilligungsvorbehalt führt zu einer Rechtsstellung des Betreuten, die mit der beschränkten Geschäftsfähigkeit vergleichbar ist. Dennoch handelt es sich bei einem Betreuten unter Einwilligungsvorbehalt nicht um einen „beschränkt Geschäftsfähigen". Von „beschränkter Geschäftsfähigkeit" spricht man nur bei Minderjährigen, die das siebte Lebensjahr vollendet haben (§ 106 BGB). Ist der Betreute nicht gemäß § 104 Nr. 2 BGB geschäftsunfähig, bleibt es bei seiner (vollen) Geschäftsfähigkeit. Er steht aber, was den Aufgabenkreis des Betreuers betrifft, unter Einwilligungsvorbehalt.

Hat das Betreuungsgericht einen Einwilligungsvorbehalt angeordnet, sind davon gleichwohl Willenserklärungen, die „eine geringfügige Angelegenheit des täglichen Lebens" betreffen, gemäß § 1825 Abs. 3 Satz 2 BGB grundsätzlich ausgenommen. Derartige Willenserklärungen sind auch für Betreute unter Einwilligungsvorbehalt regelmäßig einwilligungsfrei. Auf diese Weise sollen Betreute, auch wenn sie unter Einwilligungsvorbehalt stehen, dennoch in gewissem Umfang ihre Handlungsfreiheit in alltäglichen Dingen behalten. § 1825 Abs. 3 Satz 2 BGB schützt den geschäftsfähigen Betreuten unter Einwilligungsvorbehalt. Dagegen ist die sehr ähnliche Vorschrift des § 105a BGB (Rn. 287–290) anwendbar, wenn es an der Geschäftsfähigkeit des Betroffenen fehlt.

368

Bsp.: (1) Kurt leidet an einer schweren Form des pathologischen Spielens („Glücksspielsucht") und ist nicht mehr in der Lage, das ihm monatlich zur Verfügung stehende Einkommen sachgerecht einzuteilen. Das Betreuungsgericht bestellt daher Bernd als Betreuer für den Aufgabenkreis der Vermögenssorge. Zudem wird ein entsprechender Einwilligungsvorbehalt angeordnet. In der Folgezeit bestellt sich Kurt bei Linos Lieferservice eine Pizza zum Preis von 7,50 €. Als Lino die Pizza bei Kurt vorbeibringt, stellt sich heraus, dass Kurt nicht bezahlen kann. Hat Lino gegen Kurt einen Anspruch auf Zahlung? (2) Wie ist die Rechtslage, wenn sich herausstellt, dass Kurt bereits seit Jahren auch an Schizophrenie leidet und daher geschäftsunfähig ist? – Da es um die Lieferung einer von Lino herzustellenden Sache geht, sind als Anspruchsgrundlage §§ 650 Abs. 1 Satz 1, 433 Abs. 2 Alt. 1 BGB einschlägig.
Im Ausgangsfall (1) steht Kurt zwar unter Einwilligungsvorbehalt (§ 1825 Abs. 1 Satz 1 BGB), ist aber – wovon auszugehen ist – grundsätzlich geschäftsfähig. Das pathologische Spielen führt hier allenfalls zu einer partiellen Geschäftsunfähigkeit hinsichtlich des Abschlusses von Spielverträgen (vgl. Rn. 285). Die Pizzabestellung ist davon nicht betroffen. Da es sich bei der Pizzabestellung um eine geringfügige Angelegenheit des täglichen Lebens handelt, ist Kurts Willenserklärung gemäß § 1825 Abs. 3 Satz 2 BGB einwilligungsfrei. Es kommt nach dieser Vorschrift, anders als nach § 105a Satz 1 BGB, nicht auf die Leistungsbewirkung an, weshalb der zwischen Kurt und Lino geschlossene Lieferungsvertrag wirksam ist. Lino hat gegen Kurt einen Anspruch auf Bezahlung gemäß §§ 650 Abs. 1 Satz 1, 433 Abs. 2 Alt. 1 BGB.
In der Fallvariante (2) ist Lino seit Jahren gemäß § 104 Nr. 2 BGB geschäftsunfähig, weshalb der vom Betreuungsgericht angeordnete Einwilligungsvorbehalt von vornherein ins Leere geht. Linos Willenserklärungen sind gemäß § 105 Abs. 1 BGB nichtig und können daher auch nicht aufgrund einer Einwilligung des Betreuers zur Wirksamkeit gelangen. Auch § 1825 Abs. 3 Satz 2 BGB, der

368 Kapitel 7: Rechtsfähigkeit und Handlungsfähigkeit

eine Ausnahme vom Erfordernis der Einwilligung regelt, spielt daher keine Rolle. Zu einer teilweisen Wirksamkeit des Lieferungsvertrags könnte es nur aufgrund der gesetzlichen Fiktion in § 105a Satz 1 BGB kommen. Dafür ist allerdings erforderlich, dass „Leistung und Gegenleistung bewirkt sind". Jedenfalls die Gegenleistung wurde von Kurt nicht erbracht. Mangels Wirksamkeit des Lieferungsvertrags besteht kein Anspruch des Lino auf Zahlung.

Literaturhinweise
Zur Rechtsfähigkeit: *Neuner,* Der nondum conceptus im Privatrecht, JuS 2019, 1–6.

Zur Geschäftsunfähigkeit: *B. Schneider,* „Kind, hier hast du etwas Geld, kauf dir ein Eis". Von der Schwierigkeit, eine Alltagssituation unter die Regeln der Rechtsgeschäftslehre zu subsumieren, Jura 2021, 867–871.

Zur gesetzlichen Vertretung: *Kaulbach,* Gesellschaftsanteil zu verschenken, Jura 2020, 641–648 (zur Schenkung von Anteilen an einer Familiengesellschaft in Form einer Kommanditgesellschaft durch vermögende Eltern an ihre minderjährigen Kinder); *Petersen,* Gesetzliche Vertreter, Jura 2017, 906–908.

Weiterführend zu § 105a BGB: *Caspar,* Geschäfte des täglichen Lebens – kritische Anmerkungen zum neuen § 105a BGB, NJW 2002, 3425–3430; *Franzen,* Rechtsgeschäfte erwachsener Geschäftsunfähiger nach § 105a BGB zwischen Rechtsgeschäftslehre und Betreuungsrecht, JR 2004, 221–226; *Heim,* Gesetzgeberische Modifizierung der Auswirkungen der Geschäftsunfähigkeit Volljähriger beim Vertragsschluss, JuS 2003, 141; *Joussen,* Die Rechtsgeschäfte des Geschäftsunfähigen – der neue § 105a BGB, ZGS 2003, 101–105; *Ulrici,* Alltagsgeschäfte volljähriger Geschäftsunfähiger, Jura 2003, 520–522.

Zum Geschäft ohne rechtlichen Nachteil: *Coester-Waltjen,* Nicht zustimmungsbedürftige Rechtsgeschäfte beschränkt geschäftsfähiger Minderjähriger, Jura 1994, 668–670; *Eickelmann,* Anfängerhausarbeit – Zivilrecht: Grundstücksschenkungen an einen Minderjährigen, JuS 2011, 997–1003; *Haslach,* Rechtlich nachteilhafte Grundstücksübertragung an einen Minderjährigen ohne die Mitwirkung eines Ergänzungspflegers?, JA 2017, 490–495; *Keller,* Grundstücksschenkungen an Minderjährige, JA 2009, 561–566; *Ludwig,* Zur Problematik des Widerrufs eines Vertragsangebots gegenüber einem beschränkt Geschäftsfähigen, Jura 2011, 9–14; *Meyer,* Gratisspiele im Internet und ihre minderjährigen Nutzer, NJW 2015, 3681–3685; *Preuß,* Das für den Minderjährigen lediglich rechtlich vorteilhafte Geschäft, JuS 2006, 305; *Röthel/Krackhardt,* Lediglich rechtlicher Vorteil und Grunderwerb, Jura 2006, 161–166; *Scholl/Claeßens,* Schenkung und Übereignung eines Tieres an einen beschränkt Geschäftsfähigen, JA 2010, 765; *Schrader,* Verträge über digitale Produkte: „lediglich rechtlicher Vorteil" für den Minderjährigen?, JA 2021, 177–184; *Schreiber,* Neutrale Geschäfte Minderjähriger (§ 107 BGB), Jura 1987, 221 f.; *Timme,* Die Schenkung eines Tieres an einen beschränkt Geschäftsfähigen, JA 2010, 174–176.

Zum Zugang gegenüber beschränkt Geschäftsfähigen: *Boemke/Schönfelder,* Wirksamwerden von Willenserklärungen gegenüber nicht voll Geschäftsfähigen, JuS 2013, 7–12; *Brauer,* Vertragsschluss und Zugang bei Verträgen mit Minderjährigen, JuS 2004, 472–474; *Hackenbroich,* Das Wirksamwerden von Willenserklärungen im System des Schutzes nicht voll Geschäftsfähiger, Jura 2019, 136–142.

Zum schwebend unwirksamen Vertrag: *Hähnchen,* Schwebende Unwirksamkeit im Minderjährigenrecht – Ein Aufbauproblem aus historischer Sicht, Jura 2001, 668–670; *Keller/Purnhagen,* Fernsehkauf einer Minderjährigen ohne Einwilligung der

Eltern, JA 2006, 844–850; *Norpoth/Dittberner*, Die Genehmigung nach § 108 III BGB – immer eine empfangsbedürftige Willenserklärung?, JA 1996, 642–648; *Paal/Leyendecker*, Weiterführende Probleme aus dem Minderjährigenrecht, JuS 2006, 25–31.

Zum sogenannten „Taschengeldparagraphen": *Kalscheuer*, Die Mittelüberlassung zu freier Verfügung – Zum 100-jährigen Jubiläum des Lotterielos-Falles (RGZ 74, 234 ff.), Jura 2011, 44–47; *Modrzyk*, Die Dogmatik der Leistungsbewirkung gem. § 110 BGB im Lichte des Abstraktionsprinzips, JA 2014, 407–411; *Piras/Stieglmeier*, § 110 BGB im Zeichen der Zeit, JA 2014, 893–896.

Übungsfälle: *Beck/Preetz*, Anfängerklausur – Zivilrecht: Minderjährigenrecht und Unmöglichkeit – Tipps, Tricks und Tabaksucht, JuS 2019, 545–549; *Ehlers/Krumm*, Anfängerklausur – Zivilrecht: BGB AT – Ein Einkaufsbummel mit Folgen, JuS 2016, 135–140 (zu § 108 BGB); *Felsch/von Jutrzenka*, ZR-Anfängerklausur zum BGB AT, „Sand im Getriebe", Jura 2021, 1486–1492 (u. a. zur Anfechtung durch einen beschränkt Geschäftsfähigen); *Heinemeyer*, Anfängerklausur – Zivilrecht: BGB AT – Chinesisches Schriftzeichen auf der Haut, JuS 2014, 612–616 (zu § 110 BGB); *Hilgers*, Anfängerklausur – Zivilrecht: BGB AT – Der Drohnenkauf, JuS 2021, 230–235 (zu §§ 107–110 BGB und zur Anfechtung wegen Eigenschaftsirrtums); *Kraus*, Übungsklausur – Zivilrecht: Der schwebend unwirksame Vertrag als Rechtsgrund?, JuS 2008, 697–702; *Lettl*, Examinatorium Klausur Zivilrecht, „Familie Veistenauer", JA 2019, 492–499 (Examensklausur zum Minderjährigenrecht); *Lieder/Berneith/Hohmann*, Anfängerklausur – Zivilrecht: BGB AT – „FatSuperbeats", JuS 2015, 903–908 (zu § 110 BGB); *Lorz/Ruhnke*, Wer will schon eine Birne, wenn er einen Apfel haben kann, Jura 2019, 862–867 (Anfängerklausur zu §§ 107, 108 BGB); *Oestmann/Tillmann*, Anfängerklausur – Zivilrecht: BGB AT – Ärger im Fanshop, JuS 2018, 542–548 (zu § 110 BGB); *Schmitz/Schettl*, Basics Klausur Zivilrecht, „Vollmachtsphantasien", JA 2021, 100–106 (Zwischenprüfungsklausur, u. a. zum Minderjährigenrecht); *Schneider*, „Geschenke des Vaters" – Zwei Übungsfälle zur beschränkten Geschäftsfähigkeit, Jura 2019, 1274–1280.

Kapitel 8 Anfechtung

I. Das Anfechtungsrecht

369 Geregelt ist die Anfechtung von Willenserklärungen in den §§ 119–124 BGB sowie in den §§ 142–144 BGB. Man unterscheidet zwischen den Fällen der Irrtumsanfechtung gemäß §§ 119, 120 BGB sowie der Anfechtung wegen arglistiger Täuschung und widerrechtlicher Drohung gemäß § 123 BGB. Zur Irrtumsanfechtung gehören die Fälle des Inhalts- und des Erklärungsirrtums nach § 119 Abs. 1 BGB, des Eigenschaftsirrtums nach § 119 Abs. 2 BGB und des Übermittlungsirrtums nach § 120 BGB.

370 Die wirksame Anfechtung führt gemäß § 142 Abs. 1 BGB dazu, dass das angefochtene Rechtsgeschäft „als von Anfang an nichtig anzusehen" ist. Die Vorschrift enthält eine rückwirkende Nichtigkeitsfiktion.[389] Statt von der Nichtigkeit „von Anfang an" spricht man auch von der Nichtigkeit *ex tunc*.

> **Hinweis**
>
> Der lateinische Ausdruck *ex tunc* („von damals an") kennzeichnet die Rückwirkung, etwa im Fall des § 142 Abs. 1 BGB die rückwirkende Nichtigkeit des angefochtenen Rechtsgeschäfts oder im Fall des § 110 BGB („gilt als von Anfang an wirksam")[390] die rückwirkende Wirksamkeit des vom beschränkt Geschäftsfähigen geschlossenen Vertrags. Kommt es nicht zur Rückwirkung, sondern nur zur Wirkung für die Zukunft, verwendet man den lateinischen Ausdruck *ex nunc* („von jetzt an"). Beispielsweise wirkt eine Kündigung *ex nunc*, weshalb z. B. ein Mietvertrag durch eine wirksame Kündigung gemäß § 542 Abs. 1 BGB mit Wirkung für die Zukunft beendet wird.

371 Das Anfechtungsrecht ist ein sogenanntes Gestaltungsrecht. Gestaltungsrechte eröffnen dem Berechtigten eine sehr weitgehende Rechtsmacht, die in einer einseitigen Einwirkungsmöglichkeit liegt.

> **Definition**
>
> Als Gestaltungsrecht bezeichnet man ein Recht, durch das einseitig in die Rechtsstellung eines anderen eingegriffen werden kann.

Für den jeweils Betroffenen, den Gestaltungsgegner, ist die Ausübung von Gestaltungsrechten besonders belastend. In seine Rechtsstellung wird einseitig eingegrif-

---
[389] Zur gesetzlichen Fiktion siehe oben Kapitel 4 Rn. 103.
[390] Zu § 110 BGB („Taschengeldparagraph") siehe oben Kapitel 7 Rn. 346.

fen, ohne dass er dagegen etwas unternehmen kann. Er ist der Rechtsgestaltungsmacht des Gestaltungsberechtigten gleichsam „auf Gedeih und Verderb" unterworfen.

372 Beispiele für Gestaltungsrechte sind – neben der Anfechtung – die Kündigung (z. B. eines Mietvertrags gemäß § 542 Abs. 1 BGB), der Rücktritt vom Vertrag (z. B. gemäß § 323 BGB wegen nicht oder nicht vertragsgemäß erbrachter Leistung) und der Widerruf von Verbraucherverträgen gemäß § 355 BGB. Auch bei der Genehmigung eines schwebend unwirksamen Vertrags durch den gesetzlichen Vertreter gemäß § 108 Abs. 1 BGB handelt es sich, genauso wie bei der Verweigerung der Genehmigung, um die Ausübung eines Gestaltungsrechts.

373 Aufgrund der belastenden Wirkung für den Gestaltungsgegner gilt für alle Gestaltungsrechte, dass ihre Ausübung **bedingungsfeindlich** und **unwiderruflich** ist. Der Betroffene, der der fremden Rechtsgestaltung unterworfen ist, soll zumindest hinsichtlich des Eintritts der Gestaltungswirkung Sicherheit haben. Daher darf es nicht zu einem Schwebezustand kommen, der bestünde, wenn der Gestaltungsberechtigte die Möglichkeit hätte, die Ausübung des Gestaltungsrechts mit einer Bedingung zu versehen oder die bereits eingetretene Gestaltungswirkung durch Widerruf zu beseitigen.

374 Bevor eine Anfechtung geprüft wird, muss die Willenserklärung ausgelegt und so die genaue Bedeutung der Willenserklärung ermittelt werden.[391] Das gilt insbesondere für die Irrtumsanfechtung: Erst dann, wenn aufgrund der Auslegung der exakte Inhalt der Willenserklärung feststeht, kann man die Frage beantworten, ob überhaupt eine Abweichung von Wille und Erklärung vorliegt. Wenn die Auslegung ohnehin zum Ergebnis führt, dass Wille und Erklärung übereinstimmen, besteht keine Notwendigkeit für eine Anfechtung. Es gilt das Prinzip: **„Auslegung vor Anfechtung!"**[392]

II. Voraussetzungen der Anfechtung

375 Grundsätzlich zulässig ist die Anfechtung bei fast allen Willenserklärungen. Es gibt nur wenige Sonderfälle, in denen die Anfechtung von vornherein ausgeschlossen ist. Beispielsweise kann eine Eheschließung nicht nach den §§ 119 ff. BGB angefochten werden. An die Stelle der Anfechtung tritt hier die Eheaufhebung nach den §§ 1313 ff. BGB, die auf Antrag durch richterliche Entscheidung erfolgt und auf außergewöhnliche Fälle beschränkt ist. Ein Aufhebungsgrund liegt z. B. gemäß § 1314 Abs. 2 Nr. 2 BGB vor, wenn ein Ehegatte bei der Eheschließung nicht gewusst hat, dass es sich um eine Eheschließung handelt. Dagegen kann die Eheschließung insbesondere nicht gemäß § 119 Abs. 2 BGB wegen Eigenschaftsirrtums angefochten werden. Wer sich zum Zeitpunkt der Eheschließung über wesentliche Eigenschaften des Ehepartners geirrt hat, kann sich daher nicht im Wege der Anfechtung gemäß § 119 Abs. 2 BGB von der Ehe lösen, sondern muss gegebenenfalls den Weg der Ehescheidung gemäß §§ 1564 ff. BGB gehen.

376 Das vollständige Prüfungsschema der Anfechtung lautet wie folgt:

---

[391] Zur Auslegung von Willenserklärungen siehe oben Kapitel 4 Rn. 148–174.
[392] Siehe schon den Hinweis oben in Kapitel 4 Rn. 149.

Prüfungsschema
1. Zulässigkeit der Anfechtung
2. Anfechtungsgrund
3. Ursächlichkeit des Anfechtungsgrunds
4. Erklärung der Anfechtung gegenüber dem richtigen Anfechtungsgegner
5. Anfechtungsfrist
6. Kein Ausschluss der Anfechtung nach Treu und Glauben

 Klausurtipp

Der Prüfungspunkt der „Zulässigkeit der Anfechtung" steht an sich ganz am Anfang der Anfechtungsprüfung. Da ein Anfechtungsausschluss (wie er z. B. für die Eheschließung gilt) aber die absolute Ausnahme bildet, lässt man diesen Prüfungspunkt – wenn kein solcher Ausnahmefall vorliegt – in einer Klausurlösung einfach weg. Die Anfechtungsprüfung beginnt dann mit dem „Anfechtungsgrund" als erstem Prüfungspunkt. Auch der letzte Prüfungspunkt („kein Ausschluss der Anfechtung nach Treu und Glauben", hierzu Rn. 392) kann regelmäßig entfallen.

1. Anfechtungsgrund

377 Die Anfechtungsgründe sind in den §§ 119, 120 und 123 BGB genannt, wobei insgesamt sechs Anfechtungsgründe zu unterscheiden sind:
- Inhaltsirrtum, § 119 Abs. 1 Alt. 1 BGB,
- Erklärungsirrtum, § 119 Abs. 1 Alt. 2 BGB,
- Eigenschaftsirrtum, § 119 Abs. 2 BGB,
- Übermittlungsirrtum, § 120 BGB,
- arglistige Täuschung, § 123 Abs. 1 Alt. 1 BGB, und
- widerrechtliche Drohung, § 123 Abs. 1 Alt. 2 BGB.

Die einzelnen Anfechtungsgründe werden gleich im Anschluss (Rn. 407–467) ausführlich dargestellt. Zunächst sollen jedoch die Prüfungspunkte der Anfechtung im Überblick vorgestellt werden.

2. Ursächlichkeit des Anfechtungsgrunds

378 Der Anfechtungsgrund muss für die Willenserklärung in ihrer konkreten Gestalt ursächlich geworden sein. Das Kausalitätserfordernis ist in § 119 Abs. 1 BGB mit folgenden Worten umschrieben:

> „[...] kann die Erklärung anfechten, wenn anzunehmen ist, dass er sie bei Kenntnis der Sachlage und bei verständiger Würdigung des Falles nicht abgegeben haben würde."

Der Irrtum des Erklärenden darf also nicht hinweggedacht werden können, ohne dass die Abgabe der Willenserklärung in ihrer konkreten Gestalt entfällt. Anders ausgedrückt: Wenn der Erklärende die Willenserklärung auf alle Fälle in dieser Form abgegeben hätte, also auch dann, wenn er die wahren Umstände gekannt hätte, dann scheidet eine Anfechtung aus.

379 Das Kausalitätserfordernis ist auch in § 123 Abs. 1 BGB enthalten und ergibt sich hier aus dem Begriff „bestimmt":

„Wer zur Abgabe einer Willenserklärung durch arglistige Täuschung oder widerrechtlich durch Drohung bestimmt worden ist, kann die Erklärung anfechten."

Die arglistige Täuschung bzw. die widerrechtliche Drohung muss für die Abgabe der Willenserklärung bestimmend, also ursächlich, gewesen sein.

3. Erklärung der Anfechtung gegenüber dem richtigen Anfechtungsgegner

a) **Erklärung der Anfechtung.** Die Anfechtung muss gemäß § 143 Abs. 1 BGB gegenüber dem Anfechtungsgegner erklärt werden. Besondere Formanforderungen gibt es für die Erklärung der Anfechtung nicht, und zwar selbst dann nicht, wenn das angefochtene Rechtsgeschäft formbedürftig ist. Beispielsweise kann ein Grundstückskaufvertrag, obwohl hier der Vertragsschluss gemäß § 311b Abs. 1 Satz 1 BGB der notariellen Beurkundung bedarf, formlos angefochten werden. Das ergibt sich unmittelbar aus der Formvorschrift des § 311b Abs. 1 Satz 1 BGB, die das Beurkundungserfordernis für den „Vertrag", durch den sich ein Teil zur Übertragung oder zum Erwerb des Grundstückseigentums verpflichtet, vorsieht. Von der Anfechtungserklärung ist dort nicht die Rede, weshalb diese keinen Formanforderungen unterliegt.

380

> **Hinweis**
> Ganz allgemein gilt, dass die Formbedürftigkeit anhand der jeweils einschlägigen Formvorschrift für jede Willenserklärung, also auch für die Anfechtungserklärung, gesondert geprüft werden muss.

Für eine wirksame Anfechtungserklärung ist nicht erforderlich, dass der Anfechtende den technischen Begriff „Anfechtung" verwendet. Es muss für den Anfechtungsgegner aber erkennbar sein, dass es um eine Anfechtung geht. Der Vernichtungswille des Anfechtenden, also dessen Wille, das Rechtsgeschäft mit seinen gesamten Rechtswirkungen zu beseitigen,[393] muss klar zum Ausdruck kommen.

381

> **Problem**
> Umstritten ist allerdings, welches Maß an Klarheit dabei erforderlich ist. Nach der Rechtsprechung[394] und einem Teil der Lehre[395] muss die Anfechtungserklärung unzweideutig erkennen lassen, dass der Anfechtende seine Willenserklärung nicht mehr gelten lassen will. Man spricht von der „**Unzweideutigkeitstheorie**", die an den Inhalt der Anfechtungserklärung – verglichen mit sonstigen Willenserklärungen – gesteigerte Anforderungen stellt.

Begründet werden die strengen Anforderungen mit der Gestaltungswirkung der Anfechtung: Der Anfechtungsgegner, der dieser Gestaltungswirkung ausgesetzt ist, müsse wissen, woran er ist.[396] Allerdings schießt die „Unzweideutigkeitstheorie" mit ihren strengen Anforderungen über dieses Ziel hinaus und bedeutet oftmals, wie auch das nachfolgende Beispiel verdeutlichen soll, eine Überforderung des

---

393 Vgl. BGH NJW-RR 1988, 566 (567).
394 BGHZ 91, 324 (331 f.); BGH NJW 1991, 1673 (1674); NJW 2017, 1660 Tz. 29; NJW-RR 1988, 566 f.
395 *Köhler*, AT, § 7 Rn. 76; *Mansel*, in: Jauernig, § 143 Rn. 2.
396 Vgl. *Köhler*, AT, § 7 Rn. 76.

Anfechtungsberechtigten. Zudem wird von der „Unzweideutigkeitstheorie" verkannt, dass sich die Kriterien für eine wirklich „eindeutige" Willenserklärung schlechthin nicht bestimmen lassen. Dass auch scheinbar klare Erklärungen in Wirklichkeit unklar sein können, hat sich bereits im Zusammenhang mit der sogenannten „Eindeutigkeitstheorie" gezeigt.[397] Nicht anders als die „Eindeutigkeitstheorie" ist daher auch die ihr nahestehende „Unzweideutigkeitstheorie" abzulehnen. Richtig erscheint die Auffassung, wonach es auch bei der Anfechtungserklärung um einen ganz normalen Fall der Auslegung geht, die gegebenenfalls nach dem objektiven Empfängerhorizont vorzunehmen ist.[398] Für eine wirksame Anfechtungserklärung reicht es daher aus, wenn der Anfechtungswille für einen objektiven Erklärungsempfänger erkennbar ist. Darüber hinausgehende, strengere Anforderungen sind an die Anfechtungserklärung im Hinblick auf ihre Deutlichkeit und Verständlichkeit nicht zu stellen.

Bsp. (vgl. BGH NJW-RR 1988, 566): Arnold, der ein Werk für konfektionierte Leitungen betreibt, bietet Behold die Lieferung bestimmter Stromkabel nebst Steckvorrichtungen an, verwechselt aber bei Abfassung des Angebots die Preise. Behold nimmt das Angebot an. Als Arnold den Fehler entdeckt, sendet er noch am selben Tag an Behold ein Schreiben mit folgendem Inhalt: „Ihren Auftrag können wir leider nicht ausführen, da versehentlich die falschen Preise für Stecker und Kupplungen eingesetzt wurden. Wir sind nach wie vor bereit, den Auftrag auch termingerecht auszuführen, bitten Sie aber um Zustimmung zu der unbedingt notwendigen Preiskorrektur. Wir wären Ihnen sehr dankbar, wenn Sie uns umgehend informieren würden, damit in einem Gespräch die Angelegenheit geklärt werden kann. Für Ihr Verständnis möchten wir Ihnen im Voraus herzlich danken." Behold klagt daraufhin auf Lieferung der Stromkabel und Steckvorrichtungen. Bis zum Verhandlungstermin vergehen einige Monate. Wie wird das Gericht entscheiden? – Die Frage, ob Behold gegen Arnold einen Anspruch auf Übergabe und Übereignung der Stromkabel und Steckvorrichtungen aus Lieferungsvertrag gemäß §§ 650 Abs. 1 Satz 1, 433 Abs. 1 Satz 1 BGB hat, hängt von der Wirksamkeit der Anfechtung des Arnold ab. Im Fall der wirksamen Anfechtung ist der zwischen Arnold und Behold geschlossene Lieferungsvertrag gemäß § 142 Abs. 1 BGB rückwirkend nichtig. Im Einsetzen der falschen Preise in das Angebot liegt ein Fehler in der Erklärungshandlung, weshalb ein Erklärungsirrtum i. S. d. § 119 Abs. 1 Alt. 2 BGB vorliegt. Entscheidend ist, ob das Schreiben des Arnold den Anforderungen an eine Anfechtungserklärung genügt. Nach Ansicht des BGH fehlt es dem Schreiben an der notwendigen Eindeutigkeit. Nimmt man jedoch – wie bei jeder anderen Willenserklärung – eine Auslegung des Schreibens vor, sind Anhaltspunkte für und gegen eine Anfechtung erkennbar: Für die Anfechtung spricht der Hinweis, man könne den Auftrag aufgrund des Irrtums „leider nicht ausführen", und auch, dass in dem Schreiben von einer „unbedingt notwendigen Preiskorrektur" die Rede ist. Dem gegenüber steht die relativierende Formulierung „Wir sind nach wie vor bereit, den Auftrag auch termingerecht auszuführen, bitten Sie aber um Zustimmung [...] zur Preiskorrektur" und der Wunsch

---

[397] Zur „Eindeutigkeitstheorie" siehe oben Kapitel 4 Rn. 165.
[398] *Medicus/Petersen*, AT, Rn. 717; *Canaris*, NJW 1984, 2281 (2282); *Schubert*, JR 1989, 13 (14); vgl. auch *Neuner*, AT, § 41 Rn. 13; *Busche*, in: MüKo, § 143 Rn. 2.

des Arnold, die Angelegenheit solle in einem Gespräch geklärt werden. Aufgrund einer Gesamtbetrachtung gelangt man dennoch zum Ergebnis, dass der Wille des Arnold, aufgrund seines Irrtums an dem Vertrag in der konkreten Gestalt nicht festhalten zu wollen, erkennbar zum Ausdruck kommt. Dass das Schreiben – wie es den kaufmännischen Gepflogenheiten entspricht – zurückhaltend und möglichst freundlich formuliert ist, um Behold nicht als Kunden zu verlieren, ändert nichts daran, dass es sich um eine Anfechtungserklärung handelt.[399] Die vom BGH vertretene „Unzweideutigkeitstheorie" würde hier den Anfechtungsberechtigten überfordern und bedeuten, dass man auch im Geschäftsverkehr Anfechtungserklärungen nicht mehr „freundlich" formulieren könnte. Aufgrund der wirksamen Anfechtung steht Behold kein Anspruch auf Lieferung gegen Arnold zu.

382 Eine weitere Frage ist, ob der Anfechtende in seiner Anfechtungserklärung den Anfechtungsgrund nennen muss. Nach heute ganz herrschender Meinung, der auch der BGH folgt, muss für den Anfechtungsgegner zumindest aus den Umständen erkennbar sein, um welchen Anfechtungsgrund es sich handelt.[400] Dieses Erfordernis erscheint angemessen: Nur dann, wenn der Anfechtungsgegner den Anfechtungsgrund erkennen kann, ist es für ihn möglich, die Plausibilität der Anfechtung zu beurteilen und damit deren Wirksamkeit abzuschätzen. Außerdem hängt die Dauer der Anfechtungsfrist vom jeweiligen Anfechtungsgrund ab (§§ 121, 124 BGB, hierzu Rn. 386–391). Daher lässt sich auch die Frage, ob die Anfechtung rechtzeitig erklärt worden ist, nur bei Kenntnis des Anfechtungsgrunds beantworten. Aufgrund der Gestaltungswirkung der Anfechtung darf der Anfechtende den Anfechtungsgegner über die Wirksamkeit der Anfechtung nicht im Ungewissen lassen, etwa indem er die Anfechtung mit folgenden Worten erklärt: „Ich fechte an! Warum, das bleibt mein kleines Geheimnis!" Eine wirksame Anfechtung setzt vielmehr voraus, dass für den Anfechtungsgegner zumindest erkennbar ist, warum angefochten wird, z. B. weil sich der Anfechtende bei der Angabe des Kaufpreises vertippt hat oder weil er der Meinung ist, arglistig getäuscht worden zu sein.

383 Das Erfordernis der Erkennbarkeit des Anfechtungsgrunds hat als wichtige Folge, dass der Anfechtende nicht beliebig unter Fristwahrung neue Anfechtungsgründe nachschieben kann. Wenn der Anfechtende später neben dem ursprünglichen noch einen weiteren Anfechtungsgrund geltend macht, handelt es sich um eine neue Anfechtungserklärung, die innerhalb der für den Anfechtungsgrund maßgeblichen Anfechtungsfrist erfolgen muss.[401] Das Nachschieben von Anfechtungsgründen ist also nicht mit Rückwirkung möglich, was dem Anfechtungsgegner eine zusätzliche Sicherheit bietet.

---

399 Vgl. *Schubert*, JR 1989, 13 (14).
400 BGHZ 91, 324 (332); *Flume*, AT II, S. 560 (§ 31, 2); *Köhler*, AT, § 7 Rn. 76; *Medicus/Petersen*, AT, Rn. 724; *Neuner*, AT, § 41 Rn. 15; *Hefermehl*, in: Soergel, § 143 Rn. 2. Anders *Busche*, in: MüKo, § 143 Rn. 8: Ist der Anfechtungsgrund weder bekannt noch erkennbar, soll eine Anfechtung als Irrtumsanfechtung gelten. Die Ansicht, wonach der Anfechtungsgrund nicht angegeben werden und auch nicht für den Anfechtungsgegner erkennbar sein muss, geht auf das Reichsgericht zurück; vgl. RGZ 65, 86 (88); noch heute *Brox/Walker*, AT, § 18 Rn. 30 (Anfechtungsgegner hat die Möglichkeit, sich beim Anfechtenden zu erkundigen).
401 Vgl. BGH NJW 1966, 39; NJW 1995, 190 (191); NJW-RR 1993, 948.

> **Klausurtipp**
> Aufgrund des Erfordernisses, wonach der Anfechtungsgrund für den Anfechtungsgegner zumindest aus den Umständen erkennbar sein muss, empfiehlt es sich dringend, die Anfechtungsprüfung mit dem Anfechtungsgrund zu beginnen und nicht – wie es immer wieder vorkommt – mit der Anfechtungserklärung. Nur wenn vorab geklärt worden ist, um welchen Anfechtungsgrund es sich im konkreten Fall handelt, kann im Rahmen der Prüfung der Anfechtungserklärung beurteilt werden, ob der Anfechtungsgegner diesen Anfechtungsgrund aufgrund der Anfechtungserklärung, gegebenenfalls unter Hinzunahme der sonstigen Umstände, erkennen konnte.

384 b) **Anfechtungsgegner.** Die Anfechtung muss gemäß § 143 Abs. 1 BGB „gegenüber dem Anfechtungsgegner" erklärt werden. Wer der richtige Anfechtungsgegner ist, ist in § 143 Abs. 2 und 3 BGB geregelt. Es kommt dabei auf die Art des Rechtsgeschäfts an: Bei einem Vertrag ist nach § 143 Abs. 2 Alt. 1 BGB der andere Vertragsteil der Anfechtungsgegner. Stehen dem Anfechtenden mehrere Vertragspartner gegenüber, muss er grundsätzlich allen die Anfechtung erklären.[402] Bei einseitigen Rechtsgeschäften kommt es darauf an, ob das jeweilige Rechtsgeschäft auf einer empfangsbedürftigen oder nicht empfangsbedürftigen Willenserklärung[403] beruht. Besteht das einseitige Rechtsgeschäft aus einer empfangsbedürftigen Willenserklärung (z. B. im Fall der Kündigung eines Mietvertrags oder bei einer von den Eltern gemäß § 108 Abs. 1 BGB erteilten Genehmigung), ist gemäß § 143 Abs. 3 Satz 1 BGB der Erklärungsempfänger der Anfechtungsgegner. Handelt es sich dagegen um eine nicht empfangsbedürftige Willenserklärung (z. B. bei der Auslobung gemäß § 657 BGB[404]), ist Anfechtungsgegner gemäß § 143 Abs. 4 Satz 1 BGB „jeder, der auf Grund des Rechtsgeschäfts unmittelbar einen rechtlichen Vorteil erlangt hat".

> **Bsp.:** Wenn sich Albert im Fall der entlaufenen Katze (hierzu oben Kapitel 4 Rn. 114) auf den öffentlichen Aushängen verschrieben und statt der gewollten 100 € einen Betrag von 1.000 € als Belohnung ausgesetzt hat, kann er aufgrund des Erklärungsirrtums (§ 119 Abs. 1 Alt. 2 BGB) die in der öffentlichen Bekanntmachung liegende, nicht empfangsbedürftige Erklärung gegenüber Bertram, der die Katze zurückbringt und daher gemäß § 657 BGB einen Anspruch auf Entrichtung der Belohnung hat, gemäß § 143 Abs. 4 Satz 1 BGB anfechten.

4. Anfechtungsfrist

385 Für eine wirksame Anfechtung muss die Anfechtungsfrist gewahrt sein. Der Anfechtungsberechtigte muss die Anfechtung gegenüber dem richtigen Anfechtungsgegner innerhalb der jeweils maßgeblichen Anfechtungsfrist erklären. Bei sämtlichen Anfechtungsfristen handelt es sich um Ausschlussfristen, d. h., das Anfechtungsrecht erlischt, wenn nicht vor Fristablauf die Anfechtung erklärt worden ist.

---

[402] BGH NJW 1986, 918; *Flume*, AT II, S. 565 f. (§ 31, 5d); *Köhler*, AT, § 7 Rn. 77; *Busche*, in: MüKo, § 143 Rn. 16 f.
[403] Zur Unterscheidung zwischen empfangsbedürftigen und nicht empfangsbedürftigen Willenserklärungen vgl. oben Kapitel 4 Rn. 113–115.
[404] Zur Auslobung siehe oben Kapitel 4 Rn. 114, Kapitel 5 Rn. 178.

II. Voraussetzungen der Anfechtung

Definition
Unter Ausschlussfristen versteht man Fristen, die nicht verlängert werden können und deren Ablauf zum endgültigen Verlust einer Rechtsposition führt.

Bei der Irrtumsanfechtung muss die Anfechtung gemäß § 121 Abs. 1 Satz 1 BGB „unverzüglich" erfolgen, wobei der Lauf der Anfechtungsfrist mit der Kenntniserlangung vom Anfechtungsgrund beginnt. Der Begriff „unverzüglich" ist nach der Legaldefinition[405] des § 121 Abs. 1 Satz 1 BGB gleichzusetzen mit „ohne schuldhaftes Zögern". **386**

Eine wichtige Schlussfolgerung aus dieser Definition ist, dass die Anfechtung nicht etwa sofort erfolgen muss, sondern dass sich der Anfechtungsberechtigte noch einmal überlegen darf, ob er tatsächlich die Anfechtung erklären soll. Ihm steht eine zwar knapp zu bemessende, aber angemessene Überlegungsfrist zu.[406] In schwierigen Fällen darf der Anfechtungsberechtigte auch Rechtsrat einholen. Als Obergrenze ist aber auch in solchen Fällen grundsätzlich eine Frist von zwei Wochen anzusehen.[407] Zwei Wochen reichen aus, um mit einem Rechtsanwalt einen Termin zu vereinbaren und sich beraten zu lassen. In der Regel, d. h. in einfach gelagerten Fällen, ist die Anfechtungsfrist aber deutlich kürzer. Dem Anfechtungsberechtigten ist dann eine Überlegungszeit von ein bis zwei Tagen einzuräumen,[408] was bedeutet, dass die Anfechtungserklärung **spätestens am dritten Tag** abgeschickt werden muss. **387**

Die Definition „ohne schuldhaftes Zögern" bedeutet auch, dass unverschuldete Verzögerungen nicht schaden. Wer etwa seinen Irrtum erkennt, kurz darauf aber einen schweren Autounfall erleidet und daher aus gesundheitlichen Gründen nicht anfechten kann, muss die Anfechtung erklären, sobald er dazu wieder in der Lage ist. **388**

Für die Rechtzeitigkeit der Anfechtung gegenüber einem Abwesenden genügt es gemäß § 121 Abs. 1 Satz 2 BGB, wenn die Anfechtungserklärung unverzüglich **abgesendet** worden ist. Die Anfechtungsfrist des § 121 Abs. 1 Satz 1 BGB ist daher auf den Zeitpunkt der Abgabe der Anfechtungserklärung, nicht auf den Zeitpunkt des Zugangs zu beziehen. Verzögerungen bei der Übermittlung der Anfechtungserklärung gehen daher nicht zulasten des Anfechtenden, sondern zulasten des Anfechtungsgegners. Erfolgt die Anfechtung gegenüber einem Anwesenden, bleibt es – wie auch sonst bei Willenserklärungen – bei der Vernehmungstheorie.[409] **389**

Unabhängig von der Kenntnis vom Anfechtungsgrund bestimmt § 121 Abs. 2 BGB als objektive Höchstgrenze für die Anfechtung die Frist von zehn Jahren: Wenn seit der Abgabe der Willenserklärung zehn Jahre verstrichen sind, ist die **390**

---
405 Zum Begriff der Legaldefinition siehe oben Kapitel 2 Rn. 22.
406 Vgl. BGH NJW 2005, 1869; NJW 2008, 985 Tz. 18; NJW 2012, 3305 Tz. 20: nach den Umständen des Einzelfalls zu bemessende Prüfungs- und Überlegungszeit.
407 Vgl. OLG Hamm NJW-RR 1990, 523; BAG NJW 1991, 2723 (2726); OLG Jena OLG-NL 2000, 37 (39); OLG Oldenburg NJW 2004, 168 (169); *Ellenberger*, in: Grüneberg, § 121 Rn. 3; *Armbrüster*, in: MüKo, § 121 Rn. 7.
408 Vgl. *Köhler*, AT, § 7 Rn. 30; *Neuner*, AT, § 41 Rn. 26: Anfechtung im Regelfall innerhalb weniger Tage.
409 Zur Vernehmungstheorie siehe oben Kapitel 4 Rn. 143–145.

Anfechtung auch dann ausgeschlossen, wenn der Erklärende erst nach Ablauf der zehn Jahre vom Anfechtungsgrund Kenntnis erlangt.

391 Erheblich länger als bei der Irrtumsanfechtung ist die Anfechtungsfrist im Fall der arglistigen Täuschung und der widerrechtlichen Drohung. Sie beträgt nach § 124 Abs. 1 BGB ein Jahr, wobei der Lauf der Jahresfrist gemäß § 124 Abs. 2 Satz 1 BGB im Fall der arglistigen Täuschung mit der Entdeckung der Täuschung durch den Anfechtungsberechtigten, im Fall der Drohung mit dem Ende der aufgrund der Drohung bestehenden Zwangslage beginnt. Auch für die Anfechtung wegen arglistiger Täuschung oder widerrechtlicher Drohung gilt gemäß § 124 Abs. 3 BGB eine objektive Höchstgrenze von zehn Jahren ab der Abgabe der anzufechtenden Willenserklärung.

5. Kein Ausschluss der Anfechtung

392 Die Anfechtung kann, obwohl alle genannten Voraussetzungen vorliegen, in besonders gelagerten Fällen gegen Treu und Glauben (§ 242 BGB) verstoßen und daher ausgeschlossen sein (Rn. 480 f.). Auch die Bestätigung des anfechtbaren Rechtsgeschäfts führt gemäß § 144 Abs. 1 BGB zum Ausschluss der Anfechtung (Rn. 476–479).

III. Wirkung der Anfechtung

1. Rückwirkende Vernichtung des anfechtbaren Rechtsgeschäfts

393 Gemäß § 142 Abs. 1 BGB wird „ein anfechtbares Rechtsgeschäft" durch die Anfechtung rückwirkend[410] vernichtet. Damit ist gemeint, dass es zur Vernichtung des Rechtsgeschäfts kommt, das auf der angefochtenen Willenserklärung beruht.[411] Vernichtet wird also nicht nur die einzelne Willenserklärung, sondern das gesamte Rechtsgeschäft. Auch wenn in den §§ 119, 120, 123 BGB von der Anfechtbarkeit der einzelnen Willenserklärung die Rede ist, kann man im Hinblick auf die Gesamtwirkung des § 142 Abs. 1 BGB von der „Anfechtung des Rechtsgeschäfts" und insbesondere auch von der „Anfechtung des Vertrags" sprechen.

Formulierung

Im Einklang mit der gesetzlichen Terminologie in den §§ 119, 120, 123 BGB ist es freilich auch ohne Weiteres zulässig, von der „Anfechtung des Antrags" oder der „Anfechtung der Annahmeerklärung" zu sprechen.[412] Zu beachten ist nur, dass die Anfechtung aufgrund des § 142 Abs. 1 BGB zur Vernichtung des gesamten Vertrags führt.

---

410 Zur Rückwirkungsfiktion des § 142 Abs. 1 BGB vgl. oben Rn. 370.
411 *Medicus/Petersen*, AT, Rn. 726; vgl. auch *Brox/Walker*, AT, § 18 Rn. 38; *Neuner*, AT, § 41 Rn. 141.
412 Strenger jedoch *Köhler*, AT, § 7 Rn. 69: Gegenstand der Anfechtung sei der Vertrag; *Leenen/Häublein*, AT, § 6 Rn. 138 f., § 14 Rn. 2 f.: anfechtbar ist das Rechtsgeschäft, nicht die Willenserklärung; *Medicus/Petersen*, AT, Rn. 243: angefochten werde richtigerweise der Vertrag (gleichwohl ist ebendort in Rn. 726 von der „angefochtenen Willenserklärung" die Rede). Vgl. demgegenüber *Brox/Walker*, AT, § 18 Rn. 38: anfechtbar sei nicht der ganze Vertrag, sondern die einzelne, mit einem Irrtum behaftete Willenserklärung; *Neuner*, AT, § 41 Rn. 141: bei einem Vertrag könne jeder Vertragsteil nur seine eigene Willenserklärung anfechten. Letztlich geht es dabei aber nicht um Unterschiede in der Sache, sondern nur um einen Streit um Worte.

Die Gesamtwirkung des § 142 Abs. 1 BGB hat zur Folge, dass bei einem Vertrag nicht die isolierte Vernichtung nur einer der Vertragserklärungen in Betracht kommt. Wer sich etwa bei der Erklärung der Annahme geirrt und daher gegenüber dem Vertragspartner wirksam die Anfechtung erklärt hat, kann sich die Sache nicht nachträglich noch einmal anders überlegen und, sofern die Annahmefrist noch nicht abgelaufen ist, den Antrag erneut annehmen. Durch die wirksame Anfechtung ist vielmehr gemäß § 142 Abs. 1 BGB nicht nur die Annahmeerklärung, sondern der Vertrag als Ganzes vernichtet worden, sodass kein annahmefähiger Antrag mehr vorliegt.

394

Geht es nicht um einen Vertrag, sondern ausschließlich um die Anfechtung einer Willenserklärung, etwa eines Antrags noch vor der Erklärung der Annahme, ist der Ausdruck „ein anfechtbares Rechtsgeschäft" in § 142 Abs. 1 BGB auf die angefochtene Willenserklärung zu beziehen. Diese ist aufgrund einer wirksamen Anfechtung gemäß dieser Vorschrift als von Anfang an nichtig anzusehen. Dass es sich z. B. bei einem Antrag nicht im strengen Sinn um ein Rechtsgeschäft handelt,[413] steht dem nicht entgegen. Der Gesetzgeber des BGB hat die Begriffe „Willenserklärung" und „Rechtsgeschäft" nämlich noch teilweise gleichbedeutend gebraucht, und zwar in dem Sinn, dass der Begriff „Rechtsgeschäft" auch für eine einzelne Willenserklärung stehen kann.[414]

395

Für die Wirkung der Anfechtung kommt es, sofern es um einen Fall der Irrtumsanfechtung geht, auf die Vermeidbarkeit des Irrtums nicht an. Das Anfechtungsrecht ist verschuldensunabhängig, weshalb auch der klassische „Schussel" in den Genuss der Anfechtungsmöglichkeit kommt. Selbst bei allergrößter Fahrlässigkeit des Erklärenden ist eine Anfechtung zulässig. Entscheidend ist allein, dass sich der Erklärende tatsächlich geirrt hat. Die Kehrseite der Irrtumsanfechtung liegt allerdings – wie bereits das Beispiel oben in Kapitel 1 Rn. 20 gezeigt hat – in der Schadensersatzpflicht des Anfechtenden gemäß § 122 Abs. 1 BGB. Wie die Anfechtung selbst ist auch die Schadensersatzpflicht verschuldensunabhängig. Dahinter steht letztlich der Gedanke: „Wer sich irrt, ist selber schuld." Passt man ordentlich auf, so die hinter § 122 Abs. 1 BGB stehende Überlegung, gerät man von vornherein nicht in die Situation der Irrtumsanfechtung und macht sich auch nicht schadensersatzpflichtig.

396

2. Anspruch auf Ersatz des Vertrauensschadens

Der Anfechtende hat dem Anfechtungsgegner gemäß § 122 Abs. 1 BGB den Schaden zu ersetzen, den dieser „dadurch erleidet, dass er auf die Gültigkeit der Erklärung vertraut". Damit haftet der Anfechtende auf den Vertrauensschaden (auf das negative Interesse), das vom Erfüllungsschaden (dem positiven Interesse) abzugrenzen ist.

397

> **Definition**
> Beim Ersatz des **Vertrauensschadens** ist der Geschädigte so zu stellen, als hätte er von dem Rechtsgeschäft nie etwas gehört.

---

413 Zum Unterschied zwischen Willenserklärung und Rechtsgeschäft siehe oben Kapitel 1 Rn. 19.
414 Mot. I, S. 126 (= Mugdan I, S. 421): „Die Ausdrücke Willenserklärung und Rechtsgeschäft sind in der Regel als gleichbedeutend gebraucht. Der erstere ist namentlich da gewählt, wo die Willenserklärung als solche im Vordergrunde steht oder wo zugleich der Fall getroffen werden soll, dass eine Willenserklärung nur als Bestandtheil eines rechtsgeschäftlichen Thatbestandes in Frage kommt."

Dagegen ist der Geschädigte beim Ersatz des **Erfüllungsschadens** so zu stellen, als wäre ordnungsgemäß erfüllt worden. Anders als der Vertrauensschaden erfasst der Erfüllungsschaden daher den entgangenen Gewinn (§ 252 BGB).

Zum Vertrauensschaden gehören insbesondere die infolge der Anfechtung des Rechtsgeschäfts nutzlos gewordenen Aufwendungen, z. B. Portokosten, Notargebühren und auch die Prozesskosten für einen nutzlosen Prozess, der dann wegen einer im Verlauf des Prozesses erfolgten wirksamen Anfechtung verloren geht. Der Anfechtungsgegner erhält jedoch keinen Ersatz des Erfüllungsschadens. Insbesondere ist dem Anfechtungsgegner daher der entgangene Gewinn, den er aufgrund des angefochtenen Geschäfts gemacht hätte, nicht zu ersetzen.

398 Das positive Interesse (Erfüllungsinteresse) ist angesprochen im zweiten Teil des § 122 Abs. 1 BGB („jedoch nicht über den Betrag des Interesses hinaus, welches der andere [...] an der Gültigkeit der Erklärung hat") und bildet die Obergrenze für den vom Anfechtenden zu leistenden Schadensersatz. In besonderen Fällen kann der Vertrauensschaden nämlich höher sein als der Erfüllungsschaden. Da der Anfechtungsgegner durch die Anfechtung nicht bessergestellt sein soll, als er ohne diese stünde, wird der Ersatz des negativen Interesses durch § 122 Abs. 1 letzter Halbsatz BGB nach oben hin auf das positive Interesse begrenzt.

✓ **Klausurbewertung**
Das Verhältnis von Vertrauens- und Erfüllungsschaden in § 122 Abs. 1 BGB wird in Klausuren häufig nicht richtig erfasst. Zu beachten ist, dass es sich bei § 122 Abs. 1 BGB immer und ausnahmslos um einen Anspruch auf Ersatz des Vertrauensschadens, niemals des Erfüllungsschadens handelt. Der Erfüllungsschaden hat in § 122 Abs. 1 BGB ausschließlich eine limitierende Funktion: Der Anspruch auf Ersatz des Vertrauensschadens wird betragsmäßig auf die Höhe des Erfüllungsschadens beschränkt.

Bsp.: Viktor verkauft seine alte Plattensammlung, die einen Wert von 500 € hat, am 1.5. für 600 € an Kuno. Als Yannick am 3.5. für die Sammlung 550 € bietet, weist ihn Viktor darauf hin, dass die Platten bereits verkauft seien. Am 10.5. erklärt Kuno wirksam die Anfechtung des Kaufvertrags wegen Irrtums. Yannick, der mittlerweile erfahren hat, wie viel die Sammlung wert ist, will jetzt nur noch für 500 € kaufen. (1) Wie hoch ist der Schadensersatzanspruch des Viktor gegen Kuno? (2) Was ändert sich, wenn Yannick am 3.5. für die Plattensammlung 700 € geboten hat? – (1) Im Ausgangsfall hätte Viktor, wenn er von der Willenserklärung des Kuno nie etwas gehört hätte, am 3.5. den Kaufvertrag mit Yannick zum Preis von 550 € geschlossen und damit aus dem Ersatzgeschäft einen Gewinn von 50 € gemacht. Sein Vertrauensschaden beträgt daher 50 €; in dieser Höhe kann Viktor von Kuno nach § 122 Abs. 1 BGB Schadensersatz verlangen. (2) In der Fallvariante hätte Viktor, wenn er von der Willenserklärung des Kuno nie gehört hätte, wiederum das Geschäft mit Yannick geschlossen und dabei einen Gewinn von 200 € gemacht. Hätte Kuno nicht angefochten, sondern ordnungsgemäß erfüllt, wäre Viktor dagegen ein Gewinn von nur 100 € entstanden. Der Vertrauensschaden übersteigt in der Fallvariante daher den Erfüllungsschaden, weshalb dieser nach dem letzten Halbsatz des § 122 Abs. 1 BGB auf die Höhe des Erfüllungsschadens zu begrenzen ist. Viktor kann von Kuno daher nach § 122 Abs. 1 BGB Ersatz des Vertrauensschadens nicht in voller Höhe, sondern nur in Höhe von 100 € verlangen.

(1) Ausgangsfall
Vertrauensschaden V: 50 €
Erfüllungsschaden E: 100 €

Da der Vertrauensschaden den Erfüllungsschaden nicht übersteigt, erhält Viktor von Kuno den vollen Vertrauensschaden (50 €).

(2) Fallvariante
Vertrauensschaden V: 200 €
Erfüllungsschaden E: 100 €

Der Betrag des Vertrauensschadens übersteigt hier den Erfüllungsschaden, weshalb Viktor von Kuno den Vertrauensschaden nur bis zur Höhe des Erfüllungsschadens (100 €) erhält.

Weit verbreitet ist die Ansicht, der Anfechtungsgegner könne nach § 122 Abs. 1 BGB auch die Leistung zurückfordern, die er im Vertrauen auf die Gültigkeit der Erklärung erbracht hat.[415] § 122 Abs. 1 BGB sei nicht auf Schadensersatz in Geld beschränkt, sondern richte sich – wie grundsätzlich jeder Schadensersatzanspruch – in erster Linie auf Naturalrestitution[416] (§ 249 Abs. 1 BGB).[417] Hiergegen spricht allerdings § 122 Abs. 1 letzter Halbsatz BGB, wonach der Vertrauensschaden nicht „über den Betrag" des Erfüllungsschadens hinaus zu ersetzen ist. Mit dieser betragsmäßigen Beschränkung des Anspruchs auf Ersatz des Vertrauensschadens zielt § 122 Abs. 1 letzter Halbsatz BGB auf eine Verrechnung ab, wobei die Differenz zwischen Vertrauens- und Erfüllungsschaden den Abzugsposten bildet. Das hat zur Folge, dass der in § 122 Abs. 1 BGB geregelte Schadensersatzanspruch sinnvollerweise nicht auf Naturalrestitution, sondern nur auf Schadensersatz in Geld gerichtet sein kann.[418] Andernfalls könnte der Anfechtungsgegner, der bei ordnungsgemäßer Erfüllung einen Verlust gemacht hätte, seine Leistung nur gegen Ausgleichszahlung an den Anfechtenden zurückfordern.[419] Eine solche Pflicht zur Ausgleichszahlung ist jedoch weder mit dem Verrechnungsgedanken des § 122 Abs. 1 letzter Halbsatz BGB („Betrag") noch mit der ausschließlich limitierenden Funktion des Erfüllungsschadens (Rn. 398) zu vereinbaren.

---

415 *Flume*, AT II, S. 423 f. (§ 21, 7); *Neuner*, AT, § 41 Rn. 158; *Wendtland*, in: BeckOK-BGB, § 122 Rn. 7 (Stand: 1.8.2022); *Rehberg*, in: BeckOGK-BGB, § 122 Rn. 10, 10.2 (Stand: 1.9.2022); *Arnold*, in: Erman, § 122 Rn. 6; *Mansel*, in: Jauernig, § 122 Rn. 5; *Armbrüster*, in: MüKo, § 122 Rn. 18; *Singer*, in: Staudinger, § 122 Rn. 13; *Willems*, JuS 2015, 586 (587); *Prütting/Fischer*, JA 2016, 511 (513 f.).
416 Zum Grundsatz der Naturalrestitution gemäß § 249 Abs. 1 BGB siehe oben Kapitel 6 Rn. 207, 209.
417 Explizit auf „Naturalrestitution" abstellend *Prütting/Fischer*, JA 2016, 511 (513 f.).
418 Zu bejahen ist daher (freilich unter Berücksichtigung der Beschränkung des § 122 Abs. 1 letzter Halbsatz BGB) ein Schadensersatzanspruch gemäß § 122 Abs. 1 BGB im Fall der Entreicherung (§ 818 Abs. 3 BGB) des Anfechtenden, in dem ohnehin nur noch Schadensersatz in Geld in Betracht kommt; vgl. (allerdings nur insoweit zutreffend) die Nachweise in Fn. 417.
419 Der Verkäufer, der eine Sache im Wert von 70 € zum Preis von 50 € verkauft hat, könnte vom Käufer, nachdem dieser den Kaufvertrag wegen Irrtums wirksam angefochten hat, nach § 122 Abs. 1 BGB Rückgewähr der Kaufsache nur Zug um Zug gegen Zahlung von 70 € an den Käufer verlangen. Der Verkäufer müsste also abgesehen von der Rückerstattung des Kaufpreises noch weitere 20 € an den Käufer zahlen. Nur so wäre sichergestellt, dass der Verkäufer – wie es § 122 Abs. 1 letzter Halbsatz BGB entspricht – nicht besser steht als im Fall ordnungsgemäßer Erfüllung.

400 Keine allzu große Bedeutung kommt der Regelung des § 122 Abs. 2 BGB zu, wonach die Schadensersatzpflicht ausgeschlossen ist, wenn der Geschädigte den Grund der Anfechtbarkeit kannte oder infolge von Fahrlässigkeit nicht kannte. In aller Regel ergibt sich die Lösung in solchen Fällen der Kenntnis oder des Kennenmüssens bereits im Rahmen der Auslegung der Willenserklärung, sodass es einer Anfechtung – getreu dem Prinzip „Auslegung vor Anfechtung!" (Rn. 374) – nicht mehr bedarf. Führt nämlich die Kenntnis des Irrtums dazu, dass der Erklärungsempfänger den wirklichen Willen des Erklärenden durchschaut, so gilt aufgrund der natürlichen Auslegung der wirkliche Wille.[420] Die Erkennbarkeit des Irrtums ist im Rahmen der normativen Auslegung zu berücksichtigen. Dabei zu prüfen ist, ob ein (einsichtiger und besonnener) objektiver Erklärungsempfänger angesichts der Erkennbarkeit des Irrtums den wirklichen Willen des Erklärenden verstanden hätte. Ist das der Fall, gilt – aufgrund der objektiven Erkennbarkeit – wiederum der wirkliche Wille des Erklärenden. Ist dagegen für einen objektiven Erklärungsempfänger nur erkennbar, dass die Erklärung vom Erklärenden in dieser Form nicht gewollt sein kann, ohne dass jedoch dessen wirklicher Wille zu erkennen ist, so ist die Willenserklärung mangels Bestimmtheit unwirksam.[421] Es bedarf daher auch hier keiner Anfechtung, weshalb der Ausschluss des § 122 Abs. 2 BGB von vornherein keine Rolle spielt.

401 Es gibt allerdings auch seltenere Fälle der Kenntnis oder des Kennenmüssens des Anfechtungsgrunds, in denen die Auslegung nicht weiterhilft und der Erklärende daher zur Anfechtung schreiten muss. In einem solchen Fall, der etwa bei einem Eigenschaftsirrtum nach § 119 Abs. 2 BGB vorliegen kann, wird § 122 Abs. 2 BGB tatsächlich benötigt.[422]

> **Bsp.:** Bert sieht bei Juwelier Julius einen Ring und nimmt aufgrund des Preises an, der Ring sei aus Weißgold. In Wirklichkeit handelt es sich um einen sehr teuren Silberring. Er zeigt auf den Ring und sagt: „Diesen Ring will ich kaufen." Julius ist sich darüber im Klaren, dass Bert über das Material des Ringes irrt, er nimmt den Antrag aber, ohne auf den Irrtum hinzuweisen, an. – Da Bert aufgrund seines Eigenschaftsirrtums (§ 119 Abs. 2 BGB) tatsächlich den konkreten Ring kaufen wollte, stimmen das Erklärte („Diesen Ring will ich kaufen.") und Berts konkreter Wille überein. Im Wege der Auslegung lässt sich die Erklärung daher nicht korrigieren. Bert muss gemäß §§ 142 Abs. 1, 119 Abs. 2 BGB anfechten, macht sich aufgrund des § 122 Abs. 2 BGB aber gegenüber Julius nicht schadensersatzpflichtig.

3. Kenntnis oder Kennenmüssen der Anfechtbarkeit

402 Eine weitere Rechtsfolge der Anfechtung ergibt sich aus § 142 Abs. 2 BGB: Die Kenntnis oder das Kennenmüssen der Anfechtbarkeit wird so behandelt, als würde Kenntnis bzw. Kennenmüssen der aufgrund der Anfechtung gemäß § 142 Abs. 1 BGB eingetretenen (rückwirkenden) Nichtigkeit vorliegen. Die Bedeutung des § 142 Abs. 2 BGB lässt sich am besten anhand eines Falles verdeutlichen, wozu das folgende Beispiel dienen soll.

---

420 Vgl. *Hefermehl*, in: Soergel, § 122 Rn. 5; *Singer*, in: Staudinger, § 122 Rn. 17; *Larenz*, Die Methode der Auslegung des Rechtsgeschäfts, Nachdr. 1966, S. 79 f. Fn. 2; *Leenen*, MDR 1980, 353 (357).
421 Vgl. oben Kapitel 4 Rn. 158.
422 Hierzu *Singer*, in: Staudinger, § 122 Rn. 17; *Larenz*, Die Methode der Auslegung des Rechtsgeschäfts, Nachdr. 1966, S. 79 f. Fn. 2.

III. Wirkung der Anfechtung

Bsp.: Benny, der keine Ahnung von Fahrrädern hat, bekommt zum Geburtstag ein Mountainbike der Nobelmarke „Jedi" geschenkt. Atze, der genau weiß, was diese Fahrräder kosten, meint zu Benny, das Rad sei „ziemlicher Plunder". Daraufhin ist Benny, dem auch der Schriftzug „Jedi" nicht besonders gefällt, bereit, das Rad gegen Atzes altes Mofa einzutauschen. Atze veräußert das Rad für 10.000 € weiter an Dieter, nicht ohne vorher davon zu berichten, wie er Benny übers Ohr gehauen hat. Als Benny erfährt, dass Atze ihn hintergangen hat, erklärt er diesem gegenüber sogleich die Anfechtung aller Geschäfte wegen arglistiger Täuschung. Anschließend verlangt Benny von Dieter Herausgabe des Rades. Zu Recht? – Benny könnte gegen Dieter, der das Rad in Händen hält und daher Besitzer des Rades ist, einen Herausgabeanspruch gemäß § 985 BGB haben. Dazu müsste Benny immer noch Eigentümer des Rades sein. Er könnte sein Eigentum jedoch an Atze verloren haben. Zwar sind die Voraussetzungen des § 929 Satz 1 BGB für eine Übereignung durch Benny an Atze zunächst erfüllt. Jedoch hat Atze wahrheitswidrig behauptet, das Rad sei „ziemlicher Plunder". Die Täuschung ist für die Übereignung des Rades zumindest mitursächlich geworden. Daher konnte Benny wirksam gegenüber Atze die Anfechtung „aller Geschäfte" wegen arglistiger Täuschung (§ 123 Abs. 1 Alt. 1 BGB) erklären, also auch des Verfügungsgeschäfts der Übereignung, das gemäß § 142 Abs. 1 BGB rückwirkend nichtig ist. Er hat damit sein Eigentum im Ergebnis nicht an Atze verloren. Allerdings könnte Benny sein Eigentum aufgrund der Übereignung durch Atze an Dieter verloren haben. Gemäß § 929 Satz 1 BGB müsste Atze im Zeitpunkt der Übereignung an Dieter der Eigentümer des Rades gewesen sein. Zwar hat Benny die Anfechtung wegen arglistiger Täuschung erst nach der Übereignung durch Atze an Dieter erklärt; die Anfechtung führt aber gemäß § 142 Abs. 1 BGB zum rückwirkenden Wegfall des Eigentums des Atze. Aufgrund der Rückwirkungsfiktion des § 142 Abs. 1 BGB fehlt es Atze daher an der für die Übereignung an Dieter erforderlichen Berechtigung.

Es könnte aber immerhin zu einem gutgläubigen Eigentumserwerb durch Dieter gemäß §§ 929 Satz 1, 932 Abs. 1 Satz 1 BGB gekommen sein. Die fehlende Berechtigung des Veräußerers, hier von Atze, wird dabei durch den guten Glauben des Erwerbers ersetzt. Dem Erwerber fehlt es am guten Glauben, wenn ihm, wie es in § 932 Abs. 2 BGB heißt, „bekannt oder infolge grober Fahrlässigkeit unbekannt ist, dass die Sache nicht dem Veräußerer gehört". Gemäß § 932 Abs. 2 BGB muss sich der gute Glaube daher grundsätzlich nur auf das Eigentum des Veräußerers beziehen. Zum Zeitpunkt der Übereignung durch Atze an Dieter war die Anfechtung durch Benny noch nicht erfolgt, weshalb Dieter zum maßgeblichen Zeitpunkt der Vornahme des Verfügungsgeschäfts vom Eigentum des Atze ausgehen durfte. Allerdings werden durch § 142 Abs. 2 BGB für den Fall, dass die Anfechtung später tatsächlich erfolgt, die Anforderungen an den guten Glauben erweitert: Der Erwerber Dieter ist gemäß § 932 Abs. 2 BGB i. V. m. § 142 Abs. 2 BGB bereits dann bösgläubig, wenn er die Anfechtbarkeit des Verfügungsgeschäfts zwischen Benny und Atze kannte oder sie ihm aufgrund von grober Fahrlässigkeit unbekannt war. Da Dieter hier durch Atze von der Täuschung informiert worden war, kannte Dieter die Anfechtbarkeit der Übereignung durch Benny an Atze. Benny hat auch tatsächlich die Anfechtung gegenüber Atze erklärt, sodass die Voraussetzungen des § 142 Abs. 2 BGB erfüllt sind. Mangels Gutgläubigkeit kommt es nicht zum Eigentumserwerb des Dieter, weshalb Benny weiterhin Eigentümer des Rades ist. Da Dieter gegenüber Benny auch kein Besitzrecht i. S. d. § 986 Abs. 1 Satz 1 BGB zusteht, kann dieser von Dieter nach § 985 BGB Herausgabe des Rades verlangen.

Ein Herausgabeanspruch wegen Bereicherung „in sonstiger Weise" gemäß § 812 Abs. 1 Satz 1 Alt. 2 BGB steht Benny gegen Dieter dagegen nicht zu, da diesem der Besitz am Rad durch Atze geleistet worden ist.[423]

4. Anfechtung von unwirksamen Willenserklärungen

403 Ein noch zu Beginn des 20. Jahrhunderts im Zusammenhang mit der Anfechtung heftig diskutiertes Problem ist die Frage, ob auch Willenserklärungen angefochten werden können, die bereits aus einem anderen Grund unwirksam sind. Ursprünglich war man der Ansicht, dass eine Willenserklärung, die bereits unwirksam sei, nicht noch einmal durch Anfechtung vernichtet werden könne:[424] Die Anfechtung setze „begrifflich" bzw. „logisch" ein wirksames Rechtsgeschäft voraus. Dieser Auffassung trat im Jahr 1911 Kipp mit seinem Aufsatz „Über Doppelwirkungen im Recht, insbesondere über die Konkurrenz von Nichtigkeit und Anfechtbarkeit"[425] entgegen.

> **Hinweis**
>
> Mit dem Begriff der „Doppelwirkung" ist gemeint, dass es für ein und dieselbe Rechtsfolge mehrere gleichberechtigte Gründe geben kann. Insbesondere können mehrere Nichtigkeitsgründe zusammentreffen, sodass sich die Nichtigkeit einer Willenserklärung zugleich aus einer wirksamen Anfechtung und einem anderen Nichtigkeitsgrund (z. B. der Geschäftsunfähigkeit des Erklärenden) ergeben kann.

404 Heute ist – in Übereinstimmung mit der Kipp'schen Doppelwirkungslehre – allgemein anerkannt, dass auch unwirksame Willenserklärungen angefochten werden können.[426] Die frühere Gegenansicht ist ein Paradebeispiel für die im 19. und zu Beginn des 20. Jahrhunderts vorherrschende Begriffsjurisprudenz. Für die Begriffsjurisprudenz ist kennzeichnend, dass aus den juristischen Begriffen rechtliche Schlussfolgerungen gezogen werden.[427] Hier wurde aus dem Begriff der Nichtigkeit abgeleitet, dass etwas, was ohnehin schon unwirksam ist, nicht noch einmal (durch Anfechtung) vernichtet werden könne. Dabei wird verkannt, dass die juristischen Begriffe nur kommunikative Hilfsmittel sind, die anders als die real existierenden Dinge nicht den Naturgesetzen unterworfen sind. Letztlich entscheidend sind daher nicht die im Gesetz verwendeten Begriffe, sondern die hinter der jeweiligen Rechtsnorm stehende Interessenwertung des Gesetzgebers. An die Stelle der

---

[423] Der Anspruch aus § 812 Abs. 1 Satz 1 Alt. 2 BGB wegen Bereicherung „in sonstiger Weise" setzt voraus, dass der Bereicherungsgegenstand dem Empfänger überhaupt nicht, also von niemandem geleistet worden ist (Subsidiarität der Nichtleistungskondiktion); vgl. nur BGHZ 40, 272 (278); 56, 228 (240); 69, 186 (189); BGH NJW 2007, 3127 (3130).
[424] Siehe zur früher herrschenden Meinung etwa *v. Tuhr*, AT II/1, S. 299 f.; *Riezler*, Leipziger Zeitschrift für deutsches Recht (LZ) 22 (1928), 155 (159), und auch noch *E. Wolf*, AT, S. 474.
[425] *Kipp*, FS v. Martitz, 1911, S. 211–233.
[426] Vgl. BGHZ 183, 235 Tz. 18; *Bork*, AT, Rn. 927–929; *Brox/Walker*, AT, § 18 Rn. 43; *Neuner*, AT, § 41 Rn. 146; *Herbert*, JZ 2011, 503 (507 f.); *St. Lorenz*, GS Wolf, 2011, S. 77 (78 f.).
[427] Vgl. die Kennzeichnung der Begriffsjurisprudenz bei *Wieacker*, PrivatrechtsG, S. 400 f.

III. Wirkung der Anfechtung

Begriffsjurisprudenz ist heute die Interessen- oder Wertungsjurisprudenz[428] getreten.

405 Gerade im Hinblick auf § 142 Abs. 2 BGB kann es entscheidend sein, dass eine Willenserklärung trotz ihrer Unwirksamkeit noch anfechtbar ist. Es kann nämlich sein, dass ein Dritter, der die Sache erwirbt, zwar die Anfechtbarkeit kennt, hinsichtlich der bereits aus einem anderen Grund bestehenden Unwirksamkeit der Willenserklärung aber gutgläubig ist. Für einen Ausschluss des gutgläubigen Erwerbs gemäß §§ 929 Satz 1, 932 Abs. 1 Satz 1 BGB wird in einem solchen Fall § 142 Abs. 2 BGB benötigt. Die Rechtsfolge des § 142 Abs. 2 BGB tritt allerdings nach dem Wortlaut der Vorschrift nur dann ein, „wenn die Anfechtung erfolgt". Es muss also tatsächlich trotz der anderweitigen Unwirksamkeit noch die Anfechtung der Willenserklärung erklärt werden. Da es sich bei der Anfechtung um ein Gestaltungsrecht handelt und die Rechtsfolge des § 142 Abs. 2 BGB Teil der Gestaltungswirkung der Anfechtung ist, kann auf die Erklärung der Anfechtung nicht verzichtet werden.[429] Der Anfechtungsberechtigte ist nicht nur Herr über die Rechtsfolge des § 142 Abs. 1 BGB, sondern auch über die des § 142 Abs. 2 BGB.[430]

406 Zur Verdeutlichung der Doppelwirkungslehre soll hier das von Kipp entwickelte Beispiel dienen:

> **Bsp.:** „Angenommen, daß jemand von einem Minderjährigen eine Sache kauft und übergeben erhält, nachdem er zu beidem den Minderjährigen durch Betrug bestimmt hat, daß der gesetzliche Vertreter die Genehmigung verweigert, sodann der Empfänger die Sache an einen Dritten veräußert und der Dritte zwar den Betrug, aber nicht die Minderjährigkeit des ersten Verkäufers und nicht die Verweigerung der Genehmigung kennt."[431] – Es fragt sich, ob es zum gutgläubigen Eigentumserwerb des Dritten gemäß §§ 929 Satz 1, 932 Abs. 1 Satz 1 BGB kommt. Im Hinblick auf die Minderjährigkeit ist der Dritte gutgläubig, weshalb er insofern keinen Zweifel daran haben muss, dass sein Geschäftspartner Eigentümer der Sache geworden ist und damit zur Veräußerung an ihn gemäß § 929 Satz 1 BGB berechtigt ist. Allerdings kennt der Dritte den Betrug und damit die Anfechtbarkeit der vom Minderjährigen vorgenommenen Übereignung gemäß §§ 142 Abs. 1, 123 Abs. 1 Alt. 1 BGB. Entscheidend ist daher, dass die vom Minderjährigen vorgenommene Übereignung, die aufgrund der Verweigerung der Genehmigung (§ 108 Abs. 1 BGB) ohnehin endgültig unwirksam ist, gleichwohl noch wirksam gemäß §§ 142 Abs. 1, 123 Abs. 1 Alt. 1 BGB angefochten werden kann. Nur wenn die Anfechtung durch den gesetzlichen Vertreter auch tatsächlich wirksam erfolgt, wird die Rechts-

---

428 Siehe hierzu *Larenz*, Methodenlehre der Rechtswissenschaft, 6. Aufl. 1991, 119–125.
429 Anders *Medicus/Petersen*, AT, Rn. 729; *Petersen*, Jura 2007, 673 (675); *Würdinger*, JuS 2011, 769 (770 mit Fn. 14), wonach die Gutgläubigkeit des dritten Erwerbers gemäß § 932 Abs. 2 i. V. m. § 142 Abs. 2 BGB bereits dann zu verneinen sei, wenn dieser hinsichtlich eines möglichen Grundes für die Nichtberechtigung des Veräußerers bösgläubig sei.
430 Der Anfechtungsberechtigte kann daher den gutgläubigen Erwerb des Dritten auch hinnehmen und auf die Anfechtung verzichten. Er hat dann gegen den nichtberechtigten Veräußerer gemäß § 816 Abs. 1 Satz 1 BGB einen Anspruch auf Herausgabe des (womöglich lukrativen) Veräußerungserlöses. Mit dem „durch die Verfügung Erlangten" ist in § 816 Abs. 1 Satz 1 BGB nach richtiger Ansicht der Veräußerungserlös gemeint, den der Nichtberechtigte aufgrund der Veräußerung erzielt hat; vgl. nur *Hadding*, in: Soergel, § 816 Rn. 13 f. m. w. N.
431 *Kipp*, FS v. Martitz, 1911, S. 211 (226).

folge des § 142 Abs. 2 BGB ausgelöst: Der Dritte ist dann so zu behandeln, als hätte er die Nichtigkeit der vom Minderjährigen vorgenommenen Übereignung und somit die fehlende Berechtigung seines Geschäftspartners gekannt, sodass es für den Eigentumserwerb des Dritten gemäß § 932 Abs. 2 i. V. m. § 142 Abs. 2 BGB am erforderlichen guten Glauben fehlt. Wäre die Anfechtung aufgrund der anderweitigen Unwirksamkeit der Übereignung unzulässig, würde man dem Minderjährigen den Schutz des § 142 Abs. 2 BGB versagen. Es kann aber nicht sein, dass der Minderjährige schlechter steht, als ein Volljähriger an seiner Stelle stünde. Im Fall der arglistigen Täuschung eines Volljährigen würde sich das Problem der anderweitigen Unwirksamkeit nicht stellen, sodass hier die Anfechtung ohne Weiteres zulässig wäre. Der Minderjährige kann hier nicht weniger geschützt sein als ein Volljähriger, weshalb auch die arglistige Täuschung des Minderjährigen zur Möglichkeit der Anfechtung führen muss.

IV. Anfechtung wegen Irrtums

407 Ganz allgemein – also nicht nur im Privatrecht, sondern auch in anderen Rechtsgebieten wie dem Strafrecht – versteht man unter einem Irrtum jede falsche Vorstellung über Tatsachen. Im Zusammenhang mit Willenserklärungen gelangt man daher zu folgender Irrtumsdefinition:

> **Definition**
> Irrtum ist jede unbewusste Abweichung von Wille und Erklärung im Hinblick auf Tatsachen.

Der Erklärende muss, ohne dies zu bemerken, gegenüber dem Erklärungsempfänger aus dessen Sicht etwas anderes zum Ausdruck gebracht haben als das, was er in Wirklichkeit erklären wollte.[432] Wichtig ist, dass sich dabei die Abweichung von Wille und Erklärung auf Tatsachen beziehen muss. Keine Fehlvorstellung über Tatsachen und damit auch kein Irrtum im rechtlichen Sinne liegt bei fehlerhaften Werturteilen vor. Wer z. B. einen vermeintlich spannenden Krimi kauft und anschließend feststellen muss, dass das Buch „stinklangweilig" ist, unterliegt keinem Irrtum i. S. d. §§ 119 ff. BGB und kann nicht anfechten. Die Frage, ob ein Krimi spannend ist oder nicht, stellt ein bloßes Werturteil dar. Die Abgrenzung von Werturteilen gegenüber Tatsachenvorstellungen erfolgt anhand der – wiederum allgemeingültigen – Definition von Tatsachen.[433]

> **Definition**
> Tatsache ist nur, was dem Beweis zugänglich ist.

Vorstellungen über Tatsachen sind entweder wahr oder unwahr. Sie sind daher mit den Mitteln des Beweises auf ihre Richtigkeit überprüfbar. Dagegen beruhen Werturteile auf subjektiven Einschätzungen, die sich nicht als wahr oder unwahr erweisen lassen.

---

[432] So BGH NJW 2017, 1660 Tz. 25.
[433] Vgl. nur BGHZ 3, 270 (273); 132, 13 (21); 139, 95 (102); 166, 84 Tz. 63; BGH NJW 2015, 773 Tz. 8; NJW 2016, 56 Tz. 24.

IV. Anfechtung wegen Irrtums

408 Nicht jeder Irrtum des Erklärenden, also nicht jede falsche Vorstellung über Tatsachen, berechtigt zur Anfechtung. Die Irrtumsanfechtung ist vielmehr auf ganz bestimmte gesetzlich anerkannte Irrtumsfälle beschränkt, nämlich den Inhalts- und den Erklärungsirrtum (§ 119 Abs. 1 BGB), den Eigenschaftsirrtum (§ 119 Abs. 2 BGB) und den Übermittlungsirrtum (§ 120 BGB). Würde jeder beliebige Irrtum zur Anfechtung berechtigen, gäbe es – was Willenserklärungen betrifft – überhaupt keine Rechtssicherheit mehr. Das BGB stellt daher strenge Anforderungen an die Irrtumsanfechtung und erkennt nur einen ganz engen Kreis von Irrtümern als Anfechtungsgründe an.

409 Von den gesetzlich anerkannten Irrtümern ist der Irrtum im Beweggrund (**Motivirrtum**) abzugrenzen, der in aller Regel keinen Anfechtungsgrund darstellt und daher unbeachtlich ist. Es handelt sich beim Motivirrtum um einen Irrtum, der dem Erklärenden nicht bei der Abgabe der Willenserklärung, sondern bereits im Vorfeld, nämlich in der Phase der Willensbildung unterläuft.

> **Bsp.:** Kauz erwirbt von Voss eine renovierungsbedürftige Jugendstilvilla und glaubt, seine Finanzmittel würden – nach Abzug des Kaufpreises – auch noch für die notwendige Grundsanierung des Anwesens ausreichen. Im Laufe der Renovierungsarbeiten stellt sich heraus, dass alles doppelt so teuer wird wie angenommen. Kauz möchte die Villa daher am liebsten wieder loswerden. Kann er den Kaufvertrag anfechten? – Bei Abschluss des Kaufvertrags ist Kauz hier keinem Inhalts- oder Erklärungsirrtum unterlegen. Auch hat er sich nicht über Eigenschaften des Kaufobjekts geirrt. Insbesondere war ihm die Renovierungsbedürftigkeit der Villa bekannt. Die Vorstellung des Kauz, seine Finanzen würden für die Grundsanierung der Villa ausreichen, bildet ein bloßes Motiv für den Abschluss des Kaufvertrags. Bei der Fehleinschätzung der Folgekosten handelt es sich um einen Irrtum in der Phase der Willensbildung, der hier nicht zur Anfechtung berechtigt.

410 An der Einordnung als unbeachtlicher Motivirrtum ändert sich in der Regel auch dann nichts, wenn der Erklärende seine Motive gegenüber dem Erklärungsempfänger offenlegt. Durch die Offenlegung der Motive werden diese grundsätzlich nicht Teil des rechtlich relevanten Inhalts der Erklärung und gehören damit auch nicht zum Inhalt des abgeschlossenen Vertrags.[434]

> **Bsp.:** Berta geht zum Möbelhändler Max und eröffnet diesem, dass sie wegen der unmittelbar bevorstehenden Hochzeit mit ihrem Verlobten Volker Möbel benötige. Es kommt zum Abschluss eines Kaufvertrags über eine Sitzgarnitur für 2.500 €. Volker entscheidet sich kurzfristig anders und lässt die Hochzeit platzen. Muss Berta dennoch die Möbel abnehmen und bezahlen? – Bertas Vorstellung, es werde zur Hochzeit mit Volker kommen, bildet ein bloßes Motiv für die Anschaffung der Möbel. In der Offenlegung gegenüber Max ist eine reine Mitteilung des Motivs zu sehen, das nicht zum rechtsgeschäftlichen Inhalt der auf Abschluss des Kaufvertrags gerichteten Willenserklärung gehört. Ein zur Anfechtung berechtigender Irrtum aus dem Katalog der §§ 119 f. BGB liegt daher nicht vor, weshalb eine Anfechtung des Kaufvertrags durch Berta ausscheidet. Es fragt sich jedoch, ob die geplatzte Hochzeit zu einem Wegfall der Geschäftsgrundlage (§ 313 Abs. 1 BGB) geführt hat. Möglicherweise kann

---

434 Vgl. – auch zum nachfolgenden Beispiel – *Brox/Walker*, AT, § 18 Rn. 22.

Berta daher gemäß § 313 Abs. 3 Satz 1 BGB vom Kaufvertrag zurücktreten. Die Hochzeit mit Volker müsste zur Geschäftsgrundlage des zwischen Max und Berta geschlossenen Kaufvertrags geworden sein. Zur Geschäftsgrundlage gehören Umstände, die zwar nicht Inhalt des Vertrags geworden sind, die aber zumindest von einer Partei bei Vertragsschluss – erkennbar für die andere Seite – vorausgesetzt wurden (subjektive Geschäftsgrundlage) oder objektiv erforderlich sind, damit der Vertrag überhaupt eine sinnvolle Regelung darstellt (objektive Geschäftsgrundlage). Aufgrund von Bertas Mitteilung war für Max erkennbar, dass Berta die Möbel nur im Hinblick auf die bevorstehende Hochzeit anschaffen wollte. Die Hochzeit bildet daher einen Umstand, der zur subjektiven Geschäftsgrundlage gehört. Dass die Hochzeit geplatzt ist, bedeutet eine schwerwiegende Veränderung i. S. d. § 313 Abs. 1 BGB. Allerdings setzt der Wegfall der Geschäftsgrundlage gemäß § 313 Abs. 1 BGB zudem voraus, dass der betroffenen Vertragspartei (hier Berta) das Festhalten am unveränderten Vertrag nicht zugemutet werden kann. Bei der Beurteilung der Unzumutbarkeit ist gemäß § 313 Abs. 1 BGB insbesondere die vertragliche und gesetzliche Risikoverteilung zu berücksichtigen. Beim Kaufvertrag trägt grundsätzlich der Käufer das Verwendungsrisiko. Der Käufer trifft die Kaufentscheidung und muss sicherstellen, dass er die Kaufsache auch verwenden kann. Allein durch Offenlegung der Verwendungsabsicht kann der Käufer das ihn treffende Verwendungsrisiko nicht auf den Verkäufer abwälzen. Auf eine solche Verlagerung des Verwendungsrisikos muss sich der Verkäufer redlicherweise auch nicht einlassen. Die Voraussetzungen der Unzumutbarkeit gemäß § 313 Abs. 1 BGB sind daher nicht erfüllt, weshalb Berta insbesondere kein Rücktrittsrecht gemäß § 313 Abs. 3 Satz 1 BGB zusteht. Max kann daher von Berta trotz der geplatzten Hochzeit gemäß § 433 Abs. 2 BGB Abnahme und Bezahlung der Möbel verlangen.

1. Inhalts- und Erklärungsirrtum

411 a) **Abgrenzung.** Nach den Worten des Gesetzes unterliegt einem Inhaltsirrtum (§ 119 Abs. 1 Alt. 1 BGB), wer „bei der Abgabe einer Willenserklärung über deren Inhalt im Irrtum war". Dagegen befindet sich derjenige, der „eine Erklärung dieses Inhalts überhaupt nicht abgeben wollte", in einem Erklärungsirrtum (§ 119 Abs. 1 Alt. 2 BGB). Der Erklärungsirrtum wird auch als „Irrung" bezeichnet.[435]

> **Klausurtipp**
>
> Der Wortlaut des § 119 Abs. 1 BGB hilft bei der Unterscheidung von Inhalts- und Erklärungsirrtum nur dann, wenn man bereits eine klare Vorstellung von den beiden Irrtumsalternativen hat. In Klausuren kommt es immer wieder vor, dass „im Eifer des Gefechts" Inhalts- und Erklärungsirrtum miteinander verwechselt werden, auch weil in § 119 Abs. 1 Alt. 2 BGB ein zweites Mal der Begriff „Inhalt" auftaucht, obwohl es nicht um den Inhalts-, sondern um den Erklärungsirrtum geht. Es empfiehlt sich daher, die beiden Alternativen im Gesetz durch Unterstreichung kenntlich zu machen: „über deren **Inhalt** im Irrtum war" und „eine **Erklärung** dieses Inhalts überhaupt nicht abgeben wollte".

---

435 Vgl. *Bork*, AT, Rn. 840; *Flume*, AT II, S. 419 (§ 21, 3); *Medicus/Petersen*, AT, Rn. 746.

IV. Anfechtung wegen Irrtums

Ein Erklärungsirrtum gemäß § 119 Abs. 1 Alt. 2 BGB liegt vor, wenn der Erklärende bereits die Erklärungshandlung, die er vornimmt, in Wirklichkeit nicht vornehmen will, d. h., der Erklärende verspricht, verschreibt oder vergreift sich. Dagegen will der Erklärende beim Inhaltsirrtum gemäß § 119 Abs. 1 Alt. 1 BGB die Erklärungshandlung, die er vornimmt, durchaus vornehmen, er weiß aber nicht, was diese Erklärungshandlung bedeutet.[436] Man kann auch sagen: Beim Erklärungsirrtum liegt der Fehler bereits im äußeren Erklärungsvorgang, während beim Inhaltsirrtum nur das innere Verständnis der Erklärung fehlerhaft ist. Ein klassisches Beispiel für den Inhaltsirrtum ist die fehlerhafte Verwendung eines Fremdworts. Ein Inhaltsirrtum liegt auch dann vor, wenn der Erklärende ein Verkaufsangebot mit den Worten „Ich nehme das Angebot an!" annimmt, dabei aber von einem falschen Kaufpreis ausgeht.

Bsp.: Gebrauchtwagenhändler Gölz bietet ein gebrauchtes Cabriolet zum Verkauf an und nennt als Kaufpreis 7.000 €. Nach einigen Probefahrten mit verschiedenen Autos erklärt Krumm, dass er das Cabriolet „zu dem genannten Preis" nehme. Der Wagen soll am kommenden Samstag gegen Barzahlung abgeholt werden. Bei Abholung des Wagens stellt sich heraus, dass Krumm die Preise der besichtigten Autos verwechselt hat und davon ausgegangen ist, das Cabriolet würde nur 5.000 € kosten. – Aus objektiver Sicht beziehen sich die Worte „zu dem genannten Preis" auf den von Gölz genannten Preis, weshalb zwischen Gölz und Krumm ein Kaufvertrag zum Preis von 7.000 € zustande gekommen ist. Dagegen hat Krumm seinen Worten die Bedeutung einer Annahme zum Preis von 5.000 € zugemessen. Es handelt sich dabei nicht um einen Erklärungsirrtum. Krumm wollte die Worte „zu dem genannten Preis" tatsächlich verwenden und hat sich bei seiner Erklärung nicht etwa versprochen. Die konkrete Erklärungshandlung ist von Krumm daher gewollt. Krumm irrt sich aber über die Bedeutung seiner Worte „zu dem genannten Preis", weshalb ein Inhaltsirrtum gemäß § 119 Abs. 1 Alt. 1 BGB vorliegt und Krumm den Kaufvertrag anfechten kann (§ 142 Abs. 1 BGB).

Ein weiteres Beispiel für einen Inhaltsirrtum ist der oben in Kapitel 1 Rn. 20 behandelte Fall der Internet-Bestellung: Der Besteller klickt auf die Schaltfläche „Bestellen" und denkt, weil er die Auszeichnung in britischen Pfund übersehen hat, er würde damit einen Antrag in Höhe von 116,95 € (und nicht von 116,95 £) abgeben. Der Irrtum bezieht sich hier auf die inhaltliche Bedeutung des Klicks auf die Schaltfläche, weshalb ein Inhaltsirrtum i. S. d. § 119 Abs. 1 Alt. 1 BGB vorliegt.

b) Identitätsirrtum. Zum Inhaltsirrtum i. S. d. § 119 Abs. 1 Alt. 1 BGB gehört auch der **Identitätsirrtum** *(error in objecto vel persona)*. Bei einem *error in objecto* handelt es sich um einen Irrtum über den Geschäftsgegenstand, z. B. um einen Irrtum über die Identität des Kaufgegenstands: Der Käufer glaubt, er hätte ein bestimmtes Grundstück direkt am Waldrand gekauft, während es sich in Wirklichkeit um ein anderes Grundstück handelt, das durch eine Häuserreihe vom Wald getrennt ist. Um einen Inhaltsirrtum in Form des Irrtums über den Geschäftsgegenstand handelt es sich auch bei Bestellung einer Software in der Meinung, die

---

[436] Vgl. zum Inhaltsirrtum auch BGHZ 177, 62 Tz. 15; BGH NJW 2017, 1660 Tz. 25.

Bestellung umfasse eine Update-Berechtigung zu einem Sonderpreis.[437] Der *error in persona* ist ein Irrtum über die Person des Geschäftspartners.

> **Bsp.:** Britta möchte den Malermeister A. Müller mit Malerarbeiten beauftragen, der ihr von einer Bekannten als zuverlässig empfohlen wurde. Im Telefonbuch stehen zwei Malermeister Müller. Versehentlich beauftragt sie den Malermeister K. Müller. Kann Britta anfechten? – Die Personenverwechslung führt hier zu einem Irrtum über die Person des Geschäftspartners, wobei es sich um einen Inhaltsirrtum gemäß § 119 Abs. 1 Alt. 1 BGB handelt. Der Irrtum müsste für Brittas Erklärung auch kausal geworden sein. Da die Zuverlässigkeit ein wichtiges Kriterium bei der Beauftragung von Handwerkern ist, erscheint es durchaus nachvollziehbar, dass Britta der Empfehlung ihrer Bekannten folgen wollte. Es ist daher davon auszugehen, dass sie die Erklärung „bei verständiger Würdigung des Falles" (§ 119 Abs. 1 BGB) nicht abgegeben haben würde.

415 **c) Irrtum über den Geschäftstyp.** Eine weitere Art des Inhaltsirrtums ist der **Irrtum über den Geschäftstyp** *(error in negotio)*. Darum geht es z. B., wenn der Erklärende ein Auto mieten möchte, seine Erklärung aber aus objektiver Sicht als Antrag auf Abschluss eines Kaufvertrags zu verstehen ist. Vom Irrtum über den Geschäftstyp muss der **bloße Rechtsfolgenirrtum** abgegrenzt werden, bei dem es sich um einen Motivirrtum handelt, der nicht zur Anfechtung berechtigt. Die Abgrenzung ist erforderlich, weil es auch beim Irrtum über den Geschäftstyp um einen Irrtum über Rechtsfolgen geht: Im Beispiel, in dem eine Miete gewollt ist, objektiv aber ein Kauf vorliegt, kommt es zum Eintritt der nicht gewollten Rechtsfolgen des Kaufvertrags anstelle der gewollten Rechtsfolgen des Mietvertrags. Da es beim Irrtum über den Geschäftstyp um **wesentliche Rechtsfolgen** geht, die stets zum Inhalt der Willenserklärung gehören, handelt es sich um einen Inhaltsirrtum i. S. d. § 119 Abs. 1 Alt. 1 BGB. Das Gesetz knüpft an die Willenserklärung bzw. an den geschlossenen Vertrag jedoch – abgesehen von den wesentlichen Rechtsfolgen – regelmäßig noch zahlreiche weitere Rechtsfolgen (**Nebenfolgen**),[438] die nicht ohne Weiteres als „miterklärt" angesehen werden können.[439] Man spricht vom „bloßen Rechtsfolgenirrtum", wenn sich der Irrtum auf solche Rechtsfolgen bezieht, die nicht zum Inhalt der jeweiligen Willenserklärung gehören. Mangels einer Abweichung des Gewollten vom Inhalt der Erklärung bedeutet die Fehlvorstellung über die Rechtsfolgen hier keinen Inhaltsirrtum i. S. d. § 119 Abs. 1 Alt. 1 BGB.

> **Bsp.:** (1) Privatmann Hinz verkauft sein altes Auto per Zeitungsinserat an Kunz, wobei er glaubt, bei einem Privatverkauf gebrauchter Sachen gäbe es keine Sachmängelhaftung des Verkäufers (§§ 434 ff. BGB). Nach einigen gefahrenen Kilometern bleibt Kunz mit dem Auto wegen eines Motorschadens liegen und macht daraufhin Mängelansprüche gegen Hinz geltend. Der beruft sich auf seinen Irrtum und erklärt die Anfechtung des Kaufvertrags. Wie ist

---

437 Vgl. *Ellenberger*, in: Grüneberg, § 119 Rn. 14. **A. A.** AG Konstanz NJW 1991, 1360.
438 Darauf, ob diese Nebenfolgen zwingendes Recht darstellen oder ob es um Folgen des dispositiven Gesetzesrechts geht, kommt es – da es ganz allgemein um die Frage des Inhalts der Willenserklärung geht – nicht an. **A. A.** *Faust*, AT, § 19 Rn. 17; *Medicus/Petersen*, AT, Rn. 751.
439 Vgl. BGHZ 134, 152 (156); 168, 210 Tz. 19; BGH NJW 2016, 2954 Tz. 11. Die Unterscheidung von wesentlichen Rechtsfolgen und Nebenfolgen ist maßgeblich für die Bestimmung des üblichen Erklärungsinhalts, z. B. der Worte „ich verkaufe", „ich vermiete", „ich verleihe", „ich schenke". Gegen diese Unterscheidung *Musielak*, JuS 2014, 583 (584); *ders.* JZ 2014, 64 (71 f.).

die Rechtslage? (2) Ändert sich etwas, wenn Hinz das Zeitungsinserat mit „PRIVATVERKAUF" überschrieben hat, in der Meinung, aufgrund dieses Hinweises seien, da es um ein Gebrauchtfahrzeug geht, Mängelansprüche wirksam ausgeschlossen? – Im Ausgangsfall (1) hat Hinz – auch aus seiner Sicht – zur Frage der Sachmängelhaftung nichts erklärt. Seine auf Abschluss eines Kaufvertrags gerichtete Erklärung beinhaltet ohne Weiteres die wesentlichen Rechtsfolgen des Kaufs, auch wenn diese nicht ausdrücklich benannt sind. Dazu gehören der Anspruch des Käufers auf Übergabe und Übereignung der Kaufsache (§ 433 Abs. 1 Satz 1 BGB) und der Anspruch des Verkäufers auf Kaufpreiszahlung (§ 433 Abs. 2 Alt. 1 BGB), nicht jedoch die Sachmängelhaftung gemäß §§ 434 ff. BGB, bei der es sich um eine (grundsätzlich nicht „miterklärte") Nebenfolge des Kaufs handelt. In der Fallvariante (2) misst Hinz dem Hinweis „PRIVATVERKAUF" rechtsirrig die Bedeutung eines Ausschlusses der Mängelhaftung bei. Aus der Sicht von Hinz, auf die es hier ankommt, ist die Frage der Sachmängelhaftung damit Gegenstand seiner – im Lichte des Inseratstextes zu verstehenden – rechtsgeschäftlichen Erklärung geworden. Die Fehlvorstellung über die Bedeutung des Begriffs „PRIVATVERKAUF" ist als Inhaltsirrtum i. S. d. § 119 Abs. 1 Alt. 1 BGB einzuordnen. Hinz kann daher zwar in der Fallvariante, nicht jedoch im Ausgangsfall wirksam anfechten.

Hinweis

Der Ausschluss der Sachmängelhaftung beim Privatverkauf gebrauchter Sachen ist zwar üblich (und gemäß § 309 Nr. 8b BGB auch in Allgemeinen Geschäftsbedingungen wirksam), muss aber zwischen den Parteien des Kaufvertrags vereinbart werden. Dagegen ist eine solche Vereinbarung bei Verträgen, durch die ein Verbraucher (§ 13 BGB) von einem Unternehmer (§ 14 BGB) eine bewegliche Sache kauft (Verbrauchsgüterkauf i. S. d. § 474 Abs. 1 Satz 1 BGB), gemäß § 476 Abs. 1 Satz 1 BGB grundsätzlich unwirksam. Wirksam ist gemäß § 476 Abs. 2 Satz 1 BGB die Herabsetzung der Gewährleistungsfrist auf ein Jahr, wenn der Verbrauchsgüterkauf gebrauchte Sachen zum Gegenstand hat, wobei der Verbraucher gemäß § 476 Abs. 2 Satz 2 BGB von der Fristverkürzung eigens, d. h. durch entsprechenden Hinweis, in Kenntnis zu setzen ist und die Fristverkürzung zudem im Vertrag ausdrücklich und gesondert vereinbart sein muss.

d) Unterschriftsirrtum, abredewidrige Ausfüllung einer Blanketturkunde. Einordnungsbedürftig ist auch der sogenannte **Unterschriftsirrtum**, bei dem es darum geht, dass der Erklärende eine Urkunde unterzeichnet, die er nicht oder nicht richtig gelesen hat. Mit anderen Worten: Der Erklärende hat hier die goldene Regel „Erst lesen, dann unterschreiben!" missachtet. Geht es um einen Vertragsschluss und haben sich die Parteien über den Vertragsinhalt mündlich geeinigt, gilt das Vereinbarte, und zwar unabhängig vom Inhalt der Urkunde. Der abweichende Inhalt der Urkunde stellt in diesem Fall eine unschädliche Falschbezeichnung dar *(falsa demonstratio non nocet)*.[440] Fehlt es dagegen an einem mündlichen Vertragsschluss, muss wie folgt unterschieden werden:
- Der Erklärende, der eine Urkunde unterschreibt, ohne sich vorher um den Inhalt gekümmert zu haben, obwohl er weiß, dass es sich um eine rechtsge-

---
[440] Zur Falschbezeichnung vgl. oben Kapitel 4 Rn. 162–164.

schäftliche Erklärung handelt, irrt sich nicht. Mangels Kenntnisnahme hat der Unterzeichner von vornherein **keine Vorstellung** vom Inhalt der Urkunde. Es fehlt daher an einer Abweichung von Wille und Erklärung. Anders ausgedrückt: Wer bewusst Urkunden unterschreibt, ohne sie gelesen zu haben, gibt damit zu erkennen, dass er die Erklärung – unabhängig von ihrem Inhalt – gegen sich gelten lassen will.

418 – Wenn der Erklärende dagegen bei Unterzeichnung der Urkunde eine bestimmte Vorstellung von ihrem Inhalt hat, kann er, wenn seine Vorstellung nicht zutrifft, gemäß § 119 Abs. 1 Alt. 1 BGB wegen Inhaltsirrtums anfechten.[441] Das ist insbesondere dann der Fall, wenn der Unterzeichner meint, den Inhalt der Urkunde zu kennen. Dass der Unterzeichner die Urkunde nicht oder nicht richtig gelesen hat, hindert die Anfechtung hier nicht.

> **Hinweis**
> Ein Inhaltsirrtum i. S. d. § 119 Abs. 1 Alt. 1 BGB liegt auch dann vor, wenn die Urkunde vom Erklärenden selbst stammt, er sich aber bei Leistung der Unterschrift nicht mehr richtig an den Inhalt der von ihm verfassten Urkunde erinnert.[442] Der Fehler liegt hier nicht bereits im äußeren Erklärungsvorgang, sondern betrifft nur das innere Verständnis der Erklärung. Dagegen handelt es sich um einen Erklärungsirrtum gemäß § 119 Abs. 1 Alt. 2 BGB, wenn sich der Erklärende bei Abfassung der Urkunde verschreibt. Der Fehler betrifft hier – was entscheidend ist – bereits den Erklärungsvorgang. Dass der Erklärende, wie das für jeden Fall des Erklärungsirrtums zutrifft, zugleich ein falsches Verständnis vom Inhalt der Erklärung hat, darf nicht auf die falsche Fährte des Inhaltsirrtums führen. Auch dann, wenn dem Erklärenden, der sich bewusst ist, dass es um den Abschluss von Rechtsgeschäften geht,[443] zwei verschiedene Urkunden vorliegen und er versehentlich die falsche unterschreibt, geht es um einen Erklärungsirrtum, weil bereits der äußere Erklärungsvorgang fehlerbehaftet ist.

419 Besonderes gilt im Fall der abredewidrigen Ausfüllung einer **Blanketturkunde**: Nach der Rechtsprechung[444] und der heute herrschenden Lehre[445] kann derjenige, der ein Blankett unterschreibt, das dann abredewidrig ausgefüllt wird, die Erklärung nicht anfechten. Die abredewidrige Ausfüllung des Blanketts führt zwar dazu, dass aufseiten des Erklärenden ein Erklärungsirrtum gemäß § 119 Abs. 1 Alt. 2 BGB vorliegt. Der Erklärende bedient sich hier bei seiner Erklärungshandlung der Hilfe des Blankettausfüllers. Hält sich dieser nicht an die Vorgaben des Erklärenden, ist die konkrete Erklärungshandlung vom Erklärenden nicht gewollt. Gleichwohl erscheint es richtig, im Hinblick auf die besondere Gefährlichkeit des Blanketts eine Anfechtung durch den Erklärenden auszuschließen: Für den Erklärungsempfänger

---

441 A. A. (Erklärungsirrtum) *Brox/Walker*, AT, § 18 Rn. 16; *Hefermehl*, in: Soergel, § 119 Rn. 13.
442 A. A. *Medicus/Petersen*, AT, Rn. 755, wonach der Irrtum über den Inhalt der selbst diktierten Urkunde ein Erklärungsirrtum sei.
443 Zum besonderen Fall, dass der Erklärende bei der Leistung der Unterschrift ohne Erklärungsbewusstsein handelt, weil er davon ausgeht, er würde eine Glückwunschliste unterzeichnen, siehe das Beispiel oben in Kapitel 4 Rn. 86.
444 BGHZ 40, 65 (67 f.); 40, 297 (304 f.); 113, 48 (53); 132, 119 (127 f.). Anders noch RGZ 108, 183 (185).
445 Vgl. nur *Brox/Walker*, AT, § 18 Rn. 17; *Köhler*, AT, § 7 Rn. 28; *Medicus/Petersen*, AT, Rn. 913 f.; *Neuner*, AT, § 50 Rn. 103–106 (jeweils m. w. N.).

IV. Anfechtung wegen Irrtums **420**

ist nämlich die abredewidrig ausgefüllte Blanketturkunde von einer regulären Urkunde, die vom Erklärenden selbst vollständig verfasst worden ist, in keiner Weise zu unterscheiden. Hierfür trifft den Erklärenden, der sich bewusst für das besonders gefährliche Mittel des Blanketts entschieden hat, die Verantwortung. Zum Schutz des Erklärungsempfängers sind daher die Vorschriften der §§ 172 Abs. 2, 173 BGB über den Rechtsschein einer Vollmachtsurkunde[446] analog anzuwenden. Der Aussteller des Blanketts muss sich an dem Rechtsschein festhalten lassen, den er durch das Inverkehrbringen eines Blanketts erzeugt hat. Genauso wie der Geschäftspartner, der den Widerruf der Vollmacht weder kennt noch kennen muss, schutzwürdig ist, wenn sich der Stellvertreter durch Vorlage einer Vollmachtsurkunde legitimiert, ist der redliche Erklärungsempfänger schutzwürdig, wenn ihm eine abredewidrig ausgefüllte Blanketturkunde vorgelegt wird.

Bsp.: Auf Bitten des Schuldig unterzeichnet Behold eine Blankobürgschaft, die es Schuldig ermöglichen soll, einen geeigneten Kreditgeber zu finden. Schuldig soll bei Abschluss des Darlehensvertrags die konkrete Summe in die Bürgschaftsurkunde einsetzen. Schuldig und Behold verabreden, dass die Bürgschaftssumme nicht mehr als 100.000 € betragen darf. Schuldig nimmt daraufhin bei Glaub ein Darlehen in Höhe von 200.000 € auf. Schon vorher hat er abredewidrig mit der Schreibmaschine den Betrag von 200.000 € in die Bürgschaftsurkunde eingesetzt. Für Glaub ist weder ersichtlich, dass die Bürgschaftsurkunde abredewidrig ausgefüllt wurde, noch dass es sich bei der Urkunde ursprünglich um eine Blanketturkunde handelte. Als Behold von der Sache erfährt, informiert er Glaub und erklärt diesem gegenüber die Anfechtung der Bürgschaftserklärung. – Angesichts der abredewidrigen Ausfüllung des Blanketts war die der Bürgschaftserklärung zugrunde liegende Erklärungshandlung vom Willen des Behold nicht gedeckt. An sich sind daher die Voraussetzungen für eine Anfechtung gemäß §§ 142 Abs. 1, 119 Abs. 1 Alt. 2 BGB wegen Erklärungsirrtums erfüllt. Hinzu kommt, dass Behold die Ermächtigung zur Ausfüllung der Blankobürgschaft im Hinblick auf den Warnzweck der Formvorschrift des § 766 Satz 1 BGB schriftlich hätte erteilen müssen.[447] Behold kann sich jedoch auf keine der beiden Einwendungen stützen. Er muss sich vielmehr analog §§ 172 Abs. 2, 173 BGB am Rechtsschein einer perfekten Bürgschaftserklärung festhalten lassen.

e) **Kalkulationsirrtum.** Als „erweiterter Inhaltsirrtum", der zur Anfechtung gemäß § 119 Abs. 1 Alt. 1 BGB berechtigen soll,[448] wurde früher – jedenfalls teilweise – der **Kalkulationsirrtum** behandelt. Mit dem Begriff „Kalkulationsirrtum" ist nicht nur der reine Rechenfehler gemeint, sondern auch der **Irrtum über die Berechnungsgrundlage**, z. B. die falsche Vorstellung über den gültigen Umrechnungskurs im berühmten Rubelfall des Reichsgerichts (Rn. 422). Vom Begriff der „Kalkulation" ist daher auch die „Kalkulationsgrundlage" umfasst. Heute ist dagegen allgemein anerkannt, dass im Fall eines Kalkulationsirrtums, auch in Form

420

---
446 Siehe hierzu unten Kapitel 11 Rn. 663–666.
447 Zur Anwendbarkeit des § 766 Satz 1 BGB auf die Ausfüllungsermächtigung siehe BGHZ 132, 119 (125 f.); hierzu (im Rahmen eines Examensfalls) *Gröschler*, Jura Sonderheft Examensklausurenkurs, 2000, S. 24 (26 f.).
448 RGZ 64, 266 (268); 90, 268 (272 f.) – Brockeneisenfall; 101, 107 (108) – Silberfall; 105, 406 (407) – Rubelfall; 162, 198 (201); vgl. auch noch OLG München NJW-RR 1990, 1406 (Analogie zu § 119 Abs. 1 Alt. 1, Abs. 2 BGB).

des Irrtums über die Kalkulationsgrundlage, keine Anfechtungsmöglichkeit besteht.[449] Bei der Begründung ist danach zu unterscheiden, ob es um einen offenen (externen) oder einen verdeckten (internen) Kalkulationsirrtum geht.

421 Beim **offenen (externen) Kalkulationsirrtum** wird die Kalkulation vom Erklärenden gegenüber dem Erklärungsempfänger offengelegt. Die Rechtsprechung des Reichsgerichts zum „erweiterten Inhaltsirrtum" bezog sich auf den Fall des offenen Kalkulationsirrtums: Die offengelegte Kalkulation werde vom Inhalt der rechtsgeschäftlichen Erklärung umfasst, weshalb ein diesbezüglicher Irrtum einen Inhaltsirrtum i. S. d. § 119 Abs. 1 Alt. 1 BGB darstelle.[450] Der Inhalt der Willenserklärung sei also gleichsam um die offengelegte Kalkulation erweitert, weshalb es zu einem „erweiterten Inhaltsirrtum" komme.

422 Die Fälle des offenen Kalkulationsirrtums sind jedoch – entsprechend dem Prinzip „Auslegung vor Anfechtung!" (Rn. 374) – nicht durch Anfechtung, sondern bereits im Wege der Auslegung zu lösen. Wenn aufgrund der Offenlegung der Kalkulation das richtige Rechenergebnis vom Erklärungsempfänger erkannt wird oder zumindest für einen objektiven Erklärungsempfänger erkennbar ist, dann gilt das richtige Ergebnis. Die Auslegung führt hier dazu, dass der (erkennbare) wirkliche Wille des Erklärenden maßgeblich ist, weshalb sich die Frage der Anfechtung – mangels Abweichung von Wille und Erklärung – von vornherein nicht stellt.

> **Bsp.:** In dem vom Reichsgericht (RGZ 105, 406) entschiedenen „Rubelfall" stellte der Kläger im Jahr 1920 dem Beklagten, der sich auf der Heimreise aus der Kriegsgefangenschaft befand, in Moskau ein Darlehen über 30.000 Rubel zur Verfügung. Der Beklagte verpflichtete sich, dem Kläger innerhalb von zwei Monaten nach Rückkehr in die Heimat 7.500 Mark zurückzuzahlen. Beide Teile gingen bei der Vereinbarung von einem gültigen Umrechnungskurs von 25 Pfennig pro Rubel aus. In Wirklichkeit betrug der Umrechnungskurs jedoch nur einen Pfennig pro Rubel, sodass der Kläger nur einen Geldbetrag im Gegenwert von 300 Mark geleistet hatte. – Die Vereinbarung ist hier so zu verstehen, dass der Beklagte als Empfänger des Rubelbetrags an den Kläger den wirklichen Gegenwert in Mark zurückgewähren sollte. Der Beklagte schuldete daher nach dem Willen der Parteien nur 300 Mark. Eine Anfechtung des Darlehensvertrags ist weder erforderlich noch liegen – wegen des fehlenden Irrtums – die Voraussetzungen hierfür vor.

423 Ist anhand der offengelegten Kalkulation zwar erkennbar, dass die Berechnung fehlerhaft ist, ohne dass jedoch das richtige Rechenergebnis ersichtlich wäre, ist die Willenserklärung wegen innerer Widersprüchlichkeit (Perplexität[451]) unwirksam.[452] Auch hier gelangt man bereits im Wege der Auslegung zum Ergebnis, nämlich zur Unwirksamkeit der Willenserklärung bzw. des Vertrags. Die Prüfung ist damit beendet, bevor sich die Frage der Anfechtung stellt.

424 Ob ein Berechnungsfehler erkennbar ist, richtet sich nach dem objektiven Empfängerhorizont. Dabei ist zu beachten, dass die Richtigkeit der Berechnung grund-

---

449 Vgl. nur *Brox/Walker*, AT, § 18 Rn. 20 f.; *Köhler*, AT, § 7 Rn. 25 f.; *Medicus/Petersen*, AT, Rn. 758–762; *Neuner*, AT, § 41 Rn. 72–88 (jeweils m. w. N.). Offengelassen für den externen Kalkulationsirrtum in BGH NJW 1983, 1671 (1672); NJW-RR 1986, 569 (570); vgl. auch BGHZ 182, 218 Tz. 36.
450 Siehe die Nachweise in Fn. 450.
451 Siehe hierzu oben Kapitel 4 Rn. 158.
452 Vgl. *Medicus/Petersen*, AT, Rn. 759; *Faust*, AT, § 19 Rn. 19.

IV. Anfechtung wegen Irrtums

sätzlich in die Risikosphäre des Erklärenden fällt und dieses Risiko auch nicht durch die Offenlegung der Kalkulation auf den Erklärungsempfänger abgewälzt werden kann. Der Erklärungsempfänger ist daher grundsätzlich nicht verpflichtet, die vom Erklärenden offengelegte Berechnung Schritt für Schritt nachzuvollziehen und zu überprüfen. Ist der Berechnungsfehler für einen objektiven Erklärungsempfänger nicht mit zumutbaren Anstrengungen erkennbar, so handelt es sich in Wirklichkeit nicht um einen Fall des offenen, sondern des verdeckten Kalkulationsirrtums (Rn. 425).

> **Bsp.:** Im „Silberfall" (RGZ 101, 107) bot der Verkäufer 200 kg Silber der Güte „800 fein" zum Preis von 320 Mark an. Da der Käufer jedoch Silber der höheren Güte „1000 fein" wünschte, rechnete der Verkäufer den Preis im Kopf um, wobei ihm ein Rechenfehler unterlief: Statt des richtigen Ergebnisses (400 Mark) nannte er dem Käufer als Kaufpreis 360 Mark. – Das Reichsgericht ging hier von einer „dem Käufer kenntlich gemachten Umrechnung" aus. Das setzt entsprechende Vorkenntnisse des Käufers voraus. Geht man davon aus, dass für den Käufer – aus objektiver Sicht – erkennbar war, dass es sich um eine einfache Verhältnisrechnung handelte und er den Fehler aufgrund seiner Geschäftserfahrung im Silberhandel auch ohne Weiteres sogleich hätte durchschauen können, liegt ein offener Kalkulationsirrtum vor. Die Auslegung der Erklärung nach dem objektiven Empfängerhorizont führt dann dazu, dass der für den Käufer ohne Weiteres erkennbare richtige Preis, also 400 Mark, maßgeblich ist. Der erklärte Preis in Höhe von 360 Mark ist in diesem Fall also aufgrund einer Gesamtbetrachtung der Erklärung so zu verstehen, als hätte der Verkäufer 400 Mark erklärt.[453] Dagegen ist es einem Käufer ohne entsprechende Geschäftserfahrung nicht zuzumuten, die Rechenschritte des Verkäufers im Einzelnen nachzuvollziehen und zu überprüfen. Bei der Kopfrechnung des Verkäufers handelt es sich dann nicht um eine geeignete Offenlegung der Kalkulation, weshalb in Wirklichkeit ein verdeckter Kalkulationsirrtum vorliegt.

Beim **verdeckten** (**internen**) **Kalkulationsirrtum** wird die Kalkulation gegenüber dem Erklärungsempfänger nicht offengelegt. Dem steht es gleich, wenn der Kalkulationsfehler trotz Offenlegung der Kalkulation für einen objektiven Erklärungsempfänger nicht mit zumutbaren Anstrengungen erkennbar ist (Rn. 424). In den Fällen des verdeckten Kalkulationsirrtums handelt es sich um einen Irrtum in der Phase der Willensbildung. Der verdeckte Kalkulationsirrtum stellt deshalb einen unbeachtlichen Motivirrtum dar, der nicht zur Anfechtung berechtigt.[454] Zum Teil werden gegen dieses Ergebnis Bedenken angemeldet, weil der verdeckte Kalkulationsirrtum einem Erklärungsirrtum sehr nahekommen kann.[455] Auf die Spitze getrieben, kann man sagen: Wer auf dem Taschenrechner richtig rechnet und sich bei der Übernahme des Ergebnisses in seine Erklärung vertippt, kann wegen Erklärungsirrtums anfechten, nicht dagegen, wer sich auf dem Taschenrechner vertippt und das Ergebnis in seine Erklärung übernimmt. Dennoch ist

425

---

453 Siehe *Neuner*, AT, § 41 Rn. 76; *Medicus/Petersen*, BürgR, Rn. 134 („Auslegung in Richtung auf das richtige Rechenergebnis"); vgl. auch BGHZ 168, 35 Tz. 14 (Maßgeblichkeit nicht der fehlerhaft gebildeten Summe, sondern der korrekten Addition von Einzelposten). **A. A.** (Perplexität der Erklärung) *Armbrüster*, in: MüKo, § 119 Rn. 96.
454 Vgl. BGHZ 139, 177 (180); 177, 62 Tz. 17; BGH NJW 2001, 2464 (2465); NJW 2002, 2312 f.
455 Vgl. *Flume*, AT II, S. 451 (§ 23, 2a); *Armbrüster*, in: MüKo, § 119 Rn. 91 f.

ganz überwiegend anerkannt, dass die Grenzlinie zwischen dem Irrtum in der Phase der Willensbildung und dem Irrtum bei Abgabe der Erklärung nicht aufgegeben werden darf. Nach der gesetzlichen Regelung in § 119 Abs. 1 BGB gibt es nur dann eine Anfechtungsmöglichkeit, wenn die Willenserklärung selbst irrtumsbehaftet ist. Irrtümer im Vorfeld der Erklärung berechtigen nicht zur Anfechtung, auch wenn sie der Abfassung der Willenserklärung zeitlich noch so nahestehen. Damit es nicht zu einer uferlosen Anfechtung von Willenserklärungen kommt, wodurch die Rechtssicherheit erheblich beeinträchtigt würde, hält der Gesetzgeber die Irrtumsanfechtung in engen Grenzen. Er hat sich, um ein praktikables Abgrenzungskriterium zu schaffen, dafür entschieden, dass sich der Irrtum grundsätzlich auf die Willenserklärung selbst beziehen muss. Diese in § 119 Abs. 1 BGB getroffene – durchaus vernünftige – gesetzgeberische Entscheidung muss respektiert werden.

426 Der BGH hat die Problematik des verdeckten Kalkulationsirrtums erstmals in BGHZ 139, 177 entschieden und klargestellt, dass es sich dabei um einen Motivirrtum handelt, der nicht zur Anfechtung berechtigt.

Bsp. (vgl. BGHZ 139, 177): Das Staatliche Bauamt B. schreibt Tischlerarbeiten öffentlich aus. Tischler Timo reicht ein Angebot ein, das sich auf eine Gesamtsumme von 150.000 € beläuft. Die nächstfolgenden Angebote bewegen sich zwischen 155.000 € und 240.000 €. Nach Eröffnung der Angebote erklärt Timo in einem Schreiben gegenüber dem Bauamt: „Wir müssen Ihnen zu unserem Bedauern mitteilen, dass uns bei der Kalkulation des Angebots zum o. g. Bauvorhaben ein Fehler unterlaufen ist. Die Transport- und Montagekosten wurden irrtümlich nicht einberechnet infolge einer momentanen Umstellung unserer EDV-Anlage. Wir bitten deshalb, unser Angebot aus der Wertung zu nehmen und den Auftrag anderweitig zu vergeben." Das Bauamt entspricht dem nicht und erteilt Timo vor Ablauf der Zuschlagsfrist den Auftrag. Ist ein wirksamer Vertrag zustande gekommen? – Bei öffentlichen Ausschreibungen kommt es mit der Eröffnung der Angebote zur Bindung der Bieter an ihr jeweiliges Angebot, wobei sich diese bis zum Ablauf der Zuschlagsfrist binden müssen; vgl. § 10 Abs. 2, 3 und 7 der Vergabe- und Vertragsordnung für Bauleistungen, Teil A (VOB/A). Der Kalkulationsirrtum war hier zunächst mangels Offenlegung der Kalkulationsgrundlage verdeckt, ist dann aber durch Timos Schreiben aufgedeckt worden, weshalb sich – zumindest auf den ersten Blick – die Frage stellt, ob ein verdeckter oder ein offener Kalkulationsirrtum vorliegt. Der offene Kalkulationsirrtum setzt indes voraus, dass die Kalkulationsgrundlage in der Willenserklärung selbst, hier im Angebot des Timo, offengelegt wird, was nicht geschehen ist. Eine Offenlegung, die erst nach Eintritt der Bindungswirkung des Angebots erfolgt, kommt daher zu spät, weshalb es sich um einen verdeckten Kalkulationsirrtum handelt. Der Irrtum des Timo liegt daher ausschließlich in der Phase der Willensbildung, weshalb es um einen nicht zur Anfechtung berechtigenden Motivirrtum geht. Das Bauamt durfte das wirksame und auch nicht anfechtbare Angebot auch ohne Weiteres annehmen. Nur in besonderen Ausnahmefällen bedeutet eine Annahme trotz Kenntnis des Kalkulationsirrtums eine Verletzung der Pflichten zur Rücksichtnahme auf die Rechte, Rechtsgüter und Interessen des anderen Teils (Schutzpflichten gemäß § 241 Abs. 2 BGB). Die Schwelle zu einem solchen Pflichtenverstoß

IV. Anfechtung wegen Irrtums

ist – so der BGH in einer nachfolgenden Entscheidung[456] – überschritten, wenn dem Bieter aus Sicht eines verständigen Auftraggebers bei wirtschaftlicher Betrachtung schlechterdings nicht mehr angesonnen werden kann, sich mit dem irrig kalkulierten Preis zu begnügen. Dafür gibt es hier, auch im Hinblick auf den geringen Abstand von nur 5.000 € zum nächsthöheren Angebot, keine Anhaltspunkte. Ein wirksamer Vertrag mit Timo ist daher zustande gekommen.

2. Eigenschaftsirrtum

a) **Der Eigenschaftsirrtum als Ausnahmefall des beachtlichen Motivirrtums.** 427
Vom Grundsatz, wonach Motivirrtümer unbeachtlich sind (Rn. 409), gibt es auch Ausnahmen. Man spricht daher auch von der Unbeachtlichkeit des „reinen" Motivirrtums (in Abgrenzung zum ausnahmsweise „beachtlichen" Motivirrtum). Um einen solchen Ausnahmefall des beachtlichen Motivirrtums geht es beim Eigenschaftsirrtum gemäß § 119 Abs. 2 BGB.[457] Es handelt sich dabei um einen Irrtum, der nicht die Erklärung, sondern die Phase der Willensbildung betrifft: Die falsche Vorstellung über Eigenschaften der Person oder der Sache ist verantwortlich dafür, dass sich der Erklärende zur Abgabe der konkreten Willenserklärung entschließt. Ein weiterer Fall, in dem das Gesetz ausnahmsweise eine Anfechtung aufgrund eines Motivirrtums anerkennt, ist die arglistige Täuschung gemäß § 123 Abs. 1 Alt. 1 BGB (vgl. Rn. 446).

Nach der gesetzlichen Regelung in § 119 Abs. 2 BGB gilt auch der Irrtum über 428 solche Eigenschaften der Person oder der Sache, die im Verkehr als wesentlich angesehen werden, als „Irrtum über den Inhalt der Erklärung". Der Eigenschaftsirrtum wird also im Wege der gesetzlichen Fiktion („gilt")[458] dem Inhaltsirrtum i. S. d. § 119 Abs. 1 Alt. 1 BGB gleichgestellt. Das zeigt, dass sich der Gesetzgeber bei der rechtlichen Einordnung des Eigenschaftsirrtums unsicher war.[459] Im Ergebnis bedeutet die Fiktion nichts anderes als die Anerkennung des Eigenschaftsirrtums als Anfechtungsgrund.

§ 119 Abs. 2 BGB beinhaltet zwei Voraussetzungen für die Anfechtung wegen ei- 429
nes Eigenschaftsirrtums: Der Irrtum muss sich zum einen auf eine **Eigenschaft** einer Person oder einer Sache beziehen, zum anderen muss diese Eigenschaft „im Verkehr als wesentlich angesehen werden" (**Verkehrswesentlichkeit** der Eigenschaft).

Klausurtipp
Es empfiehlt sich, die beiden Voraussetzungen „Eigenschaft" und „Verkehrswesentlichkeit der Eigenschaft" getrennt voneinander zu prüfen. Häufig gehen Bearbeiter in Klausuren nur auf die Frage der Verkehrswesentlichkeit ein und

---

456 BGH NJW 2015, 1513 Tz. 11.
457 Vgl. *Brox/Walker*, AT, § 18 Rn. 11; *Köhler*, AT, § 7 Rn. 18; *Medicus/Petersen*, BürgR, Rn. 162; *Neuner*, AT, § 41 Rn. 52. **A. A.** *Flume*, AT II, S. 477 (§ 24, 2b).
458 Zum Schlüsselwort „gilt", das im BGB eine gesetzliche Fiktion anzeigt, siehe oben Kapitel 4 Rn. 103.
459 Maßgeblich für die Fiktion des § 119 Abs. 2 BGB war der Einfluss der zum Zeitpunkt des Inkrafttretens des BGB herrschenden, heute aber überwundenen Zitelmann'schen Irrtumslehre, wonach die Eigenschaft einer Person oder Sache nicht Teil der vom Erklärenden gewollten Rechtsfolge sein könne; vgl. *Flume*, AT II, S. 476 f. (§ 24, 2b); *Hefermehl*, in: Soergel, § 119 Rn. 36.

übersehen, dass vorab zu klären ist, ob sich der Irrtum überhaupt auf eine Eigenschaft i. S. d. § 119 Abs. 2 BGB bezieht.

430 b) **Eigenschaft einer Person oder einer Sache.** Der Begriff der Eigenschaft einer Person oder einer Sache ist unter Zugrundelegung der Rechtsprechung des BGH[460] wie folgt zu definieren:

Definition
Unter Eigenschaften versteht man die natürlichen Persönlichkeits- bzw. Beschaffenheitsmerkmale sowie solche Umweltbeziehungen, die in der Person oder in der Sache selbst ihren Grund haben oder diese unmittelbar kennzeichnen.

Zu den natürlichen Persönlichkeitsmerkmalen gehören beispielsweise das Geschlecht, das Alter und die beruflichen Fähigkeiten einer Person, zu den natürlichen Beschaffenheitsmerkmalen das Material, aus dem eine Sache besteht (z. B. Gold oder Messing), die Farbe, das Gewicht und die Größe einer Sache, der Reifegrad von Obst oder auch die Lage eines Grundstücks. Umweltbeziehungen einer Person sind Merkmale wie die Kreditwürdigkeit, die politische Überzeugung[461], das Bestehen von Vorstrafen oder z. B. auch die Mitgliedschaft bei Scientology[462]. Ein Beispiel für eine Umweltbeziehung, die in der Sache selbst ihren Grund hat, ist die Bebaubarkeit eines Grundstücks.[463] Die Bebaubarkeit ist kein natürliches Beschaffenheitsmerkmal, sondern ergibt sich etwa aus einem vorhandenen Bebauungsplan. Es handelt sich somit um eine Umweltbeziehung, die in der Sache selbst, nämlich in der Lage des Grundstücks, ihren Grund hat. Ein weiteres Beispiel für eine Umweltbeziehung ist die Herkunft und Echtheit eines Kunstwerks.[464] Dass z. B. ein Bild vom berühmten Künstler X. und nicht etwa von dessen unbedeutendem Zeitgenossen Y. stammt, betrifft zwar nicht die physische Beschaffenheit des Bildes, weshalb es sich nicht um ein natürliches Beschaffenheitsmerkmal handelt. Eine Sache wird aber erst durch die schöpferische Leistung des Künstlers zum Kunstwerk, weshalb die Urheberschaft für das Kunstwerk unmittelbar kennzeichnend ist. Gleiches gilt für die Urheberschaft eines Notenmanuskripts (vgl. das Beispiel unter Rn. 442).[465] Eine Umweltbeziehung, die die Sache unmittelbar kennzeichnet, ist auch die Einhaltung oder Nichteinhaltung bestimmter Standards bei der Produktion (z. B. Umweltschutz- oder Fairtrade-Standards).

431 Für das Vorliegen einer Eigenschaft i. S. d. § 119 Abs. 2 BGB ist es nicht erforderlich, dass diese der Person oder der Sache auf Dauer anhaftet, wie schon die Beispiele des Alters einer Person oder des Reifegrads von Obst zeigen. Auch bei der Schwan-

---

460 Siehe BGHZ 70, 47 (48); 88, 240 (245 f.); BGH NJW 2001, 226 (227); vgl. auch *Musielak/Hau*, GK BGB, Rn. 392; *Ellenberger*, in: Grüneberg, § 119 Rn. 24.
461 Vgl. BGH NJW 2012, 1725 Tz. 12, zur Frage der Anfechtung eines mit dem NPD-Bundesvorsitzenden abgeschlossenen Beherbergungsvertrags durch den Hotelier.
462 Vgl. LG Darmstadt NJW 1999, 365 (Abschluss eines Personalberatungsvertrags); *Ellenberger*, in: Grüneberg, § 119 Rn. 26.
463 Vgl. BGH NJW 1993, 1323 (1324).
464 Vgl. BGHZ 63, 369 (371); BGH NJW 1988, 2597 (2599).
465 Vgl. *Ellenberger*, in: Grüneberg, § 119 Rn. 27. **A. A.** AG Coburg NJW 1993, 938 (939) – Flohmarkt-Verkauf eines Notenmanuskripts von Wolfgang Amadeus Mozart.

gerschaft als vorübergehendem Zustand handelt es sich daher um eine Eigenschaft der Person,[466] die aber regelmäßig nicht verkehrswesentlich ist, weil die Dauer der Schwangerschaft – jedenfalls bei einem unbefristeten Arbeitsvertrag – im Verhältnis zur Gesamtdauer des Arbeitsverhältnisses als unerheblich anzusehen ist.[467] Zudem liegt in einer auf die Schwangerschaft gestützten Anfechtung des Arbeitgebers eine geschlechtsbezogene Diskriminierung, die grundsätzlich gegen das arbeitsrechtliche Benachteiligungsverbot gemäß §§ 1, 7 Abs. 1 AGG verstößt und auch daher unwirksam ist.

Nicht zu den Eigenschaften i. S. d. § 119 Abs. 2 BGB gehört der Wert einer Sache.[468] Der jeweilige Wert ist nur eine – regelmäßig von den Marktmechanismen abhängige – Schlussfolgerung aus den Eigenschaften der Sache.[469] Eine Anfechtung gemäß § 119 Abs. 2 BGB ist daher nicht möglich, wenn sich der Erklärende ausschließlich über den Wert der Sache irrt. Der Irrtum muss sich zumindest auch auf **wertbildende Faktoren** beziehen, wobei es sich um Eigenschaften, die für die Wertbestimmung maßgeblich sind, handeln muss.

432

> **Bsp.:** Konrad besorgt sich in Hugos Handy-Shop ein neues Smartphone zum Preis von 500 €. Wenige Minuten später sieht er im Schaufenster eines anderen Handy-Geschäfts dasselbe Modell für 400 €. – Konrad kann nicht mit der Begründung anfechten, er sei beim Kauf davon ausgegangen, er würde den „aktuellen Straßenpreis" bezahlen. Es handelt sich ausschließlich um einen Irrtum über den Wert, nicht dagegen über wertbildende Faktoren.

> **Bsp.:** Viktor verkauft an Karla einen Ring für 100 €, wobei er davon ausgeht, es würde sich um einen Silberring handeln, dessen Wert mit dem Kaufpreis übereinstimmt. In Wirklichkeit ist der Ring aus Weißgold und hat einen Wert von 800 €. – Viktor irrt sich hier nicht nur über den Wert des Ringes, sondern auch über das Material, aus dem der Ring besteht, also über ein natürliches Beschaffenheitsmerkmal. Er kann den Kaufvertrag wirksam gemäß §§ 142 Abs. 1, 119 Abs. 2 BGB anfechten.

> **Hinweis**
> Die Formel von den „wertbildenden Faktoren" ist nicht geeignet, die Definition der Eigenschaft i. S. d. § 119 Abs. 2 BGB (Rn. 430) zu ersetzen. Sie dient vielmehr nur zur Abgrenzung gegenüber dem unbeachtlichen Irrtum über den Wert als solchen. Ein Eigenschaftsirrtum liegt nur dann vor, wenn sich der Erklärende über einen wertbildenden Faktor irrt, bei dem es tatsächlich um eine Eigenschaft i. S. d. § 119 Abs. 2 BGB geht. Es gibt auch wertbildende Faktoren, die nicht unter den Eigenschaftsbegriff fallen. Beispielsweise hängt der Marktwert von Fan-Trikots vom sportlichen Erfolg der jeweiligen Fußballmannschaft ab. Steht eine Mannschaft als Absteiger fest, sind die Trikots im Sonderangebot zu haben. Der sportliche Erfolg der Fußballmannschaft ist daher ein wertbildender Faktor, gehört aber freilich nicht zu den Sacheigenschaften der Fan-Trikots.

---

466 Vgl. *Singer*, in: Staudinger, § 119 Rn. 89, 94. **A. A.** *Brox/Walker*, AT, § 18 Rn. 12; *Neuner*, AT, § 41 Rn. 59; *Mansel*, in: Jauernig, § 119 Rn. 14.
467 Vgl. (auf die Verkehrswesentlichkeit abstellend) BAG NJW 1989, 929 (930); undeutlich insoweit BAG NJW 1992, 2173 (2174).
468 BGHZ 16, 54 (57); BGH WM 1963, 252 (253); DB 1966, 379.
469 Vgl. *Köhler*, AT, § 7 Rn. 19; *Musielak/Hau*, GK BGB, Rn. 393; *Mansel*, in: Jauernig, § 119 Rn. 14.

433 c) **Verkehrswesentlichkeit.** Für eine wirksame Anfechtung gemäß § 119 Abs. 2 BGB muss die Eigenschaft, über die sich der Erklärende irrt, auch **verkehrswesentlich** sein.

> **Problem**
>
> Was unter dem Begriff der „Verkehrswesentlichkeit" zu verstehen ist, ist heftig umstritten. Es stehen sich die Theorie der objektiven und der subjektiven Verkehrswesentlichkeit gegenüber, wobei der BGH im Wesentlichen dem subjektiven Ansatz folgt.

434 Nach der **Theorie der objektiven Verkehrswesentlichkeit**[470] muss auf die für die jeweilige Geschäftsart maßgebliche Verkehrsanschauung abgestellt werden. Es stellt sich demnach die Frage, was aus objektiver Sicht unter Berücksichtigung des wirtschaftlichen Zwecks eines Geschäfts im Rechtsverkehr als wesentliche Eigenschaft anzusehen ist. Die objektive Theorie führt zu einer sehr starken Ausweitung der Anfechtbarkeit, weil im Verkehr – bei objektiver Betrachtung – sehr viele Eigenschaften von Bedeutung sind. Es besteht die Gefahr einer ausufernden Anfechtungsmöglichkeit, die einem **Reuerecht** gleichkommt, nach dem Motto: „Irgendeine verkehrswesentliche Eigenschaft, über die man sich geirrt hat, wird man im Notfall immer finden." Der BGH warnt zu Recht davor, dass der Begriff des Eigenschaftsirrtums auf diese Weise „zu sehr verflachen und eine unerträgliche Rechtsunsicherheit hervorrufen" könne.[471]

> **Hinweis**
>
> Von einem Reuerecht *(ius poenitendi)* spricht man, wenn sich ein Vertragspartner ohne Weiteres vom Vertrag lösen kann, wenn er daran nicht mehr festhalten will. Beispielsweise ergibt sich aus dem verbraucherschützenden Widerrufsrecht i. S. d. § 355 BGB ein solches Reuerecht.

> **Bsp.:** Kuno sucht sich in der Weinhandlung Wingert eine Flasche Deidesheimer aus, den er für Moselwein hält. Auf dem Nachhauseweg bemerkt er seinen Irrtum und kehrt sogleich zurück, um gegenüber Wingert die Anfechtung des Kaufvertrags unter Hinweis auf sein „Missverständnis" zu erklären. – Kuno beruft sich bei seiner Anfechtung auf einen Eigenschaftsirrtum gemäß § 119 Abs. 2 BGB.[472] Da der Wein mangelfrei ist, stellt sich nicht die Frage des Verhältnisses von § 119 Abs. 2 BGB zur Sachmängelhaftung gemäß §§ 434 ff. BGB (hierzu Rn. 439 f.). Aus objektiver Sicht ist beim Weinkauf das Herkunftsgebiet des Weines eine im Verkehr wesentliche Eigenschaft. Kuno kann daher – unter Zugrundelegung der Theorie der objektiven Verkehrswesentlichkeit – gemäß §§ 142 Abs. 1, 119 Abs. 2 BGB wirksam anfechten, obwohl er gegenüber Wingert in keiner Weise zum Ausdruck gebracht hat, dass er Moselwein kaufen will.

---

[470] Vgl. *Köhler*, AT, § 7 Rn. 21; *Neuner*, AT, § 41 Rn. 63; *Mansel*, in: Jauernig, § 119 Rn. 15; *Hefermehl*, in: Soergel, § 119 Rn. 36.
[471] BGHZ 88, 240 (246).
[472] Vgl. *Hefermehl*, in: Soergel, § 119 Rn. 36.

435 Ein weiteres Beispiel für die Unsicherheiten, welche die Theorie von der objektiven Verkehrswesentlichkeit mit sich bringt, ist der für den anderen Teil nicht erkennbare Irrtum über das Material der Kaufsache.[473]

> **Bsp.:** Kunibert kauft im Geschäft des Gunther eine vergleichsweise günstige Tasche. Er nimmt an, die Tasche sei aus geringwertigem Kunstleder, während es sich in Wahrheit um echtes Leder handelt. Kann Kunibert, der nur vegane Taschen haben will, anfechten? – Aus der objektiven Sicht des Rechtsverkehrs ist beim Kauf und Verkauf von Taschen das Material, aus dem die jeweilige Tasche gefertigt ist, als wesentliche Eigenschaft anzusehen. Kunibert kann daher nach der objektiven Theorie gemäß §§ 142 Abs. 1, 119 Abs. 2 BGB wirksam anfechten, obwohl er seinen Wunsch nach einer veganen Tasche in keiner Weise zum Ausdruck gebracht hat.

436 Der Theorie der objektiven Verkehrswesentlichkeit tritt als subjektive Theorie die von Werner Flume begründete **Lehre vom geschäftlichen Eigenschaftsirrtum** gegenüber.[474] Nach Flume ist für die Frage der Beachtlichkeit des Eigenschaftsirrtums „allgemein an die rechtsgeschäftliche Erklärung selbst anzuknüpfen":[475] Der Eigenschaftsirrtum ist nur bei einer Abweichung von der „vereinbarten Beschaffenheit" beachtlich.[476] Mit anderen Worten: Wesentlich i. S. d. § 119 Abs. 2 BGB ist nur die von den Parteien vereinbarte Beschaffenheit. Die Eigenschaft der Person oder der Sache muss also durch ausdrückliche oder konkludente Vereinbarung zum Inhalt des Vertrags geworden sein. Hinter der Lehre vom geschäftlichen Eigenschaftsirrtum steht der zutreffende Gedanke, dass das konkrete Geschäft und vor allem die konkreten Abreden der Parteien bei der Bestimmung der Verkehrswesentlichkeit berücksichtigt werden müssen. Sowohl im Beispiel des Kaufs der Flasche Deidesheimer (Rn. 434) als auch im Beispiel des Taschenkaufs (Rn. 435) gelangt die Lehre vom geschäftlichen Eigenschaftsirrtum ohne Weiteres zum richtigen Ergebnis, nämlich dass jeweils kein Anfechtungsgrund gemäß § 119 Abs. 2 BGB besteht. Da von den Parteien weder ausdrücklich noch konkludent vereinbart war, dass es sich um Moselwein bzw. dass es sich um eine Kunstledertasche handeln soll, fehlt es am Irrtum über eine „geschäftswesentliche" Eigenschaft.

437 Gegen die Lehre vom geschäftlichen Eigenschaftsirrtum wird zum Teil vorgebracht, sie sei mit dem Wortlaut des § 119 Abs. 2 BGB nicht zu vereinbaren. Das vom Gesetzgeber gewählte Kriterium der „Verkehrswesentlichkeit" werde in unzulässiger Weise durch das der „Geschäftswesentlichkeit" ersetzt.[477] Dabei wird allerdings übersehen, dass der Begriff „verkehrswesentlich" in § 119 Abs. 2 BGB nicht notwendig mit der objektiven Verkehrswesentlichkeit gleichzusetzen ist. Stellt man – im Einklang mit der gesetzlichen Regelung – auf die Verkehrsanschauung ab, liegt es vielmehr nahe, auch die Umstände des konkreten Geschäfts zu berücksichtigen. Nichts anderes würde der durchschnittliche Rechtsteilnehmer erwarten. Das Konzept der Geschäftswesentlichkeit entspricht daher gerade der Verkehrsanschauung und stimmt somit auch mit dem Wortlaut des Gesetzes überein.

---

473 Vgl. zum Beispiel des Taschenkaufs auch *Hefermehl*, in: Soergel, § 119 Rn. 26, 36.
474 *Flume*, Eigenschaftsirrtum und Kauf, 1948, S. 83–107; *ders.* AT II, S. 476–481 (§ 24, 2b-d); vgl. auch *Brox/Walker*, AT, § 18 Rn. 14; *Medicus/Petersen*, BürgR, Rn. 139–141; *Musielak/Hau*, GK BGB, Rn. 399 f.
475 *Flume*, AT II, S. 477 (§ 24, 2b).
476 *Flume*, Eigenschaftsirrtum und Kauf, 1948, S. 87.
477 *Neuner*, AT, § 41 Rn. 65 („Vertragswesentlichkeit"); *Hefermehl*, in: Soergel, § 119 Rn. 36.

438 Der Lehre vom geschäftlichen Eigenschaftsirrtum ist insoweit zuzustimmen, als sie die Defizite der Theorie der objektiven Verkehrswesentlichkeit überwindet, die aufgrund einer zu weit gehenden Berücksichtigung der Motive des Erklärenden zu einer ausufernden Anfechtungsmöglichkeit führen würde. Allerdings schießt die Lehre vom geschäftlichen Eigenschaftsirrtum über das Ziel hinaus und stellt an die Anfechtbarkeit gemäß § 119 Abs. 2 BGB zu hohe Anforderungen. Um eine ausufernde Anfechtung zu vermeiden, muss man nicht verlangen, dass die Eigenschaft – im Wege der ausdrücklichen oder konkludenten Vereinbarung – zum Inhalt des Vertrags geworden ist. Es reicht aus, wenn die Vorstellung, die der Erklärende von der Eigenschaft der Person oder der Sache hat, für den anderen Teil bei Vertragsschluss erkennbar ist. Mit anderen Worten: Das in der Vorstellung des Erklärenden liegende Motiv muss nicht Inhalt des Vertrags geworden sein, der Vertragspartner muss das Motiv aber den Umständen nach erkennen können. Darin unterscheidet sich der Eigenschaftsirrtum gemäß § 119 Abs. 2 BGB vom „reinen" Motivirrtum, der auch dann, wenn der Erklärende sein Motiv gegenüber dem Erklärungsempfänger offenlegt, nicht zu einem Anfechtungsrecht führt (Rn. 410). Diesem gegenüber der Lehre vom geschäftlichen Eigenschaftsirrtum großzügigeren Verständnis von § 119 Abs. 2 BGB entspricht der Lösungsansatz der Rechtsprechung: Laut BGH dürfen als verkehrswesentlich nur solche Eigenschaften der Person oder der Sache berücksichtigt werden, die vom Erklärenden „in irgendeiner Weise erkennbar dem Vertrag zugrunde gelegt worden sind", ohne dass er sie geradezu zum Inhalt seiner Erklärung gemacht haben muss.[478] Der BGH folgt damit im Wesentlichen der Lehre vom geschäftlichen Eigenschaftsirrtum, nimmt aber eine wichtige und überzeugende Erweiterung vor: Die Eigenschaft muss nicht – ausdrücklich oder konkludent – vereinbart sein, sondern es genügt, wenn bei Vertragsschluss erkennbar ist, dass es dem Erklärenden auf eine bestimmte Eigenschaft der Person oder der Sache ankommt. Man kann im Hinblick auf die zutreffende Korrektur, die der BGH an der Lehre vom geschäftlichen Eigenschaftsirrtum vorgenommen hat, vom **„erweiterten geschäftlichen Eigenschaftsirrtum"** sprechen. Hierzu soll sogleich (unten Rn. 441) ein Beispielsfall behandelt werden.

439 d) **Verhältnis zur Sachmängelhaftung und zum Recht zur zweiten Andienung.** Im Zusammenhang mit der Anfechtung gemäß § 119 Abs. 2 BGB ist das Verhältnis zur Sachmängelhaftung nach den §§ 434 ff. BGB zu klären. Wenn die Kaufsache mit einem Mangel behaftet ist, hat der Käufer ab „Gefahrübergang" (§ 434 Abs. 1 BGB), d. h. grundsätzlich ab der Übergabe der Kaufsache (§ 446 Satz 1 BGB), gegen den Verkäufer die in § 437 BGB genannten Rechte. Dazu gehören insbesondere – unter den Voraussetzungen der §§ 437 Nr. 2, 440, 323, 326 Abs. 5 BGB – die Möglichkeit des Rücktritts vom Kaufvertrag und die Möglichkeit der Minderung des Kaufpreises (§ 441 BGB). Für diese Rechte gilt grundsätzlich gemäß § 438 Abs. 1 Nr. 3, Abs. 2 BGB (vgl. auch §§ 438 Abs. 4 Satz 1, 218 BGB) eine **Frist von zwei Jahren** ab Übergabe bzw. Ablieferung der Sache. Diese vergleichsweise kurze Frist soll für den Verkäufer Rechtssicherheit schaffen. Nach Ablauf von zwei Jahren darf sich der Verkäufer darauf verlassen, dass der Käufer nicht mehr unter Berufung auf Mängel der Kaufsache gegen ihn vorgehen kann.

---

[478] BGHZ 88, 240 (246). Anders noch BGHZ 16, 54 (57 f.): „[…] so könnte sie als verkehrswesentliche Eigenschaft doch nur dann angesehen werden, wenn die Vorstellungen des Beklagten oder beider Vertragsteile hierüber zum Vertragsinhalt erhoben worden wären"; BGH WM 1972, 238 (241).

IV. Anfechtung wegen Irrtums

Es ist weitgehend anerkannt, dass die §§ 434 ff. BGB eine abschließende Sonderregelung beinhalten, die in ihrem Anwendungsbereich eine Anfechtung wegen Eigenschaftsirrtums i. S. d. § 119 Abs. 2 BGB ausschließt.[479] Wenn ein Sachmangel vorliegt, liegt nämlich in aller Regel zugleich ein Eigenschaftsirrtum vor. Der Käufer geht bei Abschluss des Kaufvertrags regelmäßig davon aus, dass mit der Kaufsache alles in Ordnung ist. Ist die Sache in Wirklichkeit jedoch mangelhaft, irrt er sich über eine Eigenschaft der Kaufsache. Hätte der Käufer zusätzlich zu den in § 437 BGB genannten Rechten noch die Möglichkeit der Anfechtung gemäß § 119 Abs. 2 BGB, würden die §§ 434 ff. BGB ihren Zweck verfehlen. Der Intention des Gesetzgebers, Rechtssicherheit für den Verkäufer zu schaffen, würde es widersprechen, wenn der Käufer, der den Mangel erst nach Ablauf der Zwei-Jahres-Frist des § 438 Abs. 1 Nr. 3 BGB bemerkt, den Kaufvertrag gemäß § 119 Abs. 2 BGB anfechten könnte.

440 Fraglich ist, ob die Anfechtung gemäß § 119 Abs. 2 BGB im Fall eines Sachmangels **auch schon vor Gefahrübergang** ausgeschlossen ist. Seit der Schuldrechtsmodernisierung, die am 1.1.2002 in Kraft getreten ist, hat der Verkäufer sowohl vor als auch nach dem Gefahrübergang ein **„Recht zur zweiten Andienung"**, wie sich aus dem Fristsetzungserfordernis des § 323 Abs. 1 BGB ergibt: Wird die Leistung „nicht vertragsgemäß" erbracht, kann der andere Teil erst nach Setzung und erfolglosem Ablauf einer angemessenen Frist vom Vertrag zurücktreten. Die Frist hat den Sinn, dem Schuldner – hier dem Verkäufer – die Chance zu geben, den Mangel zu beheben und die Leistung doch noch ordnungsgemäß zu erbringen. Hätte der Käufer aufgrund eines Sachmangels die Möglichkeit, den Kaufvertrag durch Anfechtung gemäß §§ 142 Abs. 1, 119 Abs. 2 BGB zu zerstören, würde dem Verkäufer das Recht zur zweiten Andienung genommen, was wiederum der Intention des Gesetzgebers widerspräche.[480] Nach richtiger Auffassung ist daher bei einem Sachmangel eine hierauf gestützte Anfechtung des Kaufvertrags wegen Eigenschaftsirrtums auch schon vor dem „Gefahrübergang" i. S. d. § 434 Abs. 1 BGB ausgeschlossen.

441 Das nachfolgende Beispiel soll das Verhältnis der Anfechtung gemäß § 119 Abs. 2 BGB zur Sachmängelhaftung und den vom BGH entwickelten Ansatz des „erweiterten geschäftlichen Eigenschaftsirrtums" (Rn. 438) verdeutlichen.[481]

> **Bsp.:** (1) Händler Valentin betreibt auf der Auer Dult[482] den Verkaufsstand „Kunst und Krempel", in dem er sowohl wertvolle Antiquitäten als auch dekorativen Kitsch verkauft. Karl findet bei Valentin ein unsigniertes Ölportrait des bayerischen Königs Max I. Joseph und geht davon aus, es würde sich um ein Original des Hofmalers Moritz Kellerhoven (1758–1830) handeln. Die beiden werden sich über einen Kaufpreis von 4.900 € einig und Karl erhält nach Kauf-

---

[479] Vgl. nur BGHZ 34, 32 (33 f.); 60, 319 (320 f.); 63, 369 (376 f.); *Brox/Walker*, AT, § 18 Rn. 15; *Medicus/Petersen*, BürgR, Rn. 142; *Neuner*, AT, § 41 Rn. 69.
[480] Vgl. *St. Lorenz/Riehm*, Lehrbuch zum neuen Schuldrecht, 2002, Rn. 573; *Oechsler*, Vertragliche Schuldverhältnisse, 2. Aufl. 2017, Rn. 478; *Berger*, in: Jauernig, § 437 Rn. 32; *Westermann*, in: MüKo, § 437 Rn. 54. Nach BT-Drs. 14/6040 S. 210 sei es naheliegend, die Anfechtung wegen Eigenschaftsirrtums als von Anfang an ausgeschlossen anzusehen; die Entscheidung der Frage solle aber der Rechtsprechung überlassen bleiben.
[481] Vgl. demgegenüber das von *Neuner*, AT, § 41 Rn. 64, gewählte Beispiel des Kaufs eines alten – vermeintlich wertvollen – Gemäldes für 100 € auf dem Flohmarkt.
[482] Näheres hierzu unter www.muenchen.de/veranstaltungen/dult-kitsch-und-kunst.html (zuletzt aufgerufen am 27.10.2022).

preiszahlung das Gemälde. Nachträglich stellt sich heraus, dass es sich um eine geschickte, aber wertlose Fälschung aus dem späten 19. Jahrhundert handelt. Was kann Karl unternehmen? (2) Wie ist die Rechtslage, wenn sich herausstellt, dass das Gemälde nur 3.000 € wert ist, weil es nicht sicher von Kellerhoven selbst stammt, sondern nur seinem Atelier zugeordnet werden kann? – Sowohl im Ausgangsfall (1) als auch in der Fallvariante (2) stellt sich die Frage, ob Karl den Kaufvertrag wegen Eigenschaftsirrtums gemäß §§ 142 Abs. 1, 119 Abs. 2 BGB anfechten kann.

In beiden Fällen hat sich Karl über die Echtheit bzw. die Sicherheit der Herkunft des Gemäldes geirrt. Da es sich bei einem Gemälde um die Schöpfung eines ganz bestimmten Künstlers handelt, bezieht sich der Irrtum jeweils auf eine Umweltbeziehung, die die Sache unmittelbar kennzeichnet. Läge aufgrund der fehlenden Echtheit bzw. wegen der unsicheren Herkunft zugleich ein Sachmangel i. S. d. § 434 BGB vor, wäre zu klären, ob die Anfechtung durch die §§ 434 ff. BGB als abschließende Sonderregelung ausgeschlossen ist. Unter einem Sachmangel ist jede für den Käufer nachteilige Abweichung der Ist-Beschaffenheit von der Soll-Beschaffenheit der Kaufsache zu verstehen. Karl und Valentin haben hier weder die Echtheit noch eine bestimmte Herkunft des Gemäldes vereinbart. Insbesondere lässt sich auch aus den Umständen nicht auf eine entsprechende Vereinbarung schließen, weil Valentin in seinem mit „Kunst und Krempel" titulierten Verkaufsstand ersichtlich sowohl Originalstücke als auch wertlose Dinge verkauft und das Ölportrait zudem unsigniert ist. Dass ein Gemälde echt ist oder von einem ganz bestimmten Künstler stammt, gehört auch nicht zur „Normalbeschaffenheit" von Gemälden (§ 434 Abs. 3 Satz 1 Nr. 2 BGB: Beschaffenheit, die „bei Sachen derselben Art üblich ist"). Das von Karl gekaufte Gemälde weist daher keinen Sachmangel auf, weshalb sich die Frage der Konkurrenz zwischen § 119 Abs. 2 BGB und den §§ 434 ff. BGB nicht stellt.

Entscheidend kommt es für die Möglichkeit der Anfechtung gemäß § 119 Abs. 2 BGB darauf an, ob sich Karls Irrtum jeweils auf eine verkehrswesentliche Eigenschaft bezogen hat. Aus objektiver Sicht ist beim Kauf eines Gemäldes dessen Echtheit und Herkunft von maßgeblicher Bedeutung, weshalb nach der Theorie der objektiven Verkehrswesentlichkeit (Rn. 434 f.) eine Anfechtung sowohl im Ausgangsfall (1) als auch in der Fallvariante (2) zu bejahen wäre. Dagegen verlangt die Lehre vom geschäftlichen Eigenschaftsirrtum (Rn. 436 f.), dass die jeweilige Eigenschaft durch ausdrückliche oder konkludente Vereinbarung zum Inhalt des Vertrags geworden ist. Dass vorliegend die Echtheit des Gemäldes oder dessen Herkunft nicht vertraglich vereinbart ist, hat sich bereits bei der Prüfung, ob ein Sachmangel vorliegt, herausgestellt. Karl könnte demnach weder im Ausgangsfall (1) noch in der Fallvariante (2) wirksam anfechten. Richtig erscheint der Ansatz des „erweiterten geschäftlichen Eigenschaftsirrtums" (Rn. 438), dem die vom BGH entwickelte Lösung entspricht: Für die Beachtlichkeit des Irrtums genügt es, wenn die Eigenschaft vom Erklärenden in irgendeiner Weise erkennbar dem Vertrag zugrunde gelegt worden ist. Die Eigenschaft muss dagegen nicht notwendig zum Inhalt des Vertrags geworden sein.

Aufgrund der Höhe des zwischen Karl und Valentin vereinbarten Kaufpreises ist hier ohne Weiteres erkennbar, dass das Gemälde nach Karls Vorstellung jedenfalls keine wertlose Fälschung sein sollte; für wertlose Fälschungen würde kein vernünftiger Käufer einen Preis von 4.900 € bezahlen. Im Ausgangsfall (1) kann Karl den Kaufvertrag daher gemäß §§ 142 Abs. 1, 119 Abs. 2 BGB wirksam anfechten.

In der Fallvariante (2) lässt sich das Gemälde nicht sicher dem Künstler Moritz Kellerhoven zuordnen, es steht aber fest, dass es aus dessen Atelier stammt. Karls Vorstellung, das Gemälde würde von Kellerhoven selbst stammen, war für Valentin in keiner Weise erkennbar. Auch aus dem Kaufpreis lässt sich insoweit kein Indiz ableiten, weil auch Gemälde, die zwar nicht mit Sicherheit Kellerhoven selbst, immerhin aber – wie hier – seinem Atelier zugeordnet werden können, einen hohen Wert haben. Da Karl die exakte Urheberschaft des Gemäldes nicht erkennbar dem Vertrag zugrunde gelegt hat, kann er nicht wegen Eigenschaftsirrtums (§ 119 Abs. 2 BGB) anfechten.

Hinweis

Das Beispiel zeigt, dass das Verhältnis des Kaufpreises zum Wert der Sache für die Frage der Verkehrswesentlichkeit i. S. d. § 119 Abs. 2 BGB von Bedeutung sein kann.[483] Es bleibt aber dabei, dass es sich beim Wert nicht um eine Eigenschaft, sondern nur um eine Schlussfolgerung aus den Sacheigenschaften handelt (Rn. 432). Die beiden Voraussetzungen des § 119 Abs. 2 BGB, nämlich „Eigenschaft" und „Verkehrswesentlichkeit", sind als Prüfungspunkte strikt zu trennen (vgl. bereits den Klausurtipp in Rn. 429): Während der Wert der Sache für den Prüfungspunkt „Eigenschaft" irrelevant ist, kann er beim Prüfungspunkt „Verkehrswesentlichkeit" durchaus eine Rolle spielen.

Etwas Besonderes gilt allerdings für Risikogeschäfte, bei denen das Risiko, dass sich bestimmte Erwartungen nicht bewahrheiten, von einer der Vertragsparteien zu tragen ist.[484] Die besondere Risikoverteilung muss dabei nicht ausdrücklich vereinbart sein, sondern kann sich aus einer entsprechenden Auslegung des Vertrags ergeben. So liegt es insbesondere bei Flohmarkt-Geschäften mit einem vergleichsweise geringen Kaufpreis. Der Käufer hat hier die Chance, auch wertvolle Dinge sehr günstig zu erstehen. Stellt sich nachträglich heraus, dass die Kaufsache doch nicht die erhofften wertsteigernden Eigenschaften aufweist, kann der Käufer nicht wegen Eigenschaftsirrtums anfechten. Umkehrt kann aufgrund der vertraglichen Risikoverteilung bei einem solchen Geschäft auch der Verkäufer nicht wegen Eigenschaftsirrtums anfechten, wenn sich die Hoffnung des Käufers bewahrheitet und sich herausstellt, dass die Kaufsache – womit der Verkäufer nicht gerechnet hat – doch ein wertvolles Original ist. Aufgrund des besonderen Zuschnittes des Flohmarkt-Geschäfts als Risikogeschäft fehlt es nach dem Ansatz des „erweiterten geschäftlichen Eigenschaftsirrtums" (Rn. 438) insoweit an der Verkehrswesentlichkeit i. S. d. § 119 Abs. 2 BGB. Allerdings müssen Flohmarkt-Geschäfte nicht zwingend spekulativen Charakter haben. Insbesondere kann sich – wie im eben behandelten Fall (Rn. 441) – aus der Höhe des vereinbarten Kaufpreises ergeben, dass kein spekulatives Geschäft vorliegt und der Käufer nicht etwa das Risiko tragen soll, dass es sich bei der Kaufsache um eine wertlose Fälschung handelt.

---

483 Vgl. insoweit auch *Hefermehl*, in: Soergel, § 119 Rn. 26, 36.
484 Vgl. *Köhler*, AT, § 7 Rn. 21, 32; *Medicus/Petersen*, AT, Rn. 780; *Neuner*, AT, § 41 Rn. 64; *Kötz*, JuS 2018, 1 (4). Nach *Armbrüster*, in: MüKo, § 119 Rn. 157, soll es bereits am Irrtum fehlen.

Bsp. (vgl. AG Coburg NJW 1993, 938): Kunz erwirbt von Veit auf dem Flohmarkt verschiedene Notenhefte, Notenblätter und Musikzeitschriften gegen Zahlung von insgesamt 10 €. Wenige Tage später wird in der örtlichen Presse von einem „sensationellen Mozart-Fund" von „beachtlichem Seltenheitswert" berichtet, der Kunz auf dem Flohmarkt gelungen sei. Unter den erworbenen Notenblättern befindet sich nämlich ein Original-Manuskript von W. A. Mozart. Kann Veit den Kaufvertrag anfechten? – Bei der Urheberschaft eines Notenmanuskripts handelt es sich um eine Eigenschaft i. S. d. § 119 Abs. 2 BGB, und zwar in Form einer Umweltbeziehung, die die Sache unmittelbar kennzeichnet (Rn. 430).[485] Es fragt sich aber, ob die Eigenschaft auch verkehrswesentlich ist. Angesichts des Kaufpreises von nur 10 € ist hier für Kunz zwar ohne Weiteres erkennbar, dass es sich bei den verkauften Notenblättern nach Veits Vorstellung nicht um ein wertvolles Original-Notenmanuskript handeln sollte. Nach dem Ansatz des „erweiterten geschäftlichen Eigenschaftsirrtums" ist bei der Beurteilung der Verkehrswesentlichkeit aber auch der spekulative Charakter des hier abgeschlossenen Flohmarkt-Geschäfts zu berücksichtigen. Bei Flohmarkt-Geschäften zu einem geringen Preis ist – zumindest nach dem Verständnis eines objektiven Erklärungsempfängers – von den Parteien gewollt, dass der Käufer auch außergewöhnliche „Schnäppchen" machen darf. Die Urheberschaft des Notenmanuskripts ist nach dem konkreten Zuschnitt des zwischen Kunz und Veit geschlossenen Geschäfts daher nicht verkehrswesentlich, weshalb eine Anfechtung des Kaufvertrags gemäß §§ 142 Abs. 1, 119 Abs. 2 BGB ausscheidet.

3. Übermittlungsirrtum

443 Wird eine Willenserklärung „durch die zur Übermittlung verwendete Person oder Einrichtung" unrichtig übermittelt, kann diese vom Erklärenden gemäß § 120 BGB angefochten werden. Um einen Fall eines solchen Übermittlungsirrtums geht es z. B. dann, wenn der Dolmetscher die Erklärung nicht richtig übersetzt,[486] und insbesondere auch dann, wenn der Erklärungsbote dem Empfänger die Erklärung fehlerhaft überbringt, etwa wenn sich ein Sechsjähriger[487], der zum Einkaufen geschickt wird, nicht gemerkt hat, dass seine Mutter nicht „zehn Eier", sondern nur „sechs Eier" benötigt.

444 Im Fall der Stellvertretung (§§ 164 ff. BGB) ist § 120 BGB nicht anwendbar. Der Stellvertreter übermittelt – im Gegensatz zum Erklärungsboten – keine fremde Willenserklärung, sondern gibt eine eigene Willenserklärung im Namen des Vertretenen ab (§ 164 Abs. 1 Satz 1 BGB).[488] § 120 BGB gilt nur für den Erklärungsboten, nicht für den Empfangsboten.[489] Wenn eine Willenserklärung beim Empfangsboten eintrifft, gelangt sie damit in den Machtbereich des Empfängers, weshalb sie dem Empfänger mit dem Inhalt zugeht, mit dem sie beim Empfangsboten angekommen ist. Übermittlungsfehler, die dem Empfangsboten unterlaufen, gehen zulasten des Erklärungsempfängers. Da die Willenserklärung hier mit

---

[485] **A. A.** AG Coburg NJW 1993, 938 (939).
[486] *Ellenberger*, in: Grüneberg, § 120 Rn. 2; vgl. auch BGH WM 1963, 165 (166): § 120 BGB „entsprechend anzuwenden".
[487] Ein Sechsjähriger ist geschäftsunfähig (§ 104 Nr. 1 BGB) und kann daher nicht wirksam als Stellvertreter auftreten (vgl. § 165 BGB), weshalb er zwangsläufig als Erklärungsbote anzusehen ist.
[488] Siehe hierzu unten Kapitel 11 Rn. 617 f.
[489] Zur Unterscheidung von Erklärungs- und Empfangsbote siehe oben Kapitel 4 Rn. 140 f.

dem vom Erklärenden gewollten Inhalt zugeht, bedarf es keiner Anfechtung gemäß § 120 BGB.

Fraglich ist, ob § 120 BGB auch auf die **absichtliche Falschübermittlung** angewendet werden kann oder ob man voraussetzen muss, dass die fehlerhafte Übermittlung durch den Erklärungsboten versehentlich erfolgt. Der Wortlaut des § 120 BGB ("unrichtig übermittelt worden ist") deckt immerhin auch die absichtliche Falschübermittlung ab, weshalb eine Minderheitsmeinung die Vorschrift auch auf die absichtliche Falschübermittlung anwenden will.[490] Dagegen beschränken die Rechtsprechung[491] und die herrschende Lehre[492] den Anwendungsbereich des § 120 BGB auf die versehentliche Falschübermittlung. Entscheidend kommt es dabei auf die Folgen der Irrtumsanfechtung an: Die Anfechtung nach § 120 BGB führt – wie alle anderen Fälle der Irrtumsanfechtung – zur Haftung des Anfechtenden gemäß § 122 Abs. 1 BGB auf den Vertrauensschaden. Hinter dieser verschuldensunabhängigen Haftung steht der Gedanke: „Wer sich irrt, ist selber schuld."[493] Übertragen auf § 120 BGB bedeutet das: Wer einen Erklärungsboten einschaltet, haftet für dessen Irrtum genauso, wie wenn er selbst geirrt hätte. Dagegen ist eine verschuldensunabhängige Haftung des Anfechtenden in Fällen, in denen sich der Erklärungsbote nicht geirrt hat, sondern die Erklärung bewusst falsch übermittelt, vom Rechtsgedanken der §§ 120, 122 Abs. 1 BGB nicht mehr gedeckt. Es handelt sich daher bei der bewussten Falschübermittlung nach richtiger Ansicht nicht um einen Anwendungsfall des § 120 BGB. Vielmehr kommt es im Wege der Analogie zu einer Anwendung der Vorschriften über den Vertreter ohne Vertretungsmacht (§§ 177–179 BGB).[494]

445

V. Anfechtung wegen Täuschung und Drohung

Das gemeinsame Schutzgut, das sowohl hinter der Anfechtung wegen arglistiger Täuschung als auch wegen widerrechtlicher Drohung steht, ist die **Freiheit der Willensbildung und Willensentschließung**.[495] Bei der Anfechtung wegen arglistiger Täuschung nach § 123 Abs. 1 Alt. 1 BGB geht es – wie bei § 119 Abs. 2 BGB (Rn. 427, 438) – um die (ausnahmsweise stattfindende) Berücksichtigung eines Motivirrtums, also eines Irrtums in der Phase der Willensbildung. Dagegen liegt im Fall der widerrechtlichen Drohung i. S. d. § 123 Abs. 1 Alt. 2 BGB überhaupt kein Irrtum des Erklärenden vor. Wer Opfer einer widerrechtlichen Drohung ist, weiß genau, was er erklärt. Ob er das Erklärte auch will, ist Frage der Auslegung.[496]

446

---

490 So etwa *Bork*, AT, Rn. 1361; *Medicus/Petersen*, BürgR, Rn. 80; *Neuner*, AT, § 33 Rn. 34; *Armbrüster*, in: MüKo, § 120 Rn. 5.
491 BGH WM 1963, 165 (166); OLG Oldenburg NJW 1978, 951 (952); OLG Koblenz BB 1994, 819 (820); OLG Düsseldorf, Beschl. vom 24.6.2008, Az. 24 U 175/07, Tz. 15 – juris.
492 *Brox/Walker*, AT, § 18 Rn. 10; *Köhler*, AT, § 7 Rn. 22; *Flume*, AT II, S. 456 (§ 23, 3), S. 758 f. (§ 43, 4); *Ellenberger*, in: Grüneberg, § 120 Rn. 4; *Mansel*, in: Jauernig, § 120 Rn. 3; *Hefermehl*, in: Soergel, § 120 Rn. 4.
493 Siehe oben Rn. 396.
494 Siehe hierzu unten Kapitel 11 Rn. 719.
495 Vgl. nur BGHZ 51, 141 (147).
496 Hierzu unten Rn. 462.

1. Arglistige Täuschung

447 a) **Täuschung.** Voraussetzung für die Anfechtung gemäß § 123 Abs. 1 Alt. 1 BGB ist, dass der Erklärende getäuscht wurde.

> **Definition**
> Unter einer Täuschung versteht man die Erregung oder das Unterhalten eines Irrtums.

Der Täuschende muss also entweder einen Irrtum hervorrufen oder einen nicht von ihm herbeigeführten Irrtum aufrechterhalten, wobei Irrtum jede falsche Vorstellung über Tatsachen ist (Rn. 407). Keine Irrtumserregung liegt vor, wenn hinsichtlich eines Werturteils „getäuscht" wird. Wer sich auf von einem anderen geäußerte, subjektive Werturteile verlässt, die – anders als Tatsachen – nicht objektiv nachprüfbar sind, erliegt keiner Täuschung. Die „Täuschung" hinsichtlich eines Werturteils berechtigt daher nicht zu einer Anfechtung nach § 123 Abs. 1 Alt. 1 BGB.

> **Bsp.** (vgl. BGHZ 169, 109): Immobilienvermittler Ingolf gibt gegenüber dem Kaufinteressenten Kurt an, es handle sich um eine „risikolose" Immobilie, die ihren Wert „mit großer Wahrscheinlichkeit sogar noch steigere" und „hervorragend" zur Altersvorsorge und Steuerersparnis „geeignet" sei sowie einen verlustfreien Verkauf bei „üblicher" Wertentwicklung ermögliche. Zehn Jahre nach dem Kauf der Immobilie muss Kurt feststellen, dass der Wert der Immobilie nicht – wie erhofft – gestiegen, sondern erheblich gesunken ist. Kann Kurt anfechten? – Zum Zeitpunkt, als Ingolf die Angaben gemacht hat, waren die behaupteten Umstände nicht objektiv nachprüfbar, weshalb es sich bei den geäußerten Erwartungen um reine Werturteile handelt. Anders wäre der Fall zu beurteilen, wenn Ingolf falsche Angaben zu konkreten Kennzahlen der Immobilie wie dem aktuellen Verkehrswert, den Finanzierungskosten oder zu versprochenen Mieteinnahmen und Steuervorteilen gemacht hätte. Derartige Angaben sind objektiv nachprüfbar und einem Beweis zugänglich. Dagegen fehlt es im vorliegenden Fall an einer Täuschung über Tatsachen, weshalb Kurt nicht gemäß § 123 Abs. 1 Alt. 1 BGB anfechten kann.

448 Mangels Täuschung scheidet eine Anfechtung gemäß § 123 Abs. 1 Alt. 1 BGB auch bei marktschreierischen Anpreisungen aus, die von einer verständigen Person nicht ernstgenommen werden.[497] Wer sich aufgrund des Werbespruchs „Red Bull verleiht Flügel" zum Kauf des beworbenen Energy-Drinks entschließt, nach dem Konsum aber keinerlei leistungssteigernde oder auch nur belebende Wirkung verspürt, kann daher den Kaufvertrag nicht wegen arglistiger Täuschung anfechten.

449 b) **Arglist.** Die Täuschung muss gemäß § 123 Abs. 1 Alt. 1 BGB arglistig sein. Der Begriff „Arglist" ist in der juristischen Terminologie gleichbedeutend mit Vorsatz.[498] Jede Täuschung, die mit Wissen und Wollen erfolgt, ist daher arglistig, wobei sich der Vorsatz auch darauf beziehen muss, dass der Getäuschte zu einer Willenserklärung motiviert wird.[499] Es bedarf für ein arglistiges Verhalten nicht

---
[497] Vgl. BGHZ 169, 109 Tz. 24; BGH NJW 2007, 3057 (3058); *Hefermehl*, in: Soergel, § 123 Rn. 3.
[498] Zum Begriff der Arglist siehe schon oben Kapitel 4 Rn. 131.
[499] Vgl. nur *Brox/Walker*, AT, § 19 Rn. 7; *Armbrüster*, in: MüKo, § 123 Rn. 14.

etwa einer besonderen Böswilligkeit im Sinne eines moralisch verwerflichen Verhaltens.[500] Eine arglistige Täuschung liegt daher nach richtiger Ansicht[501] auch dann vor, wenn vom Täuschenden „das Beste des anderen Teils" gewollt ist.[502] Für § 123 Abs. 1 Alt. 1 BGB genügen alle Formen des Vorsatzes, insbesondere auch *dolus eventualis* (bedingter Vorsatz) als schwächste Stufe des Vorsatzes.[503] Der Handelnde muss die Täuschung folglich nicht beabsichtigen. Für den bedingten Vorsatz reicht es aus, wenn er damit rechnet, dass sein Verhalten zu einem Irrtum führt, und diese Folge billigend in Kauf nimmt.[504] Wer dagegen nur aus Fahrlässigkeit – und sei es auch aus grober und auch aus bewusster Fahrlässigkeit – falsche Angaben macht, handelt nicht arglistig.[505]

Hinweis

Der bedingte Vorsatz ist von der bewussten Fahrlässigkeit zu unterscheiden, bei der sich der Handelnde zwar der Gefahr einer von ihm verursachten Täuschung bewusst ist, jedoch darauf vertraut, dass es zu keinem Irrtum kommt. Für die Abgrenzung ist folgende Faustformel hilfreich: Der bewusst fahrlässig Handelnde lässt sich vom Motto „Es wird schon gut gehen!" leiten,[506] während der bedingt vorsätzlich Handelnde dem Motto „Na wenn schon!" folgt.

Eine wichtige Fallgruppe der bedingt vorsätzlichen Täuschung sind die **Erklärungen „ins Blaue hinein"**.[507] Dabei stellt der Täuschende Tatsachen als sicher hin, obwohl er selbst von den Tatsachen keine sichere Kenntnis hat. Er handelt dabei nach dem Motto „Na wenn schon!" und nimmt billigend in Kauf, dass der andere der Aussage vertraut und von falschen Tatsachen ausgeht.

Bsp. (vgl. BGHZ 63, 382): Kaufinteressent Kuno fragt den Gebrauchtwagenhändler Gerold, ob der besichtigte Pkw unfallfrei sei. Gerold hat den Wagen nicht auf Unfallschäden überprüft, weshalb er in Wirklichkeit keine Ahnung hat. Er möchte den Geschäftsabschluss mit Kuno aber nicht, wie er denkt, „unnötig" in Gefahr bringen und antwortet daher: „Na klar, was denken Sie denn!" Bald nach dem Kauf des Pkw stellt sich heraus, dass sich die Lenkung nur schwer betätigen lässt und der Wagen nicht spurgerecht läuft. Untersuchungen des TÜV ergeben, dass der Pkw einen erheblichen Unfallschaden erlitten hat und daher nicht mehr verkehrssicher ist, weshalb es zur Stilllegung des Pkw kommt. – Zwar muss auch ein Gebrauchtwagenhändler, wenn keine besonderen Anhaltspunkte vorliegen, die von ihm angebotenen Fahrzeuge nicht von sich aus auf Unfallschäden untersuchen.[508] Er darf aber ohne eine solche Untersuchung nicht – wie es hier geschehen ist – die Unfallfreiheit be-

---

500 Vgl. BGHZ 109, 327 (333); BGH NJW 1990, 975 (976); NJW 1995, 1549 (1550); NJW 2001, 2326 (2327); NJW-RR 2012, 1078 Tz. 24.
501 Vgl. nur *Brox/Walker*, AT, § 19 Rn. 7; *Köhler*, AT, § 7 Rn. 43; *Musielak/Hau*, GK BGB, Rn. 424; *Neuner*, AT, § 41 Rn. 111; *Armbrüster*, in: MüKo, § 123 Rn. 18.
502 Anders jedoch BGH BB 1954, 785; *Ellenberger*, in: Grüneberg, § 123 Rn. 11.
503 Vgl. BGH NJW 1974, 1505 (1506); NJW 2007, 3057 (3059).
504 Vgl. BGHZ 117, 363 (368); BGH NJW 1995, 1549 (1550): bedingter Vorsatz im Sinne eines „Fürmöglichhaltens und Inkaufnehmens"; NJW 2013, 2182 Tz. 12; NJW-RR 2012, 1078 Tz. 24.
505 Vgl. BGH NJW 2013, 2182 Tz. 12; NJW-RR 2012, 1078 Tz. 28.
506 Vgl. BGH NJW 1988, 2794 (2797); NJW-RR 2013, 550 Tz. 32.
507 BGHZ 63, 382 (388); 74, 383 (392); 168, 64 Tz. 13; BGH NJW-RR 1987, 436 (437).
508 Vgl. BGHZ 168, 64 Tz. 15; BGH NJW 1981, 928 (929).

haupten und dadurch beim Käufer, der sich auf die Fachkunde des Gebrauchtwagenhändlers verlässt, die Fehlvorstellung hervorrufen, das Fahrzeug sei tatsächlich unfallfrei. Gerold hat hier bei seiner Behauptung nach dem Motto „Na wenn schon!" gehandelt und Kunos Fehlvorstellung billigend in Kauf genommen. Kuno kann sich daher durch Anfechtung gemäß §§ 142 Abs. 1, 123 Abs. 1 Alt. 1 BGB vom Kaufvertrag lösen.

451 c) **Aufklärungspflicht und Täuschung durch Unterlassen.** Die Täuschung kann auch durch Unterlassen erfolgen, d.h. durch das Verschweigen gewisser Umstände. Allerdings kann das Unterlassen einer Person immer nur dann zur Last gelegt werden, wenn eine **Rechtspflicht zum Handeln** besteht. Eine arglistige Täuschung durch Unterlassen setzt daher voraus, dass eine entsprechende Aufklärungspflicht besteht. Jedenfalls dann, wenn nach bestimmten Umständen ausdrücklich gefragt wurde, ist eine Aufklärungspflicht im Grundsatz zu bejahen: Wer ausdrücklich gefragt wird, muss grundsätzlich vollständig und richtig antworten.[509] Wird etwa der Verkäufer eines Grundstücks vom Käufer gefragt, ob er von geplanten, die freie Sicht beeinträchtigenden Bauvorhaben der Grundstücksnachbarn wisse, muss der Verkäufer die ihm bekannten Bauabsichten der Nachbarn offenbaren.[510]

452 Ausnahmsweise gibt es auch Fragen, die man nicht wahrheitsgemäß beantworten muss. Dazu gehören insbesondere unzulässige Fragen des Arbeitgebers bei Einstellungsgesprächen. Man spricht hier von der „**erlaubten Lüge**" bzw. vom „**Recht zur Lüge**",[511] das die Widerrechtlichkeit der Täuschung entfallen lässt.[512] Wird beispielsweise eine Bewerberin vom Arbeitgeber nach ihrer Familienplanung, insbesondere nach den Heirats- und Kinderwünschen, gefragt, handelt es sich dabei um eine geschlechtsbezogene Diskriminierung, die gegen das arbeitsrechtliche Benachteiligungsverbot gemäß §§ 1, 7 Abs. 1 AGG verstößt. Die Bewerberin darf hier wahrheitswidrig antworten, dass sie sich zumindest die nächsten Jahre noch „voll und ganz" ihrer beruflichen Karriere widmen möchte. Auch wenn eine Bewerberin weiß, dass sie bereits schwanger ist, darf sie auf eine entsprechende Frage mit „Nein, das müsste ich wissen." antworten, ohne dass der Arbeitsvertrag wegen arglistiger Täuschung angefochten werden könnte.[513] Unzulässig sind auch Fragen des Arbeitgebers, die die Privatsphäre des Bewerbers betreffen und für die auszuübende Tätigkeit ohne Belang sind. Dazu gehört etwa grundsätzlich die Frage, ob der Bewerber Raucher oder Nichtraucher ist.[514] Nach der Religionszugehörigkeit darf gemäß Art. 140 GG i.V.m. Art 136 Abs. 3 Satz 1 WRV nicht gefragt werden.

453 Aus dem Grundsatz von Treu und Glauben (§ 242 BGB) kann sich ergeben, dass gewisse Umstände **auch ungefragt** offengelegt werden müssen. Eine solche Aufklärungspflicht gemäß § 242 BGB besteht insbesondere dann, wenn der eine

---

509 Vgl. BGHZ 74, 383 (392); BGH NJW 1967, 1222; NJW 1977, 1914 (1915); NJW-RR 1987, 436 (437); NJW-RR 1988, 10 (11).
510 Vgl. BGH NJW 1993, 1323 (1324) – Sicht in den Taunus.
511 *Link*, in: Schaub, Arbeitsrechts-Handbuch, 19. Aufl. 2021, § 26 Rn. 21; *Armbrüster*, in: MüKo, § 123 Rn. 46.
512 Vgl. *Brox/Walker*, AT, § 19 Rn. 6; *Neuner*, AT, § 41 Rn. 106. **A.A.** *Köhler*, AT, § 7 Rn. 43 („Arglist scheidet aus").
513 Vgl. BAG NZA 1993, 257 (259); NZA 2003, 848.
514 Vgl. *Link*, in: Schaub, Arbeitsrechts-Handbuch, 19. Aufl. 2021, § 26 Rn. 37; *Armbrüster*, in: MüKo, § 123 Rn. 49.

Teil über **überlegenes Wissen** verfügt und es um Umstände geht, die für die Willensbildung des anderen Teils **offensichtlich von ausschlaggebender Bedeutung** sind und über die sich dieser nicht selbst informieren kann.[515] Beim Verkauf eines Gebrauchtwagens muss der Verkäufer, gleichviel, ob es sich um einen Gebrauchtwagenhändler oder um einen Privatmann handelt, grundsätzlich jeden ihm bekannten Unfall offenlegen.[516] Das gilt auch dann, wenn es sich um einen bloßen Blechschaden handelt und nach der Reparatur keinerlei weitergehende Folgen zurückgeblieben sind.[517] Allein schon die Tatsache, dass es sich um einen Unfallwagen handelt, führt dazu, dass dessen Verkehrswert im Vergleich zu einem unfallfreien, aber sonst identischen Fahrzeug geringer ist. Die Differenz ist der sogenannte „merkantile Minderwert" des Unfallwagens, der auch bei einer ordnungsgemäßen Reparatur verbleibt.[518] Eine Ausnahme von der Aufklärungspflicht macht der BGH nur bei „Bagatellschäden", wobei als Bagatellschäden bei Pkw nur „ganz geringfügige, äußere (Lack-)Schäden" anerkannt werden.[519] Alle anderen Schäden, insbesondere Blechschäden, sind dagegen offenbarungspflichtig.

454 d) **Person des Täuschenden, insbesondere Täuschung durch Dritte.** Grundsätzlich muss die arglistige Täuschung bei **empfangsbedürftigen** Willenserklärungen durch den Erklärungsempfänger verübt werden. Das ergibt sich im Umkehrschluss aus § 123 Abs. 2 Satz 1 BGB, wonach im Fall der Täuschung durch einen Dritten eine „Erklärung, die einem anderen gegenüber abzugeben war" (d. h. eine empfangsbedürftige Willenserklärung), nur dann angefochten werden kann, wenn der Erklärungsempfänger die Täuschung kannte oder kennen musste. Im Umkehrschluss ergibt sich weiterhin aus § 123 Abs. 2 BGB, der sich nur auf empfangsbedürftige Willenserklärungen bezieht und nur insoweit die Anfechtung wegen arglistiger Täuschung gemäß § 123 Abs. 1 Alt. 1 BGB einschränkt, dass es bei **nicht empfangsbedürftigen** Willenserklärungen auf die Person des Täuschenden nicht ankommt. Der Erklärende kann daher im Fall der Auslobung[520] auch dann gemäß § 123 Abs. 1 Alt. 1 BGB wirksam anfechten, wenn die Täuschung nicht von demjenigen, der die Belohnung gemäß § 657 BGB beansprucht, verübt worden ist, sondern von einem unbeteiligten Dritten.[521] Geht es um eine empfangsbedürftige Willenserklärung, aus der – wie z. B. beim Vertrag zugunsten Dritter – ein anderer als der Erklärungsempfänger unmittelbar ein Recht erwirbt, ist die Anfechtung gemäß § 123 Abs. 2 Satz 2 BGB dem Dritten gegenüber möglich, wenn dieser die Täuschung kannte oder kennen musste, d. h. insbesondere auch dann, wenn der Dritte selbst die Täuschung verübt hat.

455 § 123 Abs. 2 Satz 1 BGB stellt an die Anfechtung im Fall der Täuschung durch einen Dritten hohe Anforderungen. Häufig hat der Erklärungsempfänger von der Täuschung des Dritten weder Kenntnis noch fällt ihm ein Kennenmüssen zur

---
515 Vgl. BGHZ 109, 327 (330); 190, 272 Tz. 7; BGH NJW 2010, 3362 Tz. 22 f.; NJW-RR 2008, 258 Tz. 10; siehe auch *Brox/Walker*, AT, § 19 Rn. 3; *Köhler*, AT, § 7 Rn. 41; *Neuner*, AT, § 41 Rn. 108; *Ellenberger*, in: Grüneberg, § 123 Rn. 5b; *Armbrüster*, in: MüKo, § 123 Rn. 34.
516 Vgl. BGHZ 63, 382 (386 f.); 74, 383 (391 f.).
517 Vgl. BGH NJW 1982, 1386.
518 Vgl. BGH NJW 2008, 1517 Tz. 22.
519 Vgl. BGH NJW 1982, 1386; NJW 2008, 53 Tz. 20; NJW 2008, 1517 Tz. 18.
520 Siehe zur Auslobung oben Kapitel 4 Rn. 114, Kapitel 5 Rn. 178.
521 Vgl. *Brox/Walker*, AT, § 19 Rn. 8; *Köhler*, AT, § 7 Rn. 48; *Armbrüster*, in: MüKo, § 123 Rn. 71; siehe auch *Windel*, AcP 199 (1999), 421 (439 f.).

Last, sodass die Anfechtung ausgeschlossen ist. Der Ausschluss der Anfechtung erscheint allerdings dann nicht gerechtfertigt, wenn der Täuschende aufseiten des Erklärungsempfängers steht, insbesondere wenn es sich um eine Vertrauensperson[522] des Erklärungsempfängers handelt. In einem solchen Fall muss eine Anfechtung auch dann möglich sein, wenn der Erklärungsempfänger die Täuschung weder kannte noch kennen musste. Gelöst wird das Problem im Wege einer einschränkenden Auslegung des **Begriffs des Dritten** i. S. d. § 123 Abs. 2 Satz 1 BGB. Da § 123 Abs. 2 BGB eine Einschränkung der Anfechtungsmöglichkeit nach § 123 Abs. 1 Alt. 1 BGB darstellt, wird durch die „einschränkende Auslegung der Einschränkung" der Anwendungsbereich des § 123 Abs. 1 Alt. 1 BGB erweitert: Fällt der Täuschende nicht unter den Begriff des Dritten i. S. d. § 123 Abs. 2 Satz 1 BGB, ist ohne Weiteres eine Anfechtung aufgrund des § 123 Abs. 1 Alt. 1 BGB möglich, der keinerlei Aussage zur Person des Täuschenden macht.

> **Hinweis**
>
> Der Gedankengang sieht im Kern wie folgt aus: X., der die Täuschung verübt hat, ist Vertrauensperson des Erklärungsempfängers und daher nicht als Dritter i. S. d. § 123 Abs. 2 Satz 1 BGB anzusehen. Damit ist die Einschränkung des § 123 Abs. 2 Satz 1 BGB nicht anwendbar, weshalb der Getäuschte – unabhängig davon, ob der Erklärungsempfänger die Täuschung kannte oder kennen musste – seine Willenserklärung gemäß § 123 Abs. 1 Alt. 1 BGB anfechten kann.

456 Nicht als Dritte i. S. d. § 123 Abs. 2 Satz 1 BGB werden Personen angesehen, die aufseiten des Erklärungsempfängers stehen. Voraussetzung dafür ist, dass die jeweilige Person als **Interessenwahrer** des Erklärungsempfängers auftritt und sich daher **im Lager des Erklärungsempfängers** befindet.[523] Man spricht hier von „Nicht-Dritten". Die Täuschung solcher „Nicht-Dritter" wird dem Erklärungsempfänger dann wie eine eigene zugerechnet, sodass der Erklärende im Hinblick auf die Anfechtung gemäß § 123 Abs. 1 Alt. 1 BGB nicht anders steht, als wenn der Erklärungsempfänger selbst die Täuschung verübt hätte. Keine Dritten i. S. d. § 123 Abs. 2 Satz 1 BGB sind daher insbesondere Angestellte und Stellvertreter – auch gesetzliche Vertreter – des Erklärungsempfängers.[524] Weiterhin gehören zu den „Nicht-Dritten" auch Verhandlungsführer bzw. -gehilfen des Erklärungsempfängers, die ohne Vertretungsmacht an den Vertragsverhandlungen mitwirken.[525]

457 Beispielsweise ist der Verkäufer im Fall des kreditfinanzierten Kaufs Verhandlungsführer des Kreditgebers, der dem Verkäufer die Formulare für den Darlehensantrag übergeben hat und es diesem überlässt, mit dem Käufer die Vertragsverhandlungen über das Darlehen zu führen.[526] Verhandlungsführer bzw. -gehilfe ist auch der Makler, der einseitig für eine Partei tätig wird, etwa indem er für diese die

---

[522] Vgl. BGHZ 20, 36 (40–43); 33, 302 (309–311); BGH NJW 1989, 287 (288); NJW 1990, 1661 (1662); NJW 2011, 2874 Tz. 15.
[523] Vgl. *Bork*, AT, Rn. 879; *Köhler*, AT, § 7 Rn. 45; *Neuner*, AT, § 41 Rn. 114; *Ellenberger*, in: Grüneberg, § 123 Rn. 13; *Mansel*, in: Jauernig, § 123 Rn. 10; *Armbrüster*, in: MüKo, § 123 Rn. 74 f.
[524] BGHZ 20, 36 (39); BGH NJW 1974, 1505 (1506); NJW 1996, 1051.
[525] Siehe nur BGHZ 47, 224 (230 f.); BGH NJW 2001, 358 f.; NJW 2003, 424 (425); NJW-RR 2004, 1126.
[526] Vgl. BGHZ 47, 224 (230 f.); 167, 239 Tz. 29; BGH NJW 1979, 1593 (1594); NJW 2010, 602 Tz. 19.

kaufvertragstypischen Leistungen aushandelt.[527] Der Makler ist dann nicht Dritter i. S. d. § 123 Abs. 2 Satz 1 BGB und die Partei, die den Makler eingeschaltet hat, muss sich die vom Makler verübte Täuschung zurechnen lassen. Anders liegt es, wenn sich die Tätigkeit des Maklers auf die Vermittlung eines Vertragspartners beschränkt,[528] ebenso dann, wenn der Makler die Interessen beider Parteien wahrnimmt, sich also neutral verhält.[529] Auch der Kfz-Hersteller ist im Verhältnis zum Kfz-Vertragshändler grundsätzlich Dritter i. S. d. § 123 Abs. 2 Satz 1 BGB, sodass Täuschungen des Kfz-Herstellers dem Kfz-Vertragshändler nicht zuzurechnen sind.[530]

> **Bsp.:** Karl kauft beim VW-Vertragshändler Autohaus Volz GmbH einen neuen Pkw VW Golf 2.0 TDI, Schadstoffklasse Euro 5 mit „BlueMotion"-Technik. Die Motorsteuerung ist, wovon weder Karl noch das Autohaus zum Zeitpunkt des Kaufs wissen können, von der VW AG als Hersteller mit einer Manipulations-Software ausgestattet, weshalb das Fahrzeug in Wirklichkeit nicht die Euro-5-Abgasnorm erfüllt. Kann Karl unter Berufung auf arglistige Täuschung durch die VW AG den Kaufvertrag mit der Volz GmbH anfechten? – Bei der Volz GmbH als Vertragshändler handelt es sich um eine gegenüber der VW AG eigenständige juristische Person, die das Risiko ihrer wirtschaftlichen Aktivitäten selbst trägt. Auch wenn regelmäßig enge Beziehungen zwischen dem Vertragshändler und dem Hersteller bestehen, kann der Hersteller doch nicht dem „Lager" des Vertragshändlers zugerechnet werden. Die VW AG ist daher Dritter i. S. d. § 123 Abs. 2 Satz 1 BGB. Da das Autohaus die Täuschung durch die VW AG weder kannte noch kennen musste, kann Karl den Kaufvertrag mit der Volz GmbH nicht wegen arglistiger Täuschung anfechten.

2. Widerrechtliche Drohung

In den Fällen der widerrechtlichen Drohung geht es nicht um einen Irrtum des Erklärenden. Der Bedrohte, der sich der Drohung beugt und die Erklärung abgibt, weiß genau, was er tut.

> **Definition**
> Drohung ist das Inaussichtstellen eines künftigen Übels, auf dessen Eintritt der Drohende Einfluss hat oder zu haben vorgibt.

Das in Aussicht gestellte Übel muss nicht notwendig den Erklärenden selbst treffen. Es genügt vielmehr, wenn die Drohung den Erklärenden in eine „Zwangslage" (§ 124 Abs. 2 Satz 1 BGB) versetzt. Das angedrohte Übel kann sich daher z. B. auch auf einen nahen Angehörigen beziehen, etwa wenn mit folgenden Worten gedroht wird: „Wenn Sie nicht unterschreiben, dann wird Ihren Kindern etwas passieren!"

Keine Drohung liegt vor im Fall der *vis absoluta*, des unwiderstehlichen körperlichen Zwangs, bei dem der Betroffene überhaupt keine willentliche Entscheidung

---
527 Vgl. BGH NJW 1995, 2550 (2551); NJW 1996, 451 (452).
528 BGH NJW 1978, 2144.
529 Vgl. KG NJW-RR 1990, 399; *Flume*, AT II, S. 544 (§ 29, 3); *Armbrüster*, in: MüKo, § 123 Rn. 77.
530 Vgl. nur BGH NJW 2020, 3312 Tz. 17; OLG Celle MDR 2016, 1016; OLG Koblenz NJW-RR 2018, 54 Tz. 19–29; NJW 2019, 2246 Tz. 29; OLG Hamm NJW-RR 2018, 180 Tz. 16; OLG Stuttgart DAR 2018, 212; *Witt*, NJW 2017, 3681 (3685).

mehr treffen kann.[531] Um unwiderstehlichen körperlichen Zwang geht es z. B., wenn bei einer Abstimmung der Arm des Erklärenden von einem Dritten gewaltsam nach oben gerissen wird oder wenn dem Erklärenden bei der Unterzeichnung durch Handzeichen (z. B. mit drei Kreuzen) gewaltsam die Hand geführt wird. In diesen Fällen fehlt es bereits am Handlungswillen des Erklärenden, weshalb von vornherein keine wirksame Willenserklärung vorliegt und eine Anfechtung daher nicht erforderlich ist. Die Drohung i. S. d. § 123 Abs. 1 Alt. 2 BGB erfasst daher nur Fälle der *vis compulsiva*, bei der es nicht um körperlichen, sondern lediglich um psychischen Zwang geht, der den Willen des Erklärenden beugt.

461 Nicht um einen Fall der Anfechtung gemäß § 123 Abs. 1 Alt. 2 BGB geht es, wenn es aufgrund der widerrechtlichen Drohung bereits am objektiven Tatbestand einer Willenserklärung fehlt.[532]

> **Bsp.:** Wenn Fritz, der von einem Verbrecher mit dem Messer bedroht wird, sein gesamtes Bargeld in panischer Angst übergibt (Rn. 90), fehlt es ersichtlich am objektiven Tatbestand einer auf Übereignung gemäß § 929 Satz 1 BGB gerichteten Willenserklärung.

462 Auch im Fall der widerrechtlichen Drohung gilt das **Prinzip „Auslegung vor Anfechtung!"** (Rn. 374). Ist der Drohende selbst der Erklärungsempfänger, wird für ihn häufig erkennbar sein, dass das Bedrohte das Erklärte in Wirklichkeit nicht will. In einem solchen Fall führt schon die Auslegung zum Ergebnis, dass keine wirksame Willenserklärung vorliegt,[533] weshalb es keiner Anfechtung gemäß § 123 Abs. 1 Alt. 2 BGB bedarf. Allerdings kommt es, was den Willen des Bedrohten betrifft, auf die Auslegung im Einzelfall an. Insbesondere dann, wenn sich aus der Erklärung für den Bedrohten auch Vorteile ergeben, darf regelmäßig nicht angenommen werden, dass dieser von vornherein keine wirksame Willenserklärung abgeben will. Der Wille des Bedrohten ist dann vielmehr dahingehend auszulegen, dass die Willenserklärung wirksam, aber gemäß § 123 Abs. 1 Alt. 2 BGB anfechtbar sein soll.

> **Bsp.:** In dem Beispiel, in dem der Erklärende mit vorgehaltener Pistole gezwungen wird, ein Schriftstück zu unterzeichnen (Rn. 74), fehlt es zwar nicht am Handlungswillen, es ist aber regelmäßig davon auszugehen, dass der Erklärende durch die erzwungene Unterschrift alles andere als eine wirksame Willenserklärung abgeben will. Ist hier der Drohende selbst der Erklärungsempfänger, so ist für ihn der entgegenstehende Wille des Erklärenden ohne Weiteres erkennbar, weshalb von vornherein keine wirksame Willenserklärung vorliegt und es daher keiner Anfechtung gemäß § 123 Abs. 1 Alt. 2 BGB bedarf.

---

531 Zur Abgrenzung der Drohung (*vis compulsiva*) zum unwiderstehlichen körperlichen Zwang (*vis absoluta*) siehe oben Kapitel 4 Rn. 74.
532 Vgl. *Süß*, Jura 2011, 735 (738 f.).
533 Teilweise wird bei der durch Drohung erzwungenen Willenserklärung für die Anwendung des § 116 Satz 2 BGB plädiert; so *Flume*, AT II, S. 530 (§ 27, 1); *Mansel*, in: Jauernig, § 116 Rn. 4; *Armbrüster*, in: MüKo, § 116 Rn. 14; *Hefermehl*, in: Soergel, § 116 Rn. 11; *Süß*, Jura 2011, 735 (740). Das ist allerdings nicht mit dem Sinn und Zweck des § 116 Satz 2 BGB zu vereinbaren, der im Vergleich zu den allgemeinen Auslegungsregeln eine Privilegierung des Erklärungsempfängers beinhaltet (siehe unten Kapitel 9 Rn. 489). Der Drohende ist nicht schutzbedürftig, weshalb diesem (anders als in § 116 Satz 2 BGB geregelt) nicht nur die Kenntnis des wirklichen Willens des Bedrohten, sondern – im Rahmen der normativen Auslegung – auch Kennenmüssen schadet.

V. Anfechtung wegen Täuschung und Drohung

Bsp.: Wird der säumige Schuldner durch Drohung zur Erfüllung der (tatsächlich bestehenden) Schuld bewegt (hierzu Rn. 463–466), ist angesichts der für den Schuldner günstigen Erfüllungswirkung gemäß § 362 Abs. 1 BGB von einer wirksamen Willenserklärung im Rahmen des Verfügungsgeschäfts auszugehen. Ist die Drohung widerrechtlich, kann der Schuldner das Verfügungsgeschäft aber gemäß §§ 142 Abs. 1, 123 Abs. 1 Alt. 2 BGB anfechten.

463 Die Drohung muss gemäß § 123 Abs. 1 Alt. 2 BGB **widerrechtlich** sein. Eine Widerrechtlichkeit kann sich aus dem **Mittel** der Drohung, aus dem **Zweck** der Drohung und aus der **Mittel-Zweck-Relation** ergeben. Nicht widerrechtlich ist beispielsweise die Drohung des Gläubigers gegenüber dem säumigen Schuldner, er werde, wenn dieser nicht zahlt, gegen ihn vor den Zivilgerichten Klage auf Zahlung erheben. Zahlt der Schuldner auf die Drohung hin, kann er die Übereignung des Geldes (§ 929 Satz 1 BGB) nicht gemäß § 123 Abs. 1 Alt. 2 BGB anfechten. Die dem säumigen Schuldner angedrohte Klage ist kein widerrechtliches Mittel, weil der Gläubiger seine Ansprüche im Wege der Zivilklage verfolgen darf. Auch der mit der Drohung verfolgte Zweck, nämlich die Zahlung des Schuldners, ist nicht widerrechtlich, da der Gläubiger gegen den säumigen Schuldner einen Anspruch auf Leistung hat. Und schließlich ist die Zivilklage gerade das von der Rechtsordnung vorgesehene Mittel für die Durchsetzung von Ansprüchen, weshalb sich auch aus dem Verhältnis von Mittel und Zweck keine Widerrechtlichkeit ergibt. Die Drohung mit der Klage ist daher weder im Hinblick auf Mittel oder Zweck noch im Hinblick auf die Mittel-Zweck-Relation zu beanstanden.

464 Widerrechtlichkeit des **Mittels** liegt dagegen vor, wenn der Gläubiger dem Schuldner, falls dieser nicht zahlt, mit „Russisch Inkasso" oder mit „Extrem-Inkasso", also letztlich mit der Anwendung von Gewalt, droht. Angesichts des staatlichen Gewaltmonopols ist die Durchsetzung von Forderungen durch Androhung privater Gewalt als widerrechtlich einzustufen.[534]

465 Der mit der Drohung verfolgte **Zweck** ist widerrechtlich, wenn die vom Bedrohten abgegebene Willenserklärung von der Rechtsordnung missbilligt wird.[535] Eine solche Missbilligung liegt insbesondere dann vor, wenn die Willenserklärung i. S. d. § 138 BGB sittenwidrig ist oder gegen ein gesetzliches Verbot (§ 134 BGB) verstößt.[536] Das ist z. B. dann der Fall, wenn der Gläubiger droht, die fällige Schuld einzuklagen, falls sich der Schuldner nicht bereitfindet, ihm eine bestimmte Menge Kokain zu verkaufen. Der Gläubiger verlangt hier vom Schuldner ein unerlaubtes Handeltreiben mit Betäubungsmitteln, das gemäß § 29 Abs. 1 Satz 1 Nr. 1 Betäubungsmittelgesetz (BtMG) strafbar ist. Einer Anfechtung bedarf es hier freilich nicht, weil der über Kokain abgeschlossene Kaufvertrag bereits nach §§ 134, 138 BGB nichtig ist. Es gibt allerdings auch Fälle, in denen weder die Voraussetzungen der Sittenwidrigkeit erfüllt sind noch ein Verstoß gegen ein Verbotsgesetz vorliegt, der mit der Drohung verfolgte Zweck aber gleichwohl widerrechtlich ist. So liegt es etwa dann, wenn ein Rechtsanwalt mit der gemäß § 627 BGB grundsätzlich jederzeit möglichen Kündigung des Anwaltsvertrags und in der Folge mit der Niederlegung des Mandats droht, falls der Mandant nicht

---

534 Zur Strafbarkeit der Drohung mit „Inkasso Moskau" als versuchte Nötigung gemäß §§ 240 Abs. 1, 3, 22, 23 Abs. 1 StGB siehe *Kapitza*, JuS 2007, 442 (443).
535 Vgl. *Neuner*, AT, § 41 Rn. 136.
536 Siehe bereits oben Kapitel 6 Rn. 202 zu den Grenzen der Vertragsfreiheit.

die vom Anwalt vorgelegte Vereinbarung über ein zwar unangemessen hohes, nicht aber bereits sittenwidriges[537] Sonderhonorar unterschreibt.[538] In einem solchen Fall kommt es auf die (rechtzeitige) Anfechtung nach § 123 Abs. 1 Alt. 1 BGB an.

466 Widerrechtlichkeit aufgrund der **Mittel-Zweck-Relation** liegt beispielsweise vor, wenn der Gläubiger zufällig von einer Straftat des Schuldners (z. B. einer gemäß § 316 StGB strafbaren Trunkenheitsfahrt) erfährt und diesem mit einer Strafanzeige droht, falls er die fällige Schuld nicht begleicht.[539] Hier sind, isoliert gesehen, weder das Ziel (Zahlung der fälligen Schuld) noch das Mittel (Anzeige wegen einer Trunkenheitsfahrt) rechtswidrig. Insbesondere darf jedermann, wenn er Kenntnis von Straftaten erhält, gemäß § 158 Abs. 1 Satz 1 StPO Strafanzeige erstatten. Allerdings hat hier die vom Schuldner begangene Straftat (Trunkenheitsfahrt) nichts mit der (berechtigten) Forderung des Gläubigers zu tun, weshalb das an sich zulässige Mittel der Strafanzeige und das ebenfalls zulässige Ziel, die Leistung des Schuldners zu erhalten, hier in einem unangemessenen Verhältnis stehen. Die Widerrechtlichkeit ergibt sich daher aus der Mittel-Zweck-Relation. Anders liegt es, wenn die Forderung gerade aufgrund der Straftat entstanden ist, mit deren Anzeige gedroht wird, z. B. wenn das Opfer eines Betrugs dem Betrüger mit einer Strafanzeige droht, falls dieser nicht den entstandenen Schaden ersetzt.[540]

467 Im Gegensatz zur Anfechtung wegen arglistiger Täuschung ist es für die Anfechtung wegen widerrechtlicher Drohung unerheblich, von wem die Drohung ausgeht. Das ergibt sich im Umkehrschluss aus § 123 Abs. 2 BGB, der die widerrechtliche Drohung nicht erwähnt. Es zeigt sich, dass der Gesetzgeber die widerrechtliche Drohung im Vergleich zur arglistigen Täuschung als den schwerwiegenderen Eingriff in die Freiheit der Willensbildung und Willensentschließung ansieht.

VI. Anfechtung und Trennungs- bzw. Abstraktionsprinzip

468 Im Hinblick auf das Trennungs- und Abstraktionsprinzip[541] muss zwischen der Anfechtung des Verpflichtungsgeschäfts und der Anfechtung des Verfügungsgeschäfts streng unterschieden werden.

1. Anfechtung des Verpflichtungsgeschäfts

469 Durch die Anfechtung allein des Verpflichtungsgeschäfts wird, wie sich aus dem Abstraktionsprinzip ergibt, die Wirksamkeit des Verfügungsgeschäfts nicht berührt. Die Folge der Anfechtung des Verpflichtungsgeschäfts ist, dass die Leistun-

---

537 Zur Abgrenzung von widerrechtlicher Drohung und Sittenwidrigkeit bei anwaltlichen Vergütungsvereinbarungen siehe BGH NJW 2002, 2774 (2775); NJW 2013, 1591 Tz. 8.
538 Gemäß § 3a Abs. 3 Satz 1 RVG kann eine vereinbarte Vergütung, die unangemessen hoch ist, im Rechtsstreit vom Gericht auf den angemessenen Betrag bis zur Höhe der gesetzlichen Vergütung herabgesetzt werden. Grundsätzlich zulässig ist die Drohung mit der Niederlegung des Mandats, um den Abschluss einer Vergütungsvereinbarung zu erreichen, die die gesetzlichen Gebühren zwar übersteigt, aufgrund des zu erwartenden Aufwands aber (noch) angemessen erscheint; vgl. BGHZ 184, 209 Tz. 36.
539 Vgl. *Brox/Walker*, AT, § 19 Rn. 27; *Musielak/Hau*, GK BGB, Rn. 433; *Neuner*, AT, § 41 Rn. 139; *Armbrüster*, in: MüKo, § 123 Rn. 122.
540 Vgl. *Köhler*, AT, § 7 Rn. 57; *Neuner*, AT, § 41 Rn. 139; *Armbrüster*, in: MüKo, § 123 Rn. 122.
541 Zum Trennungs- und zum Abstraktionsprinzip siehe oben Kapitel 3 Rn. 62–68.

gen – sofern sie bereits ausgetauscht sind – nach Bereicherungsrecht (§§ 812 ff. BGB) zurückgewährt werden müssen.[542] Das wirksame Verpflichtungsgeschäft bildet die *causa* (den Rechtsgrund) für das endgültige Behaltendürfen der empfangenen Leistung. Ist das Verpflichtungsgeschäft aufgrund der Anfechtung nichtig, ist der Leistungsempfänger aufgrund der Leistungskondiktion (§ 812 Abs. 1 Satz 1 Alt. 1 BGB bzw. § 812 Abs. 1 Satz 2 Alt. 1 BGB) zur Herausgabe des Erlangten verpflichtet. Umstritten ist, ob § 812 Abs. 1 Satz 1 Alt. 1 BGB (Fehlen des rechtlichen Grundes)[543] oder aber § 812 Abs. 1 Satz 2 Alt. 1 BGB (Wegfall des rechtlichen Grundes)[544] die richtige Anspruchsgrundlage ist.[545] Aufgrund der Rückwirkungsfiktion des § 142 Abs. 1 BGB kann man der Ansicht sein, dass die Anfechtung zum anfänglichen Fehlen des Rechtsgrunds führt, weshalb § 812 Abs. 1 Satz 1 Alt. 1 BGB (Fehlen des rechtlichen Grundes) die richtige Anspruchsgrundlage sei. Andererseits kann man – im Einklang mit der Sicht des historischen Gesetzgebers[546] – aufgrund einer chronologischen Betrachtungsweise auch zum Ergebnis kommen, das anfechtbare Verpflichtungsgeschäft sei immerhin bis zur Erklärung der Anfechtung wirksam und liefere daher zunächst durchaus einen Rechtsgrund. Dieser falle aufgrund der Anfechtung, wenn auch mit – allerdings nur fingierter – Rückwirkung, nachträglich weg, sodass § 812 Abs. 1 Satz 2 Alt. 1 BGB (Wegfall des rechtlichen Grundes) einschlägig sei. Im Ergebnis spielt der Meinungsstreit keine Rolle, weil die Rechtsfolgen von § 812 Abs. 1 Satz 1 Alt. 1 BGB und von § 812 Abs. 1 Satz 2 Alt. 1 BGB identisch sind: Es kommt stets zu einem Anspruch auf Herausgabe des Erlangten. Man kann daher die Entscheidung des – im Ergebnis irrelevanten – Meinungsstreits dahingestellt sein lassen und sich auf „§ 812 Abs. 1 Satz 1 Alt. 1 BGB (Fehlen des rechtlichen Grundes) bzw. § 812 Abs. 1 Satz 2 Alt. 1 BGB (Wegfall des rechtlichen Grundes)" als Anspruchsgrundlage stützen.

Klausurtipp

Ebenso richtig ist es, wenn man sich bei einer Klausurlösung für eine der beiden Anspruchsgrundlagen entscheidet und beim jeweils entscheidenden Prüfungspunkt „Fehlen des rechtlichen Grundes" bzw. „Wegfall des rechtlichen Grundes" kurz begründet, warum man die gewählte Anspruchsgrundlage für einschlägig hält. Es genügt dabei ein Hinweis auf die Rückwirkungsfiktion des § 142 Abs. 1 BGB bzw. auf den bei chronologischer Betrachtung zunächst vorhandenen Rechtsgrund, der aufgrund der Anfechtung wegfällt. Jedenfalls sollte man, wenn man sich für eine der beiden Anspruchsgrundlagen entscheidet, von vornherein nur die favorisierte Anspruchsgrundlage prüfen. Immer wieder wird – zum Teil auch noch in Examensklausuren – zunächst die eine Anspruchsgrundlage geprüft, um dann, zum Teil nach längeren Ausführungen, doch auf die andere Anspruchsgrundlage umzuschwenken. Dabei geht wert-

---

542 Zum Ausgleich nach Bereicherungsrecht als Konsequenz des Abstraktionsprinzips siehe oben Kapitel 3 Rn. 69 f.
543 In diesem Sinne BGH NJW-RR 1993, 1463; *Busche*, in: MüKo, § 142 Rn. 15; *H. Roth*, in: Staudinger, § 142 Rn. 31; vgl. auch *Musielak/Hau*, GK BGB, Rn. 1021.
544 So *Brox/Walker*, Besonderes Schuldrecht, 46. Aufl. 2022, § 40 Rn. 30; *Stadler*, in: Jauernig, § 812 Rn. 14; *Conrad*, JuS 2009, 397 (398).
545 Offengelassen von BGH NJW 2008, 1878 Tz. 15; *Köhler*, AT, § 7 Rn. 78.
546 In den Motiven zum BGB wird die Anfechtung als Anwendungsfall des § 812 Abs. 1 Satz 2 Alt. 1 BGB ausführlich beschrieben; Mot. II, S. 846 (= Mugdan II, S. 473).

volle Bearbeitungszeit verloren, die angesichts der Irrelevanz des Meinungsstreits besser in die „wirklichen" Probleme der Klausur investiert werden sollte.

2. Anfechtung des Verfügungsgeschäfts

470 Da die wirksame Anfechtung des Verpflichtungsgeschäfts aufgrund des Abstraktionsprinzips nicht ohne Weiteres zur Nichtigkeit des Verfügungsgeschäfts führt, sondern es sich um zwei voneinander unabhängige Rechtsgeschäfte handelt, muss die Anfechtung des Verfügungsgeschäfts stets gesondert geprüft werden. Dabei muss überlegt werden, ob im konkreten Fall gerade auch im Hinblick auf das Verfügungsgeschäft ein Anfechtungsgrund vorliegt. Regelmäßig hat der Anfechtungsgrund, der zur Anfechtung des Verpflichtungsgeschäfts berechtigt, keine Auswirkungen auf die Vornahme des Verfügungsgeschäfts.

> **Bsp.:** Im Beispiel des Verkaufs der Briefmarkensammlung (vgl. oben Kapitel 3 Rn. 69) gibt der Verkäufer, der die Kaufsache für 3.000 € verkaufen will, aufgrund eines Tippfehlers im schriftlichen Angebot nur 2.000 € als Kaufpreis an. Der Käufer nimmt das Angebot an und es kommt zur Übergabe und Übereignung der Briefmarkensammlung. Erst danach stellt sich der Irrtum des Verkäufers heraus. – Der Erklärungsirrtum des Verkäufers betrifft hier den Antrag auf Abschluss des Kaufvertrags. Der Kaufvertrag als Verpflichtungsgeschäft kann daher vom Verkäufer gemäß §§ 142 Abs. 1, 119 Abs. 1 Alt. 2 BGB wirksam angefochten werden. Bei der Übereignung der Briefmarkensammlung gemäß § 929 Satz 1 BGB erklärt der Verkäufer hingegen genau das, was er erklären will, nämlich dass sein Eigentum auf den Käufer übergehen soll. Die Erklärung des Veräußerers im Rahmen der Einigung gemäß § 929 Satz 1 BGB bezieht sich ausschließlich auf die Frage des Eigentumsübergangs. Bei dieser dinglichen Einigung hat sich hier der Verkäufer weder vertippt noch über den Inhalt seiner Erklärung geirrt: Er wollte an den Käufer übereignen und genau das ist passiert. Im Hinblick auf die Übereignung nach § 929 Satz 1 BGB fehlt es daher an einem Anfechtungsgrund gemäß § 119 Abs. 1 BGB. Es trifft zwar zu, dass der Verkäufer, hätte er zum Zeitpunkt der Übereignung der Briefmarkensammlung bereits von seinem Tippfehler gewusst, sicher nicht die Übereignung an den Käufer vorgenommen hätte. Obwohl der im Tippfehler liegende Erklärungsirrtum somit für die vom Verkäufer vorgenommene Übereignung ursächlich geworden ist, kann die Übereignung aber dennoch nicht wirksam angefochten werden. Die Fehlvorstellung des Verkäufers, der Kaufpreis würde – wie von ihm gewünscht – 3000 € betragen, stellt im Rahmen der Übereignung an den Käufer einen bloßen Motivirrtum dar, der nicht zur Anfechtung berechtigt. Damit kann der Verkäufer zwar das Verpflichtungs-, nicht aber das Verfügungsgeschäft wirksam anfechten.

471 Die selbstständige Prüfung der Anfechtbarkeit von Verpflichtungs- und Verfügungsgeschäft kann auch ergeben, dass ein und derselbe Irrtum einen Anfechtungsgrund sowohl für das Verpflichtungs- als auch für das Verfügungsgeschäft liefert. Man spricht hier von den Fällen des **Doppelmangels** bzw. der **Fehleridentität**[547], weil Verpflichtungs- und Verfügungsgeschäft an einem identischen Fehler, der jeweils einen Anfechtungsgrund bildet, leiden.

---

547 Kritisch gegenüber dem Begriff der „Fehleridentität" *Faust*, AT, § 5 Rn. 4; *Oechsler*, in: MüKo, § 929 Rn. 33 („Fehlerkongruenz" als näherliegender Begriff); *Lieder/Berneith*, JuS 2016, 673 (676).

Bsp.: Beim Zeitungskauf am Kiosk (siehe hierzu auch oben Kapitel 3 Rn. 61) legt der Käufer passend den Kaufpreis auf den Tresen, nimmt aber die falsche Tageszeitung vom Stapel. Da hier Verpflichtungs- und Verfügungsgeschäft in einem einheitlichen Lebensvorgang liegen, bezieht sich der im Vergreifen des Käufers liegende Erklärungsirrtum gemäß § 119 Abs. 1 Alt. 2 BGB sowohl auf das Verpflichtungs- als auch auf das Verfügungsgeschäft. Der Käufer will durch sein fehlerhaftes konkludentes Handeln weder einen Kaufvertrag über die falsche Tageszeitung schließen noch daran Eigentum erwerben.

472 Prädestiniert für diese Art des Doppelmangels bzw. der Fehleridentität sind Fälle, in denen ein Motivirrtum ausnahmsweise zur Anfechtung berechtigt. Dazu gehört insbesondere die Anfechtung wegen arglistiger Täuschung (§ 123 Abs. 1 Alt. 1 BGB).[548] Wer arglistig getäuscht wurde, kann in aller Regel sowohl das Verpflichtungs- als auch des Verfügungsgeschäft anfechten. Die durch die Täuschung hervorgerufene Fehlvorstellung ist in aller Regel sowohl für den Abschluss des Verpflichtungs- als auch des Verfügungsgeschäfts ursächlich, weshalb beide Geschäfte gemäß §§ 142 Abs. 1, 123 Abs. 1 Alt. 1 BGB anfechtbar sind.

Bsp.: Im Beispielsfall des wertvollen Mountainbikes der Marke „Jedi", das Benny gegen Atzes altes Mofa eingetauscht hat, weil er von Atze arglistig getäuscht worden war, konnte Benny gemäß §§ 142 Abs. 1, 123 Abs. 1 Alt. 1 BGB auch das Verfügungsgeschäft der Übereignung (§ 929 Satz 1 BGB) wirksam anfechten (Rn. 402).

473 Im Fall der widerrechtlichen Drohung (§ 123 Abs. 1 Alt. 2 BGB) geht es zwar nicht um einen Irrtum des Erklärenden (vgl. Rn. 446). Auch die widerrechtliche Drohung wird aber – nicht anders als die arglistige Täuschung – regelmäßig sowohl für die Vornahme des Verpflichtungs- als auch des Verfügungsgeschäfts ursächlich, weshalb auch hier die Anfechtungsvoraussetzungen grundsätzlich für beide Rechtsgeschäfte erfüllt sind.

474 Dass in den Fällen der Fehleridentität sowohl das Verpflichtungs- als auch das Verfügungsgeschäft anfechtbar ist, bedeutet **keine Durchbrechung des Abstraktionsprinzips**.[549] Vielmehr werden unter dem Stichwort „Fehleridentität" nur die Fälle zusammengefasst, in denen ein und derselbe Irrtum dazu führt, dass sowohl die Anfechtungsvoraussetzungen für das Verpflichtungs- als auch für das Verfügungsgeschäft erfüllt sind. Die Anfechtbarkeit des Verfügungsgeschäfts folgt im Fall der arglistigen Täuschung ohne Weiteres aus § 123 Abs. 1 Alt. 1 BGB, der den Motivirrtum des Getäuschten als Anfechtungsgrund anerkennt. Bei der Fehleridentität geht es also nicht etwa um einen besonderen juristischen Kunstgriff, der die Anfechtung auch des Verfügungsgeschäfts ermöglichen soll, sondern um eine ganz selbstverständliche Folge, die sich aus der schlichten Anwendung der Anfechtungsvorschriften ergibt.

---

548 Siehe hierzu oben Rn. 446.
549 Siehe *Brehm/Berger*, Sachenrecht, 3. Aufl. 2014, § 1 Rn. 31; *Habersack*, Examens-Repetitorium Sachenrecht, 9. Aufl. 2020, Rn. 31; *Berger*, in: Jauernig, vor § 854 Rn. 14; *Jauernig*, JuS 1994, 721 (724); *Schreiber*, Jura 2010, 272; *Lieder/Berneith*, JuS 2016, 673 (676); *Meier/Jocham*, JuS 2021, 494 (495 f.); vgl. auch *Vieweg/Lorz*, Sachenrecht, 9. Aufl. 2022, § 1 Rn. 10 („keine echte Durchbrechung des Abstraktionsprinzips"). Von einer „Durchbrechung des Abstraktionsgrundsatzes" ist dagegen bei *Baur/Stürner*, Sachenrecht, 18. Aufl. 2009, § 5 Rn. 50 f., die Rede.

475 Zu den Fällen, in denen ein Motivirrtum ausnahmsweise zur Anfechtung berechtigt, gehört auch der Eigenschaftsirrtum nach § 119 Abs. 2 BGB.[550] Die Fehlvorstellung über die Eigenschaften der Person oder der Sache – mit anderen Worten: der ausnahmsweise beachtliche Motivirrtum – ist auch hier regelmäßig für die Vornahme des Verpflichtungs- und des Verfügungsgeschäfts ursächlich, weshalb wiederum ein Fall der Fehleridentität vorliegt. Aufgrund eines Eigenschaftsirrtums kann daher regelmäßig sowohl das Verpflichtungs- als auch das Verfügungsgeschäft angefochten werden.[551] Von einem Teil der Literatur wird allerdings – isoliert für die Fälle des Eigenschaftsirrtums – nur die Anfechtung des Verpflichtungsgeschäfts zugelassen, während die Anfechtung des Verfügungsgeschäfts unter Berufung auf das Abstraktionsprinzip versagt wird.[552] Eine derartige Einschränkung der Anfechtung gemäß § 119 Abs. 2 BGB findet aber im Gesetz keinen Halt und bedeutet zudem eine Überbewertung des Abstraktionsprinzips.[553] Das im BGB verwirklichte Abstraktionsprinzip besagt nur, dass das Verfügungsgeschäft in seiner Wirksamkeit unabhängig ist von der Wirksamkeit des Verpflichtungsgeschäfts (und umgekehrt), weshalb im Einzelnen Fall das Verfügungsgeschäft wirksam sein kann, obwohl das Verpflichtungsgeschäft unwirksam ist.[554] Die Wirksamkeit des Verfügungsgeschäfts und die des Verpflichtungsgeschäfts müssen daher stets gesondert geprüft werden. Dagegen ergibt sich aus dem Abstraktionsprinzip nicht, dass die Wirksamkeit des Verfügungsgeschäfts auch in solchen Fällen aufrechtzuerhalten wäre, in denen es nach der gesetzlichen Regelung in Wirklichkeit unwirksam ist. Zum Teil wird auch damit argumentiert, dass das Verfügungsgeschäft grundsätzlich keine über die Individualisierung des Verfügungsgegenstandes hinausgehende Bezugnahme auf Eigenschaften beinhalte, weshalb es im Hinblick auf das Verfügungsgeschäft an der Verkehrswesentlichkeit i. S. d. § 119 Abs. 2 BGB fehle.[555] Richtig erscheint jedoch genau das Gegenteil: Aus der Verkehrswesentlichkeit einer Eigenschaft für das Verpflichtungsgeschäft folgt regelmäßig auch die Verkehrswesentlichkeit dieser Eigenschaft für das Verfügungsgeschäft. Denn wenn es den Parteien bei der Verpflichtung auf das Vorliegen bestimmter Eigenschaften ankam, gilt das grundsätzlich auch für die von ihnen vorgenommene Verfügung.

> **Bsp.:** Sonja, die sich aus Schmuck nichts macht, will eine ererbte Perlenkette an ihre beste Freundin Berta „als Geschenk" weitergeben. Als Berta meint, sie könne ein solches Geschenk nicht annehmen, sagt Sonja nur: „Alles gut! Die Kette ist sicher aus einfachen Zuchtperlen und wird daher nicht viel gekostet haben." Daraufhin nimmt Berta das Geschenk an. Einige Zeit später erfährt Berta, dass es sich nicht um eine einfache Zuchtperlenkette handelt, die einen Wert von 300 € gehabt hätte, sondern um eine Kette aus seltenen Südseeperlen

---

[550] Siehe hierzu oben Rn. 427, 438.
[551] Vgl. *Bork*, AT, Rn. 921, 923; *Flume*, AT II, S. 479 (§ 24, 2b), S. 489 (§ 24, 4); *Armbrüster*, in: MüKo, § 119 Rn. 159; *Hefermehl*, in: Soergel, § 142 Rn. 5; *Grundmann*, JA 1985, 80 (83 f.); *Rennig*, Jura 2021, 619 (620). Zur Anfechtung des Verfügungsgeschäfts nach § 119 Abs. 2 BGB siehe auch OLG Hamm NJW 2019, 3387 Tz. 74–76 (Eigenschaftsirrtum beim Pferdekauf).
[552] So *Faust*, AT, § 19 Rn. 16 („Grundidee des Abstraktionsprinzips"); *Stadler*, Gestaltungsfreiheit und Verkehrsschutz durch Abstraktion, 1996, S. 177–181; *Lieder/Berneith*, JuS 2016, 673 (677).
[553] Zur Rolle des Abstraktionsprinzips im deutschen Zivilrecht siehe oben Kapitel 3 Rn. 58.
[554] Siehe oben Kapitel 3 Rn. 67.
[555] So *Grigoleit*, AcP 199 (1999), 396 (399); vgl. auch *Köhler*, AT, § 7 Rn. 21; *Leenen/Häublein*, AT, § 14 Rn. 73; *Neuner*, AT, § 29 Rn. 72 (Eigenschaft sei nicht Inhalt der „minimalistischen dinglichen Einigung"); *Oechsler*, in: MüKo, § 929 Rn. 24; *Lieder/Berneith*, JuS 2016, 673 (677 f.).

im Wert von 30.000 €. Sie veräußert die Kette kurzerhand an den Schmuckhändler Hubert, den sie über das gesamte Geschehen, auch über Sonjas Fehlvorstellung, aufklärt. Hubert zahlt Berta für die Kette 20.000 €. Als schließlich Sonja „ihre Kette" in Huberts Schaufenster mit einem Schild „Kaufpreis 30.000 €" entdeckt, erklärt sie gegenüber Berta die Anfechtung „aller Geschäfte" und verlangt von Hubert Herausgabe der Kette. Zu Recht? – Sonja könnte von Hubert Herausgabe gemäß § 985 BGB verlangen, wenn sie noch Eigentümerin der Kette ist.

Dazu müsste sie die Übereignung an Berta, also das Verfügungsgeschäft, gemäß §§ 142 Abs. 1, 119 Abs. 2 BGB wirksam angefochten haben. Nur dann hat Berta aufgrund der Rückwirkungsfiktion des § 142 Abs. 1 BGB an Hubert als Nichtberechtigte verfügt. Ein gutgläubiger Eigentumserwerb (§§ 929 Satz 1, 932 Abs. 1 Satz 1 BGB) durch Hubert scheidet aus, weil dieser aufgrund der von Berta offengelegten Informationen die Anfechtbarkeit des Verfügungsgeschäfts zwischen Sonja und Berta kannte (§ 932 Abs. 2 i. V. m. § 142 Abs. 2 BGB[556]).

Es ist davon auszugehen, dass Sonja bei Kenntnis des wahren Sachverhalts die Kette nicht an Berta übereignet hätte. Ihre Fehlvorstellung, es handle sich um eine einfache Zuchtperlenkette, war daher auch für die Vornahme des Verfügungsgeschäfts ursächlich. Sonja hat ihre Vorstellungen von der Kette gegenüber Berta offengelegt, weshalb die Verkehrswesentlichkeit i. S. d. § 119 Abs. 2 BGB auch nach dem Ansatz des „erweiterten geschäftlichen Eigenschaftsirrtums" (Rn. 438) zu bejahen ist. Sämtliche Voraussetzungen für eine Anfechtung der Übereignung an Berta sind damit erfüllt.

Für eine Einschränkung der Anfechtung von Verfügungsgeschäften, wie sie zum Teil im Hinblick auf das Abstraktionsprinzip oder die „minimalistische" dingliche Einigung befürwortet wird, fehlt es an einer gesetzlichen Grundlage. Auch im Hinblick auf den konkreten Fall ist kein Grund ersichtlich, die gesetzlichen Regeln der Anfechtung zu durchbrechen. Insbesondere besteht kein Anlass, den bösgläubigen Dritterwerber Hubert zu schützen.[557] Dazu würde es aber kommen, wenn man Sonja die Anfechtung der Verfügung an Berta verwehren würde. Hubert hätte dann von Berta als der berechtigt Verfügenden gemäß § 929 Satz 1 BGB das Eigentum an der Kette erworben. Auf die Frage, ob Hubert gut- oder bösgläubig war, würde es damit nicht mehr ankommen und Sonja hätte folglich ihr Eigentum endgültig verloren. Bejaht man dagegen, wie es richtig erscheint, die wirksame Anfechtung des Verfügungsgeschäfts zwischen Sonja und Berta gemäß §§ 142 Abs. 1, 119 Abs. 2 BGB, bleibt Sonja Eigentümerin der Kette und kann von Hubert gemäß § 985 BGB Herausgabe verlangen.

VII. Bestätigung des anfechtbaren Rechtsgeschäfts

476 Das Anfechtungsrecht ist ein Gestaltungsrecht (Rn. 371–373, 405), das der Anfechtungsberechtigte ausüben kann, aber nicht ausüben muss. Der Anfechtungsberechtigte kann auch zum Entschluss kommen, dass er das Rechtsgeschäft trotz des Irrtums gelten lassen will und daher die Anfechtung unterbleiben soll. Bringt der

---

556 Zur Bedeutung des § 142 Abs. 2 BGB siehe oben Rn. 402–406.
557 Vgl. auch *Grundmann*, JA 1985, 80 (83).

Anfechtungsberechtigte erkennbar zum Ausdruck, dass er am Rechtsgeschäft trotz der Anfechtbarkeit festhalten will, dann muss sich der Anfechtungsgegner darauf verlassen können. Die nötige Rechtssicherheit für den Anfechtungsgegner wird durch die Regelung der „Bestätigung des anfechtbaren Rechtsgeschäfts" in § 144 BGB geschaffen. Die Anfechtung ist gemäß § 144 Abs. 1 BGB ausgeschlossen, wenn der Anfechtungsberechtigte das anfechtbare Rechtsgeschäft bestätigt. Die Bestätigung des anfechtbaren Rechtsgeschäfts führt somit zu einem **Anfechtungsausschluss**. Damit wird die Bestätigung des anfechtbaren Rechtsgeschäfts vom Gesetz wie ein **Verzicht auf das Anfechtungsrecht** behandelt.[558]

477 Da es sich bei der Bestätigung des anfechtbaren Rechtsgeschäfts im Ergebnis um einen Verzicht auf das Anfechtungsrecht und nicht – wie in § 141 Abs. 1 BGB im Hinblick auf die Bestätigung des nichtigen Rechtsgeschäfts angeordnet wird[559] – um eine Neuvornahme des Rechtsgeschäfts handelt, bestimmt § 144 Abs. 2 BGB konsequent, dass die Bestätigung nicht der für das Rechtsgeschäft vorgeschriebenen Form bedarf. Entscheidend ist, dass das anfechtbare Rechtsgeschäft vor einer Erklärung der Anfechtung wirksam ist, weshalb die durch das Rechtsgeschäft erzeugten Rechtswirkungen zum Zeitpunkt der Bestätigung ohnehin bereits vorhanden sind.

478 Für die wirksame Bestätigung ist ein entsprechender **Bestätigungswille** erforderlich, was voraussetzt, dass der Anfechtungsberechtigte die Anfechtbarkeit **kennt oder zumindest für möglich hält**.[560] Wer auf die Frage, ob er am Geschäft festhalten will, mit Ja antwortet, ohne von der Anfechtbarkeit etwas zu ahnen, nimmt keine wirksame Bestätigung vor. Umstritten ist, ob die Bestätigungserklärung zugangsbedürftig ist. In § 144 Abs. 1 BGB ist vom Zugangserfordernis keine Rede, weshalb eine Meinung davon ausgeht, die Bestätigung sei eine nicht empfangsbedürftige Willenserklärung.[561] Das kann allerdings im Hinblick auf den Sinn und Zweck des § 144 BGB nicht überzeugen: Es geht um den Schutz des Anfechtungsgegners, der nach einer Bestätigung nicht mehr einer Anfechtung ausgesetzt sein soll. Solange der Anfechtungsgegner von der Bestätigung nichts weiß, ist er nicht schutzwürdig. Für die Schutzbedürftigkeit des Anfechtungsgegners kommt es vielmehr darauf an, ob dieser – unter Zugrundelegung des objektiven Empfängerhorizonts – das Verhalten des Anfechtungsberechtigten als Bestätigung verstehen durfte. Das entspricht dem für empfangsbedürftige Willenserklärungen entwickelten Maßstab, weshalb die Bestätigung richtigerweise als empfangsbedürftige Willenserklärung anzusehen ist.

479 Zum Teil wird die Empfangsbedürftigkeit der Bestätigung auch damit begründet, dass der Anfechtungsgegner ein schutzwürdiges Interesse daran habe, zu erfahren, ob er noch mit einer Anfechtung rechnen muss.[562] Dieses zusätzliche Argument verfängt jedoch nicht. Das Zugangserfordernis ist von vornherein ungeeignet, für den Anfechtungsgegner insoweit Sicherheit zu schaffen. Ist nämlich die Bestäti-

---

558 Vgl. RGZ 68, 398 (400); Bork, AT, Rn. 946; Neuner, AT, § 41 Rn. 173; Ellenberger, in: Grüneberg, § 144 Rn. 1; Hefermehl, in: Soergel, § 144 Rn. 1, 5.
559 Zur Bestätigung des nichtigen Rechtsgeschäfts siehe unten Kapitel 9 Rn. 560–563.
560 Vgl. BGHZ 129, 371 (377); BGH NJW 2012, 296 Tz. 48.
561 RGZ 68, 398 (399 f.); Faust, AT, § 21 Rn. 7; Neuner, AT, § 41 Rn. 173; Ellenberger, in: Grüneberg, § 144 Rn. 2. Teilweise wird zumindest verlangt, dass die Bestätigung für den Anfechtungsgegner erkennbar ist; vgl. Mansel, in: Jauernig, § 144 Rn. 2.
562 Vgl. Bork, AT, Rn. 946; Köhler, AT, § 7 Rn. 82; H. Roth, in: Staudinger, § 144 Rn. 4.

gung mangels Zugangs unwirksam, kann der Anfechtungsberechtigte – solange die Anfechtungsfrist läuft – ohne Weiteres noch wirksam die Anfechtung erklären.

VIII. Ausschluss der Anfechtung nach Treu und Glauben

Die Anfechtung kann, obwohl an sich alle Voraussetzungen vorliegen, gegen Treu und Glauben (§ 242 BGB) verstoßen und daher ausgeschlossen sein. Das ist vor allem dann der Fall, wenn der Anfechtungsgegner bereit ist, die anfechtbare Willenserklärung so gelten zu lassen, wie es sich der Anfechtungsberechtigte vorgestellt hat.[563]

480

> **Bsp.:** Gibt der Verkäufer wie im Beispiel des Verkaufs der Briefmarkensammlung (vgl. oben Kapitel 3 Rn. 69) aufgrund eines Tippfehlers im schriftlichen Antrag anstatt des gewünschten Betrags von 3.000 € nur 2.000 € als Kaufpreis an, kann er grundsätzlich den Kaufvertrag wegen Erklärungsirrtums gemäß §§ 142 Abs. 1, 119 Abs. 1 Alt. 2 BGB wirksam anfechten. Etwas anderes gilt allerdings dann, wenn der Käufer dem Verkäufer nach Aufdeckung des Irrtums eröffnet, dass ihm die Briefmarkensammlung auch die Zahlung von 3.000 € wert sei, weshalb er bereit sei, den Verkäufer so zu stellen, wie er ohne den Irrtum stünde. Die Anfechtung ist hier nach Treu und Glauben (§ 242 BGB) ausgeschlossen, und zwar auch dann, wenn der Verkäufer die Sache mittlerweile an einen Dritten für 4.000 € verkaufen könnte.

Sinn und Zweck der Irrtumsanfechtung ist es, den Anfechtungsberechtigten vor der Bindung an eine Erklärung zu schützen, die er nicht gewollt hat. Ist der Erklärungsempfänger dagegen bereit, genau das gelten zu lassen, was der Erklärende erklären wollte, gibt es keinen Grund mehr für eine Anfechtung. Der Erklärende erhält das, was er erhalten wollte, und ist daher nicht schutzwürdig. Besteht der Erklärende gleichwohl auf seinem Anfechtungsrecht, liegt darin ein widersprüchliches Verhalten *(venire contra factum proprium)*.[564] Der Anfechtende stützt sich bei der Anfechtung nämlich darauf, dass er mit seiner Erklärung in Wirklichkeit etwas anderes gewollt habe. Hält er an der Anfechtung fest, obwohl der Anfechtungsgegner bereit ist, das wirklich Gewollte gelten zu lassen, setzt er sich damit zu seinem ursprünglichen Willen in Widerspruch. Ein solches widersprüchliches Verhalten ist ein Unterfall der unzulässigen Rechtsausübung, die mit dem Grundsatz von Treu und Glauben (§ 242 BGB) nicht zu vereinbaren ist.

481

> **Literaturhinweise**
> **Zur Anfechtung im Allgemeinen, insbesondere zur Wirkung der Anfechtung:**
> *Brüderlin/Abold*, Die Kenntnis der Anfechtbarkeit in § 142 II BGB, JA 2021, 6–11; *Herbert*, 100 Jahre Doppelwirkungen im Recht, JZ 2011, 503; *Holler/Hinzpeter-Schmidt*, Die Anfechtung im sog. multi-polaren Vertragsverhältnis, JuS 2021, 301–307; *Kipp*, Über Doppelwirkungen im Recht, insbesondere über die Konkurrenz von Nichtigkeit und Anfechtbarkeit, in: FS v. Martitz, 1911, S. 211–233 (immer noch lehrreich und unbedingt lesenswert!); *Rennig*, Ausgewählte Sonderprobleme der An-

---

563 *Brox/Walker*, AT, § 18 Rn. 36; *Köhler*, AT, § 7 Rn. 31; *Medicus/Petersen*, BürgR, Rn. 144; *Armbrüster*, in: MüKo, § 119 Rn. 156; vgl. auch *Neuner*, AT, § 41 Rn. 153 f. (teleologische Reduktion des § 142 Abs. 1 BGB).
564 Zum widersprüchlichen Verhalten siehe auch oben Kapitel 6 Rn. 267.

fechtung von Willenserklärungen, Jura 2021, 619–628; *Würdinger*, Doppelwirkungen im Zivilrecht. Eine 100-jährige juristische Entdeckung, JuS 2011, 769.

Zur Irrtumsanfechtung: *Cziupka*, Die Irrtumsgründe des § 119 BGB, JuS 2009, 887–891; *Keller/Purnhagen*, Anfechtung eines Computerkaufs, JA 2011, 894–900; *Musielak*, Die Anfechtung einer Willenserklärung wegen Irrtums, JuS 2014, 491– 495, 583–589; *Petersen*, Der Irrtum im Bürgerlichen Recht, Jura 2006, 660–664; *Preiß*, Die Berechtigung zur Anfechtung einer Willenserklärung in Mehrpersonenverhältnissen, JA 2010, 6–14; *Prütting/Fischer*, Vertragsnahe gesetzliche Schuldverhältnisse: § 122 BGB, Jura 2016, 511–520; *Schnorr*, Die rechtliche Behandlung irrtümlich angenommener Formerfordernisse, JuS 2006, 115–120; *Singer*, Der Kalkulationsirrtum – ein Fall für Treu und Glauben?, JZ 1999, 342–349; *Waas*, Der Kalkulationsirrtum zwischen Anfechtung und unzulässiger Rechtsausübung – BGHZ 139, 177, JuS 2001, 14–20; *Willems*, Ersatz von Vertrauensschäden und Begrenzung auf das Erfüllungsinteresse nach § 122 und § 179 II BGB, JuS 2015, 586–589.

Zu Risikogeschäften: *Kötz*, Risikoverteilung im Vertragsrecht, JuS 2018, 1–10.

Zur arglistigen Täuschung: *Arnold*, Die arglistige Täuschung im BGB, JuS 2013, 865–870; *Büchler*, Die Anfechtungsgründe des § 123 BGB, JuS 2009, 976–980; *Conrad*, Die bereicherungsrechtliche Rückabwicklung nach Anfechtung wegen arglistiger Täuschung (§ 123 I Var. 1 BGB), JuS 2009, 397–400; *Löhnig*, Vertragsaufhebung wegen fahrlässiger Täuschung, JA 2003, 553–557; *Mankowski*, Arglistige Täuschung durch vorsätzlich falsche oder unvollständige Antworten auf konkrete Fragen, JZ 2004, 121–127; *Martens*, Wer ist „Dritter"? – Zur Abgrenzung der §§ 123 I und II 1 BGB, JuS 2005, 887–890; *Staudinger/Ewert*, Täuschung durch den Verkäufer, JA 2010, 241–247.

Zur widerrechtlichen Drohung: *Süß*, Geld oder Leben! Zum Verhältnis von Auslegung, Anfechtung und Mentalreservation, Jura 2011, 735–740; *Peters*, Die Rechtsfolgen der widerrechtlichen Drohung, JR 2006, 133–139.

Zur Anfechtung des Verfügungsgeschäfts: *Grundmann*, Zur Anfechtbarkeit des Verfügungsgeschäfts, JA 1985, 80–84; *P. Meier/Jocham*, Die Fehleridentität als Verwirklichung des Abstraktionsprinzips, JuS 2021, 494–498.

Zur Bestätigung des anfechtbaren Rechtsgeschäfts: *Petersen*, Die Bestätigung des nichtigen und anfechtbaren Rechtsgeschäfts, Jura 2008, 666 f.

Zum Ausschluss der Anfechtung nach Treu und Glauben: *M. Müller*, Beschränkung der Anfechtung auf „das Gewollte", JuS 2005, 18–20.

Übungsfälle: *Alexander/Endler/Sauer*, „Der Hobbyfotograf", JA 2017, 172–178 (u. a. zur Anfechtung wegen Eigenschaftsirrtums und zur Bestätigung des anfechtbaren Rechtsgeschäfts); *Becker*, Anfängerklausur – Zivilrecht: Anfechtung und Gewährleistungsrechte – Einkaufstour im Internet, JuS 2011, 329–334; *Behme*, „Der lahme Ferrari", JA 2017, 823–826 (u. a. zur Anfechtung wegen Eigenschaftsirrtums); *Boecken/ Hackenbroich*, ZR-Anfängerklausur zum Allgemeinen Teil, Wallach ist nicht gleich Wallach – zum Irrtum beim Pferdekauf, Jura 2021, 687–694 (u. a. zur Abgrenzung von Inhalts- und Eigenschaftsirrtum); *Deckenbrock/Meyer*, Der umtriebige Geschäftsmann, Jura 2010, 768–772 (u. a. zur Irrtumsanfechtung); *Forster*, Anfängerklausur – Zivilrecht: Anfechtung des Verfügungsgeschäfts und Erlöschen der Vollmacht – Brillante Irrtümer und goldige Verlustgeschäfte, JuS 2011, 1090–1094; *Kalin*, Anfängerklausur – Zivilrecht: Wahlschuld, Stellvertretung, Anfechtung – Die Qual der Wahl, JuS 2018, 446–450; *Krampe/Berg*, Übungsklausur Zivilrecht – Ein willkommener

Druckfehler, Jura 1986, 206–210; *V. Müller/Wernert,* Anfängerklausur – Zivilrecht: BGB AT und Schuldrecht AT – Bestätigt und erlassen?, JuS 2018, 1060–1065 (u. a. zur Bestätigung des anfechtbaren Rechtsgeschäfts); *Seifert/Zipser,* Basics Klausur Zivilrecht, „Von folgenreichen Missverständnissen und Anmaßungen", JA 2022, 806–815 (u. a. zur Irrtumsanfechtung); *Sommer/Herb,* Abschlussklausur BGB AT: „Der Unfall-Roller zum 18. Geburtstag", Jura 2019, 1181–1190 (Anfängerklausur, u. a. zur Anfechtung wegen arglistiger Täuschung); *Zenker,* Übungsklausur – Bürgerliches Recht: Opportunismus in der Besteckfabrik, JuS 2006, 807–810.

Kapitel 9   Nichtigkeit und Unwirksamkeit

I. Begriff der Nichtigkeit bzw. Unwirksamkeit

482 Man kann im BGB verschiedene Stufen der Fehlerhaftigkeit von Willenserklärungen und Rechtsgeschäften unterscheiden: Der stärkste Grad der Fehlerhaftigkeit ist die **Nichtigkeit**, bei der es sich gleichsam um eine verschärfte Form der Unwirksamkeit handelt.

Definition
Nichtigkeit bedeutet, dass die Willenserklärung bzw. das Rechtsgeschäft von Anfang an unwirksam ist (oder zumindest – wie im Fall der Anfechtung gemäß § 142 Abs. 1 BGB – aufgrund einer gesetzlichen Fiktion als von Anfang an unwirksam zu behandeln ist) und nur aufgrund einer gesetzlich vorgesehenen Heilung (Rn. 527) oder unter den Voraussetzungen der Bestätigung gemäß § 141 Abs. 1 BGB (Rn. 560–563) wirksam werden kann.

Die Nichtigkeit der Willenserklärung bzw. des Rechtsgeschäfts hat zur Folge, dass die gewollten Rechtsfolgen zu keinem Zeitpunkt eintreten können. In der Regel geht es um schwerwiegende Fälle: Das Gesetz ordnet die Nichtigkeit des Rechtsgeschäfts etwa im Fall des Verstoßes gegen ein gesetzliches Verbot (§ 134 BGB), bei Sittenwidrigkeit (§ 138 BGB) oder bei einem Formverstoß (§ 125 BGB) an. In diesen Fällen geht es darum, dass bereits das wirksame Zustandekommen des Rechtsgeschäfts verhindert wird.

483 Die Anfechtung führt dazu, dass das angefochtene Rechtsgeschäft gemäß § 142 Abs. 1 BGB „als von Anfang an nichtig anzusehen" ist. Auch dabei geht es aus der Sicht des Gesetzgebers um einen schwerwiegenden Fall.[565] Außerdem wird durch die Verwendung des Begriffs der Nichtigkeit die Rückwirkungsfiktion terminologisch untermauert.

484 In weniger schwerwiegenden Fällen verwendet das Gesetz den Begriff der „**Unwirksamkeit**", insbesondere dann, wenn die Wirksamkeit der Willenserklärung bzw. des Rechtsgeschäfts von einer einfachen Zustimmung (Einwilligung oder Genehmigung) abhängt oder wenn nur einzelne Bestimmungen eines Rechtsgeschäfts unwirksam sind. Das einseitige Rechtsgeschäft, das der beschränkt Ge-

---

[565] Dass angefochtene Rechtsgeschäfte nichtig sind, bestimmt erstmals der Zweite Entwurf des BGB (§ 112 E II). Der Erste Entwurf enthielt eine noch schärfere Regelung: In § 112 E I war vorgesehen, dass ein anfechtbares Rechtsgeschäft im Falle der Anfechtung so anzusehen ist, als ob es „nicht vorgenommen wäre". Fingiert wurde also nicht nur die Nichtigkeit, sondern die Nichtexistenz des Rechtsgeschäfts.

schäftsfähige ohne die erforderliche Einwilligung des gesetzlichen Vertreters vornimmt, ist daher gemäß § 111 Satz 1 BGB „unwirksam". Zwischenverfügungen, die gemäß § 161 Abs. 1 Satz 1 BGB unwirksam sind,[566] können immerhin gemäß § 185 Abs. 2 Satz 1 Fall 1 BGB genehmigt werden. Die §§ 307 Abs. 1 Satz 1, 308, 309 BGB sehen vor, dass Bestimmungen in Allgemeinen Geschäftsbedingungen unter bestimmten Voraussetzungen „unwirksam" sind, während der Vertrag gemäß § 306 Abs. 1 BGB im Übrigen wirksam bleibt. Auch die Unwirksamkeit gemäß § 465 BGB betrifft nur ganz bestimmte Vereinbarungen im Rahmen des Kaufvertrags, durch die ein bestehendes Vorkaufsrecht beeinträchtigt wird.

Außerdem dient der Begriff der „Unwirksamkeit" als Oberbegriff, der die Nichtigkeit als verschärfte Form der Unwirksamkeit mit umfasst. Beispielsweise ordnet § 344 BGB an, dass ein Strafversprechen, das ein vom Gesetz für unwirksam erklärtes Leistungsversprechen sichern soll, ebenfalls unwirksam ist, wobei ohne Weiteres auch Fälle erfasst sind, in denen das Leistungsversprechen (z. B. gemäß § 134 BGB) nichtig ist. **485**

Die schwächste Stufe der Fehlerhaftigkeit einer Willenserklärung bzw. eines Rechtsgeschäfts ist die **Anfechtbarkeit**. Eine anfechtbare Willenserklärung bzw. ein anfechtbares Rechtsgeschäft ist zunächst wirksam, kann aber durch Anfechtung vernichtet werden (§ 142 Abs. 1 BGB). **486**

II. Willensvorbehalte

Unter den Willensvorbehalten versteht man die in den §§ 116–118 BGB geregelten Fälle, nämlich den geheimen Vorbehalt, das Scheingeschäft und die nicht ernstlich gemeinte Willenserklärung. In diesen Fällen gibt der Erklärende jeweils eine Erklärung ab, die nach seinem Willen aber nicht gelten soll. Es liegt also kein Irrtum vor, sondern es handelt sich um eine bewusste Abweichung von Wille und Erklärung. Da der Wille des Erklärenden auf die Nichtgeltung der Erklärung gerichtet ist, fehlt es dem Erklärenden am Erklärungsbewusstsein,[567] das nicht nur das Bewusstsein, sondern auch den Willen, irgendeine rechtlich relevante Erklärung abzugeben, voraussetzt.[568] **487**

1. Geheimer Vorbehalt

Gemäß § 116 Satz 1 BGB ist eine Willenserklärung „nicht deshalb nichtig, weil sich der Erklärende insgeheim vorbehält, das Erklärte nicht zu wollen". Erforderlich ist, dass der Erklärende seinen Vorbehalt bewusst geheim hält, also nicht will, dass der Erklärungsempfänger den Vorbehalt erkennt.[569] Statt vom geheimen Vorbehalt spricht man auch von der Mentalreservation. Es geht dabei – wie bereits im Zusammenhang mit der Erklärungsfahrlässigkeit dargestellt[570] – um ganz besondere Fallgestaltungen: Von § 116 Satz 1 BGB wird etwa der Fall erfasst, dass der Erklärende bewusst erklärt, einen Vertrag schließen zu wollen, sich aber insgeheim **488**

---
566 Hierzu unten Kapitel 10 Rn. 603.
567 Vgl. *Köhler*, AT, § 7 Rn. 13 f. **A. A.** (fehlender Geschäftswille) *Brox/Walker*, AT, § 17 Rn. 1; *Mansel*, in: Jauernig, vor § 116 Rn. 6; vgl. auch *Medicus/Petersen*, AT, Rn. 591 (Erklärender hat Erklärungsbewusstsein).
568 Zum Erklärungsbewusstsein siehe oben Kapitel 4 Rn. 76.
569 Vgl. *Brox/Walker*, AT, § 17 Rn. 3; *Neuner*, AT, § 40 Rn. 1.
570 Siehe oben Kapitel 4 Rn. 79.

denkt: „Ich will den Vertrag gar nicht schließen." Es liegt hier auf der Hand, dass der geheime Vorbehalt den wirksamen Vertragsschluss nicht hindern kann. Es handelt sich beim geheimen Vorbehalt um einen Fall, der – angesichts der Selbstverständlichkeit der Lösung – im Gesetz nicht hätte geregelt werden müssen.

489 Bedeutung hat dagegen die Regelung in § 116 Satz 2 BGB, wonach die mit einem geheimen Vorbehalt abgegebene Erklärung nichtig ist, wenn der Erklärungsempfänger den Vorbehalt kennt. Nach den allgemeinen Auslegungsgrundsätzen[571] würde man im Wege der normativen Auslegung auch dann zum Ergebnis kommen, dass der Erklärung keine Geltung zukommt, wenn der Erklärungsempfänger den geheimen Vorbehalt zwar nicht kennt, aber – unter Zugrundelegung des objektiven Empfängerhorizonts – kennen müsste. Aus § 116 Satz 2 BGB ergibt sich im Umkehrschluss, dass in den Fällen des geheimen Vorbehalts nur der Gedanke der natürlichen, nicht jedoch der normativen Auslegung zum Tragen kommt: Wenn der Erklärungsempfänger den geheimen Vorbehalt durchschaut hat und damit den wirklichen Willen des Erklärenden kennt, ist er nicht schutzwürdig,[572] weshalb § 116 Satz 2 BGB die Nichtigkeit der Erklärung anordnet. Dagegen kommt es auf ein Kennenmüssen, das im Rahmen der normativen Auslegung zu berücksichtigen wäre, nicht an. Durch § 116 Satz 2 BGB kommt es hier zu einem gesteigerten Schutz des Erklärungsempfängers, dem im Fall des geheimen Vorbehalts des Erklärenden eine Fahrlässigkeit nicht zur Last fällt. Das erscheint auch richtig: Wenn der Erklärende den Erklärungsempfänger vorsätzlich irreführen will, kann er sich nicht auf eine Fahrlässigkeit des Erklärungsempfängers berufen. Darin läge ein über die Mentalreservation hinausgehendes weiteres treuwidriges Verhalten, das gegen den Grundsatz von Treu und Glauben (§ 242 BGB) verstoßen würde.

Bsp.: Alf gehört zu einer Drückerkolonne, die Zeitschriftenabonnements vermittelt. Er klingelt an Baltes Haustür. Als dieser erklärt, er habe kein Interesse, tischt Alf eine herzzerreißende Lügengeschichte auf und lässt sich nicht abwimmeln. Balte glaubt Alf kein Wort und will auch von vornherein keinen Vertrag schließen. Dennoch unterschreibt er, um Alf endlich loszuwerden, einen Antrag auf Abschluss eines Abonnements für die Fernsehzeitschrift des V-Verlags mit einer Laufzeit von einem Jahr. Alf händigt Balte eine ordnungsgemäße Widerrufsbelehrung aus. Nachdem Balte das erste Exemplar der Fernsehzeitschrift erhalten hat, übersieht er aus Versehen die Widerrufsfrist von 14 Tagen. Muss er für das Zeitschriftenabonnement bezahlen? – Beim Vertrag über ein Zeitschriftenabonnement handelt es sich um einen Lieferungsvertrag, weshalb als Anspruchsgrundlage die §§ 650 Abs. 1 Satz 1, 433 Abs. 2 Alt. 1 BGB in Betracht kommen. Balte, der von vornherein keinen Vertrag schließen will, handelt ohne Erklärungsbewusstsein. Allerdings ist seine Willenserklärung angesichts des geheimen Vorbehalts gemäß § 116 Satz 1 BGB gleichwohl wirksam. Eine Anfechtung aufgrund einer arglistigen Täuschung (§ 123 Abs. 1 Alt. 1 BGB) durch Alf scheidet aus, weil Balte der von Alf aufgetischten Lügengeschichte nicht glaubt, sodass kein Irrtum vorliegt. Auf die Frage, wie Alf im Rahmen des § 123 Abs. 2 BGB einzuordnen ist, kommt es daher nicht mehr an. Da Balte Verbraucher i. S. d. § 13 BGB und der V-Verlag Unternehmer i. S. d.

---

571 Zur Stufenfolge von natürlicher und normativer Auslegung siehe oben Kapitel 4 Rn. 154–161.
572 Vgl. *Flume*, AT II, S. 403 (§ 20, 1); *Medicus/Petersen*, AT, Rn. 593. Kritisch jedoch *Köhler*, AT, § 7 Rn. 8; *Armbrüster*, in: MüKo, § 116 Rn. 8.

§ 14 BGB ist, könnte Balte ein verbraucherschützendes Widerrufsrecht zustehen. Ein solches Widerrufsrecht ergibt sich grundsätzlich aus § 312g Abs. 1 BGB, weil es sich hier um ein Haustürgeschäft und damit um einen außerhalb von Geschäftsräumen geschlossenen Vertrag gemäß § 312b Abs. 1 Satz 1 Nr. 1 bzw. Nr. 2 BGB handelt. Zudem geht es um einen Ratenlieferungsvertrag i. S. d. § 510 Abs. 1 Satz 1 Nr. 2 BGB, der allerdings gemäß § 510 Abs. 2 BGB nur dann zu einem verbraucherschützenden Widerrufsrecht führt, wenn es sich nicht – wie hier – zugleich um ein Haustürgeschäft handelt. Da eine ordnungsgemäße Widerrufsbelehrung (vgl. Art. 246a § 1 Abs. 2 Satz 2 EGBGB) vorliegt, beginnt der Lauf der 14-tägigen Widerrufsfrist (§ 355 Abs. 2 Satz 1 BGB) gemäß § 356 Abs. 2 Nr. 1 lit. d, Abs. 3 Satz 1 BGB mit dem Erhalt der ersten Lieferung. Balte hat die Widerrufsfrist versäumt, weshalb er gemäß §§ 650 Abs. 1 Satz 1, 433 Abs. 2 Alt. 1 BGB zur Bezahlung des Abonnements verpflichtet ist.

2. Scheingeschäft

490 Wird eine Willenserklärung mit dem Einverständnis des Erklärungsempfängers nur zum Schein abgegeben, so ist sie gemäß § 117 Abs. 1 BGB nichtig. Mit anderen Worten: Erklärender und der Erklärungsempfänger sind sich einig, dass die Willenserklärung nicht gelten soll. Kennzeichnend für das Scheingeschäft ist, dass die Parteien einverständlich nur den äußeren Schein eines Rechtsgeschäfts hervorrufen, dagegen nicht die mit dem Geschäft verbundenen Rechtsfolgen eintreten lassen wollen.[573] Statt vom Scheingeschäft spricht man auch vom **simulierten Geschäft**.

> **Bsp.:** Aldo erteilt dem Bauunternehmer Benno Aufträge, damit dieser seine Auftragsbücher füllen und so seine Kreditwürdigkeit gegenüber Banken steigern kann.

Im Ergebnis werden durch § 117 Abs. 1 BGB nur die allgemeinen Auslegungsgrundsätze bestätigt. Wenn sich Erklärender und Erklärungsempfänger tatsächlich einig sind, dass die Willenserklärung nur zum Schein abgegeben wird, dann führt auch die natürliche Auslegung[574] dazu, dass keine gültige Willenserklärung vorliegt, weil der Erklärungsempfänger den wirklichen Willen des Erklärenden erkannt hat. Die Vorschrift des § 117 Abs. 1 BGB, die die Nichtigkeit[575] der zum Schein abgegebenen Willenserklärung anordnet, bringt somit keinen über die allgemeinen Auslegungsgrundsätze hinausgehenden Erkenntniswert und wird daher an sich nicht benötigt. Wenn man von der immerhin klarstellenden Wirkung des § 117 Abs. 1 BGB absieht, könnte die Vorschrift ersatzlos gestrichen werden.

491 Das Scheingeschäft setzt gemäß § 117 Abs. 1 BGB das „Einverständnis" des Erklärungsempfängers mit dem Scheincharakter der Erklärung voraus. Dafür ist ausrei-

---

[573] Vgl. BGHZ 36, 84 (87 f.); BGH NJW 1980, 1572 (1573); NJW-RR 2006, 1955 Tz. 11; NJW-RR 2007, 1209 Tz. 5; NZG 2018, 596 Tz. 52.
[574] Hierzu oben Kapitel 4 Rn. 154.
[575] Ob die Willenserklärung, wie § 117 Abs. 1 BGB es vorsieht, nichtig ist oder, wie es den allgemeinen Auslegungsgrundsätzen entsprechen würde, in Wirklichkeit überhaupt keine Willenserklärung vorliegt, spielt im Ergebnis keine Rolle. Es gibt daher keinen Grund, die vom Gesetz angeordnete Nichtigkeit infrage zu stellen. A. A. *Hefermehl*, in: Soergel, § 117 Rn. 1: entgegen dem Wortlaut des § 117 Abs. 1 BGB handle es sich um eine „Nichterklärung"; ebenso *Ellenberger*, in: Grüneberg, § 117 Rn. 1; *Armbrüster*, in: MüKo, § 117 Rn. 1; *Singer*, in: Staudinger, § 117 Rn. 1; siehe auch BGHZ 45, 376 (379).

chend, wenn sich der Erklärungsempfänger des Scheincharakters bewusst ist und er mit dem Erklärenden – z. B. durch die Vornahme des Vertragsschlusses – einverständlich zusammenwirkt.[576] Fehlt es am Einverständnis des Erklärungsempfängers mit dem vom Erklärenden gewollten Scheincharakter, ist die Erklärung gleichwohl gemäß § 118 BGB (Mangel der Ernstlichkeit) nichtig, und zwar selbst dann, wenn der Erklärungsempfänger den auf Nichtgeltung der Erklärung gerichteten Willen des Erklärenden nicht erkannt hat.[577]

492 Häufig soll durch das Scheingeschäft ein anderes Rechtsgeschäft verdeckt werden, das die Parteien tatsächlich wollen, das aber geheim bleiben soll. Statt vom **verdeckten** spricht man auch vom **dissimulierten Geschäft**. Gemäß § 117 Abs. 2 BGB finden auf das verdeckte Rechtsgeschäft die hierfür geltenden Vorschriften Anwendung. Das bedeutet, dass das dissimulierte, also von den Parteien in Wirklichkeit gewollte Geschäft wirksam ist, wenn die gesetzlichen Wirksamkeitsvoraussetzungen für dieses Geschäft vorliegen. Auch darin liegt letztlich eine Selbstverständlichkeit. Durch § 117 Abs. 2 BGB wird aber immerhin klargestellt, dass der Verdeckungswille der Parteien nicht etwa zur Unwirksamkeit des verdeckten Geschäfts führt.

493 Ein klassischer Fall des Scheingeschäfts mit dahinterstehendem dissimuliertem Geschäft ist die sogenannte „**Schwarzbeurkundung**" bzw. „**Unterverbriefung**". Die Parteien eines Grundstückskaufvertrags vereinbaren einen bestimmten Kaufpreis, geben aber gegenüber dem Notar einen geringeren Betrag an, der beurkundet wird. Gezahlt werden soll vom Käufer freilich der höhere vereinbarte Kaufpreis, der in der notariellen Urkunde nicht auftaucht. Obwohl eine solche Vorgehensweise – wie sich sogleich zeigen wird – äußerst gefährlich ist, kommen derartige Fälle in der Praxis immer wieder vor.[578] Das Ziel der Parteien ist es, Gebühren zu sparen und Steuern zu hinterziehen. Von der Höhe des Grundstückskaufpreises hängen nämlich sowohl Notar- und Grundbuchgebühren als auch die Grunderwerbsteuer ab. Eine erhebliche Rolle spielt auch die sogenannte **Spekulationssteuer**, die bei Grundstücksveräußerungen anfallen kann. Gemäß §§ 22 Nr. 2, § 23 Abs. 1 Satz 1 Nr. 1 Einkommensteuergesetz (EStG) kann es ausnahmsweise zur Besteuerung des Veräußerungsgewinns kommen, wenn Anschaffung und Veräußerung des Grundstücks innerhalb der Spekulationsfrist von zehn Jahren erfolgen. Nach Ablauf der Spekulationsfrist gilt wieder der allgemeine Grundsatz, dass Gewinne aus privaten Veräußerungsgeschäften steuerfrei sind.

> **Bsp.:** Trick will an Track ein Grundstück verkaufen. Sie einigen sich über einen Kaufpreis von 385.000 €. Um Notar- und Grundbuchgebühren, Grunderwerbsteuer und Einkommensteuer auf private Veräußerungsgewinne zu sparen, lassen Trick und Track im notariellen Grundstückskaufvertrag nur einen Betrag von 43.200 € beurkunden. Track zahlt die vereinbarten 385.000 € an Trick und beide gehen fest davon aus, spätestens mit dieser Zahlung sei ein wirksamer Vertrag zu dem übereinstimmend gewollten Kaufpreis zustande gekommen. Trick investiert das Geld sogleich in riskante Warentermingeschäfte und verliert den gesamten Betrag. Hat Track gegen Trick einen Anspruch auf Übereig-

---
576 Vgl. BGH NJW 1996, 663 (664); NJW 1999, 2882; BGHZ 144, 331 (332): tatsächlicher Konsens über die Simulation.
577 Zu § 118 BGB siehe unten Rn. 495–501.
578 Vgl. aus der höchstrichterlichen Rspr. BGHZ 144, 331.

nung des Grundstücks, hilfsweise auf Rückzahlung der 385.000 €? – Der Anspruch auf Übereignung des Grundstücks gemäß § 433 Abs. 1 Satz 1 Alt. 2 BGB setzt die Wirksamkeit des Kaufvertrags voraus. Grundstückskaufverträge bedürfen gemäß § 311b Abs. 1 Satz 1 BGB der notariellen Beurkundung. Beurkundet ist hier ein Grundstückskaufvertrag mit einem Kaufpreis von 43.200 €, der von den Parteien nicht gewollt ist. Im Hinblick auf den Sinn und Zweck der Formvorschrift des § 311b Abs. 1 Satz 1 BGB ist in den genannten 43.200 € nicht etwa eine unschädliche Falschbezeichnung für den eigentlich gewollten Betrag von 385.000 € zu sehen. Die Anwendung der *falsa demonstratio*-Regel[579] würde hier zu einem Leerlaufen des § 311b Abs. 1 Satz 1 BGB führen. Der an sich formgültige Vertrag mit einem Kaufpreis von 43.200 € wurde von den Parteien nur zum Schein geschlossen, weshalb dieser gemäß § 117 Abs. 1 BGB nichtig ist. Der eigentlich gewollte Vertrag mit einem Kaufpreis von 385.000 € ist nicht beurkundet und damit gemäß §§ 311b Abs. 1 Satz. 1, 125 BGB formnichtig. Mangels eines wirksamen Kaufvertrags hat Track keinen Anspruch auf Übereignung des Grundstücks. Damit fehlt es auch an einem Rechtsgrund für die von Track vorgenommene Kaufpreiszahlung in Höhe von 385.000 €, weshalb grundsätzlich die Voraussetzungen für einen Rückzahlungsanspruch gemäß § 812 Abs. 1 Satz 1 Alt. 1 BGB (Leistungskondiktion) erfüllt sind. Allerdings hat Trick das Geld in Warentermingeschäfte investiert und dabei den gesamten Betrag verloren, weshalb aufgrund des Wegfalls der Bereicherung der Rückzahlungsanspruch gemäß § 818 Abs. 3 BGB ausgeschlossen ist. Da Trick von der Wirksamkeit des Kaufvertrags ausgeht, wird § 818 Abs. 3 BGB auch nicht durch eine verschärfte Haftung gemäß § 819 Abs. 1 i. V. m. § 818 Abs. 4 BGB verdrängt. Track hat daher weder einen Anspruch auf Übereignung des Grundstücks noch gibt es für ihn eine Möglichkeit, die gezahlten 385.000 € wieder zurückzubekommen. Er hat den Betrag von 385.000 € umsonst gezahlt!

Hinweis
Der Beispielsfall belegt die außerordentliche Gefährlichkeit der Schwarzbeurkundung, weil beide Seiten aufgrund der Unwirksamkeit des Kaufvertrags einen Totalverlust der jeweils erbrachten Leistung riskieren. Hinzu kommt die Strafbarkeit der mit der Schwarzbeurkundung bezweckten Steuerhinterziehung bzw. des Betrugs hinsichtlich der Notar- und Grundbuchgebühren.

Kommt es im Fall der Schwarzbeurkundung bzw. Unterverbriefung zum Vollzug des Verfügungsgeschäfts, also der Übereignung des Grundstücks gemäß §§ 873 Abs. 1, 925 Abs. 1 BGB, so tritt gemäß § 311b Abs. 1 Satz 2 BGB die Heilung des formnichtigen Grundstückskaufvertrags ein, d. h., der Grundstückskaufvertrag mit dem von den Parteien wirklich gewollten Kaufpreis gelangt zur Wirksamkeit. § 311b Abs. 1 Satz 2 BGB bestimmt, dass der schuldrechtliche Vertrag „seinem ganzen Inhalt nach" gültig wird, wenn die Auflassung (§ 925 Abs. 1 BGB), d. h. die dingliche Einigung der Parteien im Rahmen der Grundstücksübereignung, und die Eintragung in das Grundbuch erfolgen. § 311b Abs. 1 Satz 2 BGB („wird [...] gültig") sieht keine Rückwirkung vor, weshalb die Heilung des Vertrags mit Wirkung *ex nunc*[580], also nur für die Zukunft, eintritt. Angesichts der Heilungsvor-

---
579 Siehe hierzu oben Kapitel 4 Rn. 162–164.
580 Zur Wirkung *ex nunc* (im Gegensatz zur Wirkung *ex tunc*) siehe auch oben Kapitel 8 Rn. 370.

schrift des § 311b Abs. 1 Satz 2 BGB, die zur Wirksamkeit des Verpflichtungsgeschäfts führt, kann bei der Schwarzbeurkundung im Ergebnis doch alles gut gehen, was aber im Voraus nicht absehbar ist.

3. Nicht ernstlich gemeinte Willenserklärung

495 Die nicht ernstlich gemeinte Willenserklärung ist in § 118 BGB geregelt. Demnach ist eine solche Willenserklärung nichtig, wenn sie vom Erklärenden in der Erwartung abgegeben worden ist, der Mangel der Ernstlichkeit werde vom Erklärungsempfänger nicht verkannt werden. Der Erklärende will im Fall des § 118 BGB – nicht anders als im Fall des geheimen Vorbehalts gemäß § 116 BGB – ganz bewusst keine wirksame Erklärung abgeben, sondern nur den falschen Schein einer Willenserklärung setzen. Im Gegensatz zur Mentalreservation (§ 116 BGB) will der Erklärende bei § 118 BGB den Erklärungsempfänger aber nicht irreführen, sondern geht davon aus, sein auf die Nichtgeltung der Erklärung gerichteter Wille, also das fehlende Erklärungsbewusstsein, werde vom Erklärungsempfänger erkannt.

> **Bsp.:** Fritz und Willi sind begeisterte Schlumpfsammler, die regelmäßig Schlümpfe miteinander tauschen. Fritz ist schon seit langem scharf auf den äußerst seltenen „Weihnachtsschlumpf mit Kranz", von dem Willi zwei Stück hat, aber bisher keinen hergeben wollte. An einem heißen Sommertag meint Willi zu Fritz: „Für eine kühle Limo würde ich jetzt alles geben!" Daraufhin holt Fritz eine eisgekühlte Dose mit Zitronenlimonade aus seinem Rucksack und gibt sie Willi mit dem Hinweis, er nehme ihn beim Wort: Er müsse ihm für die Limonade zwar nicht buchstäblich „alles" geben, er beanspruche aber einen der beiden Weihnachtsschlümpfe. Willi ist nicht wenig überrascht und entgegnet, er habe das mit der Limonade doch nur so dahingesagt und außerdem bei den Temperaturen nicht im Traum an die Weihnachtsschlümpfe gedacht. – Bei der Aussage „Für eine kühle Limo würde ich jetzt alles geben!"[581] handelt es sich aus der Sicht von Willi, auf die es hier ankommt, um eine nicht ernstlich gemeinte Willenserklärung i. S. d. § 118 BGB. Fritz hat daher gegen Willi keinen Anspruch auf Übergabe und Übereignung eines der beiden Weihnachtsschlümpfe gemäß §§ 480, 433 Abs. 1 Satz 1 BGB.

496 Die nicht ernstlich gemeinte Willenserklärung wird auch als „**Scherzerklärung**" bezeichnet, wobei der Begriff aber zu eng ist. Von § 118 BGB werden alle Fälle erfasst, in denen der Erklärende – aus welchen Gründen auch immer – erwartet, die mangelnde Ernstlichkeit der Erklärung werde vom Erklärungsempfänger nicht verkannt werden. Es muss bei der Erklärung in keiner Weise um einen Scherz gehen, wie das folgende Beispiel zeigt.

> **Bsp.:** Arbeitgeber Arnold ärgert sich, weil seine Angestellten morgens häufig unpünktlich zur Arbeit kommen. Er kündigt an, der nächste „Zuspätkommer" werde auf der Stelle „rausfliegen". Am nächsten Morgen trifft Ludwig, der Arnolds zuverlässigster Mitarbeiter ist und sonst immer überpünktlich zur Arbeit erscheint, einige Minuten zu spät ein. Arnold will sich vor der Belegschaft keine Blöße geben und händigt Ludwig das vorbereitete Kündigungsschreiben

---

[581] Vgl. auch den klassischen Ausruf König Richards III. in der Schlacht von Bosworth (1485): „Ein Pferd! ein Pferd! mein Königreich für ein Pferd!" (William Shakespeare, Richard III., 5. Aufzug, 4. Szene), der in abgewandelter Form auch im Großen Asterix-Band XIV (Asterix in Spanien), S. 48, auftaucht: „Einen Fisch! Ein Königreich für einen Fisch!".

aus. Er geht davon aus, Ludwig werde ohne Weiteres durchschauen, dass er für den Betrieb unverzichtbar ist und ihm daher nicht wirklich gekündigt werden soll. Dieser ist jedoch schockiert und denkt, es handle sich um eine wirksame Kündigung. Er eilt nach Hause und gibt noch am selben Tag 20 € für ein Stellengesuch in der Zeitung aus. – Arnold hat hier die Erwartung, Ludwig werde die mangelnde Ernstlichkeit der Kündigung nicht verkennen, weshalb die Kündigung gemäß § 118 BGB nichtig ist. Die Kündigung hat dazu geführt, dass Ludwig das Stellengesuch in der Zeitung aufgab und ihm dafür Kosten in Höhe von 20 € entstanden sind. Dabei handelt es sich um einen Vertrauensschaden, den Arnold gemäß § 122 Abs. 1 BGB, der ausdrücklich auch auf § 118 BGB Bezug nimmt, ersetzen muss.

Unter § 118 BGB fällt auch das sogenannte „**misslungene Scheingeschäft**", bei dem der Erklärende irrtümlich davon ausgeht, der Erklärungsempfänger sei mit dem Scheincharakter der abgegebenen Willenserklärung einverstanden.

497

> **Bsp.** (vgl. BGHZ 144, 331): In dem unter Rn. 493 behandelten Fall des unterverbrieften Grundstückskaufvertrags tritt Daniel als Verhandlungsführer des Käufers Track auf. Verkäufer Trick geht davon aus, Track sei von Daniel darüber informiert worden, dass nicht der beurkundete Kaufpreis von 43.200 €, sondern in Wirklichkeit ein Kaufpreis von 385.000 € maßgeblich sein soll. Das ist allerdings nicht geschehen, weshalb Track bei der Beurkundung annimmt, er kaufe von Trick das Grundstück zum Preis von 43.200 €. Ist ein wirksamer Kaufvertrag zustande gekommen? – Da Track den von Trick gewollten Scheincharakter des beurkundeten Geschäfts nicht kennt, sind die Voraussetzungen des § 117 Abs. 1 BGB nicht erfüllt. Track muss sich auch nicht das Wissen seines Verhandlungsführers analog § 166 Abs. 1 BGB zurechnen lassen. Eine solche Wissenszurechnung scheidet im Hinblick auf die Formzwecke des § 311b Abs. 1 Satz 1 BGB aus. Die Warn- und Beratungsfunktion, die der notariellen Beurkundung zukommt, kann nur gegenüber den Personen verwirklicht werden, die an der Beurkundung auch tatsächlich teilnehmen.[582] Insbesondere können „Zweifel, ob das Geschäft […] dem wahren Willen der Beteiligten entspricht" (§ 17 Abs. 2 Satz 1 BeurkG), nur „mit den Beteiligten erörtert werden". Somit liegt ein „misslungenes Scheingeschäft" vor. Trick ging bei der Beurkundung allerdings davon aus, Track sei informiert und kenne somit den Scheincharakter des beurkundeten Geschäfts. Seine Willenserklärung – und damit der gesamte Grundstückskaufvertrag – ist daher zwar nicht gemäß § 117 Abs. 1 BGB, jedoch gemäß § 118 BGB nichtig.

Problem

Umstritten ist, ob § 118 BGB auf den besonderen Typus der sogenannten „**Schmerz-Erklärungen**" anwendbar ist.[583] Es geht dabei um Erklärungen, die aufgrund von Provokation, Demütigung oder unter psychischem Druck abgegeben werden.

---

582 Vgl. BGH NJW-RR 1986, 1019 (1020); *Thiessen*, NJW 2001, 3025 (3026).
583 Befürwortend *Tscherwinka*, NJW 1995, 308 f.; *Neuner*, AT, § 40 Rn. 9 (die Bezeichnung „Appell-Erklärungen" bevorzugend); *Singer*, in: Staudinger, § 118 Rn. 1. Gegen die Anwendbarkeit des § 118 BGB auf „Schmerz-Erklärungen" *Köhler*, AT, § 7 Rn. 13; *Medicus/Petersen*, AT, Rn. 596; *F. Weiler*, NJW 1995, 2608 f.; *Armbrüster*, in: MüKo, § 118 Rn. 5.

498 Hier gilt es, im Einzelfall zu prüfen, ob die konkreten Anforderungen des § 118 BGB erfüllt sind. Kündigt etwa ein Arbeitnehmer als Reaktion auf eine Provokation des Arbeitgebers unter Einhaltung der Schriftform des § 623 BGB das Arbeitsverhältnis, ist die Kündigung nur dann gemäß § 118 BGB nichtig, wenn der Arbeitnehmer – aus seiner subjektiven Sicht – tatsächlich die Erwartung hatte, der Arbeitgeber werde die Kündigung nicht als ernstgemeinte Willenserklärung auffassen, sondern z. B. mit folgenden Worten reagieren: „Das mit der Kündigung haben Sie natürlich nicht ernst gemeint!" Erhofft sich der Arbeitnehmer dagegen als Reaktion die Antwort „Das können Sie uns bitte nicht antun!", zielt seine Erklärung grundsätzlich auf eine wirksame Kündigung ab. Die Bereitschaft, die Kündigung auf entsprechende Bitte des Arbeitgebers wieder zurückzuziehen, ändert nichts daran, dass zunächst eine wirksame Kündigung gewollt ist, weshalb § 118 BGB nicht anwendbar ist.

499 Nicht zum Anwendungsbereich des § 118 BGB gehören Erklärungen, die ein Schauspieler auf der Bühne rezitiert oder die im Unterricht zu Demonstrationszwecken vorgetragen werden. Hier ist vom Handelnden – ersichtlich – von vornherein keine Willensäußerung gewollt, sondern es geht um die Vornahme von Realakten.[584] Die nicht ernstlich gemeinte Willenserklärung i. S. d. § 118 BGB setzt dagegen voraus, dass der Erklärende immerhin den äußeren Anschein einer ernstgemeinten Erklärung erwecken will, dabei aber davon ausgeht, der Erklärungsempfänger werde die mangelnde Ernstlichkeit ohne Weiteres durchschauen.

500 Voraussetzung des § 118 BGB ist die **Redlichkeit des Erklärenden**, d. h., der Erklärende muss tatsächlich davon ausgehen, dass der Erklärungsempfänger seine wahre Absicht erkennen wird. Man spricht daher bei § 118 BGB vom **„guten Scherz"** im Sinne eines gut gemeinten Scherzes.[585] Macht der Erklärende einen „bösen Scherz", geht er also nicht davon aus, dass der Erklärungsempfänger seine wahre Absicht erkennt, liegt ein Fall des geheimen Vorbehalts gemäß § 116 BGB vor.

501 Was die Durchschaubarkeit des Mangels der Ernstlichkeit betrifft, stellt § 118 BGB auf die „Erwartung" des Erklärenden ab. Es kommt daher ausschließlich auf die **subjektive Sicht des Erklärenden** an, ohne Rücksicht darauf, ob die mangelnde Ernstlichkeit für den Erklärungsempfänger auch tatsächlich erkennbar war.[586] Da die Sicht des Erklärungsempfängers nach der in § 118 BGB getroffenen Regelung keine Rolle spielt, kommt es zur Nichtigkeit der Willenserklärung nach § 118 BGB zum einen dann, wenn der Erklärungsempfänger die mangelnde Ernstlichkeit erkannt hat oder – nach dem Maßstab eines objektiven Erklärungsempfängers – hätte erkennen müssen.[587] Immerhin stimmt die Nichtigkeitsfolge des § 118 BGB

---

584 Vgl. *Medicus/Petersen*, AT, Rn. 596; *Neuner*, AT, § 40 Rn. 9; *Wertenbruch*, AT, § 7 Rn. 17. **A. A.** *Armbrüster*, in: MüKo, § 118 Rn. 5.
585 Vgl. *Brox/Walker*, AT, § 17 Rn. 7; *Mansel*, in: Jauernig, § 118 Rn. 2; *Armbrüster*, in: MüKo, § 118 Rn. 11; *Hefermehl*, in: Soergel, § 118 Rn. 6.
586 Vgl. BGHZ 144, 331 (335); *Flume*, AT II, S. 413 (§ 20, 3); *Mansel*, in: Jauernig, § 118 Rn. 2; *Armbrüster*, in: MüKo, § 118 Rn. 8; *Hefermehl*, in: Soergel, § 118 Rn. 7; *Singer*, in: Staudinger, § 118 Rn. 3.
587 Nach *Hefermehl*, in: Soergel, § 118 Rn. 1, ist eine nicht ernstlich gemeinte Willenserklärung, die in diesem Sinne vom Erklärungsgegner verstanden werden musste, „keine Willenserklärung", sodass § 118 BGB von vornherein nicht anwendbar sei; ähnlich *Preuß*, Jura 2002, 815 (818). Dagegen spricht allerdings § 122 Abs. 2 BGB, der zeigt, dass § 118 BGB nach der Konzeption des Gesetzgebers auch dann anzuwenden ist, wenn der Erklärungsempfänger „den Grund der Nichtigkeit [...] kannte oder infolge von Fahrlässigkeit nicht kannte".

in den Fällen des Kennens und Kennenmüssens der Sache nach mit den allgemeinen Auslegungsgrundsätzen, nämlich dem Gedanken der natürlichen bzw. der normativen Auslegung,[588] überein. Zum anderen tritt die Nichtigkeit der Willenserklärung gemäß § 118 BGB aber auch dann ein, wenn die fehlende Ernstlichkeit für den Erklärungsempfänger nicht erkennbar war. In diesem Fall bedeutet die Nichtigkeitsfolge eine Abweichung von den allgemeinen Auslegungsgrundsätzen, und zwar vom Gedanken der Auslegung nach dem objektiven Empfängerhorizont (normative Auslegung). Darin liegt eine – rechtspolitisch bedenkliche – Durchbrechung des Verkehrsschutzgedankens.[589] Es ist schwer einsehbar, weshalb derjenige, der bewusst etwas erklärt, was er nicht will, gemäß § 118 BGB in den Genuss der Nichtigkeit der Erklärung kommt, während derjenige, der sich irrt, die Erklärung gemäß §§ 142 Abs. 1, 119 BGB anfechten muss. *De lege ferenda* („nach zu setzendem Recht") wäre daher die ersatzlose Streichung des § 118 BGB wünschenswert. Die hinter § 118 BGB stehende Entscheidung des Gesetzgebers muss aber *de lege lata* („nach gesetztem Recht"), also nach der geltenden Gesetzeslage, respektiert werden. Als Sondervorschrift darf § 118 BGB allerdings nicht über seinen Anwendungsbereich hinaus ausgedehnt werden.[590]

Hinweis

Der Rechtsanwender ist gemäß Art. 20 Abs. 3 GG („Gesetz und Recht") grundsätzlich an die Gesetzeslage, also an das, was *de lege lata* gilt, gebunden. Diese Bindung besteht auch dann, wenn er die gesetzliche Regelung für rechtspolitisch verfehlt hält. Es gibt dann aus seiner Sicht einen Änderungsbedarf *de lege ferenda*. Mit anderen Worten: Der Gesetzgeber soll tätig werden und die vorhandene Regelung ändern.

III. Formmangel

1. Formnichtigkeit

Der Verstoß gegen die gesetzliche Form hat gemäß § 125 Satz 1 BGB die Nichtigkeit des Rechtsgeschäfts zur Folge. Die Nichtigkeitsfolge gilt gemäß § 125 Satz 2 BGB im Zweifel auch für den Verstoß gegen die vereinbarte Form. Gesetzliche Formvorschriften, die im Fall des Formverstoßes die Nichtigkeitsfolge des § 125 Satz 1 BGB auslösen, müssen stets einen Formzweck verfolgen, der die in der Anordnung des Formzwangs liegende Einschränkung der Vertragsfreiheit rechtfertigt.[591]

2. Arten der gesetzlichen Form

Das BGB unterscheidet fünf Arten der gesetzlichen Form, wie sich aus den §§ 126–129 BGB ergibt.

Übersicht

Arten der gesetzlichen Form
- Schriftform, § 126 BGB
- Elektronische Form, § 126a BGB

---

588 Zur natürlichen und normativen Auslegung siehe oben Kapitel 4 Rn. 154–161.
589 Vgl. *Ellenberger*, in: Grüneberg, § 118 Rn. 2.
590 Vgl. *Köhler*, AT, § 7 Rn. 13; *Armbrüster*, in: MüKo, § 118 Rn. 2.
591 Siehe hierzu und zu Beispielen für Formvorschriften oben Kapitel 6 Rn. 212 f.

- Textform, § 126b BGB
- Notarielle Beurkundung, §§ 128, 152 BGB
- Öffentliche Beglaubigung, § 129 BGB

504 a) **Schriftform.** Beispiele für Verträge bzw. Erklärungen, die der gesetzlichen Schriftform bedürfen, sind der Verbraucherdarlehensvertrag (§ 492 Abs. 1 Satz 1 BGB), der Mietvertrag über Grundstücke und Räume, falls dieser für längere Zeit als ein Jahr abgeschlossen wird (§§ 550 Satz 1, 578 BGB)[592], die Kündigung des Wohnraummietvertrags (§ 568 Abs. 1 BGB), die Beendigung von Arbeitsverhältnissen durch Kündigung oder Auflösungsvertrag (§ 623 BGB)[593] und die Bürgschaftserklärung (§ 766 Satz 1 BGB).

505 Gemäß § 126 Abs. 1 BGB bedarf es zur Einhaltung der vom Gesetz angeordneten Schriftform der Errichtung einer **Urkunde**, die vom Aussteller „eigenhändig durch Namensunterschrift oder mittels notariell beglaubigten Handzeichens unterzeichnet werden" muss. Aussteller ist derjenige, der die Erklärung als seine eigene abgibt,[594] also z. B. nicht der Erklärungsbote, sehr wohl aber der Stellvertreter, der eine eigene Willenserklärung im fremden Namen abgibt (§ 164 Abs. 1 BGB).[595] Bei einem Vertrag genügt es gemäß § 126 Abs. 2 Satz 2 BGB, wenn jede Partei die für die andere Partei bestimmte Urkunde unterzeichnet, wobei es sich um gleichlautende Urkunden handeln muss. Bei Verbraucherdarlehensverträgen erlaubt es das Gesetz, dass Antrag und Annahme jeweils getrennt schriftlich erklärt werden (§ 492 Abs. 1 Satz 1 BGB).

Definition
Unter einer **Urkunde** versteht man eine schriftliche Verkörperung einer Erklärung auf einem unmittelbar, d. h. ohne technische Hilfsmittel, lesbaren Schriftträger.

506 Ein elektronisches Dokument, das nur mit Hilfe technischer Geräte lesbar ist, erfüllt nicht die Anforderungen an eine Urkunde i. S. d. § 126 Abs. 1 BGB, wie sich auch im Umkehrschluss aus §§ 126 Abs. 3, 126a BGB ergibt. Daher genügt insbesondere eine auf einem elektronischen Tablet unterschriebene Erklärung trotz der Eigenhändigkeit der Unterschrift nicht der gesetzlichen Schriftform.[596] Die Urkunde muss nicht eigenhändig verfasst sein. Es kann sich daher auch um einen von einer anderen Person handschriftlich verfassten oder um einen vorgedruckten Text handeln. Etwas anderes gilt nur für das eigenhändige Testament, das gemäß § 2247 Abs. 1 BGB nicht nur eine eigenhändig unterschriebene, sondern auch eine eigenhändig geschriebene Erklärung erfordert (holographisches Testament).

507 Von § 126 Abs. 1 BGB wird die **Eigenhändigkeit** der Unterschrift verlangt. Ein Stempel mit Faksimile-Unterschrift oder die Wiedergabe einer eingescannten Un-

---
592 Siehe hierzu oben Kapitel 6 Rn. 212.
593 Siehe hierzu oben Kapitel 6 Rn. 212.
594 Vgl. RGZ 50, 51 (55); 76, 191 (193 f.); *Hefermehl*, in: Soergel, § 126 Rn. 6.
595 Hierzu unten Kapitel 11 Rn. 617.
596 Vgl. OLG München NJW 2012, 3584 (3585).

III. Formmangel

terschrift reichen nicht aus,[597] soweit nicht ausnahmsweise eine vervielfältigte Unterschrift (z. B. § 793 Abs. 2 Satz 2 BGB, § 13 Satz 1 AktG) zugelassen wird. Der Begriff „Unterschrift" ist wörtlich zu nehmen, was bedeutet, dass die Unterschrift unter dem Text stehen und diesen räumlich abschließen muss. Eine sogenannte „Oberschrift", die über dem Urkundentext steht, oder eine sogenannte „Nebenschrift", die sich neben dem Urkundentext befindet, sind nicht ausreichend.[598] Nachträge, die unterhalb der Unterschrift hinzugefügt werden, sind von der Unterschrift nicht abgedeckt. Um das Schriftformerfordernis zu erfüllen, müssen derartige Nachträge erneut unterschrieben werden.[599] Ob die Unterschrift im Anschluss an die Abfassung des Urkundentextes oder vorher geleistet wird, spielt für § 126 Abs. 1 BGB keine Rolle. Nachträgliche Änderungen oder Ergänzungen des über der Unterschrift stehenden Urkundentextes sind daher durch die Unterschrift des Ausstellers gedeckt, sofern die Änderungen oder Ergänzungen seinem Willen entsprechen.[600]

508 § 126 Abs. 1 BGB spricht von der **„Namensunterschrift"**, wobei der Name gemeint ist, durch den eine Person im Rechtsverkehr individualisiert wird. Grundsätzlich muss daher mit dem Familiennamen unterschrieben werden. Der Vorname kann, muss aber nicht hinzugefügt werden, weil die Kennzeichnung einer Person außerhalb des Familien- und engeren Bekanntenkreises durch den Familiennamen erfolgt.[601] Nicht ausreichend ist es, wenn allein mit dem Vornamen unterzeichnet wird.[602] Zulässig ist die Verwendung eines Pseudonyms oder eines Künstlernamens, wenn die betreffende Person unter dieser Bezeichnung im Rechtsverkehr bekannt ist. Die Unterschrift muss mit dem vollen Namenszug erfolgen. Ein bloßes Namenskürzel (eine sogenannte Paraphe) reicht nicht aus, z. B. wenn bei der Unterschrift bewusst nur die ersten drei Buchstaben des Namens verwendet werden. Nicht erforderlich ist, dass die Unterschrift leserlich ist. Es genügt, wenn es sich um einen individuellen Schriftzug handelt, der die Absicht der vollen Unterschriftsleistung erkennen lässt.[603] Der BGH ist hierbei recht großzügig:[604] Bereits der Anfangsbuchstabe, gefolgt von einem kürzeren, flach ansteigenden und leicht gekrümmten weiteren Aufstrich reicht für die volle Namensunterschrift aus, wenn nichts dagegen spricht, dass dieser weitere Aufstrich für den Rest des Namens stehen soll. Dieser großzügige Maßstab trägt der Individualität des Schriftzugs Rechnung, die die Echtheit der Urkunde garantieren soll. Das Erfordernis einer leserlichen Unterschrift in schönster Schulschrift liefe der Fälschungssicherheit zuwider und wäre daher mit dem Sinn und Zweck des § 126 Abs. 1 BGB nicht zu vereinbaren.

509 § 126 Abs. 1 BGB sieht als Alternative zur Namensunterschrift die Unterzeichnung durch **notariell beglaubigtes Handzeichen** vor. Dabei handelt es sich um eigen-

---

[597] Vgl. Brox/Walker, AT, § 13 Rn. 11; Köhler, AT, § 12 Rn. 8; Neuner, AT, § 44 Rn. 33; Einsele, in: MüKo, § 126 Rn. 15.
[598] Vgl. BGHZ 113, 48 (51), zur „Oberschrift"; Brox/Walker, AT, § 13 Rn. 9; Medicus/Petersen, AT, Rn. 617; Neuner, AT, § 44 Rn. 27. **A. A.** Köhler, JZ 1991, 408 (409).
[599] Vgl. BGH NJW-RR 1990, 518 f.; NJW 1994, 2300 f.
[600] Vgl. BGH NJW-RR 1990, 518 (519); NJW 1994, 2300 (2301).
[601] Vgl. BGH NJW 2003, 1120.
[602] Vgl. BGH NJW 2003, 1120 f.
[603] Vgl. BGH NJW 1997, 3380.
[604] BGH NJW 1997, 3380 (3381); vgl. auch BGH NJW 2015, 3104 Tz. 7; NJW-RR 2015, 699 Tz. 7 f.; NJW-RR 2017, 445 Tz. 7 f.

händig gesetzte Zeichen, die keine Schriftzeichen sind, z. B. drei Kreuze oder ein Fingerabdruck. Auf diese Weise besteht für Personen, die ihren Namen nicht schreiben können, die Möglichkeit, das Schriftformerfordernis zu wahren.

510 Empfangsbedürftige Willenserklärungen, die der Schriftform bedürfen, müssen dem Erklärungsempfänger grundsätzlich in der erforderlichen Schriftform zugehen.[605] Dass sich bei der gesetzlichen Schriftform das Formerfordernis auch auf den **Zugang** erstreckt, ist nicht unmittelbar in § 126 BGB geregelt, sondern ergibt sich regelmäßig aus dem Sinn und Zweck der jeweiligen Formvorschrift[606] und wird auch durch den Vergleich mit der Regelung der vereinbarten Form bestätigt.[607] Gemäß § 127 Abs. 2 Satz 1 BGB genügt für die vereinbarte Form grundsätzlich die telekommunikative Übermittlung, also beispielsweise die Übermittlung durch Telefax. Das bedeutet im Umkehrschluss, dass es im Rahmen des § 126 BGB im Regelfall nicht ausreicht, wenn der Erklärende die Urkunde zwar eigenhändig unterschreibt, sie dem Erklärungsempfänger aber nicht im Original, sondern nur per Telefax übermittelt. Genauso wenig genügt die Übersendung einer Kopie der Urkunde. Es fehlt in diesen Fällen am Zugang der Erklärung gemäß § 130 Abs. 1 Satz 1 i. V. m. § 126 Abs. 1 BGB.

511 Sind alle Anforderungen des § 126 BGB erfüllt und ist die Urkunde auch formgerecht zugegangen, begründet die Schriftform die **Vermutung der Vollständigkeit und der Richtigkeit der Urkunde**.[608] Die Partei, die sich auf Abreden beruft, die nicht Inhalt der Urkunde sind oder davon abweichen, muss diese beweisen. Hinsichtlich der in Vorverhandlungen besprochenen Punkte, die in die Urkunde nicht oder in veränderter Form aufgenommen wurden, führt die Vermutung der Vollständigkeit und Richtigkeit dazu, dass im Zweifel davon auszugehen ist, die Parteien wollten das mündlich Vereinbarte nur in Form des Urkundeninhalts aufrechterhalten.[609]

512 b) Elektronische Form. Die Schriftform kann – wenn sich aus dem Gesetz nichts anderes ergibt – durch die elektronische Form i. S. d. § 126a BGB ersetzt werden (§ 126 Abs. 3 BGB). Die elektronische Form darf nicht mit einer einfachen elektronischen Willenserklärung[610] gleichgesetzt werden. Insbesondere reicht die Unterzeichnung auf einem elektronischen Tablet für § 126a BGB nicht aus. Mit der elektronischen Form ist ein ganz besonderer Fall der elektronischen Willenserklärung gemeint: Es geht um die mit einer **qualifizierten elektronischen Signatur** im Sinne von Art. 3 Nr. 12, Art. 25–34 eIDAS-Verordnung (eIDAS-VO)[611] verse-

---

605 Vgl. BGH NJW 1962, 1388 (1389 f.); NJW 1997, 3169 (3170); NJW 2010, 1518 Tz. 23; *Ellenberger*, in: Grüneberg, § 126 Rn. 12; *Mansel*, in: Jauernig, § 126 Rn. 11; *Einsele*, in: MüKo, § 126 Rn. 21.
606 Siehe BGHZ 121, 224 (229), zur schriftlichen Erteilung der Bürgschaftserklärung gemäß § 766 Satz 1 BGB.
607 Vgl. BGHZ 24, 297 (298).
608 Vgl. BGH NJW 1999, 1702 (1703); NJW 2002, 3164 f.; NJW 2017, 175 Tz. 6; *Ellenberger*, in: Grüneberg, § 125 Rn. 21; *Einsele*, in: MüKo, § 125 Rn. 40; *Hefermehl*, in: Soergel, § 125 Rn. 24.
609 Vgl. *Einsele*, in: MüKo, § 125 Rn. 40; *Hefermehl*, in: Soergel, § 125 Rn. 24. Das gilt nicht, wenn in der Urkunde durch den Zusatz „wie abgesprochen" auf vorvertragliche Abreden explizit Bezug genommen wird; vgl. BGH NJW-RR 2021, 872 Tz. 9, 14. Auch begründen Klauseln in Allgemeinen Geschäftsbedingungen angesichts des Vorrangs der Individualabrede gemäß § 305b BGB nicht die Vermutung, dass hierdurch mündliche Abreden eingeschränkt oder aufgehoben werden sollten; vgl. BGH NJW 2013, 2745 Tz. 23; BAG NZA 2017, 58 Tz. 28; NZA 2017, 502 Tz. 88.
610 Siehe hierzu oben Kapitel 4 Rn. 105–107.
611 Verordnung (EU) Nr. 910/2014 vom 23.7.2014 („electronic IDentification, Authentication and trust Services"-Verordnung).

hene elektronische Willenserklärung. Zulässig ist die Ersetzung der Schriftform durch die elektronische Form z. B. beim Verbraucherdarlehensvertrag (§ 492 Abs. 1 BGB) und beim Darlehensvermittlungsvertrag mit einem Verbraucher (§ 655b BGB), nicht dagegen bei der Beendigung eines Arbeitsverhältnisses durch Kündigung oder Auflösungsvertrag (§ 623 Halbsatz 2 BGB),[612] ebenso nicht bei der Bürgschaftserklärung (§ 766 Satz 2 BGB) und beim abstrakten Schuldversprechen und -anerkenntnis (§§ 780 Satz 2, 781 Satz 2 BGB). Die wirksame Ersetzung der Schriftform setzt voraus, dass der Erklärungsempfänger bzw. der Vertragspartner mit der Verwendung der elektronischen Form **einverstanden** ist.[613] Grundsätzlich gibt es nämlich weder eine Verpflichtung zur Vorhaltung der technischen Einrichtungen, die für den Empfang elektronischer Willenserklärungen erforderlich sind, noch zur Aneignung des Wissens, das man zur Überprüfung einer qualifizierten elektronischen Signatur benötigt.[614] In § 126 Abs. 3 BGB sind die Worte „kann [...] ersetzt werden" daher im Sinne einer Möglichkeit zu verstehen, die von beiden Parteien gewollt sein muss. Das hat zur Folge, dass ein Erklärungsempfänger, der über die nötige Ausrüstung (Computer bzw. Mobilgerät und Internetzugang) verfügt und seine E-Mail-Adresse auch im Rechtsverkehr nutzt, zwar ohne Weiteres den Eingang einfacher elektronischer Willenserklärungen akzeptieren muss, nicht aber die Ersetzung der Schriftform durch die Form des § 126a BGB.[615]

Gemäß § 126a Abs. 1 BGB erfordert die elektronische Form, dass der Aussteller der Erklärung dieser seinen Namen hinzufügt und das elektronische Dokument mit seiner qualifizierten elektronischen Signatur versieht.

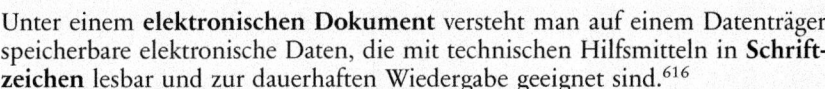

Definition
Unter einem **elektronischen Dokument** versteht man auf einem Datenträger speicherbare elektronische Daten, die mit technischen Hilfsmitteln in **Schriftzeichen** lesbar und zur dauerhaften Wiedergabe geeignet sind.[616]

In der Vergangenheit benötigte der Erklärende zur Erstellung einer elektronischen Willenserklärung mit qualifizierter elektronischer Signatur eine entsprechende Signatur-Chipkarte, ein geeignetes Kartenlesegerät sowie die passende Software. Der damit verbundene technische Aufwand und die laufenden Kosten, die für die Zuweisung eines qualifizierten Zertifikats (Art. 3 Nr. 15 eIDAS-VO) entstehen,

---

612 Dagegen ist der Abschluss eines Arbeitsvertrags formfrei, weshalb die Parteien hier nach §§ 127 Abs. 1, 126a BGB die elektronische Form wählen können. Allerdings hat der Arbeitgeber gemäß § 2 Abs. 1 Satz 1 Nachweisgesetz (NachwG) die wesentlichen Vertragsbedingungen des Arbeitsverhältnisses schriftlich niederzulegen, die Niederschrift zu unterzeichnen und dem Arbeitnehmer auszuhändigen. Für diesen Nachweis der wesentlichen Vertragsbedingungen gegenüber dem Arbeitnehmer ist die Verwendung der elektronischen Form gemäß § 2 Abs. 1 Satz 3 NachwG ausgeschlossen.
613 Vgl. *Neuner*, AT, § 44 Rn. 38; *Ellenberger*, in: Grüneberg, § 126a Rn. 6; *Mansel*, in: Jauernig, § 126a Rn. 3; *Marly*, in: Soergel, § 126a Rn. 23, 26; *Hertel*, in: Staudinger, § 126 Rn. 167, § 126a Rn. 39. A. A. (Frage des Zugangs) *Leipold*, BGB I, § 16 Rn. 9; *Hecht*, in: BeckOGK-BGB, § 126 Rn. 81–84 (Stand: 1.9.2022); *Einsele*, in: MüKo, § 126 Rn. 28–32; *Apel/Huber*, Jura 2022, 1141 (1148 f.).
614 Anderes gilt etwa für besondere Berufsgruppen wie Rechtsanwälte und Notare (hierzu Rn. 514).
615 A. A. *Leipold*, BGB I, § 16 Rn. 9; *Hecht*, in: BeckOGK-BGB, § 126 Rn. 83 (Stand: 1.9.2022): Es genüge, wenn ein potenzieller Erklärungsempfänger im Zuge der Vertragsverhandlungen seine E-Mail-Adresse als Kontaktmöglichkeit angegeben habe.
616 Vgl. *Einsele*, in: MüKo, § 126a Rn. 3; *Spindler*, in: Spindler/Schuster, Recht der elektronischen Medien, 4. Aufl. 2019, § 126a BGB Rn. 8. A. A. *Primaczenko/Frohn*, in: BeckOGK-BGB, § 126a Rn. 23 (Stand: 1.5.2020): auch Audio- und Videodateien.

standen in der Praxis häufig der Verwendung von elektronischen Willenserklärungen mit qualifizierter elektronischer Signatur entgegen. Nach der eIDAS-Verordnung besteht nun die Möglichkeit einer Fernsignatur, für die keine zusätzliche Hardware, d. h. weder eine Chipkarte noch ein Kartenlesegerät, benötigt wird.[617] Hierfür muss sich der Erklärende zunächst online bei einem qualifizierten Vertrauensdiensteanbieter (Art. 3 Nr. 16, 19, Art. 20–24 eIDAS-VO) registrieren, der die Identität des Erklärenden feststellt. Dazu soll ein Video-Chat ausreichen, bei dem der Erklärende seinen Personalausweis vorzeigt („Video-Ident").[618] Allemal sicherer ist es, wenn sich der Erklärende mittels der Online-Ausweisfunktion seines Personalausweises identifiziert.[619] In beiden Fällen erstellt der Vertrauensdiensteanbieter danach ein qualifiziertes Zertifikat für den Erklärenden, der seine Willenserklärung sodann online im Signatur-Portal des Vertrauensdiensteanbieters signiert. Abschließend besteht dann etwa die Möglichkeit, das mit der qualifizierten elektronischen Signatur versehene Dokument aus dem Signatur-Portal herunterzuladen. Anwendungsbeispiele für die Fernsignatur sind das von der Deutschen Post AG angebotene „Postident E-Signing"[620] sowie das von der D-Trust GmbH, einem Unternehmen der Bundesdruckerei-Gruppe, betriebene „sign-me"-Portal.[621] Das Verfahren der Fernsignatur bietet auch die Möglichkeit, Signaturschlüssel ad hoc, also für den einzelnen Vertragsschluss, zu generieren. Voraussetzung ist nur, dass die am Vertragsschluss Beteiligten Zugriff auf das Internet haben, wobei ein mobiler Zugriff mittels eines Smartphones ausreicht. So kann etwa ein Online-Anbieter von Ferienwohnungen, der beim Abschluss der Mietverträge besonders großen Wert auf Sicherheit legt und nicht schon die Angabe von Kreditkartendaten ausreichen lässt, sein Internet-Portal in Zusammenarbeit mit einem qualifizierten Vertrauensdiensteanbieter so ausgestalten, dass Mietverträge nur unter Verwendung einer qualifizierten elektronischen Signatur abgeschlossen werden können. Kunden, die sich hierdurch nicht abschrecken lassen, durchlaufen dann online die für die qualifizierte elektronische Signatur nötigen Schritte, einschließlich der Identifikation durch den Vertrauensdiensteanbieter. Ob die in der Fernsignatur liegende Vereinfachung tatsächlich die Verbreitung der qualifizierten elektronischen Signatur in der Zukunft erhöhen wird,[622] bleibt abzuwarten. Während die einfache elektronische Willenserklärung (z. B. per E-Mail) tagtäglich massenhaft genutzt wird, beschränkt sich die Nutzung der elektronischen Form i. S. d.

---

617 Nach dem 52. Erwägungsgrund der eIDAS-Verordnung soll die Erstellung von Fernsignaturen „aufgrund der vielfältigen damit verbundenen wirtschaftlichen Vorteile" ausgebaut werden.
618 Die nach § 2 Abs. 1 Nr. 1 Vertrauensdienstegesetz (VDG) zuständige Bundesnetzagentur sieht eine solche Identifikation per Video-Chat mit Personalausweis oder Reisepass als hinreichend sicher an: www.bundesnetzagentur.de/DE/Allgemeines/DieBundesnetzagentur/Insight/Texte/Digitalisierung/Blog9_Digitalisieung_EVD.html (zuletzt aufgerufen am 27.10.2022). Dem muss angesichts der Manipulierbarkeit von Video-Chats widersprochen werden; vgl. hierzu die Mitteilung des Chaos Computer Clubs vom 10.8.2022: www.ccc.de/de/updates/2022/chaos-computer-club-hackt-video-ident (zuletzt aufgerufen am 27.10.2022).
619 Zum Einsatz der Online-Ausweisfunktion des Personalausweises für sogenannte „On-the-Fly"-Signaturen siehe: www.personalausweisportal.de/Webs/PA/DE/wirtschaft/eIDAS-konforme-fernsignatur/eidas-konforme-fernsignatur-node.html (zuletzt aufgerufen am 27.10.2022).
620 Siehe hierzu: www.deutschepost.de/de/p/postident/geschaeftskunden/e-signing.html (zuletzt aufgerufen am 27.10.2022).
621 Hierzu: www.d-trust.net/de/support/sign-me (zuletzt aufgerufen am 27.10.2022).
622 So die Prognose von *Voigt/Herrmann/Danz*, NJW 2020, 2991 (2992); vgl. auch *Apel/Huber*, Jura 2022, 1141, wonach die elektronische Signatur „insbesondere in pandemischen Zeiten" an Bedeutung gewinne.

III. Formmangel **515, 516**

§ 126a BGB immer noch im Wesentlichen auf Unternehmen und bestimmte Berufsgruppen. Ein sinnvoller Anwendungsbereich sind beispielsweise öffentliche Ausschreibungen über elektronische Vergabeplattformen, bei denen Angebote in elektronischer Form einzureichen sind.[623] Für Rechtsanwälte und Notare besteht nach § 31a Abs. 6 Bundesrechtsanwaltsordnung (BRAO) bzw. § 78n Abs. 6 Bundesnotarordnung (BNotO) die Verpflichtung, die erforderlichen technischen Einrichtungen für das besondere elektronische Anwaltspostfach (beA) bzw. das besondere elektronische Notarpostfach (beN) vorzuhalten und dort eintreffende Zustellungen und Mitteilungen zur Kenntnis zu nehmen. Diese Portale bieten den Rechtsanwälten und Notaren auch die Möglichkeit, Dokumente mit qualifizierter elektronischer Signatur zu erstellen. Nach § 130d Satz 1 ZPO sind Rechtsanwälte, Behörden und juristische Personen des öffentlichen Rechts seit 1.1.2022 grundsätzlich verpflichtet, Schriftsätze und deren Anlagen bei Gericht als elektronisches Dokument einzureichen, wobei das Dokument gemäß § 130a Abs. 3 Satz 1 ZPO mit einer qualifizierten elektronischen Signatur zu versehen ist oder die Einreichung auf einem sicheren Übermittlungsweg, insbesondere über das besondere elektronische Anwaltspostfach (beA), zu erfolgen hat.

c) **Textform.** Die schwächste Art der gesetzlichen Form ist die **Textform**. § 126b **515** Satz 1 BGB verlangt hierfür die Abgabe einer lesbaren Erklärung, in der die Person des Erklärenden genannt ist, auf einem dauerhaften Datenträger. Gemäß § 126b Satz 2 BGB setzt ein dauerhafter Datenträger die Möglichkeit der Aufbewahrung oder Speicherung der Erklärung voraus, sodass diese dem Empfänger während eines angemessenen Zeitraums zugänglich ist, sowie die Eignung zur unveränderten Wiedergabe der Erklärung voraus. Um einen dauerhaften Datenträger geht es ohne Weiteres bei Schriftstücken in Papierform, die z. B. als Brief per Post übersandt werden, ebenso bei Faxsendungen und bei Übergabe einer CD-ROM, eines USB-Sticks oder einer Speicherkarte, die eine Textdatei enthalten. Da § 126b Satz 2 BGB auf die Möglichkeit der Aufbewahrung oder Speicherung durch den Empfänger abstellt, muss es sich nicht um einen körperlichen Datenträger handeln. Vielmehr reichen auch unkörperliche Datenträger aus, z. B. eine Erklärung per E-Mail oder SMS, die der Empfänger abspeichern kann.

Die Erklärung muss dem Empfänger in der von § 126b BGB verlangten Form **516** auch zugehen. Die Veröffentlichung der Erklärung auf einer Internetseite und ein Hinweis an den Adressaten, unter welchem Link er die Erklärung abrufen kann, reichen daher nicht aus. Internetseiten genügen grundsätzlich nicht den Anforderungen an einen „dauerhaften Datenträger" i. S. d. § 126b Satz 2 BGB, weil sie jederzeit verändert und auch gelöscht werden können.[624] Die Anforderungen der Textform sind aber erfüllt, sobald der Adressat die Internetseite abgespeichert oder ausgedruckt hat,[625] wobei auch ein PDF-Ausdruck genügt. Damit ist die Internetseite nämlich in einen dauerhaften Datenträger überführt, der dem Empfänger zur Verfügung steht.

---

623 Siehe z. B. die elektronische Vergabe-Plattform des Bundes: www.evergabe-online.de (zuletzt aufgerufen am 27.10.2022).
624 Vgl. BT-Drs. 17/12637 S. 44; EuGH EuZW 2012, 638 Tz. 43, 50.
625 Vgl. *Ellenberger*, in: Grüneberg, § 126b Rn. 3. **A. A.** *Einsele*, in: MüKo, § 126b Rn. 11, wonach schon der Aufruf der Internetseite durch den Empfänger ausreichen soll.

517 Anders als das bei der Schriftform gemäß § 126 Abs. 1 BGB der Fall ist, verlangt § 126b Satz 1 BGB für die Textform nicht die eigenhändige Unterschrift. Das liegt auf der Hand, weil es z. B. bei SMS, E-Mails und auch bei Faxsendungen keine Original-Unterschrift gibt, die übermittelt werden könnte.

518 Ein Beispiel für das Textformerfordernis ist das Mieterhöhungsverlangen, das der Vermieter gegenüber dem Mieter gemäß § 558a Abs. 1 BGB in Textform zu erklären und zu begründen hat. Der Mieter soll dadurch die Möglichkeit erhalten, das Mieterhöhungsverlangen auf seine Berechtigung hin zu überprüfen. Dazu genügt es, wenn der Mieter eine schriftliche Begründung des Vermieters erhält, die nicht unterschrieben sein muss und daher z. B. auch per E-Mail geschickt werden kann. Auch für die Widerrufsbelehrung des Verbrauchers über sein verbraucherschützendes Widerrufsrecht ist die Textform vorgesehen (Art. 246 Abs. 3 Satz 1, Art. 246a § 1 Abs. 2 Satz 2, Art. 246b § 2 Abs. 3, Art. 247 § 2 Abs. 1 Satz 2 und Abs. 4 Satz 1, Art. 249 § 3 Abs. 1 Satz 1 und Abs. 2 EGBGB).

519 d) **Notarielle Beurkundung und öffentliche Beglaubigung.** Die **notarielle Beurkundung** (§§ 6 ff. BeurkG) ist von der **öffentlichen Beglaubigung** (§ 129 BGB) zu unterscheiden.[626] Die §§ 128, 152 BGB regeln den besonderen Fall der Sukzessivbeurkundung.[627] Bei einem gerichtlichen Vergleich wird die notarielle Beurkundung gemäß § 127a BGB durch die Aufnahme der Erklärungen in das gerichtliche Protokoll ersetzt, weshalb sich die Parteien im Rahmen eines gerichtlichen Vergleichs wirksam zur Übertragung bzw. zum Erwerb von Grundstückseigentum (vgl. § 311b Abs. 1 Satz 1 BGB) verpflichten können.

3. Vereinbarte Form

520 Die Formbedürftigkeit eines Rechtsgeschäfts kann sich nicht nur aus dem Gesetz, sondern auch aus der vertraglichen Vereinbarung der Parteien ergeben: Die Parteien können, wenn sie das wollen, einen Formzwang vereinbaren. Im Gegensatz zur gesetzlichen Form spricht man von der vereinbarten, der „gewillkürten"[628] oder der durch Rechtsgeschäft bestimmten Form. Ein Verstoß gegen die vereinbarte Form hat gemäß § 125 Satz 2 BGB „im Zweifel", d. h., wenn die Parteien nichts anderes vereinbart haben, die Nichtigkeit des Rechtsgeschäfts zur Folge. Gemäß § 127 Abs. 1 BGB gelten für die vereinbarte Form – ebenfalls „im Zweifel" – die Vorschriften der §§ 126, 126a, 126b BGB über die gesetzliche Form. Es gibt gegenüber der gesetzlichen Form aber einige Änderungen.

521 Eine wichtige Erleichterung sieht § 127 Abs. 2 Satz 1 BGB vor, wonach für die durch Rechtsgeschäft bestimmte schriftliche Form grundsätzlich die telekommunikative Übermittlung und bei einem Vertrag der Briefwechsel genügen. Die Zulässigkeit des Briefwechsels bei der vereinbarten Form bedeutet, dass Antrag und Annahme in verschiedenen Schriftstücken enthalten sein können, während für die gesetzliche Schriftform grundsätzlich die Unterzeichnung der Parteien auf derselben Urkunde erforderlich ist (§ 126 Abs. 2 Satz 1 BGB). Die Möglichkeit der telekommunikativen Übermittlung führt dazu, dass dem Empfänger – anders als bei

---

[626] Siehe hierzu oben Kapitel 4 Rn. 169.
[627] Siehe hierzu oben Kapitel 6 Rn. 258.
[628] Der Begriff „Willkür" hat hier keine negative Konnotation, sondern meint – ebenso wie bei der testamentarischen und erbvertraglichen Regelung der Erbfolge, die als „gewillkürte Erbfolge" bezeichnet wird – die Wahl nach freiem Willen.

§ 126 BGB (Rn. 510) – nicht die Originalurkunde zugehen muss. Um eine telekommunikative Übermittlung geht es z. B. bei der Übermittlung per Telefax, Telegramm oder E-Mail. Ausreichend ist auch die Übermittlung durch Computerfax. Im Ergebnis bedeutet die Erleichterung des § 127 Abs. 2 Satz 1 BGB, auch wenn das in der Vorschrift nicht ausdrücklich gesagt wird, die **Befreiung vom Erfordernis der eigenhändigen Unterschrift**.[629] Bei der telekommunikativen Übermittlung per Telegramm oder E-Mail ist eine eigenhändige Unterschrift von vornherein ausgeschlossen. Da es gemäß § 127 Abs. 2 Satz 1 BGB auf eine eigenhändige Unterschrift nicht ankommt, genügt zur Erfüllung der vereinbarten Schriftform auch die Übergabe einer Kopie,[630] ebenso die Faksimile-Unterschrift.[631]

Nicht ausreichend ist es im Rahmen des § 127 Abs. 2 Satz 1 BGB, wenn die Willenserklärung per Telefon mündlich übermittelt wird.[632] Zwar geht es auch bei einer fernmündlichen Übermittlung um eine Form der Telekommunikation. Da § 127 Abs. 2 Satz 1 BGB aber von der durch Rechtsgeschäft bestimmten „schriftlichen" Form handelt, stellt das Telefongespräch mangels Schriftlichkeit keinen geeigneten Weg der telekommunikativen Übermittlung dar.

Die Parteien haben bei der vereinbarten Form ohne Weiteres die Möglichkeit, das vereinbarte Formerfordernis **nachträglich wieder aufzuheben**. Genauso wie das Formerfordernis durch eine vertragliche Vereinbarung begründet werden kann, kann es durch eine gegenläufige Vereinbarung *(actus contrarius)* wieder aufgehoben werden. Nach der ständigen Rechtsprechung des BGH ist grundsätzlich auch eine formlose Aufhebung des Formerfordernisses möglich:[633] Das Formerfordernis, das die Parteien formlos begründen können, können sie durch formlose Vereinbarung auch wieder aufheben. Der BGH lässt auch die konkludente Aufhebung des vereinbarten Formerfordernisses durch eine nachfolgende **mündliche Änderung des Vertrags** zu.[634] Ist die Maßgeblichkeit der mündlichen Vereinbarung von den Parteien übereinstimmend gewollt, liegt darin zugleich die konkludente Aufhebung des Schriftformerfordernisses.

> **Bsp.:** Die Parteien schließen einen Vertrag, in dem sich folgende Klausel befindet: „Jede Änderung oder Ergänzung dieses Vertrags bedarf der Schriftform." Einige Zeit später nehmen die Parteien trotz der vereinbarten Schriftform mündlich eine Vertragsänderung vor. – Nach der Rechtsprechung des BGH ist die Vertragsänderung wirksam.

In der Literatur wird die Rechtsprechung des BGH zum Teil heftig kritisiert:[635] Das von den Parteien vereinbarte Formerfordernis würde seinen Zweck verfehlen, wenn jede formfreie Vertragsänderung wirksam wäre. Der vereinbarte Formzwang wäre nahezu bedeutungslos. Immerhin muss aber eingeräumt werden, dass sich die Schriftformklausel, auch wenn man mit dem BGH eine konkludente Aufhe-

---

[629] Vgl. *Ellenberger*, in: Grüneberg, § 127 Rn. 2; *Mansel*, in: Jauernig, § 127 Rn. 2; *Einsele*, in: MüKo, § 127 Rn. 10; siehe auch BT-Drs. 14/4987 S. 43.
[630] Vgl. BAG NZA 1998, 1330 (1331); *Ellenberger*, in: Grüneberg, § 127 Rn. 2.
[631] *Brox/Walker*, AT, § 13 Rn. 12.
[632] Vgl. BT-Drs. 14/4987 S. 43.
[633] Vgl. BGHZ 66, 378 (380 f.); 71, 162 (164); 119, 283 (291); BGH NJW-RR 1997, 669 (670); NJW 2000, 354 (357); NJOZ 2002, 833 (834).
[634] BGH NJW 1962, 1908; NJW 1965, 293; WM 1966, 1335 (1336).
[635] So *Faust*, AT, § 8 Rn. 17; *Neuner*, AT, § 44 Rn. 84; *Einsele*, in: MüKo, § 125 Rn. 71; siehe auch *Medicus/Petersen*, AT, Rn. 642 f.

bung durch eine nachfolgende mündliche Vertragsänderung für möglich hält, jedenfalls auf die Beweislage auswirkt: Die Schriftformklausel unterstützt die Vermutung der Vollständigkeit der Vertragsurkunde (Rn. 511), weshalb abweichende mündliche Vereinbarungen von demjenigen, der sich darauf beruft, grundsätzlich bewiesen werden müssen.

524 Entscheidend für die Sichtweise des BGH spricht der Grundsatz der Vertragsfreiheit: Es kann keine definitive Selbstbeschränkung der Vertragsfreiheit geben.[636] Aufgrund der Vertragsfreiheit können die Parteien, wenn sie das wollen, ein vereinbartes Formerfordernis jederzeit wieder aufheben, und zwar auch durch konkludente Vereinbarung.[637] Durch die Vertragsfreiheit ist den Parteien die Macht der Rechtsgestaltung *inter partes* zugewiesen.[638] Sie sind sozusagen „Gesetzgeber" im Innenverhältnis und können, soweit nicht zwingendes Recht entgegensteht, durch ihre Vereinbarungen wirksames Binnenrecht schaffen.[639] Die Regelungen, die die Parteien aufgrund ihrer Rechtssetzungsmacht im Innenverhältnis getroffen haben, können sie aufgrund derselben Rechtssetzungsmacht auch wieder aufheben. Ähnlich wie sich der Gesetzgeber nicht wirksam in seiner Gesetzgebungskompetenz beschränken kann, können auch die Parteien die ihnen aufgrund der Vertragsfreiheit zugewiesene Rechtssetzungsmacht nicht wirksam einschränken. Mit anderen Worten: Die Macht der Parteien, ihre Rechtsbeziehungen durch Vereinbarung zu regeln, ist nicht disponibel. Genauso wie die Vertragsparteien nicht verbindlich vereinbaren können, dass sie in Zukunft keine Verträge mehr miteinander schließen werden, können sie auch im Übrigen ihre Vertragsfreiheit nicht wirksam beschränken. Maßgeblich ist daher allein, ob von den Parteien die Geltung des nachträglich mündlich Vereinbarten tatsächlich gewollt ist. Ist das der Fall, dann gilt das Gewollte, und zwar selbst dann, wenn die Parteien bei ihrer mündlichen Vertragsänderung nicht an den Formzwang gedacht haben.[640]

525 Etwas anderes soll für den besonderen Fall der **qualifizierten Schriftformklausel** gelten, die auch als doppelte Schriftformklausel bezeichnet wird. Im Gegensatz zur einfachen Schriftformklausel, wie sie sich im Beispiel in Rn. 523 findet, erstreckt die qualifizierte Schriftformklausel den Formzwang ausdrücklich auch auf die Änderung des vereinbarten Formerfordernisses.

> **Bsp.:** Eine qualifizierte Schriftformklausel lautet etwa wie folgt: „Jede Änderung oder Ergänzung dieses Vertrags bedarf der Schriftform. Auf das Formerfordernis kann nur durch eine schriftliche Erklärung verzichtet werden."

526 Laut BGH können Kaufleute ihre rechtsgeschäftlichen Beziehungen starr an bestimmte Formen binden, weshalb die qualifizierte Schriftformklausel unter Kauf-

---

636 Vgl. *Flume*, AT II, S. 265 (§ 15 III 2); *Hefermehl*, in: Soergel, § 125 Rn. 33; *Häsemeyer*, JuS 1980, 1 (9).
637 Vgl. auch *Brox/Walker*, AT, § 13 Rn. 29 f.; *Köhler*, AT, § 12 Rn. 21; *Leipold*, BGB I, § 16 Rn. 31; *Arnold*, in: Erman, § 125 Rn. 26; *Ellenberger*, in: Grüneberg, § 125 Rn. 19; *Mansel*, in: Jauernig, § 125 Rn. 11.
638 Vgl. *Flume*, FS Dt. Juristentag I, 1960, S. 135 (141 f.).
639 Vgl. in diesem Sinne Art. 1134 franz. Code Civil, wonach rechtmäßig getroffene Vereinbarungen für diejenigen, die sie getroffen haben, die Stellung eines Gesetzes haben.
640 Vgl. BGHZ 71, 162 (164); BGH NJW 1965, 293 (294); WM 1966, 1335 (1336); BAG FamRZ 1984, 691 (692); NJW 2003, 3725 (3727); NJW 2009, 316 Tz. 17; *Ellenberger*, in: Grüneberg, § 125 Rn. 19; *Mansel*, in: Jauernig, § 125 Rn. 11.

leuten beachtlich sei.[641] Das Formerfordernis könne hier nicht durch mündliche Vereinbarungen oder gar durch schlüssiges Verhalten geändert werden.[642] Allerdings trifft die Aussage, dass die Parteien über die Rechtsmacht, ihre Rechtsbeziehungen durch Vereinbarung zu regeln, nicht disponieren können (Rn. 524), in gleicher Weise auf einfache und qualifizierte Schriftformklauseln zu. Auch durch eine qualifizierte Schriftformklausel kann es nicht zu einer Selbstbeschränkung der Vertragsfreiheit kommen. Zudem ist zwischen der einfachen und der qualifizierten Schriftformklausel bei näherem Zusehen kein substanzieller Unterschied erkennbar: Auch die einfache Schriftformklausel des Typs „Jede Änderung oder Ergänzung dieses Vertrags bedarf der Schriftform." beinhaltet, wie sich aus ihrer Auslegung ergibt, die Aussage, dass auch die Änderung der Klausel und damit des Formerfordernisses der Schriftform bedarf. Richtigerweise kann daher auch die qualifizierte Schriftformklausel durch formlose Abrede, insbesondere konkludent durch eine mündliche Vertragsänderung, überwunden werden.[643]

Bsp. (vgl. BGHZ 66, 378): Kaufmann Kunz vermietet an die M.-GmbH Grundstücke zum Betrieb eines Verbrauchermarktes. In dem im Januar von den Parteien geschlossenen Mietvertrag ist u. a. Folgendes bestimmt: „Jede Änderung oder Ergänzung dieses Vertrages oder eine Vereinbarung über dessen Aufhebung bedarf, um Gültigkeit zu erlangen, der Schriftform." Im März treffen sich Kunz und Albert, ein Angestellter der M.-GmbH, zu einer Besprechung, in der über die Kostentragung für eine Feuerlöschanlage verhandelt wird. Über den Inhalt des Gesprächs herrscht Streit. Die M.-GmbH behauptet, Kunz habe mündlich die Aufhebung des Mietvertrags angeboten; dieses Angebot sei auch wirksam angenommen worden. Kunz bestreitet dies und klagt auf Zahlung der Miete. (1) Wird das Gericht Albert als Zeugen vernehmen? (2) Ändert sich etwas, wenn der Mietvertrag zusätzlich die Bestimmung „Auf das Formerfordernis kann nur durch eine schriftliche Erklärung verzichtet werden." enthält? – Albert ist nur dann als Zeuge zu vernehmen, wenn der Inhalt des im März geführten Gesprächs entscheidungserheblich ist. Im Ausgangsfall (1) handelt es sich um eine einfache Schriftformklausel. Nach der Rechtsprechung des BGH kann eine solche einfache Schriftformklausel – wie es auch zutreffend erscheint – ohne Weiteres mündlich aufgehoben werden. Für die Entscheidung des Gerichts über den Anspruch auf Zahlung der Miete gemäß § 535 Abs. 2 BGB kommt es daher darauf an, ob es durch eine mündliche Vereinbarung zwischen Kunz und Albert zur Aufhebung des Mietvertrags gekommen ist. Albert muss hierzu als Zeuge vernommen werden. Dagegen lehnt der BGH bei einer qualifizierten Schriftformklausel, wie sie in der Fallabwandlung (2) vorliegt, zumindest im Rechtsverkehr unter Kaufleuten die Wirksamkeit einer mündlichen Vertragsänderung, insbesondere die Wirksamkeit des Abschlusses eines mündlichen Aufhebungsvertrags, ab. Für die vom Gericht zu entschei-

---

641 BGHZ 66, 378 (381 f.); unter Erweiterung auf den nichtkaufmännischen Bereich BAG NJW 2003, 3725 (3727); NJW 2009, 316 Tz. 18. Dagegen wird in BGH NJW-RR 1991, 1289 (1290), die Frage offengelassen, ob eine qualifizierte Schriftformklausel nur durch schriftliche Vereinbarung abgeändert werden kann.
642 So auch, und zwar ohne Beschränkung auf Kaufleute, *Brox/Walker*, AT, § 13 Rn. 30; *Leipold*, BGB I, § 16 Rn. 31; *Medicus/Petersen*, AT, Rn. 643; *Neuner*, AT, § 44 Rn. 85; *Arnold*, in: Erman, § 125 Rn. 26; *Ellenberger*, in: Grüneberg, § 125 Rn. 19; *Mansel*, in: Jauernig, § 125 Rn. 11; *Einsele*, in: MüKo, § 125 Rn. 72.
643 Vgl. *Hefermehl*, in: Soergel, § 125 Rn. 33; *Häsemeyer*, JuS 1980, 1 (9).

dende Frage würde es demnach nicht auf den Inhalt des im März von Kunz und Albert geführten Gesprächs ankommen. Da es allerdings richtigerweise weder durch eine einfache noch durch eine qualifizierte Schriftformklausel zu einer wirksamen Selbstbeschränkung im Hinblick auf die Vertragsfreiheit kommen kann, muss das Gericht auch hier Albert als Zeugen vernehmen.

4. Heilung des Formmangels

527 In einigen Fällen sieht das Gesetz die Möglichkeit einer Heilung des Formmangels vor. Gemäß § 311b Abs. 1 Satz 2 BGB kommt es beispielsweise zur Heilung eines wegen fehlender notarieller Beurkundung formnichtigen Grundstückskaufvertrags, wenn die Auflassung und die Eintragung in das Grundbuch erfolgen (Rn. 494). Eine weitere Heilungsvorschrift ist § 518 Abs. 2 BGB, wonach bei einem Schenkungsversprechen, das wegen fehlender notarieller Beurkundung formnichtig ist (§§ 125 Satz 1, 518 Abs. 1 Satz 1 BGB), der Mangel der Form durch „Bewirkung der versprochenen Leistung" geheilt wird. Ebenso wie hinter der Formvorschrift des § 518 Abs. 1 Satz 1 BGB steht auch hinter der Heilungsvorschrift der Gedanke, den Schenker vor übereilten Schenkungen zu warnen. Durch die Leistungsbewirkung wird dem Schenker nämlich vor Augen geführt, welcher Vermögensverlust mit der Schenkung verbunden ist. Der Vollzug der Schenkung ersetzt somit die Warnfunktion der von § 518 Abs. 1 Satz 1 BGB geforderten notariellen Beurkundung. Damit steht die Regelung des Schenkungsversprechens in § 518 BGB im Einklang mit § 516 Abs. 1 BGB, der die Handschenkung regelt: Für deren Wirksamkeit ist, abgesehen von der schuldrechtlichen Einigung über die Unentgeltlichkeit, nur die „Zuwendung", d. h. die Leistung des Schenkungsgegenstands, erforderlich, ohne dass es auf die Einhaltung einer Form ankommen würde. Ein ähnlicher Gedanke wie bei § 518 Abs. 2 BGB steht auch hinter der Heilungsvorschrift des § 766 Satz 3 BGB, wonach im Fall eines mangels schriftlicher Erteilung der Bürgschaftserklärung formnichtigen Bürgschaftsvertrags (§§ 125 Satz 1, 126 Abs. 1, 766 Satz 1 BGB) der Mangel der Form geheilt wird, „soweit der Bürge die Hauptverbindlichkeit erfüllt". Die besondere Gefährlichkeit der Bürgschaft liegt darin, dass der Bürge die Haftung regelmäßig in der Erwartung übernimmt, der Hauptschuldner werde an den Gläubiger ordnungsgemäß leisten, sodass es nicht zu einer Inanspruchnahme seiner Person aus der Bürgschaft kommen werde. Diese Erwartung des Bürgen erledigt sich spätestens mit der freiwilligen Leistung des Bürgen an den Gläubiger, weshalb sich damit auch der Warnzweck des § 766 Satz 1 BGB erledigt. Eine weitere wichtige Heilungsvorschrift ist § 494 Abs. 2 Satz 1 BGB, wonach ein gemäß § 494 Abs. 1 BGB formnichtiger Verbraucherdarlehensvertrag geheilt wird, soweit der Darlehensnehmer das Darlehen empfängt oder in Anspruch nimmt.

5. Unbeachtlichkeit des Formverstoßes nach Treu und Glauben

528 Unter besonderen Umständen kann es dazu kommen, dass die Berufung auf den Formmangel nach Treu und Glauben unzulässig ist. Das führt dazu, dass das Rechtsgeschäft gemäß § 242 BGB trotz des Formverstoßes als wirksam zu behandeln ist. Der BGH bejaht die Verdrängung des § 125 Satz 1 BGB aufgrund des Grundsatzes von Treu und Glauben (§ 242 BGB), wenn die Nichtigkeit des Geschäfts für die betroffene Partei nicht nur zu einem harten, sondern zu einem schlechthin untragbaren Ergebnis führen würde.⁶⁴⁴ Dass die Formnichtigkeit zu einem solchen schlechthin untragbaren Ergebnis führen würde, ist insbesondere in folgenden beiden Fällen anerkannt:

– **Existenzgefährdung:** Die jeweilige Formvorschrift muss zurücktreten, wenn aufgrund der Nichtigkeit des Geschäfts die wirtschaftliche Existenz der betroffenen Parteien gefährdet würde. Dazu kann es etwa kommen, wenn der Käufer unter Aufwendung seiner gesamten Ersparnisse ein Eigenheim erworben hat, um darin seinen Lebensabend zu verbringen, und der Verkäufer nach Jahren die Rückabwicklung des Kaufvertrags wegen Formnichtigkeit verlangt, was aufgrund der zwischenzeitlich erheblich gestiegenen Immobilienpreise dazu führen würde, dass sich der Käufer mit dem zurückzuerstattenden Kaufpreis nicht nur kein Haus, sondern nicht einmal eine Eigentumswohnung leisten könnte.⁶⁴⁵

529

– **Besonders schwere Treupflichtverletzung:** Wenn sich eine der Parteien einer besonders schweren Treupflichtverletzung schuldig gemacht hat, kann sie sich nicht auf den Formmangel berufen. Das gilt insbesondere, wenn eine Partei der anderen **arglistig vorspiegelt, das Geschäft sei nicht formbedürftig**, oder diese in sonstiger Weise schuldhaft von der Einhaltung der Form abhält.⁶⁴⁶ In besonderer Weise treuwidrig kann es auch sein, wenn eine Partei über längere Zeit Vorteile aus dem nichtigen Vertrag gezogen hat, sich dann aber ihren eigenen Verpflichtungen unter Hinweis auf die Formnichtigkeit entziehen will.⁶⁴⁷ Die Berufung auf den Formmangel bedeutet in diesen Fällen ein widersprüchliches Verhalten *(venire contra factum proprium)*, das einen Fall der unzulässigen Rechtsausübung darstellt und dem Grundsatz von Treu und Glauben (§ 242 BGB) zuwiderläuft.⁶⁴⁸

530

Bsp.: Dem 80-jährigen Anton gehört eine Eigentumswohnung. Da er beabsichtigt, in ein Altenheim zu ziehen, bietet er die Wohnung in einem Zeitungsinserat zum Verkauf an. Als Kaufinteressent meldet sich Bodo. Man wird sich über einen Preis von 200.000 € einig. Wider besseres Wissen erklärt Bodo gegenüber Anton, dass es ausreiche, wenn man alles schriftlich festhalte. Einen Notar hinzuzuziehen sei viel zu teuer und auch nicht nötig, da es sich nicht um einen Hauskauf handle. Im Vertrauen auf Bodos Erklärung lässt sich Anton darauf ein. Als es um die Bezahlung des Kaufpreises geht, beruft sich Bodo, der die Wohnung inzwischen nicht mehr haben will, auf die Formnichtigkeit des Kaufvertrags. Hat Anton gegen Bodo einen Anspruch auf Kaufpreiszahlung? – Wohnungseigentum ist nichts anderes als eine besondere Form des

---

644 BGHZ 23, 249 (255 f.); 29, 6 (10); 48, 396 (398); 85, 315 (319); 92, 164 (171 f.); 138, 339 (348); BGH NJW 2014, 2102 Tz. 27; NJW 2016, 311 Tz. 25; NJW-RR 2017, 597 Tz. 12; NJW-RR 2022, 957 Tz. 31; vgl. auch *Köhler*, AT, § 12 Rn. 16–20; *Ellenberger*, in: Grüneberg, § 125 Rn. 22. Kritisch gegenüber der Formel vom „schlechthin untragbaren Ergebnis", die zu unbestimmt sei, z.B. *Brox/Walker*, AT, § 13 Rn. 23; *Medicus/Petersen*, AT, Rn. 630; *Neuner*, AT, § 44 Rn. 63.
645 BGH NJW 1972, 1189 f. Vgl. auch BGHZ 23, 249 (252 f.), zum Fall, dass eine Partei im Vertrauen auf den formnichtigen Vertrag von der Gründung einer anderweitigen Existenz Abstand nimmt oder eine sichere Lebensstellung für sich und seine Familie aufgibt.
646 Vgl. BGHZ 48, 396 (398 f.): der mit dem Firmennamen unterschriebene Vertrag sei „einem notariellen Vertrag gleichwertig"; BGH NJW 2016, 311 Tz. 25.
647 Vgl. BGHZ 121, 224 (233 f.); 142, 23 (34); BGH NJW 1996, 2503 (2504); NJW 2004, 3330 (3332); NJW-RR 2017, 597 Tz. 12.
648 Zur unzulässigen Rechtsausübung und zum widersprüchlichen Verhalten siehe bereits oben Kapitel 6 Rn. 267.

Grundstückseigentums. Gemäß § 1 Abs. 2 Wohnungseigentumsgesetz (WEG) handelt es sich um Sondereigentum an der Wohnung kombiniert mit dem Miteigentumsanteil am gemeinschaftlichen Eigentum, insbesondere am Grundstück. Die Formvorschrift des § 311b Abs. 1 Satz 1 BGB ist daher auf den Wohnungskaufvertrag ohne Weiteres direkt anwendbar, weshalb der zwischen Anton und Bodo geschlossene Vertrag mangels notarieller Beurkundung an sich gemäß § 125 Satz 1 BGB formnichtig ist. Da Bodo gegenüber Anton allerdings die Formfreiheit des Vertrags arglistig vorgespiegelt hat, kann er sich gemäß § 242 BGB nicht auf die Formnichtigkeit berufen. Der Vertrag ist trotz des Formverstoßes als wirksam zu behandeln, weshalb Anton gegen Bodo einen Anspruch auf Kaufpreiszahlung in Höhe von 200.000 € gemäß § 433 Abs. 2 Alt. 1 BGB hat.

531 Die Einschränkung der Formnichtigkeit auf der Grundlage des § 242 BGB muss allerdings, um nicht zu einer Aushöhlung der Formvorschriften zu kommen, auf enge Ausnahmefälle begrenzt bleiben. Allein die Tatsache, dass die Parteien einen nichtigen Vertrag über längere Zeit als wirksam behandelt haben, begründet noch kein schutzwürdiges Vertrauen, das einer Berufung auf die Formnichtigkeit entgegenstehen würde.[649] Vor allem dann, wenn beide Parteien die Formbedürftigkeit bei Vertragsschluss kannten, ist die spätere Berufung auf den Formverstoß grundsätzlich nicht treuwidrig, wie bereits das Reichsgericht im berühmten Edelmann-Fall entschieden hat.[650]

Bsp. (vgl. RGZ 117, 121): Baldur ist bei der XY.-GmbH als Betriebsleiter angestellt und bewohnt als Dienstwohnung ein Haus, das im Eigentum der GmbH steht. Nach einiger Zeit wird Baldur vom Geschäftsführer der GmbH, von Zürgiebel, aufgrund seiner vorzüglichen Leistungen als Weihnachtsgratifikation für die beiden folgenden Jahre die Übereignung des Hauses versprochen. Als Baldur um die notarielle Beurkundung des Versprechens bittet, meint Zürgiebel, das Haus sei ihm sicher: Er (Zürgiebel) sei „von Adel" und habe „nie sein Wort gebrochen". Sein „Edelmannswort" sei „so gut wie ein Vertrag". Als Baldur wenige Monate später Übereignung des Grundstücks verlangt, beruft sich Zürgiebel darauf, keine formgerechte Zusage gemacht zu haben. Wie ist die Rechtslage? – Da Baldur die Formbedürftigkeit des Verpflichtungsgeschäfts (heute § 311b Abs. 1 Satz 1 BGB) bekannt ist, ist die Berufung auf die Formnichtigkeit gemäß § 125 Satz 1 BGB nicht etwa nach den Grundsätzen von Treu und Glauben (§ 242 BGB) ausgeschlossen. Baldur verlässt hier, indem er sich auf das bloße „Edelmannswort" verlässt, bewusst den rechtlich geschützten Bereich, weshalb er nicht schutzwürdig ist. Das Reichsgericht weist darauf hin, dass eine nicht formgerechte Erklärung auch dann nicht verpflichte, wenn der Wille in besonders nachdrücklichen Worten verlautbart und in feierlicher Form bekräftigt werde.[651] Das Erfordernis der gesetzlichen Form könne nicht durch eine von den Beteiligten gewählte sonstige Feierlichkeit des Ausdrucks ersetzt werden. Dem ist zuzustimmen, weil andernfalls die gesetzlich vorgeschriebene Form letztlich zur freien Disposition der Parteien stünde, sodass die Formvorschriften ihren Zweck verfehlen würden.

---

649 Vgl. BGH NJW 2004, 3330 (3331 f.).
650 RGZ 117, 121 (124); ebenso BGH NJW 1969, 1167 (1170); NJW 1973, 1455 (1456); NJW-RR 2022, 957 Tz. 31.
651 RGZ 117, 121 (126).

IV. Gesetzliches Verbot

Der Verstoß gegen ein gesetzliches Verbot führt nach § 134 BGB zur Nichtigkeit des Rechtsgeschäfts, „wenn sich nicht aus dem Gesetz ein anderes ergibt". Unter den Begriff des Gesetzes fallen nicht nur formelle Gesetze, sondern wie sich aus Art. 2 EGBGB ergibt, alle Rechtsnormen. Ein gesetzliches Verbot i. S. d. § 134 BGB kann sich daher auch aus einer Rechtsverordnung, aus einer Satzung,[652] aus Gewohnheitsrecht oder Richterrecht ergeben.

532

Entscheidend für die Nichtigkeitsfolge ist der zweite Halbsatz des § 134 BGB („[...] wenn sich nicht aus dem Gesetz ein anderes ergibt"). Ob das Verbotsgesetz nach seinem Sinn und Zweck tatsächlich zur Nichtigkeit des Rechtsgeschäfts führen soll, muss im Wege der Auslegung des Verbotsgesetzes festgestellt werden. Richtet sich das gesetzliche Verbot nur gegen eine der Vertragsparteien, wird man häufig zum Ergebnis kommen, dass es nach dem Sinn und Zweck des Verbotsgesetzes nicht zur Nichtigkeit des Rechtsgeschäfts kommen soll.[653]

533

> **Bsp.:** Einzelhändler Erwin hält die gesetzlichen Ladenschlusszeiten nicht ein und hat sein Geschäft auch nach Ladenschluss noch geöffnet. Es kommt zum Abschluss eines Kaufvertrags mit dem Kunden Kurt. Ist der Vertrag wirksam? – Seit der Föderalismusreform von 2006 fällt das Recht des Ladenschlusses in die ausschließliche Gesetzgebungskompetenz der Länder (Art. 70, Art. 74 Abs. 1 Nr. 11 GG). Erwin hat hier durch die überlange Öffnung seines Geschäfts gegen das jeweils geltende Ladenschluss- bzw. Ladenöffnungsgesetz verstoßen. Das Ladenschlussrecht, das sich als Verbotsgesetz ausschließlich gegen den Ladeninhaber richtet, bezweckt insbesondere die Gewährleistung der Arbeitsruhe des Verkaufspersonals und den Schutz der Sonn- und Feiertage. Es hat dagegen nicht den Sinn und Zweck, den Kunden, die an das Ladenschlussrecht nicht gebunden sind, ihre vertraglichen Ansprüche gegen den Geschäftsinhaber zu nehmen. Es kommt daher nicht zur Nichtigkeit der nach Überschreitung der gesetzlichen Öffnungszeiten geschlossenen Rechtsgeschäfte gemäß § 134 BGB, sondern nur dazu, dass dem Geschäftsinhaber nach Maßgabe des jeweiligen Ladenschluss- bzw. Ladenöffnungsgesetzes eine Ordnungswidrigkeit zur Last fällt. Der zwischen Erwin und Kurt geschlossene Kaufvertrag ist wirksam.

Jedes einzelne Verbotsgesetz muss nicht nur auf seinen Sinn und Zweck hin untersucht werden, sondern auch in den Gesamtzusammenhang mit anderen rechtlichen Regelungen gestellt werden. Das gilt insbesondere für Straftatbestände. Beispielsweise macht sich der Betrüger nach § 263 StGB strafbar. Gleichwohl führt der Betrug nicht zur Nichtigkeit des betrügerischen Rechtsgeschäfts nach § 134 BGB, wie sich aus der Regelung des § 123 Abs. 1 Alt. 1 BGB über die arglistige Täuschung ergibt. Aufgrund des Anfechtungsrechts hat es der Betrogene in der Hand, ob er das Rechtsgeschäft gegen sich gelten lassen will oder nicht. Um ein Verbotsgesetz, das ohne Weiteres zur Nichtigkeit des abgeschlossenen Rechtsgeschäfts nach § 134 BGB führt, geht es z. B. im Fall des Menschenhandels (§ 232

---

[652] Vgl. BGH NJW-RR 2022, 336 Tz. 15, zu einer Berufsordnung für Zahnärzte, bei der es sich um eine berufsrechtliche Satzung handelt. Zuständig für den Erlass solcher Berufsordnungen sind die jeweiligen berufsständischen Körperschaften (Kammern), hier die Landeszahnärztekammer.
[653] Vgl. BGHZ 46, 24 (25 f.); 71, 358 (360 f.); 89, 369 (373); BGH NJW-RR 2011, 1426 Tz. 12; NJW 2014, 3568 Tz. 15; NJW 2016, 2561 Tz. 10.

StGB): Der mit dem Schlepper geschlossene Beförderungsvertrag ist gemäß § 232 Abs. 1 Satz 1 StGB („befördert") i. V. m. § 134 BGB nichtig. Auch im Fall des gemäß § 29 Abs. 1 Satz 1 Nr. 1 Betäubungsmittelgesetz (BtMG) strafbaren Rauschgifthandels ist der mit dem Dealer geschlossene Kaufvertrag gemäß § 134 BGB nichtig.

534 Eine weitere Frage der Auslegung des Verbotsgesetzes ist, ob der Verstoß gegen das gesetzliche Verbot nur zur Nichtigkeit des Verpflichtungs- oder auch des **Verfügungsgeschäfts** führt. Aufgrund des Trennungs- und Abstraktionsprinzips ist die Nichtigkeitsfolge des § 134 BGB für das Verpflichtungs- und das Verfügungsgeschäft getrennt zu prüfen. Der Begriff des „Handeltreibens" mit Betäubungsmitteln (vgl. § 29 Abs. 1 Satz 1 Nr. 1 BtMG) umfasst beispielsweise nicht nur den Abschluss des Kaufvertrags, sondern auch die aufgrund des Kaufvertrags vorgenommenen Verfügungsgeschäfte, weshalb auch die Übereignung des Rauschgifts sowie des als Kaufpreis gezahlten Geldes gemäß § 134 BGB nichtig sind.[654] Im Fall des Menschenhandels (§ 232 StGB) ist die Übereignung des für die Beförderung an den Schlepper gezahlten Betrags gemäß § 134 BGB nichtig. Da die Wirksamkeit der Geldzahlung dem verbotenen Menschenhandel Vorschub leisten würde, ist nach dem Sinn und Zweck des § 232 StGB auch das Verfügungsgeschäft von der Nichtigkeitsfolge erfasst. Bei der nach § 334 StGB strafbaren Bestechung ist die Übereignung des Bestechungsgeldes nach § 134 BGB nichtig, weil darin gerade die unerlaubte Vorteilsgewährung liegt, die durch den Straftatbestand verhindert werden soll.

535 In anderen Fällen ist nur das Verpflichtungsgeschäft, nicht aber das Verfügungsgeschäft gemäß § 134 BGB nichtig. Gemäß § 43a Abs. 4 Bundesrechtsanwaltsordnung (BRAO) dürfen Rechtsanwälte keine widerstreitenden Interessen vertreten. Insbesondere darf ein Rechtsanwalt nicht auf beiden Seiten des Rechtsstreits auftreten, was auch für Anwälte ein und derselben Sozietät gilt. Bei einem Verstoß gegen § 43a Abs. 4 BRAO, etwa weil ein Anwalt versehentlich das Mandat des Gegners übernimmt, obwohl die andere Seite bereits von einem anderen Anwalt seiner Sozietät vertreten wird, ist der mit dem Gegner geschlossene Geschäftsbesorgungsvertrag (§ 675 BGB) gemäß § 134 BGB nichtig,[655] nicht jedoch eine eventuell bereits erfolgte Zahlung eines Vorschusses an den Anwalt. Der Sinn und Zweck des § 43a Abs. 4 BRAO, der insbesondere in der Wahrung der anwaltlichen Unabhängigkeit und im Schutz des Vertrauensverhältnisses zwischen dem Anwalt und dem Mandanten liegt, erfordert nicht die Nichtigkeit auch des Verfügungsgeschäfts.

536 Ein Verbotsgesetz mit wichtigen Auswirkungen auf die Vertragsgestaltung ist der Straftatbestand des § 203 StGB (Verletzung von Privatgeheimnissen). Nach dieser Vorschrift unterliegen insbesondere Ärzte, Rechtsanwälte und Steuerberater einer Schweigepflicht. Verträge, die sich auf eine Verletzung der sich aus § 203 StGB ergebenden Schweigepflicht richten, sind gemäß § 134 BGB nichtig.

> **Bsp.** (vgl. BGHZ 148, 97): Rechtsanwalt Alt will sich zur Ruhe setzen und verkauft seine Kanzlei „Rechtsanwälte Alt & Collegen" zum Preis von 900.000 € an Rechtsanwalt Jung, der bisher in der Kanzlei nicht aktiv war.

---

[654] Vgl. BGH NJW 1983, 636; NJW 2006, 72; NStZ-RR 2000, 234.
[655] Vgl. BGH NJW 2016, 2561 Tz. 7–13.

Vereinbart wird, dass Alt alle materiellen und immateriellen Vermögensgegenstände auf Jung überträgt, insbesondere auch den mit der Kanzlei verbundenen sogenannten „Goodwill" in Form des Mandantenstamms. Nach dem Vertrag ist Alt zur Übergabe sämtlicher Mandantenakten an Jung verpflichtet, ohne dass eine Einwilligung der betroffenen Mandanten vorgesehen ist. Die Übertragung der Kanzlei samt Übergabe der Mandantenakten erfolgt vereinbarungsgemäß zum 1. Januar. Im Juli beruft sich Jung, der im ersten Halbjahr nur mit Verlust gearbeitet hat, auf die Nichtigkeit des Vertrags. (1) Hat Jung gegen Alt einen Anspruch auf Rückzahlung des Preises? (2) Wie ist die Rechtslage, wenn Alt und Jung im Rahmen ihres Vertrags vereinbart hatten, für die Zeit von Januar bis Ende März im Außenverhältnis eine Anwaltssozietät zu begründen, und zwar ausdrücklich nur deshalb, „um den Mandantenstamm auf den Erwerber überzuleiten"? – Bei einem Kanzleikaufvertrag geht es um einen Unternehmenskauf, auf den gemäß § 453 Abs. 1 Satz 1 Alt. 2 BGB (Kauf von „sonstigen Gegenständen") die Vorschriften über den Kauf von Sachen (§§ 433 ff. BGB) entsprechende Anwendung finden.[656] Im Ausgangsfall (1) ist der Kanzleikaufvertrag gemäß § 203 Abs. 1 Nr. 3 StGB i. V. m. § 134 BGB nichtig. Ein Kanzleikaufvertrag, in dem sich der Verkäufer zur Übergabe der Mandantenakten ohne Einwilligung der betroffenen Mandanten verpflichtet, verletzt die anwaltliche Schweigepflicht gemäß § 203 Abs. 1 Nr. 3 StGB und führt daher zur Nichtigkeit des Vertrags gemäß § 134 BGB. Jung kann daher von Alt Rückzahlung des Preises gemäß § 812 Abs. 1 Satz 1 Alt. 1 BGB verlangen. Dagegen liegt in der Fallalternative (2) kein Verstoß gegen § 203 Abs. 1 Nr. 3 StGB vor. Das einer Anwaltssozietät erteilte Mandat erstreckt sich in der Regel auf alle Sozietätsmitglieder, selbst wenn diese erst später in die Sozietät eintreten. Im Hinblick auf die mit einer Anwaltssozietät verbundenen Vorteile (z. B. Abstimmung der Anwälte in schwierigen Fragen, gegenseitige Vertretung bei Urlaub oder Krankheit) haben im Zweifel sowohl der Mandant als auch die Sozietät den Willen, sämtliche Sozietätsmitglieder in den Geschäftsbesorgungsvertrag einzubeziehen. Da demnach alle Sozietätsmitglieder zur Einsichtnahme in die Mandantenakten berechtigt sind, scheidet ihnen gegenüber eine Verletzung der Schweigepflicht gemäß § 203 Abs. 1 Nr. 3 StGB aus. Da Alt aus der Kanzlei nicht sofort ausgeschieden ist, sondern Jung – zumindest im Außenverhältnis – zunächst als neuen Sozius aufgenommen hat, durfte er ihm die Mandantenakten übergeben. Der Kanzleikaufvertrag zwischen Alt und Jung ist wirksam, weshalb Jung nicht Rückzahlung des Preises verlangen kann.

537 Um einen Fall des § 134 BGB handelt es sich auch bei § 1 Abs. 2 Schwarzarbeitsbekämpfungsgesetz (SchwarzArbG), der nicht nur eine Definition der **Schwarzarbeit** enthält, sondern auch als gesetzliches Verbot i. S. d. § 134 BGB zu verstehen ist.[657] Insbesondere geht es um den Abschluss von Dienst- oder Werkverträgen mit einer sogenannten **„Ohne-Rechnung-Abrede"**, die darauf ausgerichtet ist, dass der Dienstverpflichtete bzw. der Werkunternehmer nicht ihre steuerlichen Pflichten erfüllen (§ 1 Abs. 2 Nr. 2 SchwarzArbG), vor allem im Hinblick auf anfallende Umsatzsteuer, Einkommensteuer und Gewerbesteuer. Das Verbot des § 1 Abs. 2 SchwarzArbG führt jedenfalls dann zur Nichtigkeit des Vertrags gemäß

---

656 Zum Kauf von „sonstigen Gegenständen" siehe bereits oben Kapitel 2 Rn. 56 (Vertrag über die Lieferung elektrischer Energie).
657 Vgl. BGHZ 198, 141 Tz. 18.

§ 134 BGB, wenn der Dienstverpflichtete oder der Werkunternehmer vorsätzlich hiergegen verstoßen und der Auftraggeber den Verstoß kennt und bewusst zum eigenen Vorteil ausnutzt.[658] Die Folge ist, dass dem Dienstverpflichteten bzw. dem Werkunternehmer kein vertraglicher Vergütungsanspruch zusteht und der Auftraggeber aufgrund des Konditionsausschlusses gemäß § 817 Satz 2 BGB (Verstoß auch des Leistenden gegen ein gesetzliches Verbot) nicht einmal Bereicherungsausgleich schuldet.[659] Umgekehrt hat auch der Auftraggeber keinerlei vertragliche Ansprüche, insbesondere nicht die Mängelansprüche gemäß §§ 633 ff. BGB, wenn der Werkunternehmer die Werkleistung mangelhaft erbracht hat.[660] Die damit verbundenen gravierenden Nachteile für beide Seiten des Dienst- bzw. Werkvertrags stehen mit dem Sinn und Zweck des Schwarzarbeitsbekämpfungsgesetzes im Einklang, das einen wirksamen Abschreckungseffekt haben soll.

V. Sittenwidrigkeit

1. Der Grundtatbestand des § 138 Abs. 1 BGB

538 § 138 Abs. 1 BGB bestimmt, dass ein „Rechtsgeschäft, das gegen die guten Sitten verstößt", nichtig ist.

> **Definition**
> Sittenwidrig ist, was gegen das Anstandsgefühl aller billig und gerecht Denkenden verstößt, wobei ein durchschnittlicher Maßstab anzulegen ist.

Diese Definition der Sittenwidrigkeit entspricht der ständigen Rechtsprechung zunächst des Reichsgerichts[661], dann des BGH[662], der auf das „Durchschnittsmaß von Redlichkeit und Anstand" abstellt.[663] Im Einzelfall kann die Bestimmung der Sittenwidrigkeit am Maßstab des **billig und gerecht denkenden Durchschnittsmenschen** schwierig sein, vor allem auch, weil die allgemeinen Wertvorstellungen im Laufe der Zeit einem Wandel unterworfen sind. Zu würdigen sind der sich aus Inhalt, Beweggrund und Zweck ergebende **Gesamtcharakter** des Rechtsgeschäfts sowie die äußeren Umstände, die zum Abschluss des Rechtsgeschäfts geführt haben.[664] Für die Würdigung kommt es grundsätzlich auf den **Zeitpunkt des Abschlusses des Rechtsgeschäfts** an.[665] Eine Veränderung der tatsächlichen Verhältnisse oder ein Wandel der Wertvorstellungen machen daher ein ursprünglich gültiges Rechtsgeschäft nicht nachträglich nichtig.[666] Auch umgekehrt führen solche Veränderungen nicht ohne Weiteres zur nachträglichen Wirksamkeit des

---

658 Vgl. BGHZ 198, 141 Tz. 13; 201, 1 Tz. 13.
659 BGHZ 201, 1 Tz. 20–29.
660 Vgl. BGHZ 198, 141 Tz. 27–30.
661 Seit RGZ 48, 114 (124 f.).
662 Vgl. nur BGHZ 179, 213 Tz. 10; 225, 316 Tz. 15; zuletzt BGH NJW 2022, 3147 Tz. 31; NJW-RR 2022, 526 Tz. 14; NJW-RR 2022, 1071 Tz. 15.
663 BGHZ 10, 228 (232).
664 Vgl. BGHZ 53, 369 (375); 86, 82 (88); 107, 92 (97); 136, 347 (355); 141, 357 (361); 156, 302 (309 f.); BGH NJW-RR 1998, 590 (591).
665 BGHZ 7, 111 (114); 100, 353 (359); 107, 92 (96 f.); 125, 206 (209); BGH NJW 1991, 913 (914); NJW 2014, 2177 Tz. 10; NJW-RR 2017, 377 Tz. 17.
666 Vgl. *Neuner*, AT, § 46 Rn. 26; *Armbrüster*, in: MüKo, § 138 Rn. 257 f.; *Hefermehl*, in: Soergel, § 138 Rn. 41.

V. Sittenwidrigkeit

Rechtsgeschäfts.[667] Eine Ausnahme gilt allerdings für **Testamente**, bei denen auf die tatsächlichen Umstände und die Wertvorstellungen zum Zeitpunkt des Erbfalls abzustellen ist, wenn sich hieraus die Wirksamkeit der letztwilligen Verfügung ergibt.[668] Das folgt aus dem Wertungsprinzip der Begünstigung des Testaments *(favor testamenti)*, wonach dem Erblasserwillen nach Möglichkeit zum Erfolg verholfen werden soll (vgl. § 2084 BGB).

Ein Beispiel für den sittlichen Wertungswandel ist der 1973 abgeschaffte „Kuppeleiparagraph" (§ 180 StGB a. F.), wonach sich z. B. der Vermieter, der ein Hotelzimmer an ein unverheiratetes Paar vermietete, strafbar machte. Noch im Jahr 1975 sah das Amtsgericht Emden im Fall der Vermietung eines Doppelzimmers mit Frühstück an Verlobte den Vertrag als sittenwidrig und damit gemäß § 138 Abs. 1 BGB nichtig an.[669] Heute ist es dagegen völlig selbstverständlich, dass die nichteheliche Lebensgemeinschaft nicht gegen die guten Sitten verstößt.[670] Ein ähnlicher Wertewandel liegt dem mit Wirkung zum 1.1.2002 eingeführten Prostitutionsgesetz (ProstG) zugrunde. Insbesondere besteht gemäß § 1 Satz 1 ProstG eine rechtswirksame Forderung, wenn sexuelle Handlungen gegen ein vorher vereinbartes Entgelt vorgenommen worden sind. Daraus wird zum Teil abgeleitet, dass Rechtsgeschäfte, die zu sexuellen Handlungen verpflichten, grundsätzlich nicht mehr als sittenwidrig anzusehen seien.[671] Indes ergibt sich aus § 1 Satz 1 ProstG nur die Wirksamkeit des Entgeltanspruchs, und auch das nur nach Vornahme der sexuellen Handlung. Im Übrigen ist ein Vertrag, durch den ein Anspruch auf Vornahme einer sexuellen Handlung begründet werden soll, aber weiterhin gemäß § 138 Abs. 1 BGB wegen Sittenwidrigkeit nichtig.[672] Ein derartiger Anspruch wäre mit der Menschenwürde (Art. 1 Abs. 1 GG) nicht zu vereinbaren, die im Rahmen der mittelbaren Drittwirkung der Grundrechte bei der Auslegung des unbestimmten Rechtsbegriffs der Sittenwidrigkeit zu beachten ist.

Hinweis

Von der zivilrechtlichen Sittenwidrigkeit i. S. d. § 138 Abs. 1 BGB ist die ordnungsrechtliche Sittenwidrigkeit zu unterscheiden. Nach den heute maßgeblichen sozialethischen Wertvorstellungen ist Prostitution im Sinne des Ordnungsrechts (wozu z. B. das Gaststättenrecht gehört) nicht (mehr) als sittenwidrig anzusehen.[673]

---

667 Es besteht dann aber die Möglichkeit, dem ursprünglich nichtigen Rechtsgeschäft durch Bestätigung gemäß § 141 Abs. 1 BGB (Rn. 560–562) zur Wirksamkeit zu verhelfen; vgl. *Neuner*, AT, § 46 Rn. 27; *Armbrüster*, in: MüKo, § 138 Rn. 261. **A. A.** (für einen nachträglichen Wegfall der Sittenwidrigkeit) *Hefermehl*, in: Soergel, § 138 Rn. 44.
668 Vgl. *Flume*, AT II, S. 378 f. (§ 18, 6); *Neuner*, AT, § 46 Rn. 28; *Hefermehl*, in: Soergel, § 138 Rn. 44; *Fischinger*, in: Staudinger, § 138 Rn. 142. **A. A.** BGHZ 20, 71 (73–75); offengelassen in BGHZ 140, 118 (128).
669 AG Emden NJW 1975, 1363.
670 Vgl. etwa BGHZ 77, 55 (59), aus dem Jahr 1980.
671 Vgl. *Neuner*, AT, § 46 Rn. 36; *Armbrüster*, in: MüKo, § 138 Rn. 84; *Fischinger*, in: Staudinger, § 138 Rn. 572.
672 Vgl. *Schmidt-Räntsch*, in: Erman, § 134 Rn. 140; *Ellenberger*, in: Grüneberg, § 138 Rn. 52; *Mansel*, in: Jauernig, § 138 Rn. 7; *Majer*, NJW 2008, 1926 (1927). **A. A.** (Ausschluss des Anspruchs auf Vornahme der sexuellen Handlung ergebe sich nur im Umkehrschluss aus § 1 Satz 1 ProstG) *Armbrüster*, in: MüKo, § 1 ProstG Rn. 12.
673 Vgl. BVerwG NVwZ 2003, 603 (604) – Swinger-Club; 2009, 909 Tz. 6; siehe auch BVerfG NVwZ 2009, 905 Tz. 19.

540 Trotz aller Unsicherheit, die hinsichtlich des unbestimmten Rechtsbegriffs der „Sittenwidrigkeit" besteht, gibt es doch Fälle, in denen die Sittenwidrigkeit feststeht, ohne dass man hierzu besondere Überlegungen anstellen müsste. Ohne Weiteres ergibt sich die Sittenwidrigkeit des Handelns aus dem vorsätzlichen Verstoß gegen eine Strafnorm. Das Strafrecht, das als *ultima ratio* zum Einsatz kommt, wenn mildere Mittel versagen, hat die Aufgabe, das sozialethische Minimum sicherzustellen. Jede Strafnorm beinhaltet daher – im Sinne eines Minimalstandards – zugleich eine rechtliche Konkretisierung der Sittenwidrigkeit. Ein billig und gerecht denkender Durchschnittsmensch, der nach der Rechtsprechung den Maßstab für die guten Sitten bildet (Rn. 538), macht sich nicht vorsätzlich strafbar, weshalb das strafbare Verhalten bei Vorsatztaten ohne Weiteres auch sittenwidrig ist. Damit steht allerdings nur fest, dass derjenige, der sich vorsätzlich strafbar macht, auch sittenwidrig handelt. Hiervon zu trennen ist die Frage, ob das im Zusammenhang mit dem strafbaren Verhalten stehende Rechtsgeschäft gemäß § 138 Abs. 1 BGB wegen Sittenwidrigkeit nichtig ist. Das ist nach dem jeweiligen Inhalt des Rechtsgeschäfts zu entscheiden.

> **Bsp.:** Der Betrüger macht sich gemäß § 263 StGB strafbar. Sein Handeln ist daher auch sittenwidrig. Allerdings hat das Rechtsgeschäft, z. B. ein Kaufvertrag, zu dessen Abschluss es aufgrund des Betrugs kommt, selbst grundsätzlich keinen sittenwidrigen Inhalt und ist daher nicht nach § 138 Abs. 1 BGB nichtig. Der Betrogene hat die Möglichkeit, das Rechtsgeschäft gemäß § 123 Abs. 1 Alt. 1 BGB wegen arglistiger Täuschung anzufechten.

541 Grundsätzlich nach § 138 Abs. 1 BGB nichtig sind Rechtsgeschäfte, die selbst zwar noch keinen Straftatbestand erfüllen und daher nicht gemäß § 134 BGB nichtig sind, die aber dazu dienen, die Begehung einer Straftat vorzubereiten oder zu fördern.[674] Dabei kann es für die Sittenwidrigkeit ausreichen, wenn das Rechtsgeschäft nicht auf die Begehung einer Straftat, sondern einer Ordnungswidrigkeit abzielt.

> **Bsp.:** Kuno kauft beim Versandhändler Viktor ein Radarwarngerät, um dieses in seinem Pkw zu verwenden und sich dadurch Geschwindigkeitskontrollen zu entziehen. – Das Betreiben oder Mitführen von Radarwarngeräten in Pkw bedeutet eine Ordnungswidrigkeit gemäß § 24 StVG i. V. m. §§ 23 Abs. 1c, 49 Abs. 1 Nr. 22 StVO. Ein Kaufvertrag, der für beide Vertragsteile erkennbar auf die Begehung eines verkehrsordnungswidrigen Verhaltens gerichtet ist, verstößt gegen die guten Sitten und ist daher gemäß § 138 Abs. 1 BGB nichtig.[675]

542 Einen wichtigen Teilbereich der Sittenwidrigkeit bilden die **schwerwiegenden Äquivalenzstörungen**. Die Sittenwidrigkeit kann sich aus einem auffälligen Missverhältnis von Leistung und Gegenleistung ergeben. Allerdings gilt im Grundsatz, dass der Preis, also das Verhältnis von Leistung und Gegenleistung, der freien Vereinbarung der Parteien unterliegt. Es handelt sich dabei um einen Kernpunkt der Vertragsfreiheit in Form der Gestaltungsfreiheit.[676] Zugleich liegt darin ein wesentliches Element unserer marktwirtschaftlichen Wirtschaftsordnung. Es findet daher grundsätzlich keine gerichtliche Kontrolle der Ausgewogenheit von Leistung und Gegenleistung statt. Mit anderen Worten: Es gibt – anders als noch im

---

674 Vgl. *Armbrüster*, in: MüKo, § 138 Rn. 60.
675 Vgl. BGHZ 183, 235 Tz. 13; BGH NJW 2005, 1490 (1491).
676 Siehe hierzu oben Kapitel 6 Rn. 199 f.

gemeinen Recht – nicht den Maßstab des gerechten Preises *(iustum pretium)*.[677] Jeder muss grundsätzlich selbst wissen, was er für eine Sache bezahlen will. Ebenso wie im klassischen römischen Recht gilt auch heute der Grundsatz, dass sich die Vertragsparteien, was den Preis betrifft, gegenseitig übervorteilen dürfen:[678] Der Vertrag ist grundsätzlich auch dann wirksam, wenn sich die Parteien über einen – aus objektiver Sicht – zu hohen oder einen zu niedrigen Preis geeinigt haben.

Die Sittenwidrigkeit aufgrund einer Äquivalenzstörung kann nur eine äußerste Grenze für die im Übrigen freie Aushandlung des Preises bilden. Nach der ständigen Rechtsprechung des BGH kommt es nur im Fall der schwerwiegenden Äquivalenzstörung zur Nichtigkeit des Vertrags gemäß § 138 Abs. 1 BGB, wofür zwei Voraussetzungen erfüllt sein müssen:[679] (1) Zwischen Leistung und Gegenleistung muss als objektive Voraussetzung ein **auffälliges Missverhältnis** bestehen. (2) Hinzukommen muss als subjektive Voraussetzung die **verwerfliche Gesinnung** des Begünstigten.

543

Ein auffälliges Missverhältnis hat der BGH bereits dann bejaht, wenn die Leistung den Wert der Gegenleistung um rund 60 % überschreitet.[680] Die verwerfliche Gesinnung liegt z. B. vor, wenn der Begünstigte die schwächere Lage des anderen Teils bewusst zu seinem Vorteil ausnutzt oder wenn er sich leichtfertig, also grob fahrlässig, der Erkenntnis verschließt, dass sich der andere Teil nur wegen seiner schwächeren Lage auf den ungünstigen Vertrag einlässt.[681] Ebenso wie das auffällige Missverhältnis ist auch die verwerfliche Gesinnung des Begünstigten grundsätzlich von demjenigen darzulegen und zu beweisen, der sich auf die Sittenwidrigkeit beruft. Der Beweis der verwerflichen Gesinnung bereitet dabei ganz besondere Schwierigkeiten und wird im Regelfall misslingen. Das liegt daran, dass es sich um ein rein subjektives Element handelt und der Betroffene meist keinerlei Einblick in die persönlichen Vorstellungen des Begünstigten hat.

544

Angesichts dieser Beweisnot kommt die Rechtsprechung dem Betroffenen mit einer **Beweiserleichterung** zu Hilfe, wenn das auffällige Missverhältnis ein besonderes Ausmaß annimmt: Die verwerfliche Gesinnung des Begünstigten wird (widerleglich)[682] **vermutet**, wenn der Wert der Leistung **mindestens das Doppelte der Gegenleistung** ausmacht. Man spricht dann von einem „besonders auffälligen", „(besonders) groben" oder „(besonders) krassen" Missverhältnis.[683] Hinter der Vermutung der verwerflichen Gesinnung steht der Gedanke, dass sich

545

---

677 Die Vorstellung eines gerechten Preises liegt dem Rechtsinstitut der „Verletzung über die Hälfte" *(laesio enormis)* zugrunde, das noch heute in anderen europäischen Rechtsordnungen (z. B. § 934 österr. ABGB, Art. 1674–1685 franz. Code Civil, Art. 1448 ital. Codice Civile) anerkannt ist. Zur Ablehnung der *laesio enormis* durch den Gesetzgeber des BGB vgl. nur BGHZ 80, 153 (156).
678 Vgl. die Digestenstellen Ulp. D. 4.4.16.4; Paul. D. 19.2.22.3 (zu Übersetzungen siehe oben Kapitel 4 Rn. 101 Fn. 64). Zum geltenden Recht vgl. RGZ 111, 233 (234 f.): „Käufer und Verkäufer können wegen der widerstreitenden Interessen nach den Anschauungen des Verkehrs voneinander regelmäßig nicht eine Aufklärung über die für die Preisbildung in Betracht kommenden allgemeinen Verhältnisse des Marktes […] erwarten […]".
679 BGHZ 80, 153 (155–157); 98, 174 (178 f.); 125, 135 (137 f.); 141, 257 (263); 144, 343 (345 f.); 146, 298 (301 f.); BGH NJW 2002, 55 (56 f.); NJW-RR 2017, 377 Tz. 17.
680 BGHZ 160, 8 (16 f.).
681 Vgl. BGHZ 80, 153 (160 f.); 98, 174 (178); 146, 298 (303); 212, 329 Tz. 34; BGH NJW 1985, 3006 (3007); NJW 2002, 55 (56 f.).
682 Vgl. BGHZ 98, 174 (178); 104, 102 (108).
683 Vgl. BGHZ 160, 8 (16 f.); BGH NJW 2014, 1652 Tz. 10.

der Begünstigte in diesen Fällen angesichts der erheblichen Differenz zwischen Leistung und Gegenleistung zumindest leichtfertig der Erkenntnis verschließt, es liege ein auffälliges Missverhältnis vor, das der andere Teil nur aufgrund seiner schwächeren Lage hinnimmt. Insbesondere bei Darlehensverträgen nimmt der BGH ein besonders auffälliges Missverhältnis an, wenn der vereinbarte Zins rund doppelt so hoch wie der Marktzins oder noch höher ist,[684] sowie auch dann, wenn der marktübliche Zins um zwölf Prozentpunkte überschritten wird.[685] Das Bundesarbeitsgericht schließt auf die verwerfliche Gesinnung des begünstigten Arbeitgebers, wenn der Wert der vom Arbeitnehmer erbrachten Arbeitsleistung mindestens doppelt so hoch ist wie der Wert der Vergütung.[686] Bei Grundstückskaufverträgen geht der BGH aufgrund der regelmäßig sehr hohen Beträge von einem besonders auffälligen Missverhältnis bereits dann aus, wenn der Wert der Leistung zumindest knapp doppelt so hoch ist wie der Wert der Gegenleistung, d.h., wenn der Kaufpreis den Verkehrswert (oder umgekehrt) um mindestens 90 % überschreitet.[687]

546 Eine Ausnahme gilt allerdings für **Risikogeschäfte**, z.B. für den Verkauf einer Sache auf dem Flohmarkt oder im Wege der (Internet-)Versteigerung, wenn der Verkäufer zur Anlockung von Bietern einen im Verhältnis zum Marktwert der Sache zu niedrigen Startpreis festlegt. Der Verkäufer trägt hier das Risiko, eine wertvolle Sache zu einem zu geringen Preis zu verkaufen, und zwar auch dann, wenn er sich über die wertbildenden Faktoren des verkauften Gegenstands nicht entsprechend informiert hat.[688] Für den Käufer liegt in der Chance, den angebotenen Gegenstand zum „Schnäppchenpreis" zu erwerben, gerade der besondere Reiz, den derartige Geschäfte mit sich bringen. Kommt es bei einem solchen Risikogeschäft zu einem besonders auffälligen Missverhältnis von Leistung und Gegenleistung, kann daraus regelmäßig nicht auf eine verwerfliche Gesinnung des Käufers geschlossen werden, weshalb keine Sittenwidrigkeit gemäß § 138 Abs. 1 BGB vorliegt.[689]

547 Das gilt auch dann, wenn ein Käufer derartige Risikogeschäfte gehäuft abschließt, etwa indem er sich als sogenannter „Schnäppchenjäger" betätigt und bei einer Vielzahl von Internet-Versteigerungen gezielt auf Waren bietet, die zu einem weit unter Marktwert liegenden Startpreis angeboten werden.[690] Dagegen muss es der Verkäufer nicht hinnehmen, wenn der Bieter als sogenannter „Abbruchjäger" handelt und den angebotenen Gegenstand von vornherein gar nicht erwerben will, sondern auf den Abbruch der Internet-Versteigerung abzielt, um daraufhin gegen den Verkäufer einen Anspruch auf Schadensersatz (wegen der ausbleibenden Erfüllung des Kaufvertrags) geltend zu machen. In einem solchen Fall liegt ein rechtsmissbräuchliches Verhalten des Bieters vor,[691] das gegen den Grundsatz von Treu und Glauben (§ 242 BGB) verstößt. Ein Anspruch des Bieters gegen den

---

684 Vgl. BGHZ 104, 102 (105); BGH NJW-RR 1989, 1068.
685 Vgl. BGHZ 110, 336 (340); 212, 329 Tz. 34; BGH NJW-RR 2012, 416 Tz. 10.
686 BAG NJW 2016, 2359 Tz. 42 f.
687 Vgl. BGH NJW 2014, 1652 Tz. 8; NJW 2015, 1510 Tz. 19.
688 Zum Ausschluss der Anfechtung wegen Eigenschaftsirrtums (§ 119 Abs. 2 BGB) bei Risikogeschäften siehe oben Kapitel 8 Rn. 442.
689 Siehe BGHZ 211, 331 Tz. 43; BGH NJW 2012, 2723 Tz. 20; NJW 2015, 548 Tz. 9 (zur Internet-Versteigerung).
690 BGH NJW 2019, 2475 Tz. 23.
691 BGH NJW 2019, 2475 Tz. 24.

Verkäufer auf Schadensersatz statt der Leistung (§ 280 Abs. 1 und 3 i. V. m. § 281 Abs. 1 Satz 1 bzw. § 283 Satz 1 BGB) ist daher gemäß § 242 BGB ausgeschlossen.

Im Fall des **sittenwidrigen Darlehens**, z. B. wenn der vereinbarte Zins rund das Doppelte des marktüblichen Zinses beträgt (Rn. 545), stellt sich die Frage, ob die Nichtigkeitsfolge des § 138 Abs. 1 BGB für den benachteiligten Darlehensnehmer tatsächlich von Vorteil ist. Auf den ersten Blick könnte man meinen, die Nichtigkeit des Darlehensvertrags sei geradezu das Schlimmste, was dem Darlehensnehmer passieren kann, weil es damit am Rechtsgrund für die Überlassung des Darlehenskapitals fehlt. Wäre der Darlehensnehmer tatsächlich nach Bereicherungsrecht (§ 812 Abs. 1 Satz 1 Alt. 1 BGB) zur sofortigen Rückgewähr des gesamten Darlehens verpflichtet, könnte das den Ruin des Darlehensnehmers bedeuten, womit der Schutzzweck des § 138 Abs. 1 BGB in sein Gegenteil verkehrt wäre. Dem Darlehensnehmer hilft hier jedoch der Ausschluss des Bereicherungsanspruchs gemäß § 817 Satz 2 BGB. Nach dem Wortlaut der Vorschrift ist die Rückforderung ausgeschlossen, wenn dem Leistenden „gleichfalls" ein Verstoß gegen die guten Sitten zur Last fällt. Beim sittenwidrigen Darlehen liegt der Sittenverstoß allerdings nicht beim benachteiligten Darlehensnehmer, sondern allein beim leistenden Darlehensgeber. Der Anspruchsausschluss muss in einem solchen Fall des einseitigen Sittenverstoßes des Leistenden umso mehr gelten als bei einem beiderseitigen Sittenverstoß, weshalb § 817 Satz 2 BGB im Wege der teleologischen Erweiterung[692] Anwendung findet. Der Anspruchsausschluss gemäß § 817 Satz 2 BGB führt beim sittenwidrigen Darlehen dazu, dass der Darlehensnehmer das ihm zur Verfügung gestellte Darlehen während der vereinbarten Darlehenslaufzeit behalten darf, ohne dafür den vereinbarten Zins bezahlen zu müssen.[693] Da der Sittenverstoß nur während der Laufzeit des Darlehens besteht, ist der Bereicherungsanspruch auch nur insoweit, also auf Zeit, ausgeschlossen.[694] Nach Ablauf der Darlehenslaufzeit hat der Darlehensgeber einen Anspruch gemäß § 812 Abs. 1 Satz 1 Alt. 1 BGB auf Rückgewähr des Darlehenskapitals.

Problem

Teilweise wird in der Literatur – entgegen § 817 Satz 2 BGB – ein Anspruch des Darlehensgebers auf Leistung eines angemessenen Zinses gemäß § 812 Abs. 1 Satz 1 Alt. 1 BGB i. V. m. § 818 Abs. 1 und 2 BGB (Wertersatz für die gezogenen Nutzungen) bejaht.[695] Für eine solche Begünstigung des sittenwidrig handelnden Darlehensgebers gibt es jedoch keinen einleuchtenden Grund. Im Gegenteil: Der Anspruch auf einen angemessenen Zins würde im Ergebnis eine geltungserhaltende Reduktion des sittenwidrigen Darlehensvertrags bedeuten, sodass die Vergabe von Darlehen zu sittenwidrigen Bedingungen für den Darlehensgeber letztlich risikolos wäre.[696]

---

692 Zur teleologischen Erweiterung siehe den Hinweis oben in Kapitel 7 Rn. 319.
693 Vgl. RGZ 161, 52 (56 f.); BGHZ 99, 333 (338 f.); BGH NJW 1962, 1148; NJW 1983, 1420 (1422 f.); NJW-RR 1989, 622 (624); NJW 1993, 2108; NJW 1995, 1152 (1153).
694 Vgl. *Heinemeyer*, JZ 2017, 918 (923).
695 So etwa *Brox/Walker*, AT, § 14 Rn. 31; *Medicus/Petersen*, BürgR, Rn. 700; *St. Lorenz*, in: Staudinger, § 817 Rn. 12.
696 Vgl. zutreffend *Neuner*, AT, § 46 Rn. 64 f.; *Heinemeyer*, JZ 2017, 918 (923).

2. Der Wuchertatbestand des § 138 Abs. 2 BGB

549 Der Wuchertatbestand des § 138 Abs. 2 BGB stellt in seinem Anwendungsbereich eine Spezialregelung gegenüber dem Grundtatbestand des § 138 Abs. 1 BGB dar. Da die Anforderungen des § 138 Abs. 2 BGB jedoch – wie sich sogleich zeigen wird – sehr hoch sind, kommt § 138 Abs. 1 BGB die wichtige Funktion eines Auffangtatbestandes zu (Rn. 552). Man spricht – zur Abgrenzung gegenüber dem Wucher i. S. d. § 138 Abs. 2 BGB – von **wucherähnlichen Rechtsgeschäften**, die von § 138 Abs. 1 BGB erfasst werden. Dazu gehören regelmäßig auch Darlehensverträge mit überhöhten Zinsen (Rn. 545). Wenn von einem „Wucherdarlehen" die Rede ist, muss es sich daher nicht notwendig um einen Fall des Wuchers im technischen Sinn des § 138 Abs. 2 BGB handeln, sondern es kann auch ein wucherähnliches Rechtsgeschäft vorliegen, das gemäß § 138 Abs. 1 BGB nichtig ist.

> **Hinweis**
>
> Der Wuchertatbestand des § 138 Abs. 2 BGB ist – soweit dazu Anlass besteht – als spezielle Vorschrift *(lex specialis)* vor dem Grundtatbestand des § 138 Abs. 1 BGB zu prüfen.

550 Als **objektive Voraussetzung** verlangt § 138 Abs. 2 BGB – nicht anders als das unter § 138 Abs. 1 BGB fallende wucherähnliche Rechtsgeschäft (Rn. 543) – zunächst ein **auffälliges Missverhältnis** von Leistung und Gegenleistung. Hinzukommen muss eine **besondere Schwächesituation** des Bewucherten, wobei § 138 Abs. 2 BGB die Unterfälle „der Zwangslage, der Unerfahrenheit, des Mangels an Urteilsvermögen oder der erheblichen Willensschwäche" nennt. Die **subjektive Voraussetzung** des Wuchers liegt in der **Ausbeutung** dieser Schwächesituation durch den Wucherer. Dazu muss der Wucherer nicht nur vom auffälligen Missverhältnis, sondern auch von der Schwächesituation des Bewucherten Kenntnis haben und sich diese Situation bewusst zunutze machen.[697] Die Ausbeutung verlangt also die **vorsätzliche** Ausnutzung der Schwächesituation. Fahrlässigkeit genügt – anders als im Rahmen des § 138 Abs. 1 BGB (Rn. 544 f.) – nicht, selbst wenn es sich um grobe Fahrlässigkeit, etwa in Form der Leichtfertigkeit, handelt.[698]

551 Beweisschwierigkeiten können sich für den Bewucherten als dem Beweispflichtigen sowohl im Hinblick auf den objektiven als auch auf den subjektiven Tatbestand des § 138 Abs. 2 BGB ergeben. Insbesondere kann es schwierig sein, zu beweisen, dass die besondere Schwächesituation (z. B. der Mangel an Urteilsvermögen oder die erhebliche Willensschwäche) gerade zum Zeitpunkt des Vertragsschlusses vorgelegen hat.[699] Vor allem aber sind die Kenntnis von der besonderen Schwächesituation und deren vorsätzliche Ausnutzung durch den Wucherer häufig schwer nachweisbar. Zwar erkennt der BGH auch im Rahmen des § 138 Abs. 2 BGB die Möglichkeit an, von einem besonders auffälligen Missverhältnis auf das Vorliegen des subjektiven Tatbestands zu schließen.[700] Hierfür gelten aber gestei-

---

697 Vgl. BGH NJW 1982, 2767 (2768); NJW 1985, 3006 (3007); NJW-RR 1990, 1199; NJW 1994, 1275 (1276).
698 Vgl. BGH NJW 1985, 3006 (3007).
699 Vgl. etwa BGH NJW 2002, 3165 (3166).
700 Vgl. BGH NJW 1982, 2767; NJW-RR 1990, 1199; NJW 1994, 1275.

V. Sittenwidrigkeit

gerte Anforderungen,[701] weil – anders als bei § 138 Abs. 1 BGB – der Schluss auf ein leichtfertiges Verhalten des Begünstigten nicht genügt, sondern (zumindest bedingter) Vorsatz gegeben sein muss.

Liegen die subjektiven oder objektiven Voraussetzungen des § 138 Abs. 2 BGB nicht vor bzw. misslingt dem Benachteiligten deren Beweis, kann das Rechtsgeschäft gleichwohl gemäß § 138 Abs. 1 BGB nichtig sein.[702] Für den Grundtatbestand des § 138 Abs. 1 BGB kommt es auf das Vorliegen einer besonderen Schwächesituation und auf deren Kenntnis seitens des Begünstigten nicht an. Zudem hilft dem Benachteiligten die (widerlegliche) Vermutung der verwerflichen Gesinnung des Begünstigten, wenn der Wert der Leistung mindestens das Doppelte der Gegenleistung ausmacht (Rn. 545). **552**

Ist der Wuchertatbestand erfüllt, kommt es gemäß § 138 Abs. 2 BGB nicht nur zur Nichtigkeit des Verpflichtungs-, sondern auch des vom Bewucherten vorgenommenen **Verfügungsgeschäfts**.[703] Das ergibt sich aus dem Wortlaut der Vorschrift, die mit dem Ausdruck „versprechen oder gewähren lässt" sowohl auf das im Verpflichtungsgeschäft liegende Leistungsversprechen als auch auf die im Wege des Verfügungsgeschäfts erfolgende Leistungsgewährung des Bewucherten abstellt. **553**

> **Bsp.** (vgl. BGH NJW 2002, 3165): Der 72-jährige Anton ist Eigentümer mehrerer Grundstücke, die zu einem landwirtschaftlichen Betrieb gehören und von denen eines mit einem Wohnhaus bebaut ist. Mit notarieller Urkunde veräußert er die Grundstücke nebst landwirtschaftlichem Inventar an Bruno. Als Barkaufpreis werden 130.000 € vereinbart. Außerdem erhält Anton in dem Wohnhaus ein lebzeitiges Wohnungsrecht und Bruno verpflichtet sich zur Zahlung einer monatlichen Leibrente, was insgesamt einem kapitalisierten Wert von 270.000 € entspricht. Bruno wird als Eigentümer der Grundstücke ins Grundbuch eingetragen. Nach einiger Zeit macht Anton geltend, das Geschäft sei wegen Wuchers, in jedem Fall aber wegen Sittenwidrigkeit nichtig. Er beruft sich darauf, dass der Wert der Grundstücke und des Inventars 800.000 € betrage, was auch zutrifft. Bruno habe ausgenutzt, dass er (Anton) zum Zeitpunkt des Vertragsschlusses physisch und psychisch nicht in der Lage gewesen sei, sachgerechte Entscheidungen zu treffen. Anton klagt daher gegen Bruno auf Zustimmung zur Grundbuchberichtigung, hilfsweise auf Rückübereignung der Grundstücke. Der behandelnde Arzt sagt im Prozess als (sachverständiger) Zeuge über Antons Gesundheitszustand aus. Aufgrund der Zeugenaussage lässt sich nicht sicher feststellen, ob Anton das Geschäft mit ausreichendem Urteilsvermögen geschlossen hat. Wie wird das Gericht entscheiden? – Anton klagt in erster Linie auf Zustimmung zur Grundbuchberichtigung. Hierfür ist § 894 BGB Anspruchsgrundlage. Der Anspruch setzt voraus, dass das Grundbuch unrichtig ist. Bruno müsste zu Unrecht als Eigentümer im Grundbuch eingetragen sein, was der Fall wäre, wenn das Verfügungsgeschäft der Grundstücksübereignung (§§ 873, 925 BGB) unwirksam wäre.
> Dazu müsste es sich um einen Fall des Wuchers gemäß § 138 Abs. 2 BGB handeln, bei dem – anders als beim wucherähnlichen Rechtsgeschäft i. S. d.

---

[701] Vgl. BGH NJW 1982, 2767 (Darlehenszins von knapp 100 %); NJW-RR 1990, 1199.
[702] Vgl. BGH NJW 1985, 3006 (3007); NJW 2002, 3165 (3166).
[703] Vgl. BGH NJW 1982, 2767 (2768); NJW 1994, 1275.

§ 138 Abs. 1 BGB – nicht nur das Verpflichtungs-, sondern auch das vom Benachteiligten vorgenommene Verfügungsgeschäft (§ 138 Abs. 2 BGB: „gewähren lässt") von der Nichtigkeit erfasst wird. Allerdings gelingt es Anton hier nicht, die von § 138 Abs. 2 BGB geforderte Schwächesituation in Form des „Mangels an Urteilsvermögen" oder der „erheblichen Willensschwäche" zu beweisen. Es besteht daher kein Anspruch auf Zustimmung zur Grundbuchberichtigung gemäß § 894 BGB.

Hilfsweise klagt Anton auf Rückübereignung der Grundstücke. Ein entsprechender Anspruch aus § 812 Abs. 1 Satz 1 Alt. 1 BGB wäre gegeben, wenn das zwischen Anton und Bruno abgeschlossene Verpflichtungsgeschäft nichtig wäre. Da – wie bereits geprüft – die Voraussetzungen des Wuchertatbestands (§ 138 Abs. 2 BGB), der in seinem Anwendungsbereich eine Spezialregelung bildet, nicht bewiesen werden können, ist der Weg frei für den Rückgriff auf den Grundtatbestand des § 138 Abs. 1 BGB. Der Wert der Grundstücke und des Inventars beträgt hier genau das Doppelte der von Bruno versprochenen Gegenleistung, sodass zwischen Leistung und Gegenleistung ein besonders auffälliges Missverhältnis besteht. Angesichts der erheblichen Differenz von Leistung und Gegenleistung liegt es nahe, dass sich Bruno zumindest leichtfertig der Erkenntnis des auffälligen Missverhältnisses verschlossen hat. Seine verwerfliche Gesinnung wird daher (widerleglich) vermutet. Da Bruno zur Entkräftung der Vermutung nichts vorträgt, ist das Verpflichtungsgeschäft gemäß § 138 Abs. 1 BGB als nichtig anzusehen. Anton kann von Bruno Rückübereignung der Grundstücke aufgrund von § 812 Abs. 1 Alt. 1 Satz 1 BGB verlangen.

VI. Teilnichtigkeit und Teilunwirksamkeit

554 Bisweilen sind die Voraussetzungen der Nichtigkeit oder der anderweitigen Unwirksamkeit nur für bestimmte Teile eines Rechtsgeschäfts erfüllt. Für solche Fälle der Teilnichtigkeit bzw. Teilunwirksamkeit enthält § 139 BGB eine Auslegungsregel:[704] Demnach ist das ganze Rechtsgeschäft nichtig, „wenn nicht anzunehmen ist, dass es auch ohne den nichtigen Teil vorgenommen sein würde". Auch wenn § 139 BGB seinem Wortlaut nach darauf abstellt, dass ein Teil des Rechtsgeschäfts „nichtig" ist, ist die Vorschrift in erweiternder Auslegung auch auf alle anderen Fälle der Teilunwirksamkeit anwendbar, z.B. auch auf den Fall der teilweisen schwebenden Unwirksamkeit.[705]

555 Die Auslegungsregel des § 139 BGB lautet, dass die Teilnichtigkeit im Zweifel die Gesamtnichtigkeit des Rechtsgeschäfts nach sich zieht. Dahinter steht der Gedanke, dass die Parteien das Rechtsgeschäft im Zweifel als „Gesamtpaket" abgeschlossen haben und daher nicht gegen ihren Willen an isolierte Teile des Rechtsgeschäfts gebunden sein sollen.[706] Ein anderer Wille der Parteien wird in der Regel dann anzunehmen sein, wenn nur ein geringfügiger Teil des Rechtsgeschäfts unwirksam ist, während der im Vordergrund stehende, überwiegende Teil nicht zu beanstanden ist.[707]

---

704 Zum Begriff der Auslegungsregel siehe den Hinweis oben in Kapitel 4 Rn. 173.
705 Vgl. BGHZ 53, 174 (178 f.); 53, 315 (318).
706 Das BGB verkehrt damit die im gemeinen Recht maßgebliche Regel *utile per inutile non vitiatur* („Gültiges wird durch Ungültiges nicht beeinträchtigt."), die auf Ulp. D. 45.1.1.5 zurückgeht, ins Gegenteil.
707 Vgl. BGH NJW 2012, 2648 Tz. 13.

VI. Teilnichtigkeit und Teilunwirksamkeit

Voraussetzung für die Anwendung des § 139 BGB ist, dass ein **einheitliches** **556** **Rechtsgeschäft** vorliegt, wobei es auf einen entsprechenden **Einheitlichkeitswillen** der Parteien ankommt. Aufgrund eines solchen Einheitlichkeitswillens können die Parteien auch mehrere Teilgeschäfte, selbst wenn diese äußerlich voneinander getrennt sind, zu einem einheitlichen Rechtsgeschäft zusammenfassen. Der erforderliche Einheitlichkeitswille liegt vor, wenn die Teilgeschäfte nach der Vorstellung der Parteien miteinander **„stehen und fallen"** sollen.[708] Zudem muss es sich, um zu einer Anwendung des § 139 BGB zu kommen, um ein **teilbares Rechtsgeschäft** handeln, d. h., der nicht zu beanstandende Teil des Rechtsgeschäfts muss selbstständig für sich bestehen können.[709]

Klausurtipp
Als Erinnerungshilfe dafür, dass nach dem Willen der Parteien ein einheitliches Rechtsgeschäft vorliegen muss, das zudem teilbar ist, empfiehlt es sich in § 139 BGB die Worte „Teil" und „eines" zu unterstreichen.

Bsp.: Vinzenz bietet seine Maisonette-Wohnung zum Verkauf an. Diese ist mit speziell angefertigten Einbaumöbeln ausgestattet, die in keine andere Wohnung passen. Da Vinzenz die Wohnung erklärtermaßen nicht ohne die Möbel verkaufen will, stimmt Knut einem Kaufpreis von 5.000 € für die Möbel mündlich zu. Der Vertrag über den Kauf der Wohnung zum Preis von 150.000 € wird notariell beurkundet. In der Folgezeit weigert sich Knut, den Preis für die Möbel zu bezahlen. Ist Vinzenz gleichwohl zur Übergabe und Übereignung der Wohnung verpflichtet? – Knut hat gegen Vinzenz einen Anspruch auf Übergabe und Übereignung der Wohnung gemäß § 433 Abs. 1 Satz 1 BGB, wenn ein wirksamer Kaufvertrag vorliegt. Hinsichtlich des Wohnungskaufvertrags ist die erforderliche notarielle Beurkundung (§ 311b Abs. 1 Satz 1 BGB) erfolgt. Allerdings haben die Parteien im Zusammenhang mit dem Wohnungskauf auch einen formlosen Kaufvertrag über die Einbaumöbel geschlossen. Falls auch der Möbelkauf dem Formzwang des § 311b Abs. 1 Satz 1 BGB unterliegen sollte, könnte ein Fall der Teilnichtigkeit gemäß § 139 BGB vorliegen. Die Beurkundungspflicht gemäß § 311b Abs. 1 Satz 1 BGB erstreckt sich auf den Vertrag als Ganzes, auch auf Nebenabreden und Nebengeschäfte, wenn diese mit dem Hauptvertrag nach dem Willen der Parteien eine Einheit bilden, d. h., wenn der Hauptvertrag mit der Nebenabrede oder dem Nebengeschäft „stehen und fallen" soll.[710] Vinzenz will die Wohnung erklärtermaßen nur zusammen mit den Möbeln verkaufen, weshalb Wohnungs- und Möbelverkauf eine Einheit bilden. Auch der Kaufvertrag über die Möbel unterliegt somit nach § 311b Abs. 1 Satz 1 BGB der Beurkundungspflicht, weshalb der mündlich geschlossene Vertrag gemäß § 125 Satz 1 BGB formnichtig ist. Da es bei dem Wohnungs- und Möbelkauf – wie bereits festgestellt – um ein einheitliches Rechtsgeschäft geht, das auch in seine beiden Komponenten teilbar ist, liegt ein Fall der Teilnichtigkeit i. S. d. § 139 BGB vor. Da feststeht, dass Vinzenz die Wohnung nicht ohne die Möbel verkaufen wollte, wird die Ausle-

---
[708] Vgl. BGHZ 50, 8 (13); 138, 91 (98); BGH NJW-RR 2007, 395 Tz. 17; NJW 2011, 2874 Tz. 24; NJW 2012, 296 Tz. 55; NJW 2016, 3525 Tz. 16.
[709] Vgl. BGHZ 53, 210 (214 f.); 139, 288 (298).
[710] Vgl. BGHZ 76, 43 (48 f.); 101, 393 (396); 104, 18 (22); 186, 345 Tz. 8; 228, 338 Tz. 12; BGH NJW 2004, 3330 (3331); WM 2010, 1817 Tz. 8.

gungsregel des § 139 BGB hier im Ergebnis nicht benötigt. Die Gesamtnichtigkeit des Geschäfts ergibt sich unmittelbar aus dem tatsächlichen Parteiwillen. Auch der Wohnungskaufvertrag ist daher nichtig, weshalb Vinzenz nicht gemäß § 433 Abs. 1 Satz 1 BGB zur Übergabe und Übereignung der Wohnung verpflichtet ist.

VII. Umdeutung und Bestätigung des nichtigen Rechtsgeschäfts

1. Umdeutung gemäß § 140 BGB

557 Bei der **Umdeutung (Konversion)** geht es um die Aufrechterhaltung eines nichtigen Rechtsgeschäfts, indem dieses in ein anderes, gültiges Rechtsgeschäft uminterpretiert wird: Entspricht das nichtige Rechtsgeschäft den Erfordernissen eines anderen Rechtsgeschäfts, so gilt gemäß § 140 BGB dieses andere Rechtsgeschäft, „wenn anzunehmen ist, dass dessen Geltung bei Kenntnis der Nichtigkeit gewollt sein würde".

> **Prüfungsschema**
>
> § 140 BGB verlangt also, dass
> 1. ein nichtiges Rechtsgeschäft vorliegt,
> 2. in diesem nichtigen Rechtsgeschäft ein anderes Rechtsgeschäft, das sogenannte Ersatzgeschäft, enthalten ist, wobei die Wirksamkeitsvoraussetzungen für das Ersatzgeschäft erfüllt sein müssen, und
> 3. die Parteien, wenn sie die Nichtigkeit des Rechtsgeschäfts gekannt hätten, die Geltung des Ersatzgeschäfts gewollt hätten.

558 § 140 BGB nimmt zwar nur auf ein „nichtiges" Rechtsgeschäft Bezug; in erweiternder Auslegung ist die Vorschrift aber auch auf sonstige Fälle der endgültigen Unwirksamkeit anzuwenden, z. B. dann, wenn ein zunächst schwebend unwirksames Rechtsgeschäft endgültig unwirksam geworden ist.[711] Ein häufiger Anwendungsfall ist die Umdeutung einer – mangels wichtigen Grundes – unwirksamen außerordentlichen Kündigung eines Dauerschuldverhältnisses in eine (wirksame) ordentliche Kündigung.[712]

559 Entscheidend kommt es für die Umdeutung darauf an, dass diese dem Parteiwillen entspricht: Es muss anzunehmen sein, dass das Ersatzgeschäft von den Vertragsparteien bzw. bei einem einseitigen Rechtsgeschäft wie der Kündigung von dem, der das Rechtsgeschäft vorgenommen hat, bei Kenntnis der Sachlage gewollt sein würde. Maßgeblich ist dabei der mutmaßliche bzw. (wenn keine Indizien vorhanden sind, aus denen auf einen tatsächlichen Willen geschlossen werden kann) der hypothetische Parteiwille.[713] Da es entscheidend auf den mutmaßlichen bzw. hypothetischen Parteiwillen ankommt, handelt es sich bei der Umdeutung nach

---

711 Vgl. BGHZ 40, 218 (222); ähnlich BGH NJW 1999, 3704 (3705); „entsprechende" Anwendung des § 141 Abs. 1 BGB.
712 Siehe z. B. BGH NJW 1998, 76; NJW 1998, 1551; BAG NJW 2002, 2972 (2973); NJW 2013, 1387 Tz. 21.
713 Vgl. BGHZ 19, 269 (273); 40, 218 (223); 125, 355 (363); 134, 60 (65); BGH NJW 1980, 2517 f.; 1997, 521 (522). Zur Unterscheidung zwischen dem mutmaßlichen und dem hypothetischen Parteiwillen siehe oben Kapitel 4 Rn. 172 f.

§ 140 BGB in Wirklichkeit nicht um ein eigenständiges Rechtsinstitut, sondern um einen bloßen Anwendungsfall der ergänzenden Auslegung.[714] Auf die Vorschrift des § 140 BGB könnte daher im Ergebnis verzichtet werden. Sie dient aber immerhin der Klarstellung. Insbesondere wird durch den Wortlaut der Vorschrift („bei Kenntnis der Nichtigkeit gewollt sein würde") bestätigt, dass im Rahmen der ergänzenden Auslegung[715] nicht nur der mutmaßliche Parteiwille zu berücksichtigen ist, sondern gegebenenfalls auch auf einen hypothetischen Parteiwillen abgestellt werden muss.

> **Bsp.:** Grundstückseigentümer Gero will sein Grundstück verkaufen und erteilt Vinzenz hierfür formlos eine unwiderrufliche Vollmacht. Ist Vinzenz wirksam bevollmächtigt? – Durch die Erteilung der unwiderruflichen Vollmacht wäre Gero in ähnlicher Weise gebunden wie durch die Vornahme des gemäß § 311b Abs. 1 Satz 1 BGB formbedürftigen Grundstückskaufvertrags. Im Hinblick auf den Sinn und Zweck der Formvorschrift unterliegt daher – in einschränkender Auslegung des § 167 Abs. 2 BGB[716] – die Erteilung der unwiderruflichen Vollmacht zum Abschluss eines Grundstückskaufvertrags dem Formzwang des § 311b Abs. 1 Satz 1 BGB. Die von Gero formlos erteilte unwiderrufliche Vollmacht ist somit gemäß § 125 Satz 1 BGB formnichtig. Allerdings umfasst die unwiderruflich erteilte Vollmacht als Minus eine widerrufliche Vollmacht, die gemäß § 167 Abs. 2 BGB keiner Form bedarf. Damit liegt in der Erteilung einer widerruflichen Vollmacht ein Ersatzgeschäft, das in dem nichtigen Rechtsgeschäft enthalten ist. Zudem sind die für das Ersatzgeschäft geltenden Wirksamkeitsvoraussetzungen erfüllt. Es ist davon auszugehen, dass die Parteien, wenn sie von der Nichtigkeit der unwiderruflichen Vollmacht gewusst hätten, zumindest eine wirksame widerrufliche Bevollmächtigung gewollt hätten. Damit ist hier die nichtige unwiderrufliche Vollmacht gemäß § 140 BGB in eine widerrufliche Vollmacht umzudeuten.[717] Vinzenz ist wirksam bevollmächtigt, wobei Gero die Vollmacht jederzeit widerrufen kann.

2. Bestätigung gemäß § 141 BGB

Während die Bestätigung eines anfechtbaren Rechtsgeschäfts gemäß § 144 Abs. 1 BGB zu einem Anfechtungsausschluss führt und damit wie ein Verzicht auf das Anfechtungsrecht wirkt,[718] ist die **Bestätigung eines nichtigen Rechtsgeschäfts** gemäß § 141 Abs. 1 BGB als „erneute Vornahme" des Rechtsgeschäfts zu beurteilen. Gemeint ist, dass dann, wenn die Parteien das nichtige Rechtsgeschäft bestätigen und zum Zeitpunkt der Bestätigung die Wirksamkeitsvoraussetzungen für das Rechtsgeschäft erfüllt sind, ein neues und diesmal wirksames Rechtsgeschäft vorliegt. Für die wirksame Bestätigung ist ein entsprechender **Bestätigungswille** der Parteien erforderlich, was – ähnlich wie bei der Bestätigung des anfechtbaren

---

[714] In BGH NJW 1975, 1700 (1701), ist dementsprechend von „Auslegung oder Umdeutung" die Rede. Vgl. auch *Pawlowski*, AT, Rn. 505; *Faust*, in: NK-BGB, § 140 Rn. 3; *Krampe*, AcP 194 (1994), 1 (22–25); *Hager*, BB 1989, 693 (694). **A. A.** (Vorrang der Auslegung vor einer Umdeutung) *Köhler*, AT, § 15 Rn. 10; *Neuner*, AT, § 57 Rn. 4 f.; *Arnold*, in: Erman, § 140 Rn. 3 f.; *Mansel*, in: Jauernig, § 140 Rn. 3; *H. Roth*, in: Staudinger, § 140 Rn. 7; *Grobe/Schellenberg*, Jura 2020, 799 (803); vgl. auch *Busche*, in: MüKo, § 140 Rn. 3; *Hefermehl*, in: Soergel, § 140 Rn. 8.
[715] Siehe hierzu oben Kapitel 4 Rn. 170–174.
[716] Siehe hierzu unten Kapitel 11 Rn. 645.
[717] Vgl. *Hefermehl*, in: Soergel, § 140 Rn. 4; *H. Roth*, in: Staudinger, § 140 Rn. 19. **A. A.** *Flume*, AT II, S. 597 (§ 32, 9e); *Busche*, in: MüKo, § 140 Rn. 25.
[718] Siehe hierzu oben Kapitel 8 Rn. 476–479.

Rechtsgeschäfts[719] – voraussetzt, dass die Parteien die Nichtigkeit des Rechtsgeschäfts **kennen oder zumindest für möglich halten**.[720]

561 Die Parteien müssen das Geschäft **nicht in allen Einzelheiten** erneut vornehmen. Andernfalls wäre § 141 Abs. 1 BGB bedeutungslos, da die Möglichkeit eines vollständigen Neuabschlusses des Rechtsgeschäfts nichts anderes als eine Selbstverständlichkeit ist. Im Rahmen des § 141 Abs. 1 BGB genügt es vielmehr, wenn sich die Parteien in Kenntnis der Abreden **„auf den Boden des Vertrags stellen"**.[721] Es ist also grundsätzlich ausreichend, wenn die Parteien auf ihre frühere Vereinbarung Bezug nehmen. Die ursprünglichen Erklärungen müssen dabei nicht wiederholt werden. Im Fall der Bestätigung eines formgerecht abgeschlossenen, aber aus anderen Gründen unwirksamen Grundstückskaufvertrags, unterliegt die Bestätigung dem Formzwang des § 311b Abs. 1 Satz 1 BGB,[722] wobei es allerdings ausreicht, wenn in der Bestätigungsurkunde auf den Inhalt des ursprünglichen notariellen Grundstückskaufvertrags verwiesen wird.[723]

562 Bemerkenswert ist, dass die Bestätigung in § 141 Abs. 1 BGB als Neuvornahme und nicht als Heilung[724] des nichtigen Rechtsgeschäfts qualifiziert wird. Dahinter steht die Vorstellung des historischen Gesetzgebers, die Nichtigkeit eines Rechtsgeschäfts könne nicht durch den Bestätigungswillen der Parteien geheilt werden.[725] Auch in der Folge nahm man an, dass die Bestätigung „begrifflich", „logischerweise" oder „ihrer Rechtsnatur nach" eine Neuvornahme des Rechtsgeschäfts darstelle.[726] Dagegen besteht heute weitgehend Einigkeit, dass aus dem Begriff der Nichtigkeit nicht abgeleitet werden kann, dass eine Heilung des nichtigen Rechtsgeschäfts ausgeschlossen wäre.[727] Die Gleichsetzung der Bestätigung mit einer Neuvornahme des Rechtsgeschäfts ergibt sich allein aus der formalen Entscheidung des Gesetzgebers in § 141 Abs. 1 BGB.[728]

563 Aus der Einordnung der Bestätigung als Neuvornahme des Rechtsgeschäfts folgt, dass der Bestätigung **keine Rückwirkung** zukommt. Das Rechtsgeschäft wird durch die Bestätigung *ex nunc* wirksam, also nur mit Wirkung für die Zukunft.[729] Das ergibt sich auch im Umkehrschluss aus § 141 Abs. 2 BGB. Demnach sind die Parteien im Fall der Bestätigung eines nichtigen Vertrags „im Zweifel verpflichtet,

---

719 Siehe hierzu oben Kapitel 8 Rn. 478.
720 Vgl. BGHZ 129, 371 (377); BGH NJW-RR 2008, 1488 Tz. 15; NJW 2012, 1570 Tz. 21.
721 Vgl. BGH WM 1968, 276 (277); NJW 1982, 1981; NJW 1999, 3704 (3705).
722 Vgl. BGH NJW 1985, 2579 (2580) zur Übertragung von GmbH-Geschäftsanteilen; *Flume*, AT II, S. 552 (§ 30, 6); *Bork*, AT, Rn. 1244; *Faust*, AT, § 14 Rn. 3. **A. A.** (gegen die Formbedürftigkeit der Bestätigung bei formgerechtem Abschluss des ursprünglichen Rechtsgeschäfts) *Medicus/Petersen*, AT, Rn. 532; *H. Roth*, in: Staudinger, § 141 Rn. 16; *K. Schmidt*, AcP 189 (1989) 1 (9).
723 BGH NJW 1999, 3704 (3705).
724 Vgl. etwa die Heilung des Formmangels, hierzu oben Rn. 527.
725 Vgl. Mot. I, S. 217 (= Mugdan I, S. 472), zurückgehend auf Paul. D. 50.17.29: *Quod initio vitiosum est, non potest tractu temporis convalescere* („Was von Anfang an fehlerhaft ist, kann nicht im Laufe der Zeit wirksam werden."). Hierzu *Gröschler*, NJW 2000, 247 (248 f.).
726 Vgl. noch heute BGH NJW 2012, 1570 Tz. 17: „Das insgesamt nichtige Rechtsgeschäft kann nicht geheilt werden"; *Brox/Walker*, AT, § 15 Rn. 21: Die Bestätigung „ist" eine Neuvornahme des Rechtsgeschäfts; *Arnold*, in: Erman, § 141 Rn. 1: „Sachlich ist die Bestätigung eine Neuvornahme des nichtigen Rechtsgeschäfts."
727 Vgl. *Flume*, AT II, S. 551 (§ 30, 6); *Hefermehl*, in: Soergel, § 141 Rn. 1; *H. Roth*, in: Staudinger, § 141 Rn. 1; *Gröschler*, NJW 2000, 247 (248 f.).
728 *Hefermehl*, in: Soergel, § 141 Rn. 1.
729 Zur Wirkung *ex nunc* (im Gegensatz zur Wirkung *ex tunc*) siehe auch oben Kapitel 8 Rn. 370.

einander zu gewähren, was sie haben würden, wenn der Vertrag von Anfang an gültig gewesen wäre". Die Vorschrift beinhaltet eine Auslegungsregel („im Zweifel"),[730] wonach grundsätzlich davon auszugehen ist, dass sich die Parteien bei der Bestätigung nichtiger Verträge im Innenverhältnis so stellen wollen, als käme der Bestätigung Rückwirkung zu. Da die im Sinne der Auslegungsregel zu verstehende Parteivereinbarung nur im Innenverhältnis der Parteien maßgeblich ist, spricht man von **schuldrechtlicher Wirkung**, während es bei einer Rückwirkung zu einer dinglichen Wirkung, d. h. zur Wirkung gegenüber Dritten, käme.

VIII. Schwebende Unwirksamkeit

Bei der schwebenden Unwirksamkeit handelt es sich um eine besondere Art der Unwirksamkeit, die nachträglich noch behoben werden kann, ohne dass hierfür – wie bei nichtigen Rechtsgeschäften – eine Heilung erforderlich wäre. Paradebeispiel für ein schwebend unwirksames Rechtsgeschäft ist der von einem beschränkt Geschäftsfähigen ohne die erforderliche Einwilligung seines gesetzlichen Vertreters abgeschlossene Vertrag.[731] Ein solcher Vertrag ist schwebend unwirksam, weil er gemäß § 108 Abs. 1 BGB durch die Genehmigung des gesetzlichen Vertreters noch wirksam werden kann. Die Genehmigung führt, wie § 184 Abs. 1 BGB bestimmt, zur rückwirkenden Wirksamkeit des Vertrags. Schwebend unwirksam sind auch Verträge, die ein unter Einwilligungsvorbehalt[732] stehender Betreuter ohne die erforderliche Einwilligung seines Betreuers schließt, wie sich aus § 1825 Abs. 1 Satz 3 BGB i. V. m. § 108 Abs. 1 BGB ergibt.

564

Um einen weiteren Fall der schwebenden Unwirksamkeit geht es, wenn ein Vertreter ohne Vertretungsmacht einen Vertrag im Namen des Vertretenen schließt. Die Wirksamkeit dieses Vertrags hängt nämlich gemäß § 177 Abs. 1 BGB von der Genehmigung des Vertretenen ab.[733] Man kann von schwebender Unwirksamkeit auch bei einem aufschiebend bedingten Rechtsgeschäft (§ 158 Abs. 1 BGB)[734] sprechen: Solange die Bedingung noch nicht eingetreten ist und auch nicht endgültig feststeht, dass die Bedingung nicht mehr eintreten wird, befindet sich das Geschäft in einem Schwebezustand. Auch die Fälle, in denen die Wirksamkeit eines unter die §§ 1643 Abs. 1, 1850–1854 BGB fallenden Rechtsgeschäfts[735] von einer „nachträglichen Genehmigung" des Familiengerichts gemäß §§ 1644 Abs. 3 Satz 1, 1856 Abs. 1 Satz 1 BGB abhängt, können in die Kategorie der schwebenden Unwirksamkeit eingeordnet werden.

565

Schließlich kommt es auch im Fall einer **Verfügung eines Nichtberechtigten**, die dieser **ohne die Einwilligung des Berechtigten** vornimmt (§ 185 Abs. 1 BGB), zur schwebenden Unwirksamkeit gemäß § 185 Abs. 2 Satz 1 BGB.

566

> **Bsp.:** Ein Beispiel für die Verfügung eines Nichtberechtigten ist die Übereignung einer beweglichen Sache durch den Nichteigentümer an einen Dritten. § 929 Satz 1 BGB verlangt für eine wirksame Übereignung, dass diese vom

---

730 Zum Begriff der Auslegungsregel siehe den Hinweis oben in Kapitel 4 Rn. 173.
731 Siehe hierzu oben Kapitel 7 Rn. 338.
732 Siehe hierzu oben Kapitel 7 Rn. 367.
733 Siehe hierzu unten Kapitel 11 Rn. 705–709.
734 Siehe hierzu unten Kapitel 10 Rn. 585, 591.
735 Zu den §§ 1643 Abs. 1, 1850–1854 BGB siehe oben Kapitel 7 Rn. 336 f.

„Eigentümer" der Sache vorgenommen wird. Allerdings gibt es gemäß §§ 929, 932 BGB die Möglichkeit des gutgläubigen Eigentumserwerbs, was voraussetzt, dass dem Erwerber die fehlende Berechtigung des Veräußerers weder bekannt noch infolge grober Fahrlässigkeit unbekannt ist (§ 932 Abs. 2 BGB). Ist der Erwerber in diesem Sinne gutgläubig, kommt es gemäß §§ 929, 932 BGB zum sofortigen Eigentumserwerb vom Nichtberechtigten. Zur schwebenden Unwirksamkeit gemäß § 185 Abs. 2 Satz 1 BGB gelangt man daher nur dann, wenn nicht bereits die Voraussetzungen des gutgläubigen Eigentumserwerbs gegeben sind, also dann, wenn der Erwerber bösgläubig i. S. d. § 932 Abs. 2 BGB ist oder wenn der gutgläubige Eigentumserwerb gemäß § 935 BGB ausgeschlossen ist, weil es sich um eine abhandengekommene Sache handelt.

567 Gemäß § 185 Abs. 2 Satz 1 BGB wird die (schwebend unwirksame) Verfügung des Nichtberechtigten wirksam, „wenn der Berechtigte sie genehmigt oder wenn der Verfügende den Gegenstand erwirbt oder wenn er von dem Berechtigten beerbt wird und dieser für die Nachlassverbindlichkeiten unbeschränkt haftet".

Klausurtipp

Die Bestimmung des § 185 Abs. 2 Satz 1 BGB ist unübersichtlich und komplex, weshalb sie in Klausuren regelmäßig besondere Schwierigkeiten bereitet. Es empfiehlt sich daher, die Vorschrift so zu strukturieren, dass die drei geregelten Fälle deutlich hervortreten. Es genügt dabei, dass man in der Klausursituation das nachfolgende Prüfungsschema gedanklich rekonstruieren kann. Wichtig ist es, sich zu merken, dass der Passus „und dieser für die Nachlassverbindlichkeiten unbeschränkt haftet" sich nur auf den dritten Fall des § 185 Abs. 2 Satz 1 BGB bezieht.

Prüfungsschema

Gemäß § 185 Abs. 2 Satz 1 BGB kommt es nachträglich zur Wirksamkeit der Verfügung,
1. wenn der Berechtigte die Verfügung genehmigt (§ 185 Abs. 2 Satz 1 Fall 1 BGB),
2. wenn der Verfügende den Gegenstand erwirbt (§ 185 Abs. 2 Satz 1 Fall 2 BGB) oder
3. wenn er von dem Berechtigten beerbt wird und dieser für die Nachlassverbindlichkeiten unbeschränkt haftet (§ 185 Abs. 2 Satz 1 Fall 3 BGB).

568 Im ersten in § 185 Abs. 2 Satz 1 BGB geregelten Fall geht es darum, dass der Berechtigte die Verfügung des Nichtberechtigten genehmigt, ihr also nachträglich zustimmt (vgl. § 184 Abs. 1 BGB). Gemäß § 185 Abs. 2 Satz 1 Fall 1 BGB wird die Verfügung des Nichtberechtigten aufgrund der Genehmigung des Berechtigten wirksam, wobei es gemäß § 184 Abs. 1 BGB zur Wirksamkeit *ex tunc*, also mit Rückwirkung,[736] kommt.

Bsp.: Rentner Rudi hat zum 85. Geburtstag nach 67 unfallfreien Jahren seinen Führerschein zurückgegeben, aber noch nicht über das Schicksal seines Autos

---

[736] Zum Gegensatzpaar *ex tunc* („von damals an") und *ex nunc* („von jetzt an") vgl. den Hinweis oben in Kapitel 8 Rn. 370.

entschieden. Sein Sohn Siegfried nimmt in einem unbemerkten Moment die Wagenschlüssel an sich und verkauft und übereignet den Wagen kurzerhand im eigenen Namen an Kurt, der es vergisst, sich von Siegfried die Wagenpapiere zeigen zu lassen. (1) Ist Kurt Eigentümer geworden? (2) Kann Rudi noch durch entsprechende Willenserklärung bewirken, dass Kurt Eigentümer wird? Inwiefern wäre das für Rudi von Vorteil? – (1) Siegfried hat als Nichtberechtigter über das Eigentum am Auto verfügt, weshalb die Voraussetzungen des § 929 Satz 1 BGB („der Eigentümer") nicht erfüllt sind. Kurt könnte jedoch gutgläubig gemäß §§ 929 Satz 1, 932 BGB Eigentum erworben haben. Allerdings gehört es beim Erwerb eines gebrauchten Kfz zu den Mindestanforderungen des guten Glaubens, sich als Erwerber den „Kraftfahrzeugbrief", d. h. die Zulassungsbescheinigung Teil II gemäß § 12 Fahrzeug-Zulassungsverordnung (FZV), vorlegen zu lassen.[737] Ist dem Veräußerer die Vorlage nicht möglich oder ist im vorgelegten Kraftfahrzeugbrief ein anderer als Fahrzeughalter eingetragen, muss das beim Erwerber Argwohn erwecken und ihn zu weiteren Nachforschungen veranlassen. Kurt hat sich von Siegfried die Wagenpapiere, also auch den Fahrzeugbrief, nicht zeigen lassen, und sich damit grob fahrlässig verhalten. Es fehlt daher gemäß § 932 Abs. 2 BGB am guten Glauben. Zudem hat Rudi den Besitz am Auto unfreiwillig verloren, weil Siegfried die Wagenschlüssel heimlich, also ohne Rudis Willen, an sich genommen hat. Rudi ist das Auto daher abhandengekommen, weshalb ein gutgläubiger Eigentumserwerb auch gemäß § 935 Abs. 1 Satz 1 BGB ausgeschlossen ist. Kurt ist folglich nicht Eigentümer geworden. (2) Rudi könnte der Verfügung, die Siegfried als Nichtberechtigter vorgenommen hat, nachträglich zustimmen. Durch eine solche Genehmigung würde die Verfügung gemäß § 185 Abs. 2 Satz 1 Fall 1 BGB wirksam, und zwar mit Wirkung *ex tunc* (§ 184 Abs. 1 BGB). Das hätte für Rudi den Vorteil, dass er von Siegfried gemäß § 816 Abs. 1 Satz 1 BGB Herausgabe des von Kurt gezahlten Kaufpreises verlangen könnte.

Hinweis

Die Anspruchsgrundlage des § 816 Abs. 1 Satz 1 BGB[738] setzt die Verfügung eines Nichtberechtigten voraus, die dem Berechtigten gegenüber wirksam ist. Aufgrund der Genehmigung durch den Berechtigten wird die Verfügung gemäß § 185 Abs. 2 Satz 1 Fall 1 BGB mit Rückwirkung (§ 184 Abs. 1 BGB) wirksam. Die Genehmigung ändert allerdings nichts an der fehlenden Rechtsinhaberschaft und damit an der Stellung des Verfügenden als Nichtberechtigter.[739] Trotz der Genehmigung handelt es sich, wie der Vergleich mit § 185 Abs. 1 BGB (Einwilligung des Berechtigten) zeigt, nach wie vor um eine „Verfügung, die ein Nichtberechtigter über einen Gegenstand trifft".

---

737 Ständige Rspr., siehe nur BGHZ 68, 323 (326); BGH NJW 1992, 310; NJW 1996, 2226 (2227); NJW 2005, 1365 (1366); NJW 2006, 3488 Tz. 17; NJW 2013, 1946 Tz. 13.
738 Siehe hierzu bereits oben Kapitel 8 Rn. 405 mit Fn. 432.
739 Siehe schon RGZ 115, 31 (35). Dagegen soll es nach BGH NJW 2004, 365, für den Begriff des „Nichtberechtigten" i. S. d. §§ 185, 816 BGB nicht auf die Rechtsinhaberschaft, sondern auf die Verfügungsbefugnis ankommen. Gleichwohl bejaht auch der BGH in ständiger Rspr. im Fall der Genehmigung gemäß § 185 Abs. 2 Satz 1 Fall 1 BGB den Anspruch aus § 816 Abs. 1 Satz 1 BGB; siehe nur BGHZ 56, 131 (134); 107, 340 (341 f.); BGH NJW 1959, 668 (insoweit nicht abgedruckt in BGHZ 29, 157); NJW 1960, 860; NJW 1968, 1326 (1327); NJW 1972, 1197 (1199).

569 Beim zweiten und dritten in § 185 Abs. 2 Satz 1 BGB geregelten Fall geht es darum, dass der Verfügende den Gegenstand erwirbt (§ 185 Abs. 2 Satz 1 Fall 2) oder dass der Verfügende zum Erben des Berechtigten wird und für die Nachlassverbindlichkeiten unbeschränkt haftet (§ 185 Abs. 2 Satz 1 Fall 2). Man spricht hier von den beiden Fällen der **„Konvaleszenz"** (von lateinisch *convalescere*, „gesund werden", „Wirksamkeit erlangen"), nämlich der Konvaleszenz durch Rechtserwerb (§ 185 Abs. 2 Satz 1 Fall 2) und der Konvaleszenz durch Beerbung des Verfügenden (§ 185 Abs. 2 Satz 1 Fall 3). Die Wirksamkeit tritt hier – anders als im Fall der Genehmigung (§ 185 Abs. 2 Satz 1 Fall 1 BGB) – ohne Rückwirkung, also *ex nunc* ein, wie sich im Umkehrschluss aus der Vorschrift des § 184 Abs. 1 BGB ergibt, in der die Anordnung der Rückwirkung auf die Genehmigung beschränkt ist.

> **Klausurtipp**
> Bei der Klausurbearbeitung werden der zweite und dritte Fall des § 185 Abs. 2 Satz 1 BGB häufig miteinander verwechselt. Das liegt daran, dass in § 185 Abs. 2 Satz 1 Fall 3 BGB (Konvaleszenz durch Beerbung des Verfügenden) mit „beerbt wird" ausdrücklich auf einen Erbfall Bezug genommen wird, es aber auch in § 185 Abs. 2 Satz 1 Fall 2 BGB (Konvaleszenz durch Rechtserwerb) – auch wenn der Wortlaut der Vorschrift („den Gegenstand erwirbt") nicht ausdrücklich darauf abstellt – durchaus um einen Erbfall gehen kann. Man darf sich daher, wenn es in dem zu bearbeitenden Fall um eine Erbschaft geht, nicht vorschnell auf § 185 Abs. 2 Satz 1 Fall 3 BGB festlegen, sondern muss prüfen, ob nicht in Wirklichkeit ein Anwendungsfall des § 185 Abs. 2 Satz 1 Fall 2 BGB vorliegt.
> Um den dritten Fall des § 185 Abs. 2 Satz 1 BGB geht es, **wenn der Berechtigte zum Erben des nichtberechtigt Verfügenden wird**. Genau das ist mit der passivischen Formulierung in § 185 Abs. 2 Satz 1 Fall 3 BGB („wenn er von dem Berechtigten beerbt wird") gemeint. Wichtig ist hier, sich die Bedeutung von „jemanden beerben", nämlich „jemands Erbe werden", einzuprägen, was am besten mit folgender Merkformel gelingt: **„Der Erbe *beerbt*, der Erblasser *vererbt*"**. Wenn in § 185 Abs. 2 Satz 1 Fall 3 BGB davon die Rede ist, dass „er" (der nichtberechtigt Verfügende) „von dem Berechtigten beerbt wird" heißt das, dass der Berechtigte den nichtberechtigt Verfügenden beerbt, also dessen Erbe wird.
> Um einen Anwendungsfall des § 185 Abs. 2 Satz 1 Fall 2 BGB geht es dagegen, **wenn der nichtberechtigt Verfügende zum Erben des Berechtigten wird**. Als Erbe erwirbt der nichtberechtigt Verfügende aufgrund der Gesamtrechtsnachfolge gemäß § 1922 Abs. 1 BGB das gesamte Vermögen des Berechtigten, also auch den im Vermögen des Berechtigten befindlichen Gegenstand, über den er als Nichtberechtigter verfügt hat. Es kommt daher zur Konvaleszenz durch Rechtserwerb gemäß § 185 Abs. 2 Satz 1 Fall 2 BGB, wobei der Rechtserwerb hier im Wege der Erbfolge stattfindet.

570 Nur für § 185 Abs. 2 Satz 1 Fall 3 BGB (Konvaleszenz durch Beerbung des Verfügenden) gilt die Zusatzvoraussetzung der **unbeschränkten Haftung für die Nachlassverbindlichkeiten**. Die Zusatzvoraussetzung bedarf der Erläuterung und ist nur mit Blick auf die gesetzliche Regelung der Erbenhaftung verständlich, weshalb hierauf kurz eingegangen werden muss:

VIII. Schwebende Unwirksamkeit

- Gemäß § 1967 Abs. 1 BGB haftet der Erbe für die Nachlassverbindlichkeiten, zu denen gemäß § 1967 Abs. 2 BGB insbesondere die vom Erblasser herrührenden Schulden gehören. Das ergibt sich auch schon aus § 1922 Abs. 1 BGB, wonach das Vermögen des Erblassers „als Ganzes" auf den Erben übergeht (Gesamtrechtsnachfolge). Auf den Erben gehen also nicht etwa nur die Aktiva, sondern auch die Passiva des Erblasservermögens über. **571**

- Hinzu kommt, dass es sich bei der Erbenhaftung gemäß §§ 1922 Abs. 1, 1969 Abs. 1 BGB grundsätzlich auch um eine unbeschränkte Haftung handelt. Das bedeutet, dass der Erbe nicht nur mit dem Nachlass, sondern auch mit seinem gesamten Eigenvermögen für die Nachlassverbindlichkeiten haftet. Der Erbe hat aber die Möglichkeit, seine Haftung auf den Nachlass zu beschränken, sodass die Nachlassgläubiger nicht mehr auf sein Eigenvermögen, sondern nur noch auf den Nachlass zugreifen können. Es gilt daher der Satz: **„Der Erbe haftet unbeschränkt, aber beschränkbar."** **572**

- Die Beschränkung der Haftung des Erben auf den Nachlass erfolgt im Wege der **Nachlassverwaltung** oder des **Nachlassinsolvenzverfahrens** (§ 1975 BGB), wobei es für den Antrag des Erben – anders als für den Antrag eines Nachlassgläubigers (§ 1981 Abs. 2 Satz 2 BGB, § 319 InsO) – keinerlei zeitliche Grenze gibt. Der Erbe kann daher auch noch viele Jahre nach dem Erbfall die Haftungsbeschränkung herbeiführen.[740] **573**

- Nur in besonderen Ausnahmefällen ist dem Erben der Weg zur Haftungsbeschränkung versperrt. Das Gesetz spricht dann von einer „unbeschränkten Haftung" des Erben, womit – wie sich aus § 2013 BGB ergibt – gemeint ist, dass der Erbe die Haftung für die Nachlassverbindlichkeiten nicht mehr beschränken kann, also **unbeschränkbar** haftet. Mit anderen Worten: Es geht um die **endgültig** unbeschränkte Haftung des Erben. Zu einer solchen endgültig unbeschränkten Haftung des Erben kommt es etwa dann, wenn er absichtlich die Unrichtigkeit des Inventars, d.h. des Verzeichnisses der Nachlassgegenstände und der Nachlassverbindlichkeiten, herbeiführt (Inventaruntreue gemäß § 2005 Abs. 1 Satz 1 BGB), oder auch dann, wenn er die zur Errichtung des Inventars gesetzte Frist (Inventarfrist) verstreichen lässt (Inventarsäumnis gemäß § 1994 Abs. 1 Satz 2 BGB). Zu einem weiteren Fall der endgültig unbeschränkten Haftung kann es gemäß § 2006 Abs. 3 Satz 1 BGB kommen, wenn sich der Erbe weigert, bezüglich des Inventars eine eidesstattliche Versicherung abzugeben. Schließlich kann der Erbe auf die Haftungsbeschränkung auch verzichten, wie durch § 2012 Abs. 1 Satz 3 BGB im Umkehrschluss bestätigt wird. **574**

In § 185 Abs. 2 Satz 1 Fall 3 BGB ist mit „unbeschränkt haftet" – wie auch in den anderen Vorschriften des BGB (vgl. insbesondere §§ 1994, 2000, 2005, 2006, 2013, **575**

---

[740] Es kann daher, wenn die Haftungsbeschränkung nicht herbeigeführt wird, zu einem zeitlich unbegrenzten Schwebezustand kommen. Insbesondere geht das gemäß § 1981 Abs. 1 BGB, § 317 Abs. 1 InsO bestehende Antragsrecht – sofern es nicht zur Verwirkung gekommen ist – auf den Erbeserben über; vgl. OLG Jena NJW-RR 2009, 304; *Klinck*, in: jurisPK-BGB, § 1975 Rn. 13 (Stand: 3.4.2020); *Küpper*, ZEV 2011, 549.

2016 BGB) – die **endgültige** unbeschränkte Haftung des Erben gemeint.[741] Für dieses Verständnis des § 185 Abs. 2 Satz 1 Fall 3 BGB spricht der gesetzgeberische Gedanke, der hinter der Vorschrift steht: Wenn der Berechtigte zum Erben des nichtberechtigt Verfügenden wird und die Erbenhaftung endgültig unbeschränkt ist, dann ist der Berechtigte – so der Gedanke des § 185 Abs. 2 Satz 1 Fall 3 BGB – so zu behandeln, als wäre er umfassend in die Rechtsstellung des nichtberechtigt Verfügenden eingetreten. Aufgrund der endgültig unbeschränkten Erbenhaftung wird jede rechtliche Trennung zwischen dem Nachlass und dem Eigenvermögen des Erben aufgehoben, sodass es zur vollständigen Verschmelzung der beiden Vermögensmassen kommt.[742] Der Erbe ist somit vermögensmäßig so zu behandeln, als wäre er mit dem Erblasser personenidentisch. Er wird daher durch § 185 Abs. 2 Satz 1 Fall 3 BGB so gestellt, als hätte er selbst die Verfügung vorgenommen. Die Regelung des § 185 Abs. 2 Satz 1 Fall 3 BGB erscheint damit als zutreffende Konsequenz der erbrechtlichen Gesamtrechtsnachfolge, die durch den Eintritt der endgültig unbeschränkten Erbenhaftung vollständig verwirklicht wird.[743]

576 Eine ungeschriebene zusätzliche Voraussetzung für die Konvaleszenz gemäß § 185 Abs. 2 Satz 1 Fall 3 BGB sieht die Rechtsprechung und ein Teil der Lehre darin, dass den Berechtigten als Erben des nichtberechtigt Verfügenden auch eine Verpflichtung zur Vornahme der Verfügung treffen muss.[744] Man spricht daher von der **Rechtsgrundabhängigkeit der Konvaleszenz**, weil es nur dann zur Wirksamkeit der Verfügung gemäß § 185 Abs. 2 Satz 1 Fall 3 BGB kommen soll, wenn im Verhältnis zwischen dem Berechtigten und dem Erwerber hierfür ein Rechtsgrund besteht. Das leuchtet ein, weil die Konvaleszenz gemäß § 185 Abs. 2 Satz 1 Fall 3 BGB die (endgültig) unbeschränkte Haftung des Berechtigten für die Nachlassverbindlichkeiten voraussetzt und damit explizit auf die Ebene der schuldrechtlichen Verpflichtung zurückgreift. Die Konvaleszenz wird im Fall des § 185 Abs. 2 Satz 1 Fall 3 BGB gerade dadurch gerechtfertigt, dass der Berechtigte vom nichtberechtigt Verfügenden auch die Verpflichtung zur Vornahme der Verfügung erbt.

> **Bsp.:** Wie ist die Rechtslage im Fall des Rentners Rudi (Rn. 568), (1) wenn Rudi stirbt und von seinem Sohn Siegfried beerbt wird? (2) Wie ist es, wenn Siegfried stirbt und Rudi dessen Erbe wird? In welchem der beiden Fälle spielt es eine Rolle, ob es zu einer endgültig unbeschränkten Erbenhaftung kommt? – Im Fall (1) erbt Siegfried, also der nichtberechtigt Verfügende, und wird damit aufgrund der Gesamtrechtsnachfolge gemäß § 1922 Abs. 1 BGB Eigentümer des Autos. Es geht daher um eine Konvaleszenz durch Rechtserwerb: Die Übereignung des Autos durch Siegfried an Kurt wird in Fall (1)

---

741 So die ganz herrschende Meinung; vgl. nur OLG Stuttgart NJW-RR 1995, 968; BayObLG DNotZ 1998, 138 (141); *Ellenberger*, in: Grüneberg, § 185 Rn. 11a; *Mansel*, in: Jauernig, § 185 Rn. 8; *Leptien*, in: Soergel, § 185 Rn. 30; *Klumpp*, in: Staudinger, § 185 Rn. 119; *Harder*, FS Seiler, 1999, S. 637 (637–640). A. A. *Finkenauer*, FS Picker, 2010, S. 201 (214–220); zustimmend *Bayreuther*, in: MüKo, § 185 Rn. 57; *Bub*, in: BeckOK-BGB, § 185 Rn. 16 (Stand: 1.8.2022).
742 Vgl. Mot. I, S. 139 (= Mugdan I, S. 76 f.).
743 A. A. *Wacke*, JZ 2001, 380 (386); *ders.* SZ (RA) 114 (1997), 197 (232), der § 185 Abs. 2 Satz 1 Fall 3 BGB für eine „ungerechte Norm" hält und daher für die Streichung der Vorschrift plädiert.
744 BGH NJW 1994, 1470 (1471); *Medicus/Petersen*, AT, Rn. 1032; *Bayreuther*, in: MüKo, § 185 Rn. 59; *Leptien*, in: Soergel, § 185 Rn. 30; *Hagen*, AcP 167 (1967), 481 (499); *Wacke*, SZ (RA) 114 (1997), 197 (203 f.). A. A. *Neuner*, AT, § 54 Rn. 39; *Bub*, in: BeckOK-BGB, § 185 Rn. 13 (Stand: 1.5.2022); *Mansel*, in: Jauernig, § 185 Rn. 8; *Klumpp*, in: Staudinger, § 185 Rn. 117; *Harder*, FS Seiler, 1999, S. 637 (643–650); *Finkenauer*, FS Picker, 2010, S. 201 (221 f.).

gemäß § 185 Abs. 2 Satz 1 Fall 2 BGB wirksam, ohne dass es hier auf den Eintritt der endgültig unbeschränkten Erbenhaftung ankommen würde.

Dagegen erbt in Fall (2) Rudi, also der Berechtigte, von Siegfried als dem nichtberechtigt Verfügenden. In Frage steht daher eine Konvaleszenz durch Beerbung des Verfügenden gemäß § 185 Abs. 2 Satz 1 Fall 3 BGB. Demnach kommt es auf den Eintritt der endgültig unbeschränkten Erbenhaftung an. Gemäß §§ 1922 Abs. 1, 1969 Abs. 1 BGB haftet der Erbe grundsätzlich „unbeschränkt, aber beschränkbar" (Rn. 572). Nur in besonderen Ausnahmefällen (Rn. 572) kommt es zur endgültig unbeschränkten Erbenhaftung. Für das Vorliegen eines solchen Ausnahmefalls gibt es hier keine Anhaltspunkte, weshalb die Übereignung des Autos durch Siegfried an Kurt in Fall (2) nicht gemäß § 185 Abs. 2 Satz 1 Fall 3 BGB wirksam geworden ist.

IX. Relative Unwirksamkeit

Ebenso wie bei der schwebenden Unwirksamkeit (Rn. 564–576) handelt es sich bei der relativen Unwirksamkeit um eine besondere Art der Unwirksamkeit. Grundsätzlich bedeutet die Unwirksamkeit eines Rechtsgeschäfts, dass dieses gegenüber jedermann unwirksam ist. Man spricht – in Abgrenzung zur relativen Unwirksamkeit – von **absoluter, also gegenüber jedermann wirkender, Unwirksamkeit**. Dagegen bedeutet **relative Unwirksamkeit**, dass das Rechtsgeschäft **nur gegenüber bestimmten Personen** unwirksam ist, gegenüber allen anderen Personen dagegen wirksam.

Zur relativen Unwirksamkeit kommt es insbesondere bei Verfügungen, die gegen ein **relatives Veräußerungsverbot** verstoßen, d. h. gegen ein Veräußerungsverbot, das den Schutz von bestimmten Personen bezweckt. Es kann sich dabei um ein gesetzliches Veräußerungsverbot (§ 135 BGB) handeln, oder um ein Veräußerungsverbot, das von einem Gericht oder einer anderen Behörde erlassen wird (§ 136 BGB). Weitere Vorschriften, die eine relative Unwirksamkeit von Verfügungen vorsehen, finden sich im Sachenrecht und können hier nur kurz erwähnt werden: Aus §§ 883 Abs. 2, 888 Abs. 1 BGB („gegenüber demjenigen, zu dessen Gunsten die Vormerkung besteht") ergibt sich, dass Verfügungen über Grundstücksrechte relativ unwirksam sind, soweit dadurch ein durch Vormerkung gesicherter Anspruch vereitelt oder beeinträchtigt würde (vormerkungswidrige Verfügungen). Zur relativen Unwirksamkeit kann es gemäß § 1124 Abs. 2 BGB („dem Hypothekengläubiger gegenüber") auch bei Vorausverfügungen über Miet- oder Pachtforderungen kommen, wenn diese Forderungen gemäß § 1123 BGB zum Haftungsumfang der Hypothek (bzw. der Grundschuld, § 1192 Abs. 1 BGB) gehören. Gleiches gilt gemäß § 1126 Satz 2 BGB, wenn mit dem durch Hypothek (bzw. Grundschuld) belasteten Grundstück ein Recht auf wiederkehrende Leistungen verbunden ist und im Hinblick auf dieses Recht Vorausverfügungen stattfinden.

Gemäß § 135 Abs. 1 Satz 1 BGB führt der Verstoß einer Verfügung gegen ein gesetzliches Veräußerungsverbot, „das nur den Schutz bestimmter Personen bezweckt", dazu, dass die Verfügung „nur diesen Personen gegenüber unwirksam" ist. Bei einem gesetzlichen Veräußerungsverbot, „das nur den Schutz bestimmter Personen bezweckt", handelt es sich um ein Veräußerungsverbot mit relativer Wirkung. Die relative Unwirksamkeit wird in § 135 Abs. 1 Satz 1 BGB dadurch zum Ausdruck gebracht, dass die Unwirksamkeit der Verfügung „nur diesen Personen gegenüber" angeordnet wird. Es kommt also nicht zur Unwirksamkeit gegenüber jedermann, sondern nur gegenüber demjenigen, der durch das gesetzliche Veräußerungsverbot geschützt wird. Auch wenn es – zumindest derzeit – kein Beispiel für ein gesetzliches Veräußerungsverbot mit relativer Wirkung gibt, hat § 135 BGB doch als Anknüpfungsnorm des § 136 BGB praktische Bedeutung.

580 Durch § 136 BGB werden behördliche, insbesondere **gerichtliche Veräußerungsverbote** den gesetzlichen Veräußerungsverboten „der in § 135 bezeichneten Art" gleichgestellt. Damit wird der Anwendungsbereich des § 135 BGB auf relative Veräußerungsverbote erweitert, die von einer Behörde, insbesondere von einem Gericht, erlassen werden. Ein gerichtliches Veräußerungsverbot i. S. d. § 136 BGB kann, wenn die Verwirklichung eines Rechts gefährdet ist, durch einstweilige Verfügung (§§ 935, 938 Abs. 2 ZPO) erlassen werden. Die einstweilige Verfügung hat den Vorteil, dass sie im Bedarfsfall sehr schnell erlangt werden kann, regelmäßig innerhalb weniger Tage und gegebenenfalls auch innerhalb weniger Stunden, in Ausnahmefällen auch am Wochenende und an Feiertagen unter Inanspruchnahme des Bereitschaftsdienstes des Amtsgerichts (vgl. § 942 ZPO). Zu gerichtlichen Veräußerungsverboten i. S. d. § 136 BGB kommt es außerdem im Rahmen der Zwangsvollstreckung, nämlich durch die Pfändung von beweglichen Sachen und Forderungen (§§ 803, 829 Abs. 1 Satz 2 ZPO) sowie durch die Anordnung der Zwangsversteigerung eines Grundstücks (§§ 20 Abs. 1, 23 Abs. 1 Satz 1 ZVG).

581 Anders als im Fall einer absoluten Unwirksamkeit ist eine Verfügung, die gegen ein relatives Veräußerungsverbot verstößt, nur gegenüber dem Geschützten unwirksam, im Übrigen dagegen wirksam. Ein Erwerber, dem ein Recht entgegen dem Veräußerungsverbot übertragen wird, kann daher das erlangte Recht gegenüber all denjenigen, die vom Veräußerungsverbot nicht geschützt sind, ungehindert geltend machen.

Bsp.: Kilian ersteigert über das Internet ein weißblaues Mingvasenpaar, das von Vera angeboten wird, zum Preis von 50 €. Der Wert der Vasen beträgt 3.000 €. Als Vera trotz Überweisung der 50 € nicht reagiert, befürchtet Kilian, Vera werde die Vasen anderweitig veräußern. Er erwirkt beim zuständigen Amtsgericht den Erlass einer einstweiligen Verfügung, wodurch Vera mit einem relativen Veräußerungsverbot zu seinen Gunsten belegt wird. Trotzdem verkauft und übereignet Vera das Mingvasenpaar an Dieter, der das Veräußerungsverbot kennt. Da Dieter nicht ordentlich aufpasst, werden die Vasen gestohlen. Es gelingt, die Identität des Diebs zu ermitteln, der das Vasenpaar noch immer bei sich hat. Kann Dieter vom Dieb Herausgabe der Vasen verlangen? – Dieter könnte gegen den Dieb einen Herausgabeanspruch gemäß § 985 BGB haben. Dazu müsste Dieter im Verhältnis zum Dieb als Anspruchsgegner Eigentum an dem Mingvasenpaar erlangt haben. Da Vera mit einem relativen Veräußerungsverbot belegt worden ist, könnte die Übereignung der Vasen durch Vera an Dieter (§ 929 Satz 1 BGB) gemäß §§ 136, 135 Abs. 1 Satz 1 BGB relativ unwirksam sein. Zwar gibt es aufgrund des Verweises in § 135 Abs. 2 BGB bei Verfügungen, die gegen ein relatives Veräußerungsverbot verstoßen, die Möglichkeit des gutgläubigen Erwerbs gemäß §§ 929, 932 BGB. Da Dieter das Veräußerungsverbot kennt, fehlt es aber am guten Glauben (§ 932 Abs. 2 BGB), der sich auf das Nichtbestehen eines Veräußerungsverbots beziehen müsste. Die Übereignung ist daher gemäß §§ 136, 135 Abs. 1 Satz 1 BGB relativ unwirksam. Das bedeutet, dass die Übereignung gegenüber Kilian als dem Ge-

IX. Relative Unwirksamkeit

schützten unwirksam ist, gegenüber allen anderen aber wirksam. Im Verhältnis zum Dieb ist Dieter daher ohne Weiteres Eigentümer geworden. Ihm steht daher der Herausgabeanspruch gemäß § 985 BGB gegen den Dieb zu. Zudem hat Dieter gegen den Dieb deliktische Ansprüche (aus § 823 Abs. 1 BGB, aus § 823 Abs. 2 BGB i. V. m. § 242 StGB und aus § 826 BGB) sowie einen Anspruch aus Eingriffskondiktion (§ 812 Abs. 1 Satz 1 Alt. 2 BGB).

Der durch das relative Veräußerungsverbot Geschützte wird durch eine verbotswidrige Verfügung nicht beeinträchtigt, weil die Verfügung ihm gegenüber gemäß §§ 136, 135 Abs. 1 Satz 1 BGB keine Wirkung hat. Damit steht der Geschützte rechtlich so, wie wenn die verbotswidrige Verfügung nicht stattgefunden hätte. **582**

Bsp.: Im Beispiel des Mingvasenpaars (Rn. 581), das Vera zunächst an Kilian verkaufte und dann entgegen dem relativen Veräußerungsverbot an den bösgläubigen Dieter weiterveräußert hat, stellen sich folgende Fragen: (1) Kann Kilian von Vera gemäß § 433 Abs. 1 Satz 1 BGB Übergabe und Übereignung der Vasen verlangen? (2) Wie kann Kilian – unterstellt, die Vasen befinden sich nun (wieder) bei Dieter – gegen diesen vorgehen? – (1) Bei einer Internet-Versteigerung, bei der der Verkäufer einen zu niedrigen Startpreis festlegt, handelt es sich um ein Risikogeschäft (vgl. Rn. 546). Vera trägt dabei als Verkäuferin das Risiko, die Mingvasen im Wert von 3000 € zu einem zu geringen Preis zu verkaufen. Das auffällige Missverhältnis zwischen dem von Kilian gebotenen Kaufpreis von 50 € und dem Wert der Mingvasen führt daher nicht zur Sittenwidrigkeit i. S. d. § 138 Abs. 1 BGB. Da ein wirksamer Kaufvertrag zustande gekommen ist, hat Kilian gegen Vera grundsätzlich einen Anspruch auf Übergabe und Übereignung (§ 433 Abs. 1 Satz 1 BGB).
Es fragt sich aber, wie sich die Veräußerung der Vasen durch Vera an Dieter auf diesen Anspruch auswirkt. Durch die Übergabe der Vasen an Dieter hat Vera hieran den Besitz verloren. Sie hat – aufgrund des wirksamen Kaufvertrags mit Dieter – auch keine Möglichkeit, von Dieter Rückgabe der Vasen zu verlangen. Die Übergabe der Vasen an Kilian ist Vera daher unmöglich geworden, weshalb Kilians Anspruch auf Übergabe (§ 433 Abs. 1 Satz 1 Alt. 1 BGB) gemäß § 275 Abs. 1 Alt. 1 BGB ausgeschlossen ist. Im Hinblick auf den Anspruch auf Übereignung der Vasen (§ 433 Abs. 1 Satz 1 Alt. 2 BGB) kommt Kilian dagegen das relative Veräußerungsverbot zu Hilfe: Die Übereignung der Vasen durch Vera an Dieter ist gemäß §§ 136, 135 Abs. 1 Satz 1 BGB relativ unwirksam, weshalb Vera im Verhältnis zu Kilian immer noch Eigentümerin der Vasen ist. Als Eigentümerin ist Vera die Übereignung der Vasen weiterhin möglich, weshalb – im Gegensatz zum Anspruch auf Übergabe – Kilians Anspruch auf Übereignung nicht gemäß § 275 Abs. 1 Alt. 1 BGB wegen Unmöglichkeit ausgeschlossen ist. Kilian kann daher von Vera zwar nicht die Übergabe der Vasen, jedoch – dank des relativen Veräußerungsverbots – Übereignung der Vasen gemäß § 433 Abs. 1 Satz 1 Alt. 2 BGB verlangen. (2) Erfüllt Vera gegenüber Kilian ihre Pflicht zur Übereignung, kann Kilian aufgrund seines Eigentums von Dieter gemäß § 985 BGB Herausgabe der Vasen verlangen. Aufgrund der relativen Unwirksamkeit (§§ 136, 135 Abs. 1 Satz 1 BGB) der Übereignung der Vasen durch Vera an Dieter, kann sich Dieter gegenüber Kilian nicht auf sein Eigentumsrecht berufen.

> **Problem**
> Probleme bereitet die Frage, wie im Fall der relativen Unwirksamkeit gemäß §§ 136, 135 Abs. 1 Satz 1 BGB die Übereignung an den vom relativen Veräußerungsverbot Geschützten rechtlich zu konstruieren ist.

583 Ist der verbotswidrig Verfügende – wie im Beispiel in Rn. 581 f. – nicht mehr Besitzer des Gegenstands, scheidet eine Übereignung gemäß § 929 Satz 1 BGB durch Einigung und Übergabe aus. Allerdings steht dem Erwerber, an den verbotswidrig verfügt worden ist, aufgrund des wirksamen Verpflichtungsgeschäfts ein Besitzrecht gegenüber dem verbotswidrig Verfügenden zu. Der Verfügende hat daher gegen den Erwerber grundsätzlich[745] keinen Herausgabeanspruch.[746] Auf den ersten Blick scheitert daher auch eine Übereignung gemäß §§ 929 Satz 1, 931 BGB durch Abtretung des Herausgabeanspruchs. Um dem relativen Veräußerungsverbot gleichwohl zum Erfolg zu verhelfen und damit die gesetzliche Regelung in den §§ 136, 135 Abs. 1 Satz 1 BGB ihren Zweck erfüllen kann, muss hier ausnahmsweise eine Übereignung durch bloße Einigung zugelassen werden.[747] § 931 BGB ist im Hinblick auf den Sinn und Zweck der §§ 136, 135 Abs. 1 Satz 1 BGB dahingehend auszulegen, dass auf die dort genannte Abtretung des Herausgabeanspruchs verzichtet wird und die Einigung zwischen dem verbotswidrig Verfügenden und der geschützten Person ausreicht.

> **Literaturhinweise**
> **Zu den Willensvorbehalten:** *Coester-Waltjen*, Die fehlerhafte Willenserklärung, Jura 1990, 362–368; *St. Lorenz*, Grundwissen – Zivilrecht: Willensmängel, JuS 2012, 490–493; *Preuß*, Geheimer Vorbehalt, Scherzerklärung und Scheingeschäft, Jura 2002, 815–820; *Thiessen*, Scheingeschäft, Formzwang und Wissenszurechnung, NJW 2001, 3025–3027; *Tschwinka*, Die Schmerzerklärung gem. § 118 BGB, NJW 1995, 308 f.; *F. Weiler*, Wider die Schmerzerklärung, NJW 1995, 2608 f.
>
> **Zu den gesetzlichen Formerfordernissen:** *Apel/Huber*, Die elektronische Signatur – Eine Einführung, Jura 2022, 1141–1153; *Blasche*, Notarielle Beurkundung, öffentliche Beglaubigung und Schriftform, Jura 2008, 890–895; *Boczek/Lührs*, Beurkundung und Beglaubigung, Unterschiede und Gemeinsamkeiten, JuS 2020, 916–919; *Regenfus*, Gesetzliche Schriftformerfordernisse – Auswirkungen des Normzwecks auf die tatbestandlichen Anforderungen, JA 2008, 161–165, 246–252; *Taupitz/Kritter*, Electronic Commerce – Probleme bei Rechtsgeschäften im Internet, JuS 1999, 839–846 (845 f.);

---

745 Nur dann, wenn der Erwerber gemäß §§ 326 Abs. 5, 323 Abs. 5 Satz 1 BGB (wegen Teilunmöglichkeit mit Interessewegfall) von dem mit dem Verfügenden geschlossenen Verpflichtungsgeschäft zurücktritt, steht dem Veräußerer gemäß § 346 Abs. 1 BGB ein (abtretbarer) Herausgabeanspruch gegen den Erwerber zu. Der Erwerber ist allerdings zum Rücktritt nicht verpflichtet, sondern kann sich auch mit dem Besitz an der Sache und seinem relativen Eigentum begnügen. A. A. *Kohler*, in: Staudinger, § 135 Rn. 141, der Gesamtunmöglichkeit annimmt, weshalb der Erwerber von seiner Gegenleistungspflicht gemäß § 326 Abs. 1 Satz 1 Halbsatz 1 BGB frei werde. Dem Veräußerer als Schuldner des Verpflichtungsgeschäfts stehe daher (in Entsprechung zum Rückforderungsanspruch des Gläubigers gemäß §§ 326 Abs. 4, 346 Abs. 1 BGB) ein Herausgabeanspruch zu.
746 Vgl. BGHZ 111, 364 (369). A. A. *Brox/Walker*, AT, § 14 Rn. 34; *Flume*, AT II, S. 358 (§ 17, 6d); *Neuner*, AT, § 55 Rn. 38; *Kohler*, in: Staudinger, § 135 Rn. 141 (hierzu oben Fn. 749).
747 Vgl. BGHZ 111, 364 (369); zustimmend *Looschelders*, in: NK-BGB, § 135 Rn. 27; *Hefermehl*, in: Soergel, §§ 135, 136 Rn. 26; *Mülbert*, AcP 214 (2014), 309, 317 f.; im Ergebnis auch *Mansel*, in: Jauernig, §§ 135, 136 Rn. 6.

Wais, Zentrale Form- und Heilungsvorschriften des BGB im Überblick, JuS 2020, 7–12.

Zum gesetzlichen Verbot: *Peter*, Probleme bei der Behandlung und Rückabwicklung wegen Verstoßes gegen § 134 BGB nichtiger Dienst- und Werkverträge, JA 2014, 248–251, 333–337; *Petersen*, Gesetzliches Verbot und Rechtsgeschäft, Jura 2003, 532–535; *Ulrici*, Verbotsgesetz und zwingendes Gesetz, JuS 2005, 1073–1076.

Zur Sittenwidrigkeit: *Dastis*, eBay-„Schnäppchen" – sittenwidrig und rechtsmissbräuchlich?, Jura 2015, 376–382; *St. Jung*, Wucherähnliches Rechtsgeschäft – Tatbestand und Beweis, ZGS 2005, 95–101; *Schnabl/Hamelmann*, Das Ende der Sittenwidrigkeit sog. Geliebtentestamente?, Jura 2009, 161–165.

Zur Teilnichtigkeit und Teilunwirksamkeit: *Hoffmann*, Die Teilbarkeit von Schuldverträgen, JuS 2017, 1045–1052; *Peter*, Grundsätze der Teilanfechtung unter Berücksichtigung der Besonderheiten im Mehrpersonenverhältnis, Jura 2014, 1–10; *Petersen*, Die Teilnichtigkeit, Jura 2010, 419–421.

Zur Umdeutung und Bestätigung nichtiger Rechtsgeschäfte: *Grobe/Schellenberg*, Auslegung, Umdeutung und Anfechtung von Willenserklärungen, Jura 2020, 799–810; *Lieder/Berneith*, Die Umdeutung nach § 140 BGB, JuS 2015, 1063–1067; *Petersen*, Die Bestätigung des nichtigen und anfechtbaren Rechtsgeschäfts, Jura 2008, 666 f.; *Regenfus*, Die Rechtsfolgen der Bestätigung: Herstellung des gebotenen Einklangs durch Gesetzesauslegung oder durch Auslegung des konkludenten Erklärungsverhaltens, Jura 2016, 1089–1100.

Zur Konvaleszenz: *Danwerth*, Konvaleszenz – Ein (un)bekannter Rechtsbegriff?, Jura 2014, 559–566; *Kiehnle*, Rechtsgrundabhängigkeit der Konvaleszenz?, Jura 2017, 877–881.

Zur relativen Unwirksamkeit: *Schreiber*, Veräußerungsverbote, Jura 2008, 261–264.

Übungsfälle: *Gröschler*, Bürgschaft und Verbraucherschutz, Jura Sonderheft Examensklausurenkurs, 2000, S. 24–33 (u. a. zur Sittenwidrigkeit einer Ehegattenbürgschaft); *Herberger*, Anfängerklausur – Zivilrecht: BGB AT – Elektroauto gegen Bitcoins?, JuS 2022, 326–330 (u. a. zur vereinbarten Form); *Persch/Schweipert/Weber*, Rennfahrer im Ruhestand, Jura 2018, 1037–1044 (u. a. zur Sittenwidrigkeit des Verkaufs von Radarwarngeräten).

Kapitel 10 Bedingung und Befristung

I. Begriff und Unterscheidung

584 Die Parteien können Willenserklärungen und Rechtsgeschäfte mit einer Bedingung (§ 158 BGB) oder Befristung (§ 163 BGB) versehen und dadurch deren rechtliche Wirkungen vom Eintritt oder Nichteintritt eines zukünftigen Ereignisses abhängig machen.[748] Statt von „Befristung" kann man, wie § 163 BGB zeigt, auch von „Zeitbestimmung" oder vom „Anfangs-" bzw. „Endtermin" sprechen.

Definition

Durch eine **Bedingung** machen die Parteien die Wirkung einer Willenserklärung oder eines Rechtsgeschäfts von einem zukünftigen **ungewissen** Ereignis abhängig. Dagegen machen sie durch eine **Befristung** die Wirkung von einem zukünftigen **gewissen** Ereignis (Anfangs- oder Endtermin) abhängig.

Bsp.: Bei einem Schenkungsversprechen, das erst mit der Heirat des Beschenkten wirksam werden soll, geht es um eine Bedingung. Ob der Beschenkte jemals heiraten wird, ist unsicher. Es handelt sich bei der Heirat daher um ein zukünftiges ungewisses Ereignis. Der Anspruch aus dem Schenkungsversprechen entsteht hier erst und nur dann, wenn der Beschenkte tatsächlich heiratet. Kommt es dagegen nicht zur Heirat, entfaltet das Schenkungsversprechen keine Wirkungen.

Bsp.: Beim Abschluss eines Zeitungsabonnements, das am 1. März beginnen soll, handelt es sich um ein Geschäft mit einem Anfangstermin. – Der Antrag auf Abschluss eines Kaufvertrags, für den der Antragende gemäß § 148 BGB eine Annahmefrist bestimmt hat, ist eine Willenserklärung mit Endtermin.

585 Man unterscheidet zwischen der **aufschiebenden** Bedingung i. S. d. § 158 Abs. 1 BGB (Suspensivbedingung) und der **auflösenden** Bedingung i. S. d. § 158 Abs. 2 BGB (Resolutivbedingung), entsprechend auch zwischen der aufschiebenden Befristung (Anfangstermin) und der auflösenden Befristung (Endtermin) gemäß § 163 i. V. m. § 158 BGB. Soll es zu den Wirkungen der Willenserklärung oder des Rechtsgeschäfts erst mit dem Eintritt des zukünftigen Ereignisses kommen, handelt es sich um eine aufschiebende Bedingung bzw. Befristung. Sollen dagegen

---

[748] In den §§ 158, 163 BGB ist zwar nur vom „Rechtsgeschäft" die Rede, die Vorschriften sind aber ohne Weiteres auch auf Willenserklärungen zu beziehen. Zum teilweise gleichbedeutenden Gebrauch von „Willenserklärung" und „Rechtsgeschäft" im BGB, und zwar in dem Sinn, dass der Begriff „Rechtsgeschäft" auch für eine einzelne Willenserklärung stehen kann, siehe oben Kapitel 8 Rn. 395.

I. Begriff und Unterscheidung

die Wirkungen zunächst eintreten, mit dem Eintritt des Ereignisses aber wieder entfallen, geht es um eine auflösende Bedingung bzw. Befristung.

586 Ein wichtiger Anwendungsfall der aufschiebenden Bedingung ist die Veräußerung einer Sache unter **Eigentumsvorbehalt**. Es kommt dabei – wie sich aus der Auslegungsregel des § 449 Abs. 1 BGB ergibt[749] – zur aufschiebend bedingten Übereignung der Kaufsache an den Käufer. Die Einigung im Rahmen des § 929 Satz 1 BGB wird also mit einer aufschiebenden Bedingung versehen, und zwar mit der Bedingung, dass der Käufer den Kaufpreis vollständig bezahlt. Der Käufer wird daher erst mit der Zahlung der letzten Kaufpreisrate zum Eigentümer der Kaufsache. Der Eigentumsvorbehalt dient der Sicherung des Verkäufers: Solange der Käufer den Kaufpreis noch nicht vollständig bezahlt hat, bleibt der Verkäufer weiterhin Eigentümer der Kaufsache. Er ist somit durch das Eigentum an der Kaufsache gesichert.

587 Für die Unterscheidung von Bedingung und Befristung kommt es entscheidend auf die Ungewissheit bzw. die Gewissheit des Eintritts des zukünftigen Ereignisses an (Rn. 584). Noch genauer: Das **Ob des Ereigniseintritts** muss ungewiss bzw. gewiss sein. Während bei der Bedingung das Ob des Ereigniseintritts ungewiss ist, ist bei der Befristung das Ob des Ereigniseintritts gewiss. Wird z. B. der nächste Monatserste als Anfangs- oder Endtermin gewählt, handelt es sich um eine Befristung, weil sicher ist, dass dieser Tag durch einfachen Zeitablauf kommen wird. Anders als das Ob spielt das **Wann** des Eintritts des zukünftigen Ereignisses für die Unterscheidung von Bedingung und Befristung keine Rolle. Bei einer Bedingung kann daher der Zeitpunkt, zu dem sich die Frage des Eintritts oder Ausfalls der Bedingung entscheidet, durchaus sicher feststehen. Umgekehrt kann es bei der Befristung unsicher sein, zu welchem Zeitpunkt das maßgebliche Ereignis eintreten wird. Entscheidend für die Befristung ist nur, dass das Ereignis sicher eintreten wird, nicht dagegen wann es eintreten wird. Die Unterscheidung von Bedingung und Befristung ist daher seit jeher gekennzeichnet durch das Gegensatzpaar „unsicher ob" *(incertus an)* und „sicher ob" *(certus an)*.[750] Dagegen kommt es auf das Gegensatzpaar „unsicher wann" *(incertus quando)* und „sicher wann" *(certus quando)* für die Abgrenzung nicht an.

---

749 Siehe bereits oben Kapitel 4 Rn. 171.
750 Vgl. etwa Leibniz, Definitionum juris specimen (Frühjahr/Sommer 1676 [?]), in: Sämtliche Schriften und Briefe, 6. Reihe, Philosophische Schriften, 3. Band, 1980, S. 601: *Dies incertus an futurus sit, est conditio; et conditio certa quod futura sit, est dies* („Bei einem Termin, bei dem unsicher ist, ob er eintritt, handelt es sich [in Wirklichkeit] um eine Bedingung; und bei einer Bedingung, bei der sicher ist, dass sie eintritt, handelt es sich [in Wirklichkeit] um einen Termin.").

	Ob	Wann	Beispiele
Bedingung	unsicher ob *(incertus an)*	sicher wann *(certus quando)*	Bestehen der mündlichen Prüfung am 22. Juli
		unsicher wann *(incertus quando)*	Lottogewinn
Befristung	sicher ob *(certus an)*	sicher wann *(certus quando)*	Ferienjob vom 1. bis 31. August
		unsicher wann *(incertus quando)*	Tod eines Menschen

588 Die Bedingung setzt voraus, dass das Ereignis nicht nur objektiv, sondern auch nach der Vorstellung der Parteien, also **subjektiv ungewiss** ist.[751] Dabei kommt es auf die Vorstellung an, die die Parteien zum Ausdruck gebracht haben, was durch Auslegung der Willenserklärungen – regelmäßig nach dem objektiven Empfängerhorizont[752] – zu ermitteln ist.

> **Bsp.:** Alf bittet Bert um ein Darlehen von 50 € und meint: „Ich gebe dir das Geld bei unserem Treffen am nächsten Sonntag zurück." Bert ist einverstanden und zahlt den Betrag sogleich aus. Ist Berts Anspruch auf Rückzahlung des Darlehens bedingt oder befristet? – Die Auslegung der Willenserklärungen ergibt hier, dass es sich bei dem Treffen am nächsten Sonntag aus Sicht der Parteien um ein Ereignis handelt, dessen Eintritt gewiss ist. Es liegt daher eine Befristung vor: Alf und Bert haben einen Darlehensvertrag mit einer Laufzeit bis zum nächsten Sonntag abgeschlossen. Berts Rückzahlungsanspruch gemäß § 488 Abs. 1 Satz 2 Alt. 2 BGB ist daher nicht bedingt, sondern befristet.

Würde man in dem Beispiel nur auf die objektive Sicht abstellen, wäre das Treffen am nächsten Sonntag durchaus mit einigen Unsicherheiten behaftet: Einem der beiden Beteiligten könnte ein wichtiger Termin dazwischenkommen, einer der beiden könnte erkranken, einen Unfall haben oder gar in der Zwischenzeit sterben. Angesichts der Unsicherheit des menschlichen Lebens ist – bei rein objektiver Betrachtung – fast alles ungewiss.[753] Um der Befristung überhaupt einen sinnvollen Anwendungsbereich zu eröffnen, sind die Fälle der Bedingung auf solche der **doppelten Ungewissheit** zu beschränken, d.h., das Ereignis muss sowohl objektiv als auch subjektiv ungewiss sein.

589 Keine Bedingung i. S. d. § 158 BGB ist die sogenannte **Rechtsbedingung** *(condicio iuris)*.

---

[751] Vgl. BayObLG NJW 1967, 729; KG MDR 1998, 459; *Köhler*, AT, § 14 Rn. 23; *Medicus/Petersen*, AT, Rn. 828; *Neuner*, AT, § 52 Rn. 4f.; *Rövekamp*, in: BeckOK-BGB, § 158 Rn. 3 (Stand: 1.5.2022); *Ellenberger*, in: Grüneberg, § 163 Rn. 1; *Westermann*, in: MüKo, § 158 Rn. 10; *Hromadka*, NJW 1994, 911.
[752] Zum Verhältnis von natürlicher und normativer Auslegung siehe oben Kapitel 4 Rn. 154–161.
[753] Nach *Hromadka*, NJW 1994, 911, sei sogar „immer vorausgesetzt, die Welt in ihrer Gesamtheit ist nicht schon untergegangen". Insoweit besteht aber – da Weltuntergangstheorien nach juristischen Maßstäben auszuklammern sind – zumindest auf absehbare Zeit keine Unsicherheit.

I. Begriff und Unterscheidung

Definition

Um eine **Rechtsbedingung** geht es, wenn die Parteien die Wirksamkeit einer Willenserklärung oder eines Rechtsgeschäfts von einem Umstand abhängig machen, bei dem es sich ohnehin um eine **gesetzliche Wirksamkeitsvoraussetzung** handelt.

§ 158 BGB setzt seinem Wortlaut nach voraus, dass die Willenserklärung bzw. das Rechtsgeschäft unter einer Bedingung „vorgenommen" wird und dass es um eine von der Bedingung „abhängig gemachte" Wirkung der Willenserklärung bzw. des Rechtsgeschäfts geht. Um eine Bedingung i. S. d. § 158 BGB handelt es sich daher nur dann, wenn die Abhängigkeit der Rechtswirkungen vom Eintritt oder Nichteintritt des maßgeblichen Ereignisses tatsächlich auf der von den Parteien gesetzten Bedingung beruht und nicht schon vom Gesetz vorgegeben ist. Die Rechtsbedingung, bei der die Parteien nur das wiederholen, was ohnehin schon im Gesetz geregelt ist, fällt daher nicht unter § 158 BGB.

Bsp.: Michi, der beschränkt geschäftsfähig ist, schließt einen Kaufvertrag ausdrücklich „unter der Bedingung, dass meine Eltern noch zustimmen". – Das Erfordernis der Zustimmung der Eltern als gesetzliche Vertreter (§§ 1626 Abs. 1, 1629 Abs. 1 Satz 1 BGB) in Form der Genehmigung ergibt sich aus dem Gesetz, nämlich aus § 108 Abs. 1 BGB. Es handelt sich daher nicht um eine (aufschiebende) Bedingung i. S. d. § 158 Abs. 1 BGB, sondern um eine Rechtsbedingung.

Bei der Bedingung i. S. d. § 158 BGB geht es um ein **zukünftiges** Ereignis, wie sich aus dem Wortlaut der Vorschrift („mit dem Eintritt der Bedingung") ergibt, da nur das eintreten kann, was nicht bereits eingetreten ist. Abzugrenzen ist von der Bedingung i. S. d. § 158 BGB daher die **Gegenwarts- oder Vergangenheitsbedingung** *(condicio in praesens vel praeteritum)*,[754] bei der die Parteien auf ein gegenwärtiges oder bereits vergangenes Ereignis abstellen, das für sie subjektiv ungewiss ist. Wenig aussagekräftig ist hier auch die Rede von einer „uneigentlichen Bedingung"[755], „unechten Bedingung"[756], „Scheinbedingung"[757] oder schlicht von der „Voraussetzung"[758]. Bezüglich des Erfordernisses der doppelten Ungewissheit (Rn. 588) fehlt es bei der Gegenwarts- oder Vergangenheitsbedingung an der Komponente der objektiven Ungewissheit, weil der Eintritt oder Nichteintritt des gegenwärtigen oder vergangenen Ereignisses aus objektiver Sicht bereits feststeht und nur für die Parteien – aufgrund ihrer Unwissenheit – unsicher ist. Auch wenn § 158 BGB seinem Wortlaut nach die Gegenwarts- oder Vergangenheitsbedingung

---

754 Vgl. *Rövekamp*, in: BeckOK-BGB, § 158 Rn. 10 (Stand: 1.5.2022); *Westermann*, in: MüKo, § 158 Rn. 52; *Wolf*, in: Soergel, vor § 158 Rn. 10.
755 Vgl. *Köhler*, AT, § 14 Rn. 16; *Medicus/Petersen*, AT, Rn. 829; *Neuner*, AT, § 52 Rn. 9; *Mansel*, in: Jauernig, § 158 Rn. 6; *Martens*, JuS 2010, 481 (485).
756 So z. B. *Klunzinger*, Einführung in das Bürgerliche Recht, 17. Aufl. 2019, S. 201 f.; *Brehm/Berger*, Sachenrecht, 3. Aufl. 2014, § 31 Rn. 7. Zum Teil werden die Begriffe „uneigentliche" bzw. „unechte" Bedingung auch zur Bezeichnung der Rechtsbedingung (Rn. 589) verwendet; vgl. *Hromadka*, NJW 1994, 911.
757 Vgl. *Bork*, AT, Rn. 1254; *ders.*, in: Staudinger, vor § 158 Rn. 28.
758 Nach *v. Tuhr*, AT II/2, S. 279 f., ist „Voraussetzung" der „sprachlich zutreffende Ausdruck".

nicht erfasst, sind hierauf die Vorschriften über die Bedingung (§§ 158 ff. BGB) grundsätzlich analog anzuwenden.[759]

Bsp.: Die Parteien schließen einen Kaufvertrag unter der Bedingung, dass die Schiffsladung mit der neuen Ware gestern im Hafen von Wladiwostok angekommen ist, wobei der Kaufpreis sofort fällig sein soll. – Die Wirksamkeit des Kaufvertrags wird hier von den Parteien von einem in der Vergangenheit liegenden Ereignis abhängig gemacht, weshalb keine Bedingung i. S. d. § 158 BGB vorliegt. Angesichts der subjektiven Ungewissheit aus Sicht der Parteien sind auf eine solche Vergangenheitsbedingung die §§ 158 ff. BGB aber grundsätzlich analog anzuwenden. Stellt sich im Nachhinein heraus, dass die Ware wider Erwarten nicht im Hafen von Wladiwostok angekommen ist, ist der Kaufvertrag von Anfang an unwirksam, da der Ausfall der Bedingung in der Vergangenheit liegt. Sofern der Käufer bereits bezahlt hat, muss der Verkäufer den Kaufpreis gemäß § 812 Abs. 1 Satz 1 Alt. 1 BGB (Fehlen des rechtlichen Grundes) zurückgewähren.

II. Zulässigkeit der Bedingung und Befristung

591 Wird eine Willenserklärung oder ein Rechtsgeschäft unter einer aufschiebenden oder auflösenden Bedingung vorgenommen, kommt es zu einem Schwebezustand, der Unsicherheit erzeugt. Erst mit dem Eintritt oder dem Ausfall der Bedingung steht fest, ob die rechtlichen Wirkungen eintreten bzw. ob sie wieder wegfallen. Angesichts dieser Unsicherheit ist die Ausübung von Gestaltungsrechten **bedingungsfeindlich**. Aufgrund der Ausübung von Gestaltungsrechten, also etwa der Kündigung, der Anfechtung oder der Genehmigung eines Rechtsgeschäfts sowie des Rücktritts vom Vertrag, kommt es zu einem einseitigen Eingriff in die Rechtsstellung des Gestaltungsgegners.[760] Der Gestaltungsgegner ist der Gestaltungsmacht des Gestaltungsberechtigten unterworfen, ohne hieran etwas ändern zu können. Angesichts dieser belastenden Situation soll der Gestaltungsgegner nicht zusätzlich der Unsicherheit ausgesetzt sein, den eine bedingte Ausübung des Gestaltungsrechts zur Folge hätte.

592 Eine entsprechende gesetzliche Regelung findet sich für die Ausübung des Gestaltungsrechts der Aufrechnung: Gemäß § 388 Satz 2 BGB ist die Erklärung der Aufrechnung unwirksam, „wenn sie unter einer Bedingung oder einer Zeitbestimmung abgegeben wird". Der Rechtsgedanke, der hinter dieser Vorschrift steht, gilt grundsätzlich für alle Gestaltungsrechte.[761] Ein weiteres Beispiel für ein bedingungs- und befristungsfeindliches Rechtsgeschäft ist die Grundstücksübereignung, bei der die Auflassung, d. h. die dingliche Einigung des Veräußerers und des Erwerbers gemäß § 925 Abs. 2 BGB, nicht unter einer Bedingung oder Zeitbestimmung erfolgen kann. Außerdem sind etwa die Eheschließung (§ 1311 Satz 2 BGB) und die Annahme oder Ausschlagung eines Vermächtnisses (§ 2180 Abs. 2 Satz 2 BGB) oder einer Erbschaft (§ 1947 BGB) bedingungs- und befristungsfeindlich.

---

[759] Siehe nur *Brox/Walker*, AT, § 21 Rn. 3; *Köhler*, AT, § 14 Rn. 16; *Medicus/Petersen*, AT, Rn. 829; *Neuner*, AT, § 52 Rn. 9; *Mansel*, in: Jauernig, § 158 Rn. 6.
[760] Siehe hierzu bereits oben Kapitel 8 Rn. 371–373.
[761] Vgl. BGHZ 156, 328 (333); *Brox/Walker*, AT, § 21 Rn. 9; *Köhler*, AT, § 14 Rn. 18; *Medicus/Petersen*, AT, Rn. 849.

593 Zur Bedingungsfeindlichkeit der Ausübung von Gestaltungsrechten kann – wie § 388 Satz 2 BGB („Zeitbestimmung") zeigt – die **Befristungsfeindlichkeit** hinzutreten.[762] Dazu kommt es insbesondere dann, wenn die Befristung zu einer ähnlichen Unsicherheit wie bei einer Bedingung führen und somit den Gestaltungsgegner unangemessen belasten würde. Das gilt für Befristungen, bei denen nicht feststeht, zu welchem Zeitpunkt das maßgebliche Ereignis (z. B. der Tod eines Menschen) eintreten wird (Rn. 587). Die Befristungsfeindlichkeit der Anfechtung ergibt sich aus der Rückwirkungsfiktion des § 142 Abs. 1 BGB.[763] Jede Form der Befristung der Anfechtung würde der mit Rückwirkung angeordneten Nichtigkeit des angefochtenen Rechtsgeschäfts widersprechen. Der Anfechtungsberechtigte kann daher die Anfechtung nicht „mit Wirkung erst ab dem kommenden Montag" erklären. Auch bei der Aufrechnung kommt es gemäß § 389 BGB („als […] erloschen gelten")[764] zu einer Rückwirkungsfiktion, nämlich zum rückwirkenden Erlöschen der einander gegenübertretenden Forderungen, weshalb die Aufrechnung gemäß § 388 Satz 2 BGB befristungsfeindlich ist.

> **Bsp.** (vgl. BGHZ 156, 328): Der Mieter kündigt den Mietvertrag über Gewerberäume „nicht mit sofortiger Wirkung, sondern zu dem Zeitpunkt, in dem wir andere Geschäftsräume beziehen können". – Die Kündigung wird hier nicht von einem zukünftigen ungewissen Ereignis, sondern von einem gewissen, allerdings zeitlich noch unbestimmten Ereignis (vgl. Rn. 587: *certus an, incertus quando*) abhängig gemacht. Es handelt sich daher nicht um eine bedingte, sondern um eine befristete Kündigung. Gleichwohl ist die Kündigung unwirksam, weil nicht absehbar ist, wann der Mieter geeignete andere Geschäftsräume finden wird. Die mit der Kündigung verbundene zeitliche Unsicherheit ist für den Vermieter nicht zumutbar. Dieser ist, um sinnvoll eine Neuvermietung vornehmen zu können, auf entsprechende Planbarkeit angewiesen.

594 Eine befristete Ausübung von Gestaltungsrechten ist dagegen grundsätzlich zulässig, wenn – wie insbesondere bei kalendermäßigen Fristen – nicht nur das Ob, sondern auch das Wann des Eintritts des maßgeblichen Ereignisses sicher ist (vgl. Rn. 587: *certus an, certus quando*). Der Gestaltungsgegner ist dann durch die Befristung keiner zusätzlichen Unsicherheit ausgesetzt. Für die ordentliche Kündigung von Dauerschuldverhältnissen, z. B. eines Mietvertrags, schreibt das Gesetz regelmäßig die Einhaltung von Kündigungsfristen vor, damit sich der Kündigungsgegner auf die Beendigung des Schuldverhältnisses rechtzeitig einstellen kann. Beispielsweise muss bei einem Wohnraummietvertrag die Kündigung des Mieters dem Vermieter gemäß § 573c Abs. 1 Satz 1 BGB spätestens am dritten Werktag eines Kalendermonats zugehen, um das Mietverhältnis zum Ablauf des übernächsten Monats zu beenden. Gestaffelte Kündigungsfristen gibt es für die Kündigung eines Wohnraummietvertrags durch den Vermieter (§ 573c Abs. 1 Satz 2 BGB) und auch für die Kündigung von Dienst- und Arbeitsverhältnissen (§§ 621 f. BGB). Bei den gesetzlichen Kündigungsfristen handelt es sich um Mindestfristen, weshalb der Mieter den Wohnraummietvertrag durchaus mit längerem Vorlauf als von § 573c Abs. 1 Satz 1 BGB gefordert kündigen kann, z. B. indem er das Mietverhält-

---

762 Vgl. BGHZ 156, 328 (332 f.); *Brox/Walker*, AT, § 21 Rn. 9; *Köhler*, AT, § 14 Rn. 23; *Medicus/Petersen*, AT, Rn. 849; *Neuner*, AT, § 53 Rn. 4; *Wolf*, in: Soergel, § 163 Rn. 10; *Bork*, in: Staudinger, § 163 Rn. 9.
763 Zur Wirkung der Anfechtung siehe oben Kapitel 8 Rn. 370, 393.
764 Zum Schlüsselwort „gilt", das im BGB eine gesetzliche Fiktion anzeigt, siehe oben Kapitel 4 Rn. 103.

nis zum Ablauf des kommenden Jahres kündigt, weil er bereits weiß, dass er zu diesem Zeitpunkt in eine andere Stadt ziehen wird.

595 Auch die bedingte Ausübung von Gestaltungsrechten ist **ausnahmsweise zulässig**, wenn es dadurch zu keiner erhöhten Unsicherheit für den Betroffenen kommt. Das ist insbesondere bei der Rechtsbedingung der Fall, bei der es sich in Wirklichkeit nicht um eine Bedingung i. S. d. § 158 BGB handelt (Rn. 589). Da es hier nur um eine Wiederholung von gesetzlichen Wirksamkeitsvoraussetzungen geht, kommt es im Vergleich zur ohnehin geltenden Gesetzeslage zu keinerlei erhöhter Unsicherheit.

> **Bsp.:** Die Eltern übereignen ein Grundstück ihres minderjährigen Kindes unter der Bedingung, dass das Familiengericht die Übereignung genehmigt. – Gemäß § 925 Abs. 2 BGB ist die Auflassung – und damit die Grundstücksübereignung – bedingungsfeindlich. Allerdings bedürfen die Eltern nach §§ 1643 Abs. 1, 1850 Nr. 1 BGB zur Verfügung über ein Grundstück des Minderjährigen der Genehmigung des Familiengerichts. Die Genehmigung des Familiengerichts ist somit eine gesetzliche Wirksamkeitsvoraussetzung, weshalb es sich bei der von den Eltern erklärten Bedingung um eine Rechtsbedingung handelt. Es kommt zu keiner Erhöhung der für den Erwerber des Grundstücks bestehenden Unsicherheit, weshalb die Rechtsbedingung die Erklärung der Eltern im Rahmen der Auflassung nicht unwirksam macht.

596 Ein weiterer Fall, in dem die bedingte Ausübung von Gestaltungsrechten zulässig ist, ist die Potestativbedingung (Wollensbedingung).

Definition
Eine **Potestativbedingung** (**Wollensbedingung**) liegt vor, wenn der Bedingungseintritt ausschließlich vom Willen des Betroffenen abhängt.[765]

597 Hängt der Eintritt der Bedingung ausschließlich vom Willen des Betroffenen ab, entsteht für diesen keinerlei Unsicherheit, denn er hat es selbst in der Hand, ob er die Bedingung eintreten lassen will. Das Paradebeispiel für eine zulässige Wollens- oder Potestativbedingung ist die **Änderungskündigung**, die – wie die gesetzliche Regelung in § 2 Kündigungsschutzgesetz (KSchG) zeigt – insbesondere bei Arbeitsverträgen eine wichtige Rolle spielt: Der Arbeitgeber kündigt dabei dem Arbeitnehmer, es sei denn, dass dieser einer Änderung des Arbeitsvertrags (z. B. der Versetzung an einen anderen Tätigkeitsort) zustimmt. Erfolgt die Kündigung etwa aufgrund von dringenden betrieblichen Erfordernissen (z. B. wegen einer Werksschließung am alten Standort) und ist sie auch nicht im Übrigen gemäß § 1 KSchG sozialwidrig, ist eine solche Änderungskündigung ohne Weiteres zulässig und – als milderes Mittel im Vergleich zur unbedingten Kündigung – regelmäßig

---

[765] Zum synonymen Gebrauch der Begriffe „Wollens-" und „Potestativbedingung" vgl. *Ellenberger*, in: Grüneberg, vor § 158 Rn. 10; ebenso BGHZ 47, 387 (391); BGH NJW-RR 1996, 1167. Andere sprechen von einer Potestativbedingung, wenn sich der Willensentschluss in der Vornahme einer außerhalb des Rechtsgeschäfts liegenden Handlung manifestiert (z. B. in der Zustimmung zur Änderung des Arbeitsvertrags bei der Änderungskündigung, hierzu Rn. 597), während bei einer Wollensbedingung die Geltung des Rechtsgeschäfts vom (erklärten) Willen einer Partei abhängig sei (wie z. B. beim Kauf auf Probe, der gemäß § 454 Abs. 1 Satz 2 BGB im Zweifel unter der aufschiebenden Bedingung geschlossen ist, dass der Käufer den Kaufgegenstand billigt); vgl. *Köhler*, AT, § 14 Rn. 17; *Medicus/Petersen*, AT, Rn. 830 f.; *Neuner*, AT, § 52 Rn. 15, 17.

auch geboten.⁷⁶⁶ Der Arbeitnehmer kann hier selbst entscheiden, ob er der Änderung des Arbeitsvertrags zustimmt oder die wirksame Kündigung hinnimmt.

III. Wirkung des Eintritts oder Ausfalls der Bedingung

1. Wirkung für die Zukunft

598 Mit Eintritt der aufschiebenden Bedingung treten die Rechtswirkungen der Willenserklärung bzw. des Rechtsgeschäfts ein, mit Eintritt der auflösenden Bedingung fallen sie wieder weg. Die Rechtslage ändert sich bei Eintritt der Bedingung nur mit **Wirkung *ex nunc***, also nur für die Zukunft.⁷⁶⁷ Mit anderen Worten: Es kommt beim Bedingungseintritt nicht zu einer Rückwirkung, worin ein wichtiger Unterschied zur Genehmigung liegt, die gemäß § 184 Abs. 1 BGB auf den Zeitpunkt der Vornahme des Rechtsgeschäfts zurückwirkt. Dass es beim Bedingungseintritt nicht zu einer Rückwirkung kommt, ergibt sich aus dem Vergleich mit § 184 Abs. 1 BGB: In § 158 BGB fehlt es an der Anordnung der Rückwirkung, wie sie in § 184 Abs. 1 BGB zu finden ist. Bestätigt wird die fehlende Rückwirkung des Bedingungseintritts durch die Vorschrift des § 159 BGB (hierzu sogleich, Rn. 599).

> **Bsp.:** Bei Veräußerung einer Sache unter Eigentumsvorbehalt (Rn. 586) wird der Käufer mit Zahlung der letzten Kaufpreisrate zum Eigentümer der Kaufsache, wobei dem Eigentumserwerb keine Rückwirkung zukommt.

599 § 159 BGB bestimmt, dass die Beteiligten, wenn es nach dem Inhalt des von ihnen geschlossenen Rechtsgeschäfts zu einer Rückwirkung kommen soll, im Falle des Bedingungseintritts verpflichtet sind, „einander zu gewähren, was sie haben würden, wenn die Folgen in dem früheren Zeitpunkt eingetreten wären". Die Parteien können sich also gemäß § 159 BGB verpflichten, einander im Innenverhältnis so zu stellen, als hätte der Bedingungseintritt auch Rechtswirkungen für die Vergangenheit. Die von den Parteien vereinbarte Rückwirkung hat dabei nur **schuldrechtliche Wirkung**, also nur Wirkung im Innenverhältnis der Parteien, dagegen keine dingliche Wirkung, d. h. keine Wirkung gegenüber Dritten.

600 Dem aufgrund der aufschiebenden oder auflösenden Bedingung potenziell Berechtigten steht gegen den anderen Teil gemäß § 160 Abs. 1 bzw. Abs. 2 BGB ein **Anspruch auf Schadensersatz** zu, wenn dieser während der Schwebezeit das bedingte Recht schuldhaft vereitelt oder beeinträchtigt und es anschließend zum Eintritt der Bedingung kommt. Schließt beispielsweise der Verkäufer mit dem Käufer einen aufschiebend bedingten Kaufvertrag und veräußert er anschließend die Kaufsache an einen Dritten, macht er sich gegenüber dem Käufer gemäß § 160 Abs. 1 BGB schadensersatzpflichtig, wenn die Bedingung anschließend eintritt. Die Vorschrift bildet nicht nur eine eigenständige Anspruchsgrundlage. Sie dient auch der Klarstellung, dass den potenziell Verpflichteten, obwohl es gemäß § 158 BGB erst „mit dem Eintritt der Bedingung" (also *ex nunc*) zu den entsprechenden Rechtswirkungen kommt, auch schon vorher die aus § 242 BGB folgende **Leistungstreuepflicht** trifft. Dazu gehört insbesondere die Pflicht, alles zu unterlassen, was den Leistungserfolg beeinträchtigen oder gefährden könnte. Damit steht fest, dass der Verkäufer, der sich die Erfüllung des aufschiebend bedingten Kauf-

---

766 Vgl. nur BAG NZA 2014, 1200 Tz. 13; NZA 2015, 1083 Tz. 28.
767 Zur Wirkung *ex nunc* (im Gegensatz zur Wirkung *ex tunc*) siehe auch oben Kapitel 8 Rn. 370.

vertrags durch die Veräußerung an den Dritten vorsätzlich unmöglich gemacht hat, dem Käufer auch gemäß §§ 280 Abs. 1 und 3, 283 Satz 1 BGB Schadensersatz statt der Leistung schuldet.

Bsp.: Die konservativen Eltern versprechen ihrem progressiven Sohn in notariell beurkundeter Form die Schenkung eines Grundstücks für den Fall, dass er in Zukunft doch noch heiraten werde. Da der Sohn auch nach Jahren immer noch nichts vom Heiraten hält, übereignen die Eltern das Grundstück ihrer seit kurzem verheirateten Tochter. Nun heiratet völlig unerwartet auch der Sohn und verlangt von seinen Eltern Schadensersatz in Höhe des Grundstückswerts. Zu Recht? – Dem Sohn könnte gegen die Eltern ein Schadensersatzanspruch gemäß § 160 Abs. 1 BGB zustehen. Zwischen ihm und seinen Eltern ist ein formwirksames (§§ 311b Abs. 1 Satz 1, 518 Abs. 1 BGB), aufschiebend bedingtes Schenkungsversprechen zustande gekommen. Durch die Übereignung an die Tochter haben sich die Eltern die Erfüllung des Schenkungsversprechens vorsätzlich unmöglich gemacht (§ 275 Abs. 1 Alt. 1 BGB) und somit das aufschiebend bedingte Recht des Sohnes, nämlich den Anspruch auf Übereignung des Grundstücks, schuldhaft vereitelt. Mit der Heirat des Sohnes ist die aufschiebende Bedingung eingetreten, weshalb dieser gegen die Eltern gemäß § 160 Abs. 1 BGB einen Anspruch auf Schadensersatz hat. Da der Schuldner, wie durch § 160 Abs. 1 BGB klargestellt wird, auch im Fall einer aufschiebend bedingten – also nur potenziellen – Leistungspflicht gleichwohl von Anfang an der Leistungstreuepflicht gemäß § 242 BGB unterliegt, führt die Übereignung des Grundstücks an die Tochter dazu, dass in der hierdurch ausgelösten Unmöglichkeit der Übereignung an den Sohn eine von den Eltern zu vertretende Pflichtverletzung i. S. d. § 280 Abs. 1 BGB liegt. Dem Sohn steht gegen die Eltern daher auch ein Anspruch auf Schadensersatz statt der Leistung gemäß §§ 280 Abs. 1 und 3, 283 Satz 1 BGB zu. Dieser Anspruch ist – ebenso wie der Anspruch aus § 160 Abs. 1 BGB – auf das positive Interesse[768] gerichtet, also auf Schadensersatz in Höhe des Grundstückswerts.

2. Bedingungsvereitelung bzw. treuwidrige Herbeiführung des Bedingungseintritts

In § 162 BGB ist die **Bedingungsvereitelung** sowie die **treuwidrige Herbeiführung des Bedingungseintritts** geregelt: Wird der Bedingungseintritt von der Partei, welcher er zum Nachteil gereichen würde, wider Treu und Glauben verhindert (Bedingungsvereitelung), so gilt die Bedingung gemäß § 162 Abs. 1 BGB als eingetreten. Umgekehrt gilt der Bedingungseintritt gemäß § 162 Abs. 2 BGB als nicht erfolgt, wenn die Partei, welcher er zum Vorteil gereicht, ihn wider Treu und Glauben herbeigeführt hat (treuwidrige Herbeiführung des Bedingungseintritts). Das Schlüsselwort „gilt" zeigt, dass hier der Eintritt bzw. Nichteintritt der Bedingung gesetzlich fingiert wird.[769] Es handelt sich bei § 162 BGB um eine spezielle Ausprägung des Grundsatzes von Treu und Glauben (§ 242 BGB), und zwar genauer des allgemeinen Rechtsgedankens, dass niemand aus einer von ihm treuwidrig herbeigeführten Lage Vorteile ziehen darf.[770]

---

768 Zur Abgrenzung von positivem und negativem Interesse siehe oben Kapitel 8 Rn. 397.
769 Zur gesetzlichen Fiktion siehe oben Kapitel 4 Rn. 103.
770 Vgl. BGHZ 88, 240 (248); BGH NJW-RR 1991, 177 (178).

Bsp.: Der Verkäufer, der eine Sache unter Eigentumsvorbehalt (Rn. 586) veräußert hat, weigert sich, die letzte Kaufpreisrate vom Käufer entgegenzunehmen, weil er den Eigentumsübergang auf den Käufer verhindern will. – Zugunsten des Käufers wird hier gemäß § 162 Abs. 1 BGB der Eintritt der Bedingung fingiert, sodass der Käufer mit Wirkung *ex nunc* (Rn. 598) zum Eigentümer der Kaufsache wird.[771]

3. Schutz vor Zwischenverfügungen

602 Im Fall einer aufschiebend bedingten Verfügung, z. B. wenn im Fall der Veräußerung unter Eigentumsvorbehalt (Rn. 586) die Übereignung unter der aufschiebenden Bedingung der vollständigen Kaufpreiszahlung erfolgt, ist der aufschiebend bedingt Berechtigte in besonderer Weise schutzwürdig. Der Verfügende bleibt nämlich bis zum Zeitpunkt des Bedingungseintritts weiterhin berechtigt, sodass die Gefahr besteht, dass dieser weitere Verfügungen (sogenannte Zwischenverfügungen) vornimmt, die den Rechtserwerb des aufschiebend bedingt Berechtigten beeinträchtigen oder gar vereiteln. Vor dieser Gefahr wird der aufschiebend bedingt Berechtigte durch die Vorschrift des § 161 BGB geschützt.

603 Der Schutz erfolgt dabei nicht etwa nur durch Einräumung eines Schadensersatzanspruchs gegen den Verfügenden, wie er in § 160 Abs. 1 BGB geregelt ist. Gemäß § 161 Abs. 1 Satz 1 BGB ist vielmehr eine Zwischenverfügung „im Falle des Eintritts der Bedingung insoweit unwirksam, als sie die von der Bedingung abhängige Wirkung vereiteln oder beeinträchtigen würde". Es kommt also mit dem Bedingungseintritt zur Unwirksamkeit der beeinträchtigenden Zwischenverfügung. Die Unwirksamkeit reicht soweit, wie es erforderlich ist, um eine Beeinträchtigung des aufschiebend bedingt Berechtigten zu verhindern. Da § 161 Abs. 1 Satz 1 BGB nicht etwa nur die Unwirksamkeit „gegenüber dem bedingt Berechtigten" anordnet, handelt es sich nicht um relative,[772] sondern um **absolute Unwirksamkeit**.[773] Die Unwirksamkeit der beeinträchtigenden Zwischenverfügung tritt also mit Wirkung gegenüber jedermann ein.

604 Eine Ausnahme von der absoluten Unwirksamkeit beeinträchtigender Zwischenverfügungen sieht allerdings § 161 Abs. 3 BGB vor, wonach die „Vorschriften zugunsten derjenigen, welche Rechte von einem Nichtberechtigten herleiten" entsprechend anwendbar sind. Insbesondere kommt es zur entsprechenden Anwendung der Vorschriften über den gutgläubigen Eigentumserwerb (§§ 932 ff. BGB). Der gutgläubige Zwischenerwerber ist daher gemäß §§ 161 Abs. 3, 932 BGB geschützt, wobei sich sein guter Glaube – anders als im Fall der direkten Anwendung des § 932 BGB – nicht auf das Eigentum des Veräußerers, sondern darauf beziehen muss, dass keine aufschiebend bedingte Verfügung des Veräußerers vorliegt. Der Maßstab des guten Glaubens ergibt sich aus § 932 Abs. 2 BGB,

---

[771] Vgl. *Brox/Walker*, AT, § 21 Rn. 15; *Neuner*, AT, § 52 Rn. 42. **A. A.** *Medicus/Petersen*, AT, Rn. 464, wonach § 162 Abs. 1 BGB hier durch die Vorschriften der §§ 372, 378 BGB verdrängt wird, die dem Käufer aufgrund des Annahmeverzugs des Verkäufers die Möglichkeit geben, sich von der Kaufpreisschuld im Wege der Hinterlegung zu befreien.

[772] Die relative Unwirksamkeit (hierzu oben Kapitel 9 Rn. 577) wird im BGB mit Wirkung „gegenüber" der geschützten Person angeordnet; vgl. den Wortlaut der §§ 888 Abs. 1, 1124 Abs. 2 BGB („gegenüber demjenigen, zu dessen Gunsten die Vormerkung besteht" bzw. „dem Hypothekengläubiger gegenüber").

[773] Vgl. *Armbrüster*, in: Erman, § 161 Rn. 1, 5; *Mansel*, in: Jauernig, §§ 160, 161 Rn. 3; *Wolf*, in: Soergel, § 161 Rn. 9; *Bork*, in: Staudinger, § 161 Rn. 12; kritisch *Westermann*, in: MüKo, § 161 Rn. 7.

d. h., dem Zwischenerwerber darf die aufschiebend bedingte Verfügung des Veräußerers weder bekannt noch infolge grober Fahrlässigkeit unbekannt sein.

Bsp.: Volker verkauft und übereignet Karl einen Rassehund unter Eigentumsvorbehalt. Bevor Karl die letzte Kaufpreisrate zahlt, läuft der Hund zurück zu Volker. Dieser verkauft und übereignet den Hund noch einmal an Ludwig. Karl zahlt an Volker den noch ausstehenden Kaufpreis und verlangt von Ludwig Herausgabe des Hundes. Zu Recht? – Für den Herausgabeanspruch aus §§ 985, 90a BGB müsste Karl Eigentümer des Hundes geworden sein. Volker hat den Hund unter Eigentumsvorbehalt an Karl nach §§ 929 Satz 1, 90a BGB übereignet, also unter der aufschiebenden Bedingung der vollständigen Kaufpreiszahlung (§ 449 Abs. 1 BGB). Da Karl die letzte Kaufpreisrate an Volker gezahlt hat, ist die Bedingung eingetreten, sodass Karl grundsätzlich Eigentümer des Hundes geworden ist.
Allerdings nahm Volker vor dem Bedingungseintritt eine weitere Verfügung vor, indem er den Hund, nachdem dieser zu ihm zurückgelaufen war, an Ludwig übereignete. Die Voraussetzungen des § 929 Satz 1 BGB sind, was diese Verfügung betrifft, erfüllt. Insbesondere war Volker zum Zeitpunkt der Verfügung noch Eigentümer und hat daher als Berechtigter übereignet. Allerdings geht es bei der Übereignung an den Ludwig um eine Zwischenverfügung i. S. d. § 161 Abs. 1 Satz 1 BGB. Nach dieser Vorschrift ist eine solche Zwischenverfügung, soweit sie Karls Eigentumserwerb vereiteln oder beeinträchtigen würde, absolut unwirksam. Die Wirksamkeit der Übereignung an Ludwig würde hier in der Tat den Eigentumserwerb durch Karl ausschließen, weshalb eine beeinträchtigende Zwischenverfügung i. S. d. § 161 Abs. 1 Satz 1 BGB vorliegt.
In Betracht kommt aber ein gutgläubiger Erwerb durch Ludwig gemäß §§ 161 Abs. 3, 932 BGB. Dafür, dass Ludwig die aufschiebend bedingte Übereignung durch Volker an Karl bekannt oder infolge grober Fahrlässigkeit unbekannt ist, gibt es hier keinerlei Anhaltspunkte, weshalb entsprechend der impliziten Beweislastregel des § 932 Abs. 1 Satz 1 BGB („es sei denn") von Ludwigs Gutgläubigkeit auszugehen ist. Gemäß § 161 Abs. 3 BGB kommt es aber auch zur entsprechenden Anwendung des § 935 Abs. 1 Satz 1 BGB. Der Hund ist Karl entlaufen, sodass es zu einem unfreiwilligen Besitzverlust gekommen ist. Der Hund ist Karl abhandengekommen und somit ist der gutgläubige Erwerb durch Ludwig gemäß §§ 163 Abs. 3, 935 Abs. 1 Satz 1 BGB ausgeschlossen. Karl ist mit Bedingungseintritt, d. h. mit der Zahlung des noch ausstehenden Kaufpreises, Eigentümer des Hundes geworden. Ein Besitzrecht gemäß § 986 Abs. 1 Satz 1 BGB kommt Ludwig im Verhältnis zu Karl nicht zu, weshalb Karl als Eigentümer vom Besitzer Ludwig Herausgabe des Hundes gemäß § 985 BGB verlangen kann.
Dagegen steht Karl gegen Ludwig kein Herausgabeanspruch wegen Bereicherung „in sonstiger Weise" gemäß § 812 Abs. 1 Satz 1 Alt. 2 BGB zu, da Volker an Ludwig den Besitz des Hundes geleistet hat.[774]

---

[774] Zur Subsidiarität der Nichtleistungskondiktion siehe oben Kapitel 8 Rn. 402 Fn. 425.

IV. Fristberechnung

Die Fristberechnung ist in den §§ 186–193 BGB geregelt. Gemäß § 186 BGB gelten die Vorschriften der §§ 187–193 BGB für die „in Gesetzen, gerichtlichen Verfügungen und Rechtsgeschäften enthaltenen Frist- und Terminsbestimmungen". Die Geltung der §§ 187–193 BGB reicht damit weit über das BGB hinaus. Aufgrund entsprechender Verweisungen gelten die Vorschriften insbesondere auch für die Fristberechnung im Zivilprozess (§ 222 Abs. 1 ZPO) und im Bereich des öffentlichen Rechts (§ 31 Abs. 1 VwVfG, § 57 Abs. 2 VwGO). In § 186 BGB werden die Vorschriften als „Auslegungsvorschriften" bezeichnet. Sie gelten also für rechtsgeschäftliche Fristen nur insoweit, als in dem Rechtsgeschäft keine abweichende Bestimmung getroffen wird. Für gesetzliche Fristen gelten die Vorschriften, soweit das Gesetz keine abweichende Sonderregelung trifft.

605

Sowohl bei der Bestimmung des Fristbeginns nach § 187 BGB als auch bei der Bestimmung des Fristendes nach § 188 BGB wird grundsätzlich nur in ganzen Tagen gerechnet. Diese Fristberechnung nach ganzen Tagen nennt man **Zivilkomputation**, weil es sich um die im Zivilrecht grundsätzlich anzuwendende Berechnungsmethode handelt.[775] Den Gegensatz hierzu bildet die Naturalkomputation, bei der eine Frist auch zu einem Zeitpunkt beginnen oder enden kann, der in den Lauf eines Tages fällt. Die Zivilkomputation hat zur Folge, dass es für die Fristberechnung grundsätzlich nicht auf Stunden, Minuten und Sekunden ankommt. Die Parteien können aber Abweichendes bestimmen, etwa indem der Antragende für die Annahme des Antrags gemäß § 148 BGB eine Frist „bis kommenden Freitag um 12:30 Uhr" setzt.

606

Bei der Anwendung der §§ 187, 188 BGB ist zwischen Ereignis- und Ablauffrist zu unterscheiden. Um eine **Ereignisfrist** geht es, wenn für den Beginn der Frist „ein Ereignis oder ein in den Lauf eines Tages fallender Zeitpunkt" maßgeblich ist. Gemäß § 187 Abs. 1 BGB wird dann der erste Tag, in den das Ereignis oder der Zeitpunkt fällt, bei der Berechnung der Frist nicht mitgerechnet. Dahinter steht wiederum der Gedanke der Zivilkomputation: Da auf den ersten Tag nur noch ein Zeitabschnitt entfällt und es sich nicht um einen ganzen Tag handelt, wird dieser Tag nicht mitgezählt. Dagegen liegt eine **Ablauffrist** vor, wenn für den Fristbeginn „der Beginn eines Tages" maßgeblich ist. Gemäß § 187 Abs. 2 Satz 1 BGB wird hier der erste Tag bei der Berechnung der Frist mitgerechnet. Da es sich um einen ganzen Tag handelt, muss er entsprechend dem Gedanken der Zivilkomputation mitgezählt werden. Für die Ablauffrist ist damit kennzeichnend, dass ihr Lauf unmittelbar mit dem für den Fristbeginn maßgeblichen Zeitpunkt, nämlich dem Beginn des Tages, in Gang gesetzt wird. Anders als bei der Ereignisfrist, bei der der in den ersten Tag fallende Zeitabschnitt nicht mitzählt, kommt es bei der Ablauffrist nicht zu einer Verlängerung des Fristlaufs infolge der Zivilkomputation.

607

Besonderes gilt gemäß § 187 Abs. 2 Satz 2 BGB für die Berechnung des Lebensalters.[776] Obwohl es bei der Geburt um ein in den Lauf eines Tages fallendes Ereignis geht, wird der Tag der Geburt bei der Berechnung des Lebensalters mitgerech-

608

---

775 Vgl. bereits Paul. D. 50.16.134: *quia annum civiliter non ad momenta temporum, sed ad dies numeramus* („weil wir das Jahr zivilrechtlich nicht nach den Zeitmomenten, sondern nach Tagen zählen").
776 Siehe hierzu schon das Beispiel oben in Kapitel 7 Rn. 318.

net. Es handelt sich um eine Abweichung vom Gedanken der Zivilkomputation, die den Erwartungen der Allgemeinheit entspricht.[777] Auch wenn man erst um 23:55 Uhr geboren worden ist, tritt daher die Volljährigkeit gemäß §§ 2, 187 Abs. 2 Satz 2 BGB bereits mit dem Beginn des 18. Geburtstags, also um 0:00 Uhr, ein. Ohne die Bestimmung des § 187 Abs. 2 Satz 2 BGB käme es immer erst am Ende des Geburtstags, also um 24:00 Uhr, zur Vollendung des jeweiligen Lebensjahrs.

609 Auch das Fristende hängt davon ab, ob es um eine Ereignis- oder Ablauffrist geht. Gemäß § 188 Abs. 2 Alt. 1 BGB endet eine nach Wochen, nach Monaten oder nach einem noch längeren Zeitraum (Vierteljahr, halbes Jahr, Jahr) bestimmte Frist im Fall des § 187 Abs. 1 BGB (**Ereignisfrist**) „mit dem Ablauf desjenigen Tages der letzten Woche oder des letzten Monats, welcher durch seine Benennung oder seine Zahl dem Tag entspricht, in den das Ereignis oder der Zeitpunkt fällt". Im Fall des § 187 Abs. 2 (**Ablauffrist**) endet die Frist gemäß § 188 Abs. 2 Alt. 2 BGB „mit dem Ablauf desjenigen Tages der letzten Woche oder des letzten Monats, welcher dem Tag vorhergeht, der durch seine Benennung oder seine Zahl dem Anfangstag der Frist entspricht". Die aus einem einzigen langen Satz bestehende Vorschrift des § 188 Abs. 2 BGB ist denkbar unübersichtlich, weshalb man sich die Unterscheidung in die beiden Alternativen der Ereignis- und der Ablauffrist stets vergegenwärtigen muss. Bei der Ablauffrist gibt es, wie sich aus dem Wort „vorhergeht" in § 188 Abs. 2 Alt. 2 BGB ergibt, im Vergleich zur Ereignisfrist am Ende der Frist einen Tag weniger, was daran liegt, dass der erste Tag bei der Ablauffrist gemäß § 187 Abs. 2 Satz 1 BGB mitgezählt wird.

610 Richtig verstehen lässt sich die Fristberechnung nur anhand von Beispielsfällen, wobei es zunächst um ein Beispiel für eine Ereignisfrist gehen soll, also für eine Frist, für deren Beginn „ein Ereignis oder ein in den Lauf eines Tages fallender Zeitpunkt" (§ 187 Abs. 1 BGB) maßgeblich ist.

> **Bsp.:** Voss bietet Kaup am 15.7., einem Donnerstag, um 14:00 Uhr 42 Tonnen Altmetall zum Kauf an und setzt Kaup eine Annahmefrist von (1) zehn Tagen, (2) zwei Wochen, (3) sechs Monaten, (4) einem Jahr. Bis wann muss Kaup die Annahme erklären? – Maßgeblich für den Fristbeginn ist hier der Zugang des Antrags bei Kaup, der am 15.7. um 14:00 Uhr erfolgt ist. Es handelt sich somit um eine Ereignisfrist i. S. d. § 187 Abs. 1 BGB. Der erste Tag, also der 15.7., wird bei der Fristberechnung daher nicht mitgerechnet. Der Lauf der Annahmefrist beginnt gemäß § 187 Abs. 1 BGB am 16.7. um 0:00 Uhr.
> Das Fristende ergibt sich aus § 188 BGB: In der Variante (1) geht es um eine Frist von zehn Tagen. Es handelt sich um eine nach Tagen bestimmte Frist, die gemäß § 188 Abs. 1 BGB mit dem Ablauf des letzten Tages der Frist endet. Da der 16.7. der erste Tag der Frist ist, beginnt man mit diesem Tag die Zählung und gelangt, indem man bis zehn zählt (16.7., 17.7., 18.7., 19.7., 20.7., …, 25.7.), zum 25.7. als dem Tag des Fristendes. Kaup muss den Antrag also spätestens bis zum 25.7. um 24:00 Uhr annehmen.
> In Variante (2) wurde von Voss eine Zweiwochenfrist gesetzt, also eine „Frist, die nach Wochen […] bestimmt ist" (§ 188 Abs. 2 BGB). Da es – wie gezeigt –

---

[777] So auch schon Paul. D. 50.16.134: *„anniculus' non statim ut natus est, sed trecentesimo sexagesimo quinto die dicitur, incipiente plane, non exacto die* („Als ‚Einjähriger' wird ein Kind nicht sofort bezeichnet, sobald es geboren ist, sondern am 365. Tag, freilich mit dem Beginn, nicht erst mit dem Ende dieses Tages").

um eine Ereignisfrist i. S. d. § 187 Abs. 1 BGB geht, bestimmt sich das Fristende gemäß § 188 Abs. 2 Alt. 1 BGB: Die Frist endet „mit dem Ablauf desjenigen Tages der letzten Woche [...], welche durch seine Benennung oder seine Zahl dem Tag entspricht, in den das Ereignis oder der Zeitpunkt fällt". Bei der Wochenfrist ist auf die Benennung des Ereignistags abzustellen, der hier ein Donnerstag ist. Die Frist endet daher nach zwei Wochen mit Ablauf des Donnerstags, also am Donnerstag, den 29.7., um 24:00 Uhr.

In Variante (3) geht es um eine Sechsmonatsfrist (§ 188 Abs. 2 BGB: „Frist, die [...] nach Monaten [...] bestimmt ist"). Das Fristende bestimmt sich, da es um eine Ereignisfrist geht, wiederum gemäß § 188 Abs. 2 Alt. 1 BGB: Die Frist endet „mit dem Ablauf desjenigen Tages [...] des letzten Monats, welcher durch [...] seine Zahl dem Tag entspricht, in den das Ereignis oder der Zeitpunkt fällt". Ereignistag ist der 15.7., weshalb die maßgebliche Tageszahl hier die Zahl 15 ist. Der Tag des Fristablaufs ist daher wieder der 15. des Monats, und zwar sechs Monate später, also der 15.1. des Folgejahres. Die Annahmefrist endet gemäß § 188 Abs. 1 Alt. 1 BGB am 15.1. um 24:00 Uhr.

Um eine Jahresfrist geht es in Variante (4). Die Frist endet auch hier gemäß § 188 Abs. 1 Alt. 1 BGB „mit dem Ablauf desjenigen Tages [...] des letzten Monats, welcher durch [...] seine Zahl dem Tag entspricht, in den das Ereignis oder der Zeitpunkt fällt". Die maßgebliche Tageszahl ist auch hier die Zahl 15. Man muss diesmal ein ganzes Jahr weiterrechnen, sodass die Annahmefrist gemäß § 188 Abs. 1 Alt. 1 BGB am 15.7. des Folgejahres um 24:00 Uhr endet.

Es folgt ein Beispiel für eine Ablauffrist, bei der für den Fristbeginn der Beginn eines Tages maßgeblich ist (§ 187 Abs. 2 BGB).

Bsp.: Max mietet in den Semesterferien eine Wohnung zur Zwischenmiete für zwei Monate. Der Mietvertrag beginnt am 5.8. (1) Bis wann darf Max in der Wohnung bleiben? (2) Wie ist die Rechtslage, wenn der 5.10. ein Samstag ist? – Gemäß § 546 Abs. 1 BGB ist der Mieter verpflichtet, die Mietsache „nach Beendigung des Mietverhältnisses" zurückzugeben. Max muss die Wohnung also erst nach Beendigung des Mietverhältnisses räumen, d. h. erst nach Ablauf des letzten Tages der vereinbarten Mietzeit. Im Ausgangsfall (1) beginnt die Mietzeit am 5.8. um 0:00 Uhr. Für den Fristbeginn ist der Beginn eines Tages maßgeblich, weshalb es um eine Ablauffrist geht. Gemäß § 187 Abs. 2 Satz 1 BGB wird bei einer Ablauffrist der erste Tag, hier also der 5.8., mitgerechnet. Das Fristende ist für eine Ablauffrist, die – wie hier – nach Monaten bemessen ist, in § 188 Abs. 2 Alt. 2 BGB geregelt: Die Frist endet „mit dem Ablauf desjenigen Tages der letzten Woche oder des letzten Monats, welcher dem Tage vorhergeht, der durch seine Benennung oder seine Zahl dem Anfangstag der Frist entspricht". Da die Frist am 5.8. beginnt, ist die Zahl 5 die maßgebliche Tageszahl. Gemäß § 188 Abs. 2 Alt. 2 BGB muss nun von dieser Tageszahl ein Tag abgezogen und zwei Monate weitergerechnet werden, sodass sich als letzter Tag der Frist der 4.10. ergibt. Die Mietzeit endet somit am 4.10. um 24:00 Uhr. Bis zu diesem Zeitpunkt darf Max in der Wohnung bleiben.[778] Er muss die Mietsache gemäß § 546 Abs. 1 BGB am 5.10. räumen, und zwar an sich um 0:00 Uhr. Allerdings würde ein derartiges Ansinnen des Vermieters, der auf einer Räumung um Mitternacht besteht, ein Leistungsverlangen zur Unzeit

---

778 Vgl. *Bieber*, in: MüKo, § 546 Rn. 15.

bedeuten, das gegen Treu und Glauben (§ 242 BGB) verstößt. Max darf daher noch ausschlafen und es genügt, wenn er die Wohnung am Morgen des 5.10. freigibt.

In der Fallvariante (2) ist der 5.10., also der Tag, an dem Max die Wohnung räumen muss, ein Samstag. § 193 BGB trifft hierzu folgende Regelung: „Ist an einem bestimmten Tag [...] eine Leistung zu bewirken und fällt der bestimmte Tag [...] auf einen Sonntag, einen am Erklärungs- oder Leistungsort staatlich anerkannten allgemeinen Feiertag oder einen Sonnabend, so tritt an die Stelle eines solchen Tages der nächste Werktag." Max muss hier gemäß § 193 BGB die Leistung erst am darauffolgenden Werktag erbringen. Er muss die Wohnung also erst am Montag, dem 7.10., räumen.

Hinweis

Bei § 193 BGB handelt es sich um eine abdingbare Vorschrift, die dann nicht anwendbar ist, wenn die Leistungserbringung nach dem Vertrag auch am Samstag oder Sonntag geschuldet sein soll. Das kann sich insbesondere aus einer entsprechenden Auslegung des Vertrags ergeben, sodass z. B. der Mieter eines Hotelzimmers oder einer Ferienwohnung zur Rückgabe auch am Wochenende verpflichtet ist.[779]

Literaturhinweise

Zur Bedingung und Befristung: St. *Lorenz/Eichhorn*, Grundwissen – Zivilrecht: Bedingung und Befristung, JuS 2017, 393–397; *Martens*, Grundfälle zu Bedingung und Befristung, JuS 2010, 481–486, 578–582; *Petersen*, Bedingung und Befristung, Jura 2011, 275–278.

Zur Fristberechnung: *Schroeter*, Die Fristberechnung im Bürgerlichen Recht, JuS 2007, 29–35.

---

[779] Hierzu *Bieber*, in: MüKo, § 546 Rn. 15.

Kapitel 11 Stellvertretung

I. Begriff und Voraussetzungen der Stellvertretung

1. Begriff der Stellvertretung

Die Regelung der Stellvertretung findet sich in den §§ 164–181 BGB.   **612**

> **Definition**
> Unter Stellvertretung versteht man das rechtsgeschäftliche Handeln im Namen eines anderen.

Die Rechtswirkungen des rechtsgeschäftlichen Handelns des Vertreters treten unmittelbar in der Person des Vertretenen ein. Gemäß § 164 Abs. 1 Satz 1 BGB wirkt die Willenserklärung des Vertreters „unmittelbar für und gegen den Vertretenen". Man unterscheidet zwischen der **aktiven und passiven Stellvertretung**, wobei meist beides zusammenkommt: Bei der aktiven Stellvertretung gibt der Vertreter eine Willenserklärung im Namen des Vertretenen ab, während der Vertreter bei der passiven Stellvertretung eine Willenserklärung für den Vertretenen entgegennimmt. Geregelt ist die aktive Stellvertretung in § 164 Abs. 1 BGB („Willenserklärung, die jemand […] im Namen des Vertretenen abgibt"), die passive in § 164 Abs. 3 BGB („wenn eine […] Willenserklärung dessen Vertreter gegenüber erfolgt").

2. Voraussetzungen der Stellvertretung

Die Stellvertretung ist grundsätzlich bei allen Rechtsgeschäften zulässig. Es gibt   **613**
aber einige Fälle, in denen die Stellvertretung ausdrücklich ausgeschlossen ist. Man spricht dann von **höchstpersönlichen Rechtsgeschäften**. Das gilt beispielsweise für die Eheschließung, bei der gemäß § 1311 Satz 1 BGB die Eheschließenden persönlich anwesend sein müssen und ein Verstoß zur Aufhebbarkeit der Ehe führt (§ 1314 Abs. 1 Nr. 2 BGB). Großzügiger ist hier das katholische Kirchenrecht, das bei der Eheschließung die Stellvertretung zulässt (Can. 1105 Codex Iuris Canonici). Um höchstpersönliche Rechtsgeschäfte handelt es sich, ähnlich wie bei der Zivilehe, auch beim Testament (§ 2064 BGB) und beim Erbvertrag (§ 2274 BGB). Das von einem Vertreter errichtete Testament und der von einem Vertreter des Erblassers abgeschlossene Erbvertrag sind unheilbar nichtig.

Eine vollständige Übersicht über die Voraussetzungen der Stellvertretung bietet   **614**
das folgende Prüfungsschema:

Prüfungsschema
1. Zulässigkeit der Stellvertretung
2. Abgabe einer eigenen Willenserklärung
3. Handeln im Namen des Vertretenen (Offenkundigkeit)
4. Vertretungsmacht

 Klausurtipp
Da die Stellvertretung grundsätzlich bei allen Rechtsgeschäften zulässig ist (Rn. 613), ist der Prüfungspunkt der „Zulässigkeit der Stellvertretung" in einer Klausur nur dann anzusprechen, wenn es hierfür einen konkreten Anlass gibt. Im Regelfall beginnt die Prüfung der Stellvertretung mit dem Prüfungspunkt „Abgabe einer eigenen Willenserklärung".

615 Sind die Voraussetzungen der Stellvertretung erfüllt, dann wirkt das vom Vertreter abgeschlossene Geschäft, das sogenannte Vertretergeschäft, gemäß § 164 Abs. 1 Satz 1 und Abs. 3 BGB unmittelbar für und gegen den Vertretenen. Die Rechtsfolge der wirksamen Stellvertretung ist also, dass sämtliche Wirkungen des Geschäfts in der Person des Vertretenen eintreten.

616 Die Voraussetzungen der Stellvertretung sollen zunächst kurz vorgestellt werden (Rn. 617–625), um dann Einzelheiten zum Handeln im fremden Namen (Rn. 626–638) und zur rechtsgeschäftlich erteilten Vertretungsmacht, der Vollmacht, zu behandeln (Rn. 639–678).

617 a) **Abgabe einer eigenen Willenserklärung.** Der Vertreter muss gemäß § 164 Abs. 1 Satz 1 BGB („jemand [...] abgibt") eine eigene Willenserklärung abgeben. Dadurch unterscheidet er sich vom Erklärungsboten, der Überbringer einer fremden Willenserklärung ist.[780] Der Vertreter hat – im Gegensatz zum Boten – typischerweise einen eigenen Entscheidungsspielraum. Der Vertretene überlässt dem Vertreter in aller Regel die Entscheidung, ob er das Geschäft abschließt, und meist auch die nähere inhaltliche Ausgestaltung des Geschäfts. Dagegen ist der Bote nur das „Sprachrohr" des Erklärenden und hat keinerlei Entscheidungsspielraum. Auch wenn ein (mehr oder weniger großer) Entscheidungsspielraum für den Stellvertreter typisch ist, handelt es sich dabei gleichwohl nicht um das maßgebliche Kriterium für die Abgrenzung von Stellvertretung und Botenschaft. Auch einem Vertreter kann der Entscheidungsspielraum völlig fehlen, etwa dann, wenn der Vertretene dem Vertreter aufträgt, eine Erklärung mit ganz bestimmtem Inhalt abzugeben, z. B. eine Kündigungserklärung. Maßgeblich für die Abgrenzung zwischen Stellvertretung und Botenschaft ist daher nicht der objektive Grad der Eigenverantwortlichkeit des Handelnden, sondern die – regelmäßig nach dem objektiven Empfängerhorizont[781] vorzunehmende – Auslegung der Erklärung.[782] Mit anderen Worten: Ob der Handelnde eine eigene Erklärung abgibt oder aber eine

---

780 Zum Erklärungsboten siehe oben Kapitel 4 Rn. 141.
781 Zum Verhältnis von natürlicher und normativer Auslegung siehe oben Kapitel 4 Rn. 154–161.
782 Vgl. BGHZ 12, 327 (334); BAG NJW 2008, 1243 Tz. 15; *Bitter/Röder*, AT, § 10 Rn. 21; *Brox/Walker*, AT, § 24 Rn. 3; *Köhler*, AT, § 11 Rn. 16; *Neuner*, AT, § 49 Rn. 16; *Schubert*, in: MüKo, § 164 Rn. 80; *Schilken*, in: Staudinger, vor § 164 Rn. 74.

I. Begriff und Voraussetzungen der Stellvertretung

fremde Willenserklärung übermittelt, ist aus der Sicht des (objektiven) Erklärungsempfängers zu entscheiden.

> **Bsp.:** Der Vermieter will dem Mieter kündigen. Er weist seinen Angestellten an, das Erforderliche zu veranlassen. (1) Der Angestellte erklärt daraufhin gegenüber dem Mieter: „Ich soll Ihnen ausrichten, dass der Vermieter Ihnen kündigt." (2) Die Erklärung des Angestellten lautet wie folgt: „Der Vermieter hat mir aufgetragen, Ihnen die Kündigung zu erklären." – In Variante (1) handelt es sich um Botenschaft, in Variante (2) dagegen um Stellvertretung.

Bote kann auch ein Geschäftsunfähiger sein, da es sich bei der Übermittlung einer fremden Willenserklärung nicht um eine rechtsgeschäftliche Handlung, sondern um einen Realakt handelt. Realakte können ohne Weiteres auch Geschäftsunfähige vornehmen. Dagegen muss der Stellvertreter, wie sich aus § 165 BGB ergibt,[783] zumindest beschränkt geschäftsfähig sein.[784]

618

> **Bsp.:** Max, der sechs Jahre alt ist, wird von seiner Mutter losgeschickt, um zehn Eier zu kaufen. Er sagt zum Lebensmittelhändler Ludwig: „Ich möchte im Namen meiner Mutter eine Zehner-Packung Eier kaufen." Ludwig ist einverstanden und händigt Max die Packung gegen Barzahlung aus. Er geht davon aus, Max sei schon sieben Jahre alt und daher beschränkt geschäftsfähig. Ist zwischen Ludwig und der Mutter von Max ein wirksamer Kaufvertrag zustande gekommen? – Max tritt hier zwar – äußerlich gesehen – als Stellvertreter auf, indem er eine Erklärung „im Namen" seiner Mutter abgibt. Als Sechsjähriger ist er jedoch gemäß § 104 Nr. 1 BGB geschäftsunfähig und kann daher, wie sich aus § 165 BGB ergibt, nicht Stellvertreter sein. Es kann sich daher nur um einen Fall der Botenschaft handeln, wobei Max im Einklang mit dem Willen seiner Mutter nicht nur als ihr Erklärungsbote, sondern, was Ludwigs Annahmeerklärung betrifft, auch als Empfangsbote für sie tätig wird. Ludwigs Fehlvorstellung, Max sei beschränkt geschäftsfähig, spielt keine Rolle: Er wollte mit der Mutter von Max einen Kaufvertrag schließen und genau das ist auch passiert. Ein wirksamer Kaufvertrag zwischen Ludwig und der Mutter von Max liegt daher vor.

b) Handeln im Namen des Vertretenen (Offenkundigkeit). Der Vertreter muss, wie § 164 Abs. 1 Satz 1 BGB es ausdrückt, „im Namen des Vertretenen" handeln. Dahinter steht der vertretungsrechtliche **Offenkundigkeitsgrundsatz:**[785] Der Geschäftspartner des Vertretenen soll grundsätzlich wissen, dass es sich um einen Fall der Stellvertretung handelt und wer der Vertretene ist. Dadurch wird das Interesse

619

---

[783] Zu § 165 BGB als gesetzlich geregeltem Fall des neutralen Geschäfts siehe bereits oben Kapitel 7 Rn. 320.
[784] Vgl. *Köhler*, AT, § 11 Rn. 16; *Schubert*, in: MüKo, § 165 Rn. 11. **A. A.** *Canaris*, JZ 1987, 993 (998); *ders.* JZ 1988, 494 (498 f.), wonach § 165 BGB gegen das verfassungsrechtliche Übermaßverbot verstoße und daher – entgegen dem aus der Vorschrift zu ziehenden Umkehrschluss – auch ein Geschäftsunfähiger Stellvertreter sein könne; vgl. auch *Chiusi*, Jura 2005, 532 (533–535). Von *Neuner*, AT, § 49 Rn. 12, wird § 165 BGB als rechtspolitisch angreifbar angesehen. Die Interessen des Geschäftspartners des Vertretenen und des Rechtsverkehrs sprechen jedoch gegen die Zulassung einer Vertretung durch Geschäftsunfähige.
[785] Vgl. BGHZ 62, 216 (221); *Brox/Walker*, AT, § 24 Rn. 9; *Köhler*, AT, § 11 Rn. 18; *Medicus/Petersen*, AT, Rn. 905; *Neuner*, AT, § 49 Rn. 44 f.

des Geschäftspartners geschützt, der regelmäßig darüber informiert sein will, mit wem er ein Rechtsgeschäft abschließt.[786]

620 Allerdings muss der Vertreter, wie § 164 Abs. 1 Satz 2 BGB klarstellt, nicht „ausdrücklich" im Namen des Vertretenen handeln. Es reicht vielmehr aus, wenn „die Umstände ergeben", dass es um eine Stellvertretung gehen soll. Es handelt sich dabei um einen gesetzlich geregelten Fall der konkludenten Willenserklärung.[787] Das Paradebeispiel für den Fall, dass sich das Handeln im fremden Namen aus den Umständen ergibt, ist das **unternehmensbezogene Geschäft**: Durch Rechtsgeschäfte, die erkennbar den Bezug zu einem bestimmten Unternehmen aufweisen, soll nach dem Willen der Parteien grundsätzlich der Unternehmensinhaber verpflichtet werden.[788] Das ist z. B. dann der Fall, wenn der Handelnde für seine Erklärung das Briefpapier des Unternehmens verwendet. Er muss dann nicht besonders kenntlich machen, dass er als Vertreter des Unternehmensinhabers handelt. Auch dann, wenn der Geschäftspartner den Handelnden fälschlich für den Unternehmensinhaber hält oder den wahren Unternehmensinhaber gar nicht kennt, kommt der Vertrag mit dem Unternehmensinhaber zustande.[789] Genau das entspricht bei unternehmensbezogenen Geschäften dem eigentlichen Willen der Parteien.

> **Bsp.:** Kurt Kunze betreibt als Einzelunternehmer unter der Firma „Kurt Kunze Bedachungen" ein Unternehmen, das Holzbau- und Dachdeckerarbeiten ausführt. Mitte des Jahres überträgt Kurt Kunze das Unternehmen auf seinen Sohn Ludwig Kunze, der die Firma – also den Handelsnamen[790] „Kurt Kunze Bedachungen" – fortführt. Der Wechsel des Firmeninhabers wird ins Handelsregister eingetragen. Kurt Kunze ist weiterhin im Unternehmen tätig und hat Vertretungsmacht. Im September bestellt Kurt Kunze, ohne auf die Unternehmensübertragung hinzuweisen, beim Baustoffgroßhändler Voss Baumaterialien. Auf dem von Kurt Kunze ohne den Zusatz „in Vertretung" bzw. „i. V." unterschriebenen Bestellschreiben steht links oben „Kurt Kunze Bedachungen" mit der Unternehmensadresse und sämtlichen weiteren Kontaktdaten. Aufgrund der Bestellung liefert Voss Materialien im Wert von 50.000 €. Anfang November gerät Ludwig Kunze mit seinem Unternehmen in Zahlungsschwierigkeiten, ab Mitte Dezember ist er zahlungsunfähig. Voss verlangt daraufhin von Kurt Kunze Zahlung des Kaufpreises. Wie ist die Rechtslage? – Aufgrund der Verwendung des Briefpapiers des Unternehmens wird hier den Umständen nach (§ 164 Abs. 1 Satz 2 BGB) deutlich, dass Kurt Kunze den Vertrag nicht für sich schließen will, sondern dass es zu einer Verpflichtung des Unternehmensinhabers, also seines Sohnes, kommen soll. Es handelt sich um ein sogenanntes unternehmensbezogenes Geschäft. Mangels anderweitiger Anhaltspunkte ist davon auszugehen, dass auch der Geschäftspartner Voss den Vertrag

---

786 Zum Interesse, insbesondere die Person des Vertragspartners zu kennen, siehe bereits im Zusammenhang mit dem Antrag an einen unbestimmten Personenkreis (Offerte *ad incertas personas*) und der Aufforderung zur Abgabe eines Antrags *(invitatio ad offerendum)*; hierzu oben Kapitel 6 Rn. 220, 226.
787 Siehe hierzu bereits oben Kapitel 4 Rn. 95.
788 Vgl. BGHZ 62, 216 (220 f.); 64, 11 (14 f.); BGH NJW 1983, 1844; NJW 1990, 2678; NJW 1998, 2897; NJW 2008, 1214 Tz. 11; NJW 2012, 3368 Tz. 10; *Köhler*, AT, § 11 Rn. 20; *Medicus/Petersen*, AT, Rn. 917; *Neuner*, AT, § 49 Rn. 45 f.; *Schubert*, in: MüKo, § 164 Rn. 130–133.
789 Vgl. BGH NJW 1983, 1844; NJW 1990, 2678; NJW 1998, 2897; NJW 2008, 1214 Tz. 14.
790 Im juristischen Sinn ist „Firma" – anders als im allgemeinen Sprachgebrauch – nicht das Unternehmen selbst, sondern der Handelsname des Kaufmanns (§ 17 Abs. 1 HGB).

mit dem Unternehmensinhaber schließen will. Da es sich, wie die Firma „Kurt Kunze Bedachungen" zeigt, um ein Unternehmen eines Einzelkaufmanns handelt, vertraut Voss auf die unbeschränkte persönliche Haftung des Unternehmensinhabers, wer auch immer das ist. Durch den wirksamen Kaufvertrag mit Ludwig Kunze als Unternehmensinhaber wird dem Vertrauen des Voss in vollem Umfang entsprochen. Der Handelnde Kurt Kunze hat somit keinen falschen Rechtsschein gesetzt. Auch eine (trotz der Eintragung des Wechsels des Firmeninhabers im Handelsregister) mögliche Rechtsscheinhaftung[791] des Handelnden scheidet daher aus. Voss hat gegen Kurt Kunze keinen Anspruch auf Kaufpreiszahlung gemäß § 433 Abs. 2 Alt. 1 BGB.

621 Ein Verstoß gegen das Offenkundigkeitserfordernis des § 164 Abs. 1 BGB liegt vor, wenn für den Geschäftspartner – unter Zugrundelegung des objektiven Empfängerhorizonts[792] – nicht erkennbar ist, dass der Vertreter nicht für sich selbst, sondern für einen anderen handelt. Gemäß § 164 Abs. 2 BGB kommt es dann zu einem Eigengeschäft des Vertreters, d. h., die Rechtswirkungen des Geschäfts treffen den Vertreter selbst. Die Vorschrift drückt das etwas umständlich aus, indem bestimmt wird, dass „der Mangel des Willens, im eigenen Namen zu handeln, nicht in Betracht" komme. Gemeint ist, dass der Vertreter nun selbst der Verpflichtete ist und er seine Willenserklärung trotz der Fehlvorstellung, er würde als Vertreter handeln, nicht gemäß § 119 Abs. 1 BGB (wegen Inhalts- bzw. gegebenenfalls auch wegen Erklärungsirrtums) anfechten kann.[793] Mit anderen Worten: Wenn es entgegen dem Willen des Vertreters zu einem Eigengeschäft kommt, ist gemäß § 164 Abs. 2 BGB die Anfechtung unzulässig.[794] Das Risiko der Beachtung des Offenkundigkeitserfordernisses trägt damit der Vertreter.

622 c) **Vertretungsmacht.** Der Vertreter muss gemäß § 164 Abs. 1 Satz 1 BGB „innerhalb der ihm zustehenden Vertretungsmacht" handeln. Die Vertretungsmacht kann sich **aus dem Gesetz** oder **aus einer Vollmachtserteilung** (§ 167 BGB), also aus einem Rechtsgeschäft, ergeben. Vertretungsmacht kraft Gesetzes haben die gesetzlichen Vertreter, etwa die Eltern gemäß § 1629 Abs. 1 Satz 1 BGB, der Vormund gemäß § 1789 Abs. 2 Satz 1 BGB und der Betreuer gemäß § 1823 BGB. Bei der **Vollmachtserteilung** handelt es sich um ein eigenes einseitiges Rechtsgeschäft, das in § 167 BGB geregelt ist: Demnach erfolgt die Vollmachtserteilung „durch Erklärung gegenüber dem zu Bevollmächtigenden oder dem Dritten, dem gegenüber die Vertretung stattfinden soll".

623 d) **Besonderheiten der passiven Stellvertretung.** Im Fall der passiven Stellvertretung (§ 164 Abs. 3 BGB) tritt an die Stelle der Abgabe einer eigenen Willenserklärung die Entgegennahme einer Willenserklärung durch den Vertreter. Auch der Empfangsvertreter (Passivvertreter) muss zumindest beschränkt geschäftsfähig sein

---

[791] Eine Rechtsscheinhaftung des Handelnden wird (obwohl im Handelsregister eingetragene und bekannt gemachte Tatsachen grundsätzlich gemäß § 15 Abs. 2 HGB gegen Dritte wirken) etwa dann bejaht, wenn der Geschäftspartner darauf vertraut, den Vertrag mit einem unbeschränkt haftenden Vertragspartner (z. B. einem Einzelkaufmann) zu schließen, der Handelnde jedoch verschweigt, dass es sich bei dem Unternehmen um eine GmbH handelt; vgl. BGH NJW 1990, 2678 (2679); NJW 1998, 2897; NJW 2012, 3368 Tz. 12.
[792] Vgl. BGHZ 36, 30 (33); BGH NJW-RR 1988, 475 (476); NJW 2014, 1803 Tz. 14.
[793] Vgl. BGH NJW-RR 1992, 1010 (1011); *Brox/Walker*, AT, § 24 Rn. 10; *Köhler*, AT, § 11 Rn. 19; *Medicus/Petersen*, AT, Rn. 919; *Neuner*, AT, § 49 Rn. 66; *Jauß*, Jura 2020, 199 (203).
[794] Zur Frage der Zulässigkeit der Anfechtung siehe oben Kapitel 8 Rn. 375 f.

(§ 165 BGB), weil Geschäftsunfähigen Willenserklärungen gemäß § 131 Abs. 1 BGB nicht wirksam zugehen können.[795]

624 Eine Abweichung ergibt sich gegenüber der aktiven Stellvertretung im Hinblick auf den Grundsatz der Offenkundigkeit, der auf die passive Stellvertretung nur „entsprechende Anwendung" (§ 164 Abs. 3 BGB) finden kann: Anders als bei der aktiven Stellvertretung ist es bei der Empfangsvertretung Aufgabe des Geschäftspartners, entsprechend offenzulegen, dass die von ihm abgegebene Willenserklärung an den Vertretenen gerichtet ist.[796] Entsprechend § 164 Abs. 1 Satz 2 BGB kann sich diese Zielrichtung auch aus den Umständen ergeben. Für eine wirksame Empfangsvertretung kommt es daher auf den (erklärten) Willen des Geschäftspartners, nicht dagegen auf den Willen des Empfangsvertreters an.[797] Unabhängig davon, ob es sich um einen Fall der rechtsgeschäftlich erteilten oder der gesetzlichen Vertretungsmacht handelt, kann der Empfangsvertreter somit den wirksamen Zugang von Willenserklärungen nicht verhindern, indem er gegenüber dem Geschäftspartner – trotz in Wirklichkeit bestehender Empfangsvertretungsmacht – zum Ausdruck bringt, er sei nicht zur Entgegennahme der Willenserklärung für den Vertretenen bereit oder befugt.[798]

625 Der Zugang der Willenserklärung beim Empfangsvertreter führt gemäß § 164 Abs. 1 Satz 1, Abs. 3 BGB zum sofortigen Wirksamwerden der Willenserklärung gegenüber dem Vertretenen, unabhängig davon, wann dieser von der Willenserklärung tatsächlich erfährt.[799] Dagegen tritt beim Empfang einer Erklärung durch den Empfangsboten der Zugang erst zu dem Zeitpunkt ein, zu dem der Empfänger unter gewöhnlichen Umständen die Möglichkeit der Kenntnisnahme hat.[800] Außerdem ergeben sich Unterschiede zwischen dem Empfangsvertreter und dem Empfangsboten im Hinblick auf die Auslegung der Willenserklärung: Die gegenüber dem Empfangsboten abgegebene Erklärung ist aus der Sicht des Erklärungsempfängers auszulegen, während die gegenüber dem Empfangsvertreter abgegebene Erklärung entsprechend dem Rechtsgedanken des § 166 Abs. 1 BGB aus der Sicht des Vertreters auszulegen ist.[801]

---

795 A. A. (für teleologische Reduktion des § 165 BGB) *Neuner*, AT, § 49 Rn. 12. Dagegen spricht allerdings der hinter § 131 Abs. 1 BGB stehende gesetzgeberische Gedanke; siehe hierzu oben Kapitel 7 Rn. 304 Fn. 318.
796 Vgl. *Schubert*, in: MüKo, § 164 Rn. 257; *Häublein*, Jura 2007, 728 (729); vgl. auch *Neuner*, AT, § 49 Rn. 20.
797 Dass es auf den Willen des Empfangsvertreters grundsätzlich nicht ankommt, ergibt sich auch im Umkehrschluss aus § 180 Satz 3 BGB. Die Vorschrift bestimmt, dass der Empfangsvertreter (nur) im Fall der Vertretung ohne Vertretungsmacht damit einverstanden sein muss, dass ihm gegenüber ein einseitiges Rechtsgeschäft vorgenommen wird (hierzu unten Rn. 708).
798 Vgl. *Schäfer*, in: BeckOK-BGB, § 164 Rn. 45 (Stand: 1.5.2022); *Maier-Reimer/Finkenauer*, in: Erman, § 164 Rn. 27; *Leptien*, in: Soergel, § 164 Rn. 37; siehe auch BGH NJW 2002, 1041 f. A. A. *Schilken*, in: Staudinger, § 164 Rn. 22; auf den Vertreterwillen abstellend auch *Ellenberger*, in: Grüneberg, § 164 Rn. 17.
799 Vgl. BGH NJW 2002, 1041 (1042); NJW 2003, 3270; *Brox/Walker*, AT, § 24 Rn. 8; *Schubert*, in: MüKo, § 164 Rn. 260; *Schilken*, in: Staudinger, § 164 Rn. 22.
800 Zum Empfangsboten siehe oben Kapitel 4 Rn. 140.
801 Vgl. *Brox/Walker*, AT, § 24 Rn. 8; *Neuner*, AT, § 49 Rn. 20; *Schubert*, in: MüKo, § 164 Rn. 94.

II. Handeln im fremden Namen

1. Geschäft für den, den es angeht

Obwohl der Geschäftspartner grundsätzlich ein schutzwürdiges Interesse daran hat, zu wissen, mit wem er ein Rechtsgeschäft abschließt (Rn. 619), gibt es doch auch Fälle, in denen es für den Geschäftspartner auf die Person seines Gegenübers nicht entscheidend ankommt. In solchen Fällen muss es Ausnahmen vom Grundsatz der Offenkundigkeit geben. Es kommt zu einer teleologischen Reduktion des § 164 Abs. 1 Satz 1 BGB im Hinblick auf das Erfordernis des Handelns „im Namen des Vertretenen". Das gilt im Regelfall für sogenannte **Bargeschäfte des täglichen Lebens**. Kennzeichnend für ein Bargeschäft ist der unmittelbar erfolgende Austausch von Leistung und Gegenleistung, insbesondere von Ware gegen Geld. Es geht also – angesichts des unmittelbaren Leistungsaustausches – um eine Leistungserbringung „Zug um Zug" (vgl. § 274 Abs. 1 BGB). Den Gegensatz zu Bargeschäften bilden Kreditgeschäfte, bei denen der Geschäftspartner grundsätzlich wissen will, mit wem er das Geschäft abschließt. Geschäfte des täglichen Lebens[802] liegen insbesondere bei Geschäften des Massenverkehrs[803] wie z. B. beim Kauf von Waren im Kaufhaus vor, nicht aber bei Geschäften über wertvollere Gegenstände, insbesondere beim Kauf eines Pkw.[804]

Bsp.: Ein Bargeschäft des täglichen Lebens liegt beim Zeitungskauf am Kiosk (Kapitel 3 Rn. 61) vor, bei dem der Käufer den Kaufpreis passend auf den Tresen legt und die Tageszeitung vom Stapel nimmt, nicht jedoch beim Tanken an einer SB-Tankstelle. Nur beim Zeitungskauf am Kiosk kommt es zum unmittelbaren Leistungsaustausch, während der Tankstellenbetreiber einer SB-Tankstelle eine Vorleistung erbringt, indem er es zulässt, dass der Kunde sein Fahrzeug zunächst selbstständig betankt und erst im Anschluss an der Tankstellenkasse bezahlt.

Da der Geschäftspartner bei Bargeschäften sofort die ihm gebührende Leistung erhält und es bei Geschäften des täglichen Lebens auch keine entscheidende Rolle spielt, welchem Gläubiger man gegenübersteht, ist es dem Geschäftspartner im Zweifel gleichgültig, mit wem er das Geschäft schließt. Hat der Geschäftspartner bei einem Bargeschäft des täglichen Lebens die ihm gebührende Leistung, regelmäßig die Geldzahlung, erhalten, ist er typischerweise nur noch daran interessiert, sich durch die eigene Leistungserbringung von seiner Schuld zu befreien.[805] Dabei ist ihm gleichgültig, wie das im Einzelnen geschieht und wer letztlich Eigentümer wird.

Man spricht hier vom **„Geschäft für den, den es angeht"** bzw. noch genauer vom **verdeckten „Geschäft für den, den es angeht"**. Es kommt dabei zu einer Ausnahme vom Grundsatz der Offenkundigkeit im Wege der teleologischen Reduktion des § 164 Abs. 1 Satz 1 BGB: Obwohl der Vertreter die Vertretung nicht

---

802 Vom „Geschäft des täglichen Lebens" ist auch in § 105a BGB die Rede (siehe oben Kapitel 7 Rn. 289). Das Verständnis orientiert sich dort allerdings am gesetzgeberischen Ziel, die Teilhabe geschäftsunfähiger Erwachsener am Alltagsleben zu fördern. Ähnliches gilt für die „Angelegenheit des täglichen Lebens" i. S. d. § 1903 Abs. 3 Satz 2 BGB (oben Kapitel 8 Rn. 368).
803 Vgl. *Schubert*, in: MüKo, § 164 Rn. 145.
804 Vgl. OLG Celle MDR 2007, 832 (833).
805 Vgl. *Leptien*, in: Soergel, vor § 164 Rn. 31.

offenlegt, kommt das Geschäft mit dem Vertretenen zustande.[806] Keiner teleologischen Reduktion bedarf es dagegen beim sogenannten **offen „Geschäft für den, den es angeht"**: Der Vertreter sagt hier zwar nicht, für wen er handelt, er macht aber klar, dass er nicht für sich, sondern für einen anderen handelt. Damit ist das Offenkundigkeitserfordernis zwar nicht vollständig, aber doch im entscheidenden Punkt erfüllt: Der Geschäftspartner weiß, dass das Geschäft mit einem anderen zustande kommen soll. Er kann somit selbst entscheiden, ob er sich auf die damit verbundene Unsicherheit einlässt oder lieber auf den Abschluss des Geschäfts verzichtet. Schließt er das Geschäft ab, verzichtet er konkludent darauf, die Identität des Vertretenen bereits bei Vertragsschluss zu erfahren. § 164 Abs. 1 Satz 1 BGB („im Namen des Vertretenen") ist daher insoweit abbedungen.[807]

629 Die teleologische Reduktion des § 164 Abs. 1 Satz 1 BGB beim verdeckten „Geschäft für den, den es angeht" betrifft nicht nur das Verpflichtungs-, sondern auch das Verfügungsgeschäft:[808] Es kommt zur **Übereignung „an den, den es angeht"**. Da der Geschäftspartner ein Interesse daran hat, seine Schuld aus dem Verpflichtungsgeschäft gegenüber dem richtigen Gläubiger zu erfüllen (Rn. 627), entspricht der unmittelbare Eigentumserwerb des Vertretenen letztlich dem wohlverstandenen Willen des Geschäftspartners. Die dingliche Einigung gemäß § 929 Satz 1 BGB zwischen dem Geschäftspartner und dem Vertreter entfaltet daher gemäß § 164 Abs. 1 Satz 1 BGB trotz fehlender Offenlegung der Vertretung Wirkung unmittelbar für und gegen den Vertretenen.[809]

2. Handeln „unter" fremdem Namen

630 Vom Handeln „im" fremden Namen ist das Handeln „unter" fremdem Namen zu unterscheiden. Stellvertretung ist, wie § 164 Abs. 1 Satz 1 BGB („im Namen des Vertretenen") zeigt, Handeln „im" fremden Namen: Der Erklärende wird erkennbar für eine andere Person tätig. Dagegen gibt sich der Erklärende beim Handeln „unter" fremdem Namen als eine andere Person aus. Der Erklärende gibt die Erklärung also nicht im Namen einer anderen Person ab, wie das bei der Stellvertretung der Fall ist, sondern er tut so, als wäre er selbst diese andere Person, wobei es wiederum (siehe bereits Rn. 617, 621) auf die Sicht des Geschäftspartners unter Zugrundelegung des objektiven Empfängerhorizonts ankommt.[810]

> **Bsp.:** Stellvertretung und damit ein Handeln im fremden Namen liegt vor, wenn Arnold folgende telefonische Bestellung aufgibt: „Mein Name ist ‚Ar-

---

806 Vgl. BGH NJW 1955, 587 (590); WM 1973, 869 (870); NJW-RR 2003, 921 (922); *Brox/Walker*, AT, § 24 Rn. 11 f.; *Köhler*, AT, § 11 Rn. 21; *Medicus/Petersen*, AT, Rn. 920 f.; *Neuner*, AT, § 49 Rn. 50. Grundsätzlich ablehnend gegenüber der Figur des „Geschäfts für den, den es angeht" *Flume*, AT II, S. 772–774 (§ 44 II 2b, c). Ablehnend im Hinblick auf Verpflichtungsgeschäfte *Prütting*, Sachenrecht, 37. Aufl. 2020, Rn. 386; ebenso im Grundsatz *Baur/Stürner*, Sachenrecht, 18. Aufl. 2009, § 51 Rn. 43.
807 Vgl. *Schubert*, in: MüKo, § 164 Rn. 138; *D. Paulus*, JuS 2017, 301 (304 f.). **A. A.** *Neuner*, AT, § 49 Rn. 47, wonach es auch beim offenen „Geschäft für den, den es angeht" um eine „Einschränkung bzw. Ausnahme vom Offenkundigkeitsgrundsatz" im Hinblick auf die fehlende Schutzbedürftigkeit des Geschäftspartners gehe; vgl. auch *Mansel*, in: Jauernig, § 164 Rn. 4.
808 Vgl. BGHZ 114, 74 (79 f.); BGH WM 1973, 869 (870); NJW-RR 2003, 921 (922); *Brox/Walker*, AT, § 24 Rn. 12; *Köhler*, AT, § 11 Rn. 21; *Medicus/Petersen*, AT, Rn. 921; *Neuner*, AT, § 49 Rn. 50.
809 Nichts anderes gilt bei der Verfügung über Grundstücke bzw. Grundstücksrechte für die dingliche Einigung gemäß § 873 Abs. 1 BGB (gegebenenfalls i. V. m. § 925 BGB). Ist in der notariellen Urkunde der Vertreter genannt, handelt es sich insoweit um eine (materiellrechtlich) unschädliche Falschbezeichnung (vgl. BGH WM 1973, 869 [870]), während in das Grundbuch zwingend der Vertretene als Berechtigter eingetragen werden muss.
810 Vgl. BGHZ 189, 346 Tz. 10; BGH NJW-RR 1988, 814 (815).

nold'. Ich bestelle für Behold eine Tonne Granitsplitt." Dagegen geht es um ein Handeln unter fremdem Namen, wenn Arnold Folgendes erklärt: „Hier spricht Behold. Ich bestelle eine Tonne Granitsplitt."

Beim Handeln unter fremdem Namen gibt es zwei Fallgruppen, die im Hinblick auf die Rechtsfolgen unterschiedlich zu behandeln sind, nämlich die Fallgruppe der Namenstäuschung und die der Identitätstäuschung. **631**

a) **Namenstäuschung.** Um die erste Fallgruppe geht es, wenn die Auslegung der Willenserklärung des Handelnden ergibt, dass die **konkrete Person**, die dem Geschäftspartner gegenübersteht, Vertragspartner werden soll, und zwar völlig unabhängig davon, wie ihr wirklicher Name lautet. Das sind etwa Fälle, in denen der Handelnde einen falschen Namen verwendet, um inkognito zu bleiben, und es nach der Art des Geschäfts auf den wirklichen Namen auch nicht ankommt, z. B. beim Auftreten unter einem Phantasie- oder Allerweltsnamen als Decknamen. Der Handelnde schließt hier ein **Eigengeschäft** ab, wird also selbst berechtigt und verpflichtet. Somit wird genau die Person – nämlich der Handelnde – Vertragspartner, die es nach der Vorstellung des Geschäftspartners auch werden soll. Es liegt daher keine Identitätstäuschung, sondern eine **Namenstäuschung** vor. Man spricht deshalb auch vom „**Handeln unter falscher Namensangabe**".[811] **632**

> **Bsp.:** Um ein Handeln unter falscher Namensangabe geht es bei der Anmietung eines Hotelzimmers unter Verwendung eines Phantasie- oder Allerweltsnamens, weil der Gast unerkannt bleiben will. Dem Hotelier ist es grundsätzlich völlig egal, wer bei ihm wohnt. Entscheidend ist für den Hotelier typischerweise nur, dass sich der Gast – wie auch immer sein Name lautet – ordentlich verhält und die Rechnung bezahlt. Da es auf den wirklichen Namen nicht ankommt, kommt der Vertrag zwischen dem Hotelinhaber und der Person zustande, die unter dem Phantasie- oder Allerweltsnamen handelt.

Namenstäuschungen kommen allerdings nicht nur in der (meist) harmlosen Variante der Verwendung eines Phantasie- oder Allerweltsnamens vor, sondern können auch gezielt verwendet werden, um über die wahre Eigentumslage zu täuschen. Dazu kommt es, wenn sich der Veräußerer eines unterschlagenen Kraftfahrzeugs unter Vorlage des „Kraftfahrzeugbriefs", also der Zulassungsbescheinigung Teil II gemäß § 12 Fahrzeug-Zulassungsverordnung (FZV), als der Berechtigte ausgibt. **633**

> **Bsp.** (vgl. BGH NJW 2013, 1946): Erik vermietet ein Wohnmobil an Dieter. Aufgrund von Geldsorgen entschließt sich Dieter, das Wohnmobil nach Ablauf der Mietzeit nicht zurückzubringen, sondern es auf eigene Rechnung weiterzuveräußern. Er schaltet ein Zeitungsinserat, auf das sich der Kaufinteressent Kurt meldet. Bei einer Besichtigung werden sich die beiden einig, wobei sich Dieter gegenüber Kurt stets als „Erik" ausgibt. Gegen Barzahlung übergibt er Kurt das Wohnmobil und händigt ihm auch die auf den Namen von Erik ausgestellten Fahrzeugpapiere aus, insbesondere den Kraftfahrzeugbrief (Zulassungsbescheinigung Teil II). Der Kraftfahrzeugbrief war, wie sich später herausstellt, gefälscht, was für Kurt aber nicht erkennbar war. Hat Kurt Eigentum am Wohnmobil erworben? – Der ursprüngliche Eigentümer Erik könnte aufgrund

---

[811] *Medicus/Petersen*, AT, Rn. 907; *Musielak/Hau*, GK BGB, Rn. 1166; *Neuner*, AT, § 49 Rn. 53; *Schilken*, in: Staudinger, vor § 164 Rn. 92.

eines gutgläubigen Eigentumserwerbs von Kurt gemäß §§ 929 Satz 1, 932 BGB das Eigentum verloren haben. Fraglich ist, ob der Erwerber eines gebrauchten Kfz mit dem wirklichen Namensträger[812] oder aber mit seinem unmittelbaren Gegenüber kontrahieren will. Da Kurt im Vorfeld weder Erik noch Dieter kannte und es sich bei dem – hier vorliegenden – typischen Gebrauchtwagenverkauf um ein ad hoc abgeschlossenes Bargeschäft handelt, ist davon auszugehen, dass es Kurt auf den Namen seines Vertragspartners nicht entscheidend ankam. Zudem ist davon auszugehen, dass Kurt zu einem sofortigen Geschäftsabschluss mit dem ihm unbekannten wirklichen Namensträger, noch dazu in dessen Abwesenheit, niemals bereit gewesen wäre. Es geht daher (nach richtiger Ansicht) um einen Fall der Namenstäuschung,[813] nicht der Identitätstäuschung.[814] Die dingliche Einigung gemäß § 929 Satz 1 BGB ist somit zwischen Kurt und Dieter in eigener Person erfolgt. Entscheidend für Kurts guten Glauben ist, dass er sich den – aus seiner Sicht – unverdächtigen Kraftfahrzeugbrief hat zeigen und aushändigen lassen. Der Erwerber eines Gebrauchtwagens, der sich nicht den Kraftfahrzeugbrief zeigen lässt, um die Berechtigung des Veräußerers prüfen zu können, handelt nämlich in der Regel grob fahrlässig und ist damit bösgläubig i. S. d. § 932 Abs. 2 BGB.[815] Erik ist das Wohnmobil auch nicht abhandengekommen, weil er den Besitz am Wohnmobil nicht unfreiwillig verloren, sondern im Zuge der Vermietung aus freien Stücken an Dieter übertragen hat. Der gutgläubige Erwerb durch Kurt ist daher auch nicht gemäß § 935 Abs. 1 Satz 1 BGB ausgeschlossen. Kurt hat von Dieter gemäß §§ 929 Satz 1, 932 BGB gutgläubig das Eigentum am Wohnmobil erworben. Erik hat sein Eigentum verloren.

634 b) **Identitätstäuschung.** Die zweite Fallgruppe liegt vor, wenn die Willenserklärung des Handelnden dahingehend auszulegen ist, dass der **wirkliche Namensträger** Vertragspartner werden soll und nicht die konkrete Person, die dem Geschäftspartner gegenübersteht. Ihrem Inhalt nach ist die Willenserklärung des Handelnden also nicht auf Abschluss eines Eigengeschäfts des Handelnden gerichtet, sondern auf den Abschluss eines **Fremdgeschäfts**, durch das der wirkliche Namensträger berechtigt und verpflichtet werden soll. Es geht daher nicht um eine bloße Namens-, sondern um eine **Identitätstäuschung**: Der Handelnde ruft beim Geschäftspartner eine Fehlvorstellung über die Person des Vertragspartners hervor.

635 In der zweiten Fallgruppe kommt es zur analogen Anwendung der Vorschriften über die Stellvertretung (§§ 164 ff. BGB), insbesondere der Vorschriften über den Vertreter ohne Vertretungsmacht (§§ 177–180 BGB): Hat der unter fremdem Na-

---

812 So etwa OLG Koblenz, NJW-RR 2011, 555 f. (ebenfalls zur Veräußerung eines unterschlagenen Wohnmobils); *Ellenberger*, in: Grüneberg, § 164 Rn. 11; *Weinland*, in: jurisPK-BGB, § 164 Rn. 72 (Stand: 12.8.2022); *Oechsler*, in: MüKo, § 932 Rn. 65.
813 Vgl. BGH NJW 2013, 1946 Tz. 9; *Mansel*, in: Jauernig, § 164 Rn. 14; *Schubert*, in: MüKo, § 164 Rn. 151; *Leptien*, in: Soergel, § 164 Rn. 25; *Holzhauer*, JuS 1997, 43 (48 f.); *Vogel*, Jura 2014, 419 (422).
814 Die Gegenansicht (Fn. 816), die von einer Einigung mit dem wirklichen Namensträger (und somit von einer Identitätstäuschung) ausgeht, ordnet die Veräußerung eines unterschlagenen Kraftfahrzeugs in die zweite Fallgruppe (hierzu Rn. 634–636) ein. Es geht dann nicht um die Frage des gutgläubigen Eigentumserwerbs, sondern des Erwerbs vom Berechtigten. Ein solcher scheitert aber an der fehlenden Vertretungsmacht des Handelnden. Folgt man der Gegenansicht, gelangt man daher zum Ergebnis, dass Erik sein Eigentum am Wohnmobil nicht an Kurt verloren hat.
815 So die ständige Rspr., siehe die Nachweise oben Kapitel 9 Rn. 568 Fn. 741.

men Handelnde keine Vertretungsmacht, so kann der Namensträger das Geschäft analog § 177 Abs. 1 BGB genehmigen. Wenn er die Genehmigung verweigert, haftet der Handelnde gegenüber dem Geschäftspartner analog § 179 Abs. 1 BGB wie ein Vertreter ohne Vertretungsmacht. Hinter § 179 Abs. 1 BGB steht der Gedanke, dass der Vertreter ohne Vertretungsmacht haften soll, weil durch sein vollmachtloses Handeln das Vertrauen des Geschäftspartners in die Wirksamkeit der Stellvertretung enttäuscht wird. Der falsche Rechtsschein, der aufgrund der Identitätstäuschung gesetzt wird, ist mit dem falschen Rechtsschein vergleichbar, der bei der Vertretung ohne Vertretungsmacht entsteht. Beide Fälle müssen daher gleich behandelt werden.

> **Bsp.** (vgl. BGHZ 189, 346): Obwohl Frauke die Zugangsdaten ihres eBay-Kontos ordnungsgemäß geschützt hat,[816] verschafft sich ihr Ehemann Erwin hierauf Zugriff. Unter dem von Frauke verwendeten eBay-Mitgliedsnamen bietet er eine ihm gehörende „VIP-Lounge/Bar/Bistro/Gastronomieeinrichtung" mit einem Startpreis von 1 € zum Verkauf an. Bernd gibt innerhalb der von Erwin festgesetzten Auktionslaufzeit mit 1.000 € das höchste Gebot ab. Nach Aufklärung der Umstände fragt sich Bernd, ob er die Übergabe und Übereignung der Einrichtungsgegenstände von Frauke als der Inhaberin des eBay-Accounts oder aber von Erwin als der handelnden Person verlangen kann. Frauke weist jede Verpflichtung von sich. – Da die Parteien bei einer Internet-Versteigerung ausschließlich über den Mitgliedsnamen miteinander in Kontakt treten, gehen sie ohne Weiteres davon aus, mit dem jeweiligen Inhaber des dem Mitgliedsnamen zugeordneten Nutzerkontos zu kontrahieren. Aus der Sicht des Vertragspartners Bernd sollte es also zu einem Vertragsschluss mit Frauke als der wirklichen Inhaberin des benutzten eBay-Accounts kommen. Die Nutzung von Fraukes Account durch Erwin bedeutet daher ein Handeln unter fremdem Namen mit Identitätstäuschung, sodass Erwin kein Eigen-, sondern ein Fremdgeschäft abgeschlossen hat. Damit finden die Vorschriften über die Stellvertretung (§§ 164 ff. BGB), insbesondere die §§ 177–180 BGB über den Vertreter ohne Vertretungsmacht, entsprechende Anwendung. Erwin hatte für sein Handeln nicht die (analog § 164 Abs. 1 Satz 1 BGB) erforderliche Vertretungsmacht und Frauke hat den Kaufvertrag auch nicht analog § 177 Abs. 1 BGB genehmigt, sondern vielmehr die Genehmigung verweigert, indem sie jede Verpflichtung von sich wies. Zwischen ihr und Bernd ist daher kein wirksamer Kaufvertrag zustande gekommen, weshalb Bernd gegen Frauke keinen Anspruch aus § 433 Abs. 1 Satz 1 BGB hat. Er kann jedoch von Erwin analog § 179 Abs. 1 Alt. 1 BGB („Erfüllung") i. V. m. § 433 Abs. 1 Satz 1 BGB Übergabe und Übereignung der Einrichtungsgegenstände verlangen.

Möglich ist auch, dass der Namensträger dem Handelnden für ein zukünftiges Handeln unter fremdem Namen Vollmacht erteilt.[817] In einem solchen Fall wirkt das

---

[816] Waren hingegen die Zugangsdaten nicht hinreichend vor fremdem Zugriff geschützt, stellt sich die Frage einer Haftung wegen Verschuldens bei Vertragsschluss (§§ 280 Abs. 1, 311 Abs. 2, 241 Abs. 2 BGB). Die Voraussetzungen einer Rechtsscheinhaftung (hierzu unten Rn. 658–678) sind (nach dem Rechtsgedanken des § 172 Abs. 1 BGB) nur bei bewusster Weitergabe der Zugangsdaten erfüllt bzw. dann, wenn die Voraussetzungen einer Anscheinsvollmacht (hierzu unten Rn. 667–678) gegeben sind. Siehe hierzu BGHZ 189, 346 Tz. 19 f. *Medicus/Petersen*, AT, Rn. 908; *Borges*, NJW 2011, 2400 (2402 f.); *Faust*, JuS 2011, 1027 (1028 f.); *Oechsler*, AcP 208 (2008), 565 (580–582).

[817] Vgl. BGHZ 45, 193 (195 f.); *Köhler*, AT, § 11 Rn. 23; *Medicus/Petersen*, AT, Rn. 908; *Neuner*, AT, § 49 Rn. 55; *Schubert*, in: MüKo, § 164 Rn. 155 f.; *Leptien*, in: Soergel, § 164 Rn. 25.

vom Handelnden unter fremdem Namen abgeschlossene Geschäft analog § 164 Abs. 1 Satz 1 BGB für und gegen den Namensträger. Der Vertreter kann daher – ohne Offenlegung der Stellvertretung – auch mit dem Namen des Vertretenen unterzeichnen.[818] Unschädlich ist sogar eine bewusste Fälschung der Unterschrift des Vertretenen, indem der Vertreter dessen persönlichen Namenszug imitiert.[819] Das Schriftformerfordernis des § 126 Abs. 1 BGB wird durch die Unterzeichnung mit dem Namen des Vertretenen gewahrt,[820] selbst wenn hierdurch Zweifel an der Echtheit der Urkunde entstehen und es zu einer Schmälerung des Beweiswerts der Urkunde kommt.[821] Bei beurkundungspflichtigen Rechtsgeschäften jedoch führt das Handeln unter fremdem Namen zur Formnichtigkeit gemäß § 125 Satz 1 BGB, weil die Niederschrift des Notars gemäß § 9 Abs. 1 Satz 1 Nr. 1 BeurkG die Bezeichnung der Beteiligten, also auch des Vertreters, enthalten muss.[822]

Bsp. (vgl. BGHZ 45, 193): Arthur Z., der während des Dritten Reichs als Verfolgter des Nazi-Regimes aus Deutschland nach Argentinien ausgewandert war, hatte den Rechtsanwalt Dr. L. in Buenos Aires mit der Wahrnehmung seiner Entschädigungsansprüche beauftragt und ihm Generalvollmacht erteilt. Bei der B.-Bank ging aus Buenos Aires ein Brief mit der Unterschrift „Arthur Z." ein, in dem um die Errichtung eines Kontos für erwartete Entschädigungszahlungen gebeten wurde. Die Unterschrift ist von Dr. L. in Buenos Aires oder seinem Sohn Leonardo German L. mit den Schriftzügen von Arthur Z. angefertigt worden. Der von der B.-Bank erbetene formularmäßige Kontoeröffnungsantrag nebst Unterschriftsprobe ist ebenfalls von Dr. L. oder seinem Sohn mit den Schriftzügen von Arthur Z. angefertigt worden. Die B.-Bank eröffnet daraufhin für Arthur Z. ein Konto. Ist es zwischen Arthur Z. und der B.-Bank zu einem wirksamen Vertragsschluss gekommen? – Dr. L. hat hier durch die Fälschung der Unterschrift den Eindruck erweckt, der Kontoeröffnungsantrag würde von Arthur Z. selbst stammen. Es handelt sich um ein mit einer Identitätstäuschung verbundenes Handeln unter fremdem Namen, auf das die Vorschriften über die Stellvertretung (§§ 164 ff. BGB) entsprechend anzuwenden sind. Die von Arthur Z. erteilte Generalvollmacht umfasst auch das Handeln unter fremdem Namen, weshalb die im Kontoeröffnungsantrag liegende Erklärung analog § 164 Abs. 1 Satz 1 BGB für und gegen Arthur Z. wirkt. Die Fälschung der Unterschrift ändert nichts an der Wirksamkeit des

---

818 BGHZ 45, 193 (195 f.); *Bork*, AT, Rn. 1413; *Neuner*, AT, § 44 Rn. 29, § 49 Rn. 56; *Maier-Reimer/Finkenauer*, in: Erman, § 164 Rn. 13.
819 Es handelt sich dabei nicht um die Herstellung einer unechten Urkunde i. S. d. § 267 Abs. 1 StGB (Urkundenfälschung), weil die Urkunde exakt die Erklärung darstellt, die sie zu sein vorgibt; vgl. *Erb*, in: MüKoStGB, § 267 StGB Rn. 136.
820 RGZ 58, 387 (388); 74, 69; *Bork*, AT, Rn. 1413; *Neuner*, AT, § 44 Rn. 29; *Maier-Reimer/Finkenauer*, in: Erman, § 164 Rn. 13; *Ellenberger*, in: Grüneberg, § 126 Rn. 9; *Schilken*, in: Staudinger, vor § 164 Rn. 89. Bedenken bei *Einsele*, in: MüKo, § 126 Rn. 13; *Noack/Kremer*, in: NK-BGB, § 126 Rn. 37; *Hefermehl*, in: Soergel, § 126 Rn. 18. Ablehnend *Holzhauer*, Die eigenhändige Unterschrift, 1971, S. 203–205; *Köhler*, FS Schippel, 1996, S. 209 (212 f.); *Hertel*, in: Staudinger, § 126 Rn. 149.
821 Zwar besteht die Gefahr, dass der Vertretene aufgrund der nicht von ihm stammenden Unterschrift die Echtheit der Urkunde – treuwidrig – bestreitet. Dem Geschäftspartner wäre aber nicht geholfen, wenn man einen Verstoß gegen § 126 Abs. 1 BGB bejahen und somit zur Formnichtigkeit der Erklärung gemäß § 125 BGB gelangen würde. Ein solches Ergebnis müsste sogleich gemäß § 242 BGB korrigiert werden, indem dem Vertretenen die Berufung auf die Formnichtigkeit verwehrt.
822 Vgl. RGZ 106, 198 (199); *Bork*, AT, Rn. 1413; *Maier-Reimer/Finkenauer*, in: Erman, § 164 Rn. 13; *Schubert*, in: MüKo, § 164 Rn. 159; *Stoffels*, in: NK-BGB, § 164 Rn. 76; *Leptien*, in: Soergel, § 164 Rn. 25; *Schilken*, in: Staudinger, vor § 164 Rn. 89.

Antrags. Mit der Kontoeröffnung hat die B.-Bank den Antrag angenommen (§ 151 Satz 1 BGB). Es ist daher zwischen Arthur Z. und der B.-Bank ein wirksamer Vertrag (nämlich aus heutiger Sicht ein Zahlungsdiensterahmenvertrag gemäß § 675f Abs. 2 BGB) zustande gekommen.

3. Abgrenzung der unmittelbaren von der mittelbaren Stellvertretung

Die Stellvertretung i. S. d. §§ 164 ff. BGB wird als unmittelbare Stellvertretung bezeichnet, weil das rechtsgeschäftliche Handeln des Vertreters gemäß § 164 Abs. 1 Satz 1 BGB „unmittelbar" für und gegen den Vertretenen wirkt. Hiervon muss die sogenannte **mittelbare Stellvertretung** unterschieden werden. Man spricht auch von der indirekten (verdeckten, stillen) Stellvertretung im Gegensatz zur direkten (offenen) Stellvertretung.[823] Während der unmittelbare Stellvertreter im fremden Namen und auf fremde Rechnung tätig wird, handelt der mittelbare Stellvertreter **im eigenen Namen**, aber **auf fremde Rechnung**. Der mittelbare Stellvertreter schließt also ein Eigengeschäft ab, er muss aber nach Auftragsrecht dem Geschäftsherrn, für dessen Rechnung er tätig wird, das herausgeben, was er aufgrund der mittelbaren Stellvertretung erlangt hat (§ 667 BGB). Umgekehrt kann er vom Geschäftsherrn gemäß § 670 BGB Ersatz der Aufwendungen verlangen, die er im Zusammenhang mit der mittelbaren Stellvertretung machen musste.

637

Ein wichtiges Beispiel für die mittelbare Stellvertretung ist die Verkaufskommission. Das Kommissionsgeschäft ist eine besondere Form des Geschäftsbesorgungsvertrags (§ 675 BGB), für das die §§ 383 ff. HGB eine Spezialregelung enthalten.

638

Bsp.: Die Nationalsozialisten beschlagnahmten 1938 das Bild „Krumauer Landschaft" von Egon Schiele, das in Edgars Eigentum stand. Nach vielen Jahrzehnten ist das Bild an Alwin, Edgars Alleinerben, zurückgegeben worden. Alwin möchte das Bild, das rund 18 Millionen Euro wert ist, veräußern, dabei aber keinesfalls offen auftreten. Kunsthändler Kuno ist bereit, das Bild „in Kommission zu nehmen", d. h., es im eigenen Namen, aber für Alwins Rechnung zu verkaufen. Kurze Zeit später verkauft und übereignet Kuno das Bild an den Sammler Sigmar, wobei sich Kuno als Eigentümer des Bildes ausgibt. Hat Sigmar Eigentum an dem Bild erworben? – Kuno hat Sigmar das Bild übergeben und beide haben sich über den Eigentumsübergang auf Kuno geeinigt, weshalb Übergabe und Einigung gemäß § 929 Satz 1 BGB vorliegen. Es fehlt aber an Kunos Berechtigung (§ 929 Satz 1 BGB: „der Eigentümer"). Daher geht es um die Verfügung eines Nichtberechtigten i. S. d. § 185 BGB, die gegenüber Alwin als Berechtigtem nur mit dessen Einwilligung (§ 185 Abs. 1 BGB) oder dessen Genehmigung (§ 185 Abs. 2 Fall 1 BGB) wirksam ist. Im Rahmen der Vereinbarung der Verkaufskommission hat Alwin der Übereignung des Bildes durch Kuno im Voraus zugestimmt, also in die Verfügung des Nichtberechtigten eingewilligt (vgl. § 183 Satz 1 BGB). Die Verfügung ist daher gemäß § 185 Abs. 1 BGB wirksam. Sigmar ist gemäß §§ 929 Satz 1, 185 Abs. 1 BGB Eigentümer des Bildes geworden.

---

[823] Vgl. *Brox/Walker*, AT, § 23 Rn. 8; *Köhler*, AT, § 11 Rn. 22; *Medicus/Petersen*, AT, Rn. 883; *Neuner*, AT, § 49 Rn. 57; *Mansel*, in: Jauernig, § 164 Rn. 1; *Schubert*, in: MüKo, § 164 Rn. 47.

III. Vollmacht

639 Gemäß § 164 Abs. 1 Satz 1 BGB treten die Wirkungen der Stellvertretung nur ein, wenn der Vertreter die erforderliche Vertretungsmacht hat. „Vollmacht" ist nach der Legaldefinition des § 166 Abs. 2 Satz 1 BGB die durch Rechtsgeschäft erteilte Vertretungsmacht.

1. Vollmachtserteilung

640 Gemäß § 167 Abs. 1 BGB handelt es sich bei der Vollmachtserteilung um ein einseitiges Rechtsgeschäft (Rn. 622), wobei die Vollmachtserklärung entweder gegenüber „dem zu Bevollmächtigenden" oder gegenüber „dem Dritten, dem gegenüber die Vertretung stattfinden soll" erfolgen kann. Im ersten Fall handelt es sich um eine **Innen-**, im zweiten um eine **Außenvollmacht**.

641 Was den **Umfang der Vollmacht** betrifft, unterscheidet man zwischen **Spezial-, Gattungs- und Generalvollmacht**. Die Spezialvollmacht gilt nur für ein bestimmtes Geschäft, z. B. den einmaligen Kauf von 500 Gramm Tomaten. Die Gattungsvollmacht bezieht sich auf eine Gattung von Geschäften, z. B. ist der für den Einkauf verantwortliche Angestellte einer Kleiderfabrik zum wiederholten Einkauf von Stoffen bevollmächtigt. Am weitesten geht die Generalvollmacht, die zum Abschluss von Geschäften aller Art berechtigt. Vor allem bei Unternehmen spielt die Generalvollmacht, die als am weitesten gehende Vollmacht mit einem entsprechend hohen Ansehen des Bevollmächtigten verbunden ist, eine wichtige Rolle. Insbesondere geht die Generalvollmacht über die ebenfalls bereits sehr weitreichende Prokura (zum Umfang siehe § 49 HGB) hinaus.

642 Gemäß § 167 Abs. 2 BGB ist die Erteilung der Vollmacht selbst dann **formlos** möglich, wenn das Rechtsgeschäft, das der Vertreter abschließen soll, formbedürftig ist. Die Vorschrift ist auf den ersten Blick überraschend und auch rechtspolitisch umstritten. Man kann sich nämlich die Frage stellen, was von der Warnfunktion z. B. des § 311b Abs. 1 Satz 1 BGB noch übrig bleibt, wenn die Vollmacht zum Abschluss eines Grundstückskaufvertrags formlos erteilt werden kann. Allerdings beruht § 167 Abs. 2 BGB auf einer ganz bewussten Entscheidung des Gesetzgebers, die man – zumindest *de lege lata*, also nach der geltenden Gesetzeslage – respektieren muss.[824]

643 Hinter § 167 Abs. 2 BGB steht, wie bei zahlreichen Vorschriften des Vertretungsrechts, die sogenannte **Repräsentationstheorie**,[825] von der sich der Gesetzgeber bei der Regelung der Stellvertretung leiten ließ.[826] Nach der Repräsentationstheorie treten zwar die Wirkungen des Vertretergeschäfts in der Person des Vertretenen ein, der Abschluss des Rechtsgeschäfts liegt aber vollumfänglich in den Händen des Vertreters. Er ist es, der – typischerweise in Eigenverantwortung (Rn. 617) – die erforderlichen Willenserklärungen abgibt und entgegennimmt. Der Vertreter tritt als Repräsentant des Vertretenen umfassend an dessen Stelle. Da der Vertreter für den Abschluss des Vertretergeschäfts verantwortlich ist, muss die jeweilige Formvorschrift ihre Warnwirkung – so der Gedanke der Repräsentationstheorie –

---

[824] Zum Gegensatz *de lege lata* („nach gesetztem Recht")/*de lege ferenda* („nach zu setzendem Recht") siehe oben Kapitel 9 Rn. 501.
[825] Vgl. nur *Neuner*, AT, § 49 Rn. 2; *Schubert*, in: MüKo, § 164 Rn. 11–13; *Leptien*, in: Soergel, vor § 164 Rn. 9–12; *Schilken*, in: Staudinger, vor § 164 Rn. 32; *Mock*, JuS 2008, 309 (310 f.).
[826] Vgl. Mot. I, S. 226 f. (= Mugdan I, S. 477 f.).

ihm gegenüber und nicht gegenüber dem Vertretenen entfalten. Der Vertreter entscheidet über den Abschluss und die inhaltliche Ausgestaltung des Geschäfts, weshalb die mit dem Geschäftsabschluss verbundenen Gefahren gerade ihm vor Augen geführt werden müssen.

Allerdings muss § 167 Abs. 2 BGB im Rahmen einer **teleologischen Reduktion** eingeschränkt werden, wenn die formlose Bevollmächtigung gegen den Sinn und Zweck der gesetzlichen Formvorschrift verstoßen würde. Eine Meinung will § 167 Abs. 2 BGB bereits dann einschränken, wenn die gesetzliche Formvorschrift eine Warnfunktion hat.[827] Das verbietet sich aber im Hinblick auf die Repräsentationstheorie, nach der grundsätzlich der Vertreter und nicht der Vertretene gewarnt werden muss (Rn. 643). Indem die Formvorschrift ihre Warnwirkung gegenüber dem Vertreter entfaltet, wird letztlich der Vertretene geschützt, sodass – unter Zugrundelegung der Repräsentationstheorie – der Schutzzweck der Formvorschrift verwirklicht wird.[828] Richtigerweise ist § 167 Abs. 2 BGB daher erst dann einzuschränken, wenn sich der Gedanke der Repräsentationstheorie nicht verwirklichen lässt, wenn also die Warnung des Vertreters ausnahmsweise nicht dazu geeignet ist, den Schutz des Vertretenen zu gewährleisten. Das ist insbesondere dann der Fall, wenn der Vertreter **nicht Interessenwahrer des Vertretenen** ist, sondern in Wirklichkeit **Eigen-** oder **Drittinteressen** verfolgt.[829]

644

> **Bsp.:** Der Käufer eines Grundstücks bevollmächtigt einen Bankangestellten zum Abschluss des Grundstückskaufvertrags. Die Bank übernimmt dabei die Finanzierung des Grundstückskaufs, weshalb sie ein eigenes wirtschaftliches Interesse am Zustandekommen des Grundstückskaufs hat. Der Bankangestellte nimmt hier die Interessen der Bank und nicht die des Grundstückskäufers wahr. Es kommt daher zu einer teleologischen Reduktion des § 167 Abs. 2 BGB und die Vollmachtserteilung muss gemäß § 311b Abs. 1 Satz 1 BGB notariell beurkundet werden.

Im Hinblick auf den Schutz des Vertretenen kommt es auch dann zu einer teleologischen Reduktion des § 167 Abs. 2 BGB, wenn – entgegen § 168 Satz 2 BGB – eine **unwiderrufliche Vollmacht** erteilt wird.[830] Aufgrund der Unwiderruflichkeit der Vollmacht wird die Rechtsmacht des Vertretenen eingeschränkt. Der Vertretene wird durch die Erteilung der unwiderruflichen Vollmacht in ähnlicher Weise gebunden wie durch die Vornahme des formgebundenen Rechtsgeschäfts selbst: Er hat keine Chance mehr, den Abschluss des Rechtsgeschäfts zu verhindern. Die Erteilung einer unwiderruflichen Vollmacht liegt daher jedenfalls nicht im Interesse des Vertretenen, sondern regelmäßig im Fremdinteresse.[831] Der mit unwiderruflicher Vollmacht ausgestattete Vertreter kann somit nicht mehr als geeigneter Interessenwahrer des Vertretenen angesehen werden. Aus diesem Grund ist die Erteilung einer unwiderruflichen Vollmacht, die auf den Abschluss eines formbedürftigen Rechtsgeschäfts gerichtet ist, auch selbst formbedürftig.

645

---

827 So *Flume*, AT II, S. 862–865 (§ 52, 2b); *Köhler*, AT, § 11 Rn. 27; *Schilken*, in: Staudinger, § 167 Rn. 20. Ablehnend BGHZ 138, 239 (243).
828 Vgl. *Neuner*, AT, § 50 Rn. 19; *Leptien*, in: Soergel, § 167 Rn. 11.
829 Vgl. BGHZ 132, 119 (124); BGH WM 1965, 1006 (1007); NJW 1979, 2306 (2307); *Schubert*, in: MüKo, § 167 Rn. 23; *Keim*, NJW 1996, 2774 (2775).
830 Ständige Rspr., siehe BGH NJW 1952, 1210 (1211); WM 1966, 761; WM 1967, 1039 (1040); NJW 1971, 557; NJW 1979, 2306; NJW 2008, 845 Tz. 17.
831 Vgl. *Schubert*, in: MüKo, § 167 Rn. 24.

646 Eine gemäß § 125 Satz 1 BGB formnichtige unwiderrufliche Vollmacht ist allerdings regelmäßig gemäß § 140 BGB in eine wirksame widerrufliche Vollmacht umzudeuten.[832]

2. Trennung zwischen Innen- und Außenverhältnis

647 **a) Trennungsprinzip.** Streng zu trennen ist zwischen dem **Innenverhältnis**, das zwischen Vertreter und Vertretenem besteht, und der **Vollmacht**, die ausschließlich das Außenverhältnis betrifft. Im Innenverhältnis zwischen dem Vertreter und dem Vertretenen liegt typischerweise ein (unentgeltlicher) Auftrag gemäß § 662 BGB oder ein (entgeltlicher) Geschäftsbesorgungsvertrag gemäß § 675 BGB vor. Man spricht hier auch vom Grundverhältnis. Dagegen ist die Vollmacht ein gegenüber dem Innenverhältnis eigenständiges Rechtsinstitut, das ausschließlich im **Außenverhältnis**, also im Verhältnis zum Geschäftspartner, von Bedeutung ist: Aufgrund der wirksamen Vollmacht entfaltet das Vertretergeschäft gemäß § 164 Abs. 1 Satz 1 BGB Rechtswirkungen im Außenverhältnis, also zwischen dem Vertretenen und dem Geschäftspartner.

648 Aufgrund dieser Trennung von Vollmacht und Grundverhältnis kann man davon sprechen, dass der Gesetzgeber – ähnlich wie bei Verpflichtungs- und Verfügungsgeschäft – auch bei der Regelung der Vollmacht das **Trennungsprinzip** verwirklicht hat. Die Trennung wird auch durch die Einordnung der Vorschriften über die Stellvertretung (§§ 164 ff. BGB) in den Allgemeinen Teil des BGB deutlich. Damit ist das Recht der Stellvertretung bereits räumlich von den Vorschriften, die das Grundverhältnis regeln (insbesondere §§ 662 ff., §§ 675 ff. BGB), getrennt. Dagegen wird die Stellvertretung noch im österreichischen Allgemeinen Bürgerlichen Gesetzbuch (ABGB) von 1811 im Zusammenhang mit dem Auftragsrecht geregelt (§§ 1002–1044 ABGB: „Von der Bevollmächtigung und andern Arten der Geschäftsführung").[833] Durch die Einordnung der §§ 164 ff. BGB in den Allgemeinen Teil des BGB wird zudem deutlich, dass es Anwendungsfälle der Stellvertretung in allen Teilgebieten des BGB (d. h. im Schuldrecht, Sachenrecht, Familienrecht und Erbrecht) gibt, weshalb die Vorschriften entsprechend der Klammermethode[834] in das erste Buch des BGB gehören.

649 Die Trennung der Vollmacht vom Grund- bzw. Innenverhältnis hat zur Folge, dass die dem Vertreter erteilte Vollmacht weiter gehen kann, als die Befugnisse des Vertreters nach dem Innenverhältnis reichen. Das rechtliche Können im Außenverhältnis muss vom rechtlichen Dürfen im Innenverhältnis unterschieden werden.

---

832 Siehe hierzu das Beispiel oben in Kapitel 9 Rn. 559.
833 Erstmals wurde die Trennung von Vollmacht und Auftrag durch Franz von Zeiller in seinem Kommentar zum ABGB entwickelt; vgl. *v. Zeiller*, in: Commentar über das allgemeine bürgerliche Gesetzbuch für die gesammten Deutschen Erbländer der Oesterreichischen Monarchie, Dritter Band, Erste Abtheilung, 1812, Anm. 1 zu § 1017 (S. 294): „Das Rechtsverhältniß zwischen dem Machtgeber und Machthaber (§§ 1002–1016) ist von dem Rechtsverhältnisse, in welchem sie mit fremden Personen stehen, verschieden [...]. Mit Fremden tritt der Machtgeber nur in so weit in ein Rechtsverhältniß, als sein Machthaber sich ihnen als solcher ankündigt, und kraft seiner vorgezeigten Vollmacht ankündigen kann." Siehe hierzu *Wesenberg/Wesener*, PrivatrechtsG, S. 148; *U. Müller*, Die Entwicklung der direkten Stellvertretung und des Vertrages zugunsten Dritter, 1969, S. 141–143. Die Trennung geht also – entgegen *Medicus/Petersen*, AT, Rn. 949 – nicht erst zurück auf *Laband*, ZHR 10 (1866), 183 (203–214).
834 Hierzu oben Kapitel 1 Rn. 12.

Man spricht auch vom „**externen Können**" und vom „**internen Dürfen**", wobei das „externen Können" das „internen Dürfen" übersteigen kann.

> **Bsp.:** Bei der Prokura, die eine sehr weitreichende (vgl. § 49 HGB) handelsrechtliche Vollmacht darstellt, ist gemäß § 50 Abs. 1 HGB die Beschränkung des Umfangs der Vertretungsmacht Dritten gegenüber unwirksam. Dennoch ist es in der Praxis üblich, die Prokura im Innenverhältnis einzuschränken, etwa indem der Inhaber des Handelsgeschäfts gegenüber dem Prokuristen die Vorgabe macht, er dürfe nur Geschäfte bis zu einem Maximalbetrag von 500.000 € abschließen. Wenn sich der Prokurist an diese im Innenverhältnis getroffene Beschränkung nicht hält, ist das von ihm abgeschlossene Geschäft gleichwohl wirksam. Das „externen Können" übersteigt hier das „internen Dürfen". Aufgrund des Verstoßes gegen das „interne Dürfen" macht sich der Prokurist aber im Innenverhältnis gegenüber dem Inhaber des Handelsgeschäfts regelmäßig gemäß § 280 Abs. 1 BGB schadensersatzpflichtig.

b) Grundsatz der Kausalität der Vollmacht. Auch wenn die Vollmacht im Außenverhältnis und das zwischen dem Vertreter und dem Vertretenen bestehende Innenverhältnis strikt zu trennen sind, gibt es doch eine wichtige **Schnittstelle** zwischen dem Innen- und dem Außenverhältnis, nämlich die Vorschrift des § 168 Satz 1 BGB. Gemäß dieser Vorschrift, die sowohl für die Innen- als auch für die Außenvollmacht (Rn. 640) gilt,[835] bestimmt sich das Erlöschen der Vollmacht „nach dem ihrer Erteilung zugrunde liegenden Rechtsverhältnis". Damit ist gemeint, dass die Vollmacht grundsätzlich mit dem Wegfall des Grundverhältnisses, also typischerweise mit Beendigung des Auftrags oder des Geschäftsbesorgungsvertrags, erlischt. Hinter der Vorschrift steht der vermutete Parteiwille: Im Regelfall ist – mangels einer vom Vertretenen getroffenen anderweitigen Bestimmung – davon auszugehen, dass der Vertretene bei Wegfall des Grundverhältnisses auch nicht mehr will, dass der Vertreter weitere Geschäfte für ihn abschließt.

Obschon § 168 Satz 1 BGB nur vom „Erlöschen" der Vollmacht spricht, muss der hinter der Vorschrift stehende Rechtsgedanke, der auf dem vermuteten Willen des Vertretenen beruht, auch dann gelten, wenn sich herausstellt, dass das Grundverhältnis von Anfang an nicht wirksam entstanden ist.[836] Auch dann ist (sogar umso mehr) zu vermuten, dass der Vertretene nicht will, dass der Vertreter wirksam für ihn Geschäfte abschließt. Aus § 168 Satz 1 BGB ist daher Folgendes abzuleiten:

> Der Bestand der Vollmacht ist grundsätzlich vom Bestand des Grundverhältnisses abhängig. Wenn das Grundverhältnis nicht wirksam entstanden ist oder nachträglich wegfällt, ist auch die Vollmacht nicht oder nicht mehr vorhanden.

---

835 Missverständlich *Flume*, AT II, S. 841–843 (§ 50, 2 und § 50, 3); *Medicus/Petersen*, AT, Rn. 949; *Himmen*, Jura 2016, 1345 (1346). Die §§ 170–173 BGB setzen die Anwendbarkeit des § 168 Satz 1 BGB auf die Außenvollmacht (und die nach außen hin kundgegebene Innenvollmacht) voraus. Käme es nicht gemäß § 168 Satz 1 BGB zum Erlöschen der Vollmacht, würden die §§ 170–173 BGB insoweit nicht gebraucht.

836 Vgl. insoweit *Medicus/Petersen*, AT, Rn. 949. **A. A.** (bei § 168 Satz 1 BGB gehe es nur um das „Erlöschen" der Vollmacht) *Bitter/Röder*, AT, § 10 Rn. 111; *Flume*, AT II, S. 841 (§ 50, 2); *Köhler*, AT, § 11 Rn. 30; *Himmen*, Jura 2016, 1345 (1347–1350). Die Rechtsprechung stellt im Fall der anfänglichen Unwirksamkeit des Grundverhältnisses darauf ab, ob Grundgeschäft und Vollmacht nach dem Parteiwillen zu einem einheitlichen Rechtsgeschäft i. S. d. § 139 BGB verbunden sind; vgl. etwa BGHZ 102, 60 (62); 110, 363 (369); offengelassen in BGHZ 144, 223 (231).

Die Vollmacht ist daher zwar rechtlich vom Innen- bzw. Grundverhältnis getrennt, hängt mit diesem aber doch über die Schnittstelle des § 168 Satz 1 BGB im Hinblick auf ihre Wirksamkeit zusammen. Aufgrund dieser Abhängigkeit der Vollmacht vom Grundverhältnis muss man im Grundsatz von der **Kausalität der Vollmacht** in Bezug auf das Grundverhältnis sprechen.[837] Die ganz herrschende Meinung nimmt dagegen an, das Verhältnis von Vollmacht und Grundverhältnis sei – ähnlich wie das Verhältnis von Verpflichtungs- und Verfügungsgeschäft – durch das Abstraktionsprinzip bestimmt.[838] Dabei wird allerdings die Bedeutung des § 168 Satz 1 BGB und damit letztlich auch der zu vermutende Wille des Vertretenen, der hinter dieser Vorschrift steht, verkannt. Der gängigen Theorie von der Abstraktheit der Vollmacht ist daher eine Absage zu erteilen. Der gesetzlichen Regelung der Stellvertretung in §§ 164 ff. BGB liegt, was das Verhältnis von Vollmacht und Grundverhältnis betrifft, zwar das Trennungsprinzip, nicht jedoch das Abstraktionsprinzip zugrunde.

652 Daran ändert nichts, dass es vom Grundsatz der Kausalität der Vollmacht auch **Ausnahmen** geben kann: Es kommt entscheidend auf den Willen des Vertretenen an, weshalb es auch Abweichungen von der hinter § 168 Satz 1 BGB stehenden Vermutung, im Fall der Unwirksamkeit des Grundverhältnisses sei grundsätzlich auch die Unwirksamkeit der Vollmacht gewollt, geben kann. Eine Ausnahme ist insbesondere im Fall des § 165 BGB anzunehmen, der andernfalls auch weitgehend leer laufen würde: Wird ein beschränkt Geschäftsfähiger bevollmächtigt und fehlt es an einer Einwilligung des gesetzlichen Vertreters, ist das Grundverhältnis, nämlich der zugrunde liegende Auftrag (§ 662 BGB), gemäß §§ 107, 108 Abs. 1 BGB schwebend unwirksam. Gleichwohl ist vom Vertretenen, insbesondere wenn diesem die beschränkte Geschäftsfähigkeit des Vertreters bekannt ist, die Wirksamkeit der Vollmachtserteilung gewollt. Da § 168 Satz 1 BGB kein zwingendes Recht darstellt, sondern nur Ausdruck einer Vermutung ist, muss der abweichende Wille des Vertretenen respektiert werden. Der beschränkt Geschäftsfähige ist trotz fehlender Wirksamkeit des Grundverhältnisses wirksam bevollmächtigt.[839] Man spricht in einem solchen Fall der Bevollmächtigung ohne wirksames Grundverhältnis von einer **isolierten Vollmacht**.

653 c) **Beendigung des Auftrags.** Aufgrund der Schnittstelle des § 168 Satz 1 BGB führt die Beendigung des Auftrags grundsätzlich auch zum Erlöschen der Vollmacht. Bei der Anwendung dieser Vorschrift müssen daher auch die §§ 671–674

---

[837] Für ein „grundsätzlich kausales Verständnis der Vollmacht" auch *Beuthien*, in: FG 50 Jahre Bundesgerichtshof I, 2000, S. 81 (88), der zwischen Grundgeschäft und Vollmacht „in aller Regel eine § 139 BGB unterfallende Geschäftseinheit" annimmt (S. 94). Eine grundsätzliche Abhängigkeit der Vollmacht vom Grundverhältnis nimmt auch *Frotz*, Verkehrsschutz im Vertretungsrecht, 1972, S. 328–340, an.

[838] Vgl. *Bitter/Röder*, AT, § 10 Rn. 95; *Bork*, AT, Rn. 1487; *Brox/Walker*, AT, § 25 Rn. 15; *Köhler*, AT, § 11 Rn. 25; *Musielak/Hau*, GK BGB, Rn. 1171, 1190a; *Neuner*, AT, § 50 Rn. 7; *St. Huber*, in: BeckOGK-BGB, § 168 Rn. 1 (Stand: 1.11.2021); *Maier-Reimer/Finkenauer*, in: Erman, vor § 164 Rn. 6; *Mansel*, in: Jauernig, § 167 Rn. 1; *Ellenberger*, in: Grüneberg, vor § 164 Rn. 2, § 167 Rn. 4; *Schubert*, in: MüKo, § 164 Rn. 15, § 168 Rn. 2 (§ 168 Satz 1 BGB durchbreche die Abstraktion); *Leptien*, in: Soergel, vor § 164 Rn. 39 f., § 168 Rn. 1; *Schilken*, in: Staudinger, vor § 164 Rn. 33 f., § 168 Rn. 1; *Knoche*, JA 1991, 181 (182 f.); *St. Lorenz*, JuS 2010, 771 (772 f.); *Lieder*, JuS 2014, 393 (395); *Himmen*, Jura 2016, 1345 (1350); *D. Paulus*, JuS 2017, 301 (303 f.). Zweifel bei *Medicus/Petersen*, AT, Rn. 949 („Abstraktheit" der Vollmacht).

[839] Im Ergebnis wie hier *Flume*, AT II, S. 842 (§ 50, 2); *Köhler*, AT, § 11 Rn. 26; *Neuner*, AT, § 50 Rn. 8. **A. A.** *Medicus/Petersen*, AT, Rn. 949.

BGB beachtet werden, die die Beendigung des Auftrags regeln und gemäß § 675 Abs. 1 BGB im Wesentlichen auch für den Geschäftsbesorgungsvertrag gelten.

654 Laut § 671 Abs. 1 BGB kann der Auftrag „von dem Auftraggeber jederzeit widerrufen, von dem Beauftragten jederzeit gekündigt werden". Mit dem Widerruf (bzw. der Kündigung) des Auftrags kommt es gemäß § 168 Satz 1 BGB grundsätzlich auch zum Erlöschen der Vollmacht. In der Regel liegt im Widerruf des Auftrags allerdings – wie sich aus der Auslegung der Widerrufserklärung ergibt – ein gleichzeitiger Widerruf der Vollmacht, sodass die Vollmacht auch gemäß § 168 Satz 2 BGB erlischt.

655 Durch den **Tod des Auftraggebers** erlischt der Auftrag im Zweifel nicht, wie sich aus der Auslegungsregel des § 672 Satz 1 Alt. 1 BGB ergibt.[840] Damit bleibt gemäß § 168 Satz 1 BGB auch die Vollmacht bestehen und es kommt zur sogenannten „**transmortalen**" **Vollmacht**.[841] Aufgrund der fortbestehenden Vollmacht hat der Vertreter nun Vertretungsmacht für die Erben des Auftraggebers. Hinter § 672 Satz 1 Alt. 1 BGB steht der Gedanke, dass die Ausführung des Auftrags auch nach dem Tod des Auftraggebers wichtig sein kann, nämlich für dessen Erben. Sicherheitshalber (§ 672 Satz 1 BGB: „im Zweifel") soll daher der Auftrag fortbestehen.[842] Steht dagegen fest, dass das vom Beauftragten zu besorgende Geschäft nur für die Person des Auftraggebers gewollt ist, handelt es sich also um ein personenbezogenes Geschäft, erlischt – da keine Zweifel i. S. d. § 672 Satz 1 BGB bestehen – der Auftrag und damit gemäß § 168 Satz 1 BGB auch die Vollmacht.

656 Für den Beauftragten, der unter Umständen nichts vom Tod des Auftraggebers weiß, kann ein solches Erlöschen des Auftrags, das gemäß § 168 Satz 1 BGB das Erlöschen der Vollmacht nach sich zieht, gefährlich sein. Aufgrund des Fortfalls der Vertretungsmacht riskiert er nämlich, nach § 179 BGB als Vertreter ohne Vertretungsmacht zu haften. Der **redliche** Beauftragte, der vom Tod des Auftraggebers nichts weiß und davon auch nichts wissen muss, wird daher durch § 674 BGB geschützt, der das Fortbestehen des Auftrags fingiert: Der Auftrag „gilt"[843] zugunsten des Beauftragten als fortbestehend, bis dieser von dem Erlöschen Kenntnis erlangt oder das Erlöschen kennen muss. Kraft dieser Fiktion wird, wie § 169 BGB („als fortbestehend gilt") bestätigt, auch der Fortbestand der Vollmacht fingiert. Die Vorschrift bestimmt, dass die gemäß § 674 BGB als fortbestehend fingierte Vollmacht nicht zugunsten eines Dritten wirkt, der bei Vornahme des Vertretergeschäfts das Erlöschen der Vollmacht kennt oder kennen muss.

657 Stirbt nicht der Auftraggeber, sondern **der Beauftragte**, lautet die Auslegungsregel – im Vergleich zum Fall des Todes des Auftraggebers (§ 672 Satz 1 Alt. 1 BGB) – genau umgekehrt: Gemäß § 673 Satz 1 BGB erlischt der Auftrag im Zweifel durch den Tod des Beauftragten. In aller Regel will der Auftraggeber, dass der Auftrag gerade durch den Beauftragten (und nicht etwa durch dessen Erben)

---

840 Zum Begriff der Auslegungsregel siehe den Hinweis oben in Kapitel 4 Rn. 173.
841 Die „transmortale" Vollmacht (Vollmacht „über den Tod hinaus") ist abzugrenzen von der „postmortalen" Vollmacht (Vollmacht „auf den Todesfall"), die erst mit dem Tod des Vollmachtgebers wirksam werden soll; vgl. *Köhler*, AT, § 11 Rn. 60; *Medicus/Petersen*, AT, Rn. 943; *Neuner*, AT, § 50 Rn. 46; *Schubert*, in: MüKo, § 168 Rn. 43, 46; *Schilken*, in: Staudinger, § 168 Rn. 26.
842 Vgl. den ähnlichen Gedanken, der hinter § 153 BGB steht; hierzu oben Kapitel 6 Rn. 238 f.
843 Zum Schlüsselwort „gilt", das im BGB eine gesetzliche Fiktion anzeigt, siehe oben Kapitel 4 Rn. 103.

ausgeführt wird. Gemäß § 168 Satz 1 BGB hat das Erlöschen des Auftrags zur Konsequenz, dass auch die Vollmacht erlischt.

Bsp.: Kuno, ein fanatischer Kunstsammler, beauftragt und bevollmächtigt Bastian, für ihn ein bestimmtes Bild beim Kunsthändler Viktor zu erwerben. Kurz danach stirbt Kuno völlig unerwartet. Nichtsahnend schließt Bastian in Kunos Namen den Kaufvertrag mit Viktor. (1) Kann Viktor von Adelheid, Kunos Alleinerbin, Abnahme und Bezahlung des Bildes verlangen? (2) Wie ist die Rechtslage, wenn Adelheid sofort nach dem Todesfall einen Brief an Bastian schreibt, in dem sie ihm ausdrücklich untersagt, das Geschäft abzuschließen, der Brief jedoch bei diesem erst nach Abschluss des Kaufvertrags eintrifft?

Zu (1): Für den Anspruch von Viktor gegen Adelheid gemäß § 433 Abs. 2 BGB auf Abnahme und Bezahlung des Bildes müsste zwischen den beiden ein wirksamer Kaufvertrag vorliegen. Hierzu müsste Adelheid durch Bastian wirksam vertreten worden sein (§ 164 Abs. 1 und 3 BGB). Bastian schließt hier den Kaufvertrag mit Viktor in Kunos Namen, gibt also eine eigene Willenserklärung ab. Vertretener ist allerdings nicht Kuno, der zum Zeitpunkt des Vertragsschlusses nicht mehr am Leben ist. Als Vertretene kommt nur seine Alleinerbin Adelheid in Betracht. Es stellt sich daher die Frage, ob Bastian tatsächlich „im Namen des Vertretenen" (§ 164 Abs. 1 Satz 1 BGB) gehandelt hat. Im Hinblick auf die §§ 672, 674 BGB, die gemäß § 168 Satz 1 BGB zu einer transmortalen Vollmacht führen können, müssen die Anforderungen des § 164 Abs. 1 BGB hinsichtlich der Offenkundigkeit der Stellvertretung reduziert werden. Andernfalls würde die transmortale Vollmacht weitgehend leer laufen. Im Auftreten für den Vertretenen ist daher regelmäßig auch ein Auftreten für dessen Erben zu sehen, zumal die Wirksamkeit des Vertretergeschäfts grundsätzlich auch im Interesse des Geschäftspartners liegt. Im Grundsatz ist davon auszugehen, dass auch der Geschäftspartner den Vertragsschluss mit dem Erben des Vertretenen will.

Bastian müsste auch die erforderliche Vertretungsmacht gehabt haben, um mit Wirkung für und gegen Adelheid den Kaufvertrag zu schließen. Die Vertretungsmacht, die Bastian von Kuno gemäß § 167 Abs. 1 Alt. 1 BGB (Innenvollmacht) erteilt worden ist, könnte mit Kunos Tod erloschen sein. Gemäß § 168 Satz 1 BGB erlischt die Vollmacht grundsätzlich mit Beendigung des Grundverhältnisses. Zu untersuchen ist daher, ob Kunos Tod zum Erlöschen des Auftrags geführt hat. Nach der Auslegungsregel des § 672 Satz 1 Alt. 1 BGB erlischt der Auftrag im Zweifel nicht durch den Tod des Auftraggebers. Fraglich ist allerdings, ob im vorliegenden Fall Zweifel bestehen: Zwar war Kuno fanatischer Kunstsammler, es gibt aber keine Anhaltspunkte dafür, dass Adelheid die Sammeltätigkeit fortsetzen wollte. Da sich die Sammelleidenschaft auf Kuno beschränkt, handelt es sich bei dem auf den Ankauf des Bildes gerichteten Auftrag um ein personenbezogenes Geschäft, das nur für die Person des Auftraggebers gewollt ist. Bereits aufgrund der Auslegung des Auftrags kommt man daher zum Ergebnis, dass dieser mit Kunos Tod erlischt. Da insoweit keine Zweifel bestehen, kommt es nicht zum Rückgriff auf die Auslegungsregel des § 672 Satz 1 Alt. 1 BGB.

Allerdings wusste Bastian nichts von Kunos Tod und konnte hiervon – wie man annehmen muss – auch nichts wissen. Aufgrund seiner Redlichkeit ist er durch die Fiktion des § 674 BGB geschützt: Der Auftrag gilt zugunsten von Bastian als fortbestehend, was auch zur Fiktion des Fortbestands der Vollmacht (vgl. § 169 BGB) und somit zu einer sogenannten „transmortalen" Vollmacht führt. Für die Wirksamkeit des von Bastian abgeschlossenen Vertretergeschäfts muss gemäß § 169 BGB noch die Redlichkeit des Geschäftspartners Viktor hinzukommen, von der hier – mangels gegenteiliger Anhaltspunkte – auszugehen ist. Damit ist zwischen Adelheid, vertreten durch Bastian, und Viktor ein wirksamer Kaufvertrag zustande gekommen. Viktor hat gegen Adelheid einen Anspruch auf Abnahme und Bezahlung des Bildes gemäß § 433 Abs. 2 BGB.

Zu (2): Adelheids Brief an Bastian beinhaltet einen Widerruf der Vollmacht gemäß § 168 Satz 2 BGB. Ein solcher Widerruf ist grundsätzlich jederzeit möglich, auch bei einer transmortalen Vollmacht. Der Widerruf geht Bastian jedoch erst nach Abschluss des Kaufvertrags mit Viktor zu, kommt also zu spät. Im Vergleich zur ersten Fallvariante ändert sich daher nichts.

3. Rechtsscheinvollmacht

a) **Gesetzlich geregelte Fälle.** Gemäß § 168 Satz 2 BGB kann der Vertretene die Vollmacht grundsätzlich jederzeit widerrufen, wobei gemäß § 168 Satz 3 BGB auf die Erklärung des Widerrufs „die Vorschrift des § 167 Abs. 1 entsprechende Anwendung" findet. Das bedeutet, dass der Widerruf sowohl dem Vertreter als auch dem Geschäftspartner gegenüber erklärt werden kann. Die Regelung gilt gleichermaßen für die Innen- und die Außenvollmacht, weshalb auch die Außenvollmacht durch Erklärung gegenüber dem Vertreter widerrufen werden kann. Im Klartext bedeutet das, dass eine Vollmacht, die gemäß § 167 Abs. 1 Alt. 2 BGB durch Erklärung gegenüber dem Geschäftspartner erteilt worden ist, gleichwohl durch Erklärung gegenüber dem Vertreter widerrufen werden kann, wobei die Wirksamkeit des Widerrufs nicht voraussetzt, dass der Geschäftspartner informiert wird. Es liegt auf der Hand, dass dies für den Geschäftspartner, der vom Fortbestand der Vollmacht ausgehen muss, eine erhebliche Gefahr bedeuten kann. Gleiches gilt im Fall des Widerrufs einer nach außen hin (gegenüber dem Geschäftspartner) kundgegebenen Innenvollmacht, die durch Erklärung gegenüber dem Vertreter widerrufen wird.

658

Der Schutz des redlichen Geschäftspartners erfolgt in diesen Fällen durch die gesetzliche Regelung der **Rechtsscheinvollmacht** in den §§ 170–173 BGB.[844] Dass es um Rechtsscheintatbestände geht, zeigt insbesondere § 173 BGB, wonach einem Dritten, der „das Erlöschen der Vertretungsmacht" bei der Vornahme des Rechtsgeschäfts kennt oder kennen muss, der Schutz versagt wird. Die §§ 170–173 BGB gehen – im Einklang mit der Regelung des § 168 Satz 2 und 3 i. V. m. § 167 Abs. 1 BGB (Rn. 658) – vom Erlöschen der Vollmacht[845] aus, schützen aber den redlichen Dritten, der auf den Rechtsschein der in Wirklichkeit erloschenen Vollmacht vertraut. Das Erfordernis der **Redlichkeit der geschützten Person** ist kennzeichnend für Rechtsscheintatbestände: Der Geschützte muss auf den vorhandenen Rechtsschein tatsächlich vertrauen und hierauf auch vertrauen dürfen.

659

---

844 Zur Einordnung der §§ 170–173 BGB als Rechtsscheintatbestände vgl. *Neuner*, AT, § 50 Rn. 62; *Schubert*, in: MüKo, § 170 Rn. 2 f.; *Leptien*, in: Soergel, § 170 Rn. 1. Offengelassen bei *Medicus/Petersen*, AT, Rn. 941. **A. A.** (Einordnung der §§ 170–173 BGB als Fälle der rechtsgeschäftlich begründeten Vollmacht) *Flume*, AT II, S. 823–828 (§ 49, 2a, c), S. 856–859 (§ 51, 9); *Leenen/Häublein*, AT, § 9 Rn. 83; *Himmen*, Jura 2016, 1345 (1346).

845 Vgl. auch § 170 BGB („das Erlöschen").

660 In § 170 BGB, dem ersten gesetzlich geregelten Fall der Rechtsscheinvollmacht, geht es um die Erteilung einer **Außenvollmacht**: Die gemäß § 167 Abs. 1 Alt. 2 BGB durch Erklärung gegenüber einem Dritten erteilte Vollmacht (Außenvollmacht) bleibt diesem gegenüber in Kraft, bis ihm das Erlöschen vom Vollmachtgeber angezeigt wird. Aufgrund des Widerrufs gegenüber dem Vertreter kommt es zwar zum Erlöschen der Vollmacht gemäß § 168 Satz 2 und 3 i. V. m. § 167 Abs. 1 BGB. Die Vollmacht wirkt aber gemäß § 170 BGB als Rechtsscheinvollmacht zugunsten des Geschäftspartners fort, bis diesem das Erlöschen der Vollmacht angezeigt wird. Bei der Anzeige i. S d. § 170 BGB handelt es sich um eine geschäftsähnliche Handlung[846] des Vollmachtgebers.[847]

661 Der zweite geregelte Fall der Rechtsscheinvollmacht ist der Fall des § 171 BGB: Es geht hier um die Rechtsscheinvollmacht durch **Kundgebung der Bevollmächtigung**. Im Gegensatz zu § 170 BGB handelt es sich hier nicht um eine Außenvollmacht, sondern um eine Innenvollmacht, die nachträglich nach außen hin kundgegeben wird.[848] Die kundgegebene Innenvollmacht erzeugt gemäß § 171 Abs. 1 BGB denselben Rechtsschein wie eine Außenvollmacht.

> **Hinweis**
> Unter Umständen kann in der Kundgebung der Innenvollmacht die zusätzliche Erteilung einer Außenvollmacht zu sehen sein. Ist das der Fall, handelt es sich in Wirklichkeit nicht um eine bloße Kundgebung der Vollmacht i. S. d. § 171 BGB.[849] Vielmehr ist dann die Vorschrift des § 170 BGB einschlägig, die den Rechtsschein der Außenvollmacht regelt.

662 Die Rechtsscheinwirkung des § 171 Abs. 1 BGB lässt sich ausschließen, indem die Vollmachtskundgebung widerrufen wird: Gemäß § 171 Abs. 2 BGB muss die Kundgebung „in derselben Weise, wie sie erfolgt ist", widerrufen werden. Der Widerruf der Vollmachtskundgebung ist – wie die Vollmachtskundgebung selbst[850] – eine geschäftsähnliche Handlung. Für die Widerrufserklärung genügt eine entsprechende Tatsachenmitteilung, wonach die Vollmacht nicht (mehr) bestehe. Nicht um eine geschäftsähnliche Handlung, sondern um eine Willenserklärung handelt es sich dagegen beim Widerruf der Vollmacht gemäß § 168 Satz 2 BGB.

> **Hinweis**
> Geschäftsähnliche Handlungen (wie die Vollmachtskundgebung gemäß § 171 Abs. 1 BGB) können an sich analog §§ 119–124 BGB angefochten werden. Allerdings gelten für die Anfechtung einer gebrauchten Vollmacht Besonderheiten (unten Rn. 688–703), die auch im Fall der gebrauchten Rechtsscheinvollmacht zu beachten sind. Von vornherein scheidet im Hinblick auf den Sinn

---

846 Zur geschäftsähnlichen Handlung siehe oben Kapitel 5 Rn. 194.
847 *Köhler*, AT, § 11 Rn. 37; *Neuner*, AT, § 50 Rn. 64; *Schubert*, in: MüKo, § 170 Rn. 11; *Leptien*, in: Soergel, § 170 Rn. 3.
848 Vgl. *Schubert*, in: MüKo, § 171 Rn. 1; *Leptien*, in: Soergel, § 171 Rn. 1.
849 Vgl. *Köhler*, AT, § 11 Rn. 38. **A. A.** *Flume*, AT II, S. 823 f. (§ 49, 2a); *Schilken*, in: Staudinger, § 171 Rn. 3; *Pawlowski*, JZ 1996, 125 (126 f.).
850 Hierzu *Köhler*, AT, § 11 Rn. 38; *Neuner*, AT, § 50 Rn. 70; *Schubert*, in: MüKo, § 171 Rn. 2; *Leptien*, in: Soergel, § 171 Rn. 4.

III. Vollmacht   663–666

und Zweck des § 171 BGB eine Anfechtung mit der Begründung aus, man habe sich über die Rechtsscheinwirkung der Vollmachtskundgebung geirrt.

In § 172 BGB findet sich der dritte gesetzlich geregelte Fall der Rechtsscheinvollmacht, nämlich der Fall der Rechtsscheinvollmacht aufgrund der **Aushändigung und Vorlage einer Vollmachtsurkunde.** § 172 Abs. 1 BGB knüpft an den Tatbestand der Kundgebung der Bevollmächtigung „durch besondere Mitteilung an einen Dritten" i. S. d. § 171 Abs. 1 BGB an: Gemäß § 172 Abs. 1 BGB steht es der „besonderen Mitteilung einer Bevollmächtigung durch den Vollmachtgeber" gleich, wenn dieser „dem Vertreter eine Vollmachtsurkunde ausgehändigt hat und der Vertreter sie dem Dritten vorlegt". Auf diese Weise wird die Aushändigung und Vorlage einer Vollmachtsurkunde rechtlich wie eine Kundgebung der Bevollmächtigung gegenüber dem Dritten behandelt. **663**

Eine **Aushändigung** i. S. d. § 172 Abs. 1 BGB setzt voraus, dass der Vertretene die Urkunde dem Vertreter **freiwillig** zukommen lässt.[851] Eine Anwendung des § 172 BGB scheidet aus, wenn die Urkunde dem Vertretenen abhandengekommen ist, was insbesondere dann der Fall ist, wenn sich der Vertreter der Urkunde ohne den Willen des Vertretenen bemächtig hat.[852] Die Aushändigung der Urkunde stellt wiederum (Rn. 660, 662) eine geschäftsähnliche Handlung dar.[853] **664**

Um die Rechtsscheinwirkung des § 172 Abs. 1 BGB auszulösen, muss die Vollmachtsurkunde dem Geschäftspartner vom Vertreter **vorgelegt** werden, und zwar **im Original** bzw. im Fall der notariell beurkundeten Vollmacht eine Ausfertigung der Urschrift (§ 47 BeurkG).[854] Die Vorlage einer Kopie oder die Zusendung der Vollmachtsurkunde per Fax reichen nicht aus. Dass die Vollmachtsurkunde im Original (oder in Form einer notariellen Ausfertigung) vorgelegt werden muss, ergibt sich zum einen aus dem Wortlaut des § 172 Abs. 1 BGB: Der Vertreter muss „sie" – also die Vollmachtsurkunde – dem Dritten vorlegen. Zum anderen ergibt sich das Erfordernis der Vorlage im Original im Umkehrschluss aus § 172 Abs. 2 BGB: Gemäß dieser Vorschrift endet die Rechtsscheinwirkung mit der Rückgabe der Vollmachtsurkunde an den Vollmachtgeber. Auf die Rückgabe hat der Vollmachtgeber gemäß § 175 BGB einen Anspruch gegen den Bevollmächtigten. Nur wenn dem Geschäftspartner die Vollmachtsurkunde im Original vorgelegt wird, besteht für diesen die Sicherheit, dass es noch nicht zur Rückgabe der Urkunde an den Vollmachtgeber gekommen ist. **665**

Auf den ersten Blick ist überraschend,[855] dass die Redlichkeitsvorschrift des § 173 BGB nur jeweils auf den zweiten Absatz der §§ 171, 172 BGB und nicht auch auf den ersten Absatz der beiden Vorschriften Bezug nimmt. Das liegt daran, dass § 173 BGB seinem Wortlaut nach nur auf die Redlichkeit **hinsichtlich des Erlöschens** der Vertretungsmacht abstellt und sich die Rechtsscheinwirkung im Fall **666**

---

851 Vgl. *Köhler,* AT, § 11 Rn. 39; *Neuner,* AT, § 50 Rn. 78; *Schubert,* in: MüKo, § 172 Rn. 17 f.; *Leptien,* in: Soergel, § 172 Rn. 3; *Schilken,* in: Staudinger, § 172 Rn. 2.
852 Vgl. BGHZ 65, 13 (14 f.).
853 Vgl. *Köhler,* AT, § 11 Rn. 39; *Neuner,* AT, § 50 Rn. 79; *Leptien,* in: Soergel, § 172 Rn. 3.
854 Vgl. BGHZ 102, 60 (63); 161, 15 (29); BGH NJW 2006, 2118 Tz. 26; *Köhler,* AT, § 11 Rn. 40; *Neuner,* AT, § 50 Rn. 77; *Schubert,* in: MüKo, § 172 Rn. 22; *Leptien,* in: Soergel, § 172 Rn. 4; *Schilken,* in: Staudinger, § 172 Rn. 4.
855 Vgl. *Köhler,* AT, § 11 Rn. 38; *Medicus/Petersen,* AT, Rn. 946: „Seltsamerweise".

des Erlöschens (insbesondere aufgrund eines Widerrufs der Vollmacht) gerade aus §§ 171 Abs. 2, 172 Abs. 2 BGB („bleibt bestehen") ergibt. Über den Wortlaut des § 173 BGB hinaus schadet es dem Dritten aber auch, wenn er das anfängliche Nichtbestehen der Vertretungsmacht kennt oder kennen muss.[856]

> **Bsp.:** Edgar will ein Grundstück veräußern. Hierzu beauftragt er Bodo und händigt diesem eine privatschriftliche Vollmachtsurkunde aus. In der Urkunde ist der Widerruf der Vollmacht ausgeschlossen. Gleichwohl widerruft Edgar wenige Tage später die Vollmacht gegenüber Bodo, der das Grundstück trotzdem unter Vorlage der Vollmachtsurkunde formgerecht an Klaus verkauft. Klaus verlangt von Edgar Übereignung des Grundstücks. Zu Recht? – Ein Anspruch von Klaus gegen Edgar auf Übereignung des Grundstücks gemäß § 433 Abs. 1 Satz 1 Alt. 2 BGB setzt voraus, dass Edgar bei Abschluss des Kaufvertrags durch Bodo wirksam vertreten worden ist. Insbesondere müsste Bodo mit der erforderlichen Vertretungsmacht gehandelt haben. Durch die Aushändigung der Vollmachtsurkunde wurde Bodo von Edgar Innenvollmacht (§ 167 Abs. 1 Alt. 1 BGB) erteilt. Fraglich ist aber, ob die Vollmacht formgerecht erteilt worden ist. Zwar bedarf die Vollmachtserteilung gemäß § 167 Abs. 2 BGB nicht der für das Rechtsgeschäft bestimmten Form. Es gelten aber aufgrund einer teleologischen Reduktion der Vorschrift Ausnahmen, wenn die formlose Bevollmächtigung gegen den Sinn und Zweck der gesetzlichen Formvorschrift, hier des § 311b Abs. 1 Satz 1 BGB, verstoßen würde. Da der Vertretene durch die Erteilung einer unwiderruflichen Vollmacht in ähnlicher Weise gebunden wird wie durch die Vornahme des formgebundenen Rechtsgeschäfts, ist die Bevollmächtigung hier entgegen § 167 Abs. 2 BGB formbedürftig (Rn. 645). Da es sich um eine privatschriftliche Vollmacht handelt, die nicht der Form des § 311b Abs. 1 Satz 1 BGB genügt, ist die Vollmacht gemäß § 125 Satz 1 BGB formnichtig.
> Allerdings beinhaltet die nichtige unwiderrufliche Bevollmächtigung als Minus eine widerrufliche Bevollmächtigung, die ein geeignetes Ersatzgeschäft i. S. d. § 140 BGB darstellt.[857] Es ist auch davon auszugehen, dass die Beteiligten, also Edgar und Bodo, bei Kenntnis der Nichtigkeit der unwiderruflichen Vollmacht zumindest eine widerrufliche Bevollmächtigung gewollt hätten. Die Voraussetzungen der Umdeutung gemäß § 140 BGB liegen somit vor, sodass Bodo zunächst wirksam mit einer widerruflichen Vollmacht ausgestattet worden ist. Wenige Tage nach der Vollmachtserteilung ist die – in Wirklichkeit widerrufliche – Vollmacht jedoch von Edgar wirksam gegenüber Bodo widerrufen worden (§ 168 Satz 2 und 3 i. V. m. § 167 Abs. 1 Alt. 1 BGB).
> Trotz des wirksamen Widerrufs muss sich Edgar aber an der Vollmacht festhalten lassen, wenn die gesetzlichen Voraussetzungen der Rechtsscheinvollmacht (§§ 170–173 BGB) erfüllt sind. Edgar hat Bodo die Vollmachtsurkunde ausgehändigt und dieser hat den Grundstückskaufvertrag unter Vorlage der Urkunde abgeschlossen, sodass ein Fall des § 172 Abs. 1 BGB gegeben ist. Da der von Edgar erklärte Widerruf der Vollmacht nicht den Anforderungen des § 172 Abs. 2 BGB genügt, besteht die Rechtsscheinwirkung auch noch im Zeitpunkt des Abschlusses des Kaufvertrags. Anhaltspunkte dafür, dass Klaus vom Wider-

---

856 Vgl. *Köhler*, AT, § 11 Rn. 38; *Medicus/Petersen*, AT, Rn. 946; *Neuner*, AT, § 50 Rn. 75; *Schubert*, in: MüKo, § 173 Rn. 2; *Leptien*, in: Soergel, § 173 Rn. 2; *Schilken*, in: Staudinger, § 173 Rn. 7.
857 Siehe hierzu auch schon das Beispiel oben in Kapitel 9 Rn. 559.

ruf der Vollmacht gewusst hat oder hätte wissen müssen, gibt es nicht, weshalb § 172 Abs. 2 BGB nicht durch § 173 BGB ausgeschlossen ist. Eine Unredlichkeit i. S. d. § 173 BGB wird insbesondere auch nicht dadurch begründet, dass die Vollmacht ersichtlich nicht – wie in der Vollmachtsurkunde angegeben – unwiderruflich erteilt werden konnte. Unter Berücksichtigung des § 140 BGB erzeugt die Urkunde den Rechtsschein einer widerruflichen Vollmacht. Auf diesen Rechtsschein durfte sich Klaus verlassen. Edgar wurde von Bodo wirksam vertreten. Da der Grundstückskaufvertrag der Form des § 311b Abs. 1 Satz 1 BGB genügt, hat Klaus gegen Edgar einen Anspruch auf Übereignung des Grundstücks gemäß § 433 Abs. 1 Satz 1 Alt. 2 BGB.

b) **Duldungs- und Anscheinsvollmacht.** Über die gesetzliche Regelung in §§ 170–173 BGB hinaus gibt es noch zwei weitere Fälle der Rechtsscheinvollmacht, nämlich die Duldungs- und die Anscheinsvollmacht. In beiden Fällen geht es darum, dass der Handelnde, ohne bevollmächtigt zu sein, als Vertreter auftritt, und zwar in der Regel in mehreren Fällen und über einen längeren Zeitraum hinweg, wodurch der Rechtsschein einer Bevollmächtigung erzeugt wird. Dem Vertretenen muss dieser Rechtsschein auch zuzurechnen sein, wobei zwischen Duldungs- und Anscheinsvollmacht wie folgt unterschieden wird:[858]

667

– Bei der Duldungsvollmacht **kennt** der Vertretene das vollmachtlose Handeln des Vertreters und duldet es gleichwohl. Dem Vertretenen fällt also eine wissentliche Duldung und somit **Vorsatz** im Hinblick auf den erzeugten Rechtsschein zur Last.

668

– Im Fall der Anscheinsvollmacht kennt der Vertretene das vollmachtlose Handeln des Vertreters nicht, **er hätte es aber** bei Anwendung der pflichtgemäßen Sorgfalt **erkennen und verhindern können**. Hinsichtlich des erzeugten Rechtsscheins fällt dem Vertretenen hier **Fahrlässigkeit**[859] zur Last.

669

Damit lassen sich die Voraussetzungen der Duldungs- und Anscheinsvollmacht in folgendem Prüfungsschema zusammenfassen:

670

Prüfungsschema
1. Rechtsschein der Bevollmächtigung: Auftreten des vollmachtlosen Vertreters im Namen des Vertretenen, und zwar in der Regel in mehreren Fällen und über einen längeren Zeitraum hinweg.
2. Wirkung des Rechtsscheins zu Lasten des Vertretenen (Zurechenbarkeit des Rechtsscheins)
   a) Duldungsvollmacht: Der Vertretene kennt das vollmachtlose Handeln des Vertreters und duldet es gleichwohl.
   b) Anscheinsvollmacht: Der Vertretene kennt das vollmachtlose Handeln des Vertreters nicht, hätte es aber bei Anwendung der pflichtgemäßen Sorgfalt erkennen und verhindern können.

---

858 Vgl. nur BGHZ 166, 369 Tz. 17; 189, 346 Tz. 15 f.; 202, 158 Tz. 26; 214, 324 Tz. 35; BGH NJW 2005, 2985 (2987).
859 Vgl. nur die Nachweise in Fn. 862 und BGH NJW 1998, 1854 (1855): schuldhafte Veranlassung des Rechtsscheins einer Vollmacht. **A. A.** (verschuldensunabhängige Zurechnung der eigenen Risikosphäre) *Bork*, AT, Rn. 1564; *Neuner*, AT, § 50 Rn. 95; *Canaris*, Die Vertrauenshaftung im deutschen Privatrecht, 1971, S. 194 f. (zur Anscheinsvollmacht im Handelsrecht).

> 3. **Redlichkeit des Geschäftspartners:** Der Geschäftspartner muss auf den Rechtsschein der Bevollmächtigung tatsächlich vertrauen und hierauf auch vertrauen dürfen (Rechtsgedanke des § 173 BGB).

671 Liegen die Voraussetzungen der Duldungs- bzw. Anscheinsvollmacht vor, wirkt das Handeln des Vertreters gemäß § 164 Abs. 1 Satz 1 und Abs. 3 BGB für und gegen den Vertretenen, wie wenn eine wirksame Bevollmächtigung vorliegen würde. Der Vertretene hat nicht die Möglichkeit, die Duldungs- bzw. Anscheinsvollmacht mit der Begründung anzufechten, er habe sich über den durch sein Verhalten erzeugten Rechtsschein oder die daraus folgenden Rechtsscheinwirkungen geirrt.[860] Andernfalls könnte sich der Vertretene jederzeit von der Bindung an den von ihm gesetzten Rechtsschein lösen, sodass Duldungs- und Anscheinsvollmacht völlig überflüssig wären.

672 Rechtsgrundlage sowohl für die Duldungs- als auch für die Anscheinsvollmacht ist der **allgemeine Rechtsgedanke**, der hinter der gesetzlichen Regelung der §§ 170–173 BGB steht:[861] Wer zurechenbar den Rechtsschein einer Bevollmächtigung setzt, muss sich gegenüber einem redlichen Dritten so behandeln lassen, als habe er wirksam eine Vollmacht erteilt. Teilweise werden Duldungs- und Anscheinsvollmacht auch schon als Gewohnheitsrecht angesehen,[862] wofür es aber angesichts der anhaltenden Kritik in der Literatur (Rn. 674 f.) an der erforderlichen allgemeinen Rechtsüberzeugung fehlt.[863]

673 In der Regel ist ein vom Vertretenen geschaffener Rechtsschein, wie er für eine Duldungs- oder Anscheinsvollmacht erforderlich ist, erst dann vorhanden, wenn der Vertreter „in mehreren Fällen und über einen längeren Zeitraum"[864] bzw. mit einer „gewissen Dauer und Häufigkeit"[865] für den Vertretenen auftritt. Beim erstmaligen Auftreten des vollmachtlosen Vertreters fehlt es daher grundsätzlich an einem ausreichenden Vertrauenstatbestand.[866] Unter besonderen Umständen kann aber auch bei einem einmaligen Handeln des vollmachtlosen Vertreters ein hinreichender Rechtsschein zu bejahen sein,[867] z. B. für eine Duldungsvollmacht, wenn der Vertretene beim Abschluss des Vertretergeschäfts anwesend ist und nicht

---

860 Vgl. nur *Neuner*, AT, § 50 Rn. 91; *Mansel*, in: Jauernig, § 167 Rn. 9. Einen unbeachtlichen Rechtsfolgenirrtum (siehe hierzu aber oben Kapitel 8 Rn. 415) nehmen an *Bork*, AT, Rn. 1559, 1565; *Schubert*, in: MüKo, § 167 Rn. 152 (Irrtum über die Wirkung des Rechtsscheins als „unerheblicher Rechtsfolgenirrtum"). Insgesamt kritisch zur Einschränkung der Anfechtung einer Rechtsscheinvollmacht *Faust*, AT, § 24 Rn. 44 (Verhältnis der Rechtsscheinhaftung zur Anfechtung sei dogmatisch noch nicht befriedigend geklärt).
861 Vgl. BGHZ 102, 60 (64); BGH NJW 2003, 2091 (2092); NJW 2005, 2985 (2987); NJW 2012, 3424 Tz. 13; *Leptien*, in: Soergel, § 167 Rn. 17.
862 So *Ellenberger*, in: Grüneberg, § 172 Rn. 7; zur Anscheinsvollmacht auch *Leipold*, BGB I, § 24 Rn. 36.
863 Voraussetzung für die Bildung von Gewohnheitsrecht ist neben dem objektiven Element, das in der gewohnheitsmäßigen Anwendung der jeweiligen Regel in Form einer längeren Übung *(consuetudo)* besteht, das subjektive Element der Rechtsüberzeugung *(opinio iuris)*, d. h. die allgemeine Vorstellung, dass die Regel rechtlich verbindlich ist.
864 Vgl. zur Duldungsvollmacht BGH NJW 2004, 2745 (2746 f.); BGH NJW 2005, 2985 (2987).
865 Vgl. zur Anscheinsvollmacht BGHZ 166, 369 Tz. 17; 208, 331 Tz. 61; BGH NJW 1998, 1854 (1855); NJW 1998, 3342 (3343); NJW-RR 1986, 1169.
866 Vgl. BGHZ 189, 346 Tz. 18 (erstmalige Nutzung eines fremden eBay-Zugangs).
867 Vgl. *Bork*, AT, Rn. 1550; *Leptien*, in: Soergel, § 167 Rn. 21; *Schilken*, in: Staudinger, § 167 Rn. 37. Siehe auch BGHZ 208, 331 Tz. 61: „im Grundsatz"; BGH NJW-RR 1986, 1169: „regelmäßig"; NJW 1998, 1854 (1855); NJW 2004, 2745 (2746): „in der Regel".

gegen das vollmachtlose Handeln einschreitet. Hinsichtlich der grundsätzlichen Voraussetzung von „Dauer und Häufigkeit" kann es zwischen Duldungs- und Anscheinsvollmacht keinen Unterschied geben, weil beide Fälle in gleicher Weise den Rechtsschein der Bevollmächtigung voraussetzen.[868]

Teilweise wird gegen die Einordnung der **Duldungsvollmacht** als Rechtsscheinvollmacht eingewandt, es würde sich in Wirklichkeit um einen Fall der konkludenten Bevollmächtigung handeln.[869] Indem der Vertretene das vollmachtlose Auftreten des Vertreters dulde, erteile er ihm konkludent Vollmacht. An dieser Überlegung ist richtig, dass anhand des konkreten Sachverhalts genau geprüft werden muss, ob nicht in der Duldung tatsächlich eine konkludente Vollmachtserteilung zu sehen ist, was der Fall sein kann.[870] Allerdings verbleibt durchaus noch ein Anwendungsbereich für die Duldungsvollmacht im Sinne einer Rechtsscheinvollmacht. Um eine Duldungsvollmacht geht es insbesondere dann, wenn der Vertreter genau weiß, dass ihn der Vertretene nicht bevollmächtigen will. Angesichts der Kenntnis des Vertreters vom entgegenstehenden Willen des Vertretenen kann in der Duldung dann nicht die konkludente Erteilung einer Innenvollmacht (§ 167 Abs. 1 Alt. 1 BGB) zu sehen sein.[871] Für das passive Verhalten des Vertretenen, der gegen das vollmachtlose Handeln des Vertreters nicht wirkungsvoll (z. B. mit Hilfe der Gerichte) einschreitet und auch nicht den Geschäftspartner informiert, kann es verschiedenste Gründe geben, etwa schlichte Nachlässigkeit oder auch die Sorge, vor dem Geschäftspartner das Gesicht zu verlieren.

674

Gegen die **Anscheinsvollmacht** wird eingewandt, sie widerspreche „anerkannten Rechtsgrundsätzen".[872] Dahinter steht folgende Überlegung: Bei der Anscheinsvollmacht kommt es aufgrund eines fahrlässigen Verhaltens des Vertretenen zu einem wirksamen Vertragsschluss. Das Handeln des Vertreters wirkt für und gegen den Vertretenen. Fahrlässigkeit soll aber nach unserer Rechtsordnung – wie z. B. die Regelung der Anfechtung gemäß §§ 119 ff. BGB belegt[873] – nicht dazu führen, dass der fahrlässig Handelnde am Vertragsschluss festgehalten wird und damit auf den Erfüllungsschaden haftet. Er soll vielmehr (insbesondere gemäß § 122 Abs. 1 BGB) nur auf Ersatz des Vertrauensschadens haften. Dieser Einwand ist durchaus beachtlich, zumal auch die Theorie der Erklärungsfahrlässigkeit im Ergebnis nur zu einer Haftung auf den Vertrauensschaden gelangt.[874] Es stellt sich daher in der Tat die Frage, ob die Anscheinsvollmacht nicht den fahrlässig handelnden Vertretenen einer zu strengen Haftung unterwirft.

675

---

868 Zwischen Duldungs- und Anscheinsvollmacht differenzierend *Köhler*, AT, § 11 Rn. 43 f.; *Schubert*, in: MüKo, § 167 Rn. 115; *St. Lorenz*, JuS 2010, 771 (774).
869 Vgl. *Flume*, AT II, S. 828–830 (§ 49, 3); *Ellenberger*, in: Grüneberg, § 172 Rn. 8; *Mansel*, in: Jauernig, § 167 Rn. 8; *Schilken*, in: Staudinger, § 167 Rn. 29a f.
870 A. A. *Medicus/Petersen*, AT, Rn. 930 (Der Erklärungsgehalt der Duldung gehe nicht dahin, dass Vollmacht erteilt „werde", sondern dass Vollmacht „erteilt worden sei".); zustimmend *Köhler*, AT, § 11 Rn. 43; *Neuner*, AT, § 50 Rn. 86.
871 Vgl. *Musielak/Hau*, GK BGB, Rn. 1177 f.; *Neuner*, AT, § 50 Rn. 86; *Leptien*, in: Soergel, § 167 Rn. 16.
872 So *Flume*, AT II, S. 834–836 (§ 49, 4). Ablehnend gegenüber der Anscheinsvollmacht (jedenfalls für das Zivilrecht, das anders als das Handelsrecht keine allgemeine Rechtsscheinhaftung kenne) auch *Medicus/Petersen*, AT, Rn. 970 f.; *Neuner*, AT, § 50 Rn. 98; *Schilken*, in: Staudinger, § 167 Rn. 31; *Canaris*, Die Vertrauenshaftung im deutschen Privatrecht, 1971, S. 49–52; *Petersen*, Jura 2003, 310 (313).
873 In den Genuss der Irrtumsanfechtung kommt auch der klassische „Schussel", wobei er aber die Haftung auf den Vertrauensschaden gemäß § 122 Abs. 1 BGB in Kauf nehmen muss; siehe hierzu oben Kapitel 8 Rn. 396.
874 Siehe hierzu oben Kapitel 4 Rn. 84–86.

676 Allerdings kann Vergleichspunkt nicht allein die Regelung der Anfechtung gemäß §§ 119 ff. BGB sein. Rechtsgrundlage für die Anscheinsvollmacht ist der allgemeine Rechtsgedanke, der hinter der gesetzlichen Regelung der §§ 170–173 BGB steht (Rn. 672). Nach diesen Vorschriften geht es – nicht anders als bei der Anscheinsvollmacht – in der Regel um ein fahrlässiges Verhalten des Vertretenen, das zu einer Rechtsscheinvollmacht und damit zu einem wirksamen Vertragsschluss führt, und zwar ohne dass der Vertretene die Möglichkeit der Anfechtung hat. Derjenige, der eine Außenvollmacht gegenüber dem Vertreter widerruft und den Geschäftspartner nicht informiert (Fall des § 170 BGB), handelt grundsätzlich fahrlässig. Ebenso geht es in den §§ 171, 172 BGB regelmäßig um Fälle der Fahrlässigkeit des Vertretenen: Ein sorgfältig handelnder Vertretener informiert den Geschäftspartner, wenn er eine nach außen hin kundgegebene Innenvollmacht dem Vertreter gegenüber widerruft. Er verlangt auch, wenn er dem Vertreter eine Vollmachtsurkunde ausgehändigt hat und anschließend ihm gegenüber die Vollmacht widerruft, gemäß § 175 BGB Rückgabe der Vollmachtsurkunde. Aufgrund der besonderen Gefährlichkeit der Stellvertretung sieht das Gesetz in den §§ 170–173 BGB eine besonders strenge Haftung des Vertretenen vor: Es kommt aufgrund der Rechtsscheinvollmacht zu einer wirksamen Bindung des Vertretenen, ohne dass dieser – unter Hinweis auf die fehlende Bevollmächtigung – die Möglichkeit der Anfechtung hätte. Es trifft daher nicht zu, dass bloße Fahrlässigkeit nach unserer Rechtsordnung nicht zu einem wirksamen und zugleich nicht anfechtbaren Vertragsschluss führen würde. Die §§ 170–173 BGB beweisen das Gegenteil. Da die Stellvertretung für Dritte besonders gefährlich ist, sieht der Gesetzgeber hier einen verstärkten Schutz des Rechtsscheins vor. Die Stellvertretung bietet dem Vertretenen weitreichende Möglichkeiten, um sich die Vorzüge des arbeitsteiligen Handelns zunutze zu machen. Die Kehrseite liegt in der Rechtsscheinhaftung, die sich aus den §§ 170–173 BGB sowie aus der Duldungs- und Anscheinsvollmacht ergibt.

677 Auch bei der Anscheinsvollmacht, die sich aus demselben Rechtsgedanken ableitet, der auch den §§ 170–173 BGB zugrunde liegt, muss es daher zur strengen Haftung des Vertreters kommen. Dagegen lässt sich nicht anführen, die §§ 170–173 BGB würden an eine willentliche Äußerung des Vertretenen (Erteilung der Außenvollmacht, Kundgebung der Innenvollmacht, Aushändigung der Vollmachtsurkunde) anknüpfen, während es bei der Anscheinsvollmacht aufgrund von bloßer (fahrlässiger) Untätigkeit zu einer Haftung komme.[875] In Wirklichkeit beruht die Haftung des Vertreters nämlich auch in den Fällen der §§ 170–173 BGB auf der Nichtintervention des Vertreters.[876] Anknüpfungspunkte für die Haftung sind nämlich die fehlende Anzeige des Erlöschens der Vollmacht (§ 170 BGB), das Unterbleiben eines geeigneten Widerrufs der Vollmachtskundgebung (§ 171 Abs. 2 BGB) und die fehlende Rückforderung der Vollmachtsurkunde (§ 172 Abs. 2 BGB), wobei es ebenfalls um bloße Untätigkeit geht. Entscheidend kommt es darauf an, dass der Vertretene in zurechenbarer Weise den Rechtsschein einer Bevollmächtigung gesetzt hat (Rn. 672), was nicht nur in den Fällen der §§ 170–173 BGB, sondern auch dann zu bejahen ist, wenn der Vertretene das vollmachtlose Handeln des Vertreters, das sich in der Regel auf mehrere Fälle und

---

875 In diesem Sinne aber *Medicus/Petersen*, AT, Rn. 970; vgl. auch *Canaris*, Die Vertrauenshaftung im deutschen Privatrecht, 1971, S. 49 f.
876 Vgl. *Leptien*, in: Soergel, § 167 Rn. 17.

III. Vollmacht

über einen längeren Zeitraum hinweg erstreckt, bei Beachtung der pflichtgemäßen Sorgfalt hätte erkennen und verhindern können.

Der Unterschied zwischen Duldungs- und Anscheinsvollmacht soll noch anhand eines Beispiels verdeutlicht werden.

Bsp.: Angela macht bei Rechtsanwalt Richt eine Ausbildung als Rechtsanwaltsfachangestellte. Obwohl ihr hierzu nie Vollmacht erteilt worden ist, gibt sie immer wieder kleinere Bestellungen an den Schreibwarenhändler Schmitt auf. Richt zahlt anstandslos die Rechnungen. Aus Unachtsamkeit fällt ihm nicht auf, von wem die Bestellungen stammen, was Angela auch klar ist. Als eines Tages das Computerpapier ausgeht, bestellt Angela, um den Mengenrabatt bestmöglich auszunutzen, den Bedarf für die nächsten zwei Jahre. Richt erklärt gegenüber Schmitt, er sei mit dem Geschäft nicht einverstanden. Schmitt besteht gegenüber Richt auf Bezahlung und Abnahme des Papiers. (1) Wie ist die Rechtslage? (2) Ändert sich etwas, wenn Angela bei ihren kleineren Bestellungen mehrmals von Richt ertappt worden ist, der ihr Verhalten jedoch nie beanstandet hat?
Zu (1): Schmitt hat gegen Richt einen Anspruch auf Kaufpreiszahlung und Abnahme des Papiers gemäß § 433 Abs. 2 BGB, wenn Richt durch Angela wirksam vertreten worden ist (§ 164 Abs. 1, 3 BGB). Da Angela das Papier ersichtlich für die Anwaltskanzlei bestellt hat, liegt ein unternehmensbezogenes Geschäft (Rn. 620) vor, durch das Richt als Unternehmensinhaber berechtigt und verpflichtet werden soll. Angela müsste auch mit der erforderlichen Vertretungsmacht gehandelt haben. Ausdrücklich hat ihr Richt niemals Vollmacht erteilt. Angelas Vertretungsmacht könnte sich allerdings aus Rechtsscheingrundsätzen ergeben. Dazu müssten die Voraussetzungen der Duldungs- oder der Anscheinsvollmacht erfüllt sein. Deren Grundlage ist der hinter den §§ 170–173 BGB stehende allgemeine Rechtsgedanke. Da Angela eine Reihe von Bestellungen („immer wieder") vornahm und Richt sämtliche Rechnungen anstandslos bezahlt hat, entstand gegenüber Schmitt der Rechtsschein, Angela sei wirksam bevollmächtigt. Dass Angela bisher nur kleinere Bestellungen vorgenommen hat, führt nicht zu einer Einschränkung des Rechtsscheins: Wer regelmäßig für einen Betrieb Schreibwaren bestellt, der hat – aus objektiver Sicht – unbeschränkte Gattungsvollmacht für derartige Geschäfte. Richt ist Angelas vollmachtloses Handeln aus Unachtsamkeit entgangen, weshalb ihm hinsichtlich des Rechtsscheins Fahrlässigkeit zu Last fällt. Damit sind die Voraussetzungen der Anscheinsvollmacht erfüllt, sodass der von Angela geschlossene Kaufvertrag für und gegen Richt wirkt. Schmitt hat daher gegen Richt gemäß § 433 Abs. 2 BGB einen Anspruch auf Kaufpreiszahlung und Abnahme des Papiers.
Zu (2): Anders als im Ausgangsfall (1) hat Richt hier gegenüber Angela die Bestellungen mehrfach geduldet, worin eine konkludente Bevollmächtigung liegen kann. Auch aus der Sicht eines objektiven Erklärungsempfängers durfte Angela die Duldung ihres Handelns durch Richt so verstehen, dass dieser auch in Zukunft mit derartigen Bestellungen einverstanden ist. Allerdings bezieht sich die konkludente Erteilung der Innenvollmacht (§ 167 Abs. 1 Alt. 1 BGB) nur auf kleinere Bestellungen, wie sie bisher von Angela getätigt worden sind. Sie durfte Richt nicht etwa so verstehen, dass sie nun auch zur Durchführung von Großbestellungen bevollmächtigt sei. Richt hat Angela daher zwar kon-

kludent Vollmacht erteilt, das konkrete Geschäft der Papierbestellung für die nächsten zwei Jahre ist aber von der Vollmacht nicht abgedeckt.

Angelas Vertretungsmacht für die Papierbestellung könnte sich allerdings nach Rechtsscheingrundsätzen aus einer Duldungsvollmacht ergeben. Dazu müsste der Rechtsschein einer Bevollmächtigung, die auch den Abschluss des Kaufvertrags über das Papier umfasst, entstanden sein. Durch die Duldung der Bestellungen hat Richt gegenüber Schmitt den Anschein erweckt, Angela habe unbeschränkte Gattungsvollmacht für den Ankauf von Schreibwaren. Dass in der Duldung hier sogar eine konkludente Bevollmächtigung zur Vornahme kleinerer Bestellungen liegt, ändert nichts daran, dass zugleich eine darüber hinausgehende Duldungsvollmacht vorliegen kann. Richt hat hier Angelas Verhalten, aus dem sich der Rechtsschein einer unbeschränkten Gattungsvollmacht ergab, gekannt und er hat dieses Verhalten auch geduldet. Die Voraussetzungen der Duldungsvollmacht sind somit erfüllt, weshalb Schmitt gegen Richt wiederum einen Anspruch auf Kaufpreiszahlung und Abnahme des Papiers gemäß § 433 Abs. 2 BGB hat.

IV. Wirkung der Stellvertretung

679 Die Wirkung der Stellvertretung ist in § 164 Abs. 1 Satz 1 BGB geregelt. Demnach wirkt die Willenserklärung, die der mit der erforderlichen Vertretungsmacht ausgestattete Vertreter im Namen des Vertretenen abgibt, „unmittelbar für und gegen den Vertretenen". Gleiches gilt gemäß § 164 Abs. 3 BGB für Willenserklärungen, die gegenüber dem Vertreter abgegeben werden. Das bedeutet, dass sämtliche Wirkungen des vom Vertreter abgeschlossenen Geschäfts in der Person des Vertretenen eintreten. Der Vertretene steht gemäß § 164 Abs. 1 Satz 1 und Abs. 3 BGB rechtlich also so, als hätte er selbst das Geschäft abgeschlossen.

680 Für den Inhalt des geschlossenen Geschäfts ist die Willenserklärung des Vertreters maßgeblich, auf die sich das vom Vertreter abgeschlossene Geschäft gründet. Es kommt daher für die Wirkungen des Vertretergeschäfts auf das vom Vertreter Gewollte an, das nicht unbedingt mit dem übereinstimmen muss, was der Vertretene gewollt hat. Es stellt sich daher die Frage, welche Folgen ein Willensmangel des Vertreters bzw. des Vertretenen hat. Auch ist zu klären, ob es im Hinblick auf die Kenntnis und das Kennenmüssen bestimmter Umstände auf die Person des Vertreters oder die des Vertretenen ankommt. Und schließlich ist zu fragen, ob sich der Vertretene vom Geschäft, das der Vertreter abgeschlossen hat, durch Anfechtung der Vollmacht wieder lösen kann.

1. Willensmängel und Kenntnis bzw. Kennenmüssen von Umständen

681 Eine Regelung zu der Frage, auf welche Person es hinsichtlich von Willensmängeln und hinsichtlich der Kenntnis bzw. des Kennenmüssens bestimmter Umstände ankommt, findet sich in § 166 Abs. 1 BGB: Demnach kommt insoweit „nicht die Person des Vertretenen, sondern die des Vertreters in Betracht". Es kommt also allein auf Willensmängel des Vertreters an und auch im Hinblick auf die Kenntnis bzw. das Kennenmüssen bestimmter Umstände ist allein die Person des Vertreters, nicht die des Vertretenen maßgeblich. Das erscheint durchaus konsequent: Da der Vertreter die Willenserklärung abgibt, muss – wenn es um Willensmängel und um die Frage der Kenntnis bzw. des Kennenmüssens geht – auf die Person des Vertreters abgestellt werden. Bei der Regelung in § 166 Abs. 1 BGB

IV. Wirkung der Stellvertretung

handelt es sich um eine Folge der für den Gesetzgeber maßgeblichen Repräsentationstheorie (Rn. 643). Da der Vertreter als Repräsentant des Vertretenen umfassend an dessen Stelle tritt, kommt es für den Abschluss des Geschäfts grundsätzlich allein auf die Person des Vertreters an.

682 Die Konsequenz des § 166 Abs. 1 BGB ist ganz erheblich: Auf Willensmängel des Vertretenen kommt es grundsätzlich nicht an. Wenn der Vertretene im Hinblick auf das Vertretergeschäft einem Willensmangel unterliegt, scheidet eine Anfechtung aus, weil der Vertretene, der sich irrt, die Willenserklärung nicht abgegeben hat und der Vertreter, der die Willenserklärung abgegeben hat, keinem Irrtum unterliegt. Der Vertretene trägt daher – ohne die Möglichkeit der Anfechtung – das Risiko eigener Willensmängel.

> **Bsp.:** Karl betreibt in seinem Künstleratelier eine Verkaufsausstellung, wobei er aber nicht alle seine Bilder verkaufen will. Er vergisst, seine Angestellten zu informieren, dass das Bild „Abstraktion III" keinesfalls verkauft werden dürfe. Als Karl gerade nicht anwesend ist, veräußert Agis, der zum Abschluss von Verkaufsgeschäften bevollmächtigt ist, das Bild für 1.000 € an den Kunstliebhaber Lukas. Was kann Karl tun? – Karl wollte den Abschluss des Geschäfts nicht, er hat aber keine Willenserklärung abgegeben. Agis, der die Willenserklärung abgegeben hat, hat sich nicht geirrt. Gemäß § 166 Abs. 1 BGB kommt es, was Willensmängel betrifft, nicht auf den Vertretenen, sondern auf den Vertreter an. Es kommt daher weder eine Anfechtung des Verpflichtungs- noch des Verfügungsgeschäfts in Betracht. Karl hat „Pech gehabt" und kann aus der Geschichte nur die Lehre ziehen, dass er seine Angestellten das nächste Mal besser informiert.

683 Eine Einschränkung des § 166 Abs. 1 BGB enthält Absatz 2 der Vorschrift: Der Vertretene darf – so der Gedanke des § 166 Abs. 2 BGB – die Regelung des § 166 Abs. 1 BGB nicht missbrauchen. Hat der Vertreter nach bestimmten Weisungen des Vollmachtgebers gehandelt, so kann sich dieser gemäß § 166 Abs. 2 Satz 1 BGB „in Ansehung solcher Umstände, die er selbst kannte, nicht auf die Unkenntnis des Vertreters berufen". Ohne die Vorschrift des § 166 Abs. 2 BGB könnte sich der unredliche Vertretene behelfen, indem er einen redlichen Vertreter auswählt, der für ihn das Geschäft abschließt. Ein solcher Missbrauch des § 166 Abs. 1 BGB, nach dem es auf die Kenntnis und das Kennenmüssen des Vertreters ankommt, soll durch den Absatz 2 verhindert werden.[877] Wenn der Vertreter nach bestimmten Weisungen des Vertretenen handelt, kann sich der Vertretene gemäß § 166 Abs. 2 Satz 1 BGB nicht auf die Unkenntnis des Vertreters berufen. Auch hinter § 166 Abs. 2 BGB steht die Repräsentationstheorie. Wenn nämlich der Vertretene aufgrund seiner Weisungen in Wirklichkeit die Fäden in der Hand hält, ist der Vertreter nicht mehr uneingeschränkt als Repräsentant des Vertretenen anzusehen. Bestimmend für die Willenserklärung des Vertreters ist nicht mehr dessen eigener Wille, sondern – im entscheidenden Punkt – der Wille des Vertretenen.[878]

684 Allgemein anerkannt ist, dass der Begriff der Weisungen in § 166 Abs. 2 Satz 1 BGB zu eng ist und daher erweiternd ausgelegt werden muss. Es genügt, wenn

---

877 Vgl. BGHZ 51, 141 (147): Der Vertretene soll sich „nicht hinter der Gutgläubigkeit des seine Weisungen befolgenden Vertreters verstecken dürfen".
878 Vgl. BGHZ 51, 141 (147): Wenn der Vollmachtgeber dem Vertreter eine besondere Weisung erteilt, ist es „sein Geschäftswille", der Abgabe und Inhalt der Vertretererklärung entscheidend bestimmt.

der Vertretene den Vertreter gezielt zu dem konkreten Geschäft veranlasst hat.[879] Eine über die gezielte Veranlassung hinausgehende Weisung ist nicht erforderlich. Und man geht noch einen Schritt weiter: Einer Weisung i. S. d. § 166 Abs. 2 Satz 1 BGB steht es gleich, wenn der Vertretene vom Vorhaben des Vertreters, ein bestimmtes Geschäft abzuschließen, weiß und den Abschluss des Geschäfts nicht verhindert, obwohl er dazu in der Lage gewesen wäre.[880] Es schadet also nicht nur die gezielte Veranlassung (im Sinne eines aktiven Tuns), sondern auch die unterlassene Verhinderung des Geschäftsabschlusses. Diese Erweiterungen erscheinen im Hinblick auf den Sinn und Zweck des § 166 Abs. 2 BGB ohne Weiteres überzeugend.

685 Teilweise wird allerdings für eine noch viel umfassendere Ausdehnung des § 166 Abs. 2 BGB plädiert:[881] Es komme nicht auf die Weisung an, sondern auf die hinter der Weisung stehende Unredlichkeit des Vertretenen. Die in § 166 Abs. 2 BGB erwähnte Weisung sei nur ein besonders schlimmes Beispiel der Unredlichkeit. Daher müsse dem Vertretenen eigene Kenntnis und eigenes Kennenmüssen in jedem Fall schaden, auch dann, wenn er dem Vertreter keinerlei Weisung erteilt hat. Betrachtet man die beteiligten Interessen, so spricht durchaus einiges dafür, stets sowohl die Redlichkeit des Vertreters als auch die des Vertretenen zu fordern,[882] um eine rechtliche Begünstigung des unredlichen Vertretenen zu vermeiden. Allerdings ist die vom Gesetzgeber getroffene Interessenwertung eine andere: Der Gesetzgeber hat in § 166 Abs. 2 BGB ganz bewusst nicht die umfassende Zurechnung eigener Kenntnis und eigenen Kennenmüssens des Vertretenen angeordnet, sondern wollte das Repräsentationsprinzip verwirklichen.[883] Über diese Entscheidung des Gesetzgebers darf man sich – *de lege lata* – nicht hinwegsetzen. Dem Vertretenen fällt daher eigene Kenntnis und eigenes Kennenmüssen nur dann zur Last, wenn es eine konkrete Verknüpfung zum Handeln des Vertreters gibt, die in einem aktiven Tun wie z. B. einer Weisung des Vertretenen liegen kann, aber auch in einem Unterlassen, wenn der Vertretene den Geschäftsabschluss durch den Vertreter nicht verhindert, obwohl er dazu in der Lage gewesen wäre.

> **Bsp.:** Erich ist Eigentümer eines Oldtimers, für den er bei sich zu Hause keinen Platz hat. Er stellt den Wagen daher dem Autohändler Volker für dessen Verkaufsraum als Dauerleihgabe zur Verfügung. Knut, der alte Autos sammelt, beauftragt Billi, nach automobilistischen Raritäten zu suchen und diese für ihn zu erwerben. Da Volker knapp bei Kasse ist, veräußert er den Oldtimer an Knut, vertreten durch Billi, für 50.000 €. (1) Hat Erich gegen Knut einen Anspruch auf Rückgabe des Wagens, wenn zwar Knut, nicht aber Billi gutgläubig

---

[879] Vgl. BGHZ 38, 65 (68); 50, 364 (368); *Neuner*, AT, § 49 Rn. 86; *Wertenbruch*, AT, § 32 Rn. 4; *Ellenberger*, in: Grüneberg, § 166 Rn. 11; *Schubert*, in: MüKo, § 166 Rn. 126; *Leptien*, in: Soergel, § 166 Rn. 29.
[880] Vgl. BGHZ 50, 364 (368); *Köhler*, AT, § 11 Rn. 50; *Neuner*, AT, § 49 Rn. 86; *Ellenberger*, in: Grüneberg, § 166 Rn. 11; *Schubert*, in: MüKo, § 166 Rn. 126; *Leptien*, in: Soergel, § 166 Rn. 29; *Schilken*, in: Staudinger, § 166 Rn. 33.
[881] So *Beuthien*, FS Medicus 1999, 1 (14 f.); *ders.* NJW 1999, 3585 (3586 f.). Ablehnend *Ellenberger*, in: Grüneberg, § 166 Rn. 11; *Schilken*, in: Staudinger, § 166 Rn. 27.
[882] So *de lege ferenda* auch *Baur/Stürner*, Sachenrecht, 18. Aufl. 2009, § 23 Rn. 36 (für die Fälle des redlichen Erwerbs). Zum Gegensatz *de lege lata/de lege ferenda* siehe oben Kapitel 9 Rn. 501.
[883] Mot. I, S. 227 (= Mugdan I, S. 478): „Die Vorschrift auf alle Vollmachtsfälle […] auszudehnen, in welchen der Vertretene Kenntniß von der Vornahme eines Rechtsgeschäftes in seinem Namen hat, ist bedenklich, und praktisch liegt kein Bedürfniß dazu vor."

war? (2) Wie ist die Rechtslage, wenn Billi, nicht aber Knut gutgläubig war und Billi von Knut gezielt auf Volker hingewiesen worden ist? (3) Ändert sich etwas, wenn der gutgläubige Billi dem bösgläubigen Knut mitteilt, er habe bei Volker einen ganz besonders gut erhaltenen Oldtimer gefunden, den er nun für ihn kaufen werde, und Knut nur meint, er verlasse sich ganz auf Billis „guten Riecher"? (4) Wie ist zu entscheiden, wenn Knut, als ihm der gutgläubige Billi – ohne genauere Angaben zu den beteiligten Personen – seine Kaufabsicht mitteilt, zunächst nichts Schlimmes ahnt, er jedoch, als Billi den Oldtimer zu ihm bringt, sofort erkennt, dass es sich um Erichs Wagen handelt? – Es fragt sich, ob Erich von Knut gemäß § 985 BGB Herausgabe des Wagens verlangen kann. Ursprünglich war Erich Eigentümer, er könnte aber sein Eigentum an Knut aufgrund der Vorschriften über den gutgläubigen Eigentumserwerb (§§ 929 Satz 1, 932 BGB) verloren haben. Gemäß § 166 Abs. 1 BGB kommt es im Hinblick auf die Kenntnis oder das Kennenmüssen bestimmter Umstände grundsätzlich auf die Person des Vertreters an. In der Fallvariante (1) ist zwar Knut, nicht aber der Vertreter Billi gutgläubig. Damit scheidet ein gutgläubiger Eigentumserwerb von Knut gemäß § 166 Abs. 1 BGB aus. Erich kann von Knut gemäß § 985 BGB Herausgabe verlangen. Umgekehrt liegt es in der Fallvariante (2): Billi ist gutgläubig, während Knut bösgläubig ist. Hinzu kommt, dass Billi von Knut gezielt auf Volker hingewiesen worden ist. Zwar liegt hier nicht im strengen Sinn eine Weisung vor. Einer Weisung i. S. d. § 166 Abs. 2 Satz 1 BGB steht es aber gleich, wenn der Vertretene den Vertreter gezielt zur Vornahme des konkreten Geschäfts veranlasst hat. So liegt es hier, weshalb sich Knut in erweiternder Auslegung des § 166 Abs. 2 BGB angesichts seiner Bösgläubigkeit nicht auf Billis Gutgläubigkeit berufen kann. Somit besteht auch hier Erichs Anspruch gegen Knut aus § 985 BGB. Gleiches gilt in der Fallvariante (3): Knut hat es sehenden Auges unterlassen, den Geschäftsabschluss durch Billi zu verhindern, obwohl er dazu in der Lage gewesen wäre. Auch hier ist es Knut in erweiternder Auslegung des § 166 Abs. 2 BGB verwehrt, sich auf Billis Gutgläubigkeit zu berufen. Nur in Fallvariante (4) fehlt es an jeder Einwirkung durch Knut auf Billi. Es gab für Knut, der nichts Schlimmes ahnte, auch keinen Anlass, den Geschäftsabschluss durch Billi zu verhindern. Entgegen der in Rn. 685 dargestellten Meinung kann § 166 Abs. 2 BGB nicht so weit ausgedehnt werden, dass dem Vertretenen eigene Kenntnis und eigenes Kennenmüssen in jedem Fall schaden. Es bleibt vielmehr – im Einklang mit der für den Gesetzgeber maßgeblichen Repräsentationstheorie – beim Grundsatz des § 166 Abs. 1 BGB. Da Billi gutgläubig ist, hat Knut gemäß §§ 929 Satz 1, 932 BGB Eigentum an dem Wagen erworben. Erich hat sein Eigentum verloren und daher keinen Herausgabeanspruch gemäß § 985 BGB.

§ 166 BGB wird als Ausdruck eines allgemeinen Rechtsgedankens angesehen und daher im Wege der Analogie weit über den Bereich der Stellvertretung hinaus angewendet. Insbesondere wird die Vorschrift analog auch auf **Wissensvertreter** angewendet. Man kann daher sagen, dass es sich bei § 166 BGB um die universelle Norm der **Wissenszurechnung** im BGB (und darüber hinaus) handelt. Der hinter § 166 BGB stehende Rechtsgedanke lautet wie folgt:[884]

---

[884] So die vom BGH in ständiger Rspr. verwendete Formel; vgl. BGHZ 83, 293 (296); 94, 232 (239); 117, 104 (106); 117, 168 (180); 133, 129 (139); 134, 343 (347 f.); 171, 1 Tz. 35; 201, 129 Tz. 40.

Wer einen anderen mit der Erledigung bestimmter Angelegenheiten in eigener Verantwortung betraut hat, muss sich das in diesem Rahmen erlangte Wissen des anderen zurechnen lassen.

687 Hieran knüpft die Definition des Wissensvertreters an:

Definition

Wissensvertreter ist eine Person, die – ohne Stellvertreter zu sein – damit betraut ist, die Angelegenheiten eines anderen in eigener Verantwortung zu erledigen.

Paradebeispiel für den Wissensvertreter ist der **Verhandlungsführer bzw. -gehilfe**, der – ohne Stellvertreter zu sein – die gesamten Vertragsverhandlungen für den eigentlichen Vertragsschließenden eigenverantwortlich führt oder zumindest an den Verhandlungen in eigener Verantwortung mitwirkt.[885] Der Vertrag wird dann aber nicht vom Verhandlungsführer oder -gehilfen, sondern vom Vertragsschließenden selbst geschlossen. Ein weiteres Beispiel für einen Wissensvertreter ist der Arzt, den eine Versicherung z. B. vor Abschluss einer Berufsunfähigkeitsversicherung einschaltet, um ein ärztliches Gutachten über den Gesundheitszustand des Antragstellers zu erstatten. Beauftragt die Versicherung den Hausarzt des Antragstellers, muss sie sich analog § 166 Abs. 1 BGB die Kenntnis des Hausarztes über Vorerkrankungen zurechnen lassen.[886]

> **Bsp.:** Alf beauftragt seinen Freund Berti, nach einem Gebrauchtwagen für ihn zu suchen. Dieser sieht beim Gebrauchtwagenhändler Hubert ein günstiges Exemplar, das nach einem Auffahrunfall repariert worden ist. Aufgrund der sachgerechten Reparatur hält Hubert einen Hinweis auf den Unfallschaden nicht für erforderlich. Bei näherem Zusehen bemerkt Berti, dass der linke Kotflügel ausgetauscht worden ist. Trotzdem entscheidet er sich aufgrund des niedrigen Preises für den Wagen und füllt das von Hubert vorgelegte Verkaufsformular aus, das von Alf noch unterschrieben werden soll. Berti vergisst, Alf über den Unfallschaden zu informieren. Kann Alf, nachdem er unterschrieben hat, den Kaufvertrag mit Hubert wegen arglistiger Täuschung anfechten? – Da das Verkaufsformular von Alf unterschrieben wird, schließt dieser und nicht Berti den Kaufvertrag. Berti ist daher nicht Stellvertreter, sondern bloßer Verhandlungsführer. Gleichwohl ist, was das Kennen bzw. Kennenmüssen bestimmter Umstände betrifft, analog § 166 Abs. 1 BGB grundsätzlich auf seine Person und nicht auf Alf abzustellen.
>
> Da Hubert den Unfallschaden bewusst verschwiegen hat, könnte eine unter § 123 Abs. 1 Alt. 1 BGB fallende arglistige Täuschung durch Unterlassen vorliegen. Beim Verkauf eines Gebrauchtwagens ist der Verkäufer, unabhängig davon, ob es sich (wie hier) um einen Gebrauchtwagenhändler oder um einen Privatmann handelt, grundsätzlich verpflichtet, jeden Unfall offenzulegen.[887] Aufgrund des merkantilen Minderwerts eines Unfallwagens gilt das auch dann, wenn der Schaden sachgerecht repariert worden ist. Nur bei Bagatellschäden, d. h. bei ganz geringfügigen, äußeren (Lack-)Schäden, ist von der Offenle-

---

885 Siehe zum Verhandlungsführer bzw. -gehilfen auch oben Kapitel 8 Rn. 456 f.
886 Vgl. OLG Frankfurt NJW-RR 1993, 676 (677).
887 Siehe hierzu oben Kapitel 8 Rn. 453.

gungspflicht eine Ausnahme zu machen. Hier wurde ein Karosserieteil, nämlich der Kotflügel, ausgetauscht, weshalb der Unfall nicht hätte verschwiegen werden dürfen. Da Hubert einen Hinweis aufgrund der sachgerechten Reparatur nicht für erforderlich hielt, stellt sich die Frage, ob ihm insoweit nur Fahrlässigkeit vorgeworfen werden kann, was für § 123 Abs. 1 Alt. 1 BGB nicht ausreichen würde. Allerdings ist von einem Gebrauchtwagenhändler zu erwarten, dass er sich über seine grundlegenden Offenlegungspflichten informiert. Tut er das nicht, fällt ihm zumindest bedingter Vorsatz zur Last. Da unter einer Täuschung die Erregung oder das Unterhalten eines Irrtums zu verstehen ist,[888] müsste tatsächlich ein Irrtum vorliegen. Berti, auf dessen Person es analog § 166 Abs. 1 BGB ankommt, hat aber den Austausch des Kotflügels und damit den Unfallschaden auch ohne Hinweis entdeckt, weshalb es an einem Irrtum fehlt. Mangels Täuschung kann Alf den Kaufvertrag mit Hubert nicht gemäß §§ 142 Abs. 1, 123 Abs. 1 Alt. 1 BGB anfechten.

2. **Anfechtung der Vollmacht**

a) **Einführung.** Höchst umstritten ist die Frage, ob eine bereits erteilte Vollmacht durch Anfechtung gemäß § 142 Abs. 1 BGB mit Rückwirkung wieder beseitigt werden kann. Es geht dabei insbesondere um den Fall, dass sich der Vertretene bei der Vollmachtserteilung geirrt hat. **688**

> **Bsp.:** Ansgar, der sich mit Computern nicht auskennt, will einen neuen Computer kaufen. Er bevollmächtigt Benno, wobei er einem Identitätsirrtum unterliegt. Er meint, er würde in Wirklichkeit Bardo bevollmächtigen. Kann Ansgar die Vollmachtserteilung wegen eines Inhaltsirrtums in Form des *error in persona*[889] gemäß §§ 142 Abs. 1, 119 Abs. 1 Alt. 1 BGB anfechten?[890]

Die Frage der Anfechtung der Vollmachtserteilung stellt erst dann ein Problem dar, wenn der Vertreter die Vollmacht bereits gebraucht hat, wenn also das Vertretergeschäft schon abgeschlossen ist. Vorher genügt regelmäßig der Widerruf der Vollmacht gemäß § 168 Satz 2 BGB, der dazu führt, dass die Vollmacht mit Wirkung *ex nunc* erlischt. Aber auch die Anfechtung der Vollmacht ist vor deren Gebrauch ohne Weiteres möglich. Erst mit Abschluss des Vertretergeschäfts entsteht für den Geschäftspartner, der sich auf die Wirksamkeit des Geschäfts verlässt, ein Vertrauenstatbestand. Daher gibt es vorher keinen Grund, das Anfechtungsrecht des Vertretenen im Hinblick auf schutzwürdige Interessen des Geschäftspartners einzuschränken. Insbesondere im Fall der unwiderruflich erteilten Vollmacht steht daher einer Anfechtung der noch nicht gebrauchten Vollmacht nichts entgegen.[891] **689**

Nach Abschluss des Vertretergeschäfts hat die wirksame Anfechtung der Vollmacht, die gemäß § 142 Abs. 1 BGB zum rückwirkenden Wegfall der Vertretungsmacht führt, auch Konsequenzen für das bereits abgeschlossene Vertretergeschäft. Da der Vertreter mit Rückwirkung zum Vertreter ohne Vertretungsmacht wird, wirkt das Vertretergeschäft nicht mehr gemäß § 164 Abs. 1 Satz 1 und Abs. 3 BGB **690**

---

888 Hierzu oben Kapitel 8 Rn. 447.
889 Zum *error in persona* als Unterfall des Identitätsirrtums siehe oben Kapitel 8 Rn. 414.
890 Siehe zur Lösung des Beispielfalls unten Rn. 699 f., 703.
891 Vgl. *Brox/Walker*, AT, § 25 Rn. 36; *Medicus/Petersen*, AT, Rn. 944; *Schubert*, in: MüKo, § 167 Rn. 47; *Schilken*, in: Staudinger, § 167 Rn. 77.

für und gegen den Vertretenen. Die Anfechtung der gebrauchten Vollmacht hat daher auch die rückwirkende Lösung des Vertretenen vom Vertretergeschäft zur Folge. Um die Problematik der Anfechtung einer gebrauchten Vollmacht beurteilen zu können, muss zwischen Innen- und Außenvollmacht unterschieden werden. Ausgangspunkt der Überlegungen ist dabei jeweils die gesetzliche Regelung, wobei die von ihr im Einzelnen hervorgerufenen Folgen beurteilt werden müssen.

691 b) **Anfechtung der gebrauchten Innenvollmacht.** Bei der Erteilung der **Innenvollmacht** gemäß § 167 Abs. 1 Alt. 1 BGB handelt es sich um ein einseitiges Rechtsgeschäft, das der Vertretene gegenüber dem Vertreter vornimmt. Die Anfechtung der Innenvollmacht muss daher nach der gesetzlichen Regelung in § 143 Abs. 3 Satz 1 BGB gegenüber dem Vertreter erfolgen. Der Vertreter, der aufgrund einer wirksamen Anfechtung der Vollmacht mit Rückwirkung zum Vertreter ohne Vertretungsmacht wird, haftet dem Geschäftspartner gemäß § 179 BGB, und zwar regelmäßig gemäß § 179 Abs. 2 BGB auf den Vertrauensschaden des Geschäftspartners. Gleichzeitig hat der Vertreter gegen den Vertretenen aufgrund der Anfechtung einen Anspruch auf Ersatz des Vertrauensschadens gemäß § 122 Abs. 1 BGB. D. h., dass der Vertreter so zu stellen ist, als hätte er von der Bevollmächtigung nie etwas gehört.[892] Da der Vertreter ohne die Bevollmächtigung nicht das Vertretergeschäft abgeschlossen hätte, wäre es nicht zu seiner Haftung als Vertreter ohne Vertretungsmacht gemäß § 179 BGB gekommen. Der Vertrauensschaden des Vertreters besteht also gerade in dem gegen ihn gerichteten Anspruch des Geschäftspartners aus § 179 BGB. Auf den ersten Blick scheint es damit durchaus zu einer gerechten Lösung zu kommen: Der Vertreter haftet zwar gemäß § 179 BGB gegenüber dem Geschäftspartner, kann aber selbst Rückgriff beim Vertretenen gemäß § 122 Abs. 1 BGB nehmen, und zwar genau in Höhe seiner Inanspruchnahme durch den Geschäftspartner.[893] Bildlich lässt sich die sich hieraus ergebende Anspruchskette wie folgt darstellen:

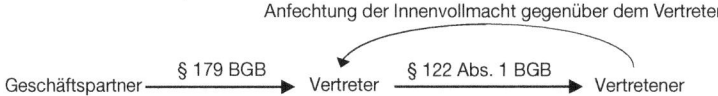

692 Da es um zwei hintereinandergeschaltete Ansprüche geht, nämlich den Anspruch des Geschäftspartners gegen den Vertreter gemäß § 179 BGB und den Anspruch des Vertreters gegen den Vertretenen gemäß § 122 Abs. 1 BGB, führt die aus den gesetzlichen Vorschriften abgeleitete Lösung allerdings nur dann zum gewünschten Ergebnis, wenn die beiden Anspruchsgegner (d. h. zum einen der Vertreter und zum anderen der Vertretene) auch zahlungsfähig sind. Die hinter der gesetzlichen Lösung stehende Problematik wird deutlich, wenn man die sogenannte **Insolvenzprobe** macht, wenn man sich also überlegt, welche Folgen sich aus der Insolvenz des einen und des anderen Anspruchsgegners ergeben.

693 – **Insolvenzprobe 1:** Bei der ersten Insolvenzprobe soll überlegt werden, welche Folgen sich aus der **Insolvenz des Vertretenen** ergeben. In diesem Fall ist der Anspruch des Vertreters gegen den Vertretenen auf Ersatz des Vertrauensschadens gemäß § 122 Abs. 1 BGB nicht realisierbar. Der Vertreter bleibt also auf

---

892 Zum Begriff des Vertrauensschadens siehe oben Kapitel 8 Rn. 397.
893 Befürwortet wird diese gesetzliche Lösung z. B. von *Bork*, AT, Rn. 1476–1479; *Faust*, AT, § 26 Rn. 11 f.; *Mansel*, in: Jauernig, § 167 Rn. 11; *Schilken*, in: Staudinger, § 167 Rn. 78 f., 82.

seinem Schaden „sitzen", er trägt das Risiko der Insolvenz des Vertretenen. Das ist jedoch kein angemessenes Ergebnis. Da sich der Geschäftspartner den Vertretenen als seinen Vertragspartner ausgesucht hat, wäre es richtig, wenn er und nicht der Vertreter das Insolvenzrisiko im Hinblick auf den Vertretenen tragen würde.

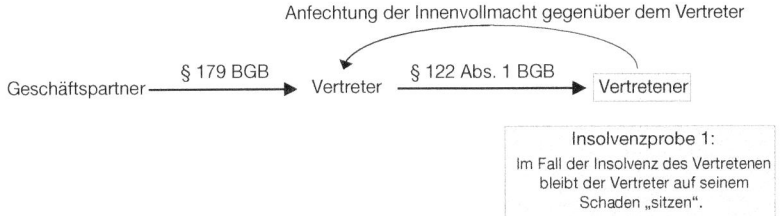

- **Insolvenzprobe 2:** Betrachtet man den Fall der **Insolvenz des Vertreters**, kommt es auf der Grundlage der gesetzlichen Lösung ebenfalls zu einem unangemessenen Ergebnis. Aufgrund der Insolvenz des Vertreters kann der Geschäftspartner seinen Anspruch gemäß § 179 BGB nicht realisieren. Da dem Geschäftspartner nach der gesetzlichen Lösung nur dieser Anspruch gegen den Vertreter, dagegen kein Anspruch gegen den Vertretenen zusteht, ist es hier der Geschäftspartner, der auf seinem Schaden „sitzen bleibt". Verantwortlich für die Anfechtung der Vollmacht und damit für den rückwirkenden Wegfall der Bindung an das Vertretergeschäft ist jedoch der Vertretene, der sich geirrt hat. Richtigerweise muss dem Geschäftspartner daher ein unmittelbarer Anspruch gegen den Vertretenen zustehen. Der Umweg über den gegen den Vertreter gerichteten Anspruch gemäß § 179 BGB führt im Fall der Insolvenz des Vertreters zu einer ungerechten Benachteiligung des Geschäftspartners.

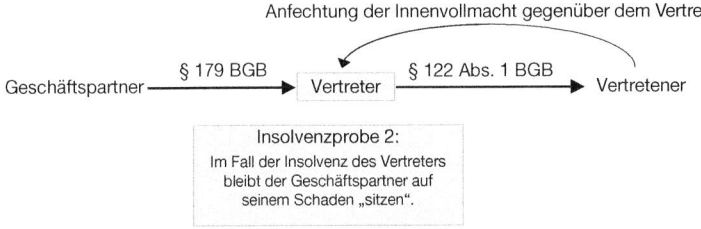

Die herrschende Meinung löst das Problem, indem sie in analoger bzw. direkter Anwendung des § 122 Abs. 1 BGB einen unmittelbaren Anspruch des Geschäftspartners gegen den Vertretenen befürwortet.[894] Überwiegend wird zudem verlangt, dass die Anfechtung – in Abweichung von § 143 Abs. 3 Satz 1 BGB –

---

[894] Für § 122 BGB in direkter Anwendung *Bitter/Röder*, AT, § 10 Rn. 126 f.; *Flume*, AT II, S. 871 (§ 52, 5c); *Köhler*, AT, § 11 Rn. 28; *Leipold*, BGB I, § 24 Rn. 39; *Wertenbruch*, AT, § 30 Rn. 7; *Ellenberger*, in: Grüneberg, § 167 Rn. 3; *Leptien*, in: Soergel, § 166 Rn. 23; insoweit zustimmend auch *Brox/Walker*, AT, § 25 Rn. 39; *Brox*, JA 1980, 449 (451). Für analoge Anwendung des § 122 BGB *Schubert*, in: MüKo, § 167 Rn. 55; *Schwarze*, JZ 2004, 588 (594 f.); *Mock*, JuS 2008, 391 (393). Offengelassen („analog bzw. gem. § 122") bei *Neuner*, AT, § 50 Rn. 26.

(zumindest auch) gegenüber dem Geschäftspartner erklärt werden müsse.[895] Grafisch lässt sich die Lösung der herrschenden Meinung wie folgt verdeutlichen:

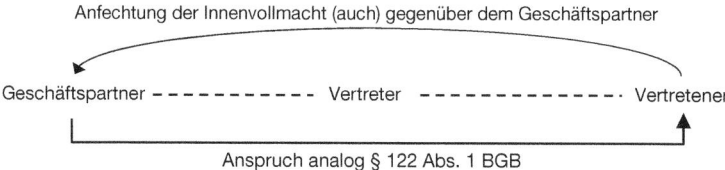

696 Durch die analoge Anwendung des § 122 Abs. 1 BGB zugunsten des Geschäftspartners wird das Problem der Insolvenzprobe 2 (Rn. 694) gelöst: Aufgrund des unmittelbaren Anspruchs gegen den Vertretenen trägt der Geschäftspartner nicht mehr das Insolvenzrisiko im Hinblick auf den Vertreter. Es stellt sich aber weiterhin das Problem der Insolvenzprobe 1: Auch wenn man bei der gebrauchten Innenvollmacht eine Anfechtung auch gegenüber dem Geschäftspartner fordert und zu einer Haftung des Vertretenen gegenüber dem Geschäftspartner analog § 122 Abs. 1 BGB kommt, führt die Anfechtung der Vollmacht doch immer noch zum rückwirkenden Wegfall der Vertretungsmacht gemäß § 142 Abs. 1 BGB. Es stellt sich daher die Frage, ob neben die Haftung des Vertretenen analog § 122 Abs. 1 BGB auch noch die Haftung des Vertreters ohne Vertretungsmacht gemäß § 179 BGB tritt. Wenn ja, trägt der Vertreter auch nach dieser Lösung das Risiko der Insolvenz des Vertretenen, was unangemessen erscheint. Zum Teil wird gleichwohl vertreten, dass der Vertretene (analog § 122 Abs. 1 BGB) und der Vertreter (gemäß § 179 BGB) gegenüber dem Geschäftspartner als Gesamtschuldner haften.[896] Richtigerweise muss aber die Haftung des Vertreters ausscheiden.[897] Das ergibt sich aus einer teleologischen Reduktion des § 179 BGB: Die Haftung des Vertreters ohne Vertretungsmacht gemäß § 179 BGB hat den Sinn, dem Geschäftspartner einen Anspruch zu verschaffen, wenn dieser aufgrund der fehlenden Vertretungsmacht nicht gegen den Vertretenen selbst vorgehen kann. Bejaht man, wie es der herrschenden Meinung entspricht, einen Anspruch des Geschäftspartners analog § 122 Abs. 1 BGB gegen den Vertretenen, gibt es keinen Grund mehr für die Haftung des Vertreters ohne Vertretungsmacht.

697 **c) Anfechtung der gebrauchten Außenvollmacht.** Da die Außenvollmacht gegenüber dem Geschäftspartner erteilt wird (§ 167 Abs. 1 Alt. 2 BGB), hat hier die Anfechtung gemäß § 143 Abs. 3 Satz 1 BGB durch Erklärung gegenüber dem Geschäftspartner zu erfolgen. Es kommt daher zu einem unmittelbaren Anspruch des Geschäftspartners gegen den Vertretenen auf Ersatz des Vertrauensschadens

---

895 Für die Erklärung der Anfechtung sowohl gegenüber dem Vertreter als auch gegenüber dem Geschäftspartner plädieren *Flume*, AT II, S. 870 (§ 52, 5c), vgl. auch S. 563 f. (§ 31, 5); *Köhler*, AT, § 11 Rn. 28. Nur auf die Anfechtung gegenüber dem Geschäftspartner wird abgestellt von *Bitter/Röder*, AT, § 10 Rn. 126 f.; *Leipold*, BGB I, § 24 Rn. 39; *Wertenbruch*, AT, § 30 Rn. 5. **A. A.** (Anfechtung ausschließlich gegenüber dem Vertreter) *Ellenberger*, in: Grüneberg, § 167 Rn. 3; *Schubert*, in: MüKo, § 167 Rn. 50; *Leptien*, in: Soergel, § 166 Rn. 23; *Schwarze*, JZ 2004, 588 (595); *Mock*, JuS 2008, 391 (393).
896 Vgl. *Köhler*, AT, § 11 Rn. 28; *Schubert*, in: MüKo, § 167 Rn. 55; *Leptien*, in: Soergel, § 166 Rn. 23; *Brox*, JA 1980, 449 (451); *Petersen*, AcP 201 (2001), 375 (388 f.); *Schwarze*, JZ 2004, 588 (595); *Mock*, JuS 2008, 391 (393).
897 So *Bitter/Röder*, AT, § 10 Rn. 126 f.; *Brox/Walker*, AT, § 25 Rn. 39; *Flume*, AT II, S. 808 (§ 47, 3c); *Neuner*, AT, § 50 Rn. 26; *Müller-Freienfels*, Die Vertretung beim Rechtsgeschäft, 1955, S. 403 f.

gemäß § 122 Abs. 1 BGB. Da die Vorschrift des § 122 Abs. 1 BGB hier direkt anwendbar ist, stellt sich – anders als bei der Anfechtung der gebrauchten Innenvollmacht – nicht die Frage einer analogen Anwendung. Der unmittelbare Anspruch des Geschäftspartners gegen den Vertretenen führt dazu, dass es im Hinblick auf die Insolvenzprobe 2 („Der Vertreter wird insolvent.") ohne Weiteres zum richtigen Ergebnis kommt. Der Geschäftspartner trägt nicht das Risiko der Insolvenz des Vertreters, sondern kann den Vertretenen in Anspruch nehmen, der sich geirrt hat und für die Anfechtung der Vollmacht verantwortlich ist. Die herrschende Meinung hält daher die Anfechtung der gebrauchten Außenvollmacht für unproblematisch und bejaht insoweit die Anwendung der gesetzlichen Regelung.[898]

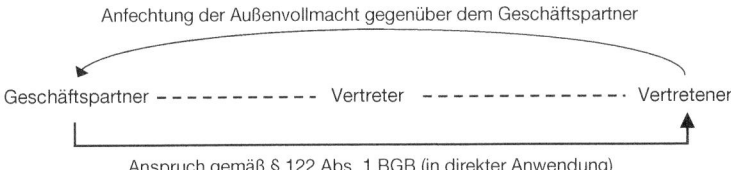

698 Auch bei der Anfechtung der gebrauchten Außenvollmacht stellt sich allerdings das Problem der Insolvenzprobe 1 („Der Vertretene wird insolvent."). Hat der Geschäftspartner einen Anspruch sowohl gegen den Vertretenen gemäß § 122 Abs. 1 BGB als auch gegen den Vertreter gemäß § 179 BGB? Da sich der Geschäftspartner den Vertretenen als Vertragspartner ausgesucht hat, erscheint es angemessen, dass er (und nicht der Vertreter) das Risiko der Insolvenz des Vertretenen trägt. Es muss daher auch hier zu einer teleologischen Reduktion des § 179 BGB kommen, sodass die Haftung des Vertreters entfällt.[899]

699 **d) Grundsätzlicher Anfechtungsausschluss bei einer gebrauchten Vollmacht.** Anders als die herrschende Meinung, die eine Anfechtung sowohl der gebrauchten Innen- als auch der gebrauchten Außenvollmacht zulässt (Rn. 695, 697), gelangt eine Minderheitsmeinung zum Ergebnis, dass die Anfechtung einer gebrauchten Vollmacht grundsätzlich ausgeschlossen ist.[900] Dahinter steht folgende Überlegung: Bei der Anfechtung der gebrauchten Vollmacht geht es in Wirklichkeit um die Beseitigung des Vertretergeschäfts. Der Vertretene ficht die Vollmacht nämlich nur dann an, wenn er nicht mehr an das vom Vertreter abgeschlossene Geschäft gebunden sein will. Ist der Vertretene dagegen der Ansicht, das Vertretergeschäft sei für ihn günstig, wird er die Vollmacht nicht anfechten, auch wenn er sich bei der Vollmachtserteilung noch so sehr geirrt hat.

---

898 Vgl. *Bork*, AT, Rn. 1476–1479; *Faust*, AT, § 26 Rn. 11 f.; *Flume*, AT II, S. 870 f. (§ 52, 5c); *Köhler*, AT, § 11 Rn. 28 („unbestritten möglich"); *Neuner*, AT, § 50 Rn. 28; *Ellenberger*, in: Grüneberg, § 167 Rn. 3; *Schubert*, in: MüKo, § 167 Rn. 50; *Leptien*, in: Soergel, § 166 Rn. 22 f.; *Schilken*, in: Staudinger, § 167 Rn. 77; *Mock*, JuS 2008, 391 (392 f.).
899 Vgl. *Bitter/Röder*, AT, § 10 Rn. 126 f.; *Brox/Walker*, AT, § 25 Rn. 39; *Flume*, AT II, S. 808 (§ 47, 3c). A. A. (Haftung sowohl des Vertretenen als auch des Vertreters) *Bork*, AT, Rn. 1478; *Faust*, AT, § 26 Rn. 12; *Mansel*, in: Jauernig, § 167 Rn. 11; *Schubert*, in: MüKo, § 167 Rn. 54; *Leptien*, in: Soergel, § 166 Rn. 23; *Schilken*, in: Staudinger, § 167 Rn. 81 f.; *Mock*, JuS 2008, 391 (393).
900 Vgl. *Brox/Walker*, AT, § 25 Rn. 40; *Brox*, JA 1980, 449 (451); *Eujen/Frank*, JZ 1973, 232 (235); *Prölss*, JuS 1985, 577 (582 f.); im Ergebnis ähnlich *Medicus/Petersen*, AT, Rn. 945; *Petersen*, AcP 201 (2001), 375 (380 f.); *Müller-Freienfels*, Die Vertretung beim Rechtsgeschäft, 1955, S. 404. *Neuner*, AT, § 50 Rn. 25, 28, schließt nur die Anfechtung gemäß § 119 Abs. 2 BGB wegen eines Irrtums über verkehrswesentliche Eigenschaften des Vertreters aus.

> **Bsp.:** In dem Beispielsfall in Rn. 688 wurde Benno von Ansgar aufgrund einer Personenverwechslung zum Computerkauf bevollmächtigt. Kauft hier Benno gleichwohl einen passenden Computer im Namen von Ansgar, besteht für diesen an sich kein Grund, die Vollmacht aufgrund seines Irrtums anzufechten. Es ist genau das Rechtsgeschäft zustande gekommen, das er wollte. Die Anfechtung der Vollmacht wäre für Ansgar hier nur dann attraktiv, wenn er an dem Computerkauf im Nachhinein – warum auch immer – nicht mehr festhalten will. Es kann etwa sein, dass er einen vergleichbaren Computer anderswo billiger gesehen hat.

700 Das Beispiel zeigt, dass es bei der Anfechtung der gebrauchten Vollmacht grundsätzlich nicht mehr um den Willensmangel bei der Vollmachtserteilung geht, sondern um die Überlegung, ob das Vertretergeschäft für den Vertretenen günstig oder ungünstig ist. Damit führt die Möglichkeit der Anfechtung einer gebrauchten Vollmacht, und zwar sowohl bei der Innen- als auch bei der Außenvollmacht, im Ergebnis zu einem **Reuerecht** des Vertretenen.[901] D. h., der Vertretene kann sich mithilfe der Anfechtung der Vollmacht vom Vertretergeschäft lösen, wenn er daran – aus welchen Gründen auch immer – nicht mehr festhalten will. Der Sinn und Zweck der Irrtumsanfechtung liegt aber nicht darin, dem Vertretenen ein derartiges Reuerecht zu geben. Daher muss die Anfechtung der gebrauchten Vollmacht – wie die Minderheitsmeinung zutreffend vertritt – im Grundsatz ausscheiden. Hat die Anfechtung in Wirklichkeit nichts mehr mit dem eigentlichen Willensmangel zu tun, sondern geht es dabei um ganz andere Überlegungen, ist diese unzulässig.

701 Eine Ausnahme vom Anfechtungsausschluss ist allerdings – und zwar auch nach der Minderheitsmeinung – dann zu machen, wenn der Willensmangel bei der Vollmachtserteilung auf das Vertretergeschäft „durchlägt", also dann, wenn sich der Willensmangel unmittelbar auf den Inhalt des vom Vertreter abgeschlossenen Rechtsgeschäfts auswirkt.[902] In einem solchen Fall des **„Durchschlagens"** des Willensmangels auf das Vertretergeschäft wird angenommen, dass der Willensmangel zur unmittelbaren Anfechtung **des Vertretergeschäfts** berechtigt.[903] Der Vertretene muss demnach gegenüber dem Geschäftspartner die Anfechtung des Vertretergeschäfts erklären. Teilweise wird jedoch eine Anfechtung **der Vollmacht** verlangt, die der Vertretene sowohl gegenüber dem Vertreter als auch gegenüber dem Geschäftspartner erklären müsse.[904]

> **Bsp.:** Volker möchte seine Briefmarkensammlung verkaufen. Er beauftragt Balduin schriftlich mit dem Verkauf, wobei er sich vertippt und als Mindestpreis 2.000 € anstelle von 3.000 € nennt. Balduin verkauft die Briefmarkensammlung daraufhin in Volkers Namen an Kasimir zum Preis von 2.500 €. – Der Erklä-

---

[901] Zum Begriff des Reuerechts *(ius poenitendi)* siehe bereits oben Kapitel 8 Rn. 434.
[902] Vgl. *Brox/Walker*, AT, § 25 Rn. 41; *Brox*, JA 1980, 449 (451 f.); *Eujen/Frank*, JZ 1973, 232 (235); *Prölss*, JuS 1985, 577 (583); siehe auch *Müller-Freienfels*, Die Vertretung beim Rechtsgeschäft, 1955, S. 403 f. Von „Fehleridentität" ist die Rede bei *Medicus/Petersen*, AT, Rn. 945; *Petersen*, AcP 201 (2001), 375 (380–384).
[903] Vgl. *Brox/Walker*, AT, § 25 Rn. 41; *Brox*, JA 1980, 449 (451 f.); *Eujen/Frank*, JZ 1973, 232 (236); *Prölss*, JuS 1985, 577 (583).
[904] So *Medicus/Petersen*, AT, Rn. 945; *Petersen*, AcP 201 (2001), 375 (380, 385): „Gegenstand der Anfechtung ist [...] die Vollmacht mit Rücksicht auf das Vertretergeschäft."; *Müller-Freienfels*, Die Vertretung beim Rechtsgeschäft, 1955, S. 404 f.: „Anfechtung der Bevollmächtigung".

rungsirrtum (§ 119 Abs. 1 Alt. 2 BGB), der Volker bei der Bevollmächtigung unterlaufen ist, wirkt sich hier unmittelbar auf den Inhalt des von Balduin abgeschlossenen Kaufvertrags aus. Es handelt sich daher um einen Fall des „Durchschlagens" des Willensmangels auf das Vertretergeschäft. Volker kann hier das Vertretergeschäft (bzw. die Vollmacht) anfechten, genauso wie wenn er den Kaufvertrag selbst abgeschlossen und sich bei der Abfassung des schriftlichen Antrags vertippt hätte.[905]

Hinweis

Im Hinblick auf die Meinungsverschiedenheiten hinsichtlich der Person des Anfechtungsgegners ist es empfehlenswert, dass der Vertreter die Anfechtung sowohl gegenüber dem Vertreter als auch gegenüber dem Geschäftspartner erklärt. Dagegen spielt es im Ergebnis keine Rolle, ob der Vertretene in seiner Anfechtungserklärung jeweils die Vollmacht oder das Vertretergeschäft als Anfechtungsgegenstand nennt. Die Anfechtungserklärung ist jedenfalls so auszulegen, dass aufgrund des durchschlagenden Irrtums sowohl die Vollmacht als auch das Vertretergeschäft vernichtet werden sollen.

Die Möglichkeit des Vertretenen, in den Fällen des „Durchschlagens" des Irrtums unmittelbar das Vertretergeschäft anzufechten, ergibt sich aus dem Rechtsgedanken des § 166 Abs. 2 BGB.[906] Zwar ist § 166 Abs. 2 BGB nur als Einschränkung des § 166 Abs. 1 BGB formuliert (Rn. 683): Hat der Vertreter nach bestimmten Weisungen des Vertretenen gehandelt und kannte der Vertretene die maßgeblichen Umstände oder hätte er sie kennen müssen, dann kann sich der Vertretene nicht auf die Unkenntnis bzw. das fehlende Kennenmüssen des Vertreters berufen. Dahinter steht der allgemeine Gedanke, dass es auf die Person ankommt, auf deren Vorstellungen die Willenserklärung des Vertreters tatsächlich beruht.[907] Dieser Gedanke kann sich auch zugunsten des Vertretenen auswirken: Wenn sich ein Willensmangel des Vertretenen aufgrund einer von ihm erteilten Weisung unmittelbar im Vertretergeschäft niederschlägt, kann der Vertretene das Vertretergeschäft anfechten, wie wenn er selbst das Geschäft abgeschlossen hätte.[908]

Auf das Vertretergeschäft durchschlagen kann auch ein Irrtum über die Person des Vertreters gemäß § 119 Abs. 1 Alt. 1 BGB (*error in persona*),[909] z. B. wenn feststeht, dass der eigentlich gewünschte Vertreter aufgrund seiner besonderen Sachkunde das Geschäft nicht oder nur mit einem anderen Inhalt abgeschlossen hätte. Denkbar sind auch Fälle, in denen der Irrtum über Eigenschaften der Person des Vertreters (§ 119 Abs. 2 BGB) zur Anfechtung berechtigt,[910] wobei es allerdings –

---

905 Siehe zu diesem Fall des Verkaufs der Briefmarkensammlung oben Kapitel 3 Rn. 69.
906 Vgl. *Brox/Walker*, AT, § 25 Rn. 42; *Brox*, JA 1980, 449 (451 f.). **A. A.** *Prölss*, JuS 1985, 577 (583): teleologische Reduktion des § 166 Abs. 1 BGB.
907 Vgl. BGHZ 51, 141 (147); *Medicus/Petersen*, AT, Rn. 902; *Neuner*, AT, § 49 Rn. 89.
908 Vgl. BGHZ 51, 141 (147); *Brox/Walker*, AT, § 25 Rn. 42; *Faust*, AT, § 26 Rn. 21; *Köhler*, AT, § 11 Rn. 51; *Medicus/Petersen*, AT, Rn. 899, 902; *Neuner*, AT, § 49 Rn. 89; *Ellenberger*, in: Grüneberg, § 166 Rn. 12; *Mansel*, in: Jauernig, § 166 Rn. 6. Kritisch *Leptien*, in: Soergel, § 166 Rn. 33. **A. A.** *Bork*, AT, Rn. 1656; *Schubert*, in: MüKo, § 166 Rn. 127; *Schilken*, in: Staudinger, § 166 Rn. 17.
909 Vgl. *Müller-Freienfels*, Die Vertretung beim Rechtsgeschäft, 1955, S. 404; *Petersen*, AcP 201 (2001), 375 (381). **A. A.** *Brox*, JA 1980, 449 (452); *Prölss*, JuS 1985, 577 (583).
910 Vgl. *Medicus/Petersen*, AT, Rn. 945; *Petersen*, AcP 201 (2001), 375 (381–284). **A. A.** *Flume*, AT II, S. 870 Fn. 31 (§ 52, 5c); *Eujen/Frank*, JZ 1973, 232 (235); *Brox*, JA 1980, 449 (452).

nach dem Ansatz des „erweiterten geschäftlichen Eigenschaftsirrtums"[911] – für den Geschäftspartner erkennbar sein muss, dass es dem Vertretenen auf bestimmte Eigenschaften des Vertreters ankommt.

Bsp.: Benno, der von Ansgar aufgrund einer Personenverwechslung zum Computerkauf bevollmächtigt wurde (Beispielsfall in Rn. 688), kauft aufgrund fehlender Sachkunde einen Computer zu einem völlig überhöhten Preis. Steht hier fest, dass Bardo, den Ansgar in Wirklichkeit bevollmächtigen wollte, über die erforderliche Sachkunde verfügt und daher den Kaufvertrag in der konkreten Gestalt niemals abgeschlossen hätte, geht es um einen Fall des „Durchschlagens" des Willensmangels auf das Vertretergeschäft. Ansgar kann daher nach richtiger Ansicht analog § 166 Abs. 2 BGB das Vertretergeschäft gemäß §§ 142 Abs. 1, 119 Abs. 1 Alt. 1 BGB wegen des Identitätsirrtums anfechten, der ihm bei der Bevollmächtigung unterlaufen ist.

Bsp.: Kurt besichtigt beim Gebrauchtwagenhändler Volmar einige Autos, sagt aber, dass er sich mit Gebrauchtwagen nur wenig auskenne und daher morgen Bertold vorbeischicken werde, der sich ihm als Kfz-Experte empfohlen habe. In Wirklichkeit überschätzt sich aber Bertold und hat von Autos ebenso wenig Ahnung wie Kurt. Er wählt bei Volmar eines der Autos aus, übersieht aber, dass bei dem Wagen die „HU-Plakette" kurz vor dem Ablauf steht. Ein Kfz-Experte hätte einen solchen Wagen nicht ohne eingehende technische Überprüfung gekauft. Als Kurt die fast abgelaufene „HU-Plakette" sieht und dann auch noch erfährt, dass Bertold in Wahrheit kein Kfz-Experte ist, erklärt er sowohl gegenüber Bertold als auch gegenüber Volmar die Anfechtung aller Geschäfte. Ist Kurt weiterhin an den Kaufvertrag gebunden? – Kurt hat sich hier über Bertolds Sachkunde und damit über eine Eigenschaft der Person (§ 119 Abs. 2 BGB) geirrt. Für den Gebrauchtwagenkauf ist die entsprechende Sachkunde des Vertreters ein wesentlicher Umstand. Aufgrund von Kurts Hinweisen war für Volmar auch erkennbar, dass es Kurt auf Bertolds Sachkunde ankam. Damit handelt es sich hier – auch nach dem Ansatz des (erweiterten) geschäftlichen Eigenschaftsirrtums – um eine verkehrswesentliche Eigenschaft. Da ein Kfz-Experte den Kaufvertrag unter den gegebenen Umständen nicht abgeschlossen hätte, hat sich Kurts Irrtum unmittelbar auf das Vertretergeschäft ausgewirkt. Es handelt sich um einen Fall des „Durchschlagens" des Irrtums. Analog § 166 Abs. 2 BGB hat Kurt daher das Vertretergeschäft, also den Kaufvertrag mit Volmar, wirksam angefochten. Der Kaufvertrag ist damit gemäß § 142 Abs. 1 BGB rückwirkend nichtig, weshalb Kurt nicht mehr an den Vertrag gebunden ist.

V. Vertretung ohne Vertretungsmacht

704 Geregelt ist die Vertretung ohne Vertretungsmacht in den §§ 177–180 BGB. Der Vertreter ohne Vertretungsmacht wird auch als *falsus procurator* bezeichnet.

1. Genehmigung des Vertretenen

705 Schließt der Vertreter ohne Vertretungsmacht im Namen des Vertretenen einen Vertrag, wirkt dieser – mangels Vertretungsmacht – nicht gemäß § 164 Abs. 1 Satz 1 und Abs. 3 BGB für und gegen den Vertretenen. Die Wirksamkeit des Ver-

---

911 Hierzu oben Kapitel 8 Rn. 438.

trags hängt vielmehr gemäß § 177 Abs. 1 BGB von der Genehmigung des Vertretenen ab. Die Genehmigung kann gemäß § 182 Abs. 1 BGB sowohl gegenüber dem Vertreter als auch gegenüber dem Geschäftspartner erteilt werden. Aufgrund der Genehmigungsmöglichkeit gemäß § 177 Abs. 1 BGB führt die Vertretung ohne Vertretungsmacht zur **schwebenden Unwirksamkeit** des abgeschlossenen Vertrags. Es ist daher nicht überraschend, dass die Regelung in §§ 177, 178 BGB Ähnlichkeiten zu den Vorschriften der §§ 108, 109 BGB über die beschränkte Geschäftsfähigkeit aufweist, wo es ebenfalls um eine schwebende Unwirksamkeit geht. Genehmigt der Vertretene den Vertrag, wird dieser gemäß § 184 Abs. 1 BGB mit Rückwirkung wirksam.

§ 177 Abs. 2 BGB bildet die Entsprechung zu § 108 Abs. 2 BGB[912] und bietet dem Geschäftspartner eine Möglichkeit, die schwebende Unwirksamkeit und die damit für ihn verbundene Unsicherheit zu beenden: Der Geschäftspartner kann gemäß § 177 Abs. 2 Satz 1 BGB den Vertretenen zur Erklärung über die Genehmigung auffordern. Die Erklärung der Genehmigung kann dann – entgegen § 182 Abs. 1 BGB – nur noch dem Geschäftspartner gegenüber erfolgen. Der Vertreter kann in diesem Fall die Genehmigung nur bis zum Ablauf von zwei Wochen nach dem Empfang der Aufforderung erklären (§ 177 Abs. 2 Satz 2 BGB). Bleibt der Vertretene untätig, kommt es nach Ablauf der Zwei-Wochen-Frist zur Fiktion der Verweigerung der Genehmigung gemäß § 177 Abs. 2 Satz 2 Halbsatz 2 BGB („gilt"). Es geht – wie in § 108 Abs. 2 Satz 2 Halbsatz 2 BGB – um einen Fall des normierten Schweigens.[913]

706

Eine weitere Möglichkeit für den Geschäftspartner, den Schwebezustand zu beenden, bietet der Widerruf gemäß § 178 Satz 1 BGB, den der Geschäftspartner bis zur Genehmigung durch den Vertretenen sowohl diesem gegenüber als auch (gemäß § 178 Satz 2 BGB) gegenüber dem Vertreter erklären kann. Allerdings setzt der Widerruf voraus, dass der Geschäftspartner den Mangel der Vertretungsmacht bei Abschluss des Vertrags nicht gekannt hat. Dem Geschäftspartner, der die fehlende Vertretungsmacht kennt, bleibt aber immerhin die Möglichkeit der Aufforderung zur Erklärung über die Genehmigung gemäß § 177 Abs. 2 BGB (Rn. 706). Im Vergleich zu den Vorschriften über die beschränkte Geschäftsfähigkeit (§§ 106–113 BGB) ist § 178 BGB als Entsprechung zu § 109 BGB anzusehen.

707

Die Genehmigung ist, wie sich aus dem Wortlaut des § 177 Abs. 1 BGB („einen Vertrag") ergibt, grundsätzlich nur bei Verträgen möglich. Bei einem **einseitigen Rechtsgeschäft** ist Vertretung ohne Vertretungsmacht laut § 180 Satz 1 BGB „unzulässig". Das bedeutet, dass das einseitige Rechtsgeschäft im Fall der Vertretung ohne Vertretungsmacht **endgültig und unrettbar unwirksam** ist. Eine Genehmigung des Vertretenen scheidet hier grundsätzlich aus. Der Geschäftspartner soll bei einseitigen Rechtsgeschäften nicht der Unsicherheit einer schwebenden Unwirksamkeit ausgesetzt sein. § 180 Satz 2 BGB macht für empfangsbedürftige einseitige Rechtsgeschäfte (wie z. B. die Kündigung eines Mietvertrags)[914] eine Ausnahme, wenn der Geschäftspartner die vom Vertreter behauptete Vertretungsmacht nicht beanstandet hat oder mit dem Handeln ohne Vertretungsmacht ein-

708

---

912 Siehe hierzu oben Kapitel 7 Rn. 340.
913 Zum normierten Schweigen siehe oben Kapitel 4 Rn. 103.
914 Zur Unterscheidung von empfangsbedürftigen und nicht empfangsbedürftigen einseitigen Rechtsgeschäften siehe oben Kapitel 4 Rn. 113 f.

verstanden war. In diesen Fällen ist der Geschäftspartner nicht schutzwürdig, weshalb § 180 Satz 2 BGB die „Vorschriften über Verträge", d. h. die §§ 177–179 BGB, für entsprechend anwendbar erklärt. Es kommt dann gemäß § 180 Satz 2 i. V. m. § 177 Abs. 1 BGB zur schwebenden Unwirksamkeit des einseitigen Rechtsgeschäfts. Zur entsprechenden Anwendung der §§ 177–179 BGB kommt es gemäß § 180 Satz 3 BGB auch dann, wenn der Geschäftspartner ein (empfangsbedürftiges) einseitiges Rechtsgeschäft gegenüber dem Vertreter ohne Vertretungsmacht vornimmt, wobei der Empfangsvertreter – anders als im Fall des mit Vertretungsmacht ausgestatteten Empfangsvertreters (§ 164 Abs. 3 BGB)[915] – wegen seiner potenziellen Haftung gemäß §§ 180 Satz 3, 179 BGB (siehe unten Rn. 710) mit der Vornahme des einseitigen Rechtsgeschäfts einverstanden sein muss.

709 Im Zusammenhang mit den einseitigen Rechtsgeschäften ist nicht nur § 180 BGB, sondern auch § 174 BGB zu beachten. Die §§ 174, 180 BGB, die sich gegenseitig ergänzen, entsprechen zum Teil der Vorschrift des § 111 BGB, der die Vornahme eines einseitigen Rechtsgeschäfts durch den beschränkt Geschäftsfähigen regelt.[916] § 174 BGB gilt unabhängig davon, ob der Vertreter mit oder ohne Vertretungsmacht handelt, und gibt dem Geschäftspartner die Möglichkeit, ein einseitiges Rechtsgeschäft zurückzuweisen, wenn der Bevollmächtigte keine Vollmachtsurkunde vorlegt. Fehlt es an der Vorlage einer Vollmachtsurkunde und weist der Geschäftspartner das einseitige Rechtsgeschäft aus diesem Grund unverzüglich (siehe § 121 Abs. 1 Satz 1 BGB) zurück, so ist das Rechtsgeschäft gemäß § 174 Satz 1 BGB (endgültig) unwirksam. Der Geschäftspartner kann die Beanstandung der vom Vertreter behaupteten Vertretungsmacht gemäß § 180 Satz 2 BGB und die Zurückweisung aufgrund fehlender Vorlage einer Vollmachtsurkunde gemäß § 174 Satz 1 BGB auch miteinander kombinieren.[917] Die Zurückweisung ist allerdings laut § 174 Satz 2 BGB ausgeschlossen, wenn der Vollmachtgeber den anderen „von der Bevollmächtigung in Kenntnis gesetzt hatte". Dem Wortlaut nach bezieht sich der Ausschluss auf die dem Geschäftspartner mitgeteilte oder öffentlich bekannt gemachte Innenvollmacht, er gilt aber gleichermaßen für die gemäß § 167 Abs. 1 Alt. 2 BGB durch Erklärung gegenüber dem Geschäftspartner erteilte Außenvollmacht.[918]

2. Haftung des Vertreters ohne Vertretungsmacht

710 Wird der vom Vertreter ohne Vertretungsmacht geschlossene Vertrag nicht vom Vertretenen gemäß § 177 Abs. 1 BGB genehmigt, so kommt es zur Haftung des Vertreters ohne Vertretungsmacht gegenüber dem Geschäftspartner gemäß § 179 BGB. Nach ihrem Wortlaut sieht die Vorschrift eine Haftung nur für Verträge, nicht dagegen für vom Vertreter ohne Vertretungsmacht vorgenommene einseitige Rechtsgeschäfte vor. Aufgrund der Verweisung in § 180 Satz 2 und 3 BGB (Rn. 708) kann es aber zu einer entsprechenden Anwendung des § 179 BGB auf empfangsbedürftige einseitige Rechtsgeschäfte kommen. Auf nicht empfangsbedürftige einseitige Rechtsgeschäfte, etwa eine vom Vertreter ohne Vertretungs-

---

[915] Siehe hierzu oben Rn. 624.
[916] Zu § 111 BGB siehe oben Kapitel 7 Rn. 329–332.
[917] Ob ein und dieselbe Erklärung sowohl eine Beanstandung gemäß § 180 Satz 2 BGB als auch eine Zurückweisung gemäß § 174 Satz 1 BGB beinhaltet, ist Auslegungsfrage; vgl. BGH NJW 2013, 297 Tz. 9.
[918] Vgl. *Schäfer*, in: BeckOK-BGB, § 174 Rn. 13 (Stand: 1.5.2022).

macht vorgenommene Auslobung (§ 657 BGB),[919] darf sich dagegen angesichts des § 180 Satz 1 BGB („unzulässig") niemand verlassen.

§ 179 BGB, der die **Anspruchsgrundlage** für den Anspruch gegen den Vertreter ohne Vertretungsmacht darstellt, setzt voraus, dass „der Vertretene die Genehmigung des Vertrags verweigert". Das bedeutet, dass es zu den Ansprüchen aus § 179 BGB erst dann kommt, wenn der Vertretene die Genehmigung entweder **verweigert hat** oder die **Verweigerungsfiktion** gemäß § 177 Abs. 2 Satz 2 Halbsatz 2 BGB eingetreten ist. Es muss also feststehen, dass der Vertrag endgültig unwirksam ist. Die bloße schwebende Unwirksamkeit reicht nicht aus. Die Voraussetzung der fehlenden Vertretungsmacht ist in § 179 Abs. 1 BGB als Beweislastregel formuliert:[920] Der Vertreter ist verpflichtet, „sofern er nicht seine Vertretungsmacht nachweist". Für die negative Anspruchsvoraussetzung der fehlenden Vertretungsmacht ist daher nicht der Geschäftspartner als Anspruchsteller beweispflichtig. Vielmehr muss umgekehrt der Vertreter, wenn er der Haftung aus § 179 Abs. 1 BGB entgehen will, nachweisen, dass er mit Vertretungsmacht gehandelt hat.

Die Voraussetzungen für die Haftung des Vertreters ohne Vertretungsmacht gemäß § 179 Abs. 1 BGB lassen sich damit in folgendem Prüfungsschema zusammenfassen:

Prüfungsschema
1. Handeln als Vertreter i. S. d. § 164 Abs. 1 und 3 BGB
   a) Abgabe einer eigenen Willenserklärung durch den Vertreter
   b) Handeln im Namen des Vertretenen (Offenkundigkeit)
2. Fehlen einer Vertretungsmacht
3. Verweigerung der Genehmigung durch den Vertretenen

Sind die Voraussetzungen des § 179 Abs. 1 BGB erfüllt, ist der Vertreter dem Geschäftspartner „nach dessen Wahl zur Erfüllung oder zum Schadensersatz verpflichtet". Der Geschäftspartner hat also ein Wahlrecht. Er kann vom Vertreter ohne Vertretungsmacht entweder **Erfüllung** (§ 179 Abs. 1 Alt. 1 BGB) oder **Schadensersatz** (§ 179 Abs. 1 Alt. 2 BGB) verlangen. Der Schadensersatzanspruch tritt, wie die Austauschbarkeit mit dem Erfüllungsanspruch zeigt, an die Stelle der Erfüllung. Es handelt sich daher um einen Anspruch auf „Schadensersatz statt der Leistung", also um einen auf Ersatz des Erfüllungsschadens (auf das positive Interesse)[921] gerichteten Geldanspruch.[922]

Beide Alternativen des § 179 Abs. 1 BGB dienen demselben Zweck und gehören somit inhaltlich zusammen. Im Wege der Erfüllung durch den Vertreter oder durch den Ersatz des Erfüllungsschadens soll der Geschäftspartner (zumindest wertmäßig) so gestellt werden, wie er bei ordnungsgemäßer Erfüllung durch den

---

919 Zur Auslobung siehe oben Kapitel 4 Rn. 114, 153 und Kapitel 5 Rn. 178.
920 Vgl. *Schäfer*, in: BeckOK-BGB, § 179 Rn. 3 (Stand: 1.5.2022); *Schubert*, in: MüKo, § 179 Rn. 25; *Leptien*, in: Soergel, § 179 Rn. 4; *Schilken*, in: Staudinger, § 179 Rn. 7.
921 Zur Abgrenzung von Erfüllungs- und Vertrauensschaden siehe oben Kapitel 8 Rn. 397.
922 *Brox/Walker*, AT, § 27 Rn. 11; *Köhler*, AT, § 11 Rn. 69; *Medicus/Petersen*, AT, Rn. 988; *Neuner*, AT, § 51 Rn. 26; *Schubert*, in: MüKo, § 179 Rn. 47. **A.A.** *Jahani*, Jura 2022, 655 (658 f.), wonach vom Vertreter ohne Vertretungsmacht nach § 179 Abs. 1 Alt. 2 BGB auch Ersatz des (den Erfüllungsschaden möglicherweise übersteigenden) Vertrauensschadens verlangt werden könne.

Vertretenen stünde. Aufgrund der inhaltlichen Zusammengehörigkeit der beiden Alternativen geht es bei § 179 Abs. 1 BGB um eine Wahlschuld i. S. d. §§ 262–265 BGB.[923] Wahlberechtigter ist – abweichend von § 262 BGB („so steht das Wahlrecht im Zweifel dem Schuldner zu") – gemäß § 179 Abs. 1 BGB der Geschäftspartner als Gläubiger. Sobald der Geschäftspartner sein Wahlrecht durch Erklärung gegenüber dem Vertreter ausgeübt hat, ist er gemäß § 263 BGB an seine Wahl gebunden. Der Geschäftspartner hat kein *ius variandi*, d. h., er kann die von ihm getroffene Wahl nicht mehr ändern und auf die andere Alternative des § 179 Abs. 1 BGB umschwenken.

715 § 179 Abs. 2 BGB beinhaltet eine Haftungsbeschränkung zugunsten des Vertreters, der den Mangel der Vertretungsmacht nicht gekannt hat. Die Haftung des Vertreters ist dann nur auf den Ersatz desjenigen Schadens gerichtet, welchen der Geschäftspartner „dadurch erleidet, dass er auf die Vertretungsmacht vertraut". Zu ersetzen ist der Vertrauensschaden (das negative Interesse). Der Geschäftspartner ist so zu stellen, als hätte das Handeln ohne Vertretungsmacht nicht stattgefunden. Die Obergrenze für den vom Vertreter ohne Vertretungsmacht zu leistenden Schadensersatz bildet der Erfüllungsschaden, der im zweiten Teil des § 179 Abs. 2 BGB angesprochen ist („jedoch nicht über den Betrag des Interesses hinaus, welches der andere Teil an der Wirksamkeit des Vertrags hat"). Es geht in § 179 Abs. 2 BGB also – ebenso wie bei § 122 Abs. 1 BGB[924] – um den Ersatz des Vertrauensschadens, der maximal bis zum Betrag des Erfüllungsschadens ersetzt wird.

716 Zum völligen Ausschluss der Haftung des Vertreters ohne Vertretungsmacht kommt es gemäß § 179 Abs. 3 BGB in zwei Fällen. Zum einen sieht § 179 Abs. 3 Satz 1 BGB einen Haftungsausschluss vor, wenn der Geschäftspartner den Mangel der Vertretungsmacht kannte oder kennen musste. Der Geschäftspartner ist dann nicht schutzwürdig, weshalb die Haftung des Vertreters ohne Vertretungsmacht entfällt. Zum anderen normiert § 179 Abs. 3 Satz 2 BGB einen Haftungsausschluss zugunsten des beschränkt geschäftsfähigen Vertreters, der nicht mit Zustimmung seines gesetzlichen Vertreters gehandelt hat. Möglich ist auch hier sowohl die vorherige als auch die nachträgliche Zustimmung (§§ 183 Satz 1, 184 Abs. 1 BGB), weshalb der gesetzliche Vertreter auch in dem Fall, dass der beschränkt Geschäftsfähige das Vertretergeschäft bereits als Vertreter ohne Vertretungsmacht abgeschlossen hat, das Vertreterhandeln gleichwohl mit Rückwirkung (§ 184 Abs. 1 BGB) genehmigen kann.[925] Für die Zustimmung gemäß § 179 Abs. 3 Satz 2 BGB genügt es, wenn der gesetzliche Vertreter in das Vertreterhandeln als solches einwilligt oder dieses genehmigt. Die Zustimmung muss sich nicht explizit auf die

---

923 Vgl. RGZ 154, 58 (61 f.); *Bork*, AT, Rn. 1630; *Flume*, AT II, S. 805 f. (§ 47, 3b); *Leipold*, BGB I, § 26 Rn. 10; *Neuner*, AT, § 51 Rn. 28; *Mansel*, in: Jauernig, § 179 Rn. 6; *Schubert*, in: MüKo, § 179 Rn. 37 f.; *Schilken*, in: Staudinger, § 179 Rn. 13. **A. A.** (für „elektive Konkurrenz") *Wertenbruch*, AT, § 34 Rn. 4; *Ellenberger*, in: Grüneberg, § 179 Rn. 5; *Grüneberg*, in: ders., § 262 Rn. 5; *Prütting/Schirrmacher*, Jura 2016, 1156 (1164). Bei einer Wahlschuld i. S. d. §§ 262–265 BGB geht es um eine einheitliche Forderung mit alternativem Inhalt. Dagegen spricht man von „elektiver Konkurrenz", wenn die Wahl zwischen mehreren, inhaltlich verschiedenen Forderungen besteht.
924 Siehe hierzu oben Kapitel 8 Rn. 397 f.
925 Vgl. *Schubert*, in: MüKo, § 179 Rn. 62; *Leptien*, in: Soergel, § 179 Rn. 20; *Schilken*, in: Staudinger, § 179 Rn. 19a. **A. A.** *Prölss*, JuS 1986, 169 (172).

fehlende Vertretungsmacht beziehen.⁹²⁶ Da für einen Stellvertreter stets das Risiko besteht, ohne Vertretungsmacht zu handeln, ist die Zustimmung des gesetzlichen Vertreters grundsätzlich so zu verstehen, dass dieser die (nicht auszuschließende) Gefahr des Fehlens der Vertretungsmacht in Kauf nimmt.⁹²⁷ Willigt der gesetzliche Vertreter nur in eine „Vertretung mit Vertretungsmacht" ein, verweigert er in Wirklichkeit die Zustimmung zum Vertreterhandeln des beschränkt Geschäftsfähigen.

Von der Zustimmung i. S. d. § 179 Abs. 3 Satz 2 BGB abgedeckt ist daher regelmäßig das mit der Stellvertretung zwangsläufig verbundene Risiko, dass es aufgrund von Unwägbarkeiten an der Vertretungsmacht fehlt. Dagegen darf insbesondere eine im Voraus erteilte Zustimmung (Einwilligung) regelmäßig nicht dahingehend verstanden werden, dass von ihr auch eine bewusste Überschreitung der Vertretungsmacht abgedeckt wäre. Im Wege der Auslegung gelangt man vielmehr zum Ergebnis, dass auch eine Einwilligung, die ohne entsprechende ausdrückliche Einschränkungen erteilt wird, nicht grenzenlos gemeint sein kann. Der beschränkt Geschäftsfähige, der die Vertretungsmacht bewusst überschreitet, kommt daher im Regelfall trotz erteilter Einwilligung in den Genuss des Haftungsausschlusses gemäß § 179 Abs. 3 Satz 2 BGB.

717

> **Bsp.:** Manuel ist beschränkt geschäftsfähig und wird mit Billigung seiner Eltern von einem Bekannten zum Ankauf eines gebrauchten Fahrrades bevollmächtigt, wobei der Bekannte einen Maximalpreis von 200 € festlegt. Da Manuel nicht widerstehen kann, kauft er im Namen des Bekannten ein neues E-Bike zum Preis von 3.500 €. – Die Einwilligung der Eltern gemäß § 179 Abs. 3 Satz 2 BGB deckt hier nicht die bewusste Überschreitung der Vertretungsmacht ab, weshalb Manuel dem Verkäufer nicht aus § 179 Abs. 1 BGB haftet.

Erst der Haftungsausschluss gemäß § 179 Abs. 3 Satz 2 BGB macht die Stellvertretung für den beschränkt Geschäftsfähigen zu einem rechtlich neutralen Geschäft. Die Regelung des § 165 BGB, wonach beschränkt Geschäftsfähige auch ohne Zustimmung ihres gesetzlichen Vertreters wirksam als Stellvertreter handeln können,⁹²⁸ ist daher nur vor dem Hintergrund dieses Haftungsausschlusses verständlich.

718

Zur analogen Anwendung der Vorschriften über die Vertretung ohne Vertretungsmacht kommt es bei der **absichtlichen Falschübermittlung** durch den Erklärungsboten. Es geht hier nach richtiger Ansicht nicht um einen Fall des Übermittlungs-

719

---

926 Vgl. *Köhler*, AT, § 11 Rn. 71; *Schubert*, in: MüKo, § 179 Rn. 62; *Leptien*, in: Soergel, § 179 Rn. 20; *Schilken*, in: Staudinger, § 179 Rn. 19a; *Boss*, Jura 2022, 10 (14 f.). **A. A.** *van Venrooy*, AcP 181 (1981), 220 (227–235): Eine pflichtgemäße (und damit wirksame) Zustimmung des gesetzlichen Vertreters könne sich nur auf ein Handeln des beschränkt Geschäftsfähigen im Rahmen seiner Vertretungsmacht beziehen. Für die Vorschrift des § 179 Abs. 3 Satz 2 BGB gebe es daher keinen Anwendungsbereich.

927 Eine solche Zustimmung des gesetzlichen Vertreters ist nicht schon deshalb als pflichtwidrig anzusehen, weil sie für den beschränkt Geschäftsfähigen mit einem Haftungsrisiko verbunden ist. Dagegen wäre eine Zustimmung, die dem beschränkt Geschäftsfähigen „freistellt, die vorhandene Vertretungsmacht zu überschreiten bzw. überhaupt ohne Vertretungsmacht zu handeln" (vgl. *van Venrooy*, AcP 181 [1981], 220 [230]) pflichtwidrig (und damit unwirksam). Für eine teleologische Reduktion des § 179 Abs. 3 Satz 2 BGB, wenn der beschränkt Geschäftsfähige nicht durch einen Dritten, sondern durch den gesetzlichen Vertreter selbst bevollmächtigt wird (so *Boss*, Jura 2022, 10 [16 f.]), besteht kein Anlass.

928 Zu § 165 BGB siehe oben Rn. 618 und auch schon oben Kapitel 7 Rn. 320.

irrtums i. S. d. § 120 BGB.⁹²⁹ Der Bote, der die zu übermittelnde Willenserklärung absichtlich verfälscht, schwingt sich zum „Herrn über die Willenserklärung" auf und ist daher mit einem Stellvertreter vergleichbar, der bewusst seine Vertretungsmacht überschreitet.⁹³⁰ Auf den **„Boten ohne Botenmacht"** sind daher die §§ 177–180 BGB analog anzuwenden.

> **Bsp.:** Maren, die die elterliche Sorge für ihren achtjährigen Sohn Sven allein ausübt, kündigt dem Lebensmittelhändler Leopold telefonisch an, dass sie ihren Sohn mit einem Einkaufszettel zu ihm schicken werde. Da Sven bereits sein Taschengeld verbraucht hat, fügt er auf dem Einkaufszettel ganz unten noch den Posten „1 Tafel Milchschokolade" hinzu. Die Schrift seiner Mutter kann Sven schon ganz gut nachmachen. Auf dem Nachhauseweg isst er die Schokolade genüsslich auf. Maren bemerkt auf dem Kassenzettel sofort den Mehrbetrag von 1,50 € und erklärt gegenüber Leopold, dass sie mit dem Geschäft nicht einverstanden sei. (1) Kann Maren von Leopold den Betrag von 1,50 € zurückverlangen? (2) Hat Leopold gegen Sven einen Anspruch auf Kaufpreiszahlung oder zumindest auf Ersatz des Einkaufspreises in Höhe von 50 Cent? – Zu (1): Maren kann den gezahlten Geldbetrag in Höhe von 1,50 € gemäß § 812 Abs. 1 Satz 1 Alt. 1 BGB (Leistungskondiktion) zurückverlangen, wenn zwischen ihr und Leopold kein wirksamer Kaufvertrag zustande gekommen ist. An sich liegt in dem Einkaufszettel, der von Sven als Erklärungsbote überbracht wurde, ein Antrag auf Abschluss eines Kaufvertrags, der von Leopold durch die Aushändigung der Ware an Seven auch angenommen wurde. Der Zugang der Annahmeerklärung war gemäß § 151 Satz 1 BGB entbehrlich. Es ist aber fraglich, wie sich die Verfälschung des Einkaufszettels durch Sven auswirkt. Bei einer derartigen absichtlichen Falschübermittlung durch den Erklärungsboten handelt es sich nicht um einen Übermittlungsirrtum i. S. d. § 120 BGB. Wird die zu übermittelnde Willenserklärung vom Erklärungsboten absichtlich verfälscht, liegt kein Irrtum vor, weshalb die verschuldensunabhängige Haftung auf den Vertrauensschaden gemäß § 122 Abs. 1 BGB unangemessen wäre. Nach richtiger Ansicht sind die Vorschriften über die Vertretung ohne Vertretungsmacht (§§ 177–180 BGB) analog anzuwenden. Maren erklärt gegenüber Leopold, dass sie mit dem Geschäft, d. h. mit dem Kauf der Tafel Schokolade, nicht einverstanden sei. Damit hat sie die Genehmigung analog § 177 Abs. 1 BGB verweigert, weshalb der Kaufvertrag endgültig unwirksam ist. Maren kann daher gemäß § 812 Abs. 1 Satz 1 Alt. 1 BGB Rückzahlung von 1,50 € verlangen.
> Zu (2): Möglicherweise kann Leopold aufgrund der Verweigerung der Genehmigung durch Maren nun von Sven analog § 179 Abs. 1 Alt. 1 BGB Erfüllung, d. h. Zahlung des Kaufpreises von 1,50 € verlangen. Sven hat zwar nicht als Vertreter ohne Vertretungsmacht gehandelt, auf das hier vorliegende Handeln als „Bote ohne Botenmacht" ist § 179 BGB aber analog anzuwenden. Sven hat die Erklärung seiner Mutter bewusst verfälscht, weshalb seine Haftung nicht analog § 179 Abs. 2 BGB eingeschränkt ist. Da er die Schrift seiner Mutter „schon ganz gut nachmachen" konnte, ist davon auszugehen, dass die Fälschung für Leopold nicht erkennbar war, sodass Svens Haftung auch nicht

---

929 Hierzu oben Kapitel 8 Rn. 445.
930 Vgl. *Brox/Walker*, AT, § 27 Rn. 15; *Flume*, AT II, S. 456 (§ 23, 3), S. 758 f. (§ 43, 4); *Hefermehl*, in: Soergel, § 120 Rn. 4; *Leptien*, in: Soergel, § 177 Rn. 11; *Schilken*, in: Staudinger, § 177 Rn. 22.

analog § 179 Abs. 3 Satz 1 BGB ausgeschlossen ist. Er könnte aber aufgrund seiner beschränkten Geschäftsfähigkeit (§§ 106, 2 BGB) in den Genuss des Haftungsausschlusses analog § 179 Abs. 3 Satz 2 BGB kommen. Zu einer Haftung des beschränkt geschäftsfähigen Sven kommt es nach dieser Vorschrift nur dann, wenn er mit Zustimmung des gesetzlichen Vertreters, hier seiner Mutter (§ 1629 Abs. 1 Satz 3 BGB), gehandelt hat. Tritt ein beschränkt Geschäftsfähiger als Stellvertreter auf, genügt die Zustimmung zum Vertreterhandeln als solchem. Eine Zustimmung gerade zur Vertretung ohne Vertretungsmacht ist nicht erforderlich. Es fragt sich, inwiefern diese Grundsätze zur Zustimmung i. S. d. § 179 Abs. 3 Satz 2 BGB auf den hier vorliegenden Fall des „Boten ohne Botenmacht" übertragbar sind. Maren hat Sven zwar losgeschickt, damit aber nur ihre Zustimmung zum Auftreten als Erklärungsbote zum Ausdruck gebracht. Da die Stellvertretung im Vergleich zur Botenschaft mit einem deutlich größeren Risiko verbunden ist, ist die Zustimmung zur Botenschaft mit einer Zustimmung zum Handeln als Stellvertreter nicht vergleichbar. Für die Analogie, die hier den Wegfall des Haftungsausschlusses aufgrund der Zustimmung zur Botenschaft bedeuten würde, fehlt es daher an der erforderlichen Vergleichbarkeit. Bereits deshalb muss es beim Ausschluss von Svens Haftung analog § 179 Abs. 3 Satz 2 BGB bleiben. Aber auch dann, wenn man die Zustimmung zur Botenschaft als vergleichbar mit der Zustimmung zur Stellvertretung ansehen würde, käme es nicht zu einer Haftung des beschränkt Geschäftsfähigen. Die in Marens Handeln liegende Einwilligung wäre dann nämlich jedenfalls so auszulegen, dass sie eine bewusste Überschreitung der Botenmacht nicht abdeckt. Aufgrund des Haftungsausschlusses analog § 179 Abs. 3 Satz 2 BGB hat Leopold gegen Seven weder einen Erfüllungsanspruch in Höhe von 1,50 € analog § 179 Abs. 1 Alt. 1 BGB i. V. m. § 433 Abs. 2 Alt. 1 BGB noch einen Anspruch auf Ersatz des im Verlust des Einkaufspreises von 50 Cent liegenden Vertrauensschadens analog § 179 Abs. 2 BGB. Was deliktische Ansprüche, insbesondere den Anspruch wegen vorsätzlicher sittenwidriger Schädigung gemäß § 826 BGB betrifft, ist davon auszugehen, dass es Sven als Achtjährigem an der erforderlichen Einsichtsfähigkeit i. S. d. § 828 Abs. 3 BGB fehlte, zumal es sich – auch angesichts des geringen Schadens – um eine Bagatelle handelt.

VI. Grenzen der Vertretungsmacht

Da die Stellvertretung für den Vertretenen mit erheblichen Gefahren verbunden ist, gibt es auch im Fall einer wirksamen Bevollmächtigung sowie für den gesetzlichen Vertreter Grenzen der Vertretungsmacht.

1. Insichgeschäft

Um ein Insichgeschäft geht es, wenn der Vertreter ein Rechtsgeschäft im Namen des Vertretenen mit sich im eigenen Namen oder als Vertreter eines Dritten tätigt. Gemäß § 181 BGB „kann" der Vertreter ein Insichgeschäft „nicht vornehmen". Mit diesem sogenannten „Verbot des Insichgeschäfts"[931] ist gemeint, dass der Vertreter, der gleichwohl ein Insichgeschäft vornimmt, grundsätzlich als Vertreter ohne Ver-

---

931 Vgl. *Brox/Walker*, AT, § 26 Rn. 11; *Medicus/Petersen*, AT, Rn. 957 („Vertretungsverbot"); *Neuner*, AT, § 49 Rn. 109.

tretungsmacht handelt. § 181 BGB ist also im Sinne einer **gesetzlichen Einschränkung der Vertretungsmacht** zu verstehen,[932] weshalb der Verstoß gegen § 181 BGB zur Anwendung der Vorschriften über die Vertretung ohne Vertretungsmacht (§§ 177–180 BGB)[933] führt. Das Insichgeschäft ist daher schwebend unwirksam und kann vom Vertretenen gemäß § 177 Abs. 1 BGB genehmigt werden.

> **Hinweis**
>
> Da es in § 181 BGB um eine gesetzliche Einschränkung der Vertretungsmacht geht, ist das Insichgeschäft beim Punkt „Vertretungsmacht"[934] zu prüfen.

722 Der Vertretene kann dem Vertreter die Vornahme von Insichgeschäften erlauben (§ 181 BGB: „soweit nicht ein anderes ihm gestattet ist"). Anders als die Genehmigung gemäß § 177 Abs. 1 BGB muss die Gestattung gemäß § 181 BGB vor der Vornahme des Insichgeschäfts erfolgen. Liegt die Gestattung vor, so erstreckt sich die Vertretungsmacht von vornherein auch auf Insichgeschäfte. Eine Gestattung i. S. d. § 181 BGB kann sich auch aus dem Gesetz ergeben, wie § 10 Abs. 3 Berufsbildungsgesetz (BBiG) zeigt. Die Vorschrift sieht für den Fall, dass die Eltern als gesetzliche Vertreter mit ihrem Kind einen Berufsausbildungsvertrag abschließen, eine Befreiung „von dem Verbot des § 181 des Bürgerlichen Gesetzbuchs" vor.

723 Nach dem Wortlaut des § 181 BGB sind zwei Varianten des Insichgeschäfts zu unterscheiden:

724 – Im Fall des **Selbstkontrahierens** (§ 181 Alt. 1 BGB) schließt der Vertreter zwischen sich und dem Geschäftsherrn (Vertretenen) ein Rechtsgeschäft ab. Der Vertreter ist also gleichzeitig auch der Geschäftspartner.

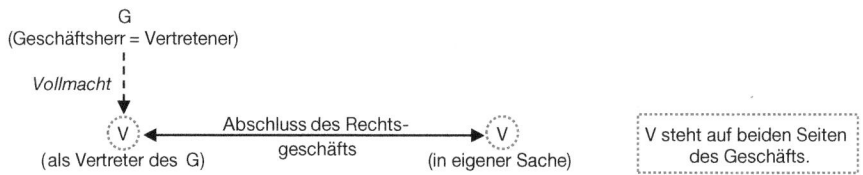

725 – Bei der **Mehrfachvertretung** handelt der Vertreter gleichzeitig für den Geschäftspartner. Der Vertreter vertritt also sowohl den Geschäftsherrn (Vertretenen) als auch den Geschäftspartner.

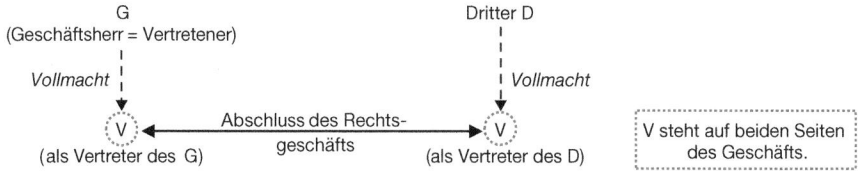

---

932 Vgl. BGHZ 65, 123 (125 f.); BGH NJW-RR 1994, 291 (292); *Brox/Walker*, AT, § 26 Rn. 11 f.; *Köhler*, AT, § 11 Rn. 64; *Medicus/Petersen*, AT, Rn. 953; *Neuner*, AT, § 49 Rn. 109, 111.
933 Zur Vertretung ohne Vertretungsmacht siehe oben Rn. 704–718.
934 Zum Prüfungsschema der Stellvertretung siehe oben Rn. 614.

726 Grund für die Einschränkung der Vertretungsmacht gemäß § 181 BGB ist die mit Insichgeschäften einhergehende Gefahr einer **Interessenkollision**.[935] Der Vertreter kann beim Abschluss eines Insichgeschäfts nicht mehr uneingeschränkt als Interessenwahrer des Vertretenen angesehen werden, weil er mit dem Geschäft (zumindest auch) Eigen- oder Drittinteressen verfolgt. Das Insichgeschäft weicht daher erheblich vom Leitbild der Stellvertretung ab, wie es der Repräsentationstheorie (Rn. 643) entsprechen würde. Da sich der Gesetzgeber bei der Regelung der Stellvertretung von der Repräsentationstheorie leiten ließ, wonach der Vertreter als Repräsentant umfassend an die Stelle des Vertretenen treten soll, ist das grundsätzliche „Verbot des Insichgeschäfts" ohne Weiteres nachvollziehbar.

727 § 181 BGB macht vom „Verbot des Insichgeschäfts" eine Ausnahme, wenn es um die **Erfüllung einer Verbindlichkeit** geht. Voraussetzung ist, dass die Verbindlichkeit wirksam, fällig und auch nicht mit einer Einrede behaftet ist.[936] Der Vertretene ist in einem solchen Fall zur Vornahme des Rechtsgeschäfts ohnehin verpflichtet, weshalb ein Interessenkonflikt von vornherein ausscheidet.

> **Bsp.:** Gunnar bittet Volker, Aktien zum Börsenkurs für ihn zu verkaufen. Volker kauft die Aktien selbst zum Tageshöchstkurs. (1) Als Gunnar davon erfährt, verlangt er die Aktien, da der Kurs weiter gestiegen ist, von Volker zurück. Zu Recht? (2) Der Kurs der Aktien fällt, weshalb Gunnar gegenüber Volker erklärt, dass er mit dem Geschäft einverstanden sei. Kann Gunnar von Volker Zahlung des Kaufpreises verlangen? – Zu (1): In Betracht kommt ein Anspruch von Gunnar gegen Volker auf Herausgabe der Aktien gemäß § 985 BGB. Aktien sind Wertpapiere, durch die die Mitgliedschaft in der Aktiengesellschaft verbrieft wird. Es handelt sich bei diesen Papieren um Sachen i. S. d. § 90 BGB, weshalb § 985 BGB anwendbar ist. Gunnar müsste noch Eigentümer der Aktien sein. Er könnte sein Eigentum gemäß § 929 Satz 2 BGB an Volker verloren haben. Bei der dinglichen Einigung gemäß § 929 Satz 2 BGB handelt Volker sowohl für sich selbst als auch als Gunnars Vertreter, sodass ein Fall des Selbstkontrahierens (§ 181 Alt. 1 BGB) vorliegt. An einer Gestattung des Insichgeschäfts durch Gunnar, die im Voraus hätte erfolgen müssen, fehlt es. Da es sich auch bei dem von Volker abgeschlossenen Verpflichtungsgeschäft, nämlich dem Kaufvertrag, um ein Insichgeschäft in Form des Selbstkontrahierens handelt, dient die Übereignung gemäß § 929 Satz 2 BGB auch nicht der Erfüllung einer wirksamen Verbindlichkeit. Volker hat die dingliche Einigung daher ohne die erforderliche Vertretungsmacht vorgenommen. In der Rückforderung der Aktien durch Gunnar liegt eine Verweigerung der Genehmigung i. S. d. § 177 Abs. 1 BGB. Die Übereignung ist daher endgültig unwirksam, weshalb Gunnar weiterhin Eigentümer der Aktien ist. Da der durch Volker abgeschlossene Kaufvertrag ebenfalls an § 181 Alt. 1 BGB scheitert, hat Volker gegenüber Gunnar auch kein Recht zum Besitz gemäß § 986 Abs. 1 Satz 1 BGB. Gunnar hat daher gegen Volker einen Anspruch auf Herausgabe der Aktien gemäß § 985 BGB.
> Zu (2): Aufgrund des nachträglichen Einverständnisses könnte Gunnar gegen Volker einen Anspruch auf Kaufpreiszahlung gemäß § 433 Abs. 2 Alt. 1 BGB haben. Zunächst war der von Volker im Namen von Gunnar und zugleich mit

---

[935] Vgl. Prot. I, S. 353 (= Mugdan I, S. 759).
[936] Vgl. BGH WM 2016, 479 Tz. 18; *Ellenberger*, in: Grüneberg, § 181 Rn. 22; *Schubert*, in: MüKo, § 181 Rn. 101; *Schilken*, in: Staudinger, § 181 Rn. 61.

sich selbst abgeschlossene Kaufvertrag über die Aktien als Insichgeschäft (§ 181 Alt. 1 BGB) schwebend unwirksam. Bei dem von Gunnar nachträglich erklärten Einverständnis handelt es sich nicht um eine Gestattung i. S. d. § 181 Alt. 1 BGB, die im Voraus hätte erfolgen müssen. Es geht vielmehr um eine Genehmigung gemäß § 177 Abs. 1 BGB, wodurch der Kaufvertrag gemäß § 184 Abs. 1 BGB rückwirkend wirksam geworden ist. Gunnar kann daher von Volker Kaufpreiszahlung verlangen.

728 Über den Wortlaut des § 181 BGB hinaus ist eine weitere Ausnahme vom „Verbot des Insichgeschäfts" anerkannt, wenn das Geschäft für den Vertretenen **lediglich rechtlich vorteilhaft** ist.[937] Es handelt sich um eine teleologische Reduktion des § 181 BGB. Der Vertretene, der durch das Insichgeschäft nur Vorteile erlangt, muss nicht geschützt werden, weshalb es keinen Grund für eine Einschränkung der Vertretungsmacht gibt.

Bsp.: Die Eltern schenken ihrer Tochter zum vierten Geburtstag eine Puppe. Erwirbt die Tochter Eigentum? – Da die Tochter als Vierjährige gemäß § 104 Nr. 1 BGB geschäftsunfähig ist, kann sie keine wirksame Erklärung im Rahmen einer Einigung gemäß § 929 Satz 1 BGB abgeben. § 107 BGB ist nur auf beschränkt Geschäftsfähige anwendbar, also auf Minderjährige, die das siebte Lebensjahr vollendet haben (§ 106 BGB). Da die Tochter keine wirksame Erklärung abgeben kann, muss sie von ihren Eltern als gesetzliche Vertreter (§§ 1626 Abs. 1, 1629 Abs. 1 Satz 1 BGB) bei der dinglichen Einigung gemäß § 929 Satz 1 BGB vertreten werden. Es handelt sich bei der Übereignung an die Tochter daher um einen Fall des Selbstkontrahierens i. S. d. § 181 Alt. 1 BGB. Die Eltern stehen sowohl auf der Veräußererseite als auch – als gesetzliche Vertreter ihrer Tochter – auf der Erwerberseite. Nach dem Wortlaut des § 181 BGB können die Eltern ihre Tochter nicht wirksam vertreten, weshalb für das Geschäft ein Ergänzungspfleger gemäß § 1809 Abs. 1 Satz 1 BGB bestellt werden müsste. Da die Übereignung für die Tochter hier aber nur rechtliche Vorteile bringt, muss § 181 BGB teleologisch reduziert werden. Aufgrund der Ausnahme von § 181 BGB haben die Eltern die nötige Vertretungsmacht für die Übereignung der Puppe an ihre Tochter. Die Übergabe gemäß § 929 Satz 1 BGB kann, da insoweit ein natürlicher Besitzbegründungswille ausreicht, an die geschäftsunfähige Tochter erfolgen. Sie hat daher gemäß § 929 Satz 1 BGB Eigentum an der Puppe erworben.

729 Es gibt auch Fälle der teleologischen Erweiterung des § 181 BGB, nämlich dann, wenn der Vertreter das Verbot des § 181 BGB zu umgehen versucht.[938] Dabei sind insbesondere folgende beiden Möglichkeiten der Umgehung in Betracht zu ziehen:

730 – Der Vertreter schaltet für den Vertretenen einen Untervertreter ein. Er schließt das Geschäft für sich im eigenen Namen mit dem Untervertreter, der im Namen des Vertretenen handelt.

---

[937] Vgl. *Brox/Walker*, AT, § 26 Rn. 15; *Köhler*, AT, § 11 Rn. 64; *Medicus/Petersen*, AT, Rn. 961; *Neuner*, AT, § 49 Rn. 116.

[938] Vgl. *Brox/Walker*, AT, § 26 Rn. 16; *Köhler*, AT, § 11 Rn. 64; *Medicus/Petersen*, AT, Rn. 962. Siehe auch *Neuner*, AT, § 49 Rn. 120–122 (analoge Anwendung des § 181 BGB).

VI. Grenzen der Vertretungsmacht

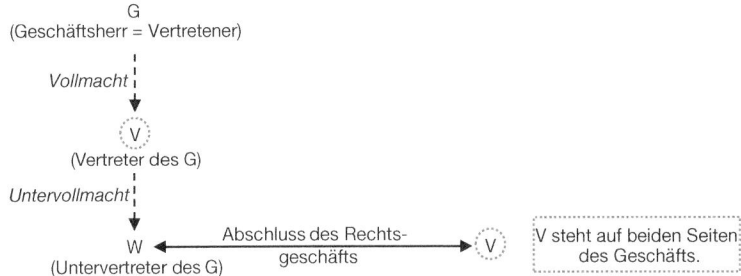

– Der Vertreter lässt sich selbst durch einen Vertreter vertreten, d. h., er schließt das Geschäft im Namen des Vertretenen mit dem für seine Person handelnden Vertreter. **731**

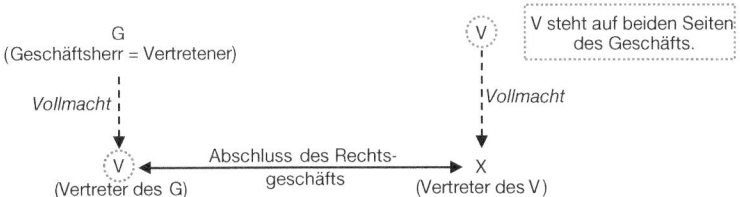

Die Umgehungsfälle sind dadurch gekennzeichnet, dass § 181 BGB zwar dem Wortlaut nach nicht erfüllt ist, weil der Vertreter das Geschäft nicht „im Namen des Vertretenen" bzw. nicht zugleich „im eigenen Namen" schließt. Da der Vertreter aber im Ergebnis doch auf beiden Seiten des Geschäfts steht, besteht – genauso wie in dem in § 181 Alt. 1 BGB geregelten Fall des Selbstkontrahierens – die Gefahr der Interessenkollision. Nach seinem Sinn und Zweck muss § 181 Alt. 1 BGB auf die beiden Umgehungsfälle erweitert werden, sodass der Vertreter auch hier ohne die erforderliche Vertretungsmacht handelt. **732**

Bsp.: Vinzenz ist Angestellter beim Autohaus des Gerold und hat Verkaufsvollmacht. Gerold macht für einen Vorführwagen ein Sonderangebot, um Kunden anzulocken. Aufgrund des günstigen Preises will Vinzenz den Wagen für sich selbst kaufen. (1) Kommt es zum Abschluss eines wirksamen Kaufvertrags, wenn Wolfgang von Vinzenz als Untervertreter für Gerold bestellt wird, was Vinzenz von Gerold grundsätzlich gestattet worden ist, und er anschließend mit Wolfgang, der in Gerolds Namen handelt, das Geschäft abschließt? (2) Wie ist die Rechtslage, wenn Xaver von Vinzenz als Vertreter für seine Person bestellt wird und Vinzenz anschließend als Gerolds Vertreter das Geschäft mit Xaver, der in Vinzenz' Namen handelt, abschließt? – Zu (1): Da Vinzenz die Bestellung eines Untervertreters gestattet ist, hat er Wolfgang grundsätzlich wirksam Untervollmacht erteilt, sodass dieser mit Wirkung für und gegen Gerold handeln kann. Allerdings kommt es aufgrund der von Vinzenz gewählten Konstruktion dazu, dass er im Ergebnis auf beiden Seiten des Geschäfts steht. § 181 Alt. 1 BGB ist, obwohl der Wortlaut der Vorschrift nicht erfüllt ist, auf diese Variante des Selbstkontrahierens im Wege der teleologischen Auslegung zu erweitern. Dem Untervertreter Wolfgang fehlte es für den Abschluss des konkreten Kaufvertrags an der erforderlichen Vertretungsmacht, weshalb sein Handeln nicht für und gegen Gerold wirkt. Zwischen Gerold und Vinzenz ist kein wirksamer Kaufvertrag zustande gekommen. (2) Auch in der Fallabwandlung, in der Xaver von Vinzenz als Vertreter für seine Person eingeschaltet wird, handelt es sich um eine Variante des Selbstkontrahierens. Obwohl der Wortlaut des § 181 Alt. 1 BGB wiederum nicht erfüllt ist, kommt es auch hier aufgrund einer teleologischen Erweiterung der Vorschrift zur Einschränkung der Vertretungsmacht. Es fehlte Vinzenz daher an der für die Vertretung von Gerold erforderlichen Vertretungsmacht, sodass auch hier kein wirksamer Kaufvertrag zwischen Gerold und Vinzenz zustande gekommen ist.

2. Missbrauch der Vertretungsmacht

733 Eine weitere Grenze der Vertretungsmacht kann sich aus einem Missbrauch der Vertretungsmacht ergeben. Es geht dabei um Fälle, in denen der Vertreter ein Geschäft abschließt, das an sich von seiner Vertretungsmacht gedeckt ist, mit dem er aber seine im Innenverhältnis zum Vertretenen bestehenden Pflichten verletzt, insbesondere indem er gegen eine interne Begrenzung der Vertretungsmacht verstößt. Zu beachten ist allerdings, dass nicht jeder Verstoß des Vertreters gegen das „interne Dürfen" einen Missbrauch der Vertretungsmacht bedeutet, der zur Unwirksamkeit des Vertretergeschäfts führt. Vielmehr gilt grundsätzlich, dass die Vertretung, die sich im Rahmen des „externen Könnens" bewegt, wirksam ist, auch wenn der Vertreter dabei das „interne Dürfen" überschreitet (Rn. 649). Der Missbrauch der Vertretungsmacht, d. h. die Missachtung von Regeln und Weisungen, die sich aus dem Innenverhältnis des Vertreters zum Vertretenen ergeben, schließt die wirksame Stellvertretung nur in besonders gelagerten Fällen aus, nämlich dann, wie es der BGH[939] formuliert, „wenn die Grenzen des rechtlich Tragbaren überschritten werden".

734 Der schlimmste Fall des Missbrauchs der Vertretungsmacht ist die sogenannte **Kollusion** (von lateinisch *collusio*, „heimliches Einverständnis"), bei der der Vertreter und der Geschäftspartner bewusst zum Nachteil des Vertretenen zusammenwirken. In einem solchen Fall ist das Vertretergeschäft wegen Sittenwidrigkeit gemäß § 138 Abs. 1 BGB nichtig.[940]

> **Bsp.** (vgl. BGH NJW 1989, 26): Ludwig ist Geschäftsführer einer Bauherrengemeinschaft und bestellt bei Ingo, dem Inhaber eines Möbelhauses, im Namen der Bauherrengemeinschaft Einrichtungsgegenstände zur Möblierung von 79 Ferienappartements. Er vereinbart mit Ingo – zum Nachteil der Bauherrengemeinschaft – einen 10 %-igen Aufschlag auf den regulären Preis der Einrichtungsgegenstände. Nach erfolgter Kaufpreiszahlung reicht Ingo den Aufschlag entsprechend der mit Ludwig getroffenen Abrede an dessen Mutter weiter. – Aufgrund des kollusiven Zusammenwirkens von Ludwig und Ingo ist der zwischen der Bauherrengemeinschaft und Ingo über die Einrichtungsgegenstände abgeschlossene Kaufvertrag gemäß § 138 Abs. 1 BGB nichtig.

735 Fehlt es an einem solchen bewussten Zusammenwirken zwischen dem Vertreter und dem Geschäftspartner, kommt es zwar nicht zur Nichtigkeit des Vertretergeschäfts gemäß § 138 Abs. 1 BGB. Der Missbrauch der Vertretungsmacht durch den

---

939 BGH WM 2020, 2287 Tz. 9.
940 Vgl. BGH NJW 1989, 26; NJW 2000, 2896 (2897); WM 2014, 628 Tz. 10; WM 2020, 2287 Tz. 9; *Brox/Walker*, AT, § 26 Rn. 3; *Köhler*, AT, § 11 Rn. 63; *Medicus/Petersen*, AT, Rn. 966. **A. A.** (analoge Anwendung von § 177 BGB) *Bork*, AT, Rn. 1575; *Neuner*, AT, § 49 Rn. 107.

VI. Grenzen der Vertretungsmacht

Vertreter kann aber dazu führen, dass dieser als Vertreter ohne Vertretungsmacht zu behandeln ist und es somit zur Anwendung der §§ 177–180 BGB kommt.[941] Das setzt voraus, dass der Geschäftspartner nicht schutzwürdig ist, weil er trotz der an sich bestehenden Vertretungsmacht nicht auf die Wirksamkeit des Vertretergeschäfts vertrauen darf. Das ist nicht nur dann der Fall, wenn der Geschäftspartner den Missbrauch der Vertretungsmacht kennt, sondern auch dann, wenn der Missbrauch für ihn evident (offenkundig) ist.[942] Die erforderliche **Evidenz des Missbrauchs der Vertretungsmacht** liegt vor, wenn sich dem Geschäftspartner der Missbrauch aufgrund der konkreten Umstände geradezu aufdrängen muss.[943] Für den Geschäftspartner besteht dann die Notwendigkeit, sich durch eine Rückfrage beim Vertretenen abzusichern. Sieht der Geschäftspartner gleichwohl von einer solchen Rückfrage ab, ist er nicht schutzwürdig. Da es allein auf die Schutzwürdigkeit des Geschäftspartners ankommt, spielt es keine Rolle, ob sich der Vertreter des Missbrauchs der Vertretungsmacht bewusst ist oder nicht.[944]

> **Bsp.** (vgl. BGH NJW 1999, 2883): Die 70-jährige Klara hat bei der Sparkasse S. ein Sparkonto mit einem Guthaben von 153.000 €. Klaras Hausarzt, Dr. Dietrich, bietet an, die Ersparnisse zinsgünstig bei der B.-Bank in Luxemburg anzulegen und behauptet, dass dafür ein Mindestbetrag von 200.000 € erforderlich sei. Auf Dietrichs Anraten eröffnet Klara ein Sparkonto bei der B.-Bank, für das sie Dietrich Verfügungsvollmacht erteilt. Sie überträgt das bei der Sparkasse S. angelegte Sparguthaben auf das neue Sparkonto. Außerdem nimmt sie bei der Sparkasse S. ein Darlehen in Höhe von 50.000 € auf. Den Darlehensbetrag übergibt sie Dietrich, der ihn auf das Sparkonto bei der B.-Bank einzahlt. Wenige Tage später löst Emilie, Dietrichs Ehefrau, die von diesem mit Untervollmacht ausgestattet wurde, das Sparkonto auf. Einen Teilbetrag von 3.000 € lässt sie sich in bar auszahlen. 200.000 € zahlt sie sogleich wieder bei der B.-Bank zur Tilgung der Darlehensverbindlichkeiten, die ihr Ehemann dort hatte, ein. Als Klara von den Machenschaften des Ehepaares Dietrich erfährt, kündigt sie gegenüber der B.-Bank fristgerecht das Sparguthaben und verlangt von dieser Auszahlung von 203.000 €. Zu Recht? – Klara hat gegen die B.-Bank einen Anspruch auf Auszahlung des Sparguthabens gemäß § 488 Abs. 1 Satz 2 Alt. 2 BGB, wenn sie die von Emilie als Unterbevollmächtigte vorgenommene Abhebung nicht als Erfüllung gemäß § 362 Abs. 1 BGB gegen sich gelten lassen muss. Klara hatte Dietrich entsprechende Verfügungsvollmacht erteilt, weshalb grundsätzlich auch Emilie als Unterbevollmächtigte wirksam für und gegen Klara handeln konnte. Allerdings wurde von Dietrich die ihm erteilte Vollmacht ebenso wie von dessen Ehefrau die ihr eingeräumte Untervollmacht zum Nachteil von Klara missbraucht. Aus den konkreten Umständen ergeben sich massive Verdachtsmomente, die auch die B.-Bank hätte erkennen müssen.

---

941 Vgl. BGHZ 141, 357 (363 f.).
942 Vgl. BGHZ 127, 239 (241 f.); BGH NJW 1999, 2883; NJW 2002, 1497 (1498); NJW-RR 2004, 1637 (1638); NJW 2011, 66 Tz. 29; NJW 2014, 2790 Tz. 18; NJW-RR 2016, 1138 Tz. 24; NJW-RR 2018, 222 Tz. 22; WM 2020, 2287 Tz. 9; *Brox/Walker*, AT, § 26 Rn. 5; *Köhler*, AT, § 11 Rn. 63; *Medicus/Petersen*, AT, Rn. 967; *Neuner*, AT, § 49 Rn. 103.
943 Vgl. BGHZ 113, 315 (320); BGH NJW 1988, 3012 (3013); NJW-RR 2004, 1637 (1638); NJW-RR 2018, 222 Tz. 22.
944 Vgl. BGH NJW 1984, 1461 (1462); NJW 1988, 3012 (3013); NJW 2006, 2776; *Brox/Walker*, AT, § 26 Rn. 6; *Köhler*, AT, § 11 Rn. 63; *Medicus/Petersen*, AT, Rn. 968; *Neuner*, AT, § 49 Rn. 104. **A. A.** *Vedder*, JZ 2008, 1077 (1078 f.), der vorsätzliches Handeln des Vertreters fordert; vgl. auch *Leptien*, in: Soergel, § 177 Rn. 17 (zumindest fahrlässiger Missbrauch).

Es ist zwar nicht von vornherein ausgeschlossen, dass eine Patientin sich aus welchen Gründen auch immer bereitfindet, die Schulden ihres Hausarztes zu begleichen. Wenn das tatsächlich Klaras Absicht gewesen wäre, hätte das auf ganz einfache Weise erfolgen können, nämlich indem Klara den Geldbetrag unmittelbar an die B.-Bank zur Tilgung von Dietrichs Schulden überwiesen hätte. Die Übertragung des Geldes auf ein Sparkonto, das wenige Tage später wieder aufgelöst wird, ist demgegenüber ein derart ungewöhnlicher und auffälliger Vorgang, dass sich der B.-Bank der Verdacht des Missbrauchs der Vertretungsmacht hätte aufdrängen müssen. Die B.-Bank hätte sich daher durch Rückfrage bei Klara absichern müssen. Aufgrund der Evidenz des Missbrauchs der Vertretungsmacht ist die B.-Bank nicht schutzwürdig. Dietrich und seine Ehefrau sind daher als Vertreter ohne Vertretungsmacht zu behandeln. In der Kündigung des Sparguthabens und in Klaras Auszahlungsverlangen liegt zugleich eine Verweigerung der Genehmigung gemäß §§ 177 Abs. 1, 182 Abs. 1 BGB gegenüber der B.-Bank. Klara muss sich die Abhebung durch Emilie daher nicht zurechnen lassen und hat gemäß § 488 Abs. 1 Satz 2 Alt. 2 BGB gegen die B.-Bank einen Anspruch auf Auszahlung ihres Guthabens in Höhe von 203.000 €.

Literaturhinweise

Zur Abgrenzung von Stellvertretung und Botenschaft: *Joussen*, Abgabe und Zugang von Willenserklärungen unter Einschaltung einer Hilfsperson, Jura 2003, 577–581; *Petersen*, Stellvertretung und Botenschaft, Jura 2009, 904 f.

Zum Offenkundigkeitserfordernis: *Bartels*, Die Bestimmung der Vertragssubjekte und der Offenheitsgrundsatz des Stellvertretungsrechts, Jura 2015, 438–447; *Beck*, Die Stellvertretung bei Namensähnlichkeit, Jura 2021, 276–282; *Hauck*, Handeln unter fremdem Namen, JuS 2011, 967–970; *Heyers*, Handeln unter fremdem Namen im elektronischen Geschäftsverkehr, JR 2014, 227–234; *Jauß*, Mängel des Zuordnungswillens beim (vermeintlichen) Stellvertreter, Jura 2020, 199–210; *D. Paulus*, Stellvertretung und unternehmensbezogenes Geschäft, JuS 2017, 301–305, 399–402; *Petersen*, Das Offenkundigkeitsprinzip bei der Stellvertretung, Jura 2010, 187–189; *Vogel*, Eigentumserwerb an einem unterschlagenen Kfz bei Auftreten des Veräußerers unter dem Namen des Eigentümers, Jura 2014, 419–425.

Zur Vollmacht: *Barth*, Die Schwierigkeit der gutachterlichen Problemdarstellung am Beispiel der Anfechtung einer betätigten Innenvollmacht, JA 2016, 12–18; *Glenk*, Unterschätzt, aber effizient – Trans- und postmortale Vollmachten, NJW 2017, 452–455; *St. Lorenz*, Grundwissen – Zivilrecht: Die Vollmacht, JuS 2010, 771–774; *Metzing*, Das Erlöschen von rechtsgeschäftlicher Vertretungsmacht und Rechtsscheinvollmacht, JA 2018, 413–419; *Mock*, Grundfälle zum Stellvertretungsrecht, JuS 2008, 309–313, 391–395, 486–490; *Petersen*, Bestand und Umfang der Vertretungsmacht, Jura 2003, 310–315; *ders.*, Die Vollmacht über den Tod hinaus, Jura 2010, 757–759.

Zur Trennung zwischen Innen- und Außenverhältnis: *Hartmann*, Zur Anwendung des § 139 BGB auf Vollmacht und Grundgeschäft, ZGS 2005, 62–66; *Himmen*, Der stellvertretungsrechtliche Abstraktionsgrundsatz, Jura 2016, 1345–1351; *Lieder*, Trennung und Abstraktion im Recht der Stellvertretung, JuS 2014, 393–397.

Zur Rechtsscheinvollmacht: *Kneisel*, Rechtsscheinhaftung im BGB und HGB – mehr Schein als Sein, JA 2010, 337–342; *Schreiber*, Rechtsschein im Vertretungsrecht, Jura 1997, 104–106; *Stöhr*, Rechtsscheinhaftung nach § 172 I BGB, JuS 2009, 106–109;

VI. Grenzen der Vertretungsmacht

Zagouras, Eltern haften für ihre Kinder? – R-Gespräche zwischen Anscheinsvollmacht, Widerruf und Wucher, NJW 2006, 2368.

Zur Wissenszurechnung gemäß § 166 BGB: *Beuthien*, Zur Wissenszurechnung nach § 166 BGB – § 166 II BGB ausweiten – § 166 I BGB klarer ordnen, NJW 1999, 3585–3587; *Petersen*, Die Wissenszurechnung, Jura 2008, 914–916; *M. Schwab*, Wissenszurechnung in arbeitsteiligen Organisationen, JuS 2017, 481–490.

Zur Vertretung ohne Vertretungsmacht: *Häublein*, Entbehrlichkeit von Vertretungsmacht für das Zustandekommen von Verträgen bei Beteiligung eines Vertreters, Jura 2007, 728–730; *Jahani*, Der Umfang des Schadensersatzanspruches gegen die Vertreterin ohne Vertretungsmacht nach § 179 BGB, Jura 2022, 655–662; *Lipp*, Das Verbot des Selbstkontrahierens im Minderjährigenrecht, Jura 2015, 477–490; *Payrhuber*, Die Genehmigungsfähigkeit von ohne Vertretungsmacht erklärten Kündigungen, JuS 2018, 222–225; *Petersen*, Vertretung ohne Vertretungsmacht, Jura 2010, 904–907; *ders*. Insichgeschäfte, Jura 2007, 418–420; *Preis/Lukes*, Die Zurückweisung nach § 174 BGB, JA 2015, 900–905; *Prütting/Schirrmacher*, Vertragsnahe gesetzliche Schuldverhältnisse: § 179 BGB, Jura 2016, 1156–1171; *Willems*, Ersatz von Vertrauensschäden und Begrenzung auf das Erfüllungsinteresse nach § 122 und § 179 II BGB, JuS 2015, 586–589.

Zur Vertretung durch beschränkt Geschäftsfähige: *Boss*, § 179 III S. 2 Hs. 2 BGB und der zu schützende Minderjährige, Jura 2022, 10–17; *Kleinhenz*, Der Widerruf der Vollmacht gegenüber dem beschränkt Geschäftsfähigen, Jura 2007, 810–814.

Zum Missbrauch der Vertretungsmacht: *Lieder*, Missbrauch der Vertretungsmacht und Kollusion, JuS 2014, 681–686.

Übungsfälle: *Bayer/Sarakinis/Unglaube*, Anfängerklausur – Zivilrecht: BGB AT – Niemand will nach Bordeaux!, JuS 2018, 871–877 (u. a. zur Anfechtung einer gebrauchten Innenvollmacht); *Bien/Heim/Jocham*, Das Stellvertretungsrecht im Zeitalter von WhatsApp, Jura 2019, 193–200 (Anfängerklausur, u. a. zur Wissenszurechnung gemäß § 166 BGB); *Binder/Ehlgen*, Anfängerklausur – Zivilrecht: Vertretung, Auslegung und Anfechtung – Genug von der Statistenrolle, JuS 2012, 426–430; *Brockmann/Maasjost*, Ungewollte Zierplatanen, Jura 2020, 600–606 (Anfängerklausur, u. a. zu Duldungs- und Anscheinsvollmacht); *Edenfeld*, Übungsklausur – Bürgerliches Recht: Anfechtung, Stellvertretung und Abstraktionsprinzip, JuS 2005, 42–47; *Fleck/Schweinfest*, Anfängerklausur – Zivilrecht: Minderjährigen- und Stellvertretungsrecht – Die Playstation, JuS 2010, 885–890; *Forster*, „Ein kleiner Irrtum am Anfang wird am Ende ein großer" – Irrtümer um die Stellvertretung, Jura 2011, 778–781; *Greiner/Kalle*, Anfängerklausur – Zivilrecht: BGB AT – Urlaub mit Irrtum, JuS 2019, 355–359 (u. a. zur Anfechtung einer gebrauchten Innenvollmacht); *Hellgardt*, „80. Geburtstag mit Hindernissen", JA 2018, 650–657 (u. a. zur Anfechtung einer gebrauchten Innenvollmacht); *Jacob/Liebhaber*, „Die Gebrauchtwagenprofis", JA 2018, 492–498 (u. a. zum Handeln unter fremdem Namen); *Mörsdorf/Haslach*, Basics Klausur Zivilrecht, „Ein schlechter Deal", JA 2020, 87–95 (zur Anfechtung der gebrauchten Innenvollmacht); *Pioch*, „Der minderjährige Stellvertreter", JA 2018, 815–820; *Pfeifer*, Übungsklausur – Bürgerliches Recht: Probleme aus dem Recht der Stellvertretung und der Rechtsgeschäftslehre, JuS 2004, 694–700 (u. a. zur Anfechtung einer gebrauchten Innenvollmacht); *Raab*, Übungsfall: Der getäuschte Nachmieter, ZJS 2011, 502–514; *Saenger/Scheuch*, Hausarbeit Zivilrecht – Szenen einer unglücklichen Ehe, JA 2013, 494–502 (zum Handeln unter fremdem Namen); *Seifert/Leipold*, Anfängerklausur – Zivilrecht: BGB AT – Vertretergeschäfte unter Minderjährigen, JuS 2021, 43–48; *Schollmeyer/Vogel*, Anfängerhausarbeit – Zivilrecht: Anfechtung und Innenvollmacht – Der missverstandene Rechtsanwalt, JuS 2013, 136–140; *Schwarze*, Original-Examensklausur: „Der falsche Antiquar", JA 2021, 289–298 (zum Handeln unter fremdem Namen); *Sonnentag/Bischof*, ZR-Anfängerhausarbeit zum BGB-AT und Schuldrecht, Der verflixte Schallplattenkauf, Jura 2021, 1346–1356 (u. a. zur Anfechtbarkeit einer Rechtsscheinvollmacht); *Thum*, Anfängerklausur – Zivilrecht: Stellvertretungsrecht – Der geschäftsunfähige Professor, JuS 2014, 418–422; *Ziegert*, „Geld wächst nicht auf Bäumen", JA 2016, 813–817 (zur Vertretung durch einen beschränkt Geschäftsfähigen).

Stichwortverzeichnis

Das Stichwortverzeichnis verweist auf die Randnummern.

A

Abbruchjäger 547
abdingbares (dispositives) Recht 170 f., 611
Abgas-Manipulations-Software 457
Ablauffrist 607 ff.
Abschlussfreiheit 199
absolute/relative Rechte 201
Abstraktionsprinzip 58 f., 65, 67, 468 ff.
accidentalia negotii 216
actus contrarius 523
Allgemeinen Geschäftsbedingungen 160
Allgemeines Gleichbehandlungsgesetz 209
allgemeines Persönlichkeitsrecht 208, 211, 360
Änderungskündigung 597
Andeutungstheorie 166 ff.
Anfechtung 85, 369 ff.
– Abstraktionsprinzip 468 ff.
– Anfechtungserklärung 380 ff.
– Anfechtungsfrist 385 ff.
– Anfechtungsgegner 384
– Anfechtungsgrund 377 ff., 382 f.
– arglistige Täuschung 446 ff.
– Auslegung vor Anfechtung 374, 400, 422, 462
– Ausschluss der Anfechtung 104, 375, 392, 476, 480 f., 662, 671
– Eigenschaftsirrtum 427 ff.
– Erklärungsirrtum 411 ff.
– Fehleridentität (Doppelmangel) 471 f., 474
– Inhaltsirrtum 411 ff.
– Kausalität 378 f.
– Kenntnis oder Kennenmüssen der Anfechtbarkeit 400 ff.
– Motivirrtum 409 f., 415, 425 ff., 438, 446, 472, 474 f.
– Nachschieben von Anfechtungsgründen 383
– Rückwirkung 393 ff.
– Übermittlungsirrtum 443 ff.
– Unzweideutigkeitstheorie 381
– Verfügungsgeschäft 470 ff.
– Vermeidbarkeit des Irrtums 396
– Verpflichtungsgeschäft 469
– Vertrauensschaden 397
– widerrechtliche Drohung 446, 458 ff.
– Zulässigkeit 375

Annahme 215 ff.
– Annahmefrist 231 f.
– Betätigung des Annahmewillens 253
– Entbehrlichkeit des Zugangs 251 ff., 265 f.
– Verspätungsanzeige 232 f.
Anscheinsvollmacht 667 ff.
Anspruch 21 ff.
– Anspruchsbeziehung 36 f.
– Anspruchsgrundlage 29 ff.
– Anspruchsprüfung 21, 25 ff.
Antrag 215 ff.
– an einen unbestimmten Personenkreis 220 ff., 266
– Aufforderung zur Abgabe eines Antrags 225 ff., 259
– Bindungswirkung 230 ff.
– Geschäftsunfähigkeit des Antragenden 235 ff.
– Tod des Antragenden 235 ff.
Äquivalenzstörung 542 ff.
Arglist 131 f., 449 f., 530
arglistige Täuschung 446 ff.
Außengesellschaft 108
Auflassung 214
Aufrechnung 190, 592
Auslegung 148 ff.
– Andeutungstheorie 166 ff.
– Auslegung vor Anfechtung 374, 400, 422, 462
– Auslegungsregel 168, 171, 173, 238, 244, 246 f., 271, 554 f., 563, 586, 655, 657
– Eindeutigkeitstheorie 165
– ergänzende Auslegung 170 ff.
– Falschbezeichnung 162 ff., 169, 493
– hypothetischer Parteiwille 172, 174, 238 f., 247, 559
– mutmaßlicher Parteiwille 172, 174, 238 f., 247, 559
– natürliche Auslegung 154 ff.
– nicht empfangsbedürftige Willenserklärungen 153
– normative Auslegung 154 ff.
– objektiver Empfängerhorizont 152, 155 ff., 163, 239, 254 f., 424, 478, 489
– Testamentsauslegung 153, 165 ff., 173, 271

Stichwortverzeichnis

- unionsrechtskonforme Auslegung 5, 257, 298
automatisierte Willenserklärung 108 f.
autonomes System 109

B
Bagatellschäden 453
Basiskontovertrag 206
Bearbeitervermerk 28
Bedingung 584 ff.
- auflösende 585
- aufschiebende 585 f.
- Bedingungsfeindlichkeit 373, 591 ff.
- Bedingungsvereitelung 601
- condicio in praesens vel praeteritum 590
- condicio iuris 589
- Gegenwartsbedingung 590
- Potestativbedingung 596 f.
- Rechtsbedingung 589
- Suspensivbedingung 585
- Vergangenheitsbedingung 590
- Wirkung ex nunc 598 f.
- Wollensbedingung 596 f.
- Zwischenverfügungen 484, 602 ff.
Bedingungsvereitelung 601
Befristung 584 ff.
- Anfangstermin 585
- Befristungsfeindlichkeit 592 ff.
- Endtermin 585
Beglaubigung (öffentliche) 169, 519
Beratungsfunktion 169 f., 212, 497
Bereicherungsanspruch
- Ausschluss (§ 817 Satz 2 BGB) 537, 548
- Bereicherung „in sonstiger Weise" 402, 604
- Eingriffskondiktion 198
- Einwendung der Entreicherung 300 f.
- Fehlen des rechtlichen Grundes 469
- Leistungskondiktion 69
- Nichtleistungskondiktion 402, 604
- Wegfall des rechtlichen Grundes 469
Beschluss 182
beschränkte Geschäftsfähigkeit 291 ff.
- Ausbildungsverhältnis 358
- einseitige Rechtsgeschäfte 329 ff.
- Einwilligung des gesetzlichen Vertreters 329 ff., 348 ff.
- Einzeleinwilligung 334
- Empfangszuständigkeit 328
- Erfüllung 323 ff.
- Genehmigung des Familiengerichts 336 f., 357
- Genehmigung des gesetzlichen Vertreters 338 ff.
- Generaleinwilligung 334 f., 355, 357

- Geschäfte ohne rechtlichen Nachteil 296 f., 299
- Grundstücksschenkungen 313 ff.
- Minderjährigenhaftung 359 ff.
- neutrales Geschäft 319 ff., 718
- partielle Geschäftsfähigkeit 355 ff.
- Schenkung von Geld 312
- Schenkung von Tieren 318
- Stellvertretung 320, 618, 623, 652, 716 ff.
- Surrogate 353 f.
- Taschengeldparagraph 345 ff.
- Tätowierung 352
- Verfügungsgeschäfte 310 ff., 321 f.
- Widerruf der Einwilligung 333
- Widerruf seitens des Vertragspartners 341
- wirtschaftlicher Vorteil 297, 317
- Zugang von Willenserklärungen 303 ff.
Bestätigung
- des anfechtbaren Rechtsgeschäfts 476 ff.
- des nichtigen Rechtsgeschäfts 560 ff.
Betreuung 362 f.
- Aufgabenbereiche 364 f., 367
- Aufgabenkreis 367
- Einwilligungsvorbehalt 367 f., 564
- gesetzliche Vertretung 367
- Vorsorgevollmacht 364
- Zwangsbetreuung 366
Beurkundung (notarielle) 169, 493, 497, 519
- Sukzessivbeurkundung 258
Beweis des ersten Anscheins 133
Beweisfunktion 212
Bewusstlosigkeit 74 f.
- schwerwiegende Bewusstseinstrübung 75, 283
Bezahlen mit Daten 5, 298
BGB-Gesellschaft 108, 213
bipolare Störung 283
Bitcoins 297
Blanketturkunde (abredewidrige Ausfüllung) 419
Botenmacht 719
Botenschaft 140 f., 443 ff., 617 f.
bürgerliches Recht 1

C
causa Curiana 173
causa (Rechtsgrund) 69, 189, 312, 469
Codewort 98
Codex Iuris Canonici 613
Computerfax 521
condicio
- condicio in praesens vel praeteritum 590
- condicio iuris 589
condictio 69

Stichwortverzeichnis

contradictio in adiecto 288
Corpus Iuris Civilis 4
culpa in contrahendo 85

D
Datenschutz-Grundverordnung 5, 298
de lege lata/ferenda 501, 642, 685
Deliktsfähigkeit 278 f.
Deliktsrecht 198
Digesten 4
dispositives (abdingbares) Recht 170 f., 611
Dissens 240 ff.
– offener Dissens 246
– Totaldissens 249
– versteckter Dissens 247 f.
dissimuliertes Geschäft 492 f.
dolus eventualis 449, 551
Doppelmangel 471 f., 474
Doppelwirkungslehre 403 ff.
Drohung 74, 446, 458 ff.
– Mittel-Zweck-Relation 466
– Person des Drohenden 467
– Widerrechtlichkeit 463 f., 466
Duldungsvollmacht 667 ff.

E
eBay(-Account) 107, 160, 221 f., 261, 635
Echtzeit-Kommunikation 144
E-Commerce 96
E-Coupons 297
Edelmann-Fall 531
Eigenschaftsirrtum 429
– Eigenschaft der Person/der Sache 430 ff.
– geschäftlicher Eigenschaftsirrtum 436 ff.
– Verhältnis zur Sachmängelhaftung 439 ff.
– Verkehrswesentlichkeit 433 ff.
– Wert/wertbildende Faktoren 432, 546
Eigentumsvorbehalt 171, 586, 598, 601 f., 604
Eindeutigkeitstheorie 165
Eingriffskondiktion 198
Einigungsmangel 240 ff.
Einkommensteuer 493
Einschreiben
– Einschreiben mit Rückschein 130
– Einwurf-Einschreiben 133
– Standard-Einschreiben 130, 132
– Übergabe-Einschreiben 130
einstweilige Verfügung 580
elektronische Form 512 ff.
elektronische Willenserklärung 105 ff.
E-Mail 105 f., 121, 521
Emoticons 97
Empfangsbote 140
Erbenhaftung 572 ff.

Ereignisfrist 607 ff.
Erfüllungsschaden 397 f., 713
Erklärung „ins Blaue hinein" 450
Erklärungsbewusstsein 76, 78, 90
– Erklärungsfahrlässigkeit 78, 80, 83 f.
– Erklärungstheorie 78 ff.
– Willenstheorie 78 ff.
Erklärungsbote 141, 443 ff., 505, 617 f., 719
– Botenmacht 719
Erklärungsfahrlässigkeit 120
Erklärungsirrtum 411 f.
error in negotio 415
error in objecto 414
error in persona 414, 688, 703
Erwerb vom Nichtberechtigten 321 f., 405, 566, 604
essentialia negotii 216 f., 241, 243 f., 246, 248
Europarecht 5, 257, 298
Existenzgefährdung 529

F
Factoring 201
Fahrlässigkeit 34, 449
falsa demonstratio 162 ff., 169, 493
Falschübermittlung 445, 719
falsus procurator 704
favor testamenti 538
Fehleridentität 471 f., 474
Fiktion 103 f., 233, 287 ff., 340, 346 f., 370, 428, 469, 483, 593, 601, 656, 706, 711
– Ausschluss der Anfechtung 104
– Entgeltfiktion 243
– Rückwirkungsfiktion 346 f., 469, 483, 593
– Wirksamkeitsfiktion 289 f., 346 f.
Flohmarkt 442, 546
Form
– Aufhebung der Formvereinbarung 523
– elektronische Form 512 ff.
– Faksimile-Unterschrift 507, 521
– Formmangel 502 ff.
– Formnichtigkeit 202, 482, 502, 520, 556, 559, 636
– Formvereinbarung 520 ff.
– Formzwecke 212 f., 502
– gewillkürte Form 520 ff.
– Handzeichen (notariell beglaubigtes) 505, 509
– Heilung des Formmangels 494, 527
– notarielle Beurkundung 169 f., 212, 214, 258, 493, 497, 519, 530 f., 556
– öffentliche Beglaubigung 169, 519
– Schriftform 504 ff.
– Schriftformklausel 523 ff.

347

Stichwortverzeichnis

- Signatur (qualifizierte elektronische) 5, 512 ff.
- telekommunikative Übermittlung 510, 521 f.
- Textform 515 ff.
- Unbeachtlichkeit des Formverstoßes 528 ff.
- Unterschrift 505 ff., 510, 521
- Urkunde 505, 511
- vereinbarte Form 520 ff.
- Wirkform 213
- Zweckform 213

Freiklausel 230
Fristberechnung 605 ff.
- Ablauffrist 607 ff.
- Ereignisfrist 607 ff.
- Lebensalter 608

G

Gefälligkeitsverhältnis 91 ff.
Gegennorm 35
Gegenwartsbedingung 590
geheimer Vorbehalt 79, 488 f., 500
Gemeines Recht 4
Gesamtnichtigkeit 555
Gesamtrechtsnachfolge 272, 569, 571
Geschäft für den, den es angeht 626 ff.
geschäftsähnliche Handlung 193 f., 330, 660, 662, 664
Geschäftsfähigkeit/-unfähigkeit 9 f., 275 ff., 282 ff.
- Demenz 284
- lichter Augenblick 284
- partielle Geschäftsfähigkeit 355 ff.
- partielle Geschäftsunfähigkeit 285, 290, 368
- pathologisches Kaufen 290
- pathologisches Spielen 285, 368
- relative Geschäftsunfähigkeit 286 f.

Geschäftsgrundlage 410
Geschäftswille 87 f., 90
Gesellschaft bürgerlichen Rechts (GbR) 108, 213
gesetzliche Vertretung 293 ff., 336 f., 367, 622
gesetzliches Verbot 202, 532 f.
- Schwarzarbeit 537
- Verfügungsgeschäft 534
- Verpflichtungsgeschäft 535

Gestaltungsfreiheit 199 f.
Gestaltungsrechte 371 ff., 476, 591 ff.
Gewinnzusage 180
Girokonto 206
Glücksspiel 285, 353, 368
Grundbuchgebühren 493

Grunderwerbsteuer 316, 493
Grundpfandrecht 314
Grundrechte 199, 211, 360
- mittelbare Drittwirkung 208, 539

Grundschuld 314
Grundsteuer 315
Gutachten 46 ff.
- Gutachtenstil 47, 49 f.
- Konjunktiv 47
- Potenzialis 47
- Realis 49

gutgläubiger Erwerb 321 f., 405, 566, 604

H

Hamburger Parkplatzfall 263 ff.
Handeln unter falscher Namensangabe 632 f.
Handeln unter fremdem Namen 630, 632 f.
- Identitätstäuschung 634 ff.
- Namenstäuschung 632 f.

Handlungsfähigkeit 269
Handlungswille 74 f., 90
Handzeichen (notariell beglaubigtes) 74, 460, 505, 509
Hauptleistungspflicht 185 f.
Hauptpunkte des Vertrags 216 ff., 241, 243 f., 246, 248
Hilfsnorm 34
Hypothek 314

I

Inhaltsfreiheit 199 f.
Inhaltsirrtum 411 ff.
Innengesellschaft 108
Insichgeschäft 721 ff.
- Erfüllung einer Verbindlichkeit 727
- Mehrfachvertretung 725
- Rechtsvorteil 728
- Selbstkontrahieren 724
- Umgehung 729 ff.

Instant-Messaging 144
Interesse
- negatives Interesse 85, 397, 715
- positives Interesse 397 f., 713

Internet-Versteigerung 160, 221 f., 261
- Abbruchjäger 547
- Risikogeschäft 546 f.
- Schnäppchenjäger 547
- Shill Bidding 222

invitatio ad offerendum 225 ff., 230, 259
Irrtum 407 ff., 447
- Eigenschaftsirrtum 427 ff.
- Erklärungsirrtum 84, 411 f.
- Identitätsirrtum 414
- Inhaltsirrtum 84, 411 ff.

Stichwortverzeichnis

- Irrtum über den Geschäftstyp 415
- Kalkulationsirrtum 420 ff.
- Motivirrtum 409 f., 427, 446
- Rechtsfolgenirrtum 415
- Übermittlungsirrtum 443 ff., 719
- Unterschriftsirrtum 416 ff.

Irrung 411
ius cogens 170
ius commune 4
ius dispositivum 170
ius poenitendi 434
ius variandi 714

J
juristische Person 108, 273 f.
Justinian 4

K
Kalkulationsirrtum 420 ff.
- offener Kalkulationsirrtum 421 ff.
- verdeckter Kalkulationsirrtum 425 f.

Kaufvertrag 2, 16, 19, 160, 439 f.
- Grundstückskauf 166, 169, 212, 214, 493 f., 497, 527, 561, 642
- Handkauf 61
- Wohnungskauf 530, 556

Klammermethode 12 f., 648
Klarstellungsfunktion 212
Kollusion 734
Kondiktion
- Eingriffskondiktion 198
- Kondiktionsausschluss (§ 817 Satz 2 BGB) 537, 548
- Leistungskondiktion 69
- Nichtleistungskondiktion 402, 604

Konsens 240
Kontrahierungszwang 204 ff.
Kontrollfunktion 212
Konvaleszenz 569 ff.
- Rechtsgrundabhängigkeit 576

Konversion 557 ff.
Kopfnicken 97
Kraftfahrzeugbrief 568, 633
Kündigung 115
künstliche Intelligenz 109

L
Leasing 201
Legal Tech 110
Legaldefinition 22
Leistungskondiktion 69
Leistungstreuepflicht 600
lucidum intervallum (luzides Intervall) 284
Lüge (erlaubte) 452

M
Mahnung 194, 330
Mangel der Ernstlichkeit 80 f., 495 ff.
Mausklick 105
Mentalreservation 79, 488 f.
merkantiler Minderwert 453
Minderjährigkeit 277, 279, 293 ff.
misslungenes Scheingeschäft 497
mittelbare Stellvertretung 637 f.
Mittel-Zweck-Relation 466
Motivirrtum 409 f., 427, 446

N
Nachlassinsolvenz 573
Nachlassverwaltung 573
Nachteil (rechtlicher) 296 f., 299
nasciturus 271
Naturalkomputation 606
Naturalrestitution 207
natürliche Person 108, 273
Naturrecht 6
Nebenfolgen des Vertrags 415
Nebenleistungspflicht 185
Nebenpunkte des Vertrags 216, 218, 246
negatives Interesse 85, 397, 715
Nichtigkeit 482 f., 554
- Formnichtigkeit 202, 482, 502, 520, 556, 559, 636
- Nichtigkeitsfiktion 370
- Teilnichtigkeit 555 f.

Nichtvermögensschaden 211
nondum conceptus 271
notarielle Beurkundung 169, 258, 493, 497, 519

O
Obersatz/Untersatz 42
obiter dictum 228
öffentliche Beglaubigung 169, 519
öffentliches Recht 2
Offerte ad incertas personas 220 ff., 266
Ohne-Rechnung-Abrede 537
Online-Banking 107

P
Pandekten(recht) 4, 6
pathologisches Kaufen 290
pathologisches Spielen 285, 368
Personengesellschaften (rechtsfähige) 108
Persönlichkeitsrecht 208, 211, 360
Pfändung 580
positives Interesse 397 f., 713
Potestativbedingung 596 f.
Privatautonomie 83, 86, 102, 199
Privatrecht 1

349

Stichwortverzeichnis

Prokura 641, 649
protestatio facto contraria 267 f.

R

Realakt 18, 193, 195 f., 253, 618
Realofferte 266
Recht zur Lüge 452
Recht zur zweiten Andienung 440
Rechtsbedingung 589
Rechtsbindungswille 91 ff., 220, 226
Rechtsfähigkeit 7 f., 269, 271 f.
Rechtsfolgenirrtum 415
Rechtsgeschäft 15 f., 192 f.
- einseitiges Rechtsgeschäft 17, 114 f., 175 ff., 329 ff., 708 f.
- mehrseitiges Rechtsgeschäft 175 ff.
Rechtsgrund 69, 189, 312, 469
Rechtshandlung 192 f.
Rechtsnorm 31
Rechtsobjekt 8
Rechtsschein
- einer Willenserklärung 83, 120
- Identitätstäuschung 635
- Rechtsscheinhaftung 620
- Rechtsscheinvollmacht 419, 658 ff.
Rechtssubjekt 8, 108
Rechtstatsachen 192
rechtswidrige Handlung 193, 197 f.
Reflexbewegungen 74
relative Rechte 201
Reuerecht 434, 700
Rezeption 4
richtlinienkonforme Auslegung 5, 257
Risikogeschäfte 442, 546 f.
- Flohmarkt 442, 546
- (Internet-)Versteigerung 546

S

Sachmängelhaftung 439 ff.
Sachverhalt 26 f.
Schaltfläche „zahlungspflichtig bestellen" 96
Scheingeschäft 490 ff.
- misslungenes Scheingeschäft 497
Schenkungsteuer 312, 316
Scherz
- guter/böser Scherz 500
- Scherzerklärung 80 f., 495 ff.
Schmerzensgeld 211
Schmerz-Erklärung 497
Schnäppchenjäger 547
Schriftform
- Faksimile-Unterschrift 507, 521
- notariell beglaubigtes Handzeichen 505, 509

- Unterschrift 507 f., 510, 521
- Zugang 510
Schriftformklausel
- einfache 523 f.
- qualifizierte (doppelte) 525 f.
Schwarzarbeit 537
Schwarzbeurkundung 493 f.
schwebende Unwirksamkeit 564 ff., 705 ff.
Schweigen 101 ff., 233
- beredtes Schweigen 103
- normiertes Schweigen 103
Schweigepflicht 536
Selbstbedienungs-Frischetheke 229
Selbstbedienungsladen 228
Semilodei-Fall 98, 159
Shill Bidding 222
Signatur (qualifizierte elektronische) 5, 512 ff.
simuliertes Geschäft 490
Sittenwidrigkeit 538 ff.
- Äquivalenzstörung 542 ff.
- auffälliges Missverhältnis 544 f., 550
- Darlehen 548
- Verfügungsgeschäft 553
- Wucher 549 ff.
- wucherähnliches Geschäft 549
Smart Contracts 110
Sonderprivatrecht 1
sozialtypisches Verhalten 262 ff.
Spekulationssteuer 493
Stadionverbot 208
Stellvertretung 505, 612 ff.
- Abgrenzung zur Botenschaft 444, 617
- beschränkte Geschäftsfähigkeit 618, 623, 652, 716 ff.
- einseitiges Rechtsgeschäft 708 f.
- Empfangsvertretung 623 ff.
- Geschäft für den, den es angeht 626 ff.
- Handeln unter falscher Namensangabe 632 f.
- Handeln unter fremdem Namen 630, 632 f.
- Insichgeschäft 721 ff.
- Missbrauch der Vertretungsmacht 733 ff.
- mittelbare Stellvertretung 637 f.
- Offenkundigkeit 619 ff.
- passive Stellvertretung 623 ff.
- Repräsentationstheorie 643 f., 681, 683, 685
- Übereignung an den, den es angeht 629
- unternehmensbezogenes Geschäft 620
- Vertretung ohne Vertretungsmacht 704 ff.
- Vertretungsmacht 622
- Vollmacht 622, 639 ff.

Stichwortverzeichnis

– Willensmängel, Kenntnis, Kennenmüssen 681 ff.
– Wirkung 679
Stiftung 274
Stop-Loss-Order 159
Strafrecht 3
– sozialethisches Minimum 540
Subsumtion 40 ff.
Sukzessivbeurkundung 258
Suspensivbedingung 585
Synallagma 186

T

Tablet (elektronisches) 506, 512
Taschengeldparagraph 345 ff.
Tatbestand 32
Tathandlung 18, 193, 195 f.
Täuschung 446 ff.
– Aufklärungspflicht 451 ff.
– durch Unterlassen 451 ff.
– Erklärung „ins Blaue hinein" 450
– erlaubte Lüge 452
– Kfz-Hersteller 457
– Makler 457
– Täuschung durch Dritte 454 ff.
– überlegenes Wissen 453
taxmäßige Vergütung 243
Teilnichtigkeit/-unwirksamkeit 554 ff.
Telefax 510, 521
Telegramm 105, 521
Testament 17, 114, 153, 165 ff., 173, 271, 506, 538, 613
Testierfreiheit 199
Textform 515 ff.
Trennungsprinzip 58 f., 62 ff., 188, 468
Treu und Glauben 131 f., 146, 150 f., 234, 267, 392, 453, 480 f., 489, 528, 530 f., 547, 601
Typenzwang und Typenfixierung 200 f.

U

Übermittlungsirrtum 443 ff., 719
Umdeutung 557 ff., 646
unbestellte Warenzusendung 256
unerlaubte Handlung 198
Unionsrecht 5
– unionsrechtskonforme Auslegung 5, 257, 298
Universalsukzession 272, 569, 571
unternehmensbezogenes Geschäft 620
Unterschrift 521, 636
Unterverbriefung 493 f.
unverzüglich 230, 232, 332, 386 ff., 709
Unwirksamkeit 482, 484 f.
– absolute Unwirksamkeit 603

– relative Unwirksamkeit 577 ff.
– schwebende Unwirksamkeit 338 ff., 564 ff., 705 ff.
unzulässige Rechtsausübung 267 f., 481, 530
Unzweideutigkeitstheorie 381
Urkunde 505, 511
Urteil, Urteilsstil 52 ff.

V

venire contra factum proprium 267 f., 481, 530
Veräußerungsverbot (relatives) 578 ff.
Verbot (gesetzliches) 202, 532 f.
– Schwarzarbeit 537
– Verfügungsgeschäft 534
– Verpflichtungsgeschäft 535
Verbraucherschutz 5, 20, 96, 180, 256 f., 372, 415, 434, 489, 504 f., 512, 518, 527
Verbraucherverträge 5, 372, 505, 512, 527
Verein 108, 274
Verfügung eines Nichtberechtigten 322, 328, 566 ff.
Verfügungsgeschäft 59 ff., 187, 190 f., 534
Vergangenheitsbedingung 590
Verhandlungsführer/-gehilfe 456 f., 687
Verkaufskommission 638
Verkehrsanschauung/Verkehrssitte 140, 150 f., 251 f., 257, 266, 434, 437
Verletzung von Privatgeheimnissen 536
Vernunftrecht 6
Verpflichtungsgeschäft 59 ff., 187 ff., 191, 469, 535
Versandhauskatalog 226
Verschulden bei Vertragsschluss 85
Versteigerung 259 ff., 546
Vertrag 181, 183 ff., 199 ff.
– einseitig verpflichtender Vertrag 183 f.
– gegenseitiger (synallagmatischer) Vertrag 185 f.
– Hauptpunkte 218, 246, 248
– mehrseitig verpflichtender Vertrag 183, 185
– Nebenfolgen 415
– Nebenpunkte 216, 218, 246
– sozialtypisches Verhalten 262 ff.
– unvollkommen mehrseitig verpflichtender Vertrag 185
– Vertragserfindungsrecht 201
– Vertragsfreiheit 102, 178 f., 199 ff., 212, 268, 524 ff.
– Vertragsschluss 215
Vertrauensdiensteanbieter 514
Vertrauensschaden 85 f., 397, 715
Vertretung (gesetzliche) 293 f., 336 f., 367, 622

351

Stichwortverzeichnis

Vertretungsmacht
- Missbrauch der Vertretungsmacht 733 ff.
- Vertretung ohne Vertretungsmacht 704 ff.
- Vollmacht 622, 639 ff.

Video-Ident 514
vis absoluta 74, 460
vis compulsiva 74, 460
Vollmacht 639 ff.
- Anfechtung 688 ff.
- Außenvollmacht 640, 650, 658, 660, 676 f., 690, 697 f.
- beschränkte Geschäftsfähigkeit 652
- Erlöschen 651, 653 ff.
- Form 642 ff.
- Innenvollmacht 640, 650, 658, 661, 677, 690 ff.
- isolierte Vollmacht 652
- Kausalität 650 ff.
- Kundgebung 661 f., 677
- Prokura 641, 649
- Rechtsscheinvollmacht 419, 658 ff.
- transmortale Vollmacht 655 f.
- Trennungsprinzip 647 ff.
- Umfang 641
- unwiderrufliche Vollmacht 645 f.
- Vollmachtsurkunde 663 ff.
- Weisungen des Vollmachtgebers 683 ff.

Vormund 295
Vorsatz 34, 131, 449, 540, 551, 668
- Arglist 131 f., 449 f., 530
- bedingter Vorsatz 449, 551

Vorsorgevollmacht 285, 364
Vorteil (rechtlicher) 296 f., 299

W

Warenautomat 224
Warnfunktion 169 f., 212, 497, 527, 642, 644
Wegfall der Geschäftsgrundlage 410
Werturteil 447
Wettbewerbsrecht 180, 205, 256
WhatsApp 144
widerrechtliche Drohung 446, 458 ff.
Widerruf
- Unwiderruflichkeit 373

widersprüchliches Verhalten 267 f., 481, 530
Willensbetätigung 195, 253
Willenserklärung 15 ff., 72 ff.
- Abgabe 111 ff., 116 ff.
- abhandengekommene Willenserklärung 119, 121
- ausdrückliche Willenserklärung 94 ff.
- Auslegung 148 ff.
- automatisierte Willenserklärung 108 f.
- autonomes System 109
- elektronische Willenserklärung 105 ff.
- Emoticons 97
- empfangsbedürftige Willenserklärung 113, 115, 118
- konkludente Willenserklärung 94 f., 99 f.
- Kopfnicken 97
- künstliche Intelligenz 109
- nicht empfangsbedürftige Willenserklärung 114, 117
- Scherzerklärung 80 f., 495 ff.
- Schweigen 101 ff.
- stillschweigende Willenserklärung 100
- Tatbestand 72 ff., 89 ff., 220, 461 f.
- Widerruf 146
- Wirksamwerden 111 ff.
- Zugang 111 ff., 122 ff.

Willensvorbehalte 487 ff.
Wirkform 213
Wissenszurechnung 686 f.
- Verhandlungsführer/-gehilfe 687
- Wissensvertreter 686 f.

Wohngemeinschaft („WG") 172
Wollensbedingung 596 f.
Wucher 549 ff.

Z

Zivilkomputation 606
Zivilrecht 1
Zugang 122 ff.
- Echtzeit-Kommunikation 144
- Einschreiben 130, 132 f.
- E-Mail 135
- E-Mail-Anhänge 138
- Entbehrlichkeit 251 ff., 265 f.
- Faxsendung 134 f.
- Geschäftsunfähigkeit des Erklärenden 147, 235 f.
- Instant-Messaging 144
- Nachsendeauftrag 139
- Schriftform 510
- Spam-Ordner 137
- Tod des Erklärenden 147, 235 f.
- Vernehmungstheorie 143 ff.
- Zugang unter Abwesenden 124 ff., 135
- Zugang unter Anwesenden 142 ff.
- Zugang zur Unzeit 127, 135
- Zugangsvereitelung 131 f.

Zulassungsbescheinigung 568, 633
Zuschlag 259 f.
Zwang (körperlicher/psychischer) 74, 460
Zwangsversteigerung 580
Zweckform 213
zwingendes Recht 170